地球の歩き方 B6　2024～2025年版

NY
ニューヨーク編

地球の歩き方編集室

NEW YORK  CONTENTS

261 ショッピング

331 ホテル

351 ミュージアムとギャラリー

395 エンターテインメントとナイトライフ

435 スポーツ

459 トラベル・インフォメーション

巻末ふろく　＊ニューヨーク別冊マップ＊

出発前に必ずお読みください！　旅のトラブルと安全対策…………P.488

■新型コロナウイルス感染症について

新型コロナウイルス（COVID-19）の感染症危険情報について、全世界に発出されていたレベル1（十分注意してください）は、2023年5月8日に解除されましたが、渡航前に必ず外務省のウェブサイトにて最新情報をご確認ください。
◎外務省 海外安全ホームページ・アメリカ合衆国危険情報
URL www.anzen.mofa.go.jp/info/pcinfectionspothazardinfo_221.html#ad-image-0

歩き方の使い方

【統一記号について】

本文中には、統一の記号、色を使用しています。地図の略号については、地図ページを参照してください。

おすすめ度＞ 編集部のおすすめを星印1～3で表示

- 住 住所
- ☎ 電話番号
- Free トールフリー（アメリカ国内通話料無料）
- 無料 日本国内通話料無料
- FAX ファクス番号
- E メールアドレス
- URL ウェブサイトアドレス
- 開 開館時間
- 営 営業時間
- 料 入場料、料金
- 休 休業日、休館日
- カード 使用できるクレジットカード
- 予算 予算の目安
- ➡P.000 参照ページ
- 地下鉄 地下鉄でのアクセス
- バス バスでのアクセス
- 列車 列車でのアクセス
- 部屋数（ホテル）
- バリアフリールーム（車椅子用、ホテル）
- 1日あたりのインターネット接続料金（ホテル）
- 別MAP P.000 別冊マップでの位置
- ♥ 編集室からのコメント

国連本部
おすすめ度＞★★★
住1st Ave. & 46th St.
地下鉄4 5 6 7 S Grand Central-42 St駅より徒歩約15分
バスM15、M42（E.42nd St.と1st Ave.あたりで下車）
☎(1-212) 963-4475（ビジターズセンター）
URL un.org

国連本部ツアー
チケットはウェブURL un.org/visitで事前予約・購入を（日本語あり）。当日はまずVisitor Check-in Office（住801 1st Ave. at 45th St.）に向かう。要ID。大きな荷物や液体（水を含む）は持ち込めない。所要約45～60分。
☎(1-212) 963-8687
開月～金9:00～17:00（ツアーは9:30から開始、16:45が最終ツアー。17:30までに退出）の間、15～45分おき
休土・日・祝 料大人$26、シニア（60歳以上）・学生$18、5～12歳$15（5歳未満は参加不可）

メットライフ・ビル
おすすめ度＞★★
住200 Park Ave. (at 45th St.)

マディソン・スクエア・ガーデン
おすすめ度＞★
住4 Pennsylvania Plaza (bet. 31st & 33rd Sts.)
地下鉄1 2 3 A C E 34 St-Penn Station駅より徒歩約1分
バスM7、M20、M34、M34A、Q32（34th St.もしくは7th Ave.あたりで下車）
URL msg.com

別MAP P.19-C4 国際間の平和と親睦を支える

国連本部
The United Nations Headquarters

イースト・リバーに沿って42丁目から48丁目までを占める国連本部。国連総会ビル、ダグ・ハマーショルド図書館、会議場ビル、事務局ビルの4つのビルで構成されており、その一部を見学するガイドツアーがある。国連の仕事や役割の説明から始まり、悲惨な戦争や貧困の現状、それらに国連がどのように関与、援助しているかを、ガイドが説明しながら国連総会の会議場などいくつかの会議場を見学する。ツアーのない土・日曜、祝日は地下1階のギフトショップやカフェのみへ行くことができる（9:00～16:45）。

ツアー開始時刻の1時間前には到着したい

別MAP P.35-D3 ミッドタウンの目印になるビル

メットライフ・ビル
MetLife Building

NYのシンボル的ビルとして定着していたパンナム・ビル。1963年にオープン。当時は世界一高い商業ビルだった。メットライフ・ビルに名称変更してすでに32年余りだが、現在も1960年代を代表する建築物である。グランド・セントラル・ターミナルの後ろに建ち、街を歩くときの目印としても便利な建物。

グランド・セントラル・ステーションの北側にある

別MAP P.13-C3 年間350ものイベントが繰り広げられる

マディソン・スクエア・ガーデン
Madison Square Garden

7番街と33丁目の角に建つ大きな円柱形の白い建物がマディソン・スクエア・ガーデンだ。地下にターミナル駅のペンシルバニア・ステーション、約2万席を有するアリーナと5600席を有するザ・シアターから構成されており、コンサートやバスケットボール、アイスホッケー、ボクシングなど、年間約350のイベントがここで行われる。

NBAニックスとNHLレンジャーズのオフィシャルストアもある

♥国連ブックストア&ギフトショップ　コロナ禍で休止していたガイド付きツアーの再開にともないこちらも入場可能に。サンリオと国連が共同企画した「ハローキティSDG's」のグッズなど国連オリジナル商品も多数扱う。

ショップ　ダイニング　ホテル　エンターテインメント

=要予約・予約をすすめる
=ドレスアップしよう

[ホテルのデータ]
S＝シングル　D＝ダブル
T＝ツイン

シャンプー　目覚まし時計　バスタブ　コーヒーメーカー
有線LAN　電子レンジ　ビジネスセンター　コンシェルジュ　ドライヤー
室内金庫　冷蔵庫　ミニバー　Wi-Fi　キッチン キチネット　エレベーター　無料の朝食

【住所の略号、意味】

Pl. → Place
St. → Street
Ave. → Avenue
Blvd. → Boulevard
Dr. → Drive
Hwy. → Highway
Rd. → Road
bet. ～ & ～ → ～と～の間
at ～ → ～の角
near ～ → ～の近く

【電話番号について】

2023年12月現在のニューヨーク、マンハッタンのエリアコード（市外局番）は「212」のほかに「718」「917」「646」「347」「929」があります。また、Free で示している番号は、トールフリーというアメリカの着信者払いの無料電話です。「1-800」「1-888」「1-877」「1-866」「1-855」などから始まります。ただし、日本からかけた場合には国際電話料金がかかります。

【クレジットカードの略号について】

ショップ、レストラン、ホテルなどで使用可能なクレジットカードを示してあります。ただし、クレジットカード会社と該当の店などとの契約が解消されることもあります。記載のものは2023年11月現在のものです。

A アメリカン・エキスプレス American Express
D ダイナース Diners
J ジェーシービー JCB
M マスターカード MasterCard
V ビザ VISA

【ホテルの料金表示について】

アメリカのホテルは、基本的に「ひと部屋いくら」のシステムを採用しているため、本書でもこれにならっています。また、掲載料金にはホテルのタックス（税金／ルームタックスやその他4項目で14.75%、オキュパンシータックス=ひと部屋あたり1泊につき$3.50~7）が含まれていません。また、時期により料金は変動します。

【NYの表記について】

New York の簡略表記として、本書では「NY」を採用しています。

■掲載情報のご利用にあたって

編集部では、できるだけ最新で正確な情報を掲載するよう努めていますが、本書の取材後に現地の規則や手続きなどが変更されたり、またその解釈に見解の相違が生じることもあります。このような理由に基づく場合、または弊社に重大な過失がない場合は、本書を利用して生じた損失や不都合について、弊社は一切の補償をいたしかねますのでご了承ください。また、本書をお使いいただく際は、掲載されている情報やアドバイスがご自身の状況や立場に適しているか、すべてご自身の責任でご判断のうえでご利用ください。

■現地取材および調査時期

本書は、2023年7月から9月の取材調査データと、2023年11月の再調査をもとに編集されています。

しかしながら時間の経過とともにデータに変更が生じることがあります。特にホテルやレストランなどの料金は、旅行時点では変更されていることも多くあります。したがって、本書のデータはひとつの目安としてお考えいただき、公式SNSなどでできるだけ新しい情報を入手してご旅行ください。

■発行後の情報の更新と訂正について

本書に掲載している情報で、発行後に判明した情報の訂正、現地で新たに変更が明らかになった情報については『地球の歩き方』ホームページの「更新・訂正情報」で可能なかぎり案内しています（ホテル、レストラン料金の変更などは除く）。

URL www.arukikata.co.jp/travel-support/

■投稿記事について

VOICE 投稿記事は、多少主観的になっても原文にできるだけ忠実に掲載してありますが、データに関しては編集部で追跡調査を行っています。投稿記事のあとに（東京都○○ '22）とあるのは、寄稿者と旅行年度を表しています。ただし、追跡調査で新しいデータに変更している場合は、寄稿者データのあとに調査年度を入れ['23]としています。なお、ご投稿をお送りいただく場合はP.511をご覧ください。

ジェネラルインフォメーション

アメリカ合衆国の基本情報

国　旗
Stars and Stripes
13 本のストライプは 1776 年建国当時の州の数、50 の星は現在の州の数を表す。

正式国名
アメリカ合衆国United States of America
アメリカという名前は、イタリアの探検家で新大陸と確認したアメリゴ・ベスプッチのファーストネームから取られた。

国　歌
The Star-Spangled Banner（星条旗）

面　積
約 983 万 3517km²
日本の約25倍（日本は約 37 万 8000km²）

人　口
約3億3500万人
ニューヨーク市は約 830万人。ニューヨーク都市圏で約 2350 万人。

首　都
ワシントン特別行政区 Washington, District of Columbia
全米 50 のどの州にも属さない連邦政府直轄の行政地区。なお、経済の中心はニューヨーク市。

元　首
ジョー・R・バイデン大統領 Joe R. Biden Jr.

政　体
大統領制　連邦制（50 州）

人種構成
白人系 76.5%、アフリカ系 13.6%、アジア系6.3%、アメリカ先住民1.3% など。

宗　教
キリスト教が多い。宗派はバプテスト、メソジスト、カトリックなどがあり、都市によって分布に偏りがある。少数だがユダヤ教、イスラム教など。

言　語
主として英語だが、法律上の定めはない。スペイン語も広域にわたって使われている。

通貨と為替レート

▶旅の予算とお金
→P.470

通貨単位はドル（$）とセント（¢）。**$1 ＝ 145.10円（2024年1月12 日 現在）**。紙幣は 1、5、10、20、50、100 ドル。なお、50、100 ドル札は、小さな店で扱わないこともあるので注意。硬貨は 1、5、10、25、50、100 セント（=$1）の 6 種類だが、50、100 セント硬貨はあまり流通していない。

$1（ビル）

$5

$10

$20

$50

$100

25¢（クオーター）　10¢（ダイム）　5¢（ニッケル）　1¢（ペニー）

電話のかけ方

▶電話
→P.484

日本からアメリカへの電話のかけ方　例：NY 444-5555 へかける場合

事業者識別番号	+	国際電話識別番号	+	アメリカの国番号	+	NY の州番号	+	相手先の電話番号
0033（NTT コミュニケーションズ） **0061**（ソフトバンク） 携帯電話の場合は不要	+	**010** ※	+	**1**	+	**212** **718** など	+	**444-5555**

※携帯電話の場合は 010 のかわりに「0」を長押しして「＋」を表示させると、国番号からかけられる
※ NTT ドコモ（携帯電話）は事前に WORLD CALL の登録が必要

祝祭日（連邦政府の祝日）

州によって祝日となる日(※印はNY州やNJ州を含む一部の州のみ)に注意。なお、店舗などで「年中無休」をうたっているところでも、元日、サンクスギビングデイ、クリスマスの3日間はほとんど休み。また、メモリアルデイからレイバーデイにかけての夏休み期間中は、営業時間などのスケジュールを変更するところが多い。

1月	1日		元日　New Year's Day
	第3月曜		マーチン・ルーサー・キングの日 Martin Luther King, Jr. Day
2月	12日	※	リンカーンの誕生日 Lincoln's Birthday
	第3月曜		大統領の日 Presidents' Day
5月	最終月曜		メモリアルデイ（戦没者追悼の日）Memorial Day
6月	19日		ジューンティーンス（奴隷解放記念日）Juneteenth
7月	4日		独立記念日 Independence Day
9月	第1月曜		レイバーデイ（労働者の日）Labor Day
10月	第2月曜	※	コロンブス記念日 Columbus Day
11月	11日		ベテランズデイ（退役軍人の日）Veterans Day
	第4木曜		サンクスギビングデイ Thanksgiving Day
12月	25日		クリスマス Christmas Day

▶ニューヨークのイベント＆フェスティバル→P.462

注：祝日が土曜に当たる場合は前日、日曜の場合は翌日が振替休日となる

ビジネスアワー

以下は一般的な営業時間の目安。業種、立地条件などによって異なる。スーパーは24時間、または24:00くらいまで営業している店も多い。オフィス街のデリなどは平日のランチまでの営業という店も珍しくない。

銀　行　月～金 9:00～17:00

デパートやショップ

月～土 10:00～21:00、日 11:00～20:00

レストラン

朝からオープンしているのはレストランというより気軽なカフェやダイナー。朝食7:00～10:00、昼食11:30～14:00、ディナー17:30～22:00。バーは深夜まで営業。

電気＆映像方式

電圧とプラグ

電圧は120V。3つ穴プラグ。100V、2つ穴プラグの日本製品も使えるが、電圧数がわずかではあるが違うので注意が必要。特にドライヤーや各種充電器などを長時間使用すると過熱する場合もあるので、時間を区切って使うなどの配慮が必要。

映像方式

テレビ・ビデオは日米ともにNTSC方式、ブルーレイのリージョンコードは日米ともに「A」なので、両国のソフトはお互いに再生可能。ただし、DVDのリージョンコードはアメリカ「1」に対し日本「2」のため、両方のコードもしくは「ALL CODE」の表示のあるソフト以外はお互いに再生できない。

アメリカから日本へ電話をかける場合　例：東京 (03) 1234-5678、または (090) 1234-5678へかける場合

国際電話識別番号		日本の国番号		市外局番と携帯電話の最初の0を除いた番号		相手先の電話番号
011※	+	81	+	3 または 90	+	1234-5678

※公衆電話から、日本にかける場合は上記のとおり。ホテルの部屋からは、外線につながる番号を頭に付ける。

▶アメリカ国内通話　通常、市内へかける場合は市外局番は不要だが、ニューヨークは市外へかける場合と同様に最初に1をダイヤルし、市外局番からダイヤルする。

▶公衆電話のかけ方
①受話器を持ち上げる。
②都市により異なるが、最低通話料50¢を入れ、相手先の電話番号を押す。市外通話は「1」を頭に付け市外局番からダイヤル（プリペイドカードの場合はアクセス番号を入力し、ガイダンスに従って操作する）。
③「初めの通話は○分○ドルです」というアナウンスに従って、案内された額以上の金額を投入する。

チップ

▶チップとマナー
→P.482
▶チップ換算早見表
→P.483

レストラン、タクシー、ホテル（ポーターサービスやベッドメイキング）など、サービスを受けたときにチップを渡すのが慣習となっている。金額は、特別なことを頼んだ場合や満足度によっても異なるが、右の相場を参考にしよう。最低$1からで、できればお札で渡すように。

レストラン

合計金額の18〜20%。サービス料が含まれている場合は、必要ない。

タクシー

運賃の約15〜20%（最低でも$1）。

ホテル宿泊

ポーターサービスは荷物ひとつにつき$2〜5。荷物が多いときはやや多めに。ベッドメイキングは枕元などに$2〜5。

気　候

▶ニューヨークの
気候と服装
→P.469

緯度は青森とほぼ同じ。ニューヨークの夏は、気温が高いが湿度は日本より低い。真夏は連日30℃前後まで達し、冬は零下15〜16℃にまで下がり、降雪量も多い。また、春秋は1年でいちばん過ごしやすいシーズンだが、朝晩の寒暖差が激しい。年間を通じて温度差の変化に対応できるように、重ね着などで服装の工夫をするとよい。

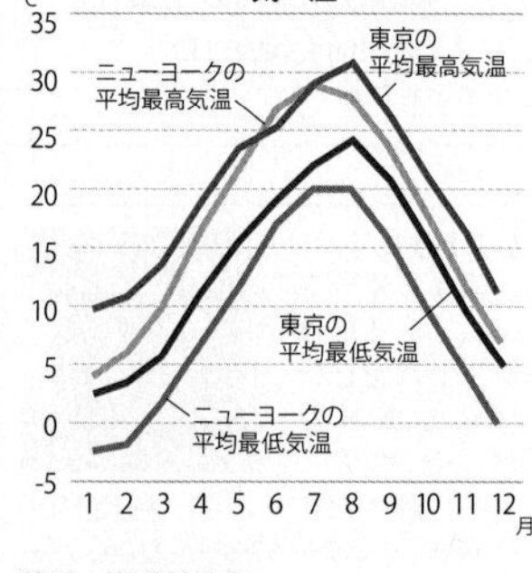

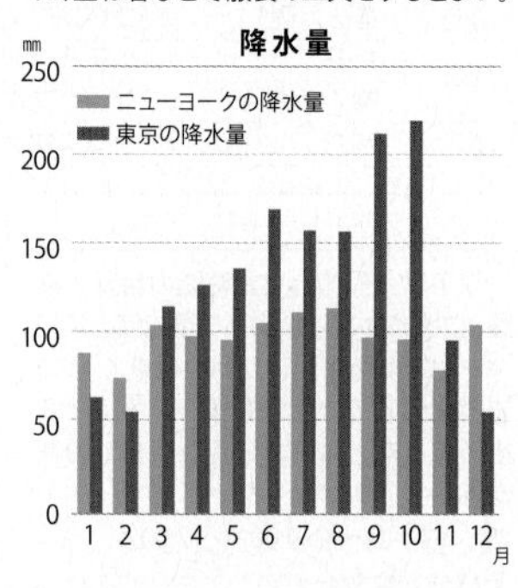

華氏・摂氏対比表

℃＝（℉-32）× 5/9　　例）78℉は、（78-32）× 5/9 ≒ 25.6℃

℉＝℃× 9/5+32

32℉は0℃と覚えておくとよい

摂氏（℃）	-17.7	-20	-10	0	10	20	30	37.7	40	100
華氏（℉）	0	-4	14	32	50	68	86	100	104	212
				（氷点）						（沸点）

※換算は小数点第2位で切り捨てています

飲料水

水道の水をそのまま飲むこともできるが、ミネラルウオーターを購入するのが一般的。スーパーやデリ、ドラッグストアなどで販売している。

日本からのフライト

▶航空券の手配
→P.476

直行便の場合、成田と関空からニューヨークまでは約13時間、帰路は偏西風の関係でプラス約1時間15分。

時差とサマータイム

アメリカ本土には4つの時間帯がある。東部標準時（EST：ニューヨークなど）は日本時間マイナス14時間、中部標準時（CST：シカゴなど）はマイナス15時間、山岳部標準時（MST：デンバーなど）はマイナス16時間、太平洋標準時（PST：ロスアンゼルスなど）はマイナス17時間。

夏はデイライト・セービング・タイム（夏時間）を採用し、1時間時計を進める州がほとんど。その場合、日本との時差は1時間短くなる。ただし、アリゾナ州（MST）、ハワイ州（HAST）ではデイライト・セービング・タイムは採用されていないので要注意。

夏時間を実施する期間は、3月第2日曜から、11月第1日曜まで。この時期の滞在は、タイムスケジュールに十分注意を。

郵便

郵便料金

日本への航空便は封書、はがきともに$1.50。郵便局の営業時間はエリアにより多少異なる。一般的には平日 9：00～17：00 くらい。

ポストは青色。EXPRESS MAIL と書かれているものは国内速達用なので注意。

▶郵便と国際宅配便 →P.487

出入国

ビザ

90 日以内の観光、商用が目的ならば基本的にビザは不要。ただし、頻繁にアメリカ入出国を繰り返していたり、アメリカでの滞在が長い人は入国を拒否されることもある。なお、ビザ免除者は ESTA による電子渡航認証の取得が義務づけられている。

パスポート

残存有効期間は滞在日数以上あれば OK だが、入国時に 90 日以上あることが望ましい。

▶ ESTA の取得 →P.474

▶出入国の手続き →P.477

税金

TAX

物を購入するときにかかるセールスタックス Sales Tax とホテルに宿泊するときにかかるホテルタックス Hotel Tax がある。率（%）は州や市によって異なる。また、レストランで食事をした場合はセールスタックスと同額の税金、またそれに上乗せした税金がかかる。なお、NY 州・N J 州では外国人旅行者へのタックスリファンド制度はない。

ニューヨーク市の税率

セールス（→ P.283）／8.875%。レストランでの飲食も同率。ホテル（→ P.334）／ひと部屋当たり 1 泊につき、14.75% ＋ $3.50。

安全とトラブル

日本人の遭いやすい犯罪は、置き引き、スリなど。犯行は複数人で及ぶことが多く、ひとりが気を引いているスキに、ひとりが財布を抜いたりする。日本語で親しげに話しかけ、言葉巧みにお金をだまし取るケースも多い。コロナ禍後、街の治安も悪化している。日本から 1 歩でも出たら、「ここは日本ではない」という意識を常にもつことが大切。

警察・救急車・消防署

911

▶旅のトラブルと安全対策 →P.488

年齢制限

ニューヨーク州では、飲酒可能な年齢は 21 歳から。場所によっては、お酒を買うときにも身分証明書（ID）の提示を求められる。ライブハウスなどお酒のサーブがあるところも身分証明書が必要。

アメリカでは若年層の交通事故がとても多く、大手レンタカー会社では一部の例外を除き 25 歳以上にしか貸し出さない。21 歳以上 25 歳未満の場合は割増料金が必要なことが多い。

度量衡

距離や長さ、面積、容量、速度、重さ、温度など、ほとんどの単位が日本の度量衡とは異なる。

▶日本とアメリカのサイズ比較表 →P.494

時差表

東　京	0	1	2	3	4	5	6	7	8	9	10	11	12	13	14	15	16	17	18	19	20	21	22	23
ニューヨーク（夏）	11	12	13	14	15	16	17	18	19	20	21	22	23	0	1	2	3	4	5	6	7	8	9	10
ニューヨーク（冬）	10	11	12	13	14	15	16	17	18	19	20	21	22	23	0	1	2	3	4	5	6	7	8	9

※ 3 月第 2 日曜から 11 月第 1 日曜まで 1 時間早くなる（夏時間 Daylight Saving Time）。
通称「サマータイム」。深夜 2:00 に切り替わる。

きらめく街をいろんな角度で

展望台からNY HIGH-RISE

展望台は、摩天楼の街ニューヨークで外せない定番観光スポット。NYの象徴でもあるエンパイア・ステート・ビルから最新のサミットまで、マンハッタンの新旧5大展望台から圧倒的な絶景パノラマを堪能しよう。

尖塔とアンテナを入れると443m

1933年竣工
トップ・オブ・ザ・ロック
ー展望台の高さー
260m
P.20, 76

Check!
高いビルの展望台から進化を続けるNYを眺める

エンパイアとトップ・オブ・ザ・ロック（TOR）の2大人気展望台に加え、マンハッタンには過去10年で3つの新しい展望台が誕生。ガラス張りのサミット、360度の屋内展望が楽しめるワン・ワールドなど、それぞれに特色があり、異なる視点からNYを見下ろせる。エッジのシティ・クライムやTORのザ・ビームなど体験型の新アトラクションにも注目！

1931年竣工
エンパイア・ステート・ビルディング
ー展望台の高さー
約380m
P.18, 70

Photo Courtesy Matthew Papa

展望台に行く前に

1 事前に購入しておこう

当日窓口でも購入できるが、各展望台とも公式ウェブサイトの「Buy Tickets」から事前にチケットを購入しておくのがおすすめ。

2 所要時間は長めに見ておこう

セキュリティチェックなどに時間がかかる場合もあり、写真撮影やおみやげ探しの時間も考慮して、所要時間は長めに見ておこう。

3 時間帯による違いを楽しもう

昼はNYの街並みが遠くまでくっきり見え、夜は宝石箱のような夜景が広がる。両方楽しみたいならサンセットタイム前が狙い目。

を一望! IGHLIGHTS

西半球最高の屋外展望台

2020年竣工
エッジ
ー展望台の高さー
336m
P.14, 83

ビルの高さは427m

2014年竣工
ワン・ワールド・トレード・センター
ー展望台の高さー
386.5m
P.120

2021年竣工
サミット
ー展望台の高さー
335m
P.16

City Climb

100階の展望台からビルの外壁を登頂するスリル満点のアドベンチャーを体験！

左／専用スーツとギアを装着し、ビルの外壁にある傾斜45度の階段161段を上がっていく　右／三角屋根のトップが頂上（地上395m）。最高の達成感を味わえる！

シティ・クライム
☎（1-332）204-8500
営10:15～17:15
料$185～（エッジの入場料込み。13歳以上、身長と体重の制限あり）
URL www.edgenyc.com/en/cityclimb
Photo Courtesy The Edge

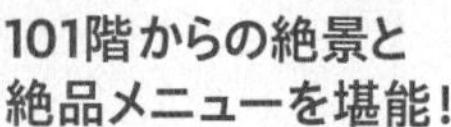

Peak

絶景を眺めながらお食事♪

101階からの絶景と絶品メニューを堪能！

展望台エッジと同じビル30ハドソンヤーズの101階に位置するレストランは、眼下に広がる絶景と洗練されたモダン・アメリカン料理が楽しめる極上空間。エッジの料金も込みなので、食事後に展望台に向かってもOK。

ピーク
☎（1-332）204-8547
営11:30～14:30、17:00～22:00
予算：ランチ$60～、ディナー$80～
URL www.peaknyc.com

❶エレガントな客席　❷エンパイアもすぐそこに見える天空の極上ダイニング空間　❸女性シェフによる季節の食材を使ったメニューが楽しめる　❹焼きたてパンもおいしい　❺広々とした空間で、ゆったりとくつろげる。ウェブサイトから要予約　❻ラズベリーとアイスクリームの繊細なデザート（プリフィクス・メニューより）

Gift Shop

ギフトショップでユニークなおみやげをゲット！

上／同じビルの4階にあるギフトショップには多彩な商品が並ぶ　右／地下鉄7番線をモチーフにしたワッペンも

天空に浮かぶ三角形の屋外展望台

The Edge

エッジ

NYの新名所ハドソンヤーズ（→P.83）のビル群のひとつ「エッジ」は、西半球で最も高い屋外展望台。ビルの100階部分から三角形に突き出た、まさに天空に浮かぶ空間からハドソン・リバーやマンハッタンの摩天楼を一望できる。展望台の床の一部はガラス張りになっていて、眼下をシースルーで見下ろすことも。もっとスリルを味わいたなら、ビルの外壁を登るシティ・クライムにチャレンジ!

別MAP P.12-B3
ミッドタウン・ウエスト
住30 Hudson Yards
地下鉄 7 34 St-Hudson Yards
☎（1-333）204-8500
営9:00～22：00
（季節により変動あり）
料 大人$36～、6～12歳$31～、62歳以上$34～
（オンライン販売のみ）
URL edgenyc.com

HOW TO GET THERE

ハドソンヤーズ内のショッピングモール4階からアクセス。ここでチケット購入も可能

展望台エッジがある30 Hudson Yardsの100階に行くエレベーターへ向かう

エレベーターに乗る前に二次元コードによるチケット確認あり

エレベーターまでは建築の歴史やビルについてなどさまざまな展示が。エレベーターは直通

浮遊感が楽しめる最新展望スポット

Summit

サミット

グランド・セントラル駅横の超高層ビル、ワン・ヴァンダービルトの91～93階部分に作られた展望台「サミット」は、ガラスと鏡に囲まれた近未来的異次元空間。まるで空中に浮かんでいるかのような圧倒的浮遊感と開放感が楽しめる。全面ガラス張りのエレベーター Ascent（別料金）のほか、草間彌生のアートや、無数の風船が浮かぶインスタレーションもユニーク！

別MAP P.35-D3　ミッドタウン・イースト
住45 E. 42nd St.
（ワン・ヴァンダービルトの展望台）
地下鉄 4 5 6 7 S Grand Central-42 St
☎（1-877）682-1401
営 9:00～22:30（季節により異なる。入場は1時間前まで）
料 大人 $42～、6～12歳 $36～、5歳以下無料
URL summitov.com

HOW TO GET THERE

エントランスは地下1階。グランド・セントラル駅から西へ歩いてすぐだがややわかりにくい

列に並ぶ。係の人に二次元コードのチケットを見せるとリストバンドをくれるので手首に巻く

展望台は滑りやすいのでシューズカバーを履く。サングラスも借りられる。両方無料

インスタレーションに参加するために自分の顔を登録したら、エレベーターへ向かう

ガラスと鏡に囲まれた迫力満点の近未来的展望台

❶開放感あふれる空中庭園のようなデッキ ❷全面ガラス張りの浮遊スポット Levitation のすぐ下を通るのはマディソン・アベニュー ❸クライスラー・ビルとイースト・リバー ❹ブルックリンやクイーンズも見渡せる

View

Snack

北欧スタイルのカフェ＆カクテルバーでひと休み

上／93階にあるAprèsは、カジュアルな雰囲気の北欧風カフェ　右／軽食のほか、オリジナルカクテルも楽しめる

Art

ユニークなアートインスタレーションも要チェック

無数の風船が浮かぶ91階のAffinityなど世界的アーティスト、ケンゾー・デジタルが手がけたアートにも注目。草間彌生のアートもある。

Gift Shop

ビルの名前と形をモチーフにしたロゴ入りグッズが豊富

右／93階にあるギフトショップではセンスのよいグッズが揃う　左／ビルの名前One Vanderbiltと形をモチーフにしたキーチェーン $12

Photos Courtesy Summit

Exhibit

歴史的建造物の物語がわかる展示をチェック

❶13ヵ月という驚異的なスピードで建設されたビル　❷建設前の1920年代の様子　❸エンパイアが舞台となった1933年の映画『キングコング』の等身大の手

View

NYのランドマークから眼下に広がる絶景を堪能しよう

❹5番街にそびえたつNYのランドマーク。イベントごとに色が変わる最上部のイルミネーションも有名　❺メインの展望台がある86階に到着　❻360度の展望が楽しめる屋外デッキ　❼80階にあるクラシックな双眼鏡

Gift Shop

80階にあるショップはNYの定番みやげがいっぱい

下／アイ♡NYのTシャツもある　右／贈り物にもよろこばれそうなマグカップ　右下／キングコング&エンパイアのチョコレート

102nd Fl.

圧倒的な高さからの眺めを楽しむなら102階へ

上／床から天井まで広がるガラス窓からパノラマビューを楽しめる　右／86階からのエレベーターで102階へ

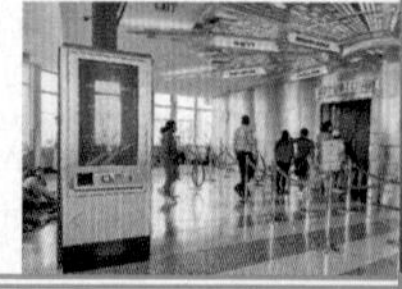

Photos Courtesy The Empire State Building

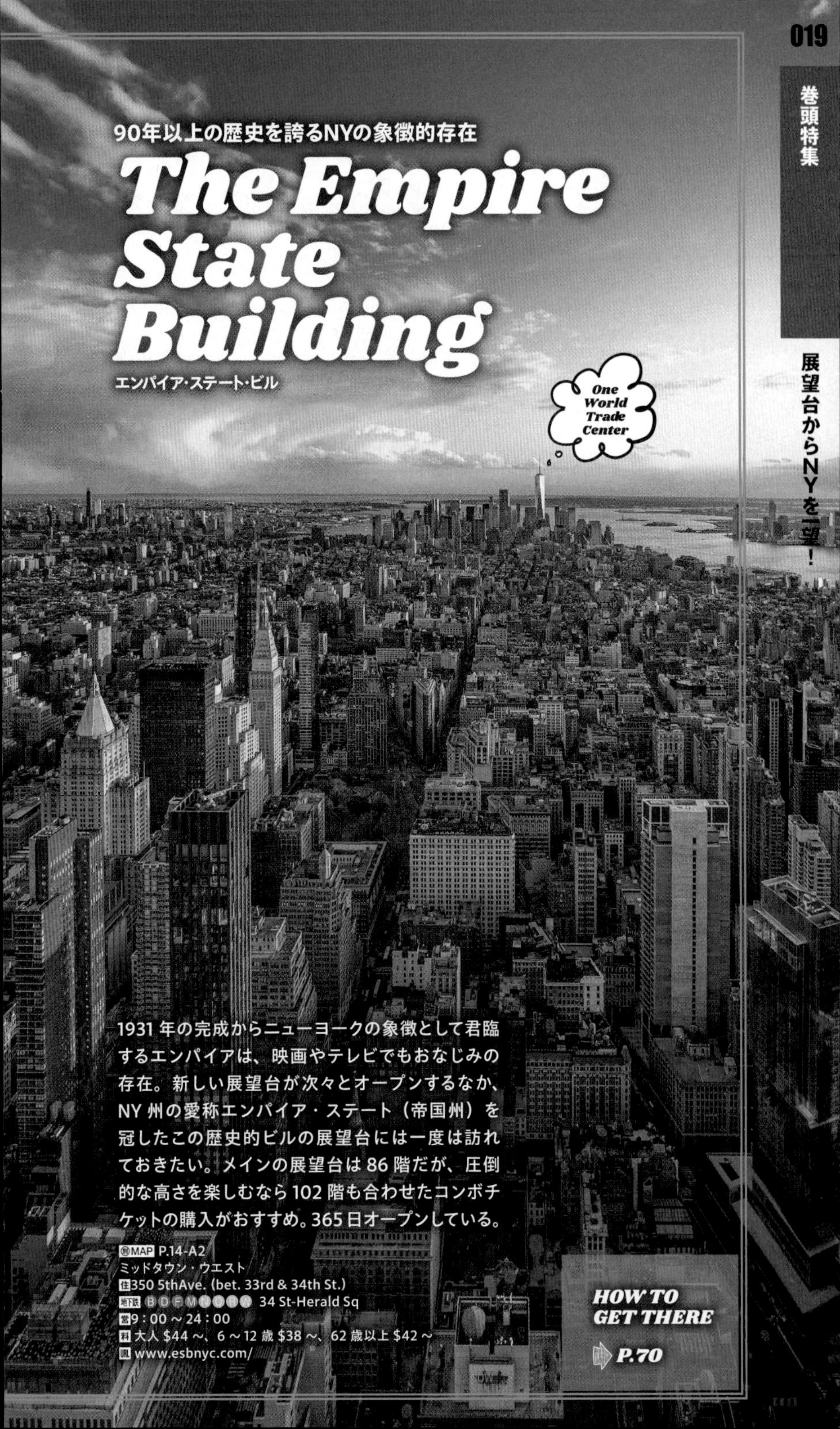

90年以上の歴史を誇るNYの象徴的存在

The Empire State Building

エンパイア・ステート・ビル

1931 年の完成からニューヨークの象徴として君臨するエンパイアは、映画やテレビでもおなじみの存在。新しい展望台が次々とオープンするなか、NY 州の愛称エンパイア・ステート（帝国州）を冠したこの歴史的ビルの展望台には一度は訪れておきたい。メインの展望台は 86 階だが、圧倒的な高さを楽しむなら 102 階も合わせたコンボチケットの購入がおすすめ。365 日オープンしている。

MAP P.14-A2
ミッドタウン・ウエスト
住 350 5thAve. (bet. 33rd & 34th St.)
地下鉄 B D F M N Q R W 34 St-Herald Sq
営 9：00 ～ 24：00
料 大人 $44 ～、6 ～ 12 歳 $38 ～、62 歳以上 $42 ～
URL www.esbnyc.com/

HOW TO GET THERE
P.70

1933年の展望台

展望台はビルが完成した1933年からあったが、1986年に同ビルのレストラン、レインボー・ルームの改修にともない閉鎖。2005年に現在の名称で再オープンした。

ド迫力のエンパイアが真正面に!

Top of the Rock

トップ・オブ・ザ・ロック

ロックフェラー・センターの中心に建つコムキャスト・ビル(元GEビル)の展望台「トップ・オブ・ザ・ロック」は、67・69・70階の3層からなり、どの階からも南側にエンパイアが見えるのがポイント。67階は屋内、69・70階は屋外展望台で、特に安全柵がない70階は開放感抜群! 鋼鉄の横桁に座り、1932年に撮影された「摩天楼の頂上でランチ」を再現できる新アトラクションにも挑戦したい。

Empire State Building

別MAP P.34-B1
ミッドタウン・ウエスト
住30 Rockefeller Plaza (bet. 5th & 6th Aves.)
地下鉄 B D F M 47-50 Sts-Rockefeller Ctr
営9:00～24:00(季節により異なる)
料 大人$40～、6～12歳$34～、62歳以上$38～
URL www.rockefellercenter.com

HOW TO GET THERE

ロックフェラー・センターの中心にある。50th St.や地下鉄駅からアクセスできる

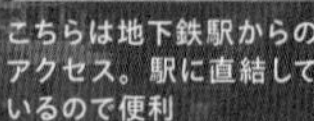

こちらは地下鉄駅からのアクセス。駅に直結しているので便利

もしチケットを事前購入していなければ入口付近にあるこちらの機械で購入できる

係の人にチケットの二次元コードをスキャンしてもらったら、エレベーターへ進む

2023年12月にオープンした「ザ・ビーム」が話題！

❶建設作業員たちが摩天楼の上でランチする1932年の有名な写真を再現できるアトラクション「ザ・ビーム」が69階に登場。鋼鉄の横桁は回転しながら約4m上昇する。追加料金$25で体験可能（写真付き） ❷超高層ビルとセントラルパーク ❸ミッドタウンの名所が間近に！

Check!

2024年オープン予定の新アトラクション

70階には円形の展望台「スカイリフト」がオープン予定。ガラス張りの展望台に乗ると支柱が9m上空まで伸び上がる構造になっている。

360度のビューを楽しめる。70階には球形の灯台「ビーコン」も設置予定（写真右上）

この写真を再現できる

夜景の美しさも格別！

70階にあるショップではロゴ入りグッズがおすすめ

❹ここでしか買えないグッズが手に入る ❺ROCKのロゴが入ったクールなキャップ$24.95 ❻スノードーム$49.95

Photos Courtesy Top of the Rock

1日ごとに効率よく巡る!

ニューヨークエリア別1DAYモデルプラン

PLAN 01 王道の観光スポットを巡る! ダウンタウン・コース

8:00 朝食は宿で済ませて朝イチのフェリーに乗船、自由の女神（→ P.110）へ

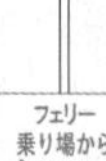

早起きして午前中の時間を有効的に使おう!

フェリー乗り場から 約15分

12:00 ワールド・トレード・センター（→ P.118）へ。直結しているオキュラス（→ P.114）にも足を運ぼう

約5分

12:40 ハドソン・イーツ（→ P.178）でランチ

約15分

14:00 ソーホー&ノリータ（→ P.102）でセレクトショップなどをチェック

かわいい街並みとショップ巡りを楽しんで

約20分

15:30 ハイライン（→ P.86）へ。途中、ハドソン・リバーに浮かぶリトル・アイランド（→ P.85）で休憩を

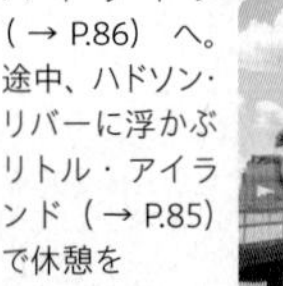

約10分

16:30 チェルシー・マーケット（→ P.179）でおみやげ探し

約10分

18:00 ユニオンスクエア（→ P.93）でオフブラショップ巡り

約3分

20:00 アーバンスペース・ユニオンスクエア（→ P.180）でディナー

約3分

21:00 周辺にあるスーパーでおみやげや夜食を手に入れよう

PLAN 02 最新スポットの展望台を回る! ミッドタウン・コース

8:30 グランド・セントラル・ターミナル（→ P.82）のブラックシード・ベーグルでベーグルの朝食

約2分

9:30 サミット（→ P.16）では映え写真も撮れる

約15分

11:30 近未来空間のハドソンヤーズ（→ P.83）へ

12:00 30ハドソンヤーズの101階にあるレストラン、ピーク（→ P.14）。予算に余裕があればコース・メニューを

マンハッタンの景色を楽しみながらお食事♡

13:30 エッジ（→ P.16）の展望台へ

約15分

14:30 ニューヨーク公共図書館（本館）（→ P.79）の向かいにオープンした分館にも立ち寄ろう。その後、5番街（→ P.66）へ

約16分

16:00 ニューヨーク近代美術館（→ P.366）でアート鑑賞

約7分

18:30 タイムズスクエア（→ P.78）ではキャラクターのかぶりものには注意。一緒に撮影すると高額チップを請求される

約2分

19:00 アメリカンな雰囲気のダイナー、ジュニアズ（→ P.219）でディナーを

約2分

20:00 ブロードウエイでミュージカル鑑賞（→ P.402）

定番スポットから話題の新名所、アートにミュージカル、ショッピングにグルメスポットなど、あれもこれも時間がいくらあっても足りないのがニューヨーク。そこで、効率よく楽しめる1DAYコースを4つご紹介！

PLAN 03 アート三昧な1日を過ごす アップタウン・コース

8:00 ルヴァン・ベーカリー（→ P.230）で朝食

名物のチョコチップ・クッキーを食べよう！

9:00 アッパー・ウエスト・サイドを散策

徒歩 約15分

10:00 アメリカ自然史博物館（→ P.375）では新館もチェック！

徒歩 約10分

12:00 ゼイバーズ（→ P.264）でおみやげを探しつつランチ用のお総菜も手に入れる

徒歩 約10分

13:00 セントラルパーク（→ P.126）のベンチかシープ・メドウ（→ P.128）で公園ランチ。セントラルパークを東へ通り抜けるバスで移動

マンハッタンの真ん中で緑に囲まれてランチ

バス 約15分

14:30 メトロポリタン美術館（→ P.358）へ

徒歩 約10分

16:00 グッゲンハイム美術館（→ P.372）に移動。もし時間がないようなら外観だけでもチェック！

バス 約15分

18:00 NYにたくさんあるファストカジュアル店ディグ（→ P.168）でディナー

バス 約25分

20:00 グリニッチ・ビレッジなどでジャズ鑑賞（→ P.422）

PLAN 04 ちょっと足を延ばして ブルックリン・コース

9:30 ベーカリーカフェのバケリ（→ P.222）で朝食

徒歩 約15分

11:00 ビーコンズ・クローゼット（→ P.281）で掘り出し物を探そう

徒歩 約20分

11:30 スモーガスバーグ（→ P.145）とアーティスツ&フリー（→ P.312）へ。ただし週末のみの営業なので注意

徒歩 約15分

12:00 ベッドフォード・アベニューを散策（→ P.144）

徒歩 約15分

13:00 ピーター・ルーガー・ステーキハウス（→ P.249）でランチ。その後フェリーで移動

フェリー 約20分

15:00 ブルックリン・ブリッジのあるエリア、ダンボ（→ P.140）へ

フェリー乗り場近くに多くの見どころあり！

徒歩 約2分

17:00 橋のたもとにあるフードホール、タイム・アウト・ニューヨーク（→ P.178）でディナー

18:00 フェリーでマンハッタンに戻るか、ブルックリンから摩天楼の夜景を楽しむ

【知りたい!】ニューノーマルのニューヨーク

NY は現在ポストコロナの「ニューノーマル＝新しい日常」で過ごす生活様式が一般的。NY 市としてもワクチン接種やマスク着用の義務もない。マスクを着用している人はたまにいるが、あくまでも個人の判断に委ねられる。また、NY 旅行の前のワクチン接種や検査の義務もない。

観光スポットも通常営業に

観光名所や美術館、ブロードウエイ、ナイトクラブ、レストランやショップなどの営業時間も通常に戻っている。なかには時間指定での予約が必要になることもあるので、事前に確認を。

キャッシュレスが広がる

コロナの影響もあり、キャッシュレス化が加速。クレジットカードをはじめ「Apple Pay」「Google Pay」などのモバイル決済システムでの支払いがさらに普及している。現金は所持する必要があるが、それよりアメリカで使えるクレジットカードを念のため数枚用意しておくのがおすすめ。また、クレジットカードはカードリーダーにタッチするだけで支払いが完了する「タッチ決済(Contactless Payment」対応が主流。旅行前にタッチ決済対応カードを用意しておくのがおすすめ。地下鉄＆バスにもタッチするだけで乗車することができて便利だ。ちなみに、日本の PayPay のような電子マネーは一般的にはない。

個人商店の閉店が相次ぐ

コロナ禍で閉店や休業を余儀なくされたお店も。路面店をやめてオンラインショップに移行するお店が多数ある。家賃高騰もその理由で、借り手が決まらず、ずっとシャッターが下りたままの店舗も多い。郊外に移転したお店もある。

飲食店はスマホが必需品

レストランやバー、ジャズクラブなど多くの飲食店が紙のメニューを廃止。テーブルに置かれている二次元コードでメニューを読み取りオーダーするという方法が増えた。ほかにも、コロナ禍に店舗前の歩道や車道にテーブルや椅子を置いて営業していたスタイルが現在でも定着している。

安全情報アプリ「Citizen」

ニューヨーカー必須のアプリ。位置情報を許可するだけで、ホーム画面で犯罪や火事、事故、デモなどの情報をリアルタイムで知らせてくれる。出発前にダウンロードを。

URL citizen.com

治安について

残念ながら、コロナの影響からその後のインフレによる経済困窮などで NY は治安がよいといえない。NY 市の法律で、窃盗などの軽犯罪者は捕まってもすぐに釈放されてしまうことも理由のひとつだろう。ヘイトクライム(人種による憎悪犯罪)は2022 年度より減少したものの、強盗に遭うなどの凶悪犯罪に加え、銃犯罪もある。空き店舗やコンドミニアム建設のプロジェクトがある場所は死角になりやすいので、特に夜間の外出には気をつけること。

スマート・コンポストにも注目

2023 年 6 月に可決されたのが「ゼロ・ウェイスト法」。家庭から出る生ゴミなどの有機物を分解して堆肥を作る「スマート・コンポスト」というオレンジ色のボックスがニューヨークの街角に設置された。このコンポストのゴミ収集を順次スタート。2025 年内には市内全域で分別が始まる予定だ。

※2023年12月現在の情報です。状況は変化することをご理解ください。

【物価高&円安に負けない!】コスパよく楽しむ

市内観光

★エンパイア・ステート・ビルやメトロポリタン美術館など、王道スポットをたくさん観光するなら、シティパス(P.61)を手に入れよう。5つのアトラクションの入場料が40%オフに!

★自由の女神に会いに行くなら、フェリークルーズに参加せずに無料のスタテンアイランド・フェリーで眺めるのもあり(P.55)。ただし、女神のいる島に上陸せず遠くから眺めるだけ。

★コロナ禍で地下鉄の治安が悪化するなか路線が増えたNYCフェリーは、注目を浴びている存在。$4でクルーズ気分を味わえるのが魅力(P.56)。

★天気のいい日なら、ブルックリン・ブリッジを歩いて渡ろう(P.142)。おすすめはマンハッタンからブルックリン(ダンボ)。途中で摩天楼を眺めながら片道約30分。ダンボで散策して、NYCフェリーで戻るのもいい。無料で通行できる。

アート&エンタメ

★ミュージカルは、チケッツ(正規ディスカウント)やロッタリー(抽選)で安いチケットを手に入れて(→P.401)。チケッツはプレミア席が半額や、単席だとさらに安くなることも。ただしチケッツは人気の演目はないことが多く、ロッタリーは当選確率が低いので、どうしても観たい作品は直接購入を。割引チケットが購入できるアプリTodayTixもおすすめ。毎年1月と9月に開催される「ブロードウエイウイーク」なら2枚のチケットを1枚分(実質半額)で購入できる。

★美術館&博物館はPay-What-You-Wish(寄付金制による任意払い)の日時を狙って鑑賞する。グッゲンハイム美術館は土曜17:00~20:00、ニューヨーク歴史協会は金曜16:00~18:00など。ほかにも任意払いの日を設けている美術館あり。ホイットニー美術館は金曜17:00~22:00と毎月第二日曜は無料になる。

ショップ&レストラン

★食事はテイクアウトやフードホールも賢く利用しよう。エスニックやアメリカンなファストフードもおすすめ(→P.172)。また、チャイナタウンやクイーンズのフラッシング(チャイナタウン)などは、安くておいしいアジアンフードのお店や屋台フードが数多くある。

★高級レストランなら「レストランウイーク」を狙ってみるのもおすすめ。2024年冬の実施日は1月16日~2月4日。ニューヨーク(ブルックリンも含む5区すべて)市内の有名レストランでのコースが$30、$45、$60で味わえる。2024年夏の日程は未定。

★日本より乾燥しているのでノドの乾きも早い。買うと高いので水持参で歩く。

WHAT'S NEW in NEW YORK

これからオープン&オープンしたばかりの
新スポットや話題のニュースをチェック!
旅行計画にぜひ役立てて!

NY市内の空港が続々とリニューアル

2023年1月、ニューアーク・リバティ国際空港が27億ドルを投じてターミナルAをリニューアル。続いてラガーディア空港が25年ぶりの全面リニューアル工事中で2024年中に完了予定。ジョン・F・ケネディ国際空港も4億ドルのターミナル拡張に続き、60以上のショップとダイニングの導入を検討中だ。

拡張中のジョン・F・ケネディ国際空港
Photo Courtesy PANYNJ

フリック・コレクションが2024年後半にはもとの場所に

改装リニューアル中の「フリック・コレクション」は、2024年後半にフリック邸に戻る予定。もとの邸宅での展示に加え新築も計画されている。

ヒップホップ誕生50周年記念は2024年も継続中!

1973年8月11日、ブロンクスでDJのクール・ハークが妹の誕生日パーティでレコードを回したことが起源とされるヒップホップ。生誕50周年を祝って、市内では2023～2024年にかけてさまざまなイベントを開催。2025年にはヤンキースタジアムの南にヒップホップ美術館もオープンする予定。

ヒップホップ好きにはたまらない展示の数々
Photo: Matthew Papa

ルイ・アームストロング・ハウスがリニューアル!

2023年6月、施設およびコンテンツの拡充を経て「ルイ・アームストロング・コロナ・キャンパス」としてリニューアル。伝説のミュージシャン、ルイ・アームストロングの人生とレガシーを称賛・記録した展示やアーカイブ・コレクション、75席のパフォーマンス会場、ショップを備えたセンターになった。別MAP P.46-A1

ジャズの巨人の晩年の家を見学できる
Photos:Jack Bradley

タイムズスクエアに複合施設タワー「TSXブロードウエイ」が建設中

タイムズスクエアに建つ高層ビル。ショップやホテルに加え、NY最古の劇場パレスとステージもある。なかでも1670m²のLEDスクリーンは圧巻。2024年中にすべてが完成予定だ。

変わりゆくハーレムヴィクトリアシアター再開発

NY市のアイコン的な劇場、アポロシアターが拡張され、「アポロ・パフォーミング・アート・センター」として生まれ変わる。新しいふたつのステージを導入。2024年春オープン予定。

Transportation

アクセスと交通

ニューヨークのオリエンテーション

ニューヨークといっても広いが、おもな観光ポイントはマンハッタンに集中しているため、旅行者にとってのニューヨークはマンハッタンを指すことが多い。本書ではマンハッタンを中心としたニューヨークを紹介する。

一般的にニューヨークとは、ニューヨーク州にあるニューヨーク市のことをいう。ニューヨーク市には、マンハッタン、ブルックリン、クイーンズ、ブロンクス、スタテンアイランドの5つの区があり、マンハッタン以外はアウターボロ（outer boroughs）と呼ばれる。ハドソン・リバーを挟んで対岸にあるニュージャージー州は、マンハッタンへ通勤する人たちのベッドタウンにもなっている。

P.64

マンハッタン Manhattan 1

経済と流行の中心地、マンハッタン。観光スポットが集まり世界中から多くの人が訪れる。道路が碁盤の目のように通っているので歩きやすい。エリアごとに特色があるので、バラエティに富んだ散策が楽しめる。

P.138

ブルックリン Brooklyn 2

イースト・リバーを挟んで南東に位置。ショップやレストラン、ギャラリー、公園、高級住宅地などがある。アーティストをはじめとしたおしゃれなニューヨーカーが集まり、急速に成長している大注目のエリア。

P.152

クイーンズ Queens 3

ニューヨーク市5区のなかでも最大の居住区。移民が多く、100種以上の言語が混在しているエスニックタウン。クイーンズを東に貫く地下鉄7番線は「インターナショナル・トレイン」と呼ばれている。

P.156

スタテンアイランド Staten Island 4

マンハッタンの南にある大きな島。マンハッタンからフェリーで約25分という距離なのに静かな住宅地。2035～37年には島の中西部にセントラルパークの約3倍の規模の公園が開発される予定。

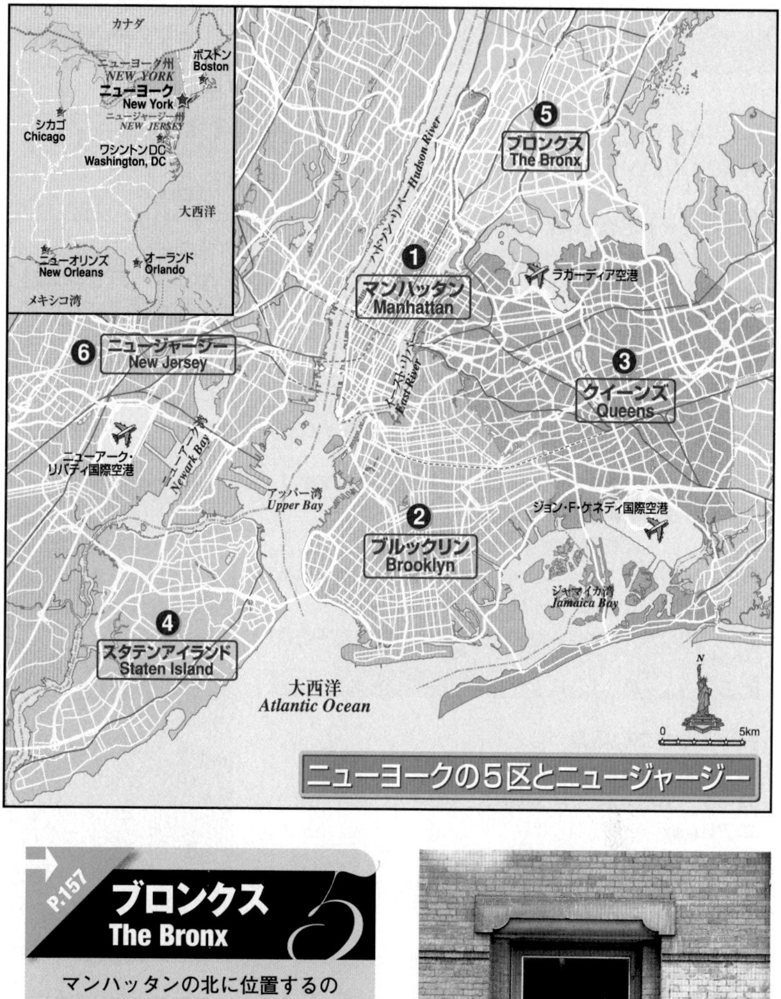

カナダ
ニューヨーク州
NEW YORK
ボストン
Boston
ニューヨーク
New York
ニュージャージー州
NEW JERSEY
シカゴ
Chicago
ワシントンDC
Washington, DC
大西洋
ニューオリンズ
New Orleans
オーランド
Orlando
メキシコ湾

❶ マンハッタン Manhattan
❷ ブルックリン Brooklyn
❸ クイーンズ Queens
❹ スタテンアイランド Staten Island
❺ ブロンクス The Bronx
❻ ニュージャージー New Jersey

ハドソン・リバー Hudson River
イースト・リバー East River
ラガーディア空港
ニューアーク・リバティ国際空港
ニューアーク湾 Newark Bay
アッパー湾 Upper Bay
ジョン・F・ケネディ国際空港
ジャマイカ湾 Jamaica Bay
大西洋 Atlantic Ocean
N
0 5km

ニューヨークの5区とニュージャージー

P.157

ブロンクス The Bronx 5

マンハッタンの北に位置するのがブロンクス。ヒップホップやラップミュージック発祥の地でもある。

P.158

ニュージャージー New Jersey 6

ニューヨークへ通う人たちが多く住む、ニューヨーク州の隣の州。近年、モールなどが増えている。“The Garden State” が愛称。

マンハッタンの地理を読む

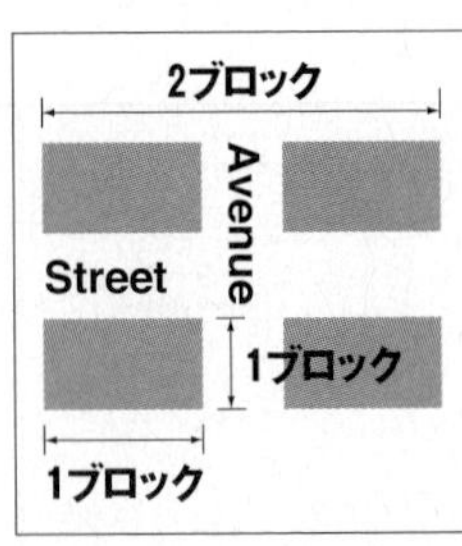

アベニューとストリートに囲まれたエリアは**「ブロック」**。現地でよく耳にする**「ワンブロック（1block）先」というのは「次の通り」**、**「ツーブロックス（2blocks）先」は「ふたつ先の通り」**。

マンハッタンの道路は、碁盤の目のようになっていて、初めて訪れても比較的わかりやすい。法則を理解すれば、地図がなくても住所でだいたいの場所がつかめる。

ストリートStreet（通り＝略してSt.）

マンハッタンを東西（横）に走る通り

●南から北へと数字が大きくなっていく。

●数字で示されるものは「〇丁目」、それ以外は「〇〇通り」。例：58th St.→58丁目、Bleecker St.→ブリーカー通り

ストリートとストリートの間
約80m（徒歩約1分）

アベニューAvenue（街＝略してAve.）

マンハッタンを南北（縦）に走る通り

●東から西へと数字が大きくなっていく。

●5番街（フィフス・アベニュー）を境に住所は西（West=W. ウエスト）と東（East=E. イースト）に分かれる。

アベニューとアベニューの間
約250m（徒歩約3分）

知っておきたい用語

ビトウィーンbetween（略して**bet.**）「～の間」

コーナーcorner、アットat「～の角」

ニアnear「～のそば」

Broadwayを**B'way**と略すこともある

上記は正式な住所ではないが、よく見かける表示なので覚えておきたい。

ストリート名	West End	Broadway	Amsterdam	Columbus	Central Park West	
90-96	620-737	2440-2554	620-733	621-740	300-360	セントラルパーク
84-90	500-619	2321-2439	500-619	501-620	241-295	
78-84	380-499	2201-2320	380-499	381-500	239-241	
72-78	262-379	2081-2200	261-379	261-380	121-239	
66-72	122-261	1961-2079	140-260	141-260	65-115	
58-66	2-121	1791-1960	1-139	2-140	0-65	

ストリート名	11th Ave.	Broadway	10th Ave.	9th Ave.	8th Ave.	7th Ave.	6th Ave.
52-58	741-854	1674-1791	772-889	782-907	870-992	798-921	1301-1419
46-52	625-740	1551-1673	654-770	662-781	735-869	701-797	1180-1297
40-46	503-624	1440-1550	538-653	432-662	620-734	560-701	1061-1178
34-40	405-502	メーシーズ-1439	430-537	431-432	480-619	442-559	1060-1061
28-34	282-404	1178-1282	314-429	314-431	362-479	322-442	815-1060
22-28	162-281	940-1177	210-313	198-313	236-361	210-321	696-814
14-22	26-161	842-940	58-209	44-197	80-235	64-209	695-520
8-14	——	748-842	0-58	0-44	0-80	2-64	420-520

用語一例　46th St.（at 5th Ave.）＝46丁目の5番街との角。bet. 49th & 50th Sts.＝49丁目と50丁目の間。46th St.(near 7th Ave.)＝46丁目の7番街そば。

地図から場所を知る『住所早見表』

住所にSt. (Street) とつく場合

例 11W. 53rd St.

①「53rd St.」とあるので、
53丁目沿いにある。

②W. (=West) とあるので、
ウエストサイドにある
(E.=Eastならイーストサイド)。下の表からウエストサイドの11を探す。

③5th Ave.と6th Ave.の間にある。
つまり、53丁目沿い、5番街と6番街の間にある。

④番地が奇数なら道の北側、偶数なら南側にある。

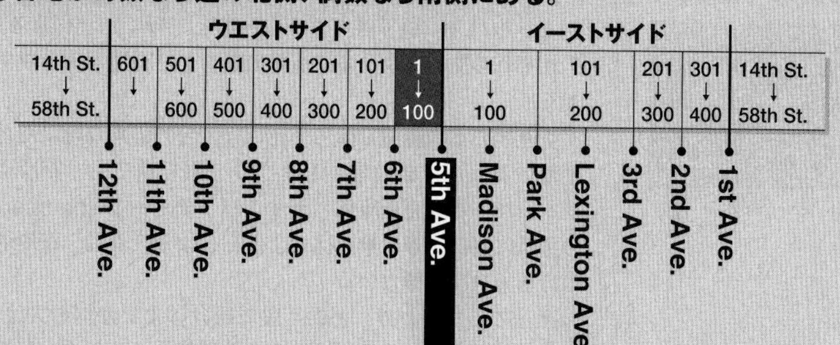

住所にAve. (Avenue) とつく場合

例 727 5th Ave.

①「5th Ave.」とあるので、
5番街沿いにある。

②下の表の5th Ave.の列から「727」を含む範囲を探す。

③左のストリート名を見ると52～58th St.とある。つまり、5番街沿いの52から58丁目の間にある。

5th Ave.	Madison	Park	Lexington	3rd Ave.	2nd Ave.	1st Ave.
1090-1148	1254-1379	1120-1236	1361-1486	1601-1709	1736-1854	1740-1855
1030-1089	1130-1250	1000-1114	1248-1355	1490-1602	1624-1739	1618-1735
970-1028	1012-1128	878-993	1120-1248	1374-1489	1498-1623	1495-1617
910-969	896-1006	760-877	1004-1116	1250-1373	1389-1497	1344-1494
850-907	772-872	640-755	900-993	1130-1249	1260-1363	1222-1343
755-849	621-771	476-639	722-886	972-1129	1101-1260	1063-1222
5th Ave.	Madison	Park	Lexington	3rd Ave.	2nd Ave.	1st Ave.
656-754	500-611	360-475	596-721	856-968	984-1101	945-1063
562-655	377-488	240-350	476-593	741-855	862-983	827-944
460-561	284-375	99-240	354-475	622-735	746-860	701-827
352-459	188-283	5-99	240-353	508-621	622-747	599-701
250-351	79-184	4-404	120-239	394-507	500-621	478-598
172-249	1-78	286-403	9-119	282-393	382-499	390-478
69-170	University	0-285	1-8	126-281	230-381	240-389
9-69	0-120	—	—	59-126	138-230	134-240

空港からマンハッタンへ

日本からニューヨークのアクセス（成田、羽田からの直行便については➡P.476）

空港内の施設
レンタカーサービス、カフェ、レストラン、売店、ブックストア、両替所など。

標識に従って進もう

ニューヨークには、ジョン・F・ケネディ国際空港（JFK）、ニューアーク・リバティ国際空港（EWR）、ラガーディア空港（LGA）の３つの空港がある。日本を含めた国際線の多くは、JFKに到着する。

マンハッタンへ向かう方法

JFK、EWR、LGAからマンハッタンまでは、それぞれシャトルバス、地下鉄、タクシーなどで行くことになる。それぞれの旅のスタイルや荷物の量などで交通手段を決めよう。

空港内の案内標識に従って行けば、目的の乗り場にたどり着ける。バス乗り場でもタクシー乗り場でも、制服やジャンパーを着た配車係（ディスパッチャー Dispatcher）の指示に従い、車に乗り込むようにしよう。なお、配車係へのチップは必要ない。

迷ってしまったり、どの手段で行けばよいか悩む人は、空港の到着ロビー出口付近にある交通案内カウンターで相談しよう。

交通手段を選ぶヒント

○＝向いている　△＝まあまあ向いている　×＝あまり向かない

	空港バス	シャトルバス	エアトレイン&鉄道	タクシー
荷物が多い・大きい	○	○	○	○
とにかく安く行きたい	△	△	○	×
楽に行きたい	△	△	△	○
速く行きたい	×	×	△（場所による）	○（渋滞がない場合）

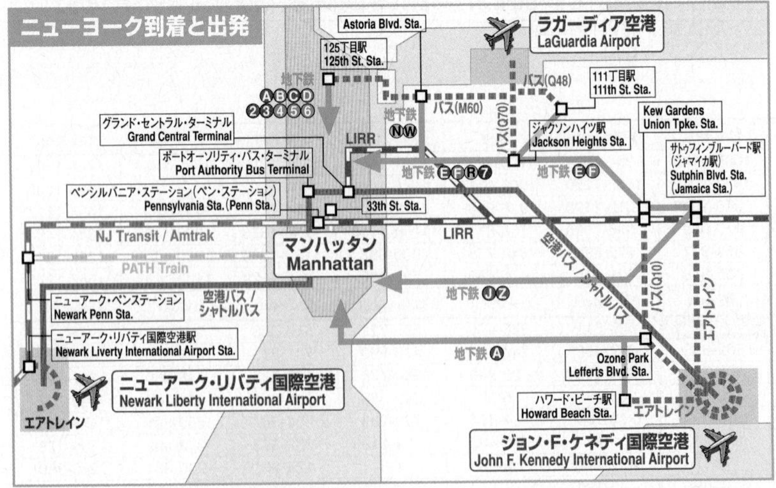

♥こちらの欄は、読者の皆さまからいただいた投稿と編集部からのコメントを掲載しています。旅のヒントにお役立てください。

JFK ジョン・F・ケネディ国際空港
John F. Kennedy International Airport

マンハッタンから東へ約24kmのクイーンズに位置する大空港。日本航空の直行便がターミナル8に、全日空とユナイテッド航空の直行便がターミナル7に乗り入れている。ターミナル8は拡張再開発工事がスタート。
URL www.jfkairport.com

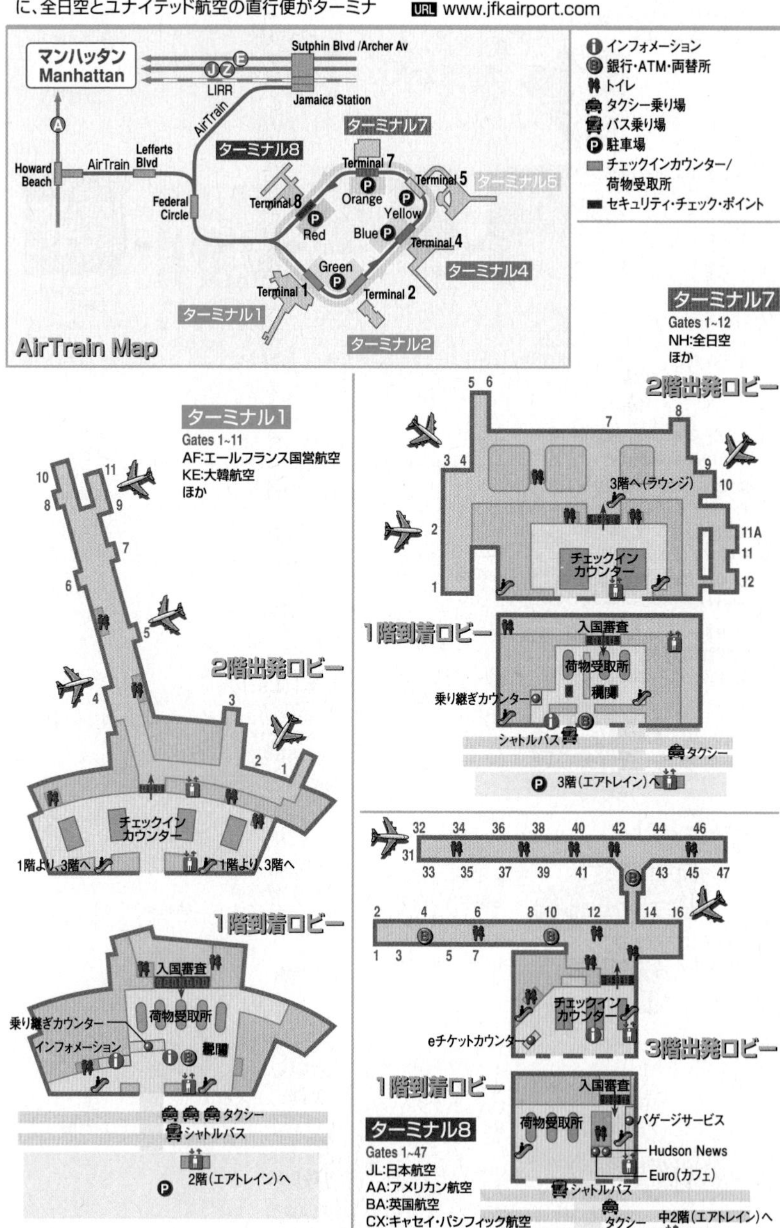

♥ジョン・F・ケネディ国際空港(JFK)からニューアーク・リバティ国際空港(EWR)、ラガーディア空港に行くシャトルバスにはETSエアポートシャトルがある。URL etsairportshuttle.com

ジョン・F・ケネディ国際空港からマンハッタンへ

	交通機関	乗車方法	料金	所要時間	運行間隔
エアトレイン&鉄道	**エアトレイン & ロングアイランド・レイルロード** **Air Train & LIRR**	各ターミナルより Jamaica行きに乗る（下記参照）	**$15.75～18.75**（エアトレイン $8.25 *2 ＋LIRR［ピーク時］$11.25、［オフピーク時］$8.25） ● LIRRにはCity Ticketという料金均一のチケットあり。ピーク時$7、オフピーク時$5	約30分	エアトレインはピーク時5～10分おき（24時間）
エアトレイン&鉄道	**おすすめの行き方。マンハッタンのグランド・セントラル・ステーションやペンシルバニア・ステーションに行ける。OMNY（→P.40）の利用で便利に。** ① Jamaica駅へ JFKに到着したらAirTrainに乗車。Jamaica駅で下車 → ②改札へ OMNY利用なら改札のOMNYリーダーにタッチ、それでエアトレインの料金が支払われる。メトロカードなら先に券売機でチケット購入が必要（⑤3行目以降参照）→ ③ LIRRのホームへ 改札を出て左に進む。地下鉄を利用するなら右へ → ④ Track番号の確認 Westboundのホーム（Track番号）と出発時間を確認				
エアトレイン&地下鉄	**エアトレイン & 地下鉄 Ⓐ** **Air Train & Subway**	各ターミナルより Howard Beach行きに乗る	**$11.15**（エアトレイン $8.25 *2 ＋地下鉄 $2.90 *1）	約80分	エアトレインはピーク時5～10分おき（24時間）
エアトレイン&地下鉄	**エアトレイン & 地下鉄 ⒺⒿⓏ** **Air Train & Subway**	各ターミナルより Jamaica行きに乗る	**$11.15**（エアトレイン $8.25 *2 ＋地下鉄 $2.90 *1）	約60分	エアトレインはピーク時5～10分おき（24時間）
バス&地下鉄	**エアトレイン & バス(Q10)& 地下鉄 ⒶⒺⒻ** **Airtrain, MTA Bus & Subway**	ターミナル5までエアトレインで移動（無料）。ターミナル5のMTAのバス停から乗車	**$5.80**（バス $2.90 ＋地下鉄 $2.90 *1） ● OMNY／メトロカード使用可。その場合乗り換えが1回無料なので$2.90 *3 *4	約100～120分	バス約15分おき（24時間）
シャトルバス	**スーパーシャトル** **SuperShuttle** **ゴー・エアリンク** **Go Airlink**	各ターミナルより。交通案内カウンターで予約、降車時に料金を支払う。ウェブサイトでも予約と支払い可	**$36.28～**（目的地により異なる） ●シニア料金なし。3歳以下は大人1人につき1人まで無料	約45～120分	24時間随時
タクシー	**タクシー** *5 **Taxi**	ターミナル前にある正規のタクシー乗り場（NYCタクシーの乗務員がいる）から乗車 UberやLyftなどの配車アプリも利用可	マンハッタンへは$70均一（プラス有料道路通行料（行き方による）＋チップ約$10～14で**トータル約$80～84**）	約40～60分	24時間随時

*1 「地下鉄」の料金は、OMNY／メトロカード使用時$2.90、シングルライド使用時$3.25
*2 エアトレインはJFKターミナル間（1～8）は無料。そこからは地下鉄駅まで$8.25かかる
*3 バス、地下鉄、LIRRのシニア料金（基本的にNY在住者向け）についてはP.40、P.54脚注参照
*4 メトロカードを初めて購入するときは発行料として$1かかる。→P.62
*5 チップは料金の15～20%が目安

♥シニアのチケット料金でパスポート提示とあるところは、国際運転免許証の提示でも大丈夫。

タクシーやシャトルなどさまざまな手段があるが、グランド・セントラル・ステーションも経由するようになったエアトレイン＋鉄道は便利。

※2023年12月時点の情報です。情報は変更されることがありますので、必ず事前にウェブなどで確認してください。

行き先	メリット	デメリット	マンハッタンから
Jamaica駅からLIRRで GCT PEN へ	●地下鉄よりも快適で速い ●スーツケースを持っていても乗車できる ●中心部の GCT PEN に行けるので便利	●マンハッタン到着後のアクセスを確保しなくてはいけない	来たルートと逆でよい。しかし、朝夕のラッシュ時は混雑に注意

→ **⑤券売機でチケット購入** 券売機はTrack 5と6の間ある。右下のAll Other TicketsからCity Ticketを選択

Long Island Rail Road Tickets

→ **⑥チケットタイプを選ぶ** PeakまたはOff Peakを選ぶ。Peakは基本的に、平日の到着6:00～10:00、出発16:00～20:00で、それ以外はOff Peak（例外あり）

→ **⑦行き先を選ぶ** PEN ならJamaica to Penn Stationをタッチ。GCT ならJamaica to Another Station→アルファベットのG、ブルックリンのアトランティック・ターミナルならアルファベットのAをタッチ

→ **⑧人数をタッチ** 必要な枚数を選んだら、Press to CONTINUEをタッチ

→ **⑨オプションを選ぶ** OMNYならNone (Ticket Only)、メトロカードならTicket and MetroCardをタッチ。次の画面で支払う

→ **⑩乗車** ホーム（Track番号）を間違えないように。チケットは車内で確認あり

行き先	メリット	デメリット	マンハッタンから
Howard Beach, JFK Airport駅から地下鉄Ⓐに Sutphin Blvd-Archer Av JFK Airport駅から地下鉄ⒺⒿⓏに	●地下鉄に乗るまでは渋滞もなく快適	●地下鉄の乗り換えが不便 ●時間帯によっては混雑するので、大きなスーツケースを持っている人には不向き ●マンハッタン到着後のアクセスを確保しなくてはいけない	来たルートと逆でよい。しかし、朝夕のラッシュ時は地下鉄の混雑に注意
Ozone Park Lefferts Blvdから地下鉄Ⓐ、Kew Gardens Union Tpkeから地下鉄ⒺⒻ	●とにかく安い。 ●ブルックリンに行く場合はターミナル5からバスB15に乗車しNew Lots Avから地下鉄③、New Lots Av（③とは別の駅）から地下鉄Ⓛ	●時間がかかる ●時間帯によっては混雑するので、スーツケースを持っている人には不向き ●到着後のアクセスを確保しなくてはいけない	来たルートと逆でよい。しかし、朝夕のラッシュ時は地下鉄の混雑に注意
マンハッタンのどこでも（自宅、ホテル含む）	●時間はかかっても、目的地まで乗り換えなしで行ける ●友達の家など指定した行き先まで行ってくれる	●乗合バスなので、必ずしも最初に自分のホテルに行ってくれるとはかぎらない。 ●客を乗車させるためターミナル移動もあるので、場合により到着まで2時間以上かかることも。急いでいる人にはすすめない	事前予約が必要。電話やウェブサイト（購入も可）、ホテルのコンシェルジュに頼むこと。時間どおりに来ないこともあるので注意。ウェブサイトで最初から往復を購入することもできる
自宅、ホテルどこでも	●運転手以外4名まで乗車できる（ミニバンは5名まで） ●滞在先まで直行なのでラク ●荷物の多い人にはおすすめ	●料金が高くつく ●交通渋滞にはまることもある ●時間により加算あり。平日16:00～20:00は$5の追加料金	マンハッタンからJFKはメーター制。どこからでもひろえる

GCT（グランド・セントラル・ターミナル） PEN（ペンシルバニア・ステーション） PAB（ポートオーソリティ・バス・ターミナル）
※各ターミナルの情報→P.53

♥**エアトレイン&地下鉄Ⓐ、エアトレイン&地下鉄ⒺⒿⓏ利用の注意** 空港からマンハッタンに向かうとき、エアトレインのチケットは最初に買うのではなく、下車後Howard Beach駅またはJamaica駅で購入する。

LGA ラガーディア空港 LaGuardia Airport

URL www.laguardiaairport.com

クイーンズにあり、最もマンハッタンに近い国内空港。全面リニューアル改修工事中で、2024年中に完了予定。地元アーティストによるモダンなデザインになるとのこと。

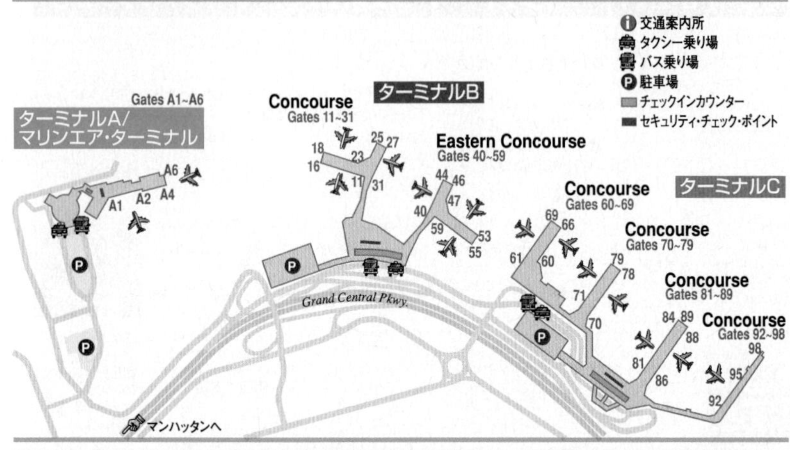

EWR ニューアーク・リバティ国際空港 Newark Liberty International Airport

URL www.newarkairport.com

ニュージャージー州にある国際空港。A、B、Cの3つのターミナルがあり、ユナイテッド航空がターミナルBとCに乗り入れている。

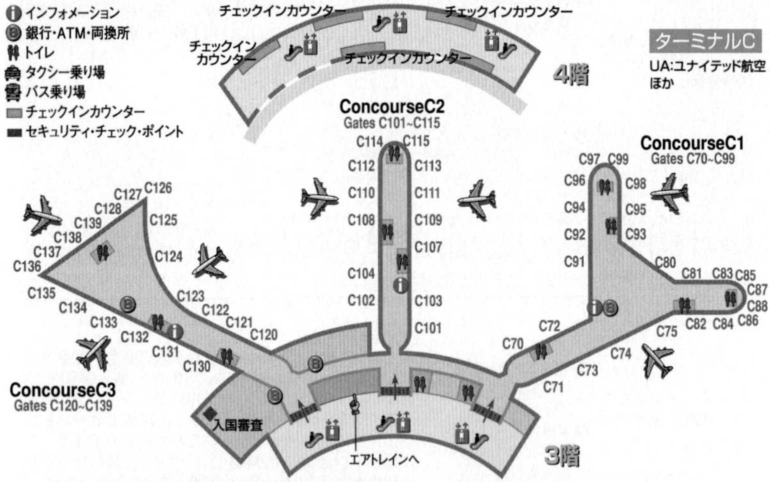

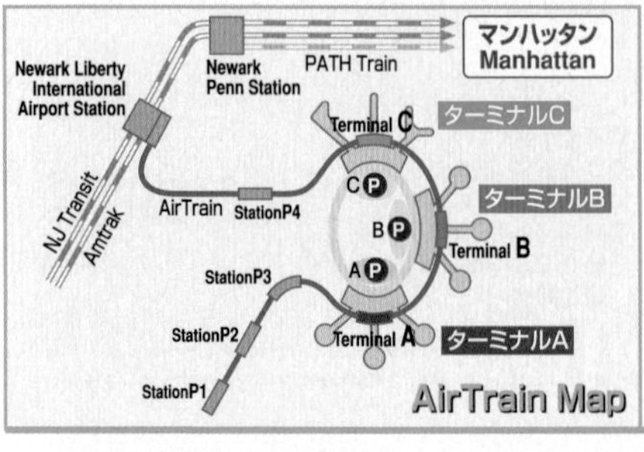

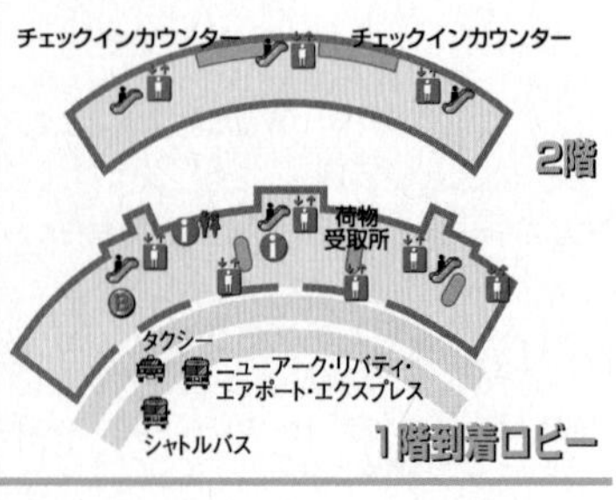

インフォメーション
銀行・ATM・両替所
トイレ
タクシー乗り場
バス乗り場
チェックインカウンター
セキュリティ・チェック・ポイント

ターミナルC
UA:ユナイテッド航空ほか

4階
チェックインカウンター
チェックインカウンター
チェックインカウンター
チェックインカウンター

3階
ConcourseC1
Gates C70~C99
ConcourseC2
Gates C101~C115
ConcourseC3
Gates C120~C139
入国審査
エアトレインへ

2階
チェックインカウンター
チェックインカウンター

1階到着ロビー
荷物受取所
タクシー
ニューアーク・リバティ・エアポート・エクスプレス
シャトルバス

AirTrain Map
マンハッタン Manhattan
Newark Penn Station
PATH Train
Newark Liberty International Airport Station
NJ Transit
Amtrak
AirTrain
StationP4
StationP3
StationP2
StationP1
Terminal C ターミナルC
Terminal B ターミナルB
Terminal A ターミナルA

JFKからEWRまで安く移動 エアトレイン＋地下鉄Ⓐ＋パストレイン（ニューアークのPENへ）＋NJトランジット＋エアトレイン。ただし移動に4～5時間はみておきたい。

ラガーディア空港からマンハッタンへ

マンハッタンにいちばん近い空港。車で約30〜40分、地下鉄で約40〜60分かかる。

※2023年12月時点の情報です。情報は変更されることがありますので、必ず事前にウェブなどで確認してください。

交通機関		乗車方法	料金	所要時間	運行間隔	行き先
バス&地下鉄	**バス（M60SBS）＋地下鉄** **MTA Bus & Subway** ※M60はセレクト・バス・サービス（SBS）なので（P.47）、メトロカードなら事前に自動券売機で運賃を支払いそのレシートを持って乗車する。OMNYならそのままリーダーにタッチ	各ターミナルにあるMTAのバス停から乗車	**$2.90〜$5.80**（バス$2.90＋地下鉄$2.90） ●メトロカード使用の場合乗り換えが1回無料なので、バスと地下鉄で$2.90 ●バスはコインでしか払えないので注意。または乗車前にOMNY／メトロカードの用意を。メトロカードは空港内の売店か自動券売機で購入できる（初めて購入するときは発行料$1がかかる→P.40） ●OMNY（P.40）の利用が便利	クイーンズのAstoria Blvd駅まで約20分。125th St.まで約30〜50分	終日8〜15分おき	クイーンズのAstoria Blvd駅まで行き、N Wまたはマンハッタンの125th St.沿いの地下鉄2 3 4 5 6 A C B Dまたは Broadway & 116th St. から1に
バス&地下鉄	**バス（Q48）＋地下鉄** **MTA Bus & Subway**	同上		約20分	5:00〜翌1:30 10〜30分おき	クイーンズの111 St駅まで行き、そこから地下鉄7に
バス&地下鉄	**バス（Q70SBS）＋地下鉄** **MTA Bus & Subway** ※Q70バスは無料	ターミナルB、Cにある MIAのバス停から乗車		約25分	終日6〜30分おき	クイーンズのJackson Hts-Roosevelt Av駅まで行き、そこから地下鉄7 E R F Mに
バス&地下鉄	**バス（Q72）＋地下鉄**	同上		約20分	4:00〜翌0:45 10〜30分おき	クイーンズのJunction Blvd駅まで行き、そこから地下鉄7、または63 Dr-Rego Park駅まで行きそこから地下鉄M Rに
シャトルバス	**スーパーシャトル** **Super Shuttle**	各ターミナルより。交通案内カウンターで予約、降車時に支払い。ウェブサイトでも予約と支払い可	**$40〜**（片道） ●目的地により料金は異なる ●シニア料金なし。3歳未満は無料	約40〜60分	24時間随時	マンハッタンのどこでも（自宅、ホテル含む）
タクシー	**タクシー**＊1 **Taxi**	ターミナル前にあるタクシー乗り場から	**約$25〜44**（マンハッタン）＋有料道路通行料（マンハッタンでE-Z Pass $6.94） ●チップは料金の15〜20%が目安 ●時間により加算あり	約30〜40分	24時間随時	自宅、ホテルどこでも。荷物の多い人にはおすすめ

GCT（グランド・セントラル・ターミナル） PAB（ポートオーソリティ・バス・ターミナル）

※各ターミナルの情報→P.53　＊1 Uber や Lyft などの配車アプリも利用可

リニューアル中のラガーディア空港

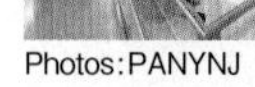

Photos：PANYNJ

ターミナルAをリニューアルしたニューアーク空港

JFKからエアトレインに乗るにもOMNYが利用可　2023年10月より、JFK空港からJFKエアトレインに乗車後、地下鉄に乗車する際、非接触型決済システム「OMNY」（→P.40）が利用できるようになった。

ニューアーク・リバティ国際空港からマンハッタンへ

	交通機関	乗車方法	料金	所要時間	運行間隔
エアトレイン&鉄道	**エアトレイン& NJ トランジット & パストレイン** Air Train, NJ Transit & Path Train	各ターミナルより	**$14**[*1]（NJトランジット $11.25＋パストレイン $2.75） ●NJトランジットとパストレインのチケットは自動券売機で購入[*2]	約50分	●エアトレインはピーク時3分おき ●パストレインは24時間運行
エアトレイン&鉄道	**エアトレイン& NJ トランジット** Air Train & NJ Transit	各ターミナルより	**$15.75**[*1] ●チケットは自動券売機で購入[*2]	約40分	NJトランジットは1時間に3本（ピーク時）
エアトレイン&鉄道	**エアトレイン& アムトラック** Air Train & Amtrak	各ターミナルより	**$35～**[*1] ●アムトラックは、シニア（65歳以上）10%の割引（要パスポート）。2～12歳は大人1人につき2人まで半額。2歳未満は大人1人につき1人無料[*2]	PENまで約30～40分	エアトレインはピーク時3分おき（24時間）
空港バス	**ニューアーク・エアポート・エクスプレス** Newark Airport Express	各ターミナルのシャトル乗り場より。交通案内カウンター左側の専門デスクまたは乗り場で購入。ウェブサイトでも予約と支払い可（$2.50追加あり）	**$18.70**（片道） **$33**（往復） ●シニア（62歳以上）片道$9.35往復 $18.70（要パスポート）。0～16歳片道$5.50往復$11	約50～60分	5:30～22:45 45分ごと マンハッタン→ニューアークは7:00～翌12:15
シャトルバス	**スーパーシャトル** Super Shuttle	各ターミナルより。交通案内カウンターで予約、降車時に支払い。ウェブサイトでも予約と支払い可	**$45**～（目的地により異なる） ●シニア料金なし。3歳以下は大人1人につき1人まで無料	約45～60分	24時間随時
タクシー	**タクシー**[*3] Taxi	ターミナル前にある正規のタクシー乗り場から乗車	**$60~80**＋トンネル通行料$12.75（E-Z Passオフピーク時）~$14.75（E-Z Passピーク時）Holland Tunnes工事のため$5 ●シニア（62歳以上）は10%の割引あり（要パスポート） ●チップは料金の15～20%が目安 ●平日6:00~10:00と15:00~20:00、週末12:00~21:00はプラス$10。その他の時間帯はプラス$5 ●24インチを超える荷物1つにつきプラス$1	約40～100分	24時間随時

＊1　ニューアーク・リバティ国際空港のエアトレインは$8.25だがNJトランジットとアムトラックの料金の中に含まれている
＊2　NJトランジット、パストレインのシニア料金（基本的にNY在住者向け）、子供料金についてはP.55下を参照
＊3　UberやLyftなどの配車アプリも利用可

♥**3歳以下の子供の乗車**　バンやシャトルバス、タクシーに乗車する場合、日本からチャイルド・セーフティ・シートを持っていくことがすすめられている。

バスかエアトレイン＆鉄道、またはタクシーでのアクセスになる。
ニュージャージー州にあるために、NYC 公認のタクシーは管轄外。

※2023年12月時点の情報です。情報は変更されることがありますので、必ず事前にウェブなどで確認してください。

行き先	メリット	デメリット	マンハッタンから
ニューアーク・リバティ国際空港駅でNJトランジットに乗り換え、ひとつ目のニューアーク・ペン・ステーションでパストレイン→ WTC駅や33rd St駅へ（ニューヨークのペン・ステーションではないので注意）	●ワールド・トレード・センターやビレッジなどパストレインの駅に近い場所に行くのに便利	●マンハッタン到着後のアクセスを確保しなくてはいけない ●33rd St駅に行くにはニューアーク・ペンステーションでパストレインに乗り換えたあと、ふたつ目のJournal Square駅で乗り換え	来たルートと逆でよい。しかし、朝夕のラッシュ時の混雑に注意
ニューアーク・リバティ国際空港駅でNJトランジットに乗り換え→ PEN	●鉄道なので渋滞がない	●PENに到着後のアクセスを確保しなくてはいけない	
ニューアーク・リバティ国際空港駅でアムトラックに乗り換え→ PEN からフィラデルフィアやコネチカットなどへ			
PAB→ブライアントパーク（5th Ave. & 42nd St.）→ GCT	●一度乗車すればマンハッタン中心部まで運んでくれる ●GCT PAB ブライアントパーク付近のホテルに行くなら利用価値大 ●往復チケットを買うと割安	●ニューアーク空港のターミナルを回ったあとマンハッタンへ向かう ●GCT PAB ブライアントパーク付近以外のホテルだと地下鉄やバスに乗り換えなくてはいけないため時間とコストがかかる	GCT PAB ブライアントパークのバス停から乗車できる（混んでいると次の便になる）。所要約120分はみておきたい ●乗り場 ・GCT 120 E. 41st St.（bet. Park & Lexington Aves.） ・ブライアントパーク 42nd St. & 5th Ave.（北西角） ・PAB 41st St.（bet. 8th & 9th Aves.）降車場は42nd St.なので注意
マンハッタンのどこでも（自宅、ホテル含む）	●時間はかかっても、目的地まで乗り換えなしで行ける ●友達の家など指定した行き先まで行ってくれる	●客を乗車させるためターミナル移動もあるので、場合により到着まで3時間以上かかることも。急いでいる人にはすすめない	予約が必要。電話、ウェブサイト（購入も可）、ホテルのコンシェルジュに頼むこと。時間どおりに来ないこともあるので注意
自宅、ホテルどこでも	●運転手以外4名まで乗車できる（ミニバンなら5名まで） ●滞在先まで直行なのでラク ●荷物の多い人にはおすすめ	●料金が高くつく ●交通渋滞にはまることもある	NJ公認のタクシーで行く。メーター制＋$20追加料金＋往復トンネル通行料が必要になる

GCT（グランド・セントラル・ターミナル） PEN（ペンシルバニア・ステーション） PAB（ポートオーソリティ・バス・ターミナル）
※各ターミナルの情報→ P.53

♥空港間をタクシー移動 JFK→EWR所要約75～90分で料$157～177＋$20追加料金＋有料道路通行料＋往復トンネル通行料、JFK←→LGA所要約30分で料$48～53。

ニューヨークの交通機関

ニューヨーク内の交通機関で、旅行者が頻繁に利用するのが、地下鉄、バス、タクシー。縦に細長いマンハッタンでは、南北の移動は地下鉄、東西の移動はバスが便利。

MTA

URL www.mta.info
（路線マップ、時刻表あり）

路線マップ

地下鉄とバスの路線図は、サイトやアプリで手に入る。紙のマップはあまり見かけず手に入りにくい。ウェブでダウンロードを。

使える！
MTAの乗り換え案内

サイトのトップページ左側にあるPlan a Tripでは、バス、地下鉄での乗り換えや所要時間を検索できる。また中央にあるService Statusでは運行状況もわかるので便利。
URL new.mta.info

非接触式決済「OMNY（オムニー）」が利用可

ニューヨークの地下鉄やバス、近郊へ向かう鉄道などを運営するのが、MTA（Metropolitan Transportation Authority）。基本的に24時間運行。料金は非接触型決済システム「OMNY（オムニー）」または「メトロカード」（→P.62）と呼ばれるプリペイドカードで支払うことになる（バスは硬貨＝コインも可）。$2.90の均一料金。

「OMNY」とは

MTAは、非接触型決済「OMNY（オムニー）」をNY市5区の全駅に導入完了した（セレクトバス、高速ルート含む）。これにより、タッチ決済に対応したクレジットカードやデバイスをOMNYのリーダーにかざすだけで乗車できる。現在使用されているメトロカードは2024年中に廃止される予定だが、まだ使用している利用客も多い。乗車は$2.90均一。

使用上の注意

①メトロカード同様に地下鉄からバス、バスから地下鉄な

OMNYの利用方法

①事前に以下のいずれかを用意

- 非接触型クレジットカード
- スマートデバイス
  Google Pay、ApplePayなどのスマホやスマートウォッチのデジタルウォレット
- OMNYカード
  ドラッグストアやデリなどで販売。地下鉄にも自動販売機を設置中。カードに$5かかり、購入時に最低$1または運賃を支払う。
  URL omny.info/retail-locationsで住所や郵便番号を入力すると販売店がわかる。
  タイムズスクエア周辺なら、ウォルグリーンやCVSなどで購入可。販売店でチャージもできる。

②登録不要ですぐに使用可能

使用履歴を確認したい場合は公式サイトでアカウント登録を（無料）。登録方法は右記。

MTAのシニア（65歳以上）料金　前もって「Reduced Fare」メトロカードの発行が必要。カスタマーセンター MAP P.3-C3 住 3 Stone St.(bet. Broadway & Broad St.)、営 月～金9:00～17:00かオンラインで発行してもらえる（要パスポート）が、基本的にNY在住者向けだ。$2.90が$1.45、アンリミテッド7日が$17になる。

どのトランスファー（乗り換え）が1回まで無料。もし無料でできているか確認したいなら後ほど自分のアカウントで確認を。

②1週間乗り放題システム「Weekly Fare Cap」を使えば、合計12回乗車して、＄34支払った時点で乗り放題になる。30日パスは導入検討中とのこと。

③ひとつのOMNYリーダーで、同じ支払い方法と経路なら、本人含め4人まで利用可。無料トランスファーも4名分付与される。

④クレジットカードが非接触でない場合は使用できない。また登録したカードやデバイスがリーダーに反応しない場合は、OMNYカードを購入するか別のカード、メトロカードを使用しよう。

⑤JFK空港を結ぶエアトレインはOMNYを利用できる。郊外へ向かうメトロノース・レイルロード（Metro-North Railroad）、ロングアイランド・レイルロード（LIRR）については、サポート計画が終わればすべての乗り換えに利用できる（NJトランジットは除く）。

改札に設置されたOMNYリーダー

OMNYの登録方法

利用に登録は不要。使用履歴など調べたいなら登録を。

①公式サイトにアクセス。
URL omny.info/register

②Eメールとパスワードを入力

③名前と電話番号、国名などを入力。プライバシーポリシーの同意と、18歳以上であることを認めたら、Finishボタンを押す。

④登録したメールアドレスにメールが届くので、そこにあるリンクを開くと有効化でき利用できるようになる。

⑤その後、ログインするとWalletの画面になる。そこで使用したいクレジットカード（非接触型）やデバイスの登録を行う。無事に登録できたらメールが届く。

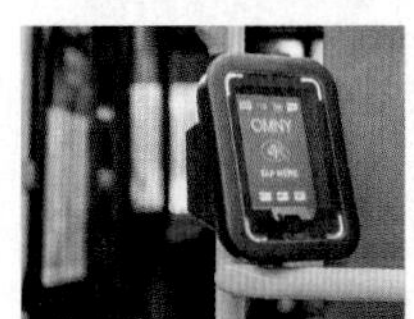

こちらにタッチをするだけ

③OMNYカード リーダーにタッチ

地下鉄の改札に取り付けられているのですぐわかる。メトロカードのリーダーもある。

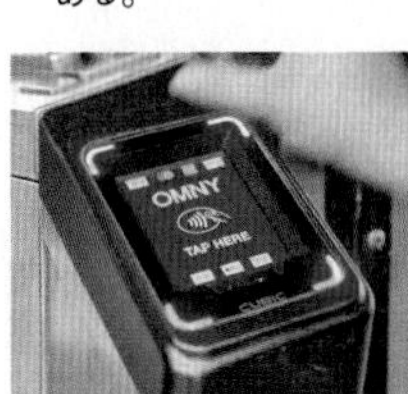

④リーダーが「GO」になったら通行可。回転式バーを押して入る

ごくまれに接触が悪く反応しないこともある。その場合ブースにいる駅員に伝えよう。

出典：Metropolitan Transportation Authority

♥**MTAの子供料金**　子供料金はないが、身長が基準で、身長44インチ（約112cm）以下の子供は無料。ただし、大人ひとりにつき3人まで。エクスプレスバスは、2歳未満の乳幼児は無料（大人のひざの上に乗せる場合）。

地下鉄を乗りこなそう!
How to take the Subway

地下鉄構内は、新型コロナウイルス感染症の影響で犯罪が増加傾向にある。ホームの端には立たないようにし、常に周囲の状況に注意を払おう。

①キーワードは「UP & DOWN」
●南行きは「ダウンタウンDowntown」、北行きは「アップタウンUptown」と呼ばれることを覚えておきたい。
●東西に横切る場合やマンハッタンの外を走る場合は異なることもあるが、地下鉄路線は南北を移動する路線が圧倒的に多い。

②地下鉄もバスも使える均一料金でどこまでも
●料金は$2.90均一。地下鉄の走っている所ならどこへでも行けるだけでなく、メトロカードにより、バスとの相互乗り換えもできるので便利(ただし、シングルライドを除く)。
●メトロカードなら、「アンリミテッド(乗り放題)」の7日券$34で、12回乗ればもとが取れる。OMNYなら12回乗車して$34支払った時点で乗り放題になる。

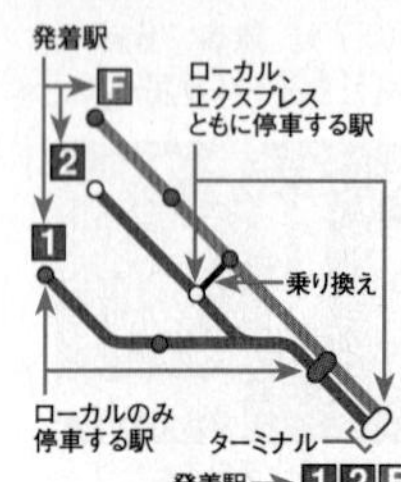

同じ線路を走るがローカル(L)とエクスプレス(E)がある路線(別冊MAP参照)
- ①L、②③E
- ④⑤E、⑥L
- ⒶE、ⒸⒺL
- ⒷⒹE、ⒻⓂL
- ⓃⓆE、ⓇⓌL
- ⓏE、ⒿL

③ローカル(各駅停車)とエクスプレス(急行)
●同じ所を走る路線は同じ色で示されているが、数字やアルファベットによってローカルとエクスプレスが決められている。
●別冊MAPでは、駅名に停車する路線の数字やアルファベットが書いてあるので目的の駅を確認しよう。
●24時間運行のフルタイムサービスと深夜・早朝以外を運行するパートタイムサービスがある。

④慣れればコツがわかる乗り換え術
●駅名が違っても、下記の駅は歩いてすぐの所にあるので乗り換えに便利。
●乗り換えには、料金が発生する場合があるので注意を。

①South Ferry	←歩いて約3分→	④⑤Bowling Green
⑥Bleecker St.	←歩いてすぐ(地下で乗り換え可能)→	ⒷⒹⒻⓂB'way-Lafayette St
ⒺⓂLexington Av/53 St	←歩いてすぐ(地下で乗り換え可能)→	⑥51 St
ⓃⓆⓇⓈⓌ①②③⑦Times Sq-42 St	←歩いて約3~5分(地下で乗り換え可能)→	ⒶⒸⒺ42 St / Port Authority Bus Terminal

♥**Arts for Transit by MTA** NY在住のアーティストやミュージシャンたちに展示スペースやパフォーマンスの場を提供するプログラム。駅構内にて展示やライブ演奏が行われているのがそれ。

乗車前にチェック！　地下鉄利用の注意点

定刻どおりに来ない

2〜3本連なって来たり、長く待たされたりする。平均で昼間は5〜10分間隔、深夜で1時間に2〜3本と思っておこう。

乗客の少ない時間はホームの中央で待つ

乗客の少ない深夜などは、ホームの端ではなく、中央で待とう。多くの駅のプラットホームには駅員と話せるインターカムHelp Pointが設置されている。

治安の悪くなる時間帯に乗らない

犯罪が多発するのは深夜、早朝など乗降客が少ない時間帯。できるだけひとりにならないように。

犯罪発生率が高い場所には絶対立ち入らない

ひと気のない通路は強盗、ひったくり、レイプの犯罪が発生することも。トイレも封鎖されていることがほとんど。

乗車時のふるまいに注意する

ブランド物を身につけてぼんやりとしない。ホームや構内で必要以上にウロウロしない。かばんは手から離さない。

終点でなくても停まる

まだ終点ではないのに突然停車、乗り換えなくてはいけなくなることも。ニューヨークではよくあることなので、慌てないでアナウンスに従って行動しよう。

エクスプレス（急行）乗車

路線によっては、かなり多くの駅を飛ばすので、ローカルに乗るつもりで間違えると、戻ってくるのに時間がかかる。時間帯によりローカルと同じホームに停車することもあるので注意。

週末の部分運休

おもに中心地を離れた駅では、週末に改修工事などで臨時閉鎖されたり、地下鉄が運休になることもある。ウェブサイトと駅構内で事前に告知される。

立つときは手すりを握る

時折大きな音を立てて揺れる。かなり激しく揺れることもあるので、座れなかったときは必ず手すりを握ろう。

2023年11月現在、マスク着用義務なし

NY市では、コロナ禍中は地下鉄駅構内、地下鉄・バス乗車時にマスクを着用しなくてはいけなかった。現在、着用義務はないが、感染予防のため、着用しておくと安心。

♥**MTAの公式アプリ**　公式アプリ「MYmta」をスマホに入れておくと便利。乗り換えや所要時間を検索できるほか、運行状況もわかる。

MY mta

地下鉄の乗り方

1 入口を探す

ランプの色が緑と黄ならOK
ここに緑のランプがあれば24時間有人のブース。黄色は昼間と平日のみ人がいる、赤は出口専用で階段を下りていっても中に入れない。

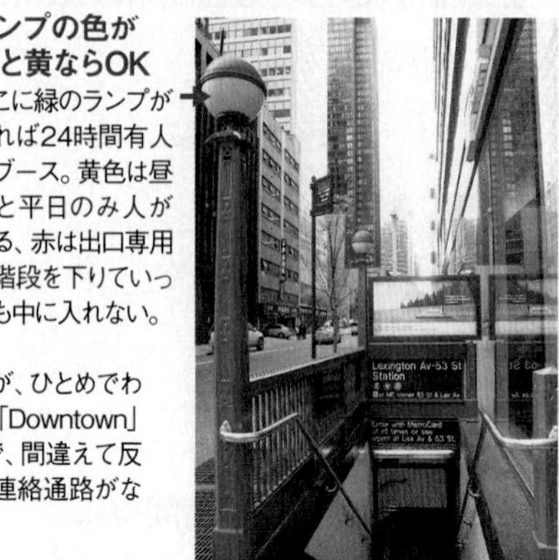

UpかDownか、表示に気をつけて
入口には、その駅を通る路線番号やアルファベットが、ひとめでわかるように表記されている。小さな駅では「Uptown」「Downtown」と方向によって入口が分かれている場合もあるので、間違えて反対側のホームに下りないように注意しよう。構内に連絡通路がない所もある。

2 改札

カードリーダーにタッチ
改札口に取り付けされているOMNYのカードリーダーに、利用できるカードやデバイス（非接触型クレジットカード、スマートデバイス、OMNYカードなど）をタッチする。→P.40

緑ランプで通行可
「GO」ランプがついたら通行可。回転式バーを押して入る。

2024年中はメトロカードも利用可 詳しい買い方は ➡P.62

　メトロカードには$5.80、$11.60などのレギュラー、アンリミテッドライド（乗り放題）$34〜、1回乗車券の切符（シングルライドチケット）$3.25などがあるので、滞在期間に応じたものを購入しよう。メトロカードは2024年中には廃止される予定。

　また、新しくメトロカード（レギュラー、アンリミテッド）を発行するには、カード代が$1かかる。

改札付近にある販売機で購入しよう

こちらがメトロカード。ややペラペラで薄い磁気のカード

❤**大きな荷物がある場合**　改札を通ることができないスーツケースなどを持っていたりベビーカーを押しているときは、ブースにいる駅員に伝えてから、メトロカードをスライドすること。Service Entryを使うことができる。

3 ホームへ

北行きと南行きに注意

方向は「Uptown」「Downtown」のふたつで表示されている。「Uptown」とは北行き（地図の上の方向）、「Downtown」はその逆の南（下）へ向かって走る。

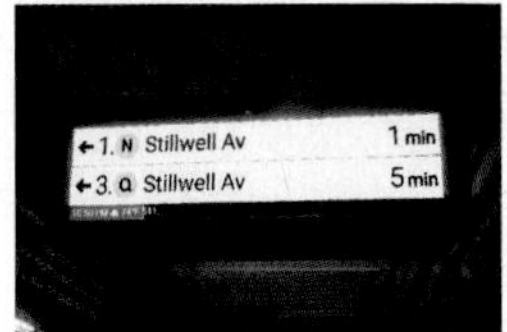

路線番号と行き先が書かれている

viaとは経由のこと。これは、「Fラインのクイーンズ・ブルバード経由、ジャマイカの179丁目行き、エクスプレス。深夜はローカル（各駅停車）になる」ということになる。

4 乗車する

電車の先頭や側面を確認

路線名、急行か各駅停車かが表示されている。ここでもう一度、行き先を確認。ただし、たまに表示が間違っていることもある。

車内の風景。日本のように網棚やつり革などはなく、椅子は硬い。通勤時はラッシュになるが、東京ほどではない。車内の広告も興味深い。

5 下車する

回転バーか出口専用扉へ

ホームには駅名が表示され、アナウンスもある。改札を出るには回転バーの無人改札を使うか、EXITのサインのある出口専用扉から出る。降車時はOMNYやメトロカードをタッチしたりスライドさせなくてもよい。

乗り換えるなら

「↑Exit」の看板の方向に進んでいけばよい。横に駅名と乗り換えできる路線が表示されている。この場合、B・D・F・Mラインに乗り換えできる。

地下鉄駅のない
エリア移動に便利

CROSSTOWNのバスは2車両連結

非接触型決済システム「OMNY」

メトロカードは2024年中に廃止予定。バス料金の支払いは、非接触型決済システム、OMNY（オムニー）に切り替えられている。これによりタッチ決済に対応した手持ちのクレジットカードやスマホをかざすだけで乗車できる。

車内前方は優先座席

運賃は乗車前に支払う

バスを乗りこなそう!

How to take the Bus

マンハッタンを網の目のように縦横に走っていて、地下鉄と同様に24時間運行。2～3ブロックごとに停留所があるので、細かい移動にも利用できる。

①横移動はバス！　と覚えておこう

- 東西を走るバス（CROSSTOWNクロスタウン）など、地下鉄と重ならない路線は利用価値大。
- バスのほうが便利な場所は、セントラルパークの横断、国連、イントレピッド博物館、フェリー乗り場など。

②時間があるなら観光バス気分で楽しんで

- 200～300m間隔でバス停があるので、短い乗降にも便利。
- 車窓から景色が見えるので、地図と自分の現在地を確かめながら見どころの位置がつかめる。
- 高層ビルや街並みを眺めるだけなら、観光バスに乗らなくても十分街を楽しめる。
- 渋滞などもあるので時間のあるときにおすすめ。

③トランスファーチケットやアンリミテッドライドですいすい

- 料金は＄2.90均一（紙幣払いは不可）。
- 最初の乗車時にトランスファーチケットをもらえば（メトロカードのシングルライドや現金＝コインで支払った場合のみ）、1回にかぎりバスに乗り換えができる（ただし2時間以内有効。途中下車や往復、地下鉄の乗り換えには利用できない）。
- OMNYやアンリミテッドライド（乗り放題）のメトロカードを使えば、地下鉄との相互乗り換えができるだけでなく乗り放題（メトロカードの乗り放題の場合、同じバスルート内では使用してから18分経過しないと再利用できない）。

④路線と仕組みを理解してバスを乗りこなそう

- マンハッタンの道路は、東西に走る一部の大通りを除いてほとんどが一方通行で、進行方向は交互になっている。
- 路線番号の頭にMが付いているものはマンハッタン内の路線、Bがブルックリン、Qがクイーンズ、Bxがブロンクス、Sがスタテンアイランド。BM、QMと2ワードになっていたりXと付くのはエクスプレスバス（片道$7）。エクスプレスはアンリミテッドライドのメトロカードは使用不可。レギュラーは可。Ltdはリミテッド（Limited）。すべてのバス停には停まらない急行バス。

♥**地下鉄＆バスの時刻表**　時刻表があるがそのとおりに運行されないことがほとんど。特に週末は運休になる路線も多い。MTAのウェブやアプリ「MYmta」などで確認を。バス停にあるQRコードでもリアルタイムの運行状況がわかる。

乗車前にこれだけはチェック! バス利用の注意点

ひと気が少なくなる夜間の乗車はしない

深夜乗降するとき、人通りが少ない道で誰も待っていなければ、あきらめてタクシー利用をおすすめする。

急ぐなら地下鉄か徒歩で

NYは車が多く、交通渋滞もひどい。バスは時間がかかるため、急ぐなら短い距離は歩く、長い距離は地下鉄で。

定刻には来ない

バス停には時刻表が付いているが、そのとおりには運行されていない。夜間の運行や週末は、本数が減るので注意を。

ほとんどのバス停が通り名の表示のついた屋根付き

セレクト・バス・サービス(SBS)とは

MTAのバスの一部路線では、バス停にある機械で乗車前に運賃を支払う「セレクト・バス・サービス(SBS)」を導入している。マンハッタン内の対象路線は、M15、M23、M34／M34A 、M60、M79、M86。ただしOMNYを利用するなら、そのままバスのOMNYリーダーにタッチするだけで乗車でき、以下の手続きは不要。

支払い方法

①路上にある機械の真ん中のPUSH TO STARTボタンを押す。

セレクト・バスは2両連結

②右側のMETRO CARD部分にメトロカードを入れる。

③左側のRECEIPTからレシートを受け取る。

④乗車時にそのレシートを見せる必要はなく、乗車は前からでも後ろからでもOK。たまに検札があるので、降りるまで必ずレシートを持っていよう。

乗り放題のメトロカードを持っていてもレシートは必要になるので、必ず忘れないように。

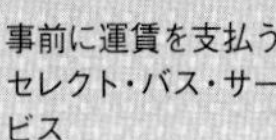
事前に運賃を支払うセレクト・バス・サービス

VOICE **遅い時間のバス乗車で** 乗客もまばらで、ドライバーに、「どこの通りで降りたい?」と聞かれ伝えたところ、バス停ではない場所だったけど下車したかった通りで降ろしてくれた。(東京都　みなみ　'22)['23]

バスの乗り方

1 バス停を探す

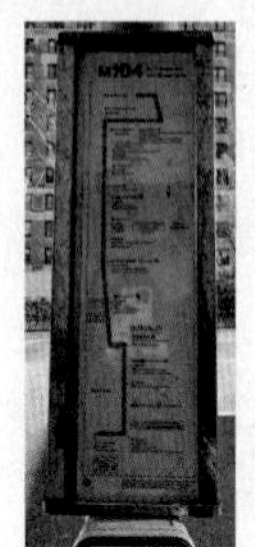

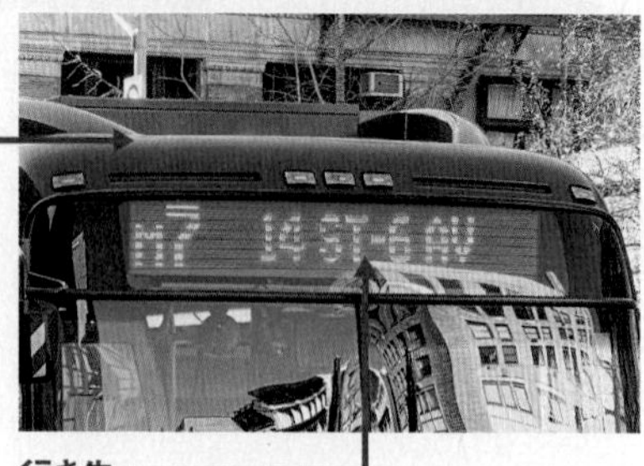

路線番号
自分の乗るバスのナンバーを確認。バスの横にも同じナンバーが書かれている。アップなのかダウンなのか注意。

行き先
VIA と表示されていることもある。これは経由のことで「VIA 5 AV」とあれば、5番街を走るバスのこと。

バス停は進行方向の右側にある
バスの路線番号、行き先、経由するルート、乗り換え路線が表示されている。

南北なら2～3ブロック、東西はほぼ1ブロックごとにバス停がある。東西南北どちらに行っても200～300m以内。

ローカルは青
リミテッドは紫
エクスプレスは緑
で表示される

2 乗車する

あと何分後に来るか表示されるバス停

バスが来たらアピール
バス停は複数の路線の停留所を兼ねていることが多いので、自分の乗るバスが来たら手を挙げるなどしてドライバーにアピールを

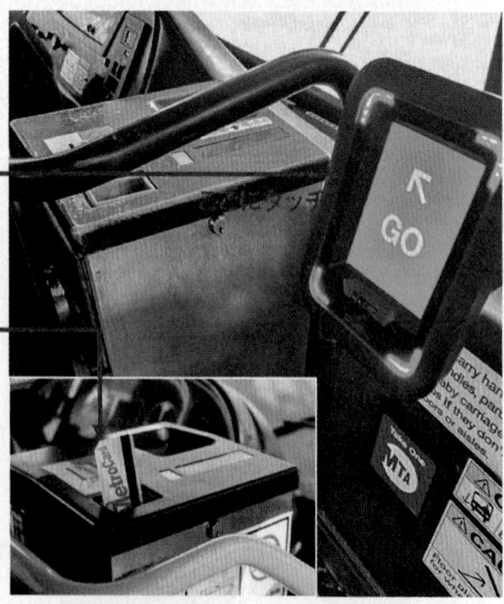

乗車は前のドアから。OMNYリーダーにタッチするかメトロカードを差し込む

●車内でメトロカードは買えない。メトロカードを使うなら、あらかじめ買っておくか、OMNY用のデバイスを用意しておこう。カードを差し込むと、すぐに出てくる。
●コインで支払えるが、おつりは出ない。紙幣と1セント硬貨（ペニー）は使えないので注意。
●現金で支払い、乗り換えをする予定があれば、乗り換え券をもらう。乗り換えたら、トランスファーチケットを差し込む。レギュラーのメトロカードは2時間以内なら乗り換えできる。
●セレクト・バス・サービス（SBS）は事前に停留所にある券売機で運賃を支払うか、乗車時にOMNYで支払う。→P.47

←トランスファーチケット（乗り換え券）
※ OMNY の導入で、メトロカードは 2024 年中には廃止予定 ➡P.62

出典：Metropolitan Transportation Authority

3 車内にて

入口付近はプライオリティシート（優先席）

停留所を知らせるアナウンスはないが、ドライバーによってはストリートやアベニューを停留所ごとに教えてくれることもある。あらかじめ「～で降りたいので教えてください。Could you tell me when we arrive at ○○?」と頼んでおくと（難しそうなら、行きたい場所だけでも伝える）、その場所で声をかけてくれる。

初心者なら、車内ではできるだけドライバーに近い座席に座ろう。質問もしやすい。

4 降車する

黄色か黒のゴムのテープまたは赤いボタンを押す

降車の合図は、窓わく横の黄色または黒のゴムのテープを押す。または、赤いプッシュボタンを押す。窓に沿ってつってあるひもを引っ張る場合もあり。

テープを押すと、ドライバーの前方に「STOP REQUESTED」の赤いランプがつく。

ランプがついたらドアが開く

これは後ろ（降車専用）のドアのそば。このランプがついたらドアが開くという合図。

降りるときはなるべく後ろから

車体により後ろのドアは半手動式。自分でドアの黄色いテープを押し、開けながら降りる（新型のバスは黄色いハンドルにタッチするとドアが開く）。手を離すと勢いよく閉まってしまうこともあるので、あとに人がいたら、手でドアを押さえておくのがマナー。

タクシー

Yellow Cab

ニューヨークの公認営業タクシーは、車体が黄色なので「イエローキャブ」(通称キャブ）と呼ばれる。料金はすべて日本と同様にメーター制。排出ガスを抑えるため、市内のタクシーのほぼすべてはハイブリッド車で、後部座席にはGPS搭載の乗客向け情報モニターを導入し、モニターでニュースや現在地を確認できるようになっている。

つかまえにくい時間帯に注意

タクシーはどこでも乗れるが、大きな駅前やホテルの前には乗り場がある。運転者が交代する夕方や、土・日曜、22:00過ぎのブロードウエイと深夜のイースト&グリニッチ・ビレッジは、客が集中してなかなかつかまえられないので注意。

タクシーの乗り方

1 手を挙げる

タクシーのひろい方は日本と同じく、手を挙げるのが一般的。大声で「タクシー」とどなったり、口笛を吹いてつかまえる人も見かける。車体の上のナンバーが点灯しているのが空車の合図。一方、“OFF DUTY”と点灯しているものは回送車で乗車できない。

2 ドアを自分で開ける

ドアは手動なので 自分で開閉する

マンハッタンは一方通行が多いので、進行方向へ向かう道で車を停める。逆方向で乗ってしまうと遠回りになる。

タクシー乗車時に注意したいこと

配車タクシーサービスが台頭してきたとはいえ、料金がメーター制で、手を挙げればすぐにつかまるイエローキャブもNYではまだ頼りになる存在。つかまえにくい時間に注意すればほとんど乗車できるが、あまりにも目的地が近かったり、道の逆方向に行きたい場合や、定員の4名以上の人数だと乗車できないことがある。

基本的にOFF DUTYというランプがついているタクシーは回送中。とはいえ、帰り道だからいいよ、と言って乗車させてもらえることもあるのがニューヨークだったりする。

♥**カーサービス**　ハーレムやクイーンズ、ブルックリンなど、イエローキャブがあまり走らないエリアを走る車で「白タク」ではない。メーター制ではなく相場制になるが正規のサービス。配車サービスアプリの出現でなくなりつつある。

3 乗車する

料金表示

初乗り料金は＄3。以降5分の1マイルごとに70¢追加。道路が渋滞したら60秒ごとに70¢ずつ追加。また乗車ごとに、50¢（MTA State Surcharge）と＄1（Improvement Surcharge）、平日16:00から20:00は＄2.50、毎日20:00から翌朝6:00は＄1の追加料金がかかる。

＊マンハッタンの96丁目以南には$2.50（NY州Congestion Surcharge）がかかる。

＊有料道路や橋とトンネルの通行料がかかる場合は乗客が支払う。

＊ニュージャージーなど州外へ行く場合は追加料金がかかる。

写真付きの運転手登録証

問題があったら、この番号を控えて、ニューヨーク市タクシーリムジン委員会へ苦情を申し立てる。忘れ物（LOST AND FOUND）をした場合もこちらへ。☎311 URL www.nyc.gov/311またはwww.nyc.gov/tlc

4 目的地を位置で告げる

●行き先は必ず、「46th St. & 5th Ave., please.（46丁目と5番街の交差するあたり）」などと位置で告げること。

●店やホテルの名前だけ（または住所だけ）言ってもわからないと思おう。

●目的地が近づいたら、ドライバーが「Which side?」（どっち側？）と、尋ねてくるときがある。右側の手前に停めてほしいなら、「Right side near the corner, please.」と、向こうの角なら「Right side the far corner, please.」と言おう。

5 お金を払う

チップを忘れずに

●料金の15～20％が目安だが、最低でも$1。荷物や人数が多いときは少し多めに払う。

●最後に、必ずレシートをもらうことを忘れずに。レシートにはタクシーのナンバーが記入されていて、忘れ物をしたときなどにも、このナンバーが必要。

●50ドル札と100ドル札での支払いは、受け取りを拒否されることがあるので注意。

クレジットカードでの支払い可能

カード ADJMV

①後方席にあるモニターにカードをスライド

②チップの金額をタッチしてOKを押す

6 ドアを自分で閉める

支払いが終わったら、「Thank you.」と言って降車する。日本のタクシーのように自動ドアではないので、自分でドアを開けて降り、そして閉める。

♥**グリーンキャブ** 市公認のアウターボロタクシー。マンハッタン北部（西110丁目と東96丁目以北）とクイーンズ（空港を除く）、ブルックリン、ブロンクス、スタテンアイランドから乗車できる。降車はどこでも可。青リンゴ色の車体が目印。

混雑している場所は指定しないように

アプリ上で操作するだけ

NYで使える配車アプリ

Uber ウーバー
日本でも展開。ComfortやBlackではハイランクの車種も選べる。相乗り客が見つかれば最大20%の割引になる新サービスUberX Shareを開始。

Lyft リフト
アメリカのみ。Uberと似ているので料金を比較するのもあり。

Curb カーブ
全米展開するタクシー用の配車アプリ。

配車サービスの利用方法

How to take a Taxi App

最近は配車サービスが主流。とはいえ、ニューヨーカーたちの定番の移動手段タクシー（イエローキャブ）もまだまだ健在。配車サービスでも呼べるようになっている。

スマートフォンのアプリを使って、タクシーのように車を呼べる配車サービス。利用法は以下のとおり。

①電話番号によるSNS受信での認証を行い、名前やクレジットカードなどを登録する（ここまでは日本でしておきたい）。

②アプリを起動させると地図の画面になり、自分の今いる位置が表示される。そこで乗車場所（今いる位置でなくても付近の見つけやすい場所などを指定）、行き先、車のグレードを選択すれば配車される。車種とドライバーの名前、あと何分後にピックアップしてくれるかなどが表示される。

③車が到着したら、車種とドライバーの名前を確認。自分の名前を告げて間違いがなければ乗車。目的地は入力済みなのでここでまた伝える必要はない。

④登録したクレジットカードを使いアプリ上で支払うので、現金払いは不要。

⑤降車後、アプリに通知が送られてくる。ここでドライバーの評価とチップの支払いを。チップは任意だが、ドライバーの態度が悪くなければ渡しておくとよい。

配車アプリだと事前にルートや料金が表示されるので便利。ただし、利用にはくれぐれも注意したい。タクシー（イエローキャブ）用の配車アプリCurbとArroもある。Uberのアプリでタクシー（イエローキャブ）も利用可能。

配車アプリの料金

時間帯や天候、利用数によって異なる。たとえば雨が降り始めたりすると、先ほどまで$10で行けた場所も$100になるということも。その場合タクシーのほうが安くなるケースも多々ある。また、同じタイミングに配車依頼をしても金額が違うこともある。これはドライバーが料金設定をしているからだ。天候が悪かったり、ドライバー不足の時間帯などだと「現在、通常より高い金額です」と通知がくることも。その場合、急がないようなら少し待って再依頼してみるのもあり。

♥**Uber**　2009年3月、アメリカのサンフランシスコで誕生。熟練プロから一般人まで幅広い人がドライバーなので、評価が著しく悪いドライバーが担当しそうなら別の車を手配するなどしてトラブルを避けよう。

マンハッタンの3大ターミナル

近郊や郊外へ向かうための発着点。いずれも巨大なので、自分の乗りたいバスや電車の乗り場に到達するまでに時間がかかる場合がある。

グランド・セントラル・ターミナル GCT

Grand Central Terminal

近・中距離列車中心のターミナル。地下が2層になっており、メトロノース・レイルロードとロングアイランド・レイルロード、そして5つの地下鉄が発着し、約75万人に利用されている（ホリデイシーズンは1日約100万人）。ターミナル内はレストラン、ショップが集まる巨大ショッピングモールとして機能している。ターミナル内の観光ウオーキングツアーもある。

メトロノース・レイルロードへのホーム入口

ペンシルバニア・ステーション PEN

Pennsylvania Station

マディソン・スクエア・ガーデンの地下にあり、通称はペン・ステーション。アメリカ国内を移動する鉄道アムトラック、近郊へ行くロングアイランド・レイルロードなどが乗り入れている。地下鉄以外の電車は、チケットを買ったら中央の「Train Departures」という掲示板に列車ゲート番号が出るのを待つ。出発5～15分前ぐらいには掲示が出てゲートが開き、ホームに下りる。

7th Ave. 沿いの入口

ポートオーソリティ・バス・ターミナル PAB

Port Authority Bus Terminal

タイムズスクエアの西、8th～9th Aves.と40th～42nd Sts.にわたる巨大バスターミナル。中・長距離、通勤など約20のバスラインが乗り入れる。インフォメーションブースで案内を受けて、利用バスのチケット売り場に行こう。夜間は、周辺の環境に注意が必要。

まずはインフォメーションブースで乗り場の確認を

グランド・セントラル・ターミナル

別MAP P.35-D3
住 42nd St.～45th St., Vanderbilt & Park Aves.
URL www.grandcentralterminal.com
<発着している交通>
- メトロノース・レイルロード ➡P.54
- ロングアイランド・レイルロード ➡P.54
- 地下鉄 4 5 6 7 S 線

ペンシルバニア・ステーション

別MAP P.13-C3
住 31st St.～33rd St., bet. 7th & 8th Aves.
<発着している交通>
- NJトランジット ➡P.55
- アムトラック
- ロングアイランド・レイルロード ➡P.54
- 地下鉄 1 2 3 A C E 線

ポートオーソリティ・バス・ターミナル

別MAP P.13-C1
住 8th Ave., bet. 40th & 42nd Sts.
※インフォメーションブースは8th Ave. 側の入口にある
☎ (1-212) 564-8484（テープ案内）
Free (1-800) 221-9903
URL www.panynj.gov
<発着している交通>
- グレイハウンド・バス
- NJトランジット ➡P.55
- ショートライン・バス
- 地下鉄 A C E 線（*Times Sq - 42 St N Q R W S 1 2 3 7 と地下通路でつながっている）

♥**郊外へ向かう電車の座席** 席はすべて自由席。車掌が検札に回ってくるときに切符を渡すと、切符を切って座席の前に差し込んでくれる。降りるまでそのままにしておくこと（降りるときには持っていなくてよい）。

近郊への交通機関

近郊エリアへの足としてだけでなく、摩天楼の景色やクルーズを楽しめるものもある。時間が許すなら、電車やフェリーでショートトリップを楽しんでみよう。

ルーズベルトアイランド・トラムウエイ

The Roosevelt Island Tramway

マンハッタンとクイーンズの間にあるルーズベルトアイランドを結ぶ。イースト・リバーの上空約76mを往復するので、マンハッタンの景色を楽しめる。所要約4分。

空中遊泳気分を楽しめる

メトロノース・レイルロード

Metro-North Railroad

ニューヨーク北部とコネチカットを運行する近郊列車。グランド・セントラル・ターミナルからニューヨークの北に延びる。ハドソン・リバー沿いを通るハドソン・ライン、コネチカットに向かうニュー・ヘイブン・ライン、その2本の間を通るハーレム・ラインなどがある。

通勤列車のひとつ

ロングアイランド・レイルロード

Long Island Rail Road (LIRR)

ペンシルバニア・ステーションから出発。マンハッタンとその東にあるロングアイランドを結んでいる。ロングアイランドの一部は高級住宅地として知られ、ロングビーチやモントークなどのビーチやワイナリーもある。ロングアイランドまでは、クイーンズ、JFKへ向かうエアトレインの乗り換え地点ジャマイカ駅などを通過する。

マンハッタンとその東を結ぶ

ルーズベルトアイランド・トラムウエイ

☎(1-212) 832-4540
URL rioc.ny.gov/302/Tram
<乗り場>
2nd Ave. 沿い、59th St.と60th St.の間
別MAP P.18-B2
<運行時間>
6:00～翌2:00の7～15分間隔(金・土は～翌3:30)
料 片道$2.90(OMNY/メトロカードで支払い可)

メトロノース・レイルロード

☎511
URL new.mta.info/mnr
<乗り場>GCT
別MAP P.35-D3
<チケット購入方法>
ロビーにあるチケット売り場や自動券売機またはウェブサイトで。車内でも買えるが、$5.75～6.50の手数料がかかる。
料 スカースデール、ホワイトプレーンズまで$12.75(オフピーク時は$9.75)

ロングアイランド・レイルロード

☎511
URL new.mta.info/lirr
<乗り場>PEN
別MAP P.13-C・D3
<チケット購入方法>
駅の自動券売機。車内でも買えるが、$5.75～6.50の手数料がかかる。
料 ジャマイカまでCity Ticketなら$5(ピーク時$7)、通常は$11.25(オフピーク時は$8.25)。ロングビーチまで$14.50(オフピーク時は$10.75)

♥**シニア料金**　メトロノースとLIRR→65歳以上はピーク料金の半額(平日の朝のピークを除く)。要パスポートかReduced Fareメトロカード(→P.40脚注)。パストレインとNJトランジット→事前申し込みで半額になるが、申し込み用紙に記入して郵送する必要があり、旅行者には現実的ではない。

パストレイン

Path Train

ニュージャージーへアクセスできる電車。33rd St 駅とワールド・トレード・センター駅からホーボーケン➡P.158、ジャーナルスクエア、ニューアーク行きの路線がある。33rd St 駅は地下鉄34St-Herald Sq 駅と地下通路でつながっている。ホーボーケンには、ニュージャージー・トランジットのバスディーポや鉄道駅、ウオーターウエイのフェリー乗り場などがある。

ニューアーク空港にも行ける

ニュージャージー・トランジット

NJ Transit

ニュージャージー（NJ）州を網羅する、バスと電車を含む交通機関。マンハッタンとニュージャージーを結ぶ電車はペンシルバニア・ステーションから、バスはポートオーソリティ・バス・ターミナルから発着している。ホーボーケン、ニューアークといった近距離の場所から、ニュージャージーの州都トレントン、カジノの町アトランティックシティまで広範囲を結ぶ。

電車とバスを運行

スタテンアイランド・フェリー

Staten Island Ferry

マンハッタンのバッテリーパークにあるホワイトホール・ターミナルからスタテンアイランドへ行くフェリー。ターミナルに入るエスカレーターを上がれば、ホールになっていて、次のフェリーの到着を待つエリアがある。ゲートが開いたらそのまま乗り込めばいい。

片道約25分。自由の女神の正面を通るので眺めることもできると評判がいい。

無料で自由の女神が見学できると好評

パストレイン

Free (1-800) 234-7284
URL www.panynj.gov/path
＜乗り場＞
●33rd St駅（地下鉄Ⓑ ⒹⒻⓂⓃⓆⓇⓌ34St-Herald Sq 駅と地下通路でつながっている）
別MAP P.13-D2
●ワールド・トレード・センター駅
別MAP P.2-B1
＜チケット購入方法＞
駅の自動券売機で
料 どこでも片道均一$2.75、10トリップ・スマートリンク$26

ニュージャージー・トランジット

☎ (1-973) 275-5555
URL www.njtransit.com
＜乗り場＞
電車→PEN
別MAP P.13-C3
バス→PAB
別MAP P.13-C1
＜チケット購入方法＞
チケット売り場または自動券売機で
料 ホーボーケン（バス）$3.50、アトランティックシティ（バス）$39
NYペン・ステーションからセコーカス駅までは、5本の路線が共通する。その先から分かれるので、路線図などで確認を。

スタテンアイランド・フェリー

URL www.siferry.com
＜乗り場＞
バッテリーパークの東
Whitehall Terminal
30分おき（平日の7:30～9:30と17:00～19:00は15分おき19:00～20:00は20分おき）
別MAP P.3-C4
料 無料（24時間運航）

♥**子供料金**　メトロノースとLIRR→5～11歳は大人と同伴の場合、子供ひとりにつき$1（大人ひとりにつき子供4人まで）。5歳未満は無料。パストレイン→5歳以下は無料。NJトランジット→5～11歳は週末と祝日は大人ひとりにつき2人まで無料。4歳以下は大人ひとりにつき3人まで無料。

NYCフェリー

NYC Ferry

イースト・リバー・フェリーを統合し、2017年5月にスタートしたフェリーサービス。2023年11月現在、アストリア線、ロッカウエイ線、サウス・ブルックリン線、イースト・リバー線、セント・ジョージ線、サウンドビュー線などの7路線がある。料金は片道$4。ウイリアムズバーグやダンボなどブルックリンの人気スポットへ手軽に行けるので、ぜひ利用しよう。

マンハッタンとクイーンズ、ブルックリンをつなぐ

NYCフェリー
Free (1-844) 469-3377
URL www.ferry.nyc
<乗り場>
●34丁目とFDR Dr.にあるフェリーターミナル
別MAP P.15-C2
●ピア11（ウォールストリート）
別MAP P.3-D3など
料 $4、身長44インチ（約112cm）以下の子供は無料。10回券$27.50

NYウオーターウエイ

NY Waterway

マンハッタンとニュージャージーを結ぶフェリー。通勤路線として活躍するフェリーだが、観光用としてショートトリップも楽しめる。ぜひニュージャージー側に渡って、マンハッタンを眺めてみよう。乗り場まではフリーシャトルバス（行き先にFerryと書かれた白と青のバス）による送迎がある。基本的にフェリーの時間に合わせて34丁目、42丁目、49丁目、57丁目などを通り、運行されている。合図をすれば運行区間内にあるどのバス停からでも乗れるし、降ろしてくれる。

観光としても使える交通手段

NYウオーターウエイ
Free (1-800) 533-3779
URL www.nywaterway.com
<乗り場>
●39th St.と12th Ave.にあるフェリーターミナルピア79　別MAP P.12-A1
リンカーン・ハーバー、ホーボーケンなど行き
料 ホーボーケン/14th St.まで$9.50
●ブルックフィールド・プレース
別MAP P.2-A1
ホーボーケン、ポート・インペリアルなど行き
料 ホーボーケン/14th St.まで$11.25

NYCフェリーでクルーズ気分を満喫

わずか$4で摩天楼を眺めながらのクルーズが楽しめるので、観光としても利用価値大。

マンハッタンから地下鉄アクセスでは行きにくいブルックリンの人気エリアにも行けるので、滞在中一度は乗船してみたいもの。現在7路線あるが、おすすめ路線はEast River。マンハッタンの34丁目から乗船、まずはノース・ウイリアムズバーグ（North Williamsburg）で下船。周辺を散策してまたターミナルに戻るか、次のターミナルであるサウス・ウイリアムズバーグ（South Williamsburg）へ徒歩で移動してもよい。再びフェリーで南下。途中ブルックリンブリッジの下を通過してダンボ（DUMBO）へ、というのがおすすめ。時間がないなら、ダンボからピア11（ウォール・ストリート）の1駅だけでもぜひ。

ブルックリン・ブリッジも下から眺められる

♥**NYウオーターウエイのシニア＆子供料金**　シニア（62歳以上）は39th St.からホーボーケン/14th St.まで$8.75（6～11歳$6.50）、ブルックフィールド・プレースからホーボーケン/14th St.まで$10.25（6～11歳$7）。5歳以下は大人1名につきふたりまで無料。

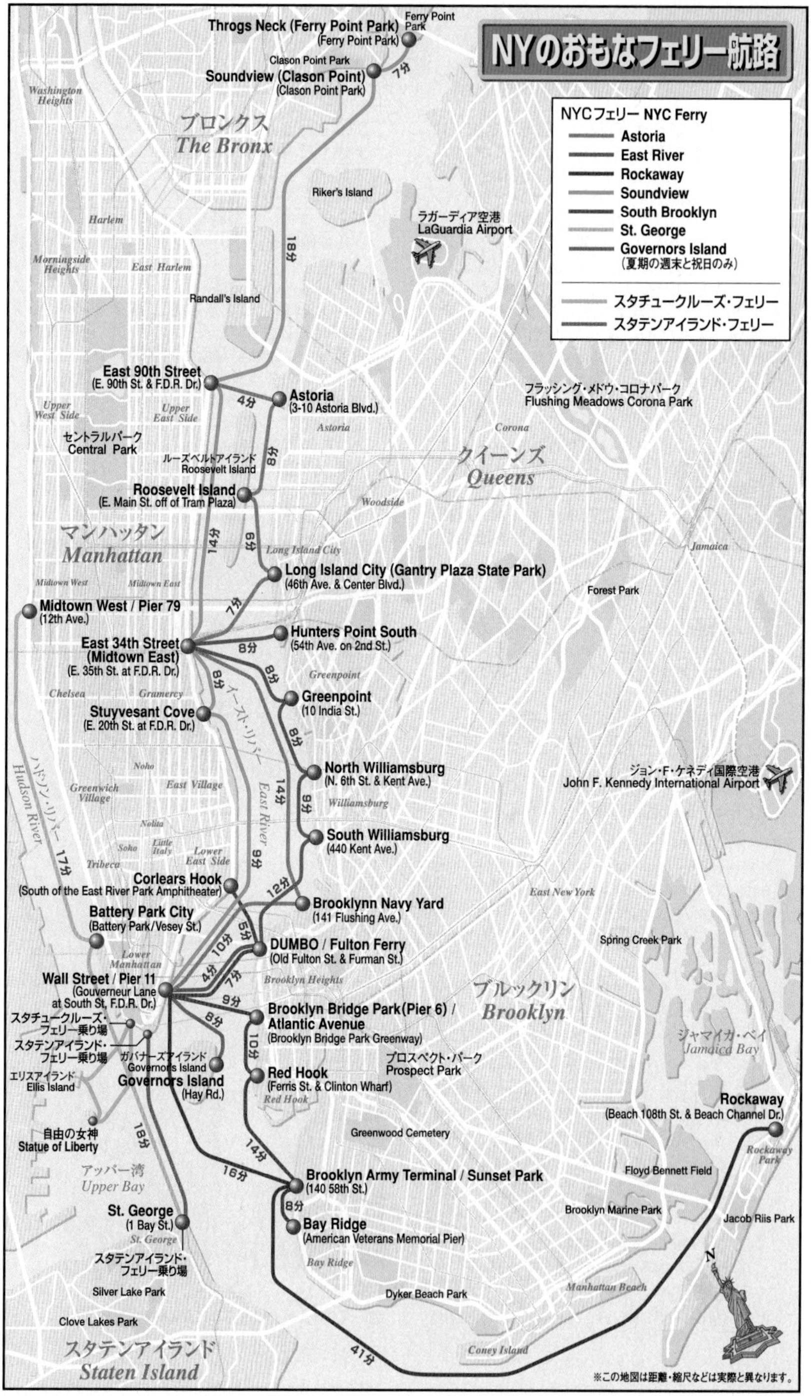

NYのおもなフェリー航路

NYCフェリー NYC Ferry
- Astoria
- East River
- Rockaway
- Soundview
- South Brooklyn
- St. George
- Governors Island（夏期の週末と祝日のみ）

- スタチュークルーズ・フェリー
- スタテンアイランド・フェリー

※この地図は距離・縮尺などは実際と異なります。

NYCフェリー　航路も増え、利用客が増えている。支払いは、乗り場近くにある券売機でチケットを購入するか、専用アプリから支払いしよう。冬期や悪天候時は運休になることもあるので注意を。

シティバイク

2013年のバイク（英語では自転車はbike）シェアプログラムでスタートしたのが、レンタサイクルのシティバイク（CitiBike）。いまやマンハッタン、ブルックリン、クイーンズとNY内だけでなく、隣接するニュージャージー州の街にも無人のレンタルステーションもがあり、その数は1500以上、自転車数も約25000台となお拡大中だ。自転車専用レーンも増え電動自転車（ebike）まで登場、年々便利になったことから旅行者の利用も増えている。利用は16歳以上。24時間、365日可能だ。URL citibikenyc.com

シティバイクの使い方

①アプリをダウンロード。クレジットカードなどを登録する。アプリではどこに何台の自転車があるか、返却できるスペースがあるかなども確認できる。
②ステーションでアプリから自転車についているバーコードをスキャンすればレンタル開始。または、ステーションのタッチスクリーンを使いクレジットカードを使ってパスを購入。パスにある5桁の番号を自転車の横のロック部分に入力して、ロック解除できたらレンタル開始。
③どこのステーションでもよいので、30分以内に返却すれば料金はかからない。シングルライド$4.79（30分）、30分を超えたら1分30¢追加になる。ほかに1日パス$19もあるが、1日パスとはいえ30分以上通して乗車すると追加料金がかかる。ステーションはたくさんあるので、30分以内にこまめに返却しながら移動するのがおすすめ。返却時はきちんとロックできたか確認を。

走行時のルールと注意

①ルールは車と同じ。基本は車道を通行。左折時には左側のレーンに寄る。自転車専用レーンがない場所は右側通行で。
②鍵がないので、貴重品の取り扱いに注意。
③車が混雑しているようなマンハッタン中心部などでの乗車はおすすめしない。また、自転車専用道路だからといってスピードを出す人も見かけるので、十分に注意が必要だ。また、念のため登録したクレジットカードは忘れずに。

ハブ駅ペン・ステーションに新駅舎が誕生！

マディソン・スクエア・ガーデンの地下にあり、アムトラックとロングアイランド・レイルロードが乗り入れるターミナル駅ペン・ステーションに新駅舎がオープン。プロジェクト推進者のNY州上院議員にちなんで名づけられた新駅舎は、1914年完成のNY中央郵便局の内部を改装したもので、全面ガラス張りの高い天窓が特徴。人気店集結のフードホールも入っている。

Moynihan Train Hall
モイニハン・トレイン・ホール
別MAP P.13-C3
住 421 8th Ave.（8th Ave.から9th Ave.、31st St.から33rd St.に囲まれたエリア） 地下鉄ⒶⒸⒺ34 St-Penn Stn
営 5:00～翌1:00 URL moynihantrainhall.nyc

高い天窓から光がさんさんと差し込む広々空間

♥シティバイクのおすすめルート ブルックリンのダンボからダウンタウンにかけてのEast River Park。公園内にバイクレーンが整備されていて、摩天楼を見ながら走行できる。マンハッタンならハドソン・リバー・パークに専用バイクレーンがあるが、時期によりかなり混雑していて初心者には厳しいかも。

郊外の観光スポット

地ワインを満喫できる

ロングアイランド

Long Island

　ニューヨークから車で約2時間。富裕層が多く、生活水準が高いことで有名なロングアイランド。ノースフォーク地域にはワイナリーが多く、週末ともなるとワイン愛好家が押し寄せる。また、サウスフォーク地域は高級リゾート地として知られ、映画やテレビのロケ地などにもたびたび使われている。

アクセス

　ハンプトン中心部へは、LIRR➡P.54のMontauk行きに乗り、East Hampton駅下車。所要時間約2時間50分（途中Jamaicaで乗り換え）。料$23.50（オフ・ピーク）＄31.75（ピーク）ダウンタウンまで徒歩約10分。バスなら、マンハッタンからジットニーバス（URL www.hamptonjitney.com 料$47、ネット$40）に乗りEast Hampton下車。所要約3時間。ダウンタウンまで徒歩2〜3分。ノースフォークへは同じくジットニーバスでアクセスできるが、現地では車がないと移動できないので、ワイナリー巡りならマンハッタン発のツアーを利用しよう。

大自然が造り上げた巨大な滝に圧倒

ナイアガラフォールズ

Niagara Falls

　ニューヨークから飛行機で約1時間30分、ニューヨーク州バッファローの外れにあるナイアガラの滝は、カナダとの国境にまたがっている。ベストシーズンは夏。冬は滝の水の量が少なかったり凍結していたりする。ナイアガラらしい風景を見るならカナダ側がおすすめ。カナダ側から滝を見るのなら、パスポートを忘れずに。

アクセス

　NYから飛行機を使った日帰りツアーで行ける。ゆっくりするなら1泊したほうがよいが、日帰りでも十分。日本や現地の旅行会社で申し込もう。料金は旅行会社によって異なるが、だいたい＄400〜500を目安に。

世界最大級の美術館あり

ビーコン

Beacon

　世界最大級のコンテンポラリー美術館、ディア・ビーコン➡P.381がある。Main St.にはカフェやショップなどが並ぶ。

アクセス

列車グランド・セントラル・ターミナル別MAP P.35-D3からメトロノース・レイルロード➡P.54のハドソン・ラインに乗り、Beacon駅下車。片道約90分。料片道＄17.75（オフ・ピーク）＄24（ピーク）

NYサーファーのメッカ

ロッカウエイ

Rockaway

　クイーンズの南東、JFK空港のそばにあるビーチ。大西洋に面していて波が高いため、サーフィンのスポットとしても有名。

アクセス

地下鉄Ⓐ Far Rockaway行きに乗車、Broad Channelでシャトルに乗り換えれば南側のビーチに行ける。マンハッタン中心部から約90分
フェリーNYCフェリー➡P.56のWall St./Pier 11からRockaway行きに乗り終点で下船。片道約57分。料$4

♥**コールドスプリングCold Spring**　ビーコンのひとつ手前、Cold Spring駅下車。駅から延びるMain St.にはアンティークショップやカフェなどが並ぶ。ビーコンと一緒に訪れたいかわいい街。

観光ツアー

NYにはたくさんの観光スポットがあり、なかには個人で回るより、ツアーに参加したほうが効率よく回れる所も多い。ときにはオプショナルツアーに参加してみるのも旅の幅が広がるかも。

ヘリコプターツアー

催行会社	内容と料金	乗り場	運航時間
リバティ・ヘリコプターズ Liberty Helicopters Free(1-212)786-5751 URL libertyhelicopter.com	①マンハッタンを回るNew York, Manhattan$219（12～15分）②ミッドタウンを回るBig Apple $264（17～20分）など。（それぞれ$40の施設利用料が必要）冬期はディスカウントあり	Pier 6 & East River 別MAP P.3-C3	月～土 9:00～18:30 休日・祝
ヘリコプター・フライト・サービス Helicopter Flight Service, Inc. ☎(1-212)355-0801 URL heliny.com	①ニューヨーカー・ツアー $199～（12～15分）②アルティメイト・ツアー $249～（17～20分）③デラックスツアー $339～（25～30分）など（それぞれ$40の飛行費が必要）。冬期はディスカウントあり	Pier 6 & East River 別MAP P.3-C3	月～土 9:00～18:00（変動あり） 休日・祝

フェリークルーズ

催行会社	内容と料金	乗り場	運航時間
サークル・ライン Circle Line ☎(1-212)563-3200 URL www.circleline.com	◎ベスト・オブ・NYC・クルーズ 2時間30分をかけてマンハッタンを1周するクルーズ$44～（3～12歳$35～） ◎ランドマークス・クルーズ マンハッタンのランドマークを楽しむ90分のクルーズ$33～（3～12歳$26～） ◎ハーバーライツ・クルーズ 夜景を楽しむ2時間のクルーズ$47～（3～12歳$38～） ◎リバティ・ミッドタウン ミッドタウンを楽しむ60分のクルーズ。$23～（3～12歳$18～） 冬期はディスカウントあり。また、ほかにもツアーあり	Pier 83, W. 42nd St. 別MAP P.12-A1	ベスト・オブ・NYC・クルーズは、夏期は10:00、12:00、13:30、15:30の1日4便。冬期は減便になる。ハーバーライツ・クルーズは19:00から。時前にウェブで確認のこと
シティ・クルージズ City Cruises Free(1-866)817-3463 URL www.cityexperiences.com/new-york/city-cruises	ディナーとブランチを楽しみながらのクルーズ。ドレッシー・カジュアルな服装で。要予約。①ニューヨーク・シグネチャー・ディナークルーズ$109～ ②ニューヨーク・シグネチャー・ブランチクルーズ$105～ ほかにもツアーあり	Pier 61（Chelsea Piers at W. 23rd St.） 別MAP P.8-A1	①月～土18:30、19:00、21:30 日17:30、18:00、20:30（季節により異なる） ②日12:00～14:00（30分前に乗船開始）

観光バスと劇場が合体！「ライド」

マルチメディア観光バス、ライド。ハイテク装備の車内は、3列の座席が窓に向かって劇場型に並び、バスの片方の側面と天井はガラス張り。ユーモアたっぷりのガイドの案内（英語）で、ミッドタウンの名所を75分間かけて回る。各スポットで路上待機しているパフォーマーによるダンスや歌のサプライズ。まさにストリートが舞台、車内が客席になる。

ライド　The Ride
☎(1-212) 221-0853
URL experiencetheride.com
料$89～（6歳未満は不可）
◎乗り場
42丁目と8th Ave.の北東角Five Guysの前（チケットは、オンラインで購入を）

日本語ツアー

催行会社	ツアー名	期間	料金
ルック・アメリカン・ツアー JTB Travel Network, Company 住1 Evertrust Plaza, 7th Fl., Jersey City ☎(1-212)424-0800 Free(1-800)566-5582 URLwww.looktour.net/newyork 営月～金9:00～19:00	**ニューヨーク1日市内観光**	火・木～日	大人$218 子供(2～11歳)$208
	ブルックリン・ブッシュウィックグラフィティー&ヴィンテージショップ観光ツアー	月・金	大人$140 子供(5～11歳)$140
	ナイアガラの滝とアウトレットショッピング2日間	月・木・土	大人$375 子供(2～14歳)$345
エイチ・アイ・エス ニューヨーク支店 H.I.S. International Tours (NY) Inc. 住545 5th Ave. Suite 900 (bet. 44th & 45th Sts.) Free(1-800)929-8644 URLtop.his-usa.com 営月～金9:30～18:00	**ニューヨーク半日市内観光 自由の女神のリバティ島上陸**	毎日	大人$148 子供(2～11歳)$138(幼児$25)
	ニューヨーク3大夜景ツアー	基本毎日	大人$120 子供(2～11歳)$110(幼児$35)
	メトロポリタン美術館(午前)	毎日(水を除く)	大人$90 子供(2～11歳)$90(幼児無料)
あっとニューヨーク At New York & Company 住939 8th Ave., Suite 504 ☎(1-212)489-9070 営毎日9:00～18:00 URLwww.at-newyork.com MAP P.17-C2	**あっとニューヨーク1日観光(市内観光の完全版)**	毎日(1/1、12/25、12/31を除く)	大人$165 子供(2～11歳)$145 1歳以下$30
	百万ドルの夜景とディナー(展望台チケット込み)	毎日	大人$144 子供(6～11歳)$123 子供(2～5歳)$99 1歳以下は不可
	バトーディナークルーズ送迎付き(マンハッタンの夜景観賞)	クルーズのスケジュールによる。要確認	大人$2782 子供(6～11歳)$2682 5歳以下は不可
	ハーレムとゴスペルツアー(史跡保存地区を巡り、ゴスペルを満喫)	日	大人$75 子供(2～11歳)$65 1歳以下は不可

観光におトクなふたつのパス

シティ・パス　City Pass

観光名所を中心に回ろうと考えている人におすすめ。シーズン時にチケット購入の列に並ばなくてよいので便利。有効期間は9日間。

①アメリカ自然史博物館 ➡P.375
②エンパイア・ステート・ビル ➡P.70
③サークル・ライン観光クルーズ(2時間) ➡P.60または、自由の女神(王冠入場は不可)とエリスアイランド ➡P.113
④グッゲンハイム美術館 ➡P.372またはトップ・オブ・ザ・ロック ➡P.76
⑤9/11メモリアル・ミュージアム ➡P.119またはイントレピッド博物館 ➡P.382

正規料金では合計$228.59するので、40%おトク。購入は上記の物件、ウェブサイトから。モバイルチケットが主流。
URLwww.citypass.com/new-york
料$138(6～17歳は$118)

ニューヨーク・パス THE NEW YORK PASS

100以上の見どころやツアー、ショップやレストランのクーポンが付いたパス。URLwww.newyorkpass.com
料1日$149、2日$204、3日$249、4日$289、5日$294、7日$339、10日$379 いずれのパスも3～12歳向けの子供料金あり

Gray Line Tours　オーディオガイド付きでダブルデッカーバスに乗り放題のHop-On Hop OffツアーはDiscover Tour Ticket(大人$60、子供3～11歳$50)、Essential One day Pass(大人$80、子供3～11歳$70)。詳細はURLwww.grayline.comで確認を。ほかにも各種バスツアーあり。

2024年中は使える！メトロカード

地下鉄とバスの乗車はOMNYに切り替えられつつあるがメトロカードもまだ健在。

メトロカードには以下の種類があり、地下鉄駅券売機で購入できる。

レギュラー Regular(Pay-Per-Ride)

1回ごとに乗車料金が引かれる。最低$5.80～購入でき、1枚で4人まで使用可能。

アンリミテッドライド（乗り放題）Unlimited Ride

制限なしの乗り放題（期限内の24:00まで）。7日間$34、30日間$132。旅行者にはこちらがおすすめ。

シングルライド(1回乗車券)Single Ride

ほかと異なり、1回$3.25。白い紙のチケット(切符)。

メトロカードの使い方注意

- 購入時、券売機でクレジットカードを利用する場合、5ケタのZIP Code（郵便番号）が必要になる。ただし、アメリカ国外のクレジットカードならば「99999」を入力すればよい。
- 券売機では、おつりが全部$1硬貨（コイン）で出てくるので、なるべくキリよく支払うほうがよい。
- レギュラーを複数人で使用する場合、カードのスライドを人数分行うこと。エラーが出たらブースにいる係員にカードを提示して対応してもらう。

地下鉄とバスの乗り換えについて

支払い	バス→バス	バス→地下鉄	地下鉄→バス	
レギュラー（ペイ・パー・ライド）	2時間以内ならOK			トランスファーチケットは不要。乗り換え時にメトロカードを差し込むと「1 XFER（ワン・トランスファー）OK」という表示が出て、料金は引き落としされない
アンリミテッドライド（乗り放題）	期間内であれば乗り放題			料金も乗り換えも気にしなくてよいので、あちこち動き回る旅行者にはおすすめ
シングルライド（1回乗車券）	乗り換えはできない			その名のとおり、1回のみ有効な乗車券なので、乗り換えはできない
現金	トランスファーチケットをもらえば可能	不可	不可	バスのみ現金（硬貨＝コイン）での支払いが可能

メトロカードの使い方注意

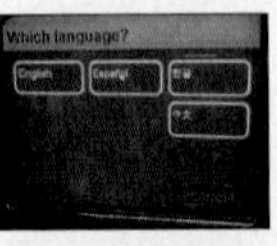

①言語を選ぶ。タッチパネルを触って進んでいく。まずは利用する言語を選択。ミッドタウンなどの主要な駅には日本語もある。

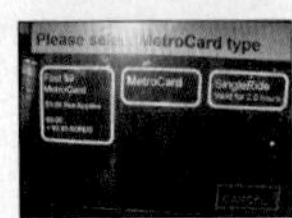

②カードの種類を選ぶ。メトロカード、1回乗車券（シングルライドチケット）などを選択。

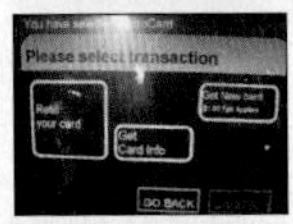

③Get New cardを選ぶ。すでにカードを持っていてそれに増やすならRefill your card。

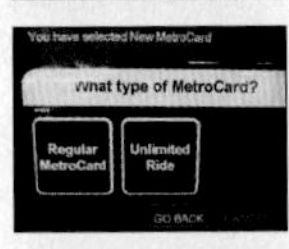

④乗り放題ならUnlimited Ride、1回ごとに乗車料金がかかるタイプならRegular MetroCard。

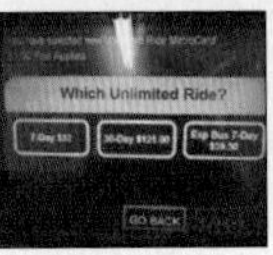

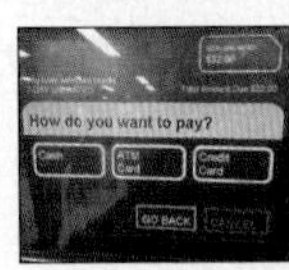

⑤日数を選ぶ（乗り放題）。7日、30日の乗り放題の日数を選ぶ。

⑥金額を選ぶ（レギュラー）。レギュラー切符を選んだら、$5.50、$10.50などの表示が出る。それ以外の金額ならOther Amounts。

CREDIT/ATM CARD

⑦支払い方法を選ぶ。現金、ATMカード、クレジットカードのいずれかを選ぶ。

⑧料金を支払う。クレジットカードは一度差し込んで抜く。また、ZIPコードの入力が必要になるが、アメリカ国外カードならば「99999」と入力すればよい

Why run for the train? There's another one just like it on the way.

地下鉄とバスで使える便利なメトロカード（表と裏）

メトロカード発行料

新しくカードを発行する際、カード発行料として$1を徴収される。

メトロカードの残金はこれにスライドさせて確認

Exploring

エリアガイド

マンハッタン Manhattan

別 MAP P.47

5番街やブロードウエイなどの観光名所が集中しているので、ニューヨークといえばマンハッタンを意味することが多い。34丁目以南を「ダウンタウン」、34丁目から59丁目を「ミッドタウン」、59丁目以北を「アップタウン」と呼ぶ。

エリア紹介

MIDTOWN

❶ミッドタウン MIDTOWN

→P.66

西側には観光名所、ホテル、ショップ、レストランが集まっている。東側はオフィス街のため、ビジネス客向けのホテルやレストランが多い。

DOWNTOWN

❷チェルシー CHELSEA

→P.90

ギャラリーや流行のレストラン、隠れ家的なバーが多数ある。話題のセレクトショップも多数。ハドソン・リバー沿いの再開発も著しい。

❸グラマシー GRAMERCY

→P.92

グラマシーパークを中心とした閑静な住宅地。落ち着いた雰囲気で、多くの文化人や芸術家に愛されている。美しい建築物も多い。

❹グリニッチ・ビレッジ GREENWICH VILLAGE

→P.96

石畳の道に背の低いれんが造りの建物が建ち並び、19世紀前半の面影を残す文化の街。夜は名門ジャズクラブを訪れる人でにぎわう。

❺イースト・ビレッジ EAST VILLAGE

→P.100

ウクライナなどからの移民が多く住み、さまざまな民族が交ざり合うエリア。音楽やカルチャーをリードし続けるアンダーグラウンドな雰囲気。

❻ソーホーとノリータ SOHO & NOLITA

→P.102

カースト・アイアン建築が多く残るおしゃれな街並み。一流ブランドやセレクトショップ、ビンテージショップが軒を連ねる。

❼ロウアー・イースト・サイド LOWER EAST SIDE

→P.104

かつてユダヤ系やプエルトリコからの移民が多く住んでいたエリア。近年、開発が進み、ハイセンスなショップやホテルが増えている。

❽トライベッカ TRIBECA

→P.106

倉庫街の面影を残し、雰囲気のよいレストランやカフェが点在する。映画制作会社が多く、映画の街としても知られている。

❾チャイナタウンとリトル・イタリー CHINATOWN & LITTLE ITALY

→P.107

漢字の看板がひしめき、パワーあふれるチャイナタウン。お隣のリトル・イタリーはこのところ活気がないが、レストランなどが点在。

❿ロウアー・マンハッタン LOWER MANHATTAN

→P.108

金融街やウォール街がある、ニューヨーク経済の中心地。自由の女神など観光名所も多く点在し、大型ショッピングセンターも集まる。

UPTOWN

⓫ アッパー・ウエスト・サイド
UPPER WEST SIDE

➔ P.122

有名建築家によって造られたアパートが並ぶ高級住宅地。アメリカ自然史博物館をはじめ文化施設が多い。

⓬ セントラルパーク
CENTRAL PARK

➔ P.126

マンハッタンの中心にある巨大な公園。動物園や劇場などがあり、忙しいニューヨーカーたちの憩いの場となっている。

⓭ アッパー・イースト・サイド
UPPER EAST SIDE

➔ P.130

財政界など、上流階級の人々が多く住む超高級住宅地。ミュージアム・マイル沿いには有名美術館が建ち並ぶ。

⓮ モーニングサイド・ハイツ
MORNINGSIDE HEIGHTS

➔ P.132

コロンビア大学やセント・ジョン・ザ・ディバイン大聖堂などがある、落ち着いた学生街。

⓯ ハーレム
HERLEM

➔ P.134

ジャズ、ソウルミュージックが生まれた黒人文化が息づく街。大小さまざまな教会があり、ゴスペルを聴くことができる。

⓰ ワシントン・ハイツ
WASHINGTON HEIGHTS

ハーレムの北 145 ～ 200 丁目あたり。独立戦争でワシントン率いる軍の総司令部がおかれたことが名前の由来。

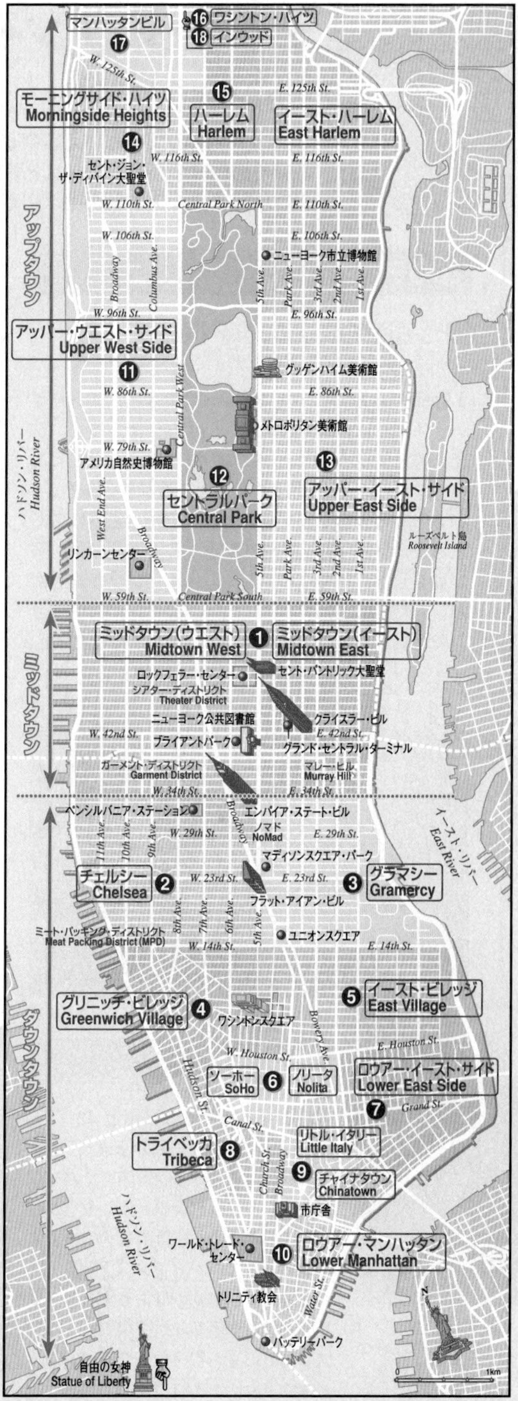

マンハッタンビル ⓱
⓰ ワシントン・ハイツ
⓲ インウッド
W. 125th St.
モーニングサイド・ハイツ Morningside Heights ⓮
ハーレム Harlem ⓯
イースト・ハーレム East Harlem
E. 125th St.
W. 116th St.
E. 116th St.
セント・ジョン・ザ・ディバイン大聖堂
W. 110th St.
Central Park North
E. 110th St.
W. 106th St.
E. 106th St.
ニューヨーク市立博物館
アップタウン
Broadway
Columbus Ave.
5th Ave.
Park Ave.
3rd Ave.
2nd Ave.
1st Ave.
W. 96th St.
E. 96th St.
アッパー・ウエスト・サイド Upper West Side ⓫
グッゲンハイム美術館
W. 86th St.
E. 86th St.
Central Park West
メトロポリタン美術館
ハドソン・リバー Hudson River
W. 79th St.
アメリカ自然史博物館
⓭
⓬
セントラルパーク Central Park
アッパー・イースト・サイド Upper East Side
West End Ave.
Broadway
ルーズベルト島 Roosevelt Island
リンカーンセンター
W. 59th St.
Central Park South
E. 59th St.
ミッドタウン(ウエスト) Midtown West ❶
ミッドタウン(イースト) Midtown East
セント・パトリック大聖堂
ロックフェラー・センター
シアター・ディストリクト Theater District
ミッドタウン
ニューヨーク公共図書館
クライスラー・ビル
W. 42nd St.
E. 42nd St.
ブライアントパーク
グランド・セントラル・ターミナル
ガーメント・ディストリクト Garment District
マレー・ヒル Murray Hill
W. 34th St.
E. 34th St.
ペンシルバニア・ステーション
エンパイア・ステート・ビル
Broadway
ノマド NoMad
イースト・リバー East River
11th Ave.
10th Ave.
9th Ave.
W. 29th St.
E. 29th St.
マディソンスクエア・パーク
チェルシー Chelsea ❷
W. 23rd St.
E. 23rd St.
❸ グラマシー Gramercy
フラット・アイアン・ビル
8th Ave.
7th Ave.
6th Ave.
5th Ave.
ミート・パッキング・ディストリクト Meat Packing District (MPD)
W. 14th St.
ユニオンスクエア
E. 14th St.
❺ イースト・ビレッジ East Village
グリニッチ・ビレッジ Greenwich Village ❹
ワシントンスクエア
Bowery Ave.
ダウンタウン
W. Houston St.
E. Houston St.
Hudson St.
ソーホー SoHo ❻
ノリータ Nolita
ロウアー・イースト・サイド Lower East Side
❼
Grand St.
Canal St.
リトル・イタリー Little Italy
トライベッカ Tribeca ❽
Church St.
Broadway
❾ チャイナタウン Chinatown
市庁舎
ハドソン・リバー Hudson River
ワールド・トレード・センター
❿ ロウアー・マンハッタン Lower Manhattan
トリニティ教会
Water St.
バッテリーパーク
自由の女神 Statue of Liberty
0
1km

⓱マンハッタンビルMANHATTANVILLE　ウエスト・ハーレムとして知られる。大学が多くキャンパスの建て替えなどで街の雰囲気も変化しつつある。

⓲インウッド　INWOOD　ワシントン・ハイツの北、マンハッタン最北端200～220丁目にある。

ミッドタウン・ウエスト
Midtown West

別MAP P.12-13、16-17、32-33

ニューヨークの顔ともいえる中心街。
数多くの観光名所やオフィスビルが集まり、
世界中から来た人たちのエネルギーを感じるエリア。

エリア紹介

観光名所をはじめ、ホテル、レストラン、ショップが集中

5番街から西側がミッドタウン・ウエスト。エンパイア・ステート・ビルやロックフェラー・センター、タイムズスクエア、ブロードウエイの劇場街もここにあり、ニューヨークを代表する見どころが多く集まっているので観光客がまず訪れるエリアだ。世界に名だたるブランドショップが軒を連ねる5番街では、買い物をしなくともウインドーショッピングが楽しめる。巨大複合施設のハドソンヤーズやペン・ステーションの新駅舎、モイニハン・トレイン・ホールも注目だ。

ミッドタウンの中心、色とりどりの看板がひしめき合うタイムズスクエア

エンパイア・ステート・ビルからの眺め

イルミネーションが美しい冬のロックフェラー・センター

歩き方

中心となる通りは5番街と42丁目。5番街沿いの59丁目から42丁目までの間には高級ブランド店やデパートが並ぶ。ショッピングを楽しみながらぶらぶら歩こう。5番街をそのまま南に進むと、エンパイア・ステート・ビルがある。このあたりまで来ると、少し庶民的な雰囲気に。途中でタイムズスクエアに立ち寄ったり、このあとミッドタウン・イーストに移動してもよい。

おもな見どころ

❶ 5番街
5th Avenue

一流ブランドをはじめ、デパートやファッションブランドがずらりと並ぶ、NYきってのショッピングストリート。最近はファストファッションのオープンも目立つ。

❷ ハドソンヤーズ
Hudson Yards

総工費約2500億ドル（約2兆8000億円）の巨大プロジェクト。2019年に第1フェーズがオープン。2024年中には最終の第2フェーズが完成予定。➡P.83

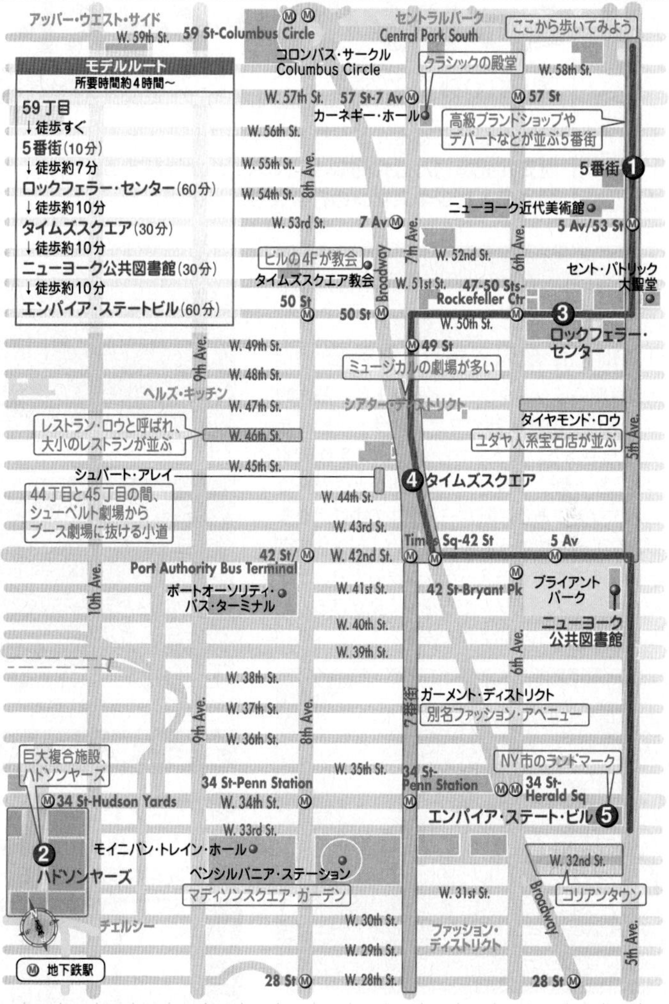

モデルルート
所要時間約4時間〜

59丁目
↓徒歩すぐ
5番街(10分)
↓徒歩約7分
ロックフェラー・センター(60分)
↓徒歩約10分
タイムズスクエア(30分)
↓徒歩約10分
ニューヨーク公共図書館(30分)
↓徒歩約10分
エンパイア・ステートビル(60分)

アッパー・ウエスト・サイド
W. 59th St.
59 St-Columbus Circle
セントラルパーク
Central Park South
ここから歩いてみよう
コロンバス・サークル
Columbus Circle
クラシックの殿堂
W. 58th St.
W. 57th St.
57 St-7 Av
57 St
カーネギー・ホール
高級ブランドショップや
デパートなどが並ぶ5番街
W. 56th St.
W. 55th St.
5番街 1
W. 54th St.
8th Ave.
ニューヨーク近代美術館
W. 53rd St.
7 Av
5 Av/53 St
7th Ave.
6th Ave.
Broadway
W. 52nd St.
ビルの4Fが教会
セント・パトリック大聖堂
タイムズスクエア教会
W. 51st St.
47-50 Sts-Rockefeller Ctr
50 St
50 St
3
W. 50th St.
ロックフェラー・センター
49 St
W. 49th St.
9th Ave.
ミュージカルの劇場が多い
W. 48th St.
ヘルズ・キッチン
W. 47th St.
シアター・ディストリクト
ダイヤモンド・ロウ
レストラン・ロウと呼ばれ、
大小のレストランが並ぶ
W. 46th St.
ユダヤ人系宝石店が並ぶ
5th Ave.
W. 45th St.
シュバート・アレイ
4 タイムズスクエア
44丁目と45丁目の間、
シューベルト劇場から
ブース劇場に抜ける小道
W. 44th St.
W. 43rd St.
Times Sq-42 St
5 Av
42 St/
W. 42nd St.
Port Authority Bus Terminal
10th Ave.
ポートオーソリティ・バス・ターミナル
W. 41st St.
42 St-Bryant Pk
ブライアントパーク
W. 40th St.
ニューヨーク公共図書館
W. 39th St.
W. 38th St.
ガーメント・ディストリクト
7番街
別名ファッション・アベニュー
W. 37th St.
W. 36th St.
巨大複合施設、
ハドソンヤーズ
NY市のランドマーク
W. 35th St.
34 St-Penn Station
34 St-Penn Station
34 St-Herald Sq
34 St-Hudson Yards
W. 34th St.
エンパイア・ステート・ビル 5
W. 33rd St.
2
モイニハン・トレイン・ホール
W. 32nd St.
ハドソンヤーズ
ペンシルバニア・ステーション
マディソンスクエア・ガーデン
W. 31st St.
コリアンタウン
チェルシー
W. 30th St.
ファッション・ディストリクト
W. 29th St.
28 St
W. 28th St.
28 St
Ⓜ 地下鉄駅

❸ ロックフェラー・センター
Rockefeller Center

821のビルが林立する巨大複合施設は、クリスマスツリーのライトアップで有名。トップ・オブ・ザ・ロック展望台はおすすめ。➡P.76

❹ タイムズスクエア
Times Square

ネオンが輝く「世界の交差点」。マンハッタンの中心、ブロードウエイから7番街と42〜47丁目が交差するあたり。➡P.78

❺ エンパイア・ステート・ビル
The Empire State Building

マンハッタンのシンボルともいえるビル。マンハッタンの空高くそそり立ち、夜にはさまざまな色でライトアップされる。展望台からの眺めは絶景。➡P.70

ミッドタウン・イースト
Midtown East

別MAP P.14-15、18-19、34-37

国連本部があるミッドタウン・イースト。
歴史的建造物と近代的なオフィスビルが混在する、
観光客とビジネスマンの行き交うエリアだ。

エリア紹介

国連やクライスラー・ビルなど ビジネス街だが観光スポットも多数

5番街から東側のミッドタウン・イーストは、基本的にはオフィス街。国連本部やクライスラー・ビルなどの見どころもある。また、マンハッタンを代表する巨大ターミナル駅、グランド・セントラル・ターミナルもこのエリアにある。駅ターミナルの中は大きなショッピングモールになっていて楽しい。ビジネス街なので、朝食を食べながらミーティングしたり、ランチを楽しむビジネスパーソンたちを多く見かける。絶景が楽しめるサミットの展望台は必訪。

ルーズベルトアイランドから見たミッドタウン・イースト

巨大なターミナル駅、グランド・セントラル

歩き方

34丁目から42丁目の3番街から5番街付近は「マレーヒル」と呼ばれ、イギリスの植民地時代の歴史的建造物が残る一角もある。なかでも、35丁目の3番街やパーク・アベニューの周辺は当時の面影を色濃く残している。ミッドタウン・イーストは、近代的なオフィスビルと歴史的建造物群との融合を楽しみながら歩きたい。

クライスラー・ビルとメットライフ・ビル

59丁目にはトラムの乗り場も

おもな見どころ

❶ サミット Summit

ガラスと鏡に囲まれた近未来的な展望台。映える写真も撮れる。

❷ グランド・セントラル・ターミナル Grand Central Terminal

列車の中心駅であると同時に、多くの店が出店するショッピングモール。屋内なので、いつでも買い物が楽しめる。➡P.82

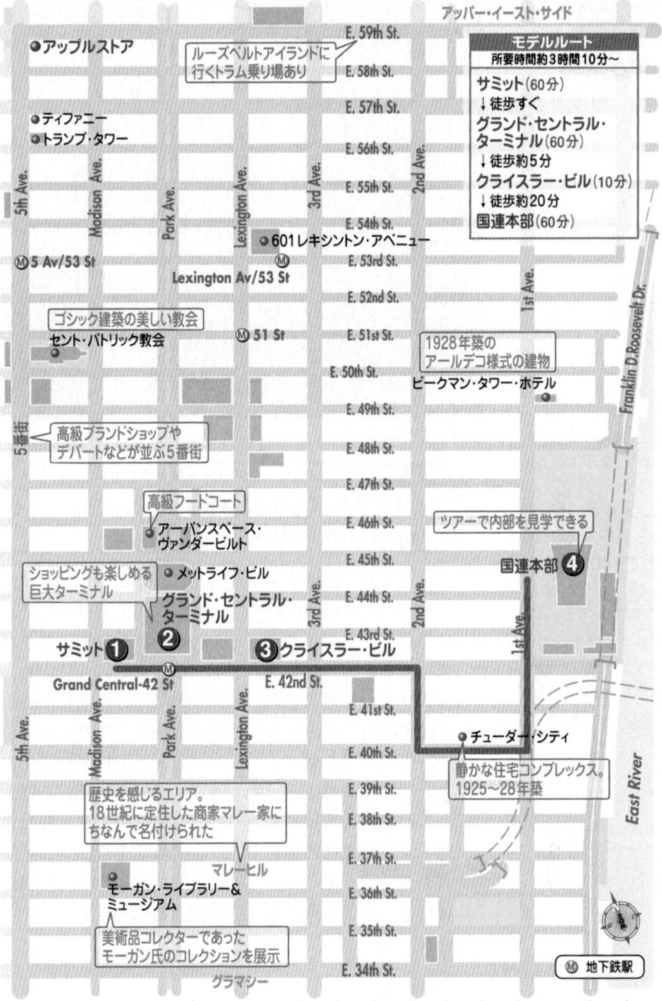

モデルルート
所要時間約3時間10分〜

サミット(60分)
↓徒歩すぐ
グランド・セントラル・ターミナル(60分)
↓徒歩約5分
クライスラー・ビル(10分)
↓徒歩約20分
国連本部(60分)

アッパー・イースト・サイド
アップルストア
ルーズベルトアイランドに行くトラム乗り場あり
ティファニー
トランプ・タワー
601レキシントン・アベニュー
5 Av/53 St
Lexington Av/53 St
ゴシック建築の美しい教会
セント・パトリック教会
51 St
1928年築のアールデコ様式の建物
ビークマン・タワー・ホテル
高級ブランドショップやデパートなどが並ぶ5番街
5番街
高級フードコート
アーバンスペース・ヴァンダービルト
ツアーで内部を見学できる
国連本部 4
ショッピングも楽しめる巨大ターミナル
メットライフ・ビル
グランド・セントラル・ターミナル 2
サミット 1
3 クライスラー・ビル
Grand Central-42 St
E. 42nd St.
チューダー・シティ
静かな住宅コンプレックス。1925〜28年築
歴史を感じるエリア。18世紀に定住した商家マレー家にちなんで名付けられた
マレーヒル
モーガン・ライブラリー&ミュージアム
美術品コレクターであったモーガン氏のコレクションを展示
グラマシー
East River
Franklin D.Roosevelt Dr.
5th Ave. / Madison Ave. / Park Ave. / Lexington Ave. / 3rd Ave. / 2nd Ave. / 1st Ave.
E. 59th St. – E. 34th St.
Ⓜ 地下鉄駅

3 クライスラー・ビル
Chrysler Building

アールデコ建築の傑作といわれる、ニューヨークの摩天楼を代表する建物だ。➡P.81

4 国連本部
The United Nations Headquarters

国連総会ビル、ダグ・ハマーショルド図書館、会議場ビル、事務局ビルの4つのビルで構成されている。➡P.80

➡P.61

エンパイア・ステート・ビル

おすすめ度➤★★★

住350 5th Ave.
※５番街に沿った34丁目と33丁目の間にある。
地下鉄ⒷⒹⒻⓂⓃⓆⓇⓌ 34 St-Herald Sq 駅より徒歩約3分
バスM4、M5、Q32（34th St.あたりで下車）
☎(1-212) 736-3100
開9:00〜翌1:00（最終の昇りエレベーターは45分前まで）
※季節により変動
料チケットは展望台のある86階までと102階まで上がるもの、早く入場できるエクスプレスとのコンビチケットなどがあり、すべてウェブサイトで購入可。事前に購入が必要
URL www.esbnyc.com

86階展望台からクライスラー・ビルを望む

別MAP P.14-A2 ニューヨークのランドマークともいえる

エンパイア・ステート・ビル

The Empire State Building

マンハッタンの空高くそそり立つ、エンパイア・ステート・ビル。その高さは381m（塔の上までは443.2m)。シカゴのウィリス・タワー（442m）などに追い越されてしまったものの、長い間、世界一の高さを誇っていた。大恐慌のさなかに着工され、わずか約13ヵ月後の1931年4月に完成したこのビルは、完成直後は入居者もなく「エンプティ（からっぽの）・ステート・ビル」と陰口をたたかれた。だが同時に、天高くそびえるビルは不況にあえぐ人々の明日への希望でもあった。工事に使われた鉄骨は約6万トン。あまりの高さゆえ、当時は安全性について懸念されたが、いまだにヒビ割れひとつ目につかない。1986年にはアメリカ合衆国国定歴史建造物に指定された。

展望台入場までの流れ

チケット購入 ➤ **セキュリティチェック** ➤ **80階** ➤ **86階** ➤ **102階**

入口に到着したら、まずは2階へ。チケットはなるべくウェブで事前購入を。未購入なら、2階のキオスクで入場券を買う。102階に行く場合も申し込もう。購入済だが時間指定がまだならこの機械で行う。

次は2階でセキュリティチェックを。基本的にバックパックなど大きな荷物の持ち込みは禁止。身軽で行きたい。同階の展示も見学を。

その後、エレベーターで約1分、80階へ直行。リニューアルされたフロアを楽しみたい。ここで第2エレベーターに乗り換えて、86階の展望台へ。

晴れた日にはオープンデッキに出て景色を眺めよう。双眼鏡で街のクローズアップを眺められる。かなり風が強いので、かぶり物は飛ばされないように注意を。冬は要防寒。

86階で追加料金（$20。カードⒶⒹⒿⓂⓋ）を支払って、102階まで昇ることもできる。
2019年に全面改装し、床から天井までガラス窓の美しい展望台となった。

♥飛行船の発着場として建設されたエンパイア　103階の鉄塔にあるプラットホームから乗客が乗り降りし、国際線航路として機能するはずだった。しかし強風や相次ぐ飛行船事故により果たすことができず、電波塔へ転換。

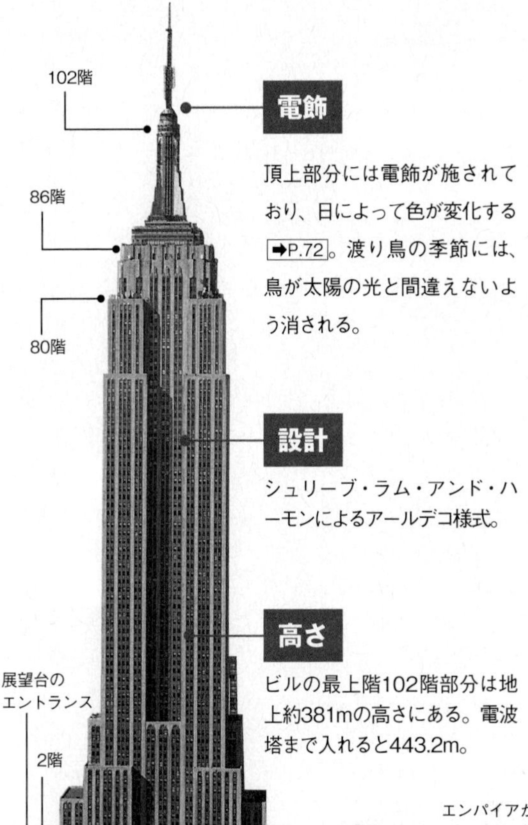

電飾

頂上部分には電飾が施されており、日によって色が変化する ➡P.72。渡り鳥の季節には、鳥が太陽の光と間違えないよう消される。

設計

シュリーブ・ラム・アンド・ハーモンによるアールデコ様式。

高さ

ビルの最上階102階部分は地上約381mの高さにある。電波塔まで入れると443.2m。

チケットは事前に購入が必要

チケットは事前にサイトで購入すること。シティ・パスは、時間指定を忘れずに。

チケットの種類について

●86階（大人$44～、6～12歳$38～、62歳以上$42～、エクスプレス6歳以上$80～）
● 86階&102階（大人$79～、6～12歳$73～、62歳以上$77～、エクスプレス6歳以上プラス$184～）

展示スペースやWi-Fiも

2019年10月に2階と80階にも展示スペースが追加された。館内はWi-Fi無料。音声ガイドも無料ダウンロードできる。

エンパイアから見た景色。①東のクイーンズ側②西のニュージャージー側③南のロウアー・マンハッタン側④北のセントラルパーク側

♥展望台のさまざまなチケット　上記のほか、サンライズタイムに入場できるSunrise on 86th Floor$135（スターバックスのコーヒー付き）、優先入場と舞台裏ツアー付きのPremium$175、VIP専用ルームでシャンパンを味わいながらガイドツアーも楽しめるEBS All Access Tour$500などがある。

今日は何色？
エンパイア・ステート・ビルのイルミネーション

ニューヨークの夜を彩る、エンパイア・ステート・ビルのイルミネーション。ビルに初めて照明がともったのは1932年の11月。フランクリン・D・ルーズベルトが大統領に当選した日、最上階にサーチライトが照らされた。これが事実上、最初のイルミネーションだ。カラーのイルミネーションが初めて現れたのは1976年。アメリカ独立200年を祝い、赤・白・青の3色で、ビルは鮮やかにライトアップされた。

翌1977年には新しい照明システムが設置され、より豊かな色彩で祝うことができるようになる。以降、クリスマスには赤・緑、独立記念日には星条旗の色を使用した赤・白・青など、さまざまなカラーパターンを展開することに。

2012年に21世紀の改装作業の一環として、1200個のLED照明を設置。この新しいコンピューターシステムにより、1600万色以上の色を表現できるようになった。そのため、最近はかなりカラフルになり、部分的にも面によっても色が異なり、3段階だけでなく4段階のカラーパターンも増えている。

■ライトアップの予定
URL www.esbnyc.com
Home→Topページ
→Explore→Tower Lights→Full Lightning Calendarが見られる

エンパイア・ステート・ビルのイルミネーション

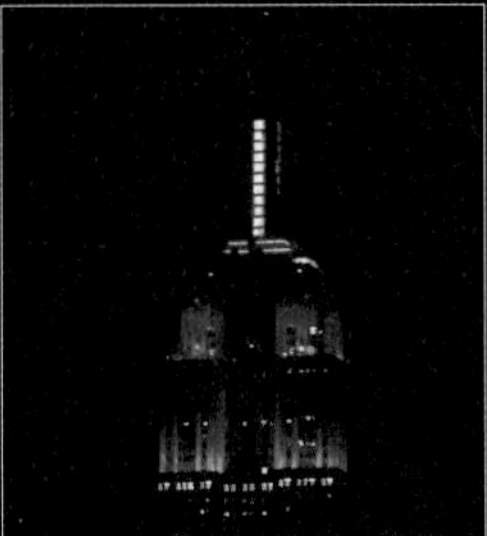
❶ Blue / Blue / Blue

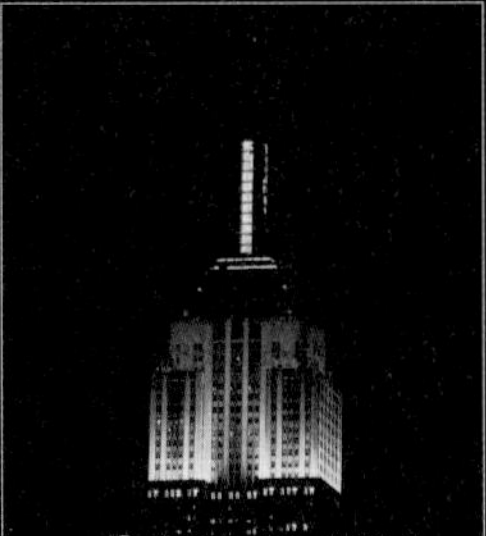
❷ Yellow / Red / Yellow

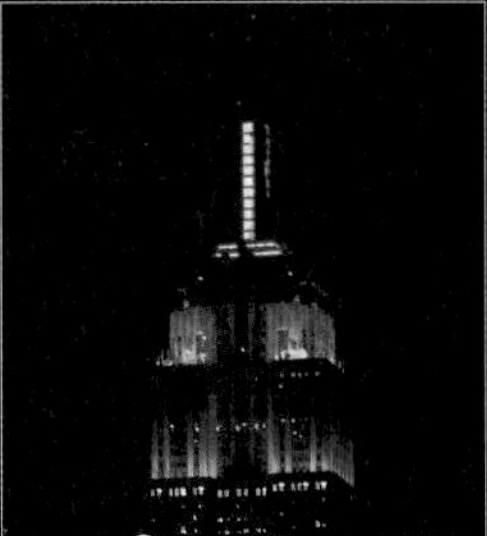
❸ Blue / Orange / Blue

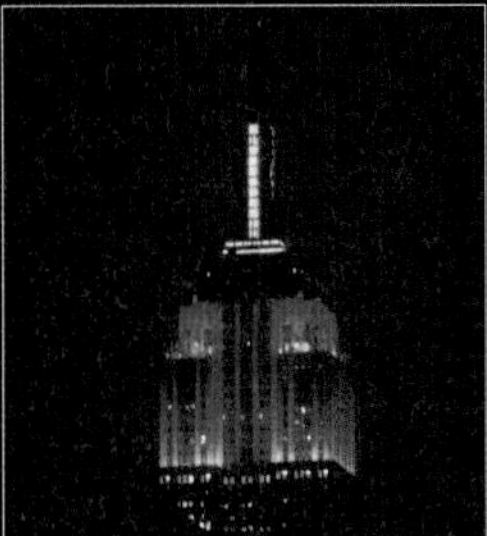
❹ Orange / Orange / White

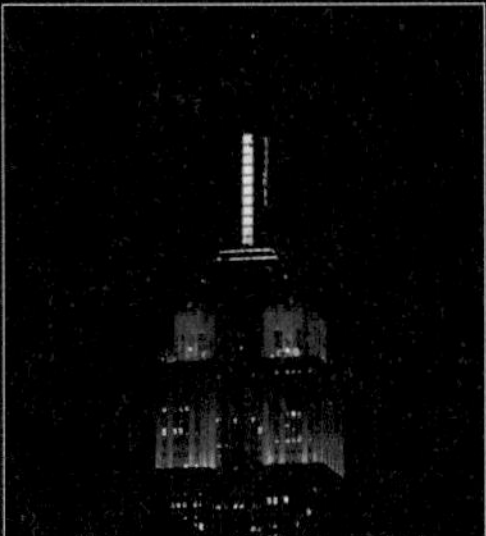
❺ Purple / Purple / Yellow

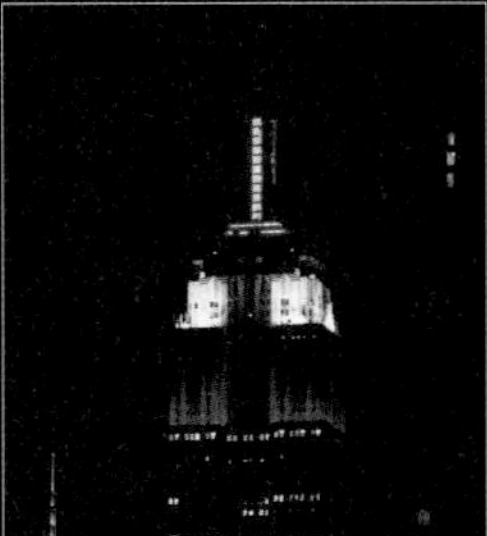
❻ Red / White / Blue

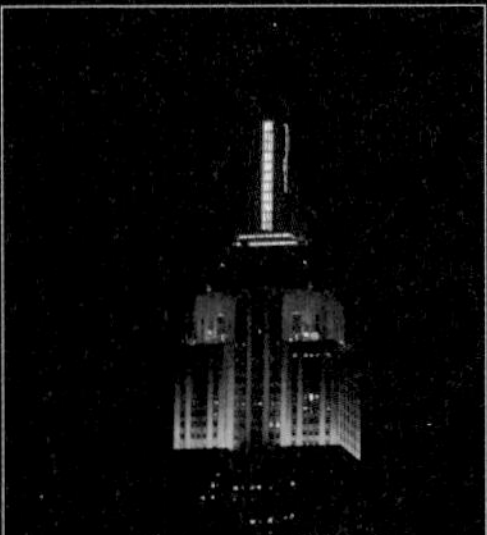
❼ Green / Blue / Green

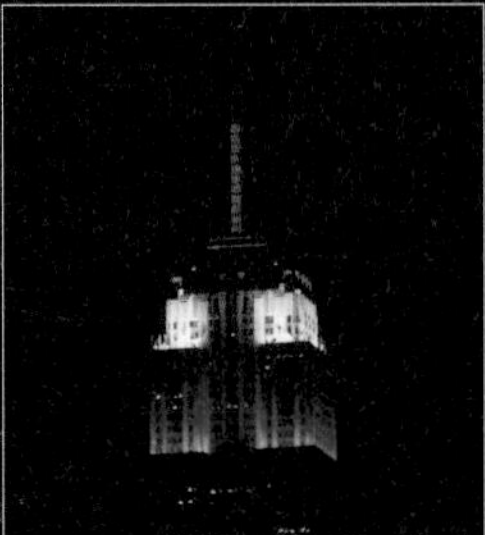
❽ Blue / White / Red

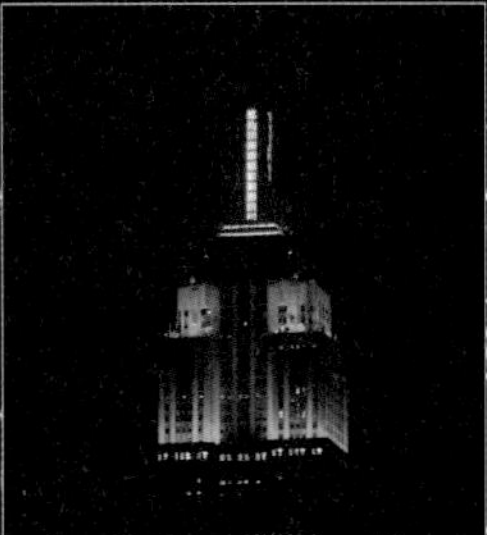
❾ Green / Green / Green

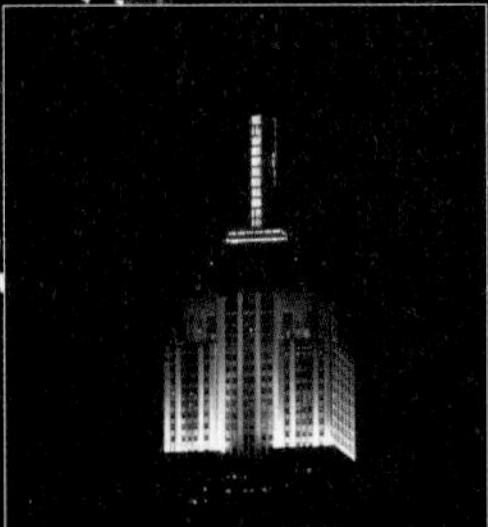
❿ White / Red / White

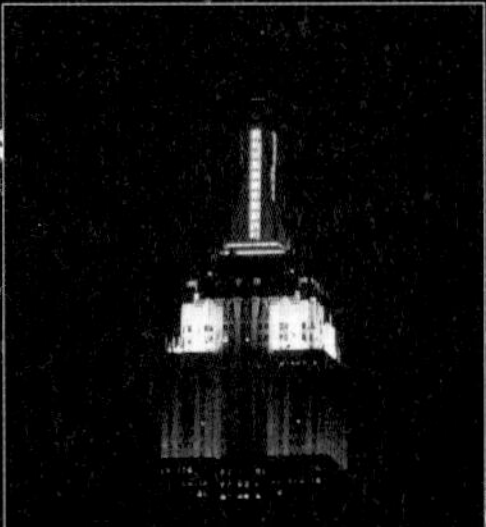
⓫ Red / White / Green

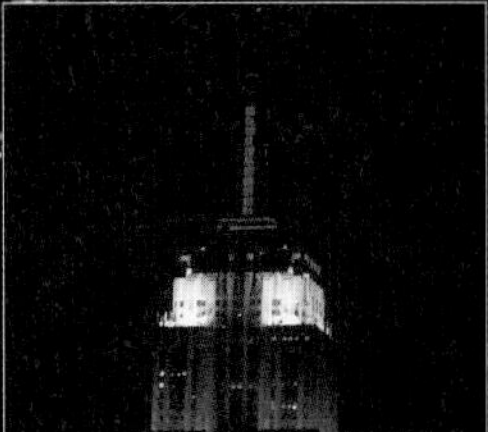
⓬ North / South Sides:
Red / White / Red
East / West Sides:
Red / Yellow / Red

❶ユニセフ70周年記念（2016年）、国際人権デイ、ニューヨーク警察会議、世界自閉症啓発デイ　❷黄・赤・黄（プライベート）　❸アメリカがん協会・世界がんデイ　❹エンパイア・ステート・ビル・ランアップ　❺ウェストミンスター・オール・ブリード・ドッグ・ショー　❻大統領の日、9.11メモリアルデイ、ベテランズデイ、大統領選の日（2016年）、レイバーデイ、フラッグデイ、メモリアルデイ、大リーグ開幕日　❼緑・青・緑（プライベート）　❽青・白・赤（プライベート）　❾セント・パトリック・デイ、ロビン・フッド財団デイ、アースデイ、ニューヨーク・コスモス開幕日　❿アメリカ赤十字月間　⓫コロンブスデイ、メキシコ独立記念日、メンタルヘルス月間　⓬北＆南：赤・白・赤、東＆西：赤・黄・赤（2012年、ヤンキースタジアムでのピンストライプ・ボウルを記念）

ロックフェラー・センター
おすすめ度★★★
住45 Rockefeller Plaza (bet. 5th & 6th Aves.)
地下鉄ⒷⒹⒻⓂ47-50 Sts-Rockefeller Ctr、ⓃⓇⓌ49 St駅より徒歩約3分
バスM1、M2、M3、M4、M5、M7、M50、Q32 (50th St. あたりで下車)
☎(1-212) 588-8601
URL www.rockefellercenter.com
※コンコースのオープンは7:00〜24:00

クリスマスツリー点灯式
2024年は、12月4日(水) 19:00〜(予定)。毎年11月上〜中旬に広報室が設けられ、ツリーになる木や点灯式の日が決定される。なお、点灯式翌日から1月上旬まで、毎日5:00〜翌1:00（12月25日は24時間中）にライトアップされる。ウェブを参照。
●これまでの点灯日
2019年12月4日(水)
2020年12月2日(水)
2021年12月1日(水)
2022年11月30日(水)
2023年11月29日(水)

ロックフェラー・センターのウオーキングツアー
ロックフェラー・センターの建築やアート、歴史についてのツアー（英語のみ）。所要約75分。チケットは地階のトップ・オブ・ザ・ロックのチケット売り場または
URL www.topoftherocknyc.com/buy-tickets
☎(1-877) 692-7625
開10:00〜19:00（季節により異なる）に出発 料大人$27、トップ・オブ・ザ・ロック（展望台➡P.76）とのコンビネーションは$56（ロック・パス）

別MAP P.34-35 B・C1 ビジネス街の巨大コンプレックスビル

ロックフェラー・センター
Rockefeller Center

5番街と6番街、48丁目と51丁目に囲まれたエリアが、ロックフェラー・センター。コムキャスト・ビルを中心に19のビルが林立し、マンモス・コンプレックス（大複合体）を構成している。

チャネルガーデン中央にあるゴールドの彫刻

建物の正面は5番街側。コムキャスト・ビルに向かって右側がイギリス館、左側がフランス館。間にある遊歩道がチャネルガーデンで、名前は英仏海峡（ザ・チャネル）に由来する。チャネルガーデンとコムキャスト・ビルの間のロウアープラザはクリスマスツリーとアイス・スケート・リンクで有名。万国旗が並んでいることから、ガーデン・オブ・ザ・ネーションズと呼ばれている。センターの東側はほとんどが地下でつながっており、全長約3kmの大ショッピング街になっている。

コムキャスト・ビル Comcast Building（旧名称：G.E.ビル　G. E. Building）

センターの中心、6番街の49〜50丁目に、優雅な外観がひときわ目をひく70階建て、地上260mのビル。住所から、30ロックフェラー・プラザという別名で呼ばれることも。完成は1933年。ロビーにはスペインの彫刻家ホセ・マリア・サートによる、過去200年にわたるアメリカの発展を描いた大壁画がある。地下にはロックフェラー・センターを紹介する小展示室があり、建設時の土地購入資料、設計図、工事現場の写真、彫刻、美術品のデッサンといったものが展示されている。

クリスマスシーズンのライトアップ

♥**ザ・リンク**　ロックフェラー・センターのスケートリンクに、ローラースケート・リンク「フリッパーズ」がオープン（4月中旬から10月）。1970〜80年代にウエスト・ハリウッドで流行したローラーディスコがテーマ。料$20〜

1271 アベニュー・オブ・ジ・アメリカズ 旧名称：タイム・ライフ・ビル 1271 Avenue of the Americas

『タイム』や『ライフ』（廃刊）の発行で有名なタイム社の本社だったビル。ラジオ・シティ・ミュージック・ホールの前にある。アルミニウムとガラスに覆われた外観で、48階建ての高さ179m。1959年、6番街に最初に登場した高層ビル。

6番街にそびえる近代的なビル

NBCスタジオ NBC Studio

ツアーで内部を見学できる

アメリカ4大テレビネットワークのひとつNBCのスタジオもある。ツアーでは、人気のNBCショーを見学できる（どこを見学できるかは選べない）。

ラジオ・シティ・ミュージック・ホール Radio City Music Hall

音楽とレビューが息づいている全米最大級の屋内劇場。ミュージック・ホールの館内はステージ・ドア・ツアーで見学することができ、リハーサル場や衣装部屋などを回れる。また、ミュージック・ホールといえば、ザ・ロケッツのダンス（ラインダンス）で有名。ザ・ロケッツが出演するクリスマス・スペクタキュラーは、ホリデイシーズン（11月中旬～1月上旬）に開催。

ステージ・ドア・ツアーで中を見学できる

NBC スタジオツアー
49丁目の入口から入り、ツアーデスクでチケットを買う。所要約65分間。
住30 Rockefeller Plaza
☎(1-212) 664-3700
開月～木8:20～14:20、金～土8:20～17:00、日8:20～18:00の20分おきに出発（冬期は異なる） 料大人$48、65歳以上・8～17歳$42。8歳未満入場不可
URL www.thetouratnbcstudios.com（チケット購入可能）

ラジオ・シティ・ミュージック・ホール
住1260 6th Ave. (bet. 50th & 51st Sts.)
URL www.msg.com/radio-city-music-hall

ステージ・ドア・ツアー
開月～火、木～土10:30～14:00
（出発時間は日により変わるが、ほぼ1時間おき。所要約75分） 料大人$33、学生・シニア（65歳以上）・12歳以下$29
チケットはウェブサイト
URL www.msg.com/venue-tours/radio-city-music-hall または Radio City Sweets and Gifts Shop（6th Ave.沿いの50th St.と51st St.の間）で

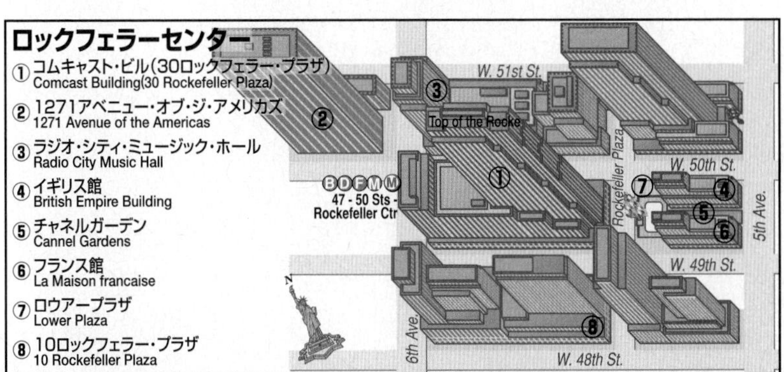

冬の風物詩アイススケート・リンク ロックフェラー・センターでは、10月中旬から4月中旬くらいまでリンクが設置される。巨大ツリーの前で滑るスケートは格別！ （→P.452）

ロックフェラー・センターの展望台
トップ・オブ・ザ・ロック
TOP OF

マンハッタンを望む人気ビュースポット

ニューヨークの展望スポットとして不動の人気なのが、ロックフェラー・センターの展望台。屋外部と屋内部に分かれ、さらに67・69・70階の3層から構成されている。

まずはセキュリティチェックを抜けて、中2階にある展望台行きエレベーターへ。サミットシャトルと呼ばれる高速エレベーターに乗り、展望台への入口となる67階に行く。垂直移動の間、ロックフェラー・センターの建築工程を、エレベーター内のスクリーンに映し出される約1分間のダイジェスト版で楽しむことができる。エレベーターを降りたあとは、階段もしくはエスカレーターで最上階の70階に到着。エンパイア・ステート・ビルやセントラルパークなど、最高のパノラマビューを楽しませてくれる。ウェブによる事前予約では、希望の入場時間のチケットをネットで予約・購入できる。2023年11月現在、一部リニューアル中。2024年中にはお目見え予定。

エンパイア・ステート・ビルを含むダウンタウンを一望できるのが魅力

チケット売り場は50th St.沿いの入口から階段を下りた地階にある

トップ・オブ・ザ・ロック展望台
Top of the Rock Observation Deck

別MAP P.34-B1
住30 Rockefeller Plaza(bet. 5th & 6th Aves.)
☎(1-212)698-2000 Free(1-877)692-7625
開毎日9:00～24:00（展望台行き最終エレベーターは23:10)、クリスマス、年末年始は変更あり 休無休
料大人$40、シニア(62歳以上)$38、6～12歳$34、6歳未満無料 ※エクスプレスパス$85、VIPツアー$110などもあり
URL www.topoftherocknyc.com

50th St.沿い、5th Ave.と6th Ave.の間にある入口

THE ROCK

アクセス

地下鉄ⒷⒹⒻⓂ 47-50 Sts- Rockefeller Ctr駅より徒歩約3分
※入場は50th St.沿いの1階入口から。階段を下り地階のチケット売り場へ。矢印に従えばよい。ウェブでチケット購入済みなら2階へ。

①南側の目の前は迫力のエンパイア・ステート・ビル ②晴天なら、セントラルパークの奥まで眺められることも ③夜になるとNYらしい摩天楼の輝きが目の前に広がる

別MAP P.17-C4 世界の交差点、ショービジネスの中心地

タイムズスクエア
Times Square

マンハッタンの中心、ブロードウエイから7番街と42丁目から47丁目が交差するあたりがタイムズスクエア。1980年代には「犯罪の巣窟」「怖くて危ないエリア」などと呼ばれた暗い時代が続いた。しかし、1994年からNY市長を務めたジュリアーニの浄化・再生計画により風俗のネオンは、ミュージカルや世界中の企業広告の輝きに代わった。道を行き交うあふれんばかりの人々や、色とりどりの巨大なLEDビジョンがひしめき合う風景はもうおなじみ。お目当てのミュージカルを観劇しようという観光客で毎日にぎわう。

観光に訪れる人々でにぎわうミッドタウンの中心

タイムズスクエア
おすすめ度》★★★
地下鉄 N Q R W S 1 2 3 7 Times Sq-42 St駅より徒歩約4分
バス M7、M20、M42、M104（42nd St.あたりで下車）
URL www.timessquarenyc.org

タイムズスクエアが歩行者天国に
交通渋滞や接触事故を減らすことを目的に始められた。42nd St.～47th St.と33rd St.～35th St.のBroadwayの道路が車両進入禁止となっている。チェアが置かれ、くつろぎのスペースに。24時間オープン。

別MAP P.34-B4 イベント多数の都会のオアシス

ブライアントパーク
Bryant Park

ニューヨーク市立図書館の裏側にある公園。さほど広くはないのだが、高層ビルに囲まれた都会のオアシスとしてニューヨーカーに愛されている。5番街やタイムズスクエア、ロックフェラー・センターなど、ミッドタウンの主要な見どころから近く、休憩にも使える貴重な場所でもある。夏期は、コンサートや映画上映など、気軽に楽しめる無料のイベントが豊富。冬期はアイススケートリンクとホリデイマーケットがオープンする。公園内の売店Food Kiosksには、ニューヨークで人気のベーカリーやカフェなどもあり、春夏のランチタイムには多くの人でにぎわう。「全米一美しい」とされるトイレもある。

無料のWi-Fiが利用できる公園のひとつ

ブライアントパーク
おすすめ度》★★★
住 40th & 42nd Sts.と5th & 6th Aves.の間
地下鉄 B D F M 42 St-Bryant Pk、7 5 Av駅より徒歩1～3分
バス M1、M2、M3、M4、M5、M7、M42（42nd St.あたりで下車）
開 1～4・10月7:00～22:00、5～9月：7:00～23:00、11～12月：月～水7:00～22:00、木～日7:00～24:00
URL www.bryantpark.org

スケートリンク（Winter Village）
開 毎日8:00～22:00（10月下旬～3月上旬）
料 無料（ただしスケート靴のレンタル料$15～50がかかる）事前予約可能
※ロッカーは無料だが、カギは有料（小：$5=靴1足分、中：$15=2～4人分）。荷物は預けることも可能

♥**タイムズスクエアの着ぐるみに注意！** ミッキーマウスやハローキティなどのかぶりものが近づいてくるが、うっかり撮影すると（自分とのショットじゃなくても）高額なチップを要求される。近づかないのが賢明。

別MAP P.37-C4 5番街に建つ美しいゴシック建築

セント・パトリック大聖堂

St. Patrick's Cathedral

全米最大のカトリック教会であるセント・パトリック教会。教会の建設着工は1858年。途中南北戦争を挟み、1888年に尖塔が完成した。白い大理石をふんだんに使った教会のデザインはジェームス・レンウィックによるもので、ゴシック様式はドイツのケルン大聖堂を模してある。象徴である尖塔は高さ約100m。約2400の座席数は、約9000本のパイプを備えたパイプオルガンとともに、マンハッタンの自慢となっている。ステンドグラスも美しい。

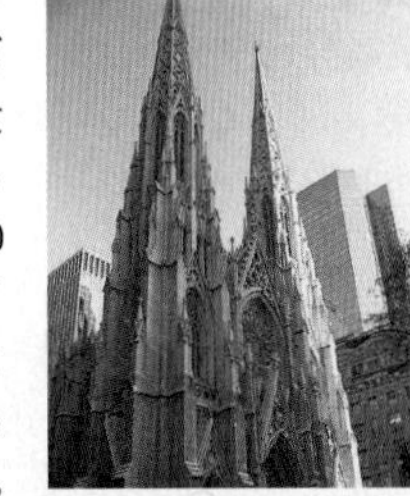

外観だけでも見応えあり

別MAP P.37-C2 上階には有名人も住む

トランプ・タワー

Trump Tower

第45代アメリカ大統領、ドナルド・トランプ氏の所有で有名

1984年にオープンしたトランプ・タワー。58階建て（最上階は68階と表示される）のタワーの地下1階から地上2階までがショッピングモール、14階から26階まではオフィスフロア、上階は高級マンションになっている。吹き抜けのなかをピカピカのエスカレーターに乗って見学しよう。

別MAP P.35-C4 蔵書、建築もすばらしい

ニューヨーク公共図書館（本館）

New York Public Library (Main Branch) (Stephen A. Schwarzman Building)

5番街沿い、40～42丁目の2ブロックを占める壮麗なボザール建築が、ニューヨーク公共図書館だ。正面入口のライオン像、その前のテラス部と外壁は大理石からなり、ネオクラシシズムを感じさせる。ここは公共図書館の本館で、総蔵書数は書籍のほかに地図、記録写真、テープ、印刷物などを含めて5290万点以上になる。特に地図のコレクション数は世界有数で、約40万点の所有がある。

利用者数は年間約180万人

セント・パトリック大聖堂
おすすめ度▶★★
住460 Madison Ave. (bet. 50th & 51st Sts.)
地下鉄ⒺⓂ5 Av-53 St、⑥51 St駅より徒歩2～5分
バスM1、M2、M3、M4、M5、M50、Q32（50th St.と5th Ave.あたりで下車）
☎(1-212) 753-2261
開毎日6:30～20:45
ギフト・ショップ（聖堂内）毎日9:00～18:00
URL saintpatrickscathedral.org

トランプ・タワー
おすすめ度▶★
住725 5th Ave. (at 56th St.)
地下鉄ⒺⓂ5 Av-53 St駅より徒歩約4分
バスM1、M2、M3、M4、M5、M31、M57、Q32（57th St.と5th Aveあたりで下車）
開8:00～22:00

ニューヨーク公共図書館
おすすめ度▶★★★
住476 5th Ave. (at 42nd St.)
地下鉄⑦5 Av駅より徒歩約2分
バスM1、M2、M3、M4、M5、M42、M55、Q32（42nd St.と5th Ave.あたりで下車）
☎(1-917) 275-6975
開月・木～土10:00～18:00（火・水～20:00）
休日　URL nypl.org

公共図書館の無料ツアー
アスターホールの案内所から出発する建築ツアー（Building Tours）。開月～土11:00と14:00、所要約1時間

1階にギフトショップあり
正面玄関のライオン像をイラストモチーフにしたオリジナルのトートバッグやポーチが見つかる。

♥分館もチェック　入館無料ですばらしい景色が楽しめる。トイレあり。Stavros Niarchos Foundation Library (SNFL)　住455 5th Ave.（本館の向かい側）　営月～木8:00～21:00、金～20:00、土10:00～18:00　休日

国連本部
おすすめ度➤★★★
住1st Ave. & 46th St.
地下鉄④⑤⑥⑦ⓈGrand Central-42 St駅より徒歩約15分
バスM15、M42(E.42nd St.と1st Ave.あたりで下車)
☎(1-212) 963-4475(ビジターズセンター)
URLun.org

国連本部ツアー
チケットはウェブURLun.org/visitで事前予約・購入を(日本語あり)。当日はまずVisitor Check-in Office (住801 1st Ave. at 45th St.)に向かう。要ID。大きな荷物や液体(水を含む)は持ち込めない。所要約45～60分。
☎(1-212) 963-8687
開月～金9:00～17:00(ツアーは9:30から開始、16:45が最終ツアー。17:30までに退出)の間、15～45分おき
休土・日・祝 料大人$26、シニア(60歳以上)・学生$18、5～12歳$15(5歳未満は参加不可)

メットライフ・ビル
おすすめ度➤★★
住200 Park Ave. (at 45th St.)

マディソン・スクエア・ガーデン
おすすめ度➤★
住4 Pennsylvania Plaza (bet. 31st & 33rd Sts.)
地下鉄①②③ⒶⒸⒺ34 St-Penn Station駅より徒歩約1分
バスM7、M20、M34、M34A、Q32(34th St.もしくは7th Ave.あたりで下車)
URLmsg.com

別冊MAP P.19-C4 国際間の平和と親睦を支える

国連本部
The United Nations Headquarters

イースト・リバーに沿って42丁目から48丁目までを占める国連本部。国連総会ビル、ダグ・ハマーショルド図書館、会議場ビル、事務局ビルの4つのビルで構成されており、その一部を見学するガイドツアーがある。国連の仕事や役割の説明から始まり、悲惨な戦争や貧困の現状、それらに国連がどのように関与、援助しているかを、ガイドが説明しながら国連総会の会議場などいくつかの会議場を見学する。ツアーのない土・日曜、祝日は地下1階のギフトショップやカフェのみへ行くことができる(9:00～16:45)。

ツアー開始時刻の1時間前には到着したい

別冊MAP P.35-D3 ミッドタウンの目印になるビル

メットライフ・ビル
MetLife Building

NYのシンボル的ビルとして定着していたパンナム・ビル。1963年にオープン。当時は世界一高い商業ビルだった。メットライフ・ビルに名称変更してすでに32年余りだが、現在も1960年代を代表する建築物である。グランド・セントラル・ターミナルの後ろに建ち、街を歩くときの目印としても便利な建物。

グランド・セントラル・ステーションの北側にある

別冊MAP P.13-C3 年間350ものイベントが繰り広げられる

マディソン・スクエア・ガーデン
Madison Square Garden

7番街と33丁目の角に建つ大きな円柱形の白い建物がマディソン・スクエア・ガーデンだ。地下にターミナル駅のペンシルバニア・ステーション、約2万席を有するアリーナと5600席を有するザ・シアターから構成されており、コンサートやバスケットボール、アイスホッケー、ボクシングなど、年間約350のイベントがここで行われる。

NBAニックスとNHLレンジャーズのオフィシャルストアもある

♥**国連ブックストア&ギフトショップ**　コロナ禍で休止していたガイド付きツアーの再開にともないこちらも入場可能に。サンリオと国連が共同企画した「ハローキティSDG's」のグッズなど国連オリジナル商品も多数扱う。

別MAP P.14-B1 アールデコ建築の傑作

クライスラー・ビル

Chrysler Building

ひときわ目をひくうろこ状の尖塔が、クライスラー・ビル。美しいアールデコのデザインは、ニューヨークの摩天楼を代表する建物だ。1930年から1950年代半ばまでは自動車会社クライスラーの本社ビルで、内部はすべてアールデコ様式となっている。頂上部はボルトを含めすべてステンレススチール製で、サビや腐食の心配がないという。

もとは自動車メーカー、クライスラーの本社ビル

クライスラー・ビル

おすすめ度＞★★

住405 Lexington Ave. (bet. 42nd & 43rd Sts.)

地下鉄④⑤⑥⑦ⓈGrand Central-42 St駅より徒歩約1分

バスM42、M101、M102、M103（42nd St.とLexington Ave.あたりで下車）

※現在クライスラー社のオフィスはここにない。また、1階のロビー以外、一般客は入場不可

別MAP P.18-B3 ビル内に教会まである

601レキシントン・アベニュー

601 Lexington Avenue

アメリカの大手銀行シティバンクを中心とする金融グループ、シティグループの本社だったビル。輝くアルミニウムとガラスで覆われ、日に当たるとまぶしく光ることと、ビルの頂上が平らではなく45度の角度で切り立っているのが特徴だ。915フィート（約280m）の高さのビルを支える4本の巨大な柱は、普通の建物のように四隅にあるのではなく、四方の壁の中央という意外な場所に使われているという。

かつてはNYで3番目に高いビルだった

601レキシントン・アベニュー

おすすめ度＞★

住601 Lexington Ave. (bet. 53rd & 54th Sts.)

地下鉄⑥51 St駅またはⒺⓂLexington Av/53 St駅より徒歩約2分

バスM31、M57、M101、M102、M103（Lexington Ave.と54th St.あたりで下車）

セント・ピーターズ教会

ビルに隣接する教会。御影石を使ったユニークな外観で内装も美しい。

URL www.saintpeters.org

ハングルが氾濫する、コリアンタウン

チェルシーに近いミッドタウンの32丁目沿い、ブロードウエイから5番街にあるのがコリアンタウン。ハングルの看板がずらりと並ぶにぎやかな通りで、韓国料理のレストランやスーパー、スパ、アクセサリーや化粧品の安売りショップ、韓流スターのグッズを売る雑貨店などが集まっている。レストランは24時間営業のところが多いので、夜遅くの食事に困ったら行ってみよう。

マンハッタンの隣、クイーンズにあるフラッシング➡P.155も第2のコリアンタウンとして知られている。

別MAP P.13-D2・3

地下鉄ⒷⒹⒻⓃⓆⓇⓌ34 St-Herald Sq駅より徒歩約1分

バスM1、M2、M3、M4、M5、M7、M34、M34A、Q32（33rd St. & 5th Ave.あたりで下車）

安くておいしいレストランが並ぶ

GCTウォーキングツアー ガイドによるツアーOfficial Grand Central Terminal Tour。料大人$35、シニア・学生・子供（10歳以下）$30 開毎日11:00、13:00、15:00 集合場所：メインコンコースのGCT Tour窓口にて。所要時間90分。

グランド・セントラル・ターミナル

おすすめ度＞★★★

地下鉄 ④⑤⑥⑦Ⓢ Grand Central-42 St駅の真上

バス M1、M2、M3、M4、M42、M101、M102、M103、Q32（42nd St.あたりで下車）

URL www.grandcentralterminal.com

別MAP P.35-D3 マンハッタンの玄関口

グランド・セントラル・ターミナル

Grand Central Terminal

映画やテレビドラマのロケ地にも使われるドラマチックな雰囲気のターミナル駅、グランド・セントラル・ターミナル（GCT）。1913年、工事費$80億をかけて建造、マンハッタンを代表する歴史的建造物となった。一時は改築のために取り壊しの危機を迎えたが、保存が決まり1998年にリニューアルオープン、2013年に100周年セレモニーが行われた。

高さ125フィート（約38m）のドームの天井には、プラネタリウムさながらの星座の天井図。また、ニューヨークと他州を結ぶターミナル駅というだけではなく、レストランやショップをもつ巨大ショッピングモールにもなっており、構内を歩いて見るのも楽しい。

光ファイバー技術を取り入れた天井図は必見

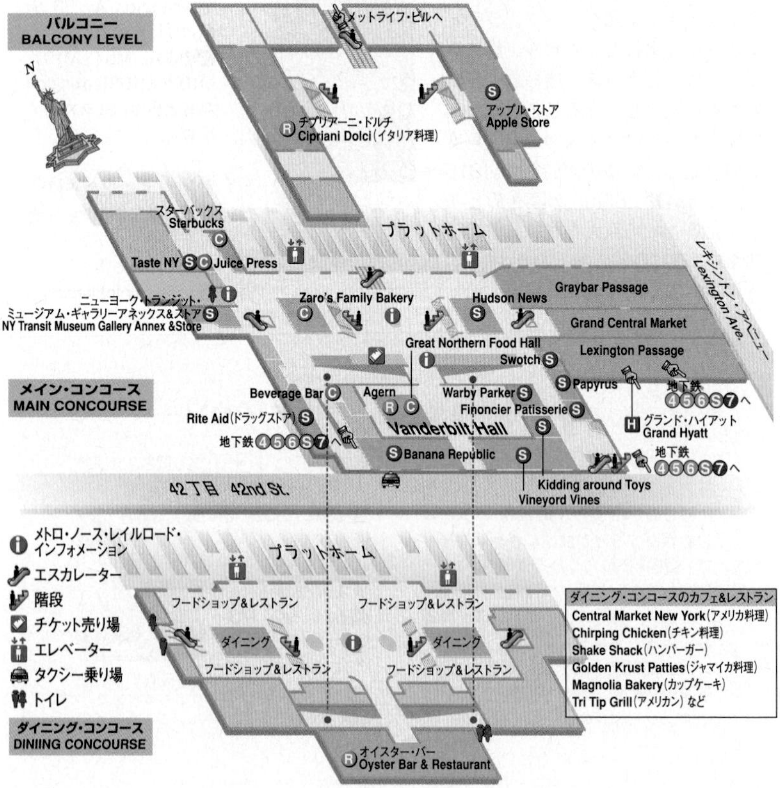

バルコニー BALCONY LEVEL

メットライフ・ビルへ
アップル・ストア Apple Store
チプリアーニ・ドルチ Cipriani Dolci（イタリア料理）

メイン・コンコース MAIN CONCOURSE

プラットホーム
スターバックス Starbucks
Taste NY
Juice Press
ニューヨーク・トランジット・ミュージアム・ギャラリーアネックス&ストア NY Transit Museum Gallery Annex &Store
Zaro's Family Bakery
Hudson News
Graybar Passage
Grand Central Market
Lexington Passage
レキシントン・アベニュー Lexington Ave.
Great Northern Food Hall
Swotch
Papyrus
地下鉄④⑤⑥Ⓢ⑦へ
Beverage Bar
Agern
Warby Parker
Financier Patisserie
Rite Aid（ドラッグストア）
Vanderbilt Hall
グランド・ハイアット Grand Hyatt
地下鉄④⑤⑥Ⓢ⑦へ
Banana Republic
Kidding around Toys
Vineyord Vines
42丁目 42nd St.

ダイニング・コンコース DINIING CONCOURSE

プラットホーム
フードショップ&レストラン
ダイニング
オイスター・バー Oyster Bar & Restaurant

ダイニング・コンコースのカフェ&レストラン
- Central Market New York（アメリカ料理）
- Chirping Chicken（チキン料理）
- Shake Shack（ハンバーガー）
- Golden Krust Patties（ジャマイカ料理）
- Magnolia Bakery（カップケーキ）
- Tri Tip Grill（アメリカン）など

- ⓘ メトロ・ノース・レイルロード・インフォメーション
- エスカレーター
- 階段
- チケット売り場
- エレベーター
- タクシー乗り場
- トイレ

♥**GCTで待ち合わせをするなら**　メイン・コンコースの中央、インフォメーションブースにある時計の前がニューヨーカーの定番。4面になった時計の文字盤はオパール製で、その価値は約11～22億円とか。

別MAP P.12-B3 新しい近未来空間はまだまだ話題沸騰中!

ハドソンヤーズ

Hudson Yards

1930年代のロックフェラー・センター以来最大の民間開発プロジェクトとして2019年3月に第1フェーズがオープンしたハドソンヤーズ。斬新な形の展望スポット「ヴェッセル」をはじめ、外郭部分が動くアートセンター「シェッド」や100以上の人気店が集結したショップ&レストランなどハドソンリバー沿いに出現した近未来空間は今も注目の的。2019年7月には高級ホテル「エクイノックス」、2020年3月には西半球で最も高い屋外展望台「エッジ」がオープンした。現在もコンドミニアムやオフィスビル、学校を建設中で、2024年に最終の第2フェーズが完成する予定になっている。

ヴェッセル Vessel

ハドソンヤーズ再開発の象徴的なシンボル

イギリスの建築デザイナー、トーマス・ヘザウィックによる蜂の巣のようなユニークな形が印象的。16階建て、総段数約2500、154の階段と80の踊り場で構成されている。

大迫力のインスタレーション
©Courtesy of Forbes Massie-Heatherwick Studio

エッジ The Edge (→P.15)

2020年3月にオープン。ビルの100階部分に浮かぶ西半球で最も高い屋外展望台。ガラス床の眼下には摩天楼など周辺の景色がパノラマで楽しめる。こちらでビルクライミングができる「シティ・クライム」も人気だ。

スリル満点の展望台。ヨガのワークショップも開催
©Courtesy of Related-Oxford

シェッド The Shed

6階建てのアートセンターは銀色の外郭部分が動くのが特徴。メインのコンサートホールは約1250人(立席約2000人)収容。アートの展示も。

ハドソンヤーズ
おすすめ度★★★
住 20 Hudson Yards (bet. 30th & 34th Sts.)
地下鉄 7線 34 St - Hudson Yards
☎ (1-646) 954-3155
営 10:00~21:00 (日11:00~19:00)
URL hudsonyardsnewyork.com

ヴェッセル
住 20 Hudson Yards (at Hudson Blvd.)
以前は内部に入り登ることができたが、無期限閉鎖になった。

エッジ
住 30 Hudson Yards (near 33rd St.)
営 月~木9:00~22:00、金~日9:00~24:00
料 大人$36~、6~12歳$31~、62歳以上$34~(オンライン販売のみ)
URL edgenyc.com

シティ・クライム
地上約366m。エッジの建物から突き出した三角形のデッキを使って行うビルクライミング。足を縁につけたまま空中に向けて体を倒すことも。
営 10:15~17:15(変更あり)
料 $185 (エッジの入場料込み。13歳以上、身長と体重の制限あり)

シェッド
住 545 W. 30th St. (near 11th St.)
URL theshed.org

メタリックカラーの近代的な建物

♥**The Shops & Restaurant** ヴェッセルの前、20 Hudson Yardsにあるレストランやショップが並ぶショッピングモール。ハイエンドブランドからファストファッションブランド、コーヒーやスイーツまで揃う。

マンハッタンの西にある公園

ハドソン・リバーに出かけよう！

NYの新名所！

2012年のハリケーン・サンディで大きな被害を受けた
マンハッタン西側にあるハドソン・リバー。
再開発プロジェクトで遊歩道が整備され、
埠頭跡地には公園や広場がオープン。
なかでも、13丁目ホイットニー美術館近くの
リトル・アイランドは独自の雰囲気をもつ水上公園だ。

Photos : Michael Grimm, SUMMIT One Vanderbilt, Edge, Booking.com, RickyRhodes, Drew Dockser, Alex Staniloff, Thomas Schauer, Michael Balboni, Kayoko Ogawa
Text: Naoko Umitani
Coordinator : Kayoko Ogawa

「水に浮かぶ葉」をイメージした水上公園はチューリップ型の柱132本で支えられている

NYPDの押収車両専用駐車場を再建して公園にしたピア76

芝生広場があるピア45。夏期はコンサートなどのイベントも！

ピア40まで続く桟橋の遊歩道はトライベッカ・アップランド

テニスコートのほ
サッカー場と野球
もある広大なピア4

川沿いに浮かぶ至福の水上オアシス

マンハッタンの川沿いに広がる見どころ満載の絶景スポット

ハドソン・リバー・パークはマンハッタンの西側ハドソン川沿いの Chambers St. から 59 丁目まで南北に続き、トライベッカからヘルズ・キッチンをつなぐ全長 7.2 キロの公園。スポーツ施設や芝生広場など、それぞれに特徴をもつ多くのピア（埠頭）で構成される。なかでも話題なのが 2021 年にオープンしたリトル・アイランド。まさに川に浮かぶ緑豊かな小さな島の中には、展望デッキや円形劇場も併設されている。入場無料。夏期の週末はウェブで要予約。

Hudson River Park
ハドソン・リバー・パーク

別MAP P.8-A1ほか
住 マンハッタンの西ハドソン・リバー沿い、Chambers St.から59丁目まで
☎ (1-212)242-6427
営 6:00〜23:00（ピアにより異なる）
URL hudsonriverpark.org

Little Island
リトル・アイランド

別MAP P.8-A2
ミート・パッキング・ディストリクト
住 Pier 55 in Hudson River Park (at 13th St.)
地下鉄 Ⓐ Ⓒ Ⓔ Ⓛ 14 St
URL littleisland.org

島には 13 丁目からアクセスできる。円形劇場の奥に見える緑の建物は 2022 年に NY 最大の屋上公園がオープンしたピア 57

ピア 45 からはハドソンヤーズなどの高層ビル群も見える

目の前に対岸のニュージャージー州が広がるピア 45 の夕暮れ

すっかり定番の観光スポット！

まだまだ人気のハイライン

廃線となっていた高架鉄道跡を使用したハイライン。現在は、ミート・パッキング・ディストリクトとミッドタウンを結ぶ、2.3kmの公園になった。2021年にオープンしたリトル・アイランドやハドソンヤーズにも立ち寄れる。

1980年に廃線となった高架鉄道、ハイライン。かつては精肉などを運ぶ貨物列車用に使われていたが、廃線後は放置されたままになっていた。倒壊を訴える声もあるなか公園化が決定。2009年、ガンズヴォート通りから西20丁目までがオープン。その後、約10年の歳月をかけて2019年3月にハドソンヤーズに隣接するザ・スパーまで延長した。約9mの高さからは、ハドソン・リバーや付近のビル群が一望でき、インダストリアルと自然が融合したスペースになっている。

ハイライン
The High Line

別MAP P.8-B1～3、P.12-A2～B4
住 10th Ave.と12th Ave.の間 Gansevoort St.～34th St.
☎(1-212)206-9922
開 12～3月7:00～19:00、4～5月7:00～22:00、6～9月7:00～23:00、10～11月7:00～22:00
URL www.thehighline.org

【アクセス】 ※ Gansevoort St. へのアクセス
地下鉄 Ⓐ Ⓒ Ⓔ 14th St, & Ⓛ 8 Av
バス M11、M14（9th Ave. あたりで下車）、M23、M34（10th Ave. あたりで下車）
Gansevoort & Washington Sts.、14th St.、16th St.（チェルシー・マーケットの北側）、18th St.、20th St.、23rd St.、26th St.、28th St.、30th St.、30th St. & 11th Ave. 34th St. & 12th Ave.（7:00～日没まで）にあるアクセスポイントから入る。混雑時は主要アクセスポイントからしか入れないことも。

14th Street Passage

スタンダード・ホテルを抜けたあとの通路は、時期によりギャラリーになっていることもある。さまざまなパブリックアートを展示している。

Gansevoort Plaza

おしゃれなレストランや高級ブティックが建ち並ぶエリア。2013年にはダイアン・フォン・ファステンバーグ・ファミリー財団の基金でThe Dillerというハイライン本部が設立された。隣接してホイットニー美術館がある。

Gansevoort Street

Gansevoort St.とWashington St.の角にある入口。傾斜の緩い階段を上る。

S E T

14th St.

高架線の名残を感じさせる。エレベーターのある入口付近は通路も広く、歩きやすい。

S E

Little W. 12th St.

START

P.88へ

Gansevoort Woodland

すぐ下にミート・パッキング・ディストリクトが広がる。おしゃれな人の集まるエリアを見ながらのんびりできる場所。

Standard Hotel

ハイラインをまたぐ名物ホテル。1階のレストランや屋上のバーも人気。宿泊者の姿がまる見えの部屋もあるので、泊まる人は注意！

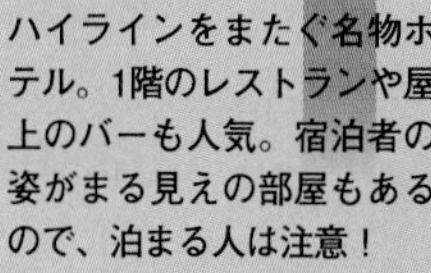

Little Island

13th St.の西側には、2021年のオープン後まだまだ話題のリトル・アイランドがある。立ち寄るか、ここからスタートするのもあり。

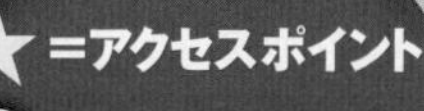

★=アクセスポイント
S=階段あり
E=エレベーターあり
T=トイレあり

園内ではさまざまなアクティビティも！

季節により、イベントやアクティビティを多数開催。代表的なものは無料のものがほとんど。歴史や設計を学ぶ無料のウオーキングツアーは毎週火曜 18:30～(4～8月) 17:30～(9・10月)、毎週土曜10:00～(4～10月)。天候によるキャンセルはウェブやX(旧 Twitter) で発表される。

URL www.thehighline.org/events

10th Avenue Square

17丁目のポイントにはガラス張りの階段式の広場がある。行き交う車や人を眺めながら、のんびりするのも悪くない。

P.87より

16th St.

18th St.

20th St.

18th St.

Ⓢ

20th St.

Ⓢ

16th St.

チェルシー・マーケットへのアクセスに便利。個室は数が少ないがトイレあり。

Ⓢ Ⓔ Ⓣ

Chelsea Market

ビスケット工場跡を利用したマーケット。おいしいパン屋やコーヒー店が入っているので、休憩に最適。疲れたら、ぜひ訪れて。➡P.179

Chelsea Thicket

このあたりからエンパイア・ステート・ビルを見ることができる。暖かい季節は草花が生い茂り、ミツバチやチョウの姿も。

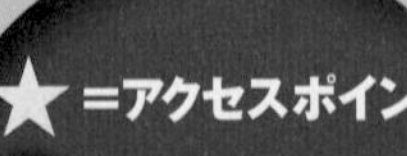

★ =アクセスポイント

Ⓢ =階段あり

Ⓔ =エレベーターあり

Ⓣ =トイレあり

23rd Street Lawn & Seating Steps

芝生広場とれんがでできた階段式のベンチで、思いおもいの時間を過ごすニューヨーカーの姿を見かける。

the Spur

12番街（ウエスト・サイド・ハイウエイ）と34丁目まで延長。2015年9月に地下鉄7号線が引き込まれ、2019年6月に最終区のザ・スパーが誕生した。ハドソンヤーズに隣接する。

23rd St.　26th St.　28th St.　30th St.

23rd St.

26th St.

30th St.

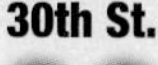

34th St.

スロープあり

28th St.

Falcone Flyover

廃墟をイメージさせる野草をあえて使用している。乱雑に植えられているようで、考えられている。

Radial Bench

29～30丁目の1区間ずっと長いベンチが続いている区間。マンハッタンの摩天楼をゆっくり座って眺められる休憩スポット。

古い路線のレイルと新しい建物が共存。ここにすみつく鳥たちの姿も。

Wildflower Field

草花がたくさん植えられ、まるで空中庭園のようだ。春夏秋冬それぞれの植物を楽しむことができる。珍しい植物も多い。

チェルシー
Chelsea

別 MAP P.8-9、12-13

かつては映画とファッションが栄えた街。
現在はギャラリーが集まる最新アートの発信地だ。
少し歩くだけでたくさんのギャラリーを巡ることができる。

まだまだ話題のミート・パッキング・ディストリクト

定番観光となったハイライン

ファッション工科大、F.I.T.

300以上ものギャラリーが集まる

エリア紹介

おしゃれな人と話題のスポットが集まる

6番街から西側がチェルシー。1870年代には高架鉄道が敷かれ、劇場やミュージックホールがあったという。現在は、ギャラリーやレストラン＆カフェが点在し、上品なたたずまい。ミート・パッキング・ディストリクト（MPD）➡P.95には、流行のレストランやバー、高級ブランド店やセレクトショップが建ち並ぶ。MPDを中心にここからニューヨークのトレンドが発信されるともいわれている。

歩き方

14th St.の西側にあるMPDや、ガンズヴォート通り沿いのハイラインを中心に話題スポットが多く集まる。10番街付近は、朝から夜遅くまでおしゃれな人たちでにぎわっている。しかし、11番街や12番街のハドソン・リバーそばはひと気がないので、夜間はひとりでうろつくのは避けよう。

チェルシーの西、ハドソン・リバーのグリーンウエイ

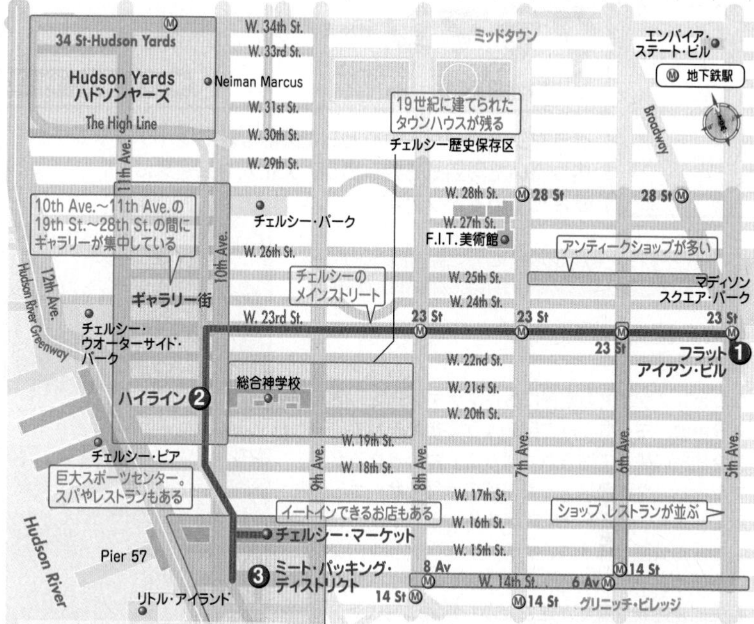

モデルルート
所要時間約4時間～

フラットアイアン・ビル
↓徒歩すぐ
23rd St.
↓徒歩約10分
23rd St.周辺のギャラリー街(60分)
↓徒歩約15分
ハイライン(60分)
↓徒歩約5分
チェルシー・マーケット(60分)
↓徒歩約5分
ミート・パッキング・ディストリクト(30分)

おもな見どころ

❶ フラットアイアン・ビル
Flatiron Building

23丁目に建ち、思わず目に留まる三角形の特異な形だ。➡P.95

❷ ハイライン
The High Line

廃線となった高架鉄道を公園化。ガンズヴォート通りから西34丁目を結ぶ。
➡P.86

❸ ミート・パッキング・ディストリクト(MPD)
Meat Packing District

もとは精肉工場の倉庫街だった。現在は、チェルシー・マーケット➡P.179を中心にブランドショップが並ぶ。➡P.95

グラマシー
Gramercy

別MAP P.10-11、14-15

グラマシーパークを中心とした閑静な住宅地、グラマシー。落ち着いた雰囲気を醸し出し、文化人や芸術家に愛されているエリアだ。

プライベートな公園、グラマシーパーク

エリア紹介

数々の歴史的建造物が建ち並ぶ

ユニオンスクエアの東側にあるグラマシーは、1800年代中頃、ヨーロッパの閑静な住宅地をまねて、一流建築家の設計で造られたエリア。中心となるグラマシーパークは農地だった一部の土地をオーナーのサミュエル・B・ラグルズが条件つきで市に寄付してできた公園。ほかに、ナショナル・アーツ・クラブやセオドア・ルーズベルト生誕の地など、数々の歴史的建造物や豪邸が建ち並ぶ。禁酒法時代を生き延びた老舗バー、ピーツ・タバーン➡P.193もある。

シェイク・シャックの1号店もここ
Photo : William Brinson

のんびりとした雰囲気の閑静な住宅地でもある

29丁目にあるスタンプタウン・コーヒー

歩き方

歴史的建物が多く、ショップやレストランは5番街とブロードウエイ沿いに多い。3番街にはエスニック料理レストランが建ち並ぶ。ショッピングをするなら、ユニオンスクエア付近に行ってみよう。オフプライスショップや大手スーパーなどが集まり、買い物しやすい。また、グリーンマーケットも開催される。

マディソンスクエア・パーク周辺

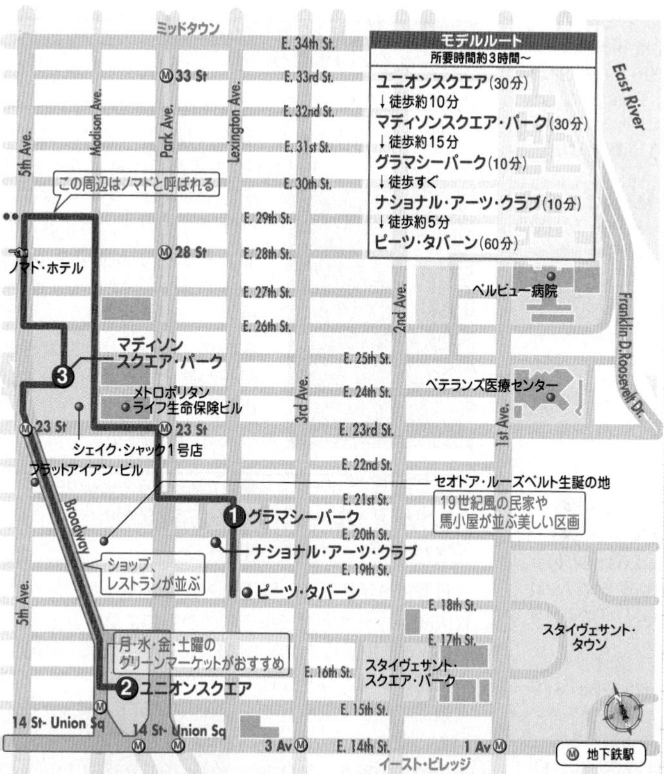

ミッドタウン
E. 34th St.
Ⓜ33 St
E. 33rd St.
E. 32nd St.
E. 31st St.
E. 30th St.
E. 29th St.
Ⓜ28 St
E. 28th St.
E. 27th St.
E. 26th St.
E. 25th St.
E. 24th St.
Ⓜ23 St
Ⓜ23 St
E. 23rd St.
E. 22nd St.
E. 21st St.
E. 20th St.
E. 19th St.
E. 18th St.
E. 17th St.
E. 16th St.
E. 15th St.
E. 14th St.
14 St- Union Sq
14 St- Union Sq
3 AvⓂ
1 AvⓂ
イースト・ビレッジ
5th Ave.
Madison Ave.
Park Ave.
Lexington Ave.
3rd Ave.
2nd Ave.
1st Ave.
Broadway
East River
Franklin D.Roosevelt Dr.
この周辺はノマドと呼ばれる
ノマド・ホテル
③マディソンスクエア・パーク
メトロポリタンライフ生命保険ビル
シェイク・シャック1号店
フラットアイアン・ビル
セオドア・ルーズベルト生誕の地
19世紀風の民家や馬小屋が並ぶ美しい区画
①グラマシーパーク
ナショナル・アーツ・クラブ
ピーツ・タバーン
ショップ、レストランが並ぶ
月・水・金・土曜のグリーンマーケットがおすすめ
②ユニオンスクエア
スタイヴェサント・スクエア・パーク
スタイヴェサント・タウン
ベルビュー病院
ベテランズ医療センター
Ⓜ 地下鉄駅

モデルルート
所要時間約3時間〜

ユニオンスクエア(30分)
↓徒歩約10分
マディソンスクエア・パーク(30分)
↓徒歩約15分
グラマシーパーク(10分)
↓徒歩すぐ
ナショナル・アーツ・クラブ(10分)
↓徒歩約5分
ピーツ・タバーン(60分)

おもな見どころ

❶ グラマシーパーク
Gramercy Park

周辺に住み、年間管理費を払う人だけが入ることができる公園。カギを持っている人しか中に入れないが、周囲を歩くだけでも気持ちいい。➡P.94

❷ ユニオンスクエア
Union Square

グリーンマーケット➡P.98の行われる公園。マーケットは月・水・金・土曜の8:00〜18:00に開催される。

❸ マディソンスクエア・パーク
Madison Square Park

緑が美しい公園。この北側の29th St.まで、6th Ave.からMadison Ave.に囲まれたエリアは、ノマド＝NoMad (North of Madison Square Park)と呼ばれている。

別MAP P.10-A1 緑生い茂る美しい公園

グラマシーパーク
Gramercy Park

1831年、農地だった一部の土地を、オーナーのサミュエル・B・ラグルズが条件つきで市に寄付してできた公園。その条件とは、宅地所有者だけが鉄のフェンスに囲まれた公園のカギを持ち入園できること。現在も当時と同じく、カギを持っていないと入ることができないが、ゆったりとした趣は周囲を散策するだけで十分に楽しめる。

手入れされた緑が美しい

グラマシーパーク
おすすめ度》★★
住E. 20th & E. 21st Sts.(bet. Park S. & 3rd Aves.)
地下鉄⑥23 St駅より徒歩約3分
バスM1、M2、M3、M23、M101、M102、M103(21st St.あたりで下車)
※年に一度、クリスマスイブはカギを持っていない人でも公園に入ることができる

別MAP P.11-D1 ポーツマス条約で知られる大統領の生家

セオドア・ルーズベルト生誕の地
Theodore Roosevelt Birthplace

日露戦争調停など、積極的外交を展開したアメリカ26代大統領、セオドア・ルーズベルトはグラマシーの出身。1858年に生まれてから14歳まで過ごした家を再現して、ミュージアムとして公開。ルーズベルトが使っていた家具や遺品を数多く展示している。隣家はルーズベルトの伯父の家だ。無料のガイドツアーも行われている。

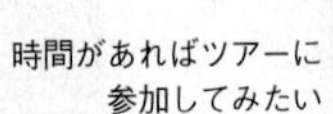

時間があればツアーに参加してみたい

セオドア・ルーズベルト生誕の地
おすすめ度》★
住28 E. 20th St.(bet. Broadway & Park Ave.)
地下鉄ⓇⓌ23 St駅より徒歩約4分
バスM1、M2、M3、M55、M23(20th St.と5th Ave.あたりで下車)
☎(1-212)260-1616
開水〜日10:00〜16:00 <ツアー>10:30、11:30、13:30、14:30
休月・火 料無料
URLnps.gov/thrb

別MAP P.10-A1 秘密のトンネルがある歴史的建造物

ナショナル・アーツ・クラブ
The National Arts Club

かつて、ニューヨーク州知事だった人物が住んでいた屋敷。州民を信じられなかったのか、1階の窓の内側には鉄の扉を取りつけ、中には秘密のトンネルまで造ったという用心深さ。現在はプライベートクラブとなっており、屋敷内のギャラリーでさまざまなアーティストの展示が行われている。ギャラリーは一般公開されている。

1970年にゴシック調の建物に改修

ナショナル・アーツ・クラブ
おすすめ度》★
住15 Gramercy Park S.(bet. 3rd & Park Aves.)
地下鉄⑥23 St駅より徒歩約4分
バスM1、M2、M3、M23、M101、M102、M103(20th St.と5th Ave.あたりで下車)
☎(1-212)475-3424
URLnationalartsclub.org
ギャラリー月〜金9:00〜15:00、土・日10:00〜17:00(季節により変更あり) 料無料

❤**地下鉄のトイレ** ニューヨークの治安はあまりよくないこともあり、公衆トイレは使わないようにしたい。美術館、ショッピングモール、デパート、カフェ、ホテルなどを利用して。

別MAP P.10-A1 23丁目の三角地帯に建つ

フラットアイアン・ビル
Flatiron Building

23丁目のブロードウエイと5番街が交差する三角地帯に建つ、フラットアイアン・ビル。1902年、建築家ダニエル・バーナムがデザイン、当時はフラー・ビルと名づけられたが、後にその三角形の特異な形から、フラットアイアン(Flatiron＝平たいアイロン)と呼ばれるようになった。

1902年、当時まだ珍しかったスチールの骨組みを使って造られたこのビルの高さはおよそ87m。当時は屈指の高さを誇った。北側の狭いほうの角は幅がわずかに2m弱。見る角度によってその印象はさまざまで、あるアングルではまるで薄い壁のように見える。そのせいか、「アンバランス」「いつ倒れるかわからない」などと陰口をたたかれ、すぐに壊れるとうわさされていたが、いまや街のシンボルのひとつになっている。

周辺には出版社が多い

フラットアイアン・ビル
おすすめ度★★★
住175 5th Ave.(corner of 23rd St.)
地下鉄Ⓡ Ⓦ23 St駅より徒歩約1分
バスM1、M2、M3、M55、M23(23rd St.と5th Ave.あたりで下車)

ダニエル・バーナムって?
ニューヨークで初期に造られた超高層ビルといわれているフラットアイアン。設計者のダニエル・バーナムは、1893年のシカゴ万博の総指揮者で、アメリカの摩天楼時代の幕を開いた人物だ。

ハイラインのスタート地点!
ミート・パッキング・ディストリクト(MPD)

チェルシーの西、グリニッチ・ビレッジと隣接する14th St.の西側にあるのが、ミート・パッキング・ディストリクトMeat Packing District(MPD)。

もともとは「ミート」というその名のとおり、精肉工場が並ぶ倉庫街だった場所が、ヒップなクラブや隠れ家的バーラウンジ、話題のレストランが並ぶ最先端のエリアに変身した。2015年にはホイットニー美術館もこちらに移転。ハドソン・リバー沿いにはリトル・アイランドがオープン、美しい遊歩道や公園が整備され、今もなお進化し続けている。また、周辺にはセレブも多く住んでいて遭遇率が高いとか。

昔ながらの石畳の道も特徴。最先端のトレンドと古い街並みがマッチして不思議な雰囲気を醸し出すのもここの魅力だ。ハイラインのスタート地点にもなっているので、ぜひ立ち寄ろう。

別MAP P.8-B2
地下鉄Ⓐ Ⓒ Ⓔ14 St、Ⓛ8 Av駅より徒歩約5分
URL www.meatpacking-district.com

昔ながらの精肉工場と最新スポットが混在

ハイラインのトイレ 16th St.に公衆トイレあり。危ない雰囲気はないが、個数も少なくトイレットペーパーがない可能性もある。ほかGansevoort St.にもトイレあり。周辺のカフェやチェルシー・マーケットの地下も使える。

グリニッチ・ビレッジ
Greenwich Village

別MAP P.8-9、10

作家や芸術家など、多くの文化人に愛されてきたグリニッチ・ビレッジ。石畳の道にれんが造りのアパートメントと、古い街並みが美しい。19 世紀前半の面影を残す文化の街だ。

エリア紹介

今でも自由を謳歌する人たちでにぎわう

ワシントンスクエア・パークの西側、石畳の街並みが美しく、緑豊かなエリア。ジャズクラブが集まっており、夜遅くまでたくさんの人でにぎわう。1950年代にはビートニク、1960年代にはフォークシーンが盛り上がり、詩人や劇作家などが多く住んでいた。古くから自由を謳歌する人々に愛されており、現在でも、多くのアーティストたちに親しまれている。ちなみに、ハドソン・リバー側のエリアのことは「ウエスト・ビレッジ」という。

メインとなるブリーカー・ストリート

ホイットニー美術館のルーフトップ

ワシントンスクエア・パークにはパフォーマーたちも出現

W 4 St 駅そばにあるバスケットボールのコート

歩き方

れんが造りの建物を利用したショップ、カフェがあるので、ゆったりと散策するのもいい。北側は、ミート・パッキング・ディストリクトの一部となる。小さな道が多く、14丁目以南は通り名が数字ではなくなるので道に迷わないように注意したい。ブリーカー・ストリートの7th Ave.と8th Ave.の間を中心に歩いてみよう。

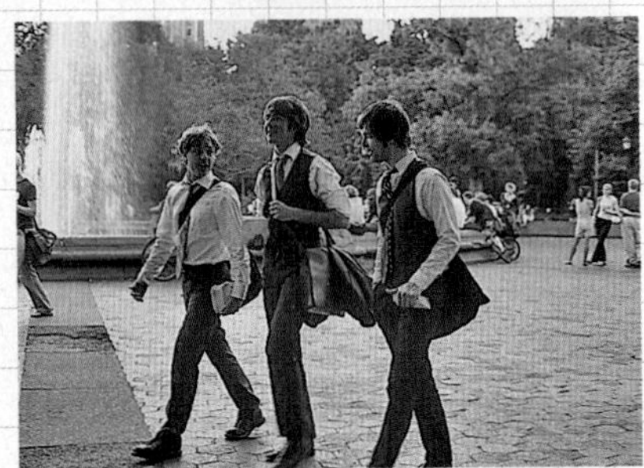
グリニッチ・ビレッジの中心、ワシントンスクエア・パーク

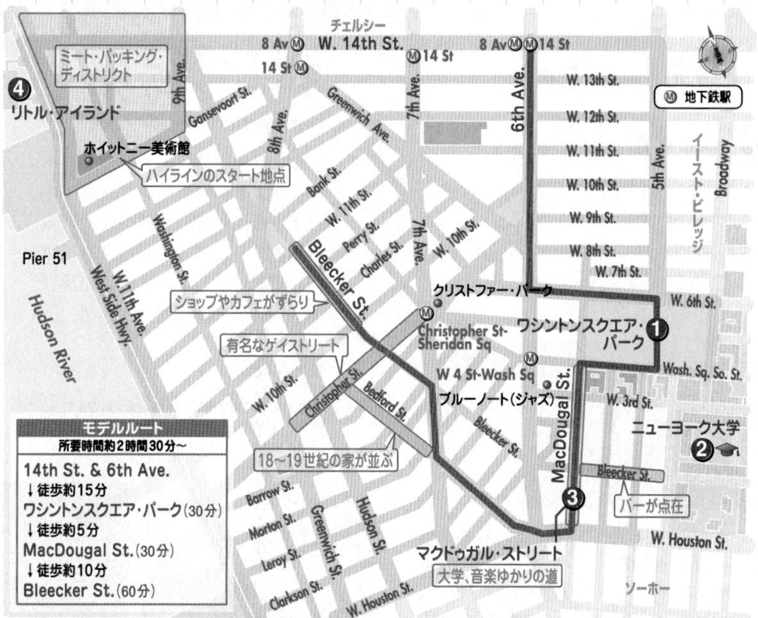

おもな見どころ

❶ ワシントンスクエア・パーク
Washington Square Park

1980年代初め頃はドラッグ売人の巣窟だったが、今では人々に愛される公園だ。

➡P.99

❷ ニューヨーク大学
New York University

1831年創立の大学。グリニッチ・ビレッジらしく、自由で開放的なカラーの学校だ。

➡P.99

❸ マクドゥガル・ストリート
MacDougal St.

1960年代頃、有名な芸術家や作家、音楽家のたまり場だった。歴史景観保存地区であり、当時の面影を感じることができる。

❹ リトル・アイランド
Little Island

オープン後、すっかりアイコン的な存在に。ハイライン➡P.86に隣接し、NYでも注目の観光スポットとなっている。

ニューヨーカーの
朝はココから

グリーンマーケットで手に入れたいもの

NY郊外から農家の人たちが取れたての野菜を売りにやってくる。見て回るだけでも楽しい。

ユニオンスクエア・グリーンマーケット
Union Square Greenmarket

NYに数あるグリーンマーケットのなかでも、参加ベンダーが140以上と最大規模。色鮮やかな野菜や果物、チーズなど品揃えも豊富だ。曜日により出店する店が異なる。人の少ない朝がおすすめ。

別MAP P.10-A2
住 Union Square W.（at 15th ～ 17th Sts. at Park S.）
地下鉄 L N Q R W 4 5 6 14 St-Union Sq
営 月・水・金・土 8:00 ～ 18:00
URL grownyc.org/greenmarket/manhattan-union-square-m

ロニーブロックのミルク

ニューヨーク郊外に農場がある有名な乳製品ブランド。古くからグリーンマーケットに出店しており、デリやスーパーでもよく見かける。ヨーグルトドリンク、チョコレートミルクもおすすめ。水・土曜出店。

アンドリューさんのはちみつ

都市養蜂の第一人者アンドリューさんがマンハッタンのビルの屋上で作っている。多くのメディアに紹介され、この店目当てに訪れるニューヨーカーも多い。月・水・土曜出店。

アップルサイダー

野菜や果物を扱うベンダーさんで見かける自家製アップルサイダー。サイダーといっても炭酸ではなく生搾りのりんごジュースのこと。シナモンなどのスパイスを加えている店もある。秋から冬は温かくした、ホット・アップルサイダーが出回り、NYの秋の風物詩ともされる。

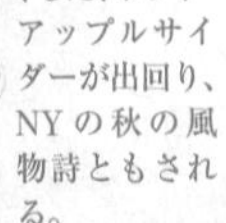

「ニューヨーク名物」アップルサイダーも飲んでみて!

サイダーといっても、炭酸は入っていない。ろ過しない自然のジュースに砂糖やシナモンを加えた飲み物。秋冬に出され、温かく飲むとほっとする。

ビーガンのクッキー

ホーソン・バレー・ファームのオートミール・レーズンクッキーとジンジャークッキー。健康志向のニューヨーカーも納得の一品を試してみよう。水・土曜出店。

フィンガーレイクス産のワイン

ニューヨーク州北部のフィンガーレイクスにあるワイナリー、シャトー・ルネッサンスで造られているフルーツワイン$20前後。珍しいワインも多く、品揃えも豊富だ。土曜出店。

別MAP P.10-A4 数多くの著名人を輩出

ニューヨーク大学

New York University (NYU)

かつて大学に入れるのは特権階級の人だけだった時代、身分、宗教、バックグラウンドに関係なく多くの人が学べるようにと、第3代大統領トーマス・ジェファソンの下で財務長官だったアルバート・ギャラティンによって、1831年に創立された私立大学。現在は、アメリカ国内はもちろん世界各国の学生が勉学に励む。グリニッチ・ビレッジという場所にあり、全米の若者に人気だ。

パープルがテーマカラーのNYU

別MAP P.9-D4 ビレッジの中心ともいえる公園

ワシントンスクエア・パーク

Washington Square Park

かつては湿地帯であり、その後墓地があった場所。1980年代初め頃はドラッグ売人の巣窟だった。現在は、閑静な住宅街で、家族連れや学生などでにぎわう。中央にある凱旋門の前には大きな噴水があり、夏は多くの人がその周りでそれぞれの時間を過ごしている。大道芸人やストリートミュージシャンも現れる。

凱旋門がトレードマーク

ニューヨーク大学
おすすめ度★
住 70 Washington Square S.
地下鉄 6 Astor Pl駅、R W 8 St-NYU駅より徒歩約3分
バス M1、M2、M3、M55、M8（Broadway & 8th St.あたりで下車）
☎ (1-212) 998-1212
URL www.nyu.edu

NYU Bookstore
TシャツなどNYUロゴ入りグッズが買える。
別MAP P.10-A3
住 726 Broadway (bet. Astor Pl. & 4th St.)
☎ (1-212) 998-4667
営 月～金9:00～18:00、土10:00～17:00
休 日
URL bkstr.com/nyustore

ワシントンスクエア・パーク
おすすめ度★★
住 5th Ave., Waverly Pl., W. 4th & MacDougal Sts.
地下鉄 A C E B D F M W4 St-Wash Sq駅より徒歩約3分
バス M1、M2、M3、M55、M8（5th Ave. & 8th St.あたりで下車）

地下と新店舗もチェック！　進化するチェルシー・マーケット

NYの人気グルメが勢揃いのチェルシー・マーケットでは、地下にイタリア食材店やフルーツ・マーケット、チーズショップなどを含むチェルシー・ローカルをオープン。トイレも地下に移動した。また、1階には老舗めがね店のモスコットや中国雑貨のパール・リバー・マート、フレンチビストロのル・ソングなどが出店。2018年2月にはグーグルが買収し、今後も目が離せないスポットだ（→P.179）。

イスラエル発の人気店ミズノンもパリ、ウィーン、メルボルンに次いでテナントに！

♥**ワシントンスクエア・パーク**　1797年から1820年頃まで公園東側に無縁墓地があり、2万体もの人間の遺体が葬られていた。2008～2017年にも遺骨が見つかっており、埋葬され直されている。また、公園北西にあるニレの木は、かつては罪人を処刑するために使われたというが、こちらは都市伝説に近い。

Manhattan

イースト・ビレッジ
East Village

別MAP P.10-11

さまざまな民族が交ざり合い、時代を先取りする試みが行われているエリア。音楽シーンやカルチャーをリードし続ける。ロシアやウクライナなどからの移民が多く住む。

カフェやレストランが多い2番街

Photo:Veselka

老舗ウクライナ料理レストラン、ベセルカ

エリア紹介

エスニック料理店や夜遊びスポットが充実

20世紀にポーランド、ロシア、ウクライナなど東ヨーロッパからの移民が多く住むようになり、今もさまざまなコミュニティをつくり出している。近年は日本の居酒屋やラーメン店も多く、リトル・ジャパンと呼ばれることも。オフ・ブロードウエイの劇場や夜遅くまで営業するカフェやバーが点在している。昼はトンプキン・スクエア・パーク でのピクニックや街を散策するのもいい。ソーホーに近いブロードウエイ沿いのエリアを「ノーホー」と呼ぶ。

8th St. がセント・マークス・プレース

歩き方

ウクライナや日本などのエスニック料理店が並び、ラーメン店がこのあたりに多く見られる。バーやクラブなど夜遊びも充実しており、若者に人気のレストランやバーはアベニューAやBに多い。6丁目沿いの1番街と2番街の間はリトル・インディアと呼ばれ、インド料理店が集中していたが最近はかなり縮小ぎみ。

トンプキン・スクエア・パークの周辺

日系の居酒屋、レストランなどが点在するセント・マークス・プレース

おもな見どころ

❶ アスター・プレース
Astor Place

4番街とラファイエット・ストリートが交差する所。「アラモ」と呼ばれるサイコロのような特徴的な形のオブジェがある。

❷ セント・マークス・プレース
St. Mark's Place

8丁目沿い、アベニューAと3番街の間。日系の居酒屋、レストランなどが多い。

❸ クーパーユニオン
Cooper Union

1859年創立の建築・芸術・工学の超名門大学。2009年、創立150周年を記念した新校舎が41 Cooper Sq.にできた。

❹ トンプキン・スクエア・パーク
Tompkins Sq. Park

アベニューAとBに囲まれた公園。明るいうちは読書や散歩などひと息つける。

Manhattan

ソーホーとノリータ
Soho & Nolita

別MAP P.5-6・30-31

高級ブティックやファッションブランドのショップ、カフェ、レストランが集まるエリア。おしゃれな街並みのなかで、ショッピングや散策を楽しみたい。

ノリータのカフェ・ジタンは待ち合わせにも便利

中心を通るスプリング・ストリート

エリア紹介

最新ファッションをリードする

ラファイエット・ストリートの西にあるソーホー。高級ブティック、セレクトショップを中心とした店が多く、買い物を楽しめるエリアだ。歴史的建造物カースト・アイアンを数多く残す貴重な地区でもあり、通りが碁盤の目になっているので歩きやすい。ノリータは、North of Little Italyの略で、ラファイエット・ストリートの東、リトル・イタリーの北にあるこぢんまりとした一帯。セレクトショップや若手デザイナーのショップが多く、ソーホー同様にショッピングに最適。地元では位置的にソーホーやロウアー・イースト・サイドと呼ばれることもある。

ティー専門店、ハーニー＆サンズ

ハイエンドブランドも多数ある

歩き方

ソーホーには、カースト・アイアンという歴史的な建築様式➡P.103が多い。その建物を使ったカフェやレストラン、ブティックなどが並ぶので、街の雰囲気を楽しみながらぶらぶら街歩きをするのがおすすめ。ブロードウエイのキャナル・ストリートとハウストン・ストリートに挟まれたエリアがにぎわう。

ノリータには若手デザイナーのショップが多い

モデルルート
所要時間約3時間～

Spring St. & 6th Ave.
↓徒歩すぐ
Thompson St.(20分)
↓徒歩約10分
W. Broadway(20分)
↓徒歩約5分
Greene St.(20分)
↓徒歩約5分
Broadway(20分)
↓徒歩約15分
Spring St.(20分)
↓徒歩約5分
Mulberry St.(20分)
↓徒歩約5分
Mott St.(20分)

おもな見どころ

ソーホーは「カースト・アイアン」という貴重な建築様式が残る、歴史保存指定地区でもある。カースト・アイアンとは、19世紀中頃にイギリスから伝えられた建築技術。溶解された鉄塊を鋳型に流し込み、建物の骨格や外観を構成する鉄の枠組みが特徴だ。NYでは、新しい建物を建築するとき、もとの建物を生かして改装するケースが多く、この味わい深いカースト・アイアンを生かした、ショップやレストランを多く見かける。特に集中しているのが、ブロードウエイのキャナル・ストリートとハウストン・ストリートに挟まれた地域。ぜひ買い物の合間に見学したい。

③ 488-492 Broadway

波のようなアーチが幻想的な効果を与えている。

④ 427-429 Broadway

1870年設計。洗練された美しいデザイン。

① 72-76 Greene St.

フレンチルネッサンス・スタイルで造られたカースト・アイアン。

② 28-30 Greene St.

窓の上のアーチ、支柱、柱頭がエレガントな雰囲気。

⑤ 457 Broome St.

1900年竣工。100年以上経過しても美しい。地上6階建て。

ロウアー・イースト・サイド
Lower East Side

別 MAP P.6-7

ユダヤ人やプエルトリコ人など、多くの移民が住んでいた街。再開発が進み、ハイセンスなブティック、おしゃれなバーやレストランなど、新しい文化の発信地として発展中だ。

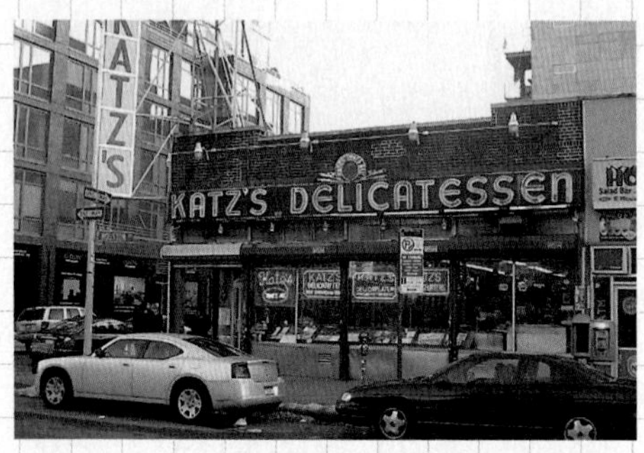

ハウストン・ストリートにあるカッツ・デリカテッセン

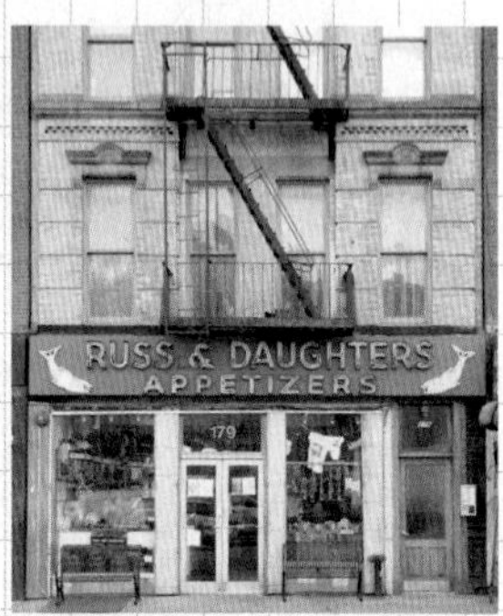

1914年創業のラス＆ドーターズ

メインとなるオーチャード・ストリート

エリア紹介

新旧のミックスが楽しめる

かつてはユダヤ人、プエルトリコ人の移民が住んでいた。現在は住宅地の雰囲気を残しながら、若手新進デザイナーたちのアンテナショップやギャラリーが多いおしゃれなエリアに。ユダヤ系の移民が多かったため、コーシャーフードのパストラミ・サンドイッチ、デリ、ベーグル店が充実。有名シェフの店から隠れ家的なものまで、レストランやカフェ、バーなどが点在している。かつて地下鉄の車庫だった場所に「ローライン」という地下庭園を建設中だったが、資金不足のためプロジェクトが保留中。

ニューミュージアムも必見

歩き方

新進デザイナー系のセレクトショップが多いおしゃれなエリアで、オーチャード・ストリートやラドロウ・ストリートを中心に、カフェやショップなどが集まる。ユダヤ系移民が多いため、ベーグル店が充実。クリントン・ストリートにもレストランやバーが並ぶ。ニューミュージアムの移転により、ギャラリーも増えている。

懐かしい雰囲気を残しながら変わりゆくエリア

イースト・ビレッジ
E. Houston St.
2 Av
カッツ・デリカテッセン
老舗デリ。パストラミ・サンドを食べよう！
ショップ、レストランが集まっている
Attorney St.
Ridge St.
Pitt St.
ハミルトン・フィッシュ・パーク
Stanton St.
カフェやバーが多い
Clinton St.
レストラン、バーが点在する
Orchard St.
Ludlow St.
Essex St.
Norfolk St.
Suffolk St.
Rivington St.
❶ ニューミュージアム
新進気鋭のアーティストの作品を展示
Bowery
エコノミー・キャンディ
1937年から続くお菓子屋さん
Delancey St.
ウイリアムズバーグ・ブリッジ Williamsburg Bridge
Delancey St-Essex St
エセックス・マーケット
歩いて約30分でブルックリンへ
Bowery
Delancey St.
❷ テネメント博物館
ロウアー・イーストの移民たちの歴史がわかる。ギフトショップもおすすめ
❸ 国際写真美術館（ICP）
Broome St.
Grand St.
コッサーズ・ビアリーズ
本物のベーグルが食べられる
Grand St
Forsyth St.
Eldridge St.
Allen St.
Chrystie St.
リトル・イタリー
Hester St.
観光案内所
スウォード・パーク
East Broadway
East Broadway
Canal St.
Division St.
ガバナー病院
マンハッタン・ブリッジ Manhattan Bridge
Henry St.
Pike St.
Madison St.
Rutgers St.
Jefferson St.
Cherry St.
チャイナタウン
地下鉄駅
ラトガーズ・パーク
East River

モデルルート
所要時間約2時間30分～

ニューミュージアム（60分）
↓徒歩約10分
Orchard St.（20分）
↓徒歩約10分
テネメント博物館
（ツアーに参加するなら60分）
↓徒歩約3分
Ludlow St.（20分）
↓徒歩約15分
Clinton St.（20分）

おもな見どころ

❶ ニューミュージアム
New Museum

若手アーティストたちの発表の場として設立された。日本人建築ユニットのSANAA（妹島和世＋西沢立衛）が手がけた外観も必見。➡P.380

シャッターアートもまだ残る

❷ テネメント博物館
Tenement Museum

昔、多くの移民が住んでいた建物を使用。当時の暮らしを説明している。➡P.382

❸ 国際写真美術館
International Center of Photography Museum (I.C.P)

1974年創立のフォトアート専門の美術館。広々とした空間には常設展と企画展が開催される。➡P.384

トライベッカ
Tribeca

別MAP P.4-5

倉庫街の面影を残す街、トライベッカ。映画制作会社が多く、映画関係者がランチミーティングをしている姿を見かけることも。有名シェフのレストランなどもあり、地元では人気のエリアだ。

落ち着いた雰囲気がセレブにも人気

日本にも進出したバビーズの本店はここ

中心になるフランクリン・ストリート駅

エリア紹介

哀愁帯びる映画の街

トライベッカとは、トライアングル・ビロウ・キャナルTriangle Below Canalの略で、「キャナル通りの下の三角地帯」という意味。もともと工業地帯だったせいか倉庫が多く、哀愁あふれる下町的雰囲気が漂い、昼夜ともに静かな場所だ。トライベッカ・フィルム・センターを拠点にオフィスを構える映画制作会社が多い。また、トライベッカといえば、ロバート・デ・ニーロ。彼がオーナーのレストランやホテルもいくつかあり、セレブも多く住む。

ロバート・デ・ニーロがオーナーのトライベッカ・グリル

歩き方

フランクリン・ストリートやグリニッチ・ストリート、ハドソン・ストリートを中心に、トライベッカ・グリルなどニューヨークを代表するレストランや雰囲気のよいカフェ、バーがある。スターシェフの料理を食べるなら、トライベッカへ。ビーチ・エリクソン・プレースにはインテリアショップが多い。

チャイナタウンとリトル・イタリー
Chinatown & Little Italy

別 MAP P.6

中国色あふれ、活気がみなぎるチャイナタウンは、サンフランシスコと並んでアメリカ最大ともいわれる。リトル・イタリーには、イタリアンレストランやデリが建ち並ぶ。

マルベリー・ストリートの壁画

みやげ物屋が多いチャイナタウン

エリア紹介

パワーみなぎる中華街と落ち着いたイタリア街

中国語が飛び交うレストランや食材店、みやげ物屋がひしめくチャイナタウン。旧正月になると、派手な獅子舞が通りを練り歩き、かねや太鼓が鳴り響く。チャイナタウンの北にあるリトル・イタリーには19世紀半ばから後半に南部イタリアからの移民たちが住み着き、ニューヨークにおけるイタリア人の地位を確立した。中心はマルベリー・ストリート。近年、イタリア人の多くはここを離れ、少しさびれた雰囲気だが、6月はパドヴァの聖アントニウス祭、9月にはサン・ジェンナーロ祭が盛大に行われている。

歩き方

キャナル・ストリートを中心に、ワース・ストリートまでがチャイナタウン。ニューヨーク最古のタウンハウスや大乗仏教寺などの見どころはあるが、メインは中華料理レストランやみやげ物屋。リトル・イタリーの中心地はマルベリー・ストリートとグランド・ストリートが交差するあたり。イタリアンレストランやデリが密集する。

野菜や果物の屋台が並び人通りも多いチャイナタウン

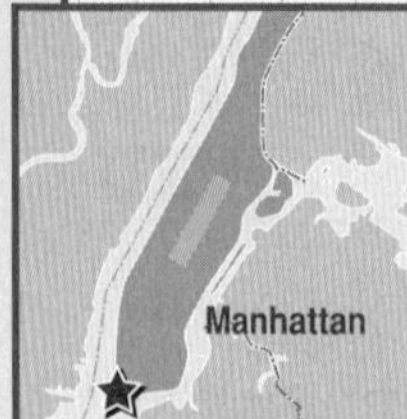

ロウアー・マンハッタン
Lower Manhattan

別 MAP P.2-3

1626年、オランダ西インド会社総監のピーター・ミヌイットが、当時このエリアに住んでいた先住民から、わずか$24相当の品物と引き替えに買い取ったNY始まりの場所。

NYの象徴ともいえる高層ビル群

ターミナル駅でもあるオキュラス

エリア紹介

見どころが多く集まる観光エリア

マンハッタンのなかでも古い歴史をもち、ニューヨーク誕生に関わるエリアだ。移民たちのゲートウエイとしてアメリカ建国に多大な役割を果たした自由の女神、大手銀行や証券会社が集まる金融街（ファイナンシャル・ディストリクト）、ウォール・ストリートなど観光名所とビジネス街が混在している。パブリックアートが多いのも魅力のひとつ。時間のある人は、移民博物館があるエリスアイランドに渡ってみるのもいいだろう。

沖には自由の女神が立つ

ニューヨーク証券取引所付近

歩き方

バッテリーパークからスタチュー・クルーズに乗って自由の女神に会いに行こう。ワールド・トレード・センター（WTC）のワン・ワールド展望台も訪れたいところ。また、ターミナル駅と隣接してショッピングモールになっているオキュラスや、トリニティ教会なども回ってみたい。ビジネス街なので、ビジネス客向けのデリやカフェが多い。

初代大統領ジョージ・ワシントンが宣誓をしたフェデラル・ホール

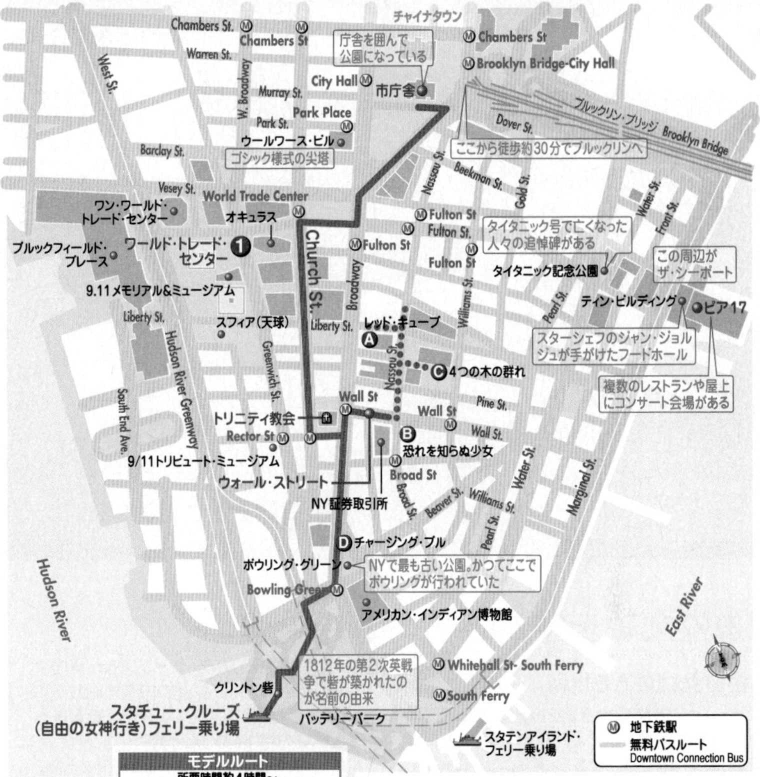

チャイナタウン
Chambers St.
Chambers St
Chambers St
Warren St.
West St.
W. Broadway
庁舎を囲んで公園になっている
市庁舎
City Hall
Brooklyn Bridge-City Hall
Murray St.
Park Place
Park St.
ウールワース・ビル
ゴシック様式の尖塔
ブルックリン・ブリッジ Brooklyn Bridge
Dover St.
ここから徒歩約30分でブルックリンへ
Barclay St.
Vesey St.
Nassau St.
Beekman St.
Gold St.
ワン・ワールド・トレード・センター
World Trade Center
オキュラス
Water St.
Front St.
Fulton St
Fulton St.
Fulton St
Fulton St
ブルックフィールド・プレース
ワールド・トレード・センター ❶
Church St.
Broadway
タイタニック号で亡くなった人々の追悼碑がある
タイタニック記念公園
この周辺がザ・シーポート
9.11メモリアル&ミュージアム
Williams St.
Pearl St.
ティン・ビルディング
ピア17
Liberty St.
スフィア（天球）
Liberty St.
Ⓐ レッド・キューブ
Hudson River Greenway
Greenwich St.
South End Ave.
スターシェフのジャン・ジョルジュが手がけたフードホール
Ⓒ 4つの木の群れ
複数のレストランや屋上にコンサート会場がある
Wall St
Pine St.
Wall St
トリニティ教会
Wall St.
Rector St
Ⓑ 恐れを知らぬ少女
9/11トリビュート・ミュージアム
Broad St
ウォール・ストリート
Broad St.
Water St.
Marginal St.
NY証券取引所
Beaver St.
Williams St.
Pearl St.
Ⓓ チャージング・ブル
Hudson River
ボウリング・グリーン
NYで最も古い公園。かつてここでボウリングが行われていた
Bowling Green
East River
アメリカン・インディアン博物館
1812年の第2次英戦争で砦が築かれたのが名前の由来
Whitehall St- South Ferry
クリントン砦
South Ferry
スタチュー・クルーズ（自由の女神行き）フェリー乗り場
バッテリーパーク
スタテンアイランド・フェリー乗り場
Ⓜ 地下鉄駅
無料バスルート Downtown Connection Bus

モデルルート
所要時間約4時間〜

自由の女神
（自由の女神まではスタチュー・クルーズで往復約60分〜）
↓フェリー乗り場から徒歩約10分
トリニティ教会（20分）
↓徒歩すぐ
ウォール・ストリート（10分）
↓徒歩約10分
Church St.（10分）
↓徒歩すぐ
ワールド・トレード・センター
（記念館に入るなら60分）
↓徒歩約10分
市庁舎（10分）

❷ 自由の女神

おもな見どころ

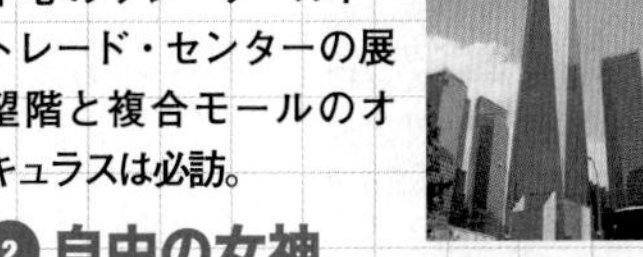

❶ ワールド・トレード・センター World Trade Center

中心のワン・ワールド・トレード・センターの展望階と複合モールのオキュラスは必訪。

❷ 自由の女神 Statue of Liberty

自由の国アメリカのシンボル。➡P.110

ロウアー・マンハッタンで現代アートに触れる

ビジネス街なのに、パブリックアートを鑑賞できる場所でもあるのがいい。

A

B

C

D

A レッド・キューブ Red Cube
イサム・ノグチ作。BroadwayとLiberty St.の角にある。

B 恐れを知らぬ少女 Fearless Girl
2018年末にNY証券取引所前に移転。女性の地位向上の象徴として設置された。

C 4つの木の群れ Group of Four Trees
ジャン・デュビュッフェ作。Pine St.のチェイス・マンハッタン・バンク・プラザにある。

D チャージング・ブル Charging Bull
アルトゥーロ・ディ・モディカ作。バッテリーパークそばにある。

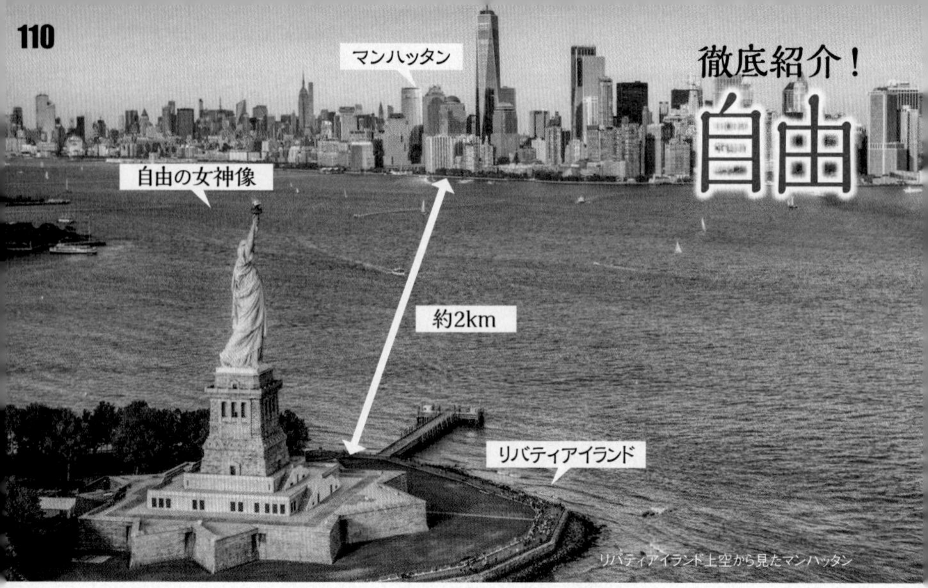

徹底紹介！自由

マンハッタン
自由の女神像
約2km
リバティアイランド

リバティアイランド上空から見たマンハッタン

自由の女神を知ろう

自由の女神のある場所

マンハッタンの南端から約2㎞離れた場所、ニューヨーク湾のリバティアイランド（Liberty Island）という小さな島にある。実はニューヨークの隣州ニュージャージーの海上に立っているが、ニューヨーク州国立公園が管理しているので住所はニューヨーク。

実は世界遺産

自由の女神があるリバティアイランドは、当時アメリカの移民管理局があったエリスアイランドに近く、移民管理局から見える女神像は新大陸への夢と勇気の糧でもあったそう。
そんな「自由の国アメリカへの玄関」であったことから、1924年にアメリカ合衆国国定記念物に指定され、1984年にはユネスコの世界遺産（文化遺産）にも登録。

自由の女神の内部見学 （要事前予約。詳細→P.113）

女神像の後ろ側には、冠と台座に入れるアクセススポットがある。薄暗くて狭い内部からは、鉄鋼を使った骨組みをベースに銅板のピースを張り合わせた造作が見て取れる。
階段を上っていくとまずは台座へ。その後、少し上ると冠部分に向かって、393段のらせん階段が続く（高さは約27階建てのビルに相当）。上階部の162段はとても狭く急になっているので、ちょっと覚悟が必要かも。
冠に登ると、たいまつを持つ右手の一部や左手に抱える銘板が見えるほか、マンハッタンの摩天楼を眺めることも可能。天井がウエイブ状なのは、女神像の髪の毛の部分だからだ。

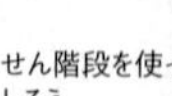

内部のらせん階段を使って冠まで上ろう

天井はウエイブ状になっており髪の部分にあたる

上階部のらせん階段は急で、人ひとりの幅しかない

世界の25個の宝石をシンボライズした冠部の窓

の女神の攻略法

ニューヨークといえば、自由の女神（Statue of Liberty）。自由の国アメリカを象徴するシンボルでもあり、ニューヨーク観光に欠かすことができない人気スポット。自由の女神は遠くから眺めることもできるが、一番人気なのが、女神像のあるリバティアイランドへ上陸する方法。こちらを中心に、自由の女神の攻略法を徹底紹介！

自由の女神基礎知識

高さ

台座からトーチ（たいまつ）までが46m、台座の高さが47m。台座の下からトーチまでは93mと、かなりの迫力。

重さと色

総重量204（米）トン。骨組みは鉄製で、表面は銅板で覆われている。当初は赤茶色だったが、銅が徐々に酸化し現在は緑色に。

Ⓐ 右手に持っているもの

移民たちの自由と希望を表すシンボルのトーチ（たいまつ）を空高く掲げている。炎の部分は24カラット（24金）の純金張り。ちなみに、現在のトーチは1986年から使われているもので、初期のものは自由の女神博物館にて展示。

展示されている初期（1886～1984）のトーチ

Ⓑ 冠

7つの突起が、7つの大陸と7つの海を表しており、世界中に自由が広がるようにという願いが込められている。また、冠内には、世界の25個の宝石を象徴する25の窓があり、昔はすべて開けられたが、現在は両端の窓を除いて閉じられている。

Ⓒ 左手に持っているもの

左手には独立宣言の銘板を抱え、そこには、「JULY IV MDCCLXXVI」と刻まれている。これはアメリカ合衆国の独立記念日である「1776年7月4日」をローマ数字で表したもの。

Ⓓ 足元の鎖と足かせ

足元にはひきちぎられた鎖と足かせがあり、女神が両足でそれらを踏みつけている。これは、すべての弾圧や抑制からの解放と、人類は皆平等であることを象徴している。

自由の女神像への行き方（スタチュー・クルーズ）

フェリー乗り場

自由の女神像があるリバティアイランドへは、スタチュー・クルーズ（Statue Cruises）という専用フェリーでのみ上陸可能。所要往路20分、復路30分。乗り場は、マンハッタン最南端にあるバッテリーパーク（Battery Park）という公園で、チケット売り場の南側（海側）にある。

チケットが必要

フェリーに乗船するにはチケットが必要に。オンラインで事前予約（Will Call）した人やシティ・パスを持っている人は事前に引き換えを、チケットを持っていない人は当日券を購入する。チケットの種類は4種類（P.113右下の種類参照）。

セキュリティチェック

チケットを手にしたら、乗り場の近くにある白い建物へ。ここで空港のように手荷物検査とボディチェックがある。場合により、身分証明書の提示を求められるので、写真付きID（パスポート）を持参しておくとよい。

バッテリーパークは、地下鉄❶線サウス・フェリー（South Ferry）駅、ⓇⓌ線ホワイトホール・ストリート（Whitehall St）駅、❹❺線ボーリング・グリーン（Bowling Green）駅からアクセスでき、乗り場は駅からそれぞれ徒歩約5分。

スタチュー・クルーズ Statue Cruises

営バッテリーパーク発9:30～15:30（夏期は9:00～17:00など季節により変更あり。15:30発のフェリーは上陸のみ）。リバティアイランド発最終17:00（夏期は18:45）。フェリーは、夏期は15～20分おき、冬期は30～40分おきに出発。また、ニュージャージーから出るルートもある。

URL cityexperiences.com

乗り場 MAP P.2-B4

こちらでセキュリティチェックを行う

無料フェリーを活用しよう！

自由の女神に会いたいけど時間がない、お金をかけたくない、という人におすすめなのが、スタテンアイランド・フェリー（Staten Island Ferry）。マンハッタンとスタテンアイランドを往復する公共交通機関のフェリーで、毎日24時間運航（夜間は30～60分おき）で無料。自由の女神の前を通るので観光客にも人気。ただ、女神像までは少し距離があり、撮影は望遠を使ってもかなり小さく写ってしまう。

スタテンアイランド・フェリーStaten Island Ferry

URL www.siferry.com/ ➡P.55

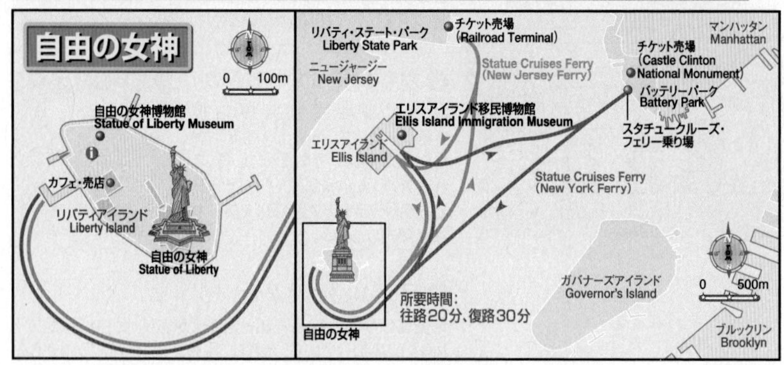

VOICE **誘導スタッフに注意！** スタチュー・クルーズの乗り場を探していたら紺色のジャンパーを着た人にリードされ、行くとそこはひと気のない埠頭。$40支払い、乗せられた船はリバティアイランドへの停泊も上陸もなし。スタッフぶった人には絶対についていかないこと！（神奈川県　蒲 信一　'22）['23]

チケット予約・購入方法

1 スタチュー・クルーズの公式サイト

公式サイトで事前に予約・購入。台座や冠の入場も予約できるので、すでに行く日が決まっているならこの方法がおすすめ。購入時「Will Call」を選んだ人は、当日、身分証明書（パスポートなど）とネット購入時のクレジットカードを持参して、チケット売り場にある窓口へ。

事前予約できる公式サイト画面

2 現地購入

現地購入可能だが、チケット売り場はいつも長蛇の列で待ち時間も長いので、夏休みなどのシーズンなら7:00には到着するか、あらかじめ前日までに立ち寄ってチケットを購入しておくとよい。チケット売り場は、フェリー乗り場の北側（陸側）にあるキャッスル・クリントン（Castle Clinton）にある。

チケット売り場のキャッスル・クリントン

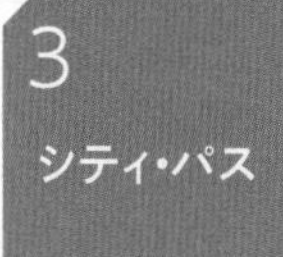

3 シティ・パス

観光向けのシティ・パス（City Pass）を使って入場可能。ただ、このチケットでは台座や冠部分には入れないのと、チケット売り場にある専用窓口でチケットに交換してもらう必要があるので注意。 ➡P.61

シティ・パスCity Pass
URL www.citypass.com

女神像の台座の高さは47m

チケットは4種類

4種類のチケットには、どれもリバティアイランドとエリスアイランドへのフェリー代、自由の女神博物館（Statue of Liberty Museum）とエリスアイランド移民博物館（Ellis Island National Museum of Immigration）への入館料、セルフオーディオガイドツアーが含まれている。

1日の入場人数制限について

冠と台座への入場は、事前予約が必要。台座は1日3000人まで、冠内部は1日240人までとどちらも人数制限がある。
特に冠は人気で、数ヵ月先まで予約が取れないことも。1時間6グループまでの限定で、予約受付は6ヵ月前からなので、旅行日程が決まったらすぐにオンラインで予約・購入するのが得策。

自由の女神博物館にも立ち寄りたい

※子供は4〜12歳

1 上陸のみ
Reserve Ticket (General Admission)
女神像が立つリバティアイランドに上陸できる。当日でも購入可能。シティ・パスの利用はこちら。大人$24.50、子供$12.30、シニア（62歳以上）$18.30

2 冠入場付き
Crown Reserve Ticket
女神像の冠部分に入場可能。要事前予約。大人$24.80（13〜61歳）、子供$12.30、シニア（62歳以上）$18.30

3 台座入場付き
Pedestal Reserve Ticket
女神像の足元、台座の中に入ることができる。要事前予約。大人$24.80、子供$12.30、シニア（62歳以上）$18.30

4 エリスアイランドの廃墟ツアー付き
Ellis Island Hard Hat Reserve Ticket
かつて移民管理局があったエリスアイランドには、入国審査場の横に、上陸した移民たちを受け入れる全米最大の医療施設（伝染病や感染症の専用病棟）があった。一般公開されていないその建物を90分かけて見学するウオーキングツアーが付いたチケット。フランスの写真家、JR氏のアート展示も観覧可能（13歳以上限定、18歳未満は要保護者同伴。廃墟の建物内を歩くので、自力で階段を上れることが参加の条件。要事前予約）。大人$74.50、シニア（62歳以上）$68

♥**スタチュー・クルーズのキャンセルと払い戻しについて** 出発の24時間前までなら払い戻し可（2023年12月現在）。

ウォール・ストリート
おすすめ度★★
地下鉄②③④⑤Wall St駅、ⒿⓏBroad St駅より徒歩すぐ、ⓇⓌRector St駅より徒歩約3分
バスM55、M15(Wall St.あたりで下車)

ランチ時にはヤッピーたちの姿が多く見られる

ブルックフィールド・プレース
おすすめ度★★
住230 Vesey St.(at West St.)
地下鉄①WTC Cortlandt St駅、ⒺWorld Trade Center駅より徒歩約5分、ⓇⓌCortlandt駅より徒歩約8分
バスM9、M20、M22(Liberty St.かVesey St.あたりで下車)
☎(1-212)978-1673
URLbfplny.com

オキュラス
住185 Greenwich St.(bet. Church & Greenwich Sts.)
地下鉄ⒺWorld Trade Center ☎(1-212)284-9982 営10:00～21:00(モール)※日曜と冬期は異なる
URLwestfield.com/westfieldworldtradecenter

別MAP P.3-C2 世界金融の中心地

ウォール・ストリート
Wall Street

マンハッタンに初めて入植したオランダ人が、ネイティブアメリカンやイギリス人からの攻撃を防ぐため、ハドソン・リバーからイースト・リバーまで連なる丸太の防壁を築いた。それを「ウォール」と呼んだことから、ウォール・ストリートという名前がついている。平日のオフィスアワーは、世界の金融の動向に直接関与しているせいか張り詰めた空気が漂い、独特の雰囲気がある。

別MAP P.2-A1 ロウアー・マンハッタンのランドマークのひとつ

ブルックフィールド・プレース
Brookfield Place

ハドソン・リバー沿いの4つのタワーと公園からなる地域。1985年、都市開発計画の一環として建設が始まり、1987年に完成。オフィス・コンプレックスのワールド・ファイナンシャル・センターとなり、その後2013～14年に大幅改装を行い、名称をブルックフィールド・プレースに変更した。パームツリーがドーム状の天井に向かって高くそびえる、ウインター・ガーデンは必見。2階には人気グルメが揃うフードホール、ハドソン・イーツがある。

西側にはハドソン・リバーとニュージャージーを一望できるテラスあり

別MAP P.2-B1 翼を広げたような外観が印象的

オキュラス
Oculus

2001年9月の同時多発テロのあと、15年近くの歳月をかけオープン。地下通路でワールド・トレード・センターやブルックフィールド・プレースなどに直結するターミナル駅。ラテン語で「オキュラス＝眼」という意味のごとく内部は楕円形のようになっていて、まぶしいほどの白い骨組みが真っすぐ伸びて美しい。また、こちらは駅だけでなく、ウエストフィールド・ワールド・トレード・センターというショッピングセンターになっている。H&Mの姉妹ブランドの& Other Stories(アンド・アザー・ストーリーズ)やKate Spade(ケイトスペード)、Eataly(イータリー)など、旅行者でも楽しめるテナントが入店。

内部はショッピング・センター

♥恐れを知らぬ少女 ウォール街のチャージング・ブルの像の前にあった、両腕を腰にあてて牛をにらみつける少女の像(Fearless Girl)は、2018年末にNY証券取引所前に移設されている(→P.109)。

別MAP P.2-B2 世界中に影響を与えている

ニューヨーク証券取引所

New York Stock Exchange (NYSE)

ニューヨーク証券取引所（通称NYSE）は、世界最大の証券取引所であり、世界経済の動向を顕著に表しその指針ともなるところ。1792年に24人の仲買人によって始められ、今日ではソニー、キヤノンなど外国企業を含む約2400社がNYSEに上場している。現在のNYSEの建物は1903年にジョージ・B・ポストによって建てられ、正面は古代ギリシアの神殿を思わせるデザインになっている。1階は取引所で、メンバーと職員しか入れない。2023年11月現在、ツアーなどの一般公開は行っていない。

略してNYSEと呼ばれる

ニューヨーク証券取引所

おすすめ度＞★★

住11 Wall St.(bet. New & Broad Sts.)

地下鉄ⒿⓏBroad St駅または❷❸❹❺Wall St駅、ⓇⓌRector St駅より徒歩すぐ、または徒歩約3分

URL nyse.com

別MAP P.3-C2 建国初期の連邦時代をうかがい知る

フェデラル・ホール・ナショナル・メモリアル

Federal Hall National Memorial

1789年4月30日、初代大統領ジョージ・ワシントンが大統領就任の宣誓をした場所。現在、ホールの正面に彼の銅像が立っている。第1回連邦議会もここで開催された。ここはもともと市庁舎➡P.116だったのだが、1788年にフェデラル（連邦政府）ホールとなり、ニューヨークはアメリカの最初の首都となった。現在の建物は、1842年に税関としてドーリア様式で建て直されたもので、1955年から国定記念物（ナショナルメモリアル）になっている。現在、建物の中は博物館になっており、植民地時代から建国初期の連邦時代の資料が展示されている。

昼休みには階段に座って休憩する人も多い

フェデラル・ホール・ナショナル・メモリアル

おすすめ度＞★★

住26 Wall St. (at Nassau St.)

地下鉄ⒿⓏBroad St駅または❷❸❹❺Wall St駅、ⓇⓌRector St駅より徒歩約1分または徒歩約4分

開月～金 9:00～17:00

休土・日

料無料

☎(1-212) 825-6990

URL www.nps.gov/feha

♥タイタニック記念碑 ザ・シーポートにあるサウス・ストリート・シーポート美術館の前には、豪華客船タイタニックの事故で亡くなった乗客と組合員を追悼した記念碑がある。住Pearl St.とFulton St.の角付近。

連邦準備銀行
おすすめ度＞★★
住33 Liberty St. (bet. Nassau & William Sts.) ツアー入口は44 Maiden Laneにある
地下鉄②③④⑤ⒶⒸⒿⓏ Fulton St駅より徒歩約4分
☎(1-212) 720-5000
休日
URL www.newyorkfed.org

トリニティ教会
おすすめ度＞★★
住75 Broadway (at Wall St.)
地下鉄④⑤Wall St駅より徒歩すぐ。または①ⓇⓌ Rector St駅より徒歩約3分
☎(1-212) 602-0800
開8:30～18:00
URL www.trinitywallstreet.org

市庁舎
おすすめ度＞★★
住Broadway & Murray St.
地下鉄④⑤⑥ Brooklyn Bridge-City Hall駅またはⓇⓌCity Hall駅またはⒶⒸⒿⓏChambers St駅より徒歩約1分、②③ Park Place駅またはⒶⒸ Chambers St駅より徒歩約3分
バスM55、M9、M22、M103 (Broadway&Park Rowあたりで下車)
☎(1-212) 639-9675

市長の執務室や市議会がある市庁舎

別MAP P.3-C2 日本の日銀にあたる役割を果たす

連邦準備銀行(FRB)
Federal Reserve Bank of New York

アメリカの金融政策をコントロールする、日本の日本銀行にあたるのが連邦準備銀行。物価の安定、雇用の最大化などを金融政策により実現化する役割を果たす。保管された金の貯蔵量は世界一で、約7000tという想像もつかないほどの量の金塊が、地下にある金庫室に保管されているという。

威厳ある巨大な玄関口

別MAP P.2-B2 教会内ではクラシックコンサートも

トリニティ教会
Trinity Church

ニューヨークで古い歴史をもつ教会。最初は1698年にウィリアム3世が英国国教会として建てたものだったが、1709年にパブリックスクール(現在のトリニティ・スクール)、1754年にキングス大学(現在のコロンビア大学)が併設されたあと、米国聖教会となった。しかし、1776年に焼失。1790年に建てられた2代目は、倒壊の恐れがあったために取り壊された。こうして何度か建て直され、現在のゴシック様式の建物は、建築家リチャード・アップジョンの手によって1846年に完成した。

ロウアー・マンハッタンの目印

別MAP P.3-C1 NYの行政をつかさどる

市庁舎
City Hall

フランスの建築家ジョセフ・F・マンガンがデザイン。フレンチルネッサンス様式の外観にジョージ王朝様式の内装が施された、エレガントな建物として知られている。建築当初、正面は大理石、裏側は茶色の砂岩で造られていたが、現在は両面ともアラバマ産石灰岩に張り直されている。2階のガバナーズ・ルームは博物館になっており、初代大統領ジョージ・ワシントンが使ったライティングデスクなど創設当時のものを中心に展示している。

♥**連邦準備銀行(FRB)**　以前は、金の貯蔵庫やドル通貨の歴史、ニセ札の展示などを見ることができるツアーが開催されていた。2023年12月現在、ツアーは開催されておらず再開予定はなさそうだ。

別MAP P.3-D2 個性的な店が集まる観光スポット

ザ・シーポート
The Seaport

19世紀にニューヨークの玄関港として栄えたエリアを1983年に改装。建物内を見学できるサウス・ストリート・シーポート・ミュージアム（水～日11:00～17:00）、映画館やレストランが入ったフルトン・マーケット・ビルなどがある。大型ショッピングモールのピア17は大幅改装を終え再オープンしている。

港町の風情を感じる街並み

建て替えで生まれ変わったピア17。ルーフトップでライブもできる

ザ・シーポート
おすすめ度★★★
住Fulton & South Sts.(Pier 17)
地下鉄②③④⑤ⒶⒸⒿⓏFulton St駅より徒歩約6分　バスM15（Fulton St.とPearl St.の交差点手前で下車。Fulton St.の角を東へ曲がる）
☎(1-212) 732-8257
URL www.theseaport.nyc

サウス・ストリート・シーポート・ミュージアム
営水～日11:00～17:00
料大人$20など

ピア17
URL www.rooftopatpier17.com

穴場観光スポット、ガバナーズアイランド
Governors Island

マンハッタンの南に位置するガバナーズアイランド。以前は軍事基地として使われ、近年は沿岸警備隊が常駐したが1996年に閉鎖。2003年に連邦政府からNY州と市に$1で売却された。

島内の要塞を回る無料ツアーやコンサートなども開催。これまで一般公開は夏期限定だったが、2021年11月より、1年を通して毎日7:00～20:00（金・土～23:00）公開されることになった。

地下鉄①South Ferry、④⑤Bowling Green、ⓇⓌWhitehall St-South Ferryこれらの地下鉄駅より徒歩数分のBattery Maritime Building（別MAP P.3-C4　住10 South St.）からフェリーが毎日運航。片道約10分。土・日・祝の月はBrooklyn Bridge ParkのPier 6から10:00～16:15の約60分間隔に出航するフェリーも利用できる（2023年は5月27日～10月29日）。料金は両方とも往復大人＄4、65歳以上・12歳以下無料。土・日7:00～11:45のフェリーは無料。NYCフェリー（P.56）でも行ける。 URL govisland.com

マンハッタンからフェリーで約10分

♥**ガバナーズアイランドにある極上スパ**　さまざまなテーマのサウナや屋上プールあり。マンハッタンの摩天楼を対岸に望みながらゆったりリゾート気分を味わえる。QC NY SPA URL qcny.com

一度は訪れたい ワールド・トレード・センター

2001年9月、米同時多発テロで崩壊したワールド・トレード・センター（以下、WTC）。1WTCの展望デッキもオープンし、現在はすっかりNYのランドマークとなっている。

1966年に日系アメリカ人ミノル・ヤマサキ氏の設計により建設が始まったWTCは1973年に完成。1WTCから7WTCまでの7つのビルで構成された複合施設だった。2001年の同時多発テロでは、その中心だったツインタワー（1WTCと2WTC）が完全崩壊し、他の5つのビルもほぼ全壊。2002年から再建工事が始まった。その後、2006年に7WTC、2011年に9/11メモリアル、2013年に槇文彦氏設計の4WTCが完成。2014年5月には9/11メモリアル＆ミュージアムがオープンし、11月には1WTC（当初の名称フリーダム・タワーから変更）が完成した。104階建ての全米一高い同ビルには、100～102階に展望デッキもある。➡P.120 また、2016年にはオキュラスもオープンしている。

◉ワールド・トレード・センター
URL www.wtc.com　別MAP P.2-B1・2

中心となる1WTCは100～102階に展望台がある。手前はオキュラス

追憶のバラが置かれた9/11メモリアル

6

7

ツインタワーの跡地、ノースとサウスがあるメモリアル

9/11 メモリアル
9/11 Memorial

ツインタワー（1WTCと2WTC）の跡地に造られた巨大プールのモニュメント。ふたつのプールには滝が流れ、縁には犠牲者の名前が刻まれている。以前は入場は予約制だったが、現在は誰でも入れるようになっている。

開8:00～20:00　料無料
URL911memorial.org

9/11 メモリアル・ミュージアム
9/11 Memorial Museum

2014年5月にオープンした記念博物館。当日窓口でもチケットを購入できるが、混み合うことが多いのでネットでの事前購入がおすすめ。スマートフォンの無料アプリ（9/11 Museum Audio Guide）をダウンロードすれば日本語で解説を聴くことができる。

別MAP P.2-B1・2 ロウアー・マンハッタン
住180 Greenwich St.
地下鉄 ① WTC Cortlandt St
開 水～月 8:00～19:00（最終入場は17:30）
料 大人 $33、シニア（65歳以上）大学生 13～17歳 $27、7～12歳 $21、6歳以下は無料
URLwww.911memorial.org/museum

1

2

4

3

5

1. パビリオンを設計したのはオスロとNYに拠点をおく設計事務所のスノヘッタ。ガラス張りの外観が目を引く　2. WTCに使われていたフォークのような形をした巨大な鉄骨、トライデント　3. ニューヨーク・ニュージャージー港湾公社のジャケット　4. WTC崩壊で押しつぶされたNY市消防局のはしご車　5. 廃墟に最後まであった「最後の柱」。"NYPD（ニューヨーク市警察）23"など、組織と亡くなった人の数が書かれている　6. サウスタワーの掘削部　7. グラウンドゼロから残骸を持ち上げるのに使われたクロウクレーン

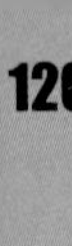

展望台入場までの流れ

1階でチケット購入 その後、地下1階へ

West St. 沿いの入口から入って、窓口でチケットを購入。ウェブで購入済みの場合は、地下1階へ。

展望台はここ!

荷物検査を受けてからエレベーター乗り場へ

セキュリティチェックを受け（バッグの大きさは約64cm×44cm以内）、エレベーター乗り場へ。

102階で映像鑑賞後 メインフロアの100階へ

102階に到着。映像鑑賞後、隣の部屋へ。

360度のパノラマビュー

West Side

ハドソン・リバーとマンハッタンの対岸にあるニュージャージー州を一望できる。かつて移民の玄関口だったエリス島や緑豊かなリバティ・ステート・パークもチェック。

South Side

左側にガバナーズアイランド、右側に自由の女神、その向こうにスタテンアイランドが見える。100階の南と北には円形の映像パネルがあり、その下で観光案内のショーを随時開催する。

← エンパイア

全米一高い所にあるレストラン

圧倒的な景色を眼下に見ながら、ゆったり食事を楽しめる

メニューはタパス的なものから、ステーキ、バーガーなども

Photos:One Dine

ワン・ダイン One Dine

101階にある。入口にバーカウンター（ワン・ミックス）があり、その奥がレストランになっている。同じ階に、立食スタイルのカジュアルなカフェもある。

☎1-212-602-4075
営12:00～22:00
カード A D J M V
URL oneworldobservatory.com/en/bar-restaurant
※予約は60日前からウェブサイトのみで受付

North Side

展望台はマンハッタンの南端にあるので、北側は特に絶景。エンパイアやクライスラーといったランドマーク的なビルや、ハイラインなど、マンハッタンを一望できる。夜景も圧巻。

East Side

イースト・リバーに架かるブルックリン・ブリッジとマンハッタン・ブリッジ、その向こう側のブルックリンを一望できる。北東の方角には、クイーンズも見える。

S

← 自由の女神
← ガバナーズアイランド

ONE WORLD TRADE CENTER

ワン・ワールド展望台 One World Observatory

全米一の高さを誇る104階建てワン・ワールド・トレード・センターの100～102階部分からなる。メインの展望台は100階にあり、ニューヨーク市街を360度一望できる。レストランとカフェは101階、ギフトショップは100階にある。

住285 Fulton St. (near Vesey St.) ワン・ワールド・トレード・センター100～102階※入口はWest St.沿い
地下鉄 1 WTC Cortland
☎(1-212)602-4000 営9:00～21:00 料大人（13～64歳）$39、シニア（65歳以上）$37、子供（6～12歳）$33
URL oneworldobservatory.com
※PCやスマホから事前購入ができる（割引あり）。チケットは印刷して持参、またはスマホの画面を提示する。
※要顔写真付きID提示

WTCの歴史

1973年～2001年9月10日

日系アメリカ人ミノル・ヤマサキ氏の設計で、1973年に完成。1993年に爆破事件が起きた。

2001年9月11日

同時多発テロで、WTCの中心だったツインタワーが完全崩壊。ほかの5つのビルもほぼ全壊した。

2002年～2013年

2002年から再建工事が始まり、2006年に7 WTC、2013年に槇文彦氏設計の4 WTCが完成した。

2014年～ 展望台オープンは2015年5月

2014年11月に1 WTC（当初の名称フリーダム・タワーから変更）が完成。翌年に展望台がオープン。

アッパー・ウエスト・サイド
Upper West Side

別MAP P.16-17、20-21、24-25

1870年頃から住宅地として開発され、
ダコタ・アパートの建設により高級住宅地として知られる。
現在も、ゆったりとした時間が流れる気取らないエリアだ。

エリア紹介

観光地と住宅地がほどよいバランス 住民気分でのんびり過ごしたい

セントラルパークの西、リンカーン・センターから北にあるのがアッパー・ウエスト・サイド。落ち着いた住宅地で、セントラルパーク・ウエストには、有名建築家によって建てられたアパートが並ぶ。アメリカ自然史博物館やさまざまな映画のロケ地にもなったリバーサイド・パークもある。このあたりはアパートを改装したホテルも多く、人気のグルメストアや高級デリもあるので、暮らすように滞在できる。その頭文字をとって「UWS」と略されることもある。

複合施設のタイム・ワーナー・ビル

80丁目にあるゼイバーズ

高級住宅地なのにどこか気取らないエリア

アメリカ自然史博物館は必見

歩き方

美しい建物やアメリカ自然史博物館などが観光ポイント。買い物なら、コロンバス・アベニューやアムステルダム・アベニューへ。ブロードウエイでは雑貨・食材店をはじめ、広くショッピングが楽しめる。58～60丁目には、ショッピングモールのザ・ショップス・アット・コロンバス・サークルもある。全体に治安はよいが、夜のリバーサイド・パーク付近は要注意。

エリアの中心となる72丁目駅

おもな見どころ

❶ アメリカ自然史博物館
American Museum of Natural History

創立150年以上と歴史があるミュージアム。自然や宇宙に関する壮大な展示が楽しめる。➡P.375

❷ リンカーン・センター
Lincoln Center

オペラやバレエ、クラシック音楽を堪能できる総合舞台芸術施設。➡P.124

Photo：Mark Bussell

❸ ダコタ・アパート
Dakota Apartments

ジョン・レノンとオノ・ヨーコが住んでいた高級マンション。入居には厳しい審査が必要だ。➡P.125

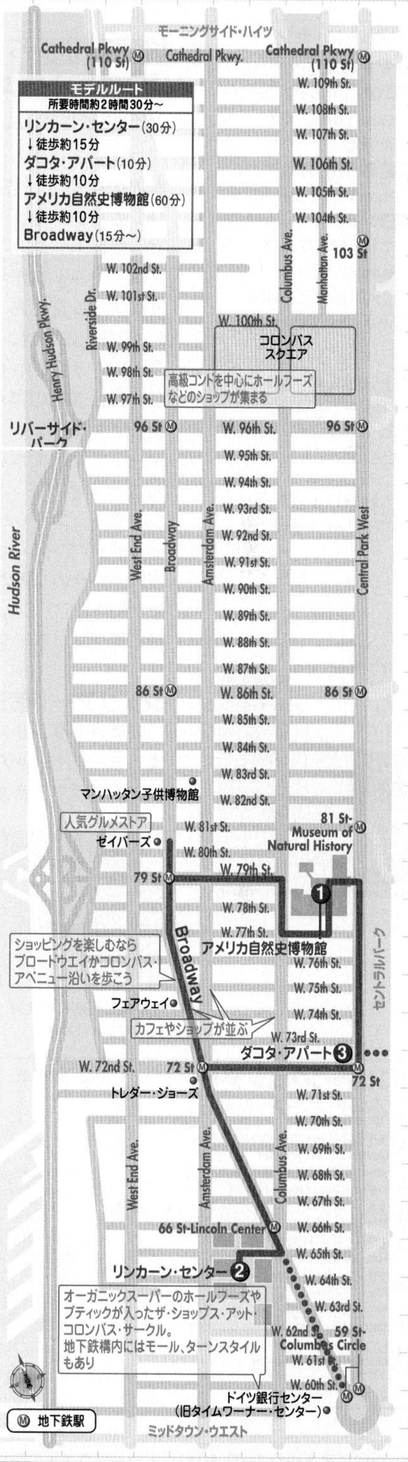

モデルルート
所要時間約2時間30分～

リンカーン・センター（30分）
↓徒歩約15分
ダコタ・アパート（10分）
↓徒歩約10分
アメリカ自然史博物館（60分）
↓徒歩約10分
Broadway（15分～）

モーニングサイド・ハイツ
Cathedral Pkwy (110 St)
Cathedral Pkwy.
W. 109th St.
W. 108th St.
W. 107th St.
W. 106th St.
W. 105th St.
W. 104th St.
103 St
W. 102nd St.
W. 101st St.
W. 100th St.
Riverside Dr.
Henry Hudson Pkwy.
Columbus Ave.
Manhattan Ave.
コロンバス スクエア
高級コンドを中心にホールフーズなどのショップが集まる
W. 99th St.
W. 98th St.
W. 97th St.
リバーサイド・パーク
96 St
W. 96th St.
W. 95th St.
W. 94th St.
W. 93rd St.
W. 92nd St.
W. 91st St.
W. 90th St.
W. 89th St.
W. 88th St.
W. 87th St.
Hudson River
West End Ave.
Broadway
Amsterdam Ave.
Central Park West
86 St
W. 86th St.
W. 85th St.
W. 84th St.
W. 83rd St.
マンハッタン子供博物館
W. 82nd St.
人気グルメストア
ゼイバーズ
W. 81st St.
81 St-Museum of Natural History
W. 80th St.
79 St
W. 79th St.
W. 78th St.
W. 77th St.
アメリカ自然史博物館
ショッピングを楽しむならブロードウエイかコロンバス・アベニュー沿いを歩こう
W. 76th St.
W. 75th St.
フェアウェイ
W. 74th St.
カフェやショップが並ぶ
W. 73rd St.
セントラルパーク
ダコタ・アパート❸
W. 72nd St.
72 St
トレダー・ジョーズ
W. 71st St.
W. 70th St.
W. 69th St.
W. 68th St.
W. 67th St.
66 St-Lincoln Center
W. 66th St.
W. 65th St.
リンカーン・センター❷
W. 64th St.
オーガニックスーパーのホールフーズやブティックが入ったザ・ショップス・アット・コロンバス・サークル。
地下鉄構内にはモール、ターンスタイルもあり
W. 63rd St.
W. 62nd St.
59 St-Columbus Circle
W. 61st St.
W. 60th St.
ドイツ銀行センター（旧タイムワーナー・センター）
ミッドタウン・ウエスト
Ⓜ 地下鉄駅

リンカーン・センター
おすすめ度➤★★★
住10 Lincoln Center Plaza (bet. 62nd & 65th Sts.)
地下鉄❶66 St-Lincoln Center駅より徒歩約2分
バスM5、M7、M10、M11、M66、M104 (66th St.あたりで下車)
☎(1-212) 875-5456
URLwww.lincolncenter.org

デビッド・H・コーク・シアター ➡P.415
デビッド・ゲフィン・ホール ➡P.415

メトロポリタン・オペラハウス ➡P.415

クラシックカルチャーの殿堂

別MAP P.16-B1 アメリカが誇る総合舞台芸術施設

リンカーン・センター
Lincoln Center

©2008Marty Sohl/ Metropolitan Opera
とても華やかなオペラハウスのロビー

ニューヨークのクラシック音楽界の中心で、芸術家の憧れ、リンカーン・センター。かつては、映画『ウエスト・サイド・ストーリー』の舞台にあったようなスラム街であった。そこに1950年代にジョン・D・ロックフェラー3世が中心となり、新しく舞台芸術の拠点を造ろうと企画、1959年から工事がスタートした。大理石の噴水を挟んで、デビッド・H・コーク・シアター（ニューヨーク・シティ・バレエの本拠地）とデビッド・ゲフィン・ホール（ニューヨーク・フィルの本拠地）が向かい合い、奥にメトロポリタン・オペラハウス。道路を1本隔てて、ジュリアード音楽院が建つ。5億ドルをかけた再建プロジェクトも完了し、美しく生まれ変わった。

ジュリアード音楽院　The Juilliard School

音楽家やダンサー、俳優のための芸術学校。世界で活躍するアーティストのなかにジュリアード出身者は多数。ダンス、ドラマ、音楽の3課程が設けられ、実践的な音楽家を育てることが特色で、厳しいレッスンには定評がある。また、隣接するアリス・タリー・ホールでは、室内楽を中心としたコンサートが行われるほか、毎週水曜13:00からは、ジュリアードの学生による無料コンサートが開かれている（→P.413）。

世界的に有名な音楽院
Photo : Iwan Baan

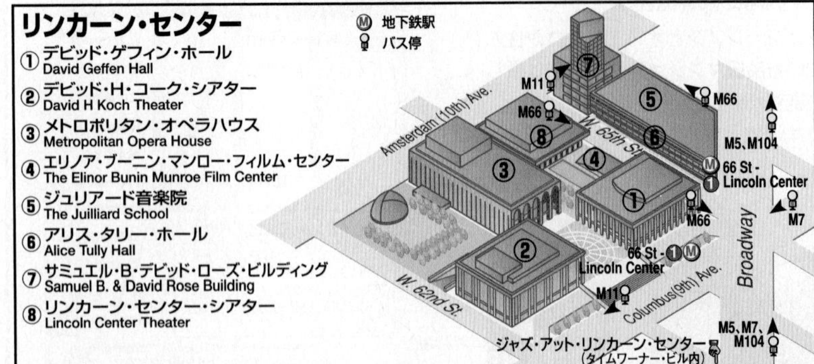

♥**UWSにあるtkts（→P.401）**　ブロードウエイの割引チケットを扱うチケットブース。Broadway沿い、61st & 62nd Sts.のDavid Rubenstein Atrium at Lincoln Center内にある。

別MAP P.21-C3 厳しい審査をパスした者だけが入居できる

ダコタ・アパート
Dakota Apartments

国の史跡にも指定されたジョン・レノンとオノ・ヨーコが暮らしていた高級コーポラティブハウス。オノ・ヨーコは今も部屋を所有しているという。1980年12月8日、ジョン・レノンはこの建物のエントランス前で、熱狂的ファンによって射殺された。彼を追悼して造られたストロベリー・フィールズは、アパート前のセントラルパークの入口すぐ近くにある。

セントラルパークのすぐそば

ダコタ・アパート
おすすめ度★★
住1 W. 72nd St.
※内部に入ることはできない。
地下鉄Ⓑ Ⓒ72 St駅より徒歩約1分
バスM7、M10、M11、M72（Central Park Westと72nd St.あたりで下車）

別MAP P.20-A1～3 春には桜が美しい

リバーサイド・パーク
Riverside Park

ハドソン・リバー沿い、72～125丁目＆135～155丁目にある公園。南北に細長く、住民の憩いの場になっている。秋には紅葉が、春には桜が美しい。夏にはさまざまなイベントが行われる。バスケットボールやバレーボール、テニスのコート、スケートボードパークなども併設。トム・ハンクス、メグ・ライアン主演の映画『ユー・ガット・メール』のロケ地にもなった。

アッパー・ウエスト住民憩いの場所

リバーサイド・パーク
おすすめ度★
住Hudson River, 72nd～155th Sts.
地下鉄❶116 St-Columbia University駅より徒歩約10分など
バスM4、M5、M60、M104（72nd～125th Sts.か135th～155th Sts.あたりで下車）
☎（1-212）870-3070
URL riversideparknyc.org
桜は110th～125th。Sakura Parkは122nd St.にある

コロンバス・サークルの名所、ドイツ銀行センター

コロンバス・サークルにそびえるドイツ銀行センター（旧タイムワーナー・センター）。ショッピングモールのショップス・アット・コロンバス・サークルをはじめ、マンダリンオリエンタル・ホテル、コンサートホールなどが入った複合ビルだ。上層部分は超高級コンドミニアムとなっており、有名高級レストランもテナントとして入っている。地階にあるグルメスーパーのホールフーズには、その広い店内に食料品やサラダバーなどがあり、ここで食料も調達できる。

別MAP P.17-C2
地下鉄❶Ⓐ Ⓒ Ⓑ Ⓓ59 St-Columbus Circle駅より徒歩約1分

地下鉄駅のすぐ上なので雨の日も便利

♥Turnstyle（→P.320） コロンバス・サークル駅に直結しているので便利。小さなモールだが、サクッと食べたりジュースを飲んだりおみやげを買ったり、隙間時間に楽しめる。

セントラルパーク
Central Park

別MAP P.17-18、21-22、25-26、29

新緑が目にまぶしい春。池の水面がキラキラ光る夏。
落ち葉に彩られた秋。雪化粧に包まれる冬。
四季折々の表情をもつ美しい公園だ。

エリア紹介

ニューヨーク市民に愛される公園

ニューヨークが舞台の映画やドラマには必ず登場し、多くのニューヨーカーに愛され続けている公園。59丁目から110丁目に及び、面積は約3.4km^2。南北約4km、東西約800mとスケールは広く、動物園や劇場、オブジェ、池などが点在している。イベントやアクティビティがあり、シーズンごとにさまざまな楽しみ方ができる。天候がよい日なら、芝生に座ってのんびりしたり、ウオーキングやジョギングをするのもいい。おなかがすいたら、ロブ・ボートハウス・カフェへ。

歩き方

公園内のすみずみを短時間で歩くことはできない。短時間で主要な見どころを歩くなら、まずは5番街から映画のロケ地としてよく利用されるベセスダの噴水へ。その後緑の芝生が美しいシープ・メドウへ。その後は、ジョン・レノンの死後造られたストロベリー・フィールズ、アンパイアー砦などへ行き、最後はコロンバス・サークルでショッピングするのもいい。公園では夏にはさまざまなイベントが行われる。なお、広いうえにひと気がなくなるので夜間や早朝は公園内を歩かないこと。

URL www.centralparknyc.org

5th Ave.側にある、不思議の国のアリス像

夏は多数のイベントが開催される

映画のロケ地にもなるベセスダの噴水

緑が美しいシェイクスピア・ガーデン

夏になると日光浴をする人々でにぎわうシープ・メドウ

動物と触れ合う

5番街側にある動物園。小さな園内にもかかわらず、ハイイログマ、ユキヒョウ、ペンギン、レッサーパンダ、ニホンザルなど130種類以上の動物たちに出合える。また、北側は子供動物園になっていて、羊やヤギに餌あげができるチャンスも。

Central Park Zoo 別MAP P.18-A1
場所:bet. 5th Ave. & 64th St.
営4月上旬～11月上旬:毎日10:00～17:00、土・日・祝～17:30、冬期～16:30(最終入場は閉園の30分前)
休無休
料大人$19.95、シニア(65歳以上)$16.95、子供(3～12歳)$14.95
URL www.centralparkzoo.com

エコツアーに参加する

通称ワイルドマンことスティーブ・ブリルさんに連れられてセントラルパークを探検。歩き回りながら、食べられる野草を見つけては、その場で採取して試食したり、野草についてさまざまなレクチャーを受けたりできる。都会の真ん中で自然と共存できることに感動すること間違いなし。(ツアーは約4時間)

Foraging Tour
場所:72nd St.とCentral Park Westの角に集合 ☎(1-914)835-2153※24時間前までに予約 料$20の寄付(当日、現金払い、12歳未満は$10) 開3～12月上旬 ※日程・集合場所は事前に要確認
URL www.wildmanstevebrill.com

セントラルパークで遊ぼう!!!

巨大な公園だけあって、楽しみ方もたくさん。
これら以外にも、ジョギングやアイススケートなどの
スポーツアクティビティ、季節によるイベントも多数!

音楽&ダンスを楽しむ

週末は、ストリート音楽に浸れる場所でもある。即興演奏が迫力のドラムサークルも楽しめる。また、ハウスやファンクなどをバックに踊りながら滑るローラースケーターたちにも注目。すべて冬期は開催なし。

Drum Circle 場所:ノームバーグ野外音楽堂近くの広場のベンチ(アフリカ系は北側、ハイチ系は南側) 時間:土・日の夕方～日没

Roller Skate
場所:Drum Circleの左側。場所は以下のサイトで URL cpdsa.org/directions 開土・日・祝の14:45～18:45

ロマンティックに過ごす

セントラルパークでいちばん標高の高い所にある小さなお城、ベルベデーレ・キャッスルからの見晴らしは最高。そして、ニューヨーカーの間でプロポーズの定番スポットになっているのがボウ・ブリッジ。ヴィクトリア調の水色の外観が美しく、結婚式で使われることも多いレディス・パビリオンも穴場。

Belvedere Castle 場所:公園中央の79th St. 時間:毎日10:00～17:00

Bow Bridge 場所:ベセスダ・テラスの西側、チェリーヒルとランブルを結ぶ74丁目あたり

Ladies Pavilion
場所:公園西側の湖のほとり。bet. 75th & 76th Sts.

おもな見どころ

❶ ベセスダの噴水

1873年に建てられた天使の像が中央に立つ噴水。公園のランドマークにもなっている。

❷ シープ・メドウ

1934年まで実際に牧草地に使われており、羊を放牧していたところから名づけられた。夏になると多くのニューヨーカーでにぎわう憩いの場。

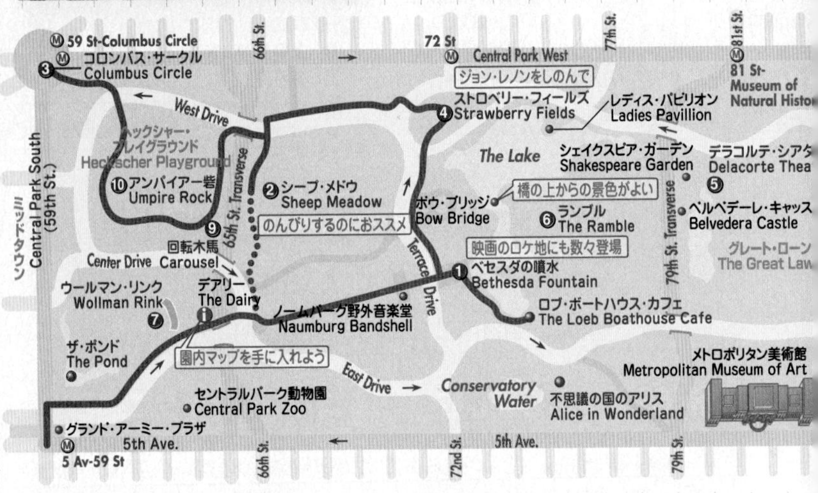

❺ デラコルテ・シアター

夏になると、ニューヨーク・シェイクスピア・カンパニーのプロデュースにより、シェイクスピア劇を上演する野外劇場。

❻ ランブル

ランブルとはそぞろ歩きをするといった意味。木々が密集し小川が流れ、バードウオッチングもできるセントラルパークの秘境だ。迷いやすいので注意。

❼ ウールマン・リンク

春から秋は、ローラースケートやインラインスケート、冬期はアイススケートが楽しめる。

③ コロンバス・サークル

セントラルパークの南西の入口。そばにタイムワーナー・センターがある。

④ ストロベリー・フィールズ

ジョン・レノンの死後、オノ・ヨーコと当時の市長によってささげられたモザイク。

⑧ 貯水池

1994年に亡くなったジャクリーン・ケネディ・オナシスが、この周りのマラソンコースをよく走っていたということから、この池には彼女の名前がつけられている。

⑨ 回転木馬

1908年に造られた、ニューヨーク市に残るアンティーク・メリーゴーラウンドのひとつ。

⑩ アンパイアー砦

2万年前の氷河期に古代ニューイングランド地方にそびえていた山の一部が、氷に削り取られてこの地まで運ばれた。

⑪ コンサバトリー・ガーデン

噴水の横にはフランス様式のノースガーデン、その反対にはイギリス様式のサウスガーデンがある。

アッパー・イースト・サイド

Upper East Side

別 MAP P.18-19、22-23、26-27

5番街やパーク・アベニューには、19世紀末に上流社会の人が好んだボザール様式の豪邸が残り、付近の高級アパートの玄関には正装したドアマンが立つ超高級住宅地。

エリア紹介

マンハッタン屈指の高級エリア

セントラルパークの東側、メトロポリタン美術館、グッゲンハイム美術館、ノイエ・ギャラリーなどの美術館が並ぶ5番街沿いのミュージアム・マイルが観光の中心。79丁目から北の東側はヨークビルと呼ばれている。かつてはドイツ、旧チェコスロバキア、ハンガリーからの移民の街だったが、近年は移民者の人口がすっかり減少している。米TVドラマ『ゴシップガール』の舞台でもあり、セレブが好んで住む超高級住宅地でもある。

教会が多いエリアで、結婚式を見かけることも

美術館のほかにショッピングも楽しめる

5番街のミュージアム・マイル

外観が印象的なグッゲンハイム美術館

歩き方

美術館が並ぶミュージアム・マイルが有名。グッゲンハイムかメトロポリタン美術館からスタートして、マディソン・アベニューや5番街にある高級ブランド店を見ながら南下するのがおすすめ。レストランやホテルも一流店が多い。とはいえ高級店ばかりではなく、3番街の65丁目から79丁目まではカジュアルウエアのショップが建ち並ぶ。イースト・エンド・アベニューとイースト・リバーに挟まれたカール・シュルツ・パークも美しい公園だ。

フェルメールの作品を3つ所蔵する
フリック・コレクション（2023年12月現在、改装中）

おもな見どころ

❶ マディソン・アベニュー
Madison Ave.

5番街よりもハイソな雰囲気の高級ブランド店が並ぶ。子供服、おもちゃの高級店も目立つ。

❷ ミュージアム・マイル
Museum Mile

5番街沿いの82丁目～105丁目までを指す（その間に8軒の美術館がある）。ゆっくり鑑賞しよう。➡P.356

TVドラマ『ゴシップガール』の舞台

名門私立に通うセレブ高校生たちが主人公の『ゴシップガール』の舞台は、ここ。母親が有名ファッションデザイナーで、父親が億万長者という設定も、アッパー・イースト・サイドならでは。ゴージャスなドレスや最新のブランド服を着こなす主人公たちで人気を博した。

モデルルート
所要時間約4時間～

グッゲンハイム美術館（60分）
↓徒歩約10分
メトロポリタン美術館（60分）
↓徒歩約10分
Madison Ave.（40分）
↓徒歩約5分
ブルーミングデールズ（60分）

イースト・ハーレム
Ⓜ 地下鉄駅
ジューイッシュ博物館
クーパー・ヒューイット・デザイン博物館
ナショナル・アカデミー美術館
グッゲンハイム美術館
『SATC』の舞台にもなった
ホーリー・トリニティ教会
グレーシー邸（NY市長の公邸）
ノイエ・ギャラリー
カール・シュルツ・パーク
East End Ave.とイースト・リバーに挟まれたCarl Schurz Parkは美しい景色で人気
❷ ミュージアム・マイル
82nd St.～105th St.
メトロポリタン美術館
アッパー・イースト・サイド
ヨークビル
フリック・コレクションの分館。2024年3月オープン予定
フリック・マディソン
65th St.から79th St.くらいまではカジュアルウエアのショップが多い
2024年中に再オープン予定
フリック・コレクション
アジア・ソサエティ
レノックス・ヒル
ロックフェラー大学
❶ マディソン・アベニュー
高級ブランド店が並ぶ
野球チケット、グッズを手に入れよう
ヤンキース・クラブハウス
ブルーミングデールズ
ミッドタウン・イースト
セントラルパーク
East River

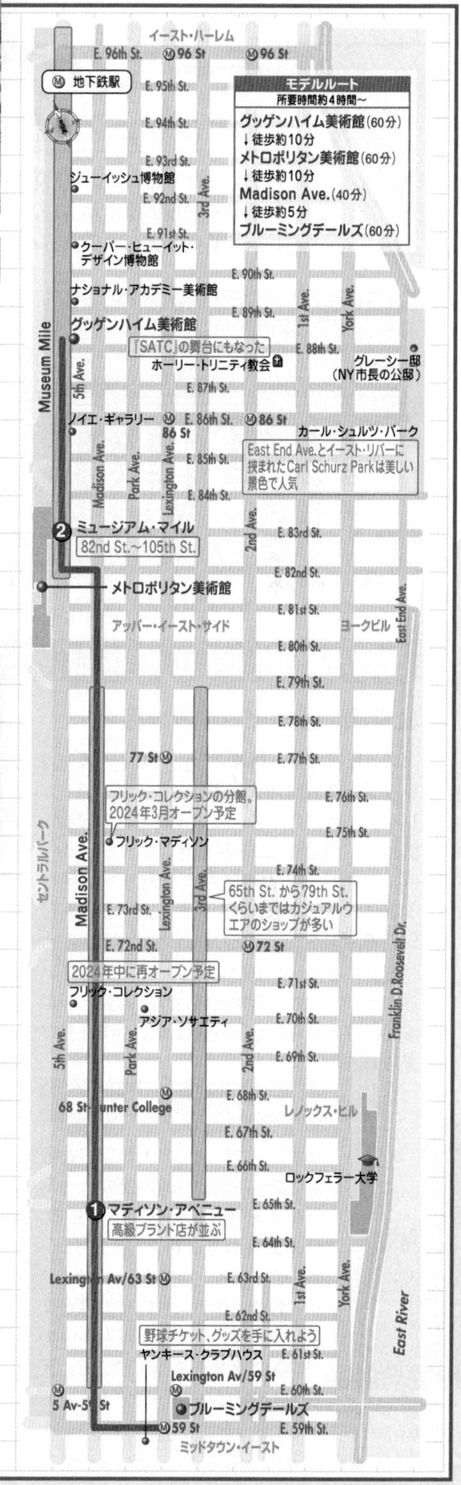

モーニングサイド・ハイツ
Morningside Heights

別MAP P.28-29

アメリカでも有数の名門私立大学のコロンビア大学を中心に、緑が多く美しい建物が並び、カフェやレストランでは学生たちが議論する姿が見られる。マンハッタンでもアカデミックな雰囲気だ。

コロンビア大学を中心に教育機関が集まる学園地区

カジュアルなレストランも多数ある

122丁目にあるグラント将軍の墓

エリア紹介

教育機関が集まる学園地区

コロンビア大学、付属のティーチャーズ・カレッジ（教育専攻大学院）、バーナード・カレッジなど、たくさんの教育機関が集まる学園地区。世界的に有名なセント・ジョン・ザ・ディバイン大聖堂などもある。学生やファミリーはもちろん、大人も遊べる落ち着いた雰囲気だ。このエリアは名前が示すとおり高台にあり、ハドソン・リバーに面していることから、独立戦争当時は作戦の要として多くの砦が造られた。名残は今でも街なかで見られる。

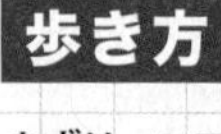

歩き方

まずは、コロンビア大学周辺を散策しよう。緑豊かな落ち着いたキャンパスを回る無料ツアーもある。時間があれば、セント・ジョン・ザ・ディバイン大聖堂、リバーサイド教会、グラント将軍の墓も見学しておきたい。急な坂も多いので時間に余裕をもって歩こう。天気のよい日は、リバーサイド・パークを散策しながらのランチもいい。

コロンビア大学にある像

別MAP P.28-A2 キング牧師が演説したこともある歴史的教会

リバーサイド教会
Riverside Church

バプティスト教会に属し、ジョン・D・ロックフェラーの息子の多額の寄付により1930年に竣工した。小高い丘に塔を突き出し、周囲の緑と調和した美しい教会だ。身廊(ネーブ)や劇場、小体育館、カフェテリアなどがある。以前は正面玄関横のエレベーターから塔に上れ、120mの高さからハドソン・リバーやセントラルパーク、74個の鐘を見ることができる1時間のツアーあり。(要予約。2023年11月現在休止中)

ゴシック調の教会

別MAP P.28-B2・3 全米で5本の指に入る名門校

コロンビア大学
Columbia University

1754年にキングス・カレッジの名前でトリニティ教会付属大学として創設。独立戦争後はコロンビア大学と名を改め、ミッドタウンに移転、その後1897年から現在地に落ち着いた。アイビー・リーグのひとつで、米国でも由緒ある私立大学である。まずは、通用路の東側にあるロー・メモリアル・ライブラリーLow Memorial Library2階のビジターセンターで、案内図をもらおう。ウェブでもSelf Guided Walking Tourのマップがダウンロード可。

米国きっての名門大学

別MAP P.28-B3・4 1828年から建設、いまだ進行中

セント・ジョン・ザ・ディバイン大聖堂
The Cathedral Church of St. John the Divine

1万人を収容できる世界最大級のゴシック様式の大聖堂。計画は1828年に始まり、資金難のため最終的に敷地を購入するまでに60年、1892年にようやく着工するものの、20年を経てできたのは内陣(コア)と石のアーチだけ。その後、第2次世界大戦中は工事はほぼ休止となる。ついに1967年に建設断念宣言を発表したが、1979年、資金調達にめどが立ち建設を再開。内部は壮麗なステンドグラスが随所にちりばめられ、それぞれ違う民族にささげられた7つの祭室がある。

壮麗なステンドグラスは必見

リバーサイド教会
おすすめ度★
住490 Riverside Dr. (bet. 120th & 122nd Sts.)
地下鉄①116 St-Columbia University駅より徒歩約5分
バスM4、M5、M60、M104(120th St.あたりで下車)
☎(1-212) 870-6700
タワーツアー
所要約1時間。12歳以上。要予約。
開木～土11:00、14:00、日14:30 休月～水
料木～土$15、日$20
※2023年11月休止中
URL www.trcnyc.org

コロンビア大学
おすすめ度★
住116th St. & Broadway
地下鉄①116 St-Columbia University駅より徒歩約1分
バスM4、M5、M11、M60、M104(116th St.あたりで下車)
URL www.columbia.edu

セント・ジョン・ザ・ディバイン大聖堂
おすすめ度★
住1047 Amsterdam Ave. (at 112th St.)
地下鉄①Cathedral Pkwy (110 St)駅より徒歩約3分
バスM4、M11、M60、M104(112th St.あたりで下車)
☎(1-212) 316-7540
開9:30～15:00(日12:00～)
料$5～10を目安に
※階段で上まで上るVertical Tour、聖堂の歴史や建築を探索するHighlights Tourなどあり。料金は寄付制、チケットは事前予約を。詳細は
URL www.stjohndivine.org

♥変わりゆくモーニングサイド・ハイツ　シティ・カレッジやコロンビア大学のある学生街。近年、サイエンス系キャンパスや関連施設がどんどん増設され町並みも変わってきている。

ハーレム
Harlem

別MAP P.29

モーニングサイド・ハイツの東側はNY最大の黒人コミュニティ。
教会のゴスペル、ジャズクラブ、陽気で親切な人々など、
ほかのどのエリアとも違うディープな魅力を発見しよう。

エリア紹介

ブラックカルチャーの発信地では ジャズやゴスペルを楽しもう

ハーレムは大きく分けて3つ。黒人の多いセントラル・ハーレム、5番街以東でプエルトリコ系が多く暮らすイースト・ハーレム、マンハッタン・アベニュー以西でドミニカ共和国出身者の多いウエスト・ハーレムだ。観光はセントラル・ハーレムが中心。116丁目から125丁目の間には大小さまざまな教会が建ち並ぶ一方で、近年バーやレストランが続々オープン。変わりゆくエリアでもある。

観光の中心となる125丁目駅。❷❸線の125丁目駅でもOK

歩き方

観光はセントラル・ハーレムが中心で、地下鉄の125丁目駅で降りれば、すぐそこがメインストリート。レストラン、ショップは125丁目に集まっている。レノックス・アベニューを北上すると、ソウルフードの店や露店などがある。アポロ・シアターなど有名ライブスポットでナイトライフも楽しもう。

125丁目にあるホールフーズ

街を歩くと、壁画アートも多く見られる

ハーレム観光の注意

ハーレムの犯罪発生率はマンハッタンの他地区に比べると高い。昔より治安がよくなったとはいえ、裏通りにはまだまだ廃墟も多く、麻薬の売人が立っていることもある。同時に、メインストリートの125丁目や135丁目はにぎやかで、観光客も多い。つまり行ってよい所と、立ち入るべきではない区域があると考えたい。興味半分で裏通りを歩いたり、夜間あてもなく歩くのは控えたい。夜のジャズクラブへはツアーや配車アプリ、タクシー（グリーンキャブ）を利用することも検討して。

①単独行動は控える。街歩きは2〜3人が最適。明るい時間帯に歩く。人どおりの少ない通りには入らない。
②人にカメラを向けるのは禁物。写真を撮ると怒られることがあるので注意。
③イエローキャブが少なく、カーサービスがたくさん走っている。メーターはなく相場制で、ハーレム内の移動なら約＄8〜、ハーレムからミッドタウンへは＄20〜25程度。車体のステッカーが目印。また、最近ではグリーンキャブ ➡P.51 も多く見かけ、ハーレムから乗車可能。Uberなど配車サービスも使える。

スパニッシュ・ハーレムについて

ハーレムの5番街から東はイースト・ハーレムと呼ばれており、その地区に属する一部のエリアがスパニッシュ・ハーレム。メキシコ、ドミニカ共和国、プエルトリコなど中南米の人々が多く住み、ここではスペイン語が公用語のようだ。治安はあまりよくないが、日中にレキシントン・アベニューなどにぎやかな通りを歩くくらいなら散策を楽しめる。

アッパー・イーストとの境目、96丁目を越えると急に下り坂になる。アーティストのジェームス・デラベガもここで生まれ育った

モデルルート
所要時間約1時間45分〜

125th St. & St. Nicholas Ave.
↓徒歩すぐ
125th St.（40分）
↓徒歩約10分
Lenox Ave.（Malcolm X Blvd.）（15分）
↓徒歩すぐ
135th St.（10分）
↓徒歩すぐ
Frederick Douglass Blvd.（15分）

ワシントン・ハイツ
W. 146th St.
East River (Harlem River)
W. 139th St.
W. 138th St.
W. 137th St.
W. 136th St.
NY市立大学 シティ・カレッジ
NY最古の黒人教会のひとつ
アビシニアン・バプテスト教会
W. 135th St.
135 St
135 St
セント・ニコラス・パーク
W. 134th St.
W. 133rd St.
W. 132nd St.
W. 131st St.
W. 130th St.
W. 129th St.
W. 128th St.
NY市立大学 シティ・カレッジ
St. Nicholas Ave.
Frederick Douglass Blvd.(8th Ave.)
Adam Clayton Powell Jr. Blvd.(7th Ave.)
Lenox Ave.(Malcolm X Blvd.)
5th Ave.
イースト・ハーレム
この周辺は「マンハッタンビル」と呼ばれる
セント・ニコラス・ハウズィズ
ハーレムの目抜き通り。ショップやレストランが並ぶ。Tシャツの露店もある
W. 127th St.
W. 126th St.
アポロ・シアター
125丁目
125 S.
W. 125th St.
125 St
グレーターレフュージ・テンプル教会
W. 124th St.
ホールフーズを含む複合ビルがオープンした
W. 123rd St.
マーカス・ガーベイ・パーク
W. 122nd St.
見晴らし台からハーレムを見下ろせる
W. 121st St.
W. 120th St.
St. Nicholas Ave.
Lenox Ave.
W. 119th St.
モーニングサイド・ハイツ
アフリカの民俗衣装・工芸品を売る店が集まるマーケット
W. 118th St.
大小さまざまな教会が点在する
マルコム・シャバス・ハーレム・マーケット
W. 117th St.
116 St
116 St
W. 116th St.
W. 115th St.
メモリアル・バプティスト教会
この通りの110丁目以北がハーレムのレストラン・ロウ。レストランが増えている
W. 114th St.
W. 113th St.
W. 112th St.
W. 111th St.
Frederick Douglass Blvd.
Adam Clayton Powell Jr. Blvd.
5th Ave.
Cathedral Pkwy (110 St)
Central Park North
Central Park North (110 St)
セントラルパーク
Ⓜ 地下鉄駅

※このMAPはセントラル・ハーレムです

音楽編

アポロ・シアターに行こう!

1914年にオープン。その後、ジャクソン5やダイアナ・ロス、デューク・エリントン、ナット・キング・コールなど、多くのミュージシャンがここのステージを踏んだブラックミュージックの殿堂。2009年にマイケル・ジャクソンが亡くなったときも、この周辺が多くのファンでうめつくされた。
また、アポロ・シアターで有名なのが、プロへの登竜門とされるアマチュアナイト。パフォーマーたちが競い合うステージは、毎週水曜19:30から観ることができる。

❶多くのスターを輩出したアマチュアナイト ❷ハーレムのランドマークともいえる ❸1860年代中頃ダンスホールとして建築され、その後シアターとなった

アポロ・シアター  
Apollo Theater

MAP **P.29-C1**
住 253 W.125th St.
(bet. Adam Clayton Powell Jr. Blvd. & Frederick Douglass Blvd.)
☎ (1-212)531-5305(予約)
URL www.apollotheater.org
※アマチュアナイトのチケットは事前にボックスオフィスで手に入れるか、公式サイトからAMATEUR NIGHT → BUY TICKETS(チケットマスターにつながる)で購入しよう($30～50)。また、旅行会社やツアー会社などでもツアーを催行している。

ハーレム★ワンダーランド

125丁目を中心にユニークなショップやレストラン、ミュージックスポットが点在するハーレム。でも「いったいどこに行けばいいの?」という人に、ディープに楽しめるスポットをご紹介! ぜひ足を運んでハーレムを体感してみよう!

※歩き方の注意は→P.135
行き先により地下鉄 A C B D 2 3 125 St または C B 2 3 116 St または C B 2 3 135 St

「ハーレムのピカソ」こと、アーティストのフランコさん

ツアー紹介

ハーレムツアー

ミュージックプロデューサーであり、メディアコーディネーターの松尾公子さんが主宰。ゴスペルツアーやウオーキングツアーを開催している。
詳しくは @KimikoHarlem（Twitter, Instagram）
ニューヨークとハーレムと音楽のはなし URL ameblo.jp/harlemmusic（ブログ）

ゴスペルを聴こう!

ハーレムの黒人教会（アフリカ系アメリカ人＝黒人信者によって占められるプロテスタント系キリスト教教会のこと）では、日曜の礼拝でゴスペルが歌われる。ハーレムには 200 を超える教会があり、毎週日曜はどこもソウルフルなすばらしい礼拝が行われている。信仰心をもつ人々が心から神をたたえ、感謝するために歌う本場のゴスペルは強く心に迫るだろう。

守りたい注意

❶ゴスペル音楽は観光客に聴いてもらうショーではなく宗教行事の一部。モラルを守って、カジュアル過ぎる服装は避けたい。
❷礼拝中に献金皿が回ってくるので、$1～5 を目安に入れること。
❸観光客が参加できるのは日曜 11 時前後の礼拝。公式ウェブサイトまたは電話で確認を。夏期は特に混むので 1 時間～ 1 時間 30 分前には到着しよう。ツアーに参加するのもよい。

老若男女問わず、きれいな色のスーツや帽子でおしゃれをして礼拝に参加

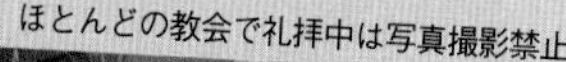
ほとんどの教会で礼拝中は写真撮影禁止

日曜にソウルフルなゴスペルが聴けるハーレムの教会

グレーターレフュージテンプル教会
Greater Refuge Temple
別MAP **P.29-C1**
住 2081 Adam Clayton Powell Jr. Blvd.（at 124th St.）日曜礼拝 11:00
URL www.greaterrefugetemple.org

メモリアル・バプティスト教会
Memorial Baptist Church
別MAP **P.29-D3**
住 141 W. 115th St.（bet. Lenox & St. Nicholas Aves.）日曜礼拝 11:00
URL www.mbcvisionharlem.org

アビシニアン・バプティスト教会
Abyssinian Baptist Church
別MAP **P.29-C1外**
住 132 Odell Clark Place（138th St. bet. Lenox Ave. & Adam Clayton Powell Jr. Blvd.）日曜礼拝 10:00
URL abyssinian.org

ブルックリン Brooklyn

別MAP P.38〜45

1883年に開通したブルックリン・ブリッジにより発展、近年ますますの変化を遂げ、いまやニューヨークでいちばん注目されている。街歩きをしながら新旧ミックスを楽しみたい。

エリア紹介

高層ビルが少なく、緑の多い広々とした空間が広がるエリア。もともとは移民の街であったため、今でもその名残があるが、ここ数年はアーティストの流入によりマンハッタンに近いエリアにおしゃれなショップやレストラン＆カフェが点在、新しいNYカルチャーを生み出している。おもだった観光名所は少ないが、ぶらぶら街歩きを楽しみたい。

歩き方の注意

かなり広いので、ブルックリン内の移動には時間がかかる。どこか1〜2ヵ所のエリアをゆっくり訪ねてみて。また、基本的に住宅地で、まだ未開発の部分も多く、メインストリートを数ブロック離れると人が少なくなり危険なので、中心を外れないように歩きたい。

❶ウイリアムズバーグ Williamsburg

→P.144

ブルックリンといえばここを思い浮かべる人も多い人気のエリア。おしゃれな若者が多く住み、センスのいいショップやカフェが増えている。ノース地区から発展し始め、現在はサウス地区もにぎやかになりつつある。中心の通りは、ベッドフォード・アベニュー。

❷グリーンポイント Greenpoint

→P.145

ポーランド系住民が多く住む庶民的なエリアに、ウイリアムズバーグのカルチャーが拡大してきて、新旧がミックスした街に変貌。昔ながらの雰囲気を残すマンハッタン・アベニューと、イマドキの店が増えるフランクリン・ストリート沿いに注目。

❸ブッシュウィック Bushwick

→P.146

新進アーティストたちが移り住み、ギャラリーも増加中の最も注目されるアートエリア。巨大壁画が点在し、無骨ながらも個性的でおしゃれなコミュニティが生まれつつある様子を肌で感じることができる。

❹ダンボ Dumbo

→P.140

Dumbo (Down Under the Manhattan Bridge Overpass) ＝通称ダンボ。ブルックリン・ブリッジとマンハッタン・ブリッジのふたつの橋のたもとにあり、ここから見るマンハッタンの眺めは最高。ニューヨークの定番観光地としても発展している。

⑤ボコカ
BoCoCa

ボエーラム・ヒル、コボル・ヒル、キャロル・ガーデンという隣接する3つのエリアの総称。レストランやショップなどが急増中。

⑥ダウンタウンとフォートグリーン
Downtown Brooklyn & Fort Green →P.148

ブルックリンの行政の中心地ダウンタウンとブルックリン最古の公園周辺に広がる、のんびりしたエリア。

⑦レッドフック
Red Hook →P.150

家具店IKEAと人気スーパーマーケット、フェアウェイのオープンをきっかけに注目され、個性的なショップやレストランが続々と誕生しているエリア。ワイナリーやチョコレート、アイスクリーム、ビール工場のほか、新鮮なシーフードが楽しめるレストランなどもある。

ブルックリンの巨大公園 プロスペクトパーク

セントラルパークをデザインしたフレデリック・ロー・オルムステッド氏が手がけた公園。ブルックリン住民のオアシスで、四季折々の自然を感じられる場所。園内には植物園や美術館、図書館などもある。公園北にあるグランド・アーミー・プラザ(写真)周辺では毎週土曜にファーマーズ・マーケットも開催される。

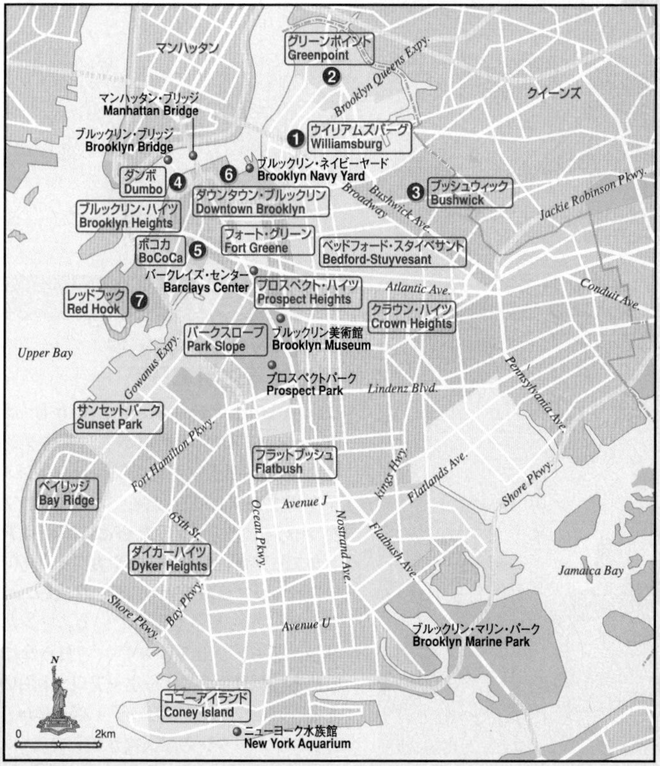

マンハッタン
グリーンポイント Greenpoint ②
Brooklyn Queens Expy.
クイーンズ
マンハッタン・ブリッジ Manhattan Bridge
ブルックリン・ブリッジ Brooklyn Bridge
① ウイリアムズバーグ Williamsburg
ブルックリン・ネイビーヤード Brooklyn Navy Yard
ダンボ Dumbo ④
⑥ ダウンタウン・ブルックリン Downtown Brooklyn
③ ブッシュウィック Bushwick
Broadway
Bushwick Ave.
Jackie Robinson Pkwy.
ブルックリン・ハイツ Brooklyn Heights
ボコカ BoCoCa ⑤
フォート・グリーン Fort Greene
ベッドフォード・スタイベサント Bedford-Stuyvesant
バークレイズ・センター Barclays Center
プロスペクト・ハイツ Prospect Heights
Atlantic Ave.
Conduit Ave.
レッドフック Red Hook ⑦
クラウン・ハイツ Crown Heights
Upper Bay
パークスロープ Park Slope
ブルックリン美術館 Brooklyn Museum
Gowanus Expy.
プロスペクトパーク Prospect Park
Lindenz Blvd.
Pennsylvania Ave.
サンセットパーク Sunset Park
Fort Hamilton Pkwy.
フラットブッシュ Flatbush
Kings Hwy.
Flatlands Ave.
Shore Pkwy.
ベイリッジ Bay Ridge
Avenue J
Ocean Pkwy.
Nostrand Ave.
Flatbush Ave.
65th St.
ダイカーハイツ Dyker Heights
Jamaica Bay
Shore Pkwy.
Bay Pkwy.
Avenue U
ブルックリン・マリン・パーク Brooklyn Marine Park
N
コニーアイランド Coney Island
0 2km
ニューヨーク水族館 New York Aquarium

Brooklyn

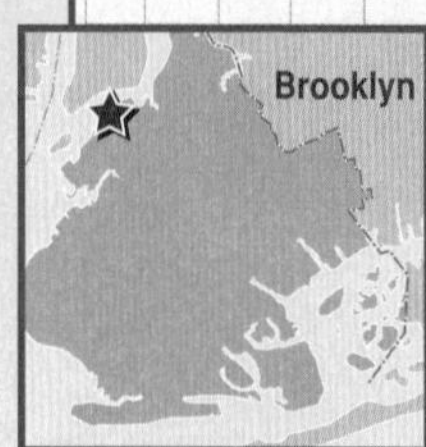

ダンボ
Dumbo

別 MAP P.41

倉庫の名残を感じる石畳の街並みは、ブルックリンへの玄関口でもある。アートの街としても知られ、イースト・リバー沿いから見るマンハッタンは絶景。

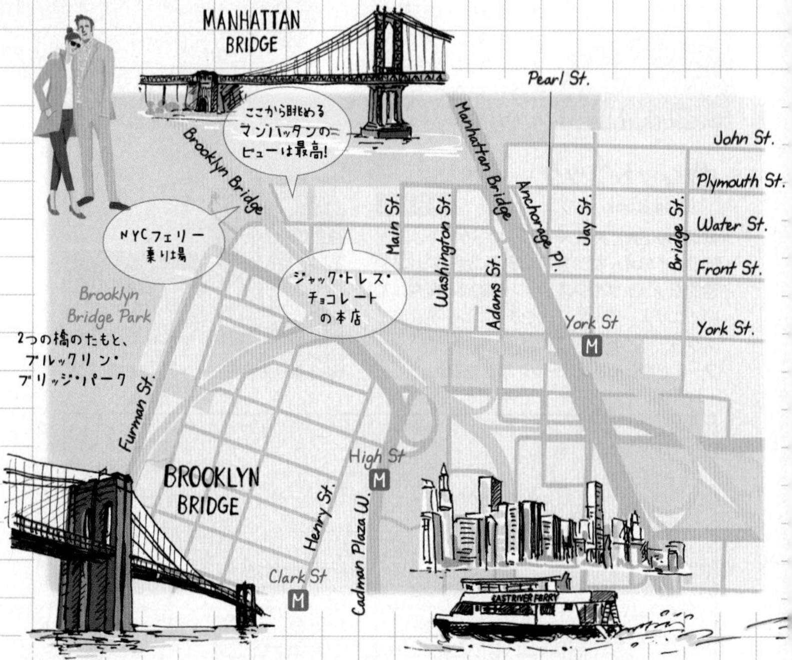
MANHATTAN BRIDGE
ここから眺める マンハッタンの ビューは最高!
Brooklyn Bridge
Manhattan Bridge
Pearl St.
John St.
Plymouth St.
Water St.
Front St.
York St.
Main St.
Washington St.
Adams St.
Anchorage Pl.
Jay St.
Bridge St.
York St
NYCフェリー 乗り場
ジャック・トレス・チョコレートの本店
Brooklyn Bridge Park
2つの橋のたもと、ブルックリン・ブリッジ・パーク
Furman St.
BROOKLYN BRIDGE
High St
Henry St.
Cadman Plaza W.
Clark St
EAST RIVER FERRY

マンハッタンからフェリーでもアクセスできる

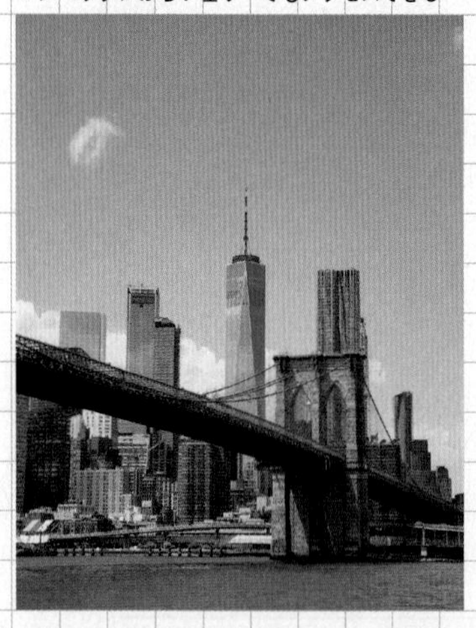

エリア紹介

マンハッタンの眺望を楽しめる注目エリア

Down Under the Manhattan Bridge Overpassの頭文字を取って、通称ダンボ(Dumbo)。高級住宅地のブルックリン・ハイツの北、ブルックリン・ブリッジとマンハッタン・ブリッジのたもとに広がるアートなエリアだ。ギャラリーやカフェ、インテリアショップが軒を連ね、若い世代のニューヨーカーたちが多く住んでいる。マンハッタンからもアクセスしやすく、1日十分に楽しめる。開発中のウオーターフロント沿いにあるブルックリン・ブリッジ・パークから眺めるマンハッタンの摩天楼が美しい。

歩き方

観光の中心となるのは、ブルックリン・ブリッジ・パークを中心とした川沿い。ブルックリン・ブリッジとマンハッタン・ブリッジのたもとあたりには、倉庫を利用したショップやレストラン、カフェなどがあるので、そこをメインに散策しよう。NYCフェリーで移動するのもいい。

石畳の道と橋がマッチして雰囲気のあるエリア

おもな見どころ

ブルックリン・ブリッジ
Brooklyn Bridge

1883年、マンハッタンとブルックリンの間に最初に架けられた橋。橋の長さは約1834m、世界で初めて鋼鉄製のワイヤーケーブルを使ったつり橋で、「スティール・ハープ」とも呼ばれる特徴的なワイヤーは芸術的な美しさ。➡P.142

全長約1834mの美しいつり橋

マンハッタン・ブリッジ
Manhattan Bridge

ブルックリン・ブリッジの北側にある橋。マンハッタンのチャイナタウンとダンボを結ぶ。二層式のつり橋で、地下鉄も通る。この橋の下から遠くにエンパイア・ステート・ビルが見える。

➡P.143

ブルックリン・ブリッジとともにダンボのランドマーク

ジェーンズ・カルーセル
Jane's Carousel

ブルックリン・ブリッジの東にあるのが、ノスタルジックな雰囲気の回転木馬。躍動感あふれる木彫りの木馬はとても美しく、マンハッタンの景色を感じながら乗れるので、大人でも十分に楽しめる。

別MAP P.41-A1

2011年、公園の改装とともにここに設置された

エンパイア・ストアズ
Empire Stores

5階建ての空間に、ショップやレストラン&カフェ、オフィスが入る複合施設。フードホール「タイムアウト・マーケット」も話題。屋上からは絶景も楽しめる。

➡P.305

倉庫として利用されていた建物を改装

Brooklyn Bridge
ブルックリン・ブリッジ

1883年に開通した全米最古のつり橋のひとつ。上層は歩道と自転車道、下層は車道。鋼鉄製のワイヤーが特徴で数々の映画にも登場。
別MAP P.3-C・D-1

川に挟まれたマンハッタンには、鉄道橋や水道橋なども含めて20以上の橋がかかっている。なかでもニューヨークのシンボルとしても有名なのがこちら。両方歩いて渡ることができるが、観光におすすめなのはブルックリン・ブリッジ。ふたつの橋のたもとには公園もある。

マンハッタンとブルックリンをつなぐふたつの橋
ブルックリン・ブリッジと

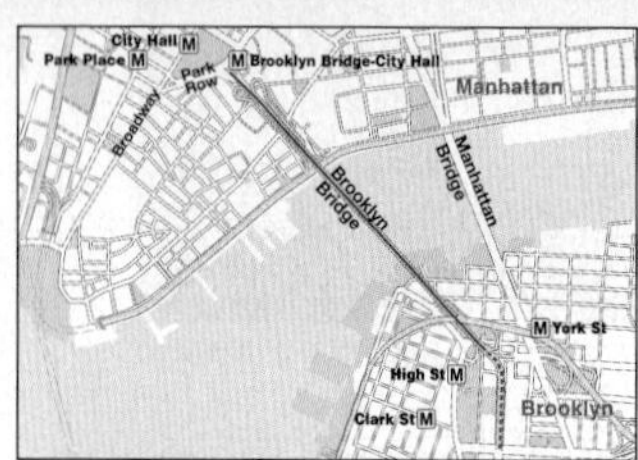

Check

橋のたもとにある公園

❶芝生でのんびりピクニックも楽しい
❷1922年製の回転木馬を修復したJane's Carousel
❸公園沿いにあるエンパイア・ストアーズ

Brooklyn Bridge Park ブルックリン・ブリッジ・パーク

ブルックリン・ブリッジとマンハッタン・ブリッジの間にある公園。海沿いにピア1～6と複数のセクションからなる全長約2kmの公園は、ローカルたちの憩いのスポット。

別MAP P.41-A1など　ダンボ　住北はJohn St.、南はAtlantic Ave.の川沿いに広がる
地下鉄Ⓐ©線High St、Ⓕ線York Stなど（行き先により異なる）　営8:00～20:00（セクションにより異なる）　URL www.brooklynbridgepark.org

ブルックリン・ブリッジを歩いて渡ろう！
マンハッタンから約30分でダンボに到着。歩きながら絶景も堪能！

まずは橋の入口へ

地下鉄❹❺❻線Brooklyn Bridge - City Hall駅、ⒿⓏ線Chambers St駅で下車、Center St.の東側の入口から。

遊歩道を進む

以前は自転車道と歩行者道が同じだったので歩く際に注意が必要だったが、現在は別々になり歩行者専用道路になった。

両側の景色を楽しんで！

ロウアー・マンハッタンのビル群や自由の女神やエンパイア・ステート・ビル、すぐ横に並行して架かるマンハッタン・ブリッジが見える。

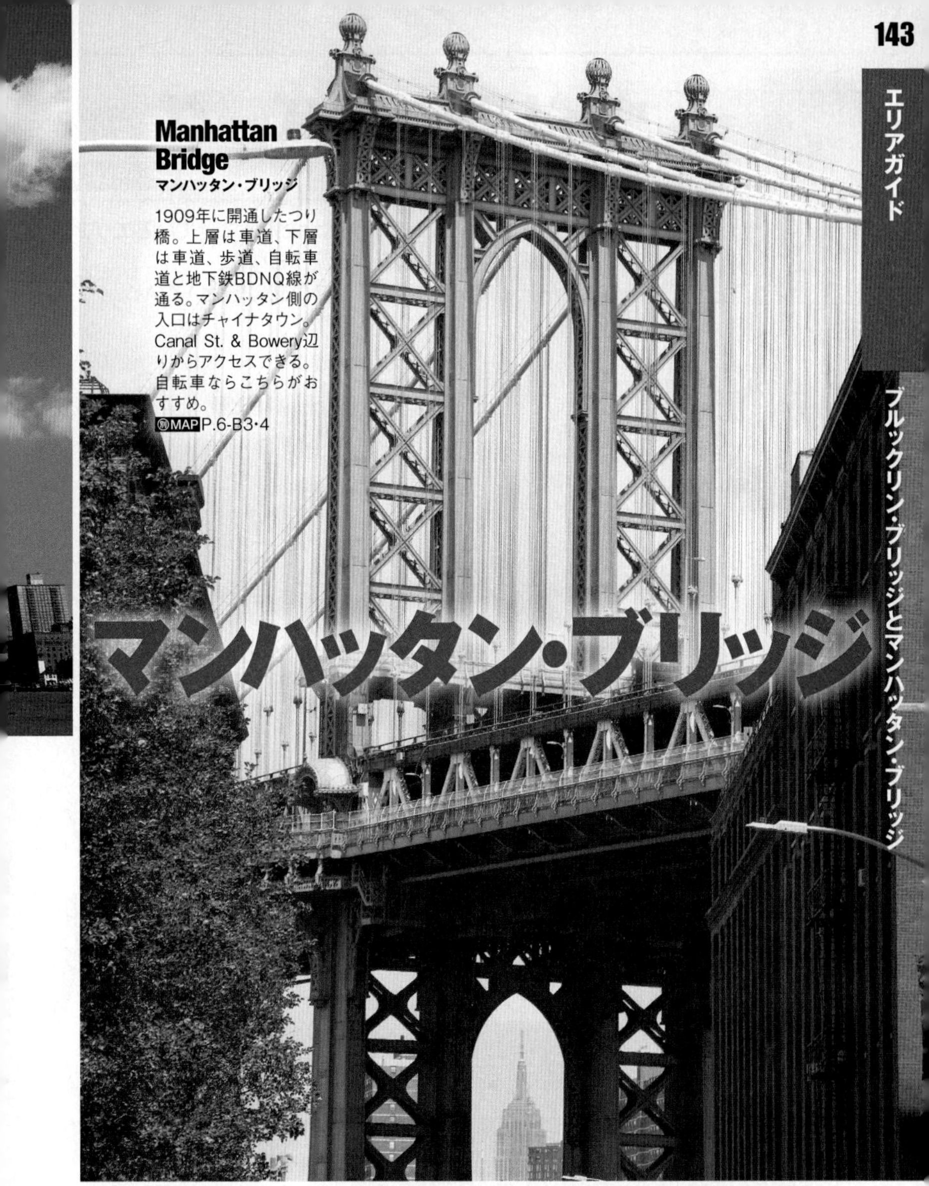

マンハッタン・ブリッジ

Manhattan Bridge
マンハッタン・ブリッジ

1909年に開通したつり橋。上層は車道、下層は車道、歩道、自転車道と地下鉄BDNQ線が通る。マンハッタン側の入口はチャイナタウン。Canal St. & Bowery辺りからアクセスできる。自転車ならこちらがおすすめ。

別MAP P.6-B3・4

シャッターチャンス！

橋塔付近から見える摩天楼は圧巻の景色。ここから伸びるワイヤーも美しく、記念写真を撮るのに絶好の場所。

ゴールはもうすぐ

ふたつ目の橋塔を過ぎたあと、路上に写真のようなサインが見えたら、ゴールであるダンボ地区は、すぐそこ。

ブルックリンへようこそ！

細い階段を下りて道路へ。ここから散策に出発！　帰りはフェリー（→P.56）または地下鉄でマンハッタンに戻れる。

ウイリアムズバーグ
Williamsburg

別 MAP P.38-39

現在、ニューヨークのトレンド発信地となってきているエリア。
工場跡や廃墟を改造したロフトが流行となり、
その後アーティストたちによる独自の文化を築いている。

NYC
フェリー
乗り場

N. 12th St.
Nassau Ave.
Leonard St.
N. 10th St.
N. 8th St.
Berry St.
McCarren Park
Manhattan Ave.
N. 4th St.
N. 6th St.
街歩きの
起点
N. 1st St.
Bedford Av
メインとなる
通り。まず
ここを歩こう
Metropolitan Ave.
Driggs Ave.
Roebling St.
Brooklyn Queens Expy.
Grand St.
Havemeyer St.
Kent Ave.
Wythe Ave.
Bedford Ave.
Lorimer St
Metropolitan Av
S. 2nd St.
S. 4th St.
Grand St.
から南が
サウス地区
Hope St.
Williamsburg Bridge
S. 6th St.
Marcy Ave.
Rodney St.
Grand St.
Union Ave.
Lorimer St.
S. 9th St.
Marcy Av
Division Ave.

エリアの中心となるBedford Av駅

エリア紹介

NYトレンド発信地

マンハッタンから広い制作スペース（ロフト）を求める多くの若きアーティストが集まってきたのがきっかけで発展。それにともないギャラリーやカフェ、レストラン、ショップが増えてきて、最近地価が高騰するエリア。個性のあるショップが集まり、トレンドを発信している。

歩き方

地下鉄Bedford St駅から歩き始めてみよう。周辺にはショップやレストラン、カフェなど、ニューヨークのトレンドを発信するお店が通り沿いに並ぶ。歩きながら北側(ノース・ウイリアムズバーグ)に隣接するエリア、グリーンポイントへ移動するのがおすすめ。南側(サウス・ウイリアムズバーグ)は、もとはユダヤ人コミュニティがある住宅地だが、最近はヒップなカルチャーが浸透中。ステーキで有名なピーター・ルーガーがある。

ウイリアムズバーグの隣 グリーンポイント

もともとはポーランド系住民が多く住むエリア。隣接するウイリアムズバーグのカルチャーが拡大、クリエイター系の若者が多く移住し流行発信地へと変貌している。中心はマンハッタン・アベニューとフランクリン・アベニュー。

グラフィティも多いアートなエリア

ドミノ・シュガーの工場跡地に造られたドミノ・パーク

期間限定のフードイベント「スモーガスバーグ」

毎年4～11月の毎週土曜に開催されるフードイベント。スナックからガッツリ系、デザートまで、約100軒の屋台がラインアップ。ユニークな新フードが登場するのも話題。ウイリアムズバーグ MAP P.38-B2ほかプロスペクトパークなどで開催。 URL smorgasburg.com

SNS映えするアイテムもたくさん。フードの予算目安は$10～

川沿いで開催されるスモーガスバーグ

ブッシュウィック
Bushwick

別 MAP P.40

工業地帯に新進アーティストたちが移り住んだことから、ギャラリーが増加し、「次のチェルシー」といわれている。ストリートアートのメッカで、次世代のディープなエリア。

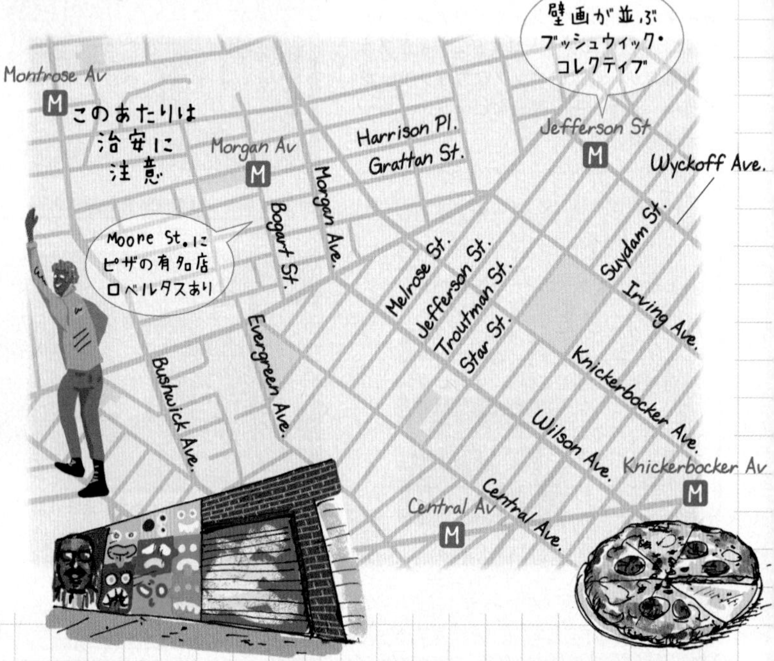

Montrose Av
M
このあたりは治安に注意
Morgan Av
M
Harrison Pl.
Grattan St.
壁画が並ぶブッシュウィック・コレクティブ
Jefferson St
M
Wyckoff Ave.
Morgan Ave.
Bogart St.
Moone St.にピザの有名店ロベルタスあり
Suydam St.
Melrose St.
Jefferson St.
Troutman St.
Star St.
Irving Ave.
Evergreen Ave.
Bushwick Ave.
Knickerbocker Ave.
Wilson Ave.
Knickerbocker Av
M
Central Av
M
Central Ave.

巨大壁画のブッシュウィック・コレクティブ

ブッシュウィックらしいアートな外観

エリア紹介

まさに旬のアートエリア

ウイリアムズバーグの東側に位置し、地下鉄L線のMorgan Av駅とJefferson St駅が中心のエリア。巨大壁画が点在し、無骨ながらも個性的でおしゃれなコミュニティが今まさにクリエイトされている様子を肌で感じることができる。地元アーティストたちがアトリエなどを公開し、作品を展示するアートフェア「ブッシュウィック・オープン・スタジオ」も毎年9月に開催。ここでは、巨大壁画で彩られたダイナミックなアートを見に行こう。おしゃれなカフェやレストラン、古着屋も多く点在する。

歩き方

まさに旬のアートエリア

地下鉄Morgan Av駅とJefferson St駅の周辺を中心に発展しているので、そのあたりを散策しよう。ウイリアムズバーグ側はイースト・ウイリアムズバーグと呼ばれお店なども増えているが、もともとは工場地帯として発展していた広大なエリア。中心地から少し外れると昼間でも閑散とした場所もあるので、散策するときには注意しよう。

エリアのアイコンともいえるスワロウ・カフェ

街中にグラフィティがあふれる

おもな見どころ

ブッシュウィック・コレクティブ
The Bushwick Collective

治安が悪いことで知られたブッシュウィックを再生させようと、地元で生まれ育ったアーティスト、ジョセフさんがキュレーターとして2012年にスタートしたアートプロジェクト。世界中のアーティストが壁画を描くことによって、観光スポットとして人気に。クールな巨大壁画群は圧巻。夜間の見学は控えたい。

㊦MAP P.40-B3

ピザで有名なロベルタスの本店もある

ブルックリンのそのほかのエリア

ブルックリン・ハイツ
Brooklyn Heights

ダンボの南側にあるのは、南北戦争前からのれんが作りの建物が並ぶブルックリン屈指の高級住宅地。俳優や映画監督などが多く住む。ブルックリン・ハイツ・プロムナードから見る摩天楼は絶景。

パークスロープ
Park Slope

プロスペクト・パーク近くに広がる住宅地。地元密着型の店が多く、暮らすように過ごせる。古い建築様式の建物が多く、昔のニューヨークを感じられる。

ベッドフォード・スタイベサント
Bedford-Stuyvesant

通称ベッドスタイ。ブルックリンのほぼ中央に位置するエリア。Jay-Zなど、大物ラッパーたちの出身地として知られ、最近はクリエイター系の若者が流入し家賃も高騰中。ブラウンストーンのれんがの建物が多い。

プロスペクト・ハイツ
Prospect Heights

プロスペクト・パークの北、グランド・アーミー・プラザの北東部にあたるエリア。ニューヨークで第2の規模を誇るブルックリン美術館や中央図書館、植物園などがあることから、マンハッタンの5番街にあるミュージアムマイルのブルックリン版とも呼ばれる。

ダウンタウンとフォートグリーン
Downtown & Fort Greene

別MAP P.42-43

ブルックリンの中央から東側に位置するエリア。ダウンタウンはビジネスの中心地として活気にあふれ、その隣のフォートグリーンとともに注目されている。

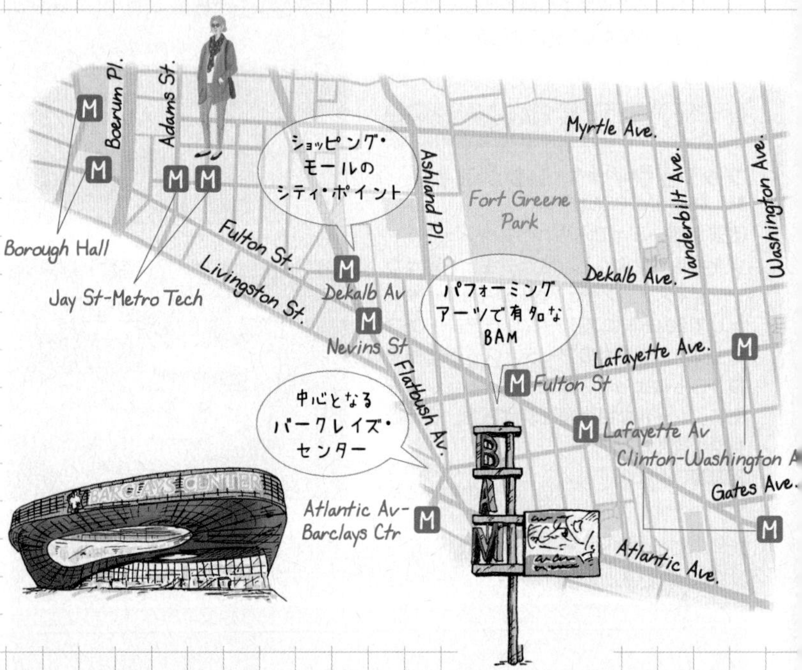

ショッピング・モールのシティ・ポイント
パフォーミングアーツで有名なBAM
中心となるバークレイズ・センター

Boerum Pl.
Adams St.
Borough Hall
Jay St-Metro Tech
Fulton St.
Livingston St.
Dekalb Av
Nevins St
Flatbush Av.
Ashland Pl.
Fort Greene Park
Myrtle Ave.
Dekalb Ave.
Vanderbilt Ave.
Washington Ave.
Lafayette Ave.
Fulton St
Lafayette Av
Clinton-Washington Av
Gates Ave.
Atlantic Av-Barclays Ctr
Atlantic Ave.
BAM
BARCLAYS CENTER

チーズケーキで有名なジュニアズの本店もある

エリア紹介

リピーターにもおすすめ歴史や自然を感じられるエリア

ダウンタウンは、ビジネスと行政の中心地。地区官舎や裁判所、NYC消防局の本部などが入ったメトロテック・センターを中心に企業が集中。大型ショッピングセンターなどもあり、昼間は特に活気がある。隣接するフォートグリーンは、ブルックリン最古の公園周辺に広がるエリア。歴史指定地区でのんびりとした雰囲気が漂う。

歩き方

多くの地下鉄路線が集まり、鉄道駅のターミナルでもあるAtlantic Terminal-Barclays Center駅を中心にスタートしよう。Fulton St.にはシティ・ポイントをはじめ、ショップやレストランなどが集中する。チーズケーキで有名なジュニアズ本店もある。

多くの人でにぎわうアトランティック・アベニュー

おもな見どころ

シティ・ポイント
City Point

2017年にオープンした複合施設。スーパーや映画館、フードホール、小売店などがテナントで、住居もあるブルックリン最大のショッピングセンター。別MAP P.43-C2

1日中遊べる複合施設、シティ・ポイント

バークレイズ・センター
Barclays Center

コンサートなどにも使用される多目的アリーナ。NBAブルックリン・ネッツとNHLニューヨーク・アイランダーズの本拠地でもある。➡P.444

多目的アリーナのバークレイズ・センター

ブルックリン No.1 注目スポット インダストリー・シティ

19世紀建造の倉庫群を改装し、一大複合施設に再開発。現在450以上のテナントが入居する。ビルディング2のフードホールはぜひ訪れたい。無料イベントも多数開催されている。

インダストリー・シティ　Industry City
別MAP P.44-A4　サンセットパーク
住 32nd St. ～ 37th St. と 2nd Ave. ～ 3rd Ave. 周辺　地下鉄 ⒹⓃⓇ 36 St
営 9:00 ～ 18:00（テナントにより異なる）
URL industrycity.com

2nd Ave.
1 2 3 4 5 6 7 8 9 10

※地下鉄 36 St からの無料シャトルバスあり。ウェブサイトで確認を

Li-Lac Chocolate
1923年創業のマンハッタン最古のチョコレート店の工場兼ストア。ガラス窓から工場内を見ることができる。

ABC Carpet & Home
マンハッタンにある有名インテリアショップの支店。広い店内には洗練されたアイテムがずらり。おみやげ探しにも！

Brooklyn Kura
アメリカ人男性2人によるNY初の酒蔵&タップルーム。絶品と評判のできたての日本酒を金曜夜と土・日に味わえる。

Japan Village
スーパーマーケットやフードコート、100均など、日本をテーマにした巨大スペース。

レッドフック
Red Hook

別MAP P.41

ダンボの南側に位置する、のどかな雰囲気の海辺の街。工場や倉庫が多く一見地味で殺風景だが、ここ数年は再開発が進み、注目されているエリア。

マンハッタンとは違う空気感

ちょっとした小旅行気分が味わえる

戯曲『橋からの眺め』の舞台でもある

エリア紹介

自由の女神を正面に見ることも

インテリアショップIKEAのオープンをきっかけに注目され、個性的なショップやレストランが続々と誕生。目の前に海が広がるので観光にもぴったり。アクセスは、地下鉄とバス（Ⓐ Ⓒ Ⓕ Ⓡ Jay St-MetroTech か、Ⓕ Ⓖ Smith-9th Sts下車後、B61バスでVan Brunt St.へ。マンハッタン中心から約50分)、または、NYCフェリーを使って行ける。

歩き方

目抜き通りとなるのはヴァン・ブラント・ストリート。ここを中心に、新鮮なシーフードが楽しめるレストランやショップ、ワイナリーやアイスクリームショップ、ビール工場が点在する。

ニューヨーカー憩いの場、コニーアイランドの再開発

　マンハッタンから地下鉄で約60分。夏になると多くの人でにぎわうのどかなリゾートスポットが、コニーアイランドConey Islandだ。

　コニーアイランドは、南北戦争直後から栄えてきたビーチリゾート。ビーチ沿いにはボードウオークが続き、1920年には観覧車の「ディノズ・ワンダー・ホイール」、1927年には全米初の木造コースター「サイクロン」が建設され、見世物小屋なども楽しめる遊園地だった。また、毎年7月4日の独立記念日にホットドッグの早食い大会が開催される所としても有名だ。一時治安の悪化により存続が危ぶまれたこともあったが、手軽に遊べる庶民的なリゾート地としてニューヨーカーたちに人気だった。

　そんな古きよき香りを残すコニーアイランドは、再開発が進行中。アミューズメントパークに加え、リゾートホテルやコンドミニアム、ショッピングモールなど、レジャー施設建設による再整備が中心。まずは1903年創業の遊園地が名前を元来の「ルナパーク」に戻して再オープン。かつてのシンボルでもあったアストロ・タワーもルナパークの中心に残されている。また、2017年には「サイクロン」が90周年を記念してパワーアップした。

コニーアイランド
別MAP P.45-A4
地下鉄 D F N Q 終点のConey Island-Stillwell Av駅より徒歩約8分
　観覧車の見えるほうに歩いていけば、ビーチや水族館がある。
URL www.coneyisland.com

ほのぼのムードが開発でどのように変化するのか気になるところ

ホットドッグの早食い大会で有名なネイサンズ

ルナパーク　Luna Park
オープンは4月上旬～10月末くらいまで。
別MAP P.45-A4
住 1000 Surf Ave.
☎ (1-718) 373-5862
料 Extraordinary Wristbandチケット：身長約122cm以上＄62、身長約122cm以下＄38(4時間制)
URL lunaparknyc.com

ネイサンズ・フェイマス
Nathan's Famous　別MAP P.45-A4
　1916年にスタンドを出した、ホットドッグ発祥の店といわれる。毎年7月4日に早食いコンテストが開催される。
住 1310 Surf Ave. (at Stillwell Ave.)
下車、ビーチに向かってすぐ。
URL nathansfamous.com

ニューヨーク水族館
New York Aquarium
　約350種8000以上の海洋生物を飼育・展示している。サメ、ペンギン、アシカなどに出合える。
別MAP P.45-B4　住 W. 8th St. & Surf Ave.　地下鉄 F Q West 8 St NY Aquarium駅より徒歩約4分、D F N Q Coney Island-Stillwell Av駅より徒歩約10分　☎ (1-718) 265-3474
開 10:00～18:00(金・土～22:00、日～19:00)、9月中旬～6月下旬までは短縮あり
料 大人(13歳以上)＄29.95～、65歳以上＄27.95～、3～12歳＄25.95～、ピーク時はプラスあり(チケットは入場時間指定で事前購入)
URL nyaquarium.com

冬のルナパーク　遊園地のルナパークは、以前春から秋にかけてのオープンだったが、2023年11月18日～1月7日までは「FROST FEST」として週末のみ営業された。ホリデーイルミネーションで彩られ、ホリデーマーケットやアイススケートのリンクなども登場。

クイーンズ
Queens

別MAP P.46

ニューヨーク市を形成する５つの地区のなかで、最も大きい面積をもつエリア。多くの民族が絡み合いモザイクのごとく混在する。多種多様のレストランが点在し、民族雑貨や食材も手に入る。

エリア紹介

観光色が強いマンハッタンと異なり、入植以来それぞれの民族文化が根強く残っている。庶民の生活の場であるため、商業化されていないディープなNYを体感できる。住んでいる人の約半数がアメリカ国外出身者なので、人種のるつぼを感じられるだろう。マンハッタンやブルックリンでは物足りないリピーターにおすすめ。ギリシア、イタリア、インド、タイ、韓国、中国など、それぞれのコミュニティでは、本場の味が楽しめる庶民的なレストランが見つかる。

JFK空港にあるレトロホテル

アメリカン航空に吸収合併されて消滅したトランスワールド航空（TWA）のターミナルがホテルとして復活。ニューヨーク市の歴史建造物と国家歴史登録財にも指定された美しいターミナルを再利用したホテルは、60年代のテイストが満載で、タイムトリップ感が味わえると話題に。客室数は512で、滑走路側の部屋も選べる。また屋上にはプールもあり、発着する飛行機を眺めることもできる。最短4時間利用できるデイユースプランあり。航空機を使ったカクテルラウンジも必見。

TWA Hotel　TWAホテル
別MAP P.47-B3 クイーンズ
住One Idlewild Dr, JFK International Airport　☎(1-212)806-9000

Photo:TWA Hotel

歩き方の注意

クイーンズはかなり広いので、エリア間を歩くのは不可能。地下鉄かバスで移動したい（クイーンズ内のバスマップはURL www.mta.infoかマンハッタンの観光案内所で手に入る）。メインストリート以外はほとんど居住区で、道もマンハッタンほどわかりやすくない。1～2ヵ所エリアを絞ってメインストリートを中心に歩こう。フラッシング・メドウ・コロナ・パークには、シティフィールドをはじめUSオープンの会場ともなるUSTAナショナル・テニス・センターや美術館などさまざまな施設があるが、園内を散策するときは暗くなる前に駅に到着できるように気をつけよう。

おもな見どころ

❶ モマ・ピーエス・ワン
MoMA P.S.1

→ P.381

NY近代美術館（MoMA）の分館で、小学校を改築してできた非営利目的の美術館。革新的な企画の展示が人気。

Photo:The Museum of Modern Art（MoMA）

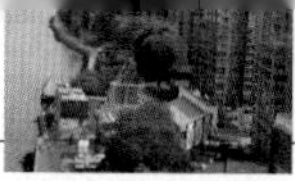

❷ フラッシング・メドウ・コロナ・パーク
Flushing Meadows Corona Park

メッツのホームである新球場、シティフィールド➡P.440や美術館がある憩いの場。

❸ ノグチ美術館
The Noguchi Museum

➡P.381

イサム・ノグチの150点余りの彫刻作品を展示。自然との一体感を大切にしており、全体的に環境作品となっている。

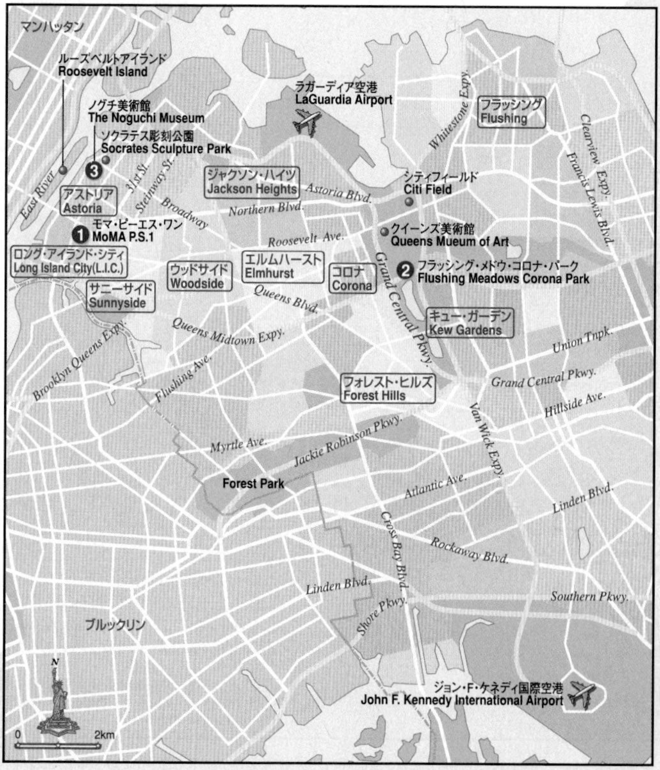

ルーズベルトアイランド
Roosevelt Island

イースト・リバーの中域、クイーンズボロ・ブリッジのたもとにある島。ここは、州政府が所得の異なる家族を一緒に居住させているモデル地区となっており、島の北は住宅地。セント・パトリック教会をデザインしたJ・レンウィック作の灯台があり、イースト・リバー沿いからはマンハッタンの夜景が一望できる。2017年にはコーネル大学の工学系キャンパスコーネルテックが建設され、そこを中心にNYシリコンバレー計画が進められている。島の北のランドールズアイランドとの間にある狭い海路(ヘル・ゲート)の先にあるライカーズ島は刑務所があることで知られるが、2027年までに閉鎖される予定。

地下鉄 Ⓕ Roosevelt Island駅

その他：ルーズベルトアイランド・トラムウエイ(ロープウエイ)➡P.54乗り場2nd Ave.沿い、59th St.と60th St.の間　料$2.90(メトロカードとOMNYで支払い可)

マンハッタン
ルーズベルトアイランド Roosevelt Island
ノグチ美術館 The Noguchi Museum
ソクラテス彫刻公園 Socrates Sculpture Park
ラガーディア空港 LaGuardia Airport
フラッシング Flushing
ジャクソン・ハイツ Jackson Heights
アストリア Astoria
シティフィールド Citi Field
❶ モマ・ピーエス・ワン MoMA P.S.1
クイーンズ美術館 Queens Museum of Art
ロング・アイランド・シティ Long Island City(L.I.C.)
ウッドサイド Woodside
エルムハースト Elmhurst
コロナ Corona
❷ フラッシング・メドウ・コロナ・パーク Flushing Meadows Corona Park
サニーサイド Sunnyside
キュー・ガーデン Kew Gardens
フォレスト・ヒルズ Forest Hills
Forest Park
ブルックリン
ジョン・F・ケネディ国際空港 John F. Kennedy International Airport
East River
31st St.
Steinway St.
Broadway
Astoria Blvd.
Northern Blvd.
Roosevelt Ave.
Queens Blvd.
Whitestone Expy.
Clearview Expy.
Francis Lewis Blvd.
Grand Central Pkwy.
Union Tnpk.
Hillside Ave.
Brooklyn Queens Expy.
Queens Midtown Expy.
Flushing Ave.
Van Wick Expy.
Myrtle Ave.
Jackie Robinson Pkwy.
Atlantic Ave.
Linden Blvd.
Cross Bay Blvd.
Rockaway Blvd.
Southern Pkwy.
Shore Pkwy.
N
0　2km

クイーンズ・エリアマップ

ロング・アイランド・シティ

長く放置された工場街だったが、イースト・リバー沿いに高級コンドミニアムの建設が進み、ショップやレストランも増えている。MoMA PS1、ノグチ美術館などの芸術関連施設が充実。

アクセス

地下鉄 マンハッタンから約15分。PS1周辺へはⒼ⑦Court Sq駅かⒼ21St駅下車。ノグチ美術館周辺へはⓃⓌBroadway駅下車。

アストリア

BroadwayおよびDitmars Blvd.沿いにはギリシア料理店や魚屋が、Steinway St.北部、Astoria Blvd.付近には、エジプトをはじめ、中近東系移民も目立ち、大きな商店街となっている。日本人在住者も多い。

アクセス

地下鉄 マンハッタンから約20分。ⓃⓌでAstoria - Ditmars Blvd駅下車、駅から北へ1ブロック進むとメインのDitmars Blvd.へ着く。ⓃⓌのBroadway駅や30Av駅、ⓇSteinway St駅周辺もにぎわう。

ジャクソン・ハイツ

Roosevelt Av駅から延びる74丁目周辺が中心で、ドイツ系、イタリア系の労働者階級がかつて住んでいた。現在はインド、バングラデシュなどの南方アジア系をはじめ、メキシコ、ドミニカなどのヒスパニック系勢力が多く移住している。

アクセス

地下鉄 マンハッタンから約20～30分。ⒺⒻⓇJackson Hts - Roosevelt Av駅、または⑦74 St - Broadway駅で下車。

バス ペン・ステーションからジャクソン・ハイツ行きのバスQ32がある。所要約50分(交通渋滞によっても異なる)。

ミックス・カルチャーの中心部

サニーサイド&ウッドサイド

Queens Blvd.を挟んで北部にアイルランド系移民、南部にはコロンビア系移民、周辺には韓国系が多い。土地柄、アイリッシュバーが多い。

アクセス

地下鉄 マンハッタンから約20～30分。⑦33St-Rawson St駅、40St-Lowery St駅、46St-Bliss St駅、52St、61St-Woodside駅などで下車。

人口約 236 万人のクイーンズは、ニューヨーク市5区のなかでも最大の面積を誇る居住区。民族的観点からもニューヨーク市で最も多様な地区とされ、居住者のうち約半数はアメリカ国外出身者。100 種以上の言語および国籍が混在している。クイーンズを東方に貫く地下鉄7番線は「インターナショナル・トレイン」と呼ばれている。ここではそんなクイーンズを地図で紹介する。

フラッシング

Union St.周辺に韓国系コミュニティ、目抜き通りのMain St.周辺には台湾系と中国系コミュニティがある。マンハッタンよりもディープでローカルなチャイナタウンとして人気。

アクセス

地下鉄 マンハッタンから約30分(ローカルなら約40分)。7終点Flushing - Main St駅で下車。フラッシング・メドウ・コロナ・パークへは、7のMets - Willets Point駅で下車、徒歩15分。

アジア系の活気ムンムン

エルムハースト&ウッドヘブン

圧倒的に中国系移民が多く、次いでベトナム、マレーシアなどの東南アジアおよびヒスパニック系勢が集結。近隣にはアジア系の食材を入手できるスーパーマーケットや、安くておいしいレストランがたくさんある。

アクセス

地下鉄 マンハッタンから Rで約 25 分。Elmhurst Av駅、Grand Av-Newtown駅で下車。エクスプレスであるEFに乗る場合は、Roosevelt Av駅でローカルへの乗り換えが必要。Woodhaven Blvd駅には巨大なクイーンズ・センターモールがある。

チャイニーズ&ヒスパニック系移民の混沌の地

フォレスト・ヒルズ&キュー・ガーデン

ヨーロッパを思わせる街並み、整備された住宅街にはユダヤ系アメリカ人が多い。閑静な高級住宅地としても知られ、日本人も多く住んでいる。

アクセス

地下鉄 マンハッタンからは約30～40分。EFR Forest Hills - 71 Av駅、EF Kew Grandens - Union Tpke駅下車。

LIRRのフォレスト・ヒルズ駅

スタテンアイランド Staten Island

別MAP P.47-A3〜4

マンハッタンの南にある大きな島。バッテリーパークから自由の女神や摩天楼を眺めながらフェリーで約25分、マンハッタンの目と鼻の先にありながら落ち着いた住宅地。

エリア紹介

ニューヨーク市で5番目の独立区で人口はいちばん少なく、典型的な住宅地。島内には鉄道、バスが走り、丘陵や湖、緑地、初期のニューヨークの姿を残す建物もある。また、2022年に名称変更したスタテンアイランド・ユニバーシティ・ホスピタル・コミュニティパーク、ゴルフコース、大型ショッピングモールなどもある。フェリー乗り場から徒歩約5分の場所に、アウトレットモールのエンパイア・アウトレットもオープンしている。

歩き方の注意

島内は広いのでバスか鉄道、車での移動となる。フェリー乗り場周辺なら徒歩圏。

まずは、マンハッタンのバッテリーパークからスタテンアイランド・フェリーに乗る ➡P.55。約25分（30分おきに運航。平日のラッシュ時は15〜20分おきに運航。無料）でスタテンアイランド・フェリーターミナルに到着。A〜Fの6つの出口があり、A〜Dがバス停につながっている。

島の東岸沿いには、MTAの運営によるスタテンアイランド・レイルウエイという鉄道が走る（OMNY／メトロカード使用可）。マンハッタン、ニュージャージー、ブルックリンからは、車でアクセスできる。

9.11の追悼メモリアル

マンハッタンを望む海沿いの公園には、米国同時多発テロで亡くなった人を追悼するメモリアル「ポストカード」がある。制作者は日本人建築家、曽野正之氏。アーチ状に大きく伸びる外壁は翼を広げる鳥を連想させる。

おもな見どころ

スタテンアイランド・ユニバーシティ・ホスピタル・コミュニティ・パーク
Staten Island University Hospital Community Park 別MAP P.47-A3

プロ野球の独立リーグ、アトランティックリーグ、スタテンアイランド・フェリーホークスの本拠地。

エンパイア・アウトレット
Empire Outlets 別MAP P.47-A3

2019年、フェリー乗り場のそばにオープンしたアウトレットモール。ロウアー・マンハッタンの景色も楽しめる。

ヒストリック・リッチモンド・タウン
Historic Richmond Town 別MAP P.47-A3

17〜19世紀に建てられた雑貨屋、郵便局、小学校などの建物が復元された野外型の博物館。

URL www.historicrichmondtown.org

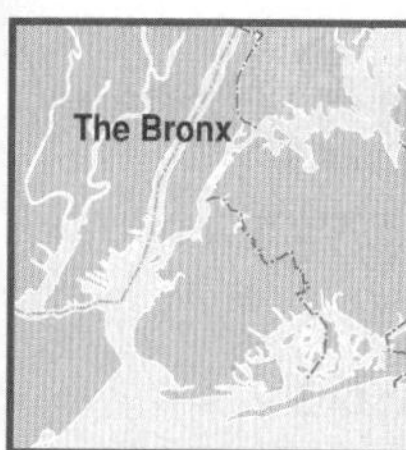

ブロンクス The Bronx

別MAP P.47-B1

マンハッタンの北東に位置する緑あふれるエリア。観光客が目指すのはヤンキースタジアム、ブロンクス動物園、ニューヨーク植物園が中心になる。

エリア紹介

市の最北端に位置し、ヒップホップ生誕の地としても知られるエリア。地名は1641年に入植したオランダ人、ヨナス・ブロンクに由来して名づけられたといわれる。アメリカ最大級の動物園、国際野生生物保護公園（ブロンクス動物園）とニューヨーク植物園、MLBニューヨーク・ヤンキースのヤンキースタジアムもここにある。また、動物園の西側、アーサー・アベニューはアメリカ東海岸随一のリトル・イタリーとして知られる。

歩き方の注意

かつては富裕階級のためのアパートが建ち並ぶエリアだったが、現在は、特にサウス・ブロンクスを中心に治安はよくない。旅行者が行くとすれば下記の3ヵ所くらい。それ以外の場所をむやみに歩き回らないこと。

おもな見どころ

ニューヨーク植物園 The New York Botanical Garden

別MAP P.47-B1

世界有数の植物園。針葉樹林、ハーブ園などが楽しめる。ブロンクス動物園に隣接。

URL www.nybg.org

ヤンキースタジアム Yankee Stadium

→P.438

ニューヨーク・ヤンキースのホーム球場。

国際野生生物保護公園（ブロンクス動物園） Bronx Zoo

別MAP P.47-B1

1899年オープン。全米最大級の広大な敷地に650種類以上の動物が飼われている。動物が屋外でのびのびと跳ね回る姿を見ることができる。

住 2300 Southern Blvd. (at Fordham Rd.) ☎（1-718）220-5100 開 4月上旬～11月上旬10:00～17:00（土日～17:30）、11月上旬～4月上旬10:00～16:30 料 4月上旬～11月上旬大人$41.95、シニア（65歳以上）$36.95、子供（3～12歳）$31.95、2歳以下無料（乗り物やアトラクション乗り放題。11月上旬～4月上旬は大人$41.95、シニア$36.95、子供$26.95） URL www.bronxzoo.com 地下鉄 ❷❺ Pelham Pkwy駅を出たら、標識に従い徒歩約5分 バス Bx9、Bx12、Bx19、Q44、Bx22 バス BxM11（直行）はマンハッタンのMadison Ave.と動物園間を走るエクスプレスバスで、動物園の目の前に停車する。料 片道$6.75（レギュラーのメトロカードは使用可、アンリミテッドは使用不可）

ニュージャージー New Jersey

別 MAP P.47-A

ハドソン・リバーを挟んで対岸にあるのがニュージャージー州。自然に囲まれていることからGarden State（庭園の州）の愛称をもつ。

エリア紹介

大都市とは異なり、のんびりとした雰囲気が広がる。特に川沿いに広がる街は、マンハッタンへ通勤する人々も多く居住しているベッドタウン。日本からの直行便も発着するニューアーク・リバティ国際空港は、NYへアクセスできる3大空港のひとつとして機能。

ニュージャージー州の玄関口 ホーボーケン Hoboken

→別 MAP P.47-A2

近年はウオーターフロント地区を中心に開発が進み、地価はマンハッタン並み。 中心になるのは Washington St. で、落ち着いた雰囲気のレストランやカフェが多く点在する。のんびりとした街歩きが楽しめる。

アクセス

列車 パストレインの 33 St 駅か World Trade Center 駅などから Hoboken 駅下車。料 $2.75

バス ポートオーソリティから、NJ トランジット 19 番、126 番 Hoboken 行き。204/205 番ゲート（6:00 ～ 22:00）で約 20 分。料 $3.50

フェリー NY ウオーターウエイで、Brookfield Place より Hoboken/14th St. 下船。料 片道 $11.25 または、Pier 11/Wall St. より Hoboken/NJ Transit Terminal 行きに乗船（平日のみ）。料 片道$8.50

歩き方の注意

州内は、北部、中央、南部と3つに大別され、ここで紹介するのはマンハッタンに隣接する北部のエリア。それぞれフェリー、バス、車などでアクセスできる。基本的に車社会なので、ショッピングモールが集まる場所以外エリア内を歩くのは困難。街歩きを楽しむのならホーボーケンがおすすめ。

摩天楼を望む高級住宅地 エッジウオーター Edgewater

→別 MAP P.47-A2

日本人駐在員に人気のエリア。全米最大の日系スーパー、ミツワ・マーケットプレースをはじめ、付近にはモールも多く、ターゲット、ホールフーズ、トレーダー・ジョーズなどもあり、生活するのに便利。

アクセス（ミツワ・マーケットプレースへ）

バス ポートオーソリティから、NJ トランジット 158 番 Fort Lee 行きに乗車 202 番ゲート（6:00 ～ 22:00）。ターゲットを過ぎたら、下車（River Rd. / Archer St.）。料 片道 $4.50

バス George Washington Bridge Bus Terminal から NJ トランジット # 188、West New York 行きに乗車。Trader Joe's を過ぎたら、下車（River Rd. / Archer St.）。料 片道 $4.50

韓国文化豊かな住宅地 フォート・リー Fort Lee

→別MAP P.47-A1

ジョージ・ワシントン・ブリッジのたもとにある街で、アジア系住民が多い。一大韓国コミュニティを形成しており、目抜き通りとなるMain St. 付近には、本場の韓国料理専門店やアジア系レストランが建ち並ぶ。

アクセス

バス George Washington Bridge Bus Terminal（地下鉄 Ⓐの 175 St駅から連絡）から NJ トランジットの #171、175、178、181、182、186、188 に乗車。橋を渡ったあと、最初のバス停 GWB Plaza West で下車。約 5 ～ 10 分。料 片道 $ 1.85。バス停から Main St. まで徒歩 5 分／ Port Authority Bus Terminal から 202 番ゲート 158 番に乗車。Main St. 下車。約 35 分。料 片道 $ 4.50

近年注目を集めている川沿いのエリア ニューポートとエクスチェンジ・プレース Newport & Exchange Place

→別MAP P.47-A2

対岸にロウアー・マンハッタンの景色が広がる。ニューポートはパストレインの駅前に大型ショッピングモールがあり、エクスチェンジ・プレースには、NJ で 2 番目に高い建物、ゴールドマン・サックス・タワーがある。

アクセス

ニューポート→ 列車 パストレインの 33rd St. か World Trade Center 駅などから Newport 駅下車。約 15 ～ 20 分。料 $ 2.75

エクスチェンジ・プレース→ 列車 パストレインの World Trade Center駅からExchange Pl.駅下車。約5分。料 $2.75 フェリー Midtown/W 39th St か Brookfield Place などから NY ウオーターウエイで Paulus Hook 行きに乗船。料 $7.50（BrookField Place から）、$9.50（Midtown/W39th St から）

人気の夜景スポット、ハミルトンパーク

別MAP P.47-A2

マンハッタンを一望できる夜景スポットとして人気の公園。おすすめはサンセットタイムだが（日没は冬16:30～17:30、夏19:30～20:30くらい）、冬は猛烈な強風にあおられる可能性があるので注意。周辺は住宅地なので、むやみに写真を撮ったり、大声で騒がないように。公園内にトイレはない。また、ラッシュ時はバスが渋滞するので、ゆとりをもって出かけたい。NJ 州には、別に Hamilton Parkという街もある。バス乗車の際は注意を。住 773 Boulevard E., Weehawken, NJ

アクセス

バス ポートオーソリティ・バス・ターミナル（別MAP P.13-C1）の自動券売機で NJ Transit の乗車券を購入（料 片道 $ 3.50、ゾーン 2、往復購入すれば帰りがラク）。212 番ゲート（6:00 ～ 22:00）から、128、165、166 番いずれかのバスに乗車。ドライバーに「Boulvard East, Hamilton Park」と告げる。進行方向右側に座ろう。Boulvard East at Bonn Pl. で下車（渋滞なしで所要約 10 分）、公園はすぐ。もし乗り過ごしても歩いて戻れる距離なので、慌てず次のバス停で下車。帰りは、降車した場所と反対側にある標識の前で待つ。“New York” 行きの表示を確認して乗車を。

変わりゆく摩天楼

スカイラインも進化中！新たな高層ビルが次々出現

高層ビルの建設ラッシュが続くNY。特にセントラルパークやカーネギーホールに近い57th St.沿いには、「ワン57」や、「432パーク・アベニュー」など新しい高層ビルが次々と出現した。なかでも注目は2021年に完成した「セントラルパーク・タワー」。高さ472m、131階建てのこのビルは住居ビルとしては世界一の高さを誇り、1～7階部分には高級デパート「ノードストローム」のNY旗艦店がオープンした。ほか、2022年4月に完成した「スタインウェイ・タワー」も必見のランドマーク。

One 57
ワン57

セントラルパークからひときわ高く見える75階建てのビルはカーネギーホールの向かいにあり下部はパークハイアットホテル

MAP P.36-A2

Steinway Tower
スタインウェイ・タワー

MAP P.36-A2

通称「億万長者通り」と呼ばれる57丁目にあったピアノメーカー、スタインウェイの歴史あるビルを取り壊し、2022年4月に誕生。高さは435mで82階、60戸のコンドミニアムがある。横幅18mとその細長さにも注目が集まっている。

432 Park Avenue
432パーク・アベニュー

MAP P.37-D2

57th St. & Park Ave.にある426m高さの住居ビル。ジェニファー・ロペス夫妻のコンドミニアムもあった

Central Park Tower
セントラルパーク・タワー

MAP P.17-C2

コロンバス・サークル近くの57th St.沿いにあり住居ビルとしては世界一の高さ。1～7階はデパートのノードストローム

Dining

ダイニング

Russ & Daughters (34th St.)

卵やバター、牛乳を使用しないのが特徴のユダヤ系のパン。小麦粉に水とイースト、麦芽、塩を混ぜ、リング状にしてゆでてから焼くという独特な製法により、表面は薄くてパリッ、内側はもちもちとした食感が生まれる。

まいにち食べたい ベーグル

ニューヨークで絶対食べたいのが、ベーグル！ 1880年代にポーランド系ユダヤ人によりもたらされ、今やすっかりNY名物に。最近では、モントリオールスタイルのベーグル店も人気だ

ベーグルの種類

シンプルなプレーンから全部のせのエブリシングまで、ベーグルの種類はさまざま。フィリング（具）との相性も考えて選ぼう！

Plain

プレーンは、その名のとおり何のトッピングもない基本のベーグル。シンプルにベーグル自体を味わえて、どんなフィリングにも合う。

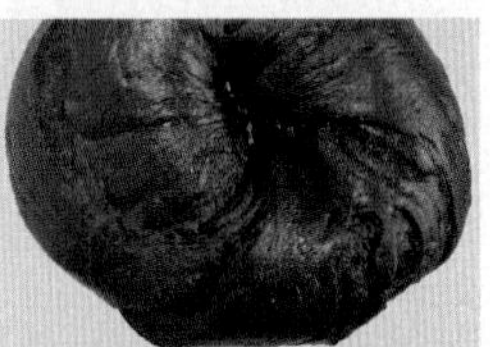

Pumpernickel

プンパーニッケルはライ麦粉を使ったベーグルで、香り高く独特の酸味があるのが特徴。クセがあるのでバターやクリームチーズで。

Everything

ガーリックやオニオンパウダー、ゴマ、ポピーシードなどトッピングが全部のったベーグル。スモークサーモンなどおかず系の具が◎。

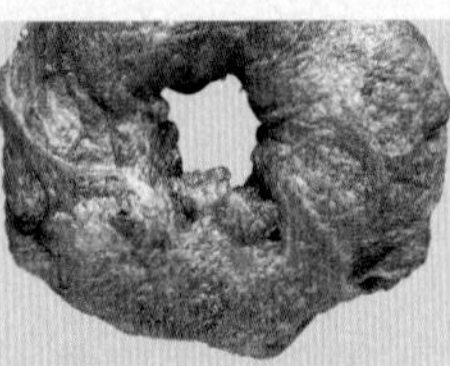

Cinnamon Raisin

スパイスが効いたシナモンはバターやクリームチーズとの相性抜群。シナモンレーズンにすれば甘くてフルーティな味わいを楽しめる。

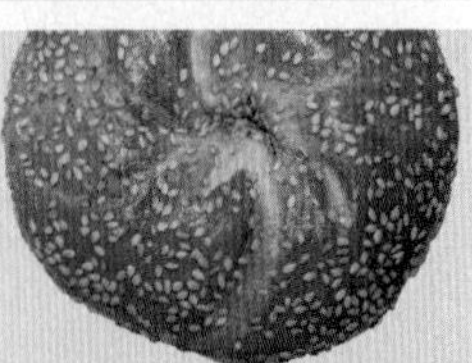

Sesame

表面にゴマがたっぷりトッピングされたベーグルは、どんなフィリングともマッチ。トーストしてもらうと、香ばしさがより引き立つ！

ベーグルをオーダーしよう

1 列に並ぶ

まずは注文の列に並ぶ。何もサンドしていないベーグルが欲しいなら列に並ばずお会計してもよい店もある。

❶朝食メニューは卵系の具がサンドされていてトッピングもできる ❷店独自のアレンジで、さまざまな具を組み合わせたサンドイッチ ❸ローストビーフやパストラミ、ターキー、ハムなどデリ系の肉 ❹サーモン（ロックス）やスタージョン、マスなどの魚の燻製 ❺クリームチーズやバター、フムス、ジャム、ヌテラなど塗り物系

2 どんなベーグルをオーダーするか考える

サンドするフィリング（具）にはさまざまな種類があり（右上図）、組み合わせは無限。悩むようならあらかじめ内容が決まっている❶❷❸❹などから選ぼう。

3 店員にオーダーする

オーダー時に必要なのはベーグルとフィリング。ベーグルをトーストするか聞かれることもある。フィリングを別容器に入れてもらったり、挟まないようお願いすることもできる。

ほかの英会話

Could you toast the bagel?
ベーグルをトーストしてもらえますか?

Could you put the cream cheese in a separate container?
クリームチーズを別容器に入れてもらえますか?

Could you put the cream cheese on the side?
クリームチーズを別にしてもらえますか?

Stay here(To go), please.
ここで食べます（持ち帰ります）

Can I have a everything bagel with scallion cream cheese?
エブリシングベーグルにスキャリオンのクリームチーズをお願いできますか?

HINT!

フィリングは別容器に
とにかく量が多い。挟まず容器（コンテナ）に入れてもらうのもよい。

焼きたてがいちばん
ベーグルはすぐ硬くなる。 持ち帰ったらトーストかレンジでチン。

トーストしてくれない店も
ほとんどの店ではしてくれるが、店によってはしないところもある。

4 料金を支払って受け取る

ドリンクはこのときに注文し、まとめてお会計。

Murray's Bagels

Black Seed BLT **$6.05**

ベーコン+レタス+トマトの BLT サンドにスパイシーマヨネーズをトッピング!

包装紙にメニューのシールをはってくれる

フレンドリーな店員さん。NY 市内に全 10 店

モントリオール風ベーグル!

Black Seed Bagels

ブラック・シード・ベーグル

ベーグルをゆでるときにハチミツを入れ、モントリオール式に薪のオーブンで焼くのが特徴。小ぶりで甘め。

別MAP P.31-D3
ノリータ
住 170 Elizabeth St.
(bet. Spring & Kenmare Sts.)
地下鉄 J Z Bowery
☎ (1-332)900-3090
営 毎日7:00～17:00
カード A D J M V
URL www.blackseedbagels.com
イートイン：可能

Rainbow Bagel + ***Birthday Cake Dream Cheese*** **$6.05**

レインボーベーグルにスプリンクル入りのプレーンクリームチーズを挟んで

レインボーベーグルのホーム（本拠地）！

ロゴは自由の女神。NY 市内に全 4 店

レインボーベーグルならここ!

Liberty Bagels

リバティ・ベーグル

カラフルなレインボーベーグルをはじめユニークなベーグルがいっぱい。季節ごとの限定メニューも要チェック！

別MAP P.13-C2
ミッドタウン・ウエスト
住 260 W. 35th St.
(near 8th Ave.)
地下鉄 A C E 34 St-Penn Station
☎ (1-212)-279-1124
営 7:00～15:00
URL libertybagels.com
イートイン：可能(屋外のみ)

Superseed Bagel + ***Jerusalem Egg Salad*** **$8.75**

スーパーシードがトッピングのベーグルにルッコラやトマト入りのエッグサラダ

木目調でナチュラルテイストな店内

セントラルパーク近くの閑静な住宅街にある

グルテンフリーのヘルシー系!

Modern Bread and Bagel

モダン・ブレッド・アンド・ベーグル

女性オーナーのこだわりがつまったグルテンを含まないベーグルは、ヘルシー好みのローカルたちに大人気。

別MAP P.20-B1
アッパー・ウエスト・サイド
住 472 Columbus Ave. (near 83rd St.)
地下鉄 B C 81 St-Museum of Natural History
☎ (1-646)775-2985
営 8:00～21:30
URL modernbreadandbagel.com
イートイン：可能(屋外のみ)

ブルックリン発のおしゃれ店！

Bagel Pub

ベーグルパブ

ブルックリン発ベーグル店のチェルシー店。フルーツなどが入った30種類のクリームチーズを楽しめる。

MAP P.13-D3
チェルシー
住350 7th Ave.
(bet. 29th & 30th Sts.)
地下鉄①28St
☎(1-212) 901-4170
営6:00〜16:00
(土・日〜15:30)
URL bagelpub.com
イートイン：可能

パブっぽいクラシックな雰囲気の店内

オリジナルドリンクも人気。NY 市内に全 6 店展開

Whole Wheat Bagel + Cookie Monster $9.14

砕いたクッキーが入ったブルーのクリームチーズを全粒粉のベーグルでサンド

行列ができる老舗有名店！

Murray's Bagels

マレーズ・ベーグルズ

創業1996年。地下の工房では、ベーグルマイスターが昔ながらの手法で手作りしている。

MAP P.9-D2
グリニッジ・ビレッジ
住500 6th Ave.（bet. 12th & 13th Sts.） 地下鉄ⒻⓂ14 St
☎（1-212）462-2830 営月〜金6:00〜19:00、土・日6:00〜18:00 カード ADJMV
URL www.murraysbagels.com
座席数：約20席
イートイン：可能

地元住民から約 30 年愛されている名店

NY では定番人気のシナモンレーズン＋バター

Plane Bagel + Scallion Cream Cheese & Nova $17.54

ベーグルの定番サーモンとクリームチーズの組み合わせ

ほかにもたくさん

NY名物のベーグル店はほかにもたくさん！ 普通のデリでも購入できる

NYで最も古いベーグル店のひとつ

Kossar's Bagels & Bialys

コッサーズ・ベーグルズ＆ビアリーズ

MAP P.6-B2
ロウアー・イースト・サイド
住367 Grand St.
(bet. Essex & Norfolk Sts.)
地下鉄ⒻⓂⒿⓏEssex St-Delancey St
☎(1-212)473-4810
営6:00〜18:00
カード不可、現金のみ
URL kossars.com
イートイン：不可

1936 年にポーランド系ユダヤ人が創業した本格的ベーグル店。ゆでないベーグルのビアリーは柔らかいフワモチの食感！

ファン多数の人気店

Ess-a-Bagel

エッサ・ベーグル

MAP P.18-B3
ミッドタウン・イースト
住831 3rd Ave.(bet. 50th & 51st Sts.)
地下鉄ⒺⓂLexington Av/53 St
☎(1-212)980-1010
営月〜金6:00〜20:00、
土・日6:00〜17:00
カード ADJMV
URL www.ess-a-bagel.com
座席数：約40席　イートイン：可能

1976 年以来、地元と観光客ファンから支持されている人気店。焼きたての大きめベーグルは格別！ 32 丁目に支店あり。

ジューイッシュフードってなに?
What's Jewish Food?

ユダヤ人の人々が食べる料理のこと。ユダヤ教に従った食品（コーシャ）を使った料理も多く、食べ合わせの規定もある。大きく分けると肉を扱うのがデリ、魚と乳製品がアペタイジングストアになる。スーパーなどでは右記のような認定マークの入った食品も見かける。

今知っておきたい ジューイッシュフード Jewish Food

多種多民族の人々が暮らすNYでは、その国だけの食文化がある。なかでもユダヤ系の人々が多いためジューイッシュフードは、NYの定番フードとしてニューヨーカーに親しまれている。

100年以上の歴史がある老舗
Russ & Daughters
ラス&ドーターズ

1914 年創業。スモークサーモンなど、ベーグルと一緒に提供される食品を扱うジューイッシュ・コンフォード・フードのアペタイジングストア。ラス家が 4 世代にわたって経営を引き継ぎ、現在 NY 市内に 4 店展開。

別MAP P.12-B2　ミッドタウン・ウエスト
住502 W. 34th St.（at 10th Ave.）
地下鉄 ⑦ 34 St-Hudson Yards
☎（1-212）475-4880
営8:00～16:00
URL www.russanddaughters.com

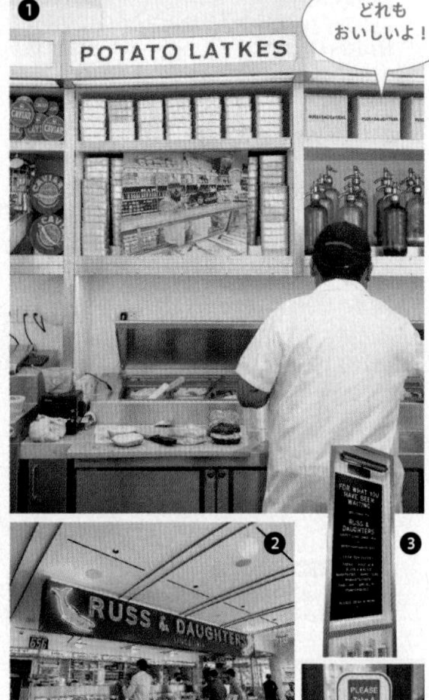

❶2023 年にオープンの 34 丁目店
❷広々したカウンターで注文
❸メニューを紹介する店内の看板
❹まずは番号札を受け取り、電光掲示板に表示される順番を待つ

❶創業当時の本店カウンター　❷ロウアー・イースト・サイドの本店　❸4代目の経営者2人は従兄妹同士

Photos Courtesy Russ & Daughters

こんなジューイッシュフードも！

マッツオ粉をボール状にしてチキンスープに浮かべる「マッツオボールスープ」や豆と肉のシチュー「チョレント」、ゴマとナッツのスイーツ「ハルヴァ」などもある。

代表的なジューイッシュフードメニュー

以下で紹介するのは、ラス&ドーターズで提供されている代表的なジューイッシュフードメニュー。店によりやや異なる。

卵やバター、牛乳を使用せず、小麦粉に水やイーストを混ぜ、ゆでてから焼くことでカリモチの食感を楽しめるユダヤ系のパン。スモークサーモン(ロックスともいう)とクリームチーズをたっぷり挟むのが伝統的な一番人気の食べ方。

じゃがいもにタマネギや卵、小麦粉を混ぜて油で揚げるハッシュドポテトのような料理。ユダヤ系の祭日ハヌカの時期によく食べられる。トッピングはイクラ&クレームフレーシュ(発酵クリーム)のほか、アップルソース&サワークリームも定番。

ベーグルは焼く前にゆでるのに対し、ビアリーはゆでずに焼くため柔らかくてしっとりとした食感が特徴。また、穴はあけずに中央を少しへこませ、そこに炒めたタマネギやガーリック、ポピーシードなどをのせるのが一般的。こちらはトビコもオン!

20世紀初頭にNYのユダヤ人コミュニティやベーカリーで定着した白黒クッキー。半分はチョコ、もう半分はバニラのアイシングをのせた大きめクッキーは、クッキーというよりケーキのような柔らかい食感が特徴。NY名物としても知られる。

19世紀後半、東欧のユダヤ系移民がロウアー・イースト・サイドに多く住み始めた頃からNYで広まった。キュウリが基本で、塩のほかガーリックとディルを使うことが多い。ユダヤ系デリのパストラミサンドのサイドディッシュとしても定番。

19世紀初頭に東欧のユダヤ人コミュニティで誕生した甘いパン。小麦粉、卵、砂糖、牛乳、バターなどの生地の中に、チョコレートやシナモンを練り込んで作る。特にユダヤ教の祝日や特別な機会に家族や友人とシェアして食べることが多い。

注目のファストカジュアル店 DIG（ディグ）でしっかりごはん

ヘルシーでリーズナブルなDIGは、ニューヨーカーに大人気のファストフードチェーン。旬の食材を使ったオリジナルの総菜メニューを堪能しよう!

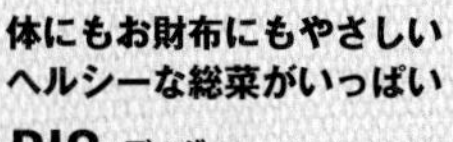

体にもお財布にもやさしい ヘルシーな総菜がいっぱい

DIG ディグ

2011年のオープン以来、ヘルシー志向のニューヨーカーたちに絶大に支持され現在全米に30店以上を展開。提携農家から仕入れる旬の食材を使った栄養満点のメニューをファストフードスタイルでリーズナブルに楽しめるのが魅力。

MAP P.18-B2
ミッドタウン・イースト
住709 Lexington Ave.
(near 57th St.)
地下鉄 4 5 6 59 St
☎(1-646) 905-3166
営11:00～21:00
URL www.diginn.com

❶注文すると、その場で取り分けてくれる　❷アメリカ人が大好きなマック（マカロニ）＆チーズも！
❸色鮮やかで栄養豊富なサラダ
❹ヘルシー系のドリンクも充実
❺旬の食材を使ったお総菜

How to Order

❶ メニューをチェック ➡

MAKE YOUR OWN（カスタムオーダー）は、ファッロ（スペルト小麦）、玄米、グリーンサラダなど「BASE」から1品、野菜やマック＆チーズなどの「MARKET SIDE」から2品、肉、魚、トーフなどの「MAIN」から1品選ぶ（または3品目のSIDEでも可）。好みでドレッシングも選ぶ（ふたつまで料金に込み）。決めるのが面倒ならあらかじめ内容が決まったPLATESやSALADSメニューから選ぼう。

❷ 列に並ぶ ➡

ミッドタウンなどのオフィス街では12時前後のランチタイムだと混雑で長蛇の列になることも

注目のファストカジュアル店 DIG(ディグ)でしっかりごはん

ドレッシングは
選べる

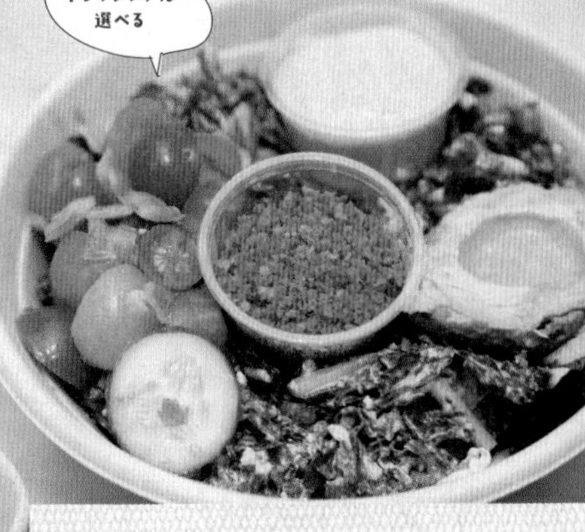

House Salad $11.48

季節の野菜とアボカド、サンフラワーシード入りの定番サラダ。プロテインとしてチキンやトーフの追加もできる

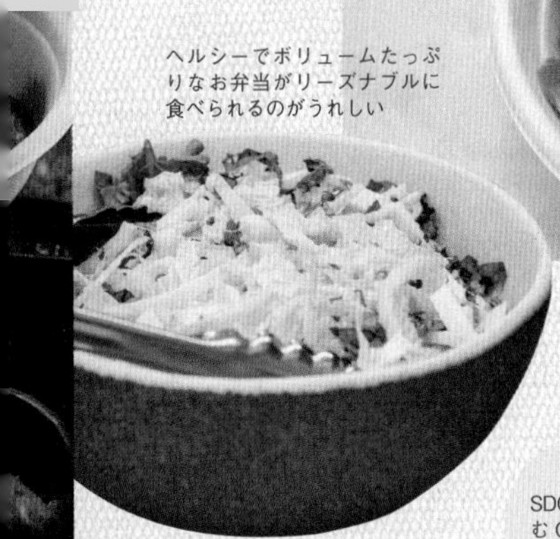

ヘルシーでボリュームたっぷりなお弁当がリーズナブルに食べられるのがうれしい

Vegan Classic Dig $13.50

メインはグリルしたクリスピーなトーフでさっぱりと、サイドにスイートポテトとブロッコリーでバランスよく

意外といける
組み合わせ!

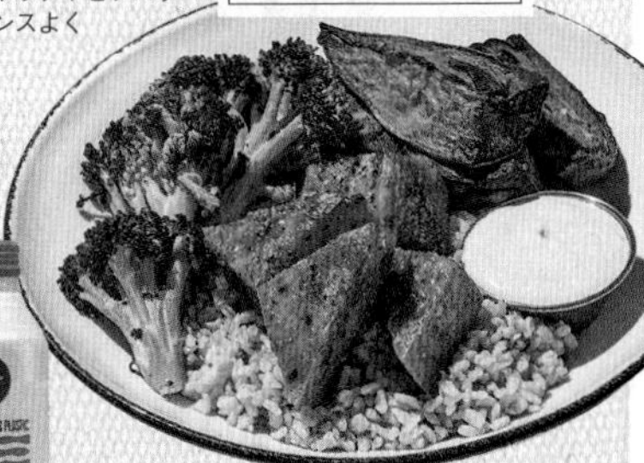

SDG'sに取り組む Open Water の水 $2.80

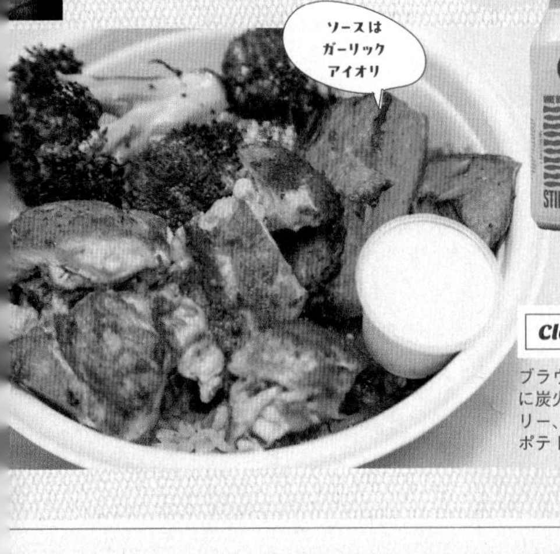

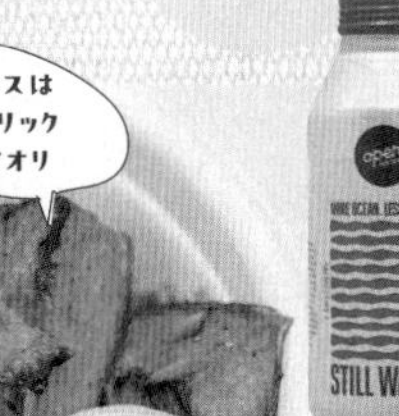

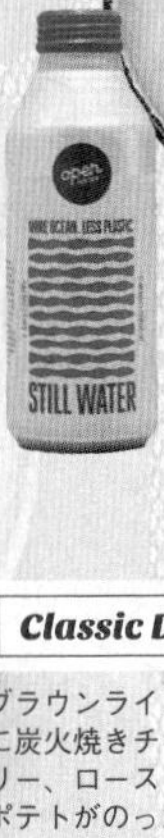

open
MORE OCEAN, LESS PLASTIC
STILL WATER

ソースは
ガーリック
アイオリ

Classic Dig $13.09

ブラウンライス（玄米）の上に炭火焼きチキンとブロッコリー、ローストしたスイートポテトがのった定番メニュー

オリジナルのジンジャーミントレモネード $3.75

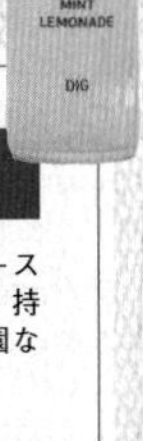

GINGER
MINT
LEMONADE
DIG

❸ オーダーする ➡

口頭や指差しなどで注文。メインによって料金が異なり、2023年11月現在 $10.79～14.24。内容は季節により異なる。

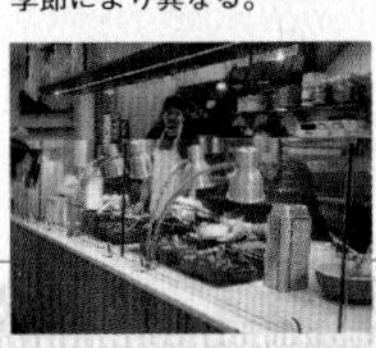

❹ 受け取り&会計 ➡

イートイン(STAY HERE)なら受け取り、持ち帰り(TO GO)なら袋に入れてもらう。

いただき
ま～す

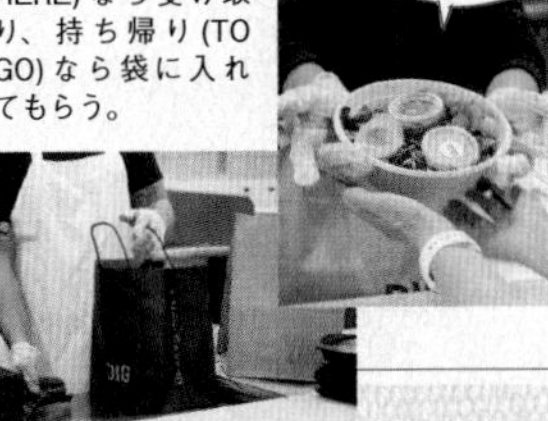

❺ 食べる

イートインできるスペースがある店舗がほとんど。持ち帰り、宿や近くの公園などで食べるのもいい。

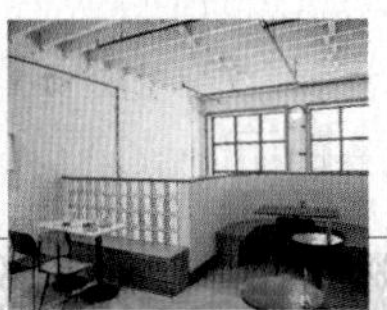

私のドーナツ
食べに
来てね！

子供から大人までみんな大好きなドーナツは、定番のスイーツ。昔ながらの素朴系から趣向を凝らした進化系まで、NY で話題のこだわりドーナツをご紹介！

Ⓐ Danny Boy $4
塩バターキャラメル味の「ダニーボーイ」は一番人気商品。甘さひかえめでペロリといける

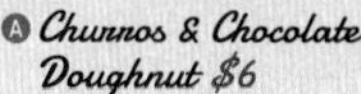

Ⓐ Churros & Chocolate Doughnut $6
チョコレートコーティングのドーナツにサクサクのチュロス（揚げパン）をトッピング

定番スイーツ！ NYのこだわりドーナツ

Ⓐ Fan-Fan Doughnuts
ファンファン・ドーナツ

人気店ドウの女性シェフの新しい店。アート作品のような見た目と繊細な味わいが特徴。

MAP P.43-D2
ベッドフォード・スタイ
住 448 Lafayette Ave. (at Franklin Ave.), Brooklyn
地下鉄 Ⓖ Classon Av
☎ (1- 347) 533-7544
営 月～水 8:00 ～ 16:00、木・金～18:00、土・日 9:00 ～ 18:00
URL fan-fandoughnuts.com

Go! Donuts

Ⓐ Gluwein $4
グリューワインとカシスのコーティングにメレンゲとブラウンバターアーモンドをトッピング

Ⓐ Guava & Cheese Fan-Fan $5
表面はグアバ味で中にはクリームチーズがたっぷり。砕いたクルミのクッキーもポイント

ドーナツの間にラズベリーハイビスカスのソフトクリームをサンド！ Ⓐ

❶トートバッグやTシャツなど店のオリジナル商品もキュート！
❷時間をかけて一つひとつていねいにハンドメイドされている Ⓐ

Ⓐ Butterfly Pea Limon $4

鮮やかな青色が特徴のマメ科の植物バタフライピー（蝶豆）＋レモンの甘酸っぱい味わい

Ⓐ Passion Mango $4

花のような形の立体的なドーナツに濃厚なマンゴーソースとポピーシードをトッピング

Ⓒ Hibiscus Cruller $4.95

ほどよい酸味のハイビスカス・クルーラーは、外はカリッとクリスピー、中はしっとり

Ⓐ Braid $4

三つ編み（ブレイド）ドーナツにシュガーシロップをたっぷりコーティングしてツヤ感を演出

Ⓑ Peter Pan Donut & Pastry Shop

ピーターパン・ドーナツ&ペイストリーショップ

朝晩問わずローカルでにぎわう老舗ショップ。ドーナツはどこか昔なつかしい味。

別MAP P.40-B2
グリーンポイント
住 727 Manhattan Ave. (bet. Norman & Meserole Aves.), Brooklyn
地下鉄 G Greenpoint Av
☎ (1-718) 389-3676
営 月～水 4:30～18:00、木・金～19:00、土 5:00～19:00、日 5:30～18:00
URL peterpandonuts.com

Ⓒ Daily Provisions

デイリー・プロヴィジョンズ

メニューはサラダやサンドイッチが中心だが、隠れメニューのドーナツが人気。

別MAP P.12-B3
ミッドタウン・ウエスト
住 440 W. 33rd St. (bet. 9th & 10th Sts.)
地下鉄 7 34 St-Hudson Yards
☎ (1- 646) 747-8610
営 7:00～21:00
URL www.dailyprovisionsnyc.com

Ⓓ Doughnuts Plant

ドーナツ・プラント

1994年創業。自然素材で作られたドーナツは種類豊富で、季節ごとの限定商品も人気。

別MAP P.6-B2
ロウアー・イースト・サイド
住 379 Grand St. (near Essex St.)
地下鉄 F M J Z Delancey St-Essex St ☎ (1-212) 505-3700
営 月～金 7:00～18:00、土・日～18:30 URL www.doughnutplant.com

Ⓓ Valrhona Chocolate $4

世界のパティシエ御用達フランスのヴァローナ社のチョコを使ったドーナツは極上の味

中も真っ赤!

Ⓑ Red Velvet $1.95

アメリカの定番レッドベルベットのドーナツはココア風味の素朴でやさしい味が人気

カウンターで注文してね!

HERE

グリーンマーケットもお忘れなく!

リンゴ×シナモンシュガーの絶妙な組み合わせを楽しめるアップルサイダードーナツを販売している。

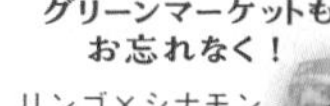

CHEEKY SANDWICHES
チーキィ・サンドイッチズ

自家製バターミルク・ビスケットが人気。ストリートアートを感じる小さな店舗には行列ができることも。

MAP P.6-B2　ロウアー・イースト・サイド
住 88 Essex St. (at Delancey St.) エセックス・マーケット内
地下鉄 FMJZ Delancey-Essex St
☎ (1-646) 504-8132
営 8:00 ～ 21:00 (金～ 24:00、土 8:00 ～ 24:00、日 8:00 ～)
instagram.com/cheeky-sandwiches/
※ 2024 年 1 月中、上記エセックス・マーケット内に移転予定

$9

CHICKEN SANDWICH
ビスケットに揚げたてフライドチキンとグレイビーソースがクセになる

\こちらもお忘れなく!/
マシュマロ&チョコがけのフレンチフライ
S'more Fries$6.45

$10以下で食べよう
CHEAP UND

安く食べるコツ!

チップ不要のレストランや店を選ぶ
フードコートやファストフード、チップ込み料金の店ならセーブできる。

グローサリーストアを活用する
総菜やビュッフェが利用できる庶民派食料品店は便利。高級店だと高い。

お手頃価格が魅力のエスニック系
中華やメキシカンなどはお手頃なところが多いが、高級店には注意。

物価が高い NY では
は要チェック! ファス
んどだけど、満足でき
ひとりでも入りやすい

クリスピーで
ジューシー!
ディップ用ソースは
18 種類

STICKY'S THE FINGER JOINT
スティッキーズ・ザ・フィンガー・ジョイント

市内9店舗を展開するチキンフィンガー専門店。ホルモン剤不使用の新鮮でシンプルなチキンはどれも美味。

MAP P.32-A4　ミッドタウン・ウエスト
住 598 9th Ave. (at 43rd St.)
地下鉄 ACE 42 St-Port Authority
☎ (1-646) 922-8067
営 11:00 ～ 23:00(木～翌 0:30、金・土～翌 3:30)
URL stickys.com

$9.89

3PC CHICKEN FINGERS
柔らかササミのフライ4つにフライドポテトを合わせたセット。好きなソース2種が選択可能

EATS ER $10

安くておいしいお店
トフード形式がほと
るお店ばかり。
のもいい！

FIVE GUYS BURGERS & FRIES
ファイブ・ガイズ・バーガーズ・アンド・フライズ

バージニア州発のハンバーガーチェーン店。無料のピーナッツサービスがある。予算があればバーガーもぜひ。

別MAP P.14-B1　ミッドタウン・イースト
住 690 3rd Ave. (bet.43rd & 42nd Sts.)
地下鉄 4 5 6 Grand Central-42 St
☎ (1-646) 783-5060
営 11:00 ～ 22:00
URL restaurants.fiveguys.com

$5.69

Little
サイズでも
こんなたっぷり

LITTLE FRIES

ピーナッツオイルで２度揚げしているポテトフライ。ケイジャン風味もおすすめ

推しは
パパイヤ
ドリンク

GRAY'S PAPAYA
グレイズ・パパイヤ

立ち食いホットドッグの店。フレッシュビーフのホットドッグが激安。ドリンクと合わせるとおいしさ倍増。

別MAP P.20-B3
アッパー・ウエスト・サイド
→ P.227

$1.95

$2.95

FRANK &PAPAYA

無料トッピングのオニオンを試してみて。ドリンクとセットなら$4.50に

JOLLIBEE
ジョリビー

全米に70店舗あるフィリピン系ファストフード。ハンバーガーやパスタなど、アメリカの定番メニューが良心的価格！

別MAP P.13-C1
住 609 8th Ave. (bet. 38th & 39th Sts.)
地下鉄 A C E 42 St-Port Authority Bus terminal　☎ (1-212) 994-2711　営 9:00 ～ 22:00
URL jollibeefoods.com

$7.49
（セット）

フィリピン
ツイストを加えた
人気の
アメリカ料理！

JOLLY SPAGHETTI & PINEAPPLE QUENCHER

ほんのり甘いソースと柔らかパスタ。すっきり味のパイナップルジュースをセットで

こちらもお忘れなく!

焼きギョウザの Chive & Pork $7.25 もおすすめ

WONTONS W/ SPICY SAUCE

水ギョウザにピリ辛オイルをかけてスパイシーに

VANESSA'S DUMPLING HOUSE

ヴァネッサズ・ダンプリング・ハウス

安くておいしいと評判のギョウザ専門店。ギョウザは焼くかゆでるか選べる。ほかに麺類や一品料理も人気。チャイナタウンとユニオンスクエアに支店あり。

MAP P.38-B3　ウイリアムズバーグ　→ P.205

NY PIZZA SUPREMA

ニューヨークピザ・シュプレマ

1964年創業。イタリア系移民のオーナーが手がける昔ながらのシンプルなピザは、地元から旅行客まで幅広く人気。

MAP P.13-C3　ミッドタウン・ウエスト
住 413 8th Ave. (at 31st St.)
地下鉄 Ⓐ Ⓔ 34 St-Penn Sta
☎ (212) 594-8939
営 10:30 ～翌 24:00
URL nypizzasuprema.com

NYC ROUND CHEESE

薄いクラストに自家製ソースとペコリーニ・ロマーノとモッツァレラをオン!

JOE'S PIZZA

ジョーズ・ピザ

1975年創業。ニューヨークに多数支店があり、セレブたちも訪れるとか。スライス、ホールともにあり、安くておいしくて遅くまで開いているのがうれしい。

MAP P.9-D4
グリニッチ・ビレッジ
→ P.225

FRESH MOZZARELLA PIZZA

モッツァレラチーズがとろり

NOPAL

食用サボテンのタコス、ノバル。歯応えがあってネバネバしていてメカブのような食感がやみつきに

LOS TACOS NO.1

ロスタコス・ナンバーワン

本場のタコスが味わえる行列店。フレッシュな野菜がたっぷり。カウンター前のサルサやライムはセルフサービスで。

MAP P.33-C4
ミッドタウン・ウエスト
住 229 W. 43rd St. (bet. 7th & 8th Aves)
地下鉄 ①②③ Times Sq-42 St
営 11:00 ～ 22:00 (日～ 21:00)
URL lostacos1.com

SMALL BOWL OF RICE W/VEG ITEMS

VEG（vegetables）というのはカレーのこと。すべてのメニューがベジタリアンのカレー

$5.99

野菜たっぷりベジタブルカレー！

PUNJABI
プンジャビ

イースト・ビレッジにあるインド系デリのテイクアウト。カウンターでオーダーするスタイル。

MAP P.11-C4　イースト・ビレッジ
→ P.211

EILEEN'S SPECIAL CHEESECAKE
エイリーンズ・スペシャル・チーズケーキ

1974 年創業、ノリータにあるチーズケーキ専門店。イタリア系家族が経営するとあって味も抜群！

MAP P. 31-C3
ノリータ
→ P.221

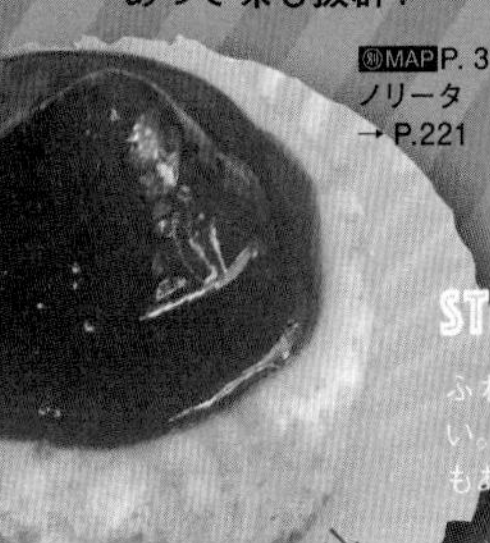

STRAWBERRY

ふわっと軽くて食べやすい。プレーンやチョコなどもある

$6

NORTHSIDE BAKERY
ノースサイド・ベーカリー

1992 年創業のポーランド系ベーカリー。本格的なパンやペイストリーが人気。

MAP P.38-B2　ウイリアムズバーグ
住 149 N. 8th St. (near Maple Ave.)
地下鉄 L Bedford St
☎ (1-718) 782-5551
営 7:00 ～ 20:00（土 9:00 ～ 17:00、日 11:00 ～ 17:00）
URL northsidebakery.com

GLAZED JELLY DONUT

ポーランド名物のドーナツ、ポンチキ。ふわもちドゥの中にはジェリーが

$1.60

GLAZED JELLY DONUT

上と同じグレイズドのドーナツ。上にチョコレートのトッピング

$1.60

XI'AN FAMOUS FOOD
シーアン・フェイマス・フード

安くて激ウマのもちもち手打ち麺が看板メニュー。あらゆる無駄を省き低コストを実現したという。市内に支店あり。

MAP P.6-A3　→ P.206

COLD SKIN NOODLES

麺に酢とラー油のソース、スパイスがからんですっぱおいしい

スパイスが食欲をそそる！

$9.25

Nayaのカフタ・ラム・ケバブ・ボウル $12.86

モイニハン駅構内で便利！

Moynihan Food Hall

モイニハン・フード・ホール

ベンダー数▶19

メザニー階から差し込む自然光が美しい The Bar

ジューシーなバーガーが根強い人気の Burger Joint

フードコートの入口。話題のテナントも多数

ソーホーに復活した人気パン屋 Vesuvio Bakery も

パンデミック中に完成した駅舎モイニハン・トレイン・ホールの地下１階にオープン。現在、「バーチ・コーヒー」や「ママン」など地元の人気店をはじめとする19のレストランが集結。ホール中央の「The Bar」では、地ビールからワイン、各種カクテルを味わえる。多彩な食を手軽に、そして何より駅舎ならではの旅情気分が楽しめるのが魅力。鉄道利用者のみならず、付近の買い物客たちの食の新スポットとしても注目されている。

MAP P.13-C3
ミッドタウン・ウエスト
住 421 8th Ave.（near 9th Ave.）
地下鉄 ACE 34 St-Penn Stn
☎（1-212）894-7000
営 10:00 ～ 22:00
カード ADJMV
URL www.moynihanfoodhall.com
☆座席数：まあまあ

定番のフードスポット

FOOD COU

フードコート11選！

NYのいたるところで見かけるのがフードコート。有名店の味をサクッと味わえるのが魅力！

ソファやコミュナル・テーブルなど、異なる座席がおもしろい

Umami Burger のハンバーガー $13.00

ハドソンヤードそばに OPEN！

Citizens New York

シチズンズ・ニューヨーク

ベンダー数▶13

マイアミやシカゴでも展開中の人気フードコート。「世界をつなげるカタリストとしての食」をモットーに、モダン・アメリカンから地中海料理、アジアン・フュージョンなど合計13の国際色豊かなテナントが集合。

MAP P.12-B3　ミッドタウン・ウエスト
住 398 10th Ave.（bet. 31st & 33rd Sts. Sts.）
地下鉄 7 34 St-Hudson Yards
☎（1-212）938-0805
営 月・金 11:00 ～ 16:00
カード ADJMV
URL gobycitizens.com/citizens/nyc　☆座席数：少なめ

ロウアー・マンハッタンの新名所としてにぎわっている

ベーカリーT Cafeのデニッシュ$5.75とコーヒー $3.25

左／おしゃれなインテリアも必見　右／2階では食器も美しくディスプレイ

生ガキなどシーフードを食べさせてくれるFulton Fish Co.のオイスター $26.99

Fulton Fish Co.のクラブケーキ $26

セレブシェフが手がけた

Tin Building

ティン・ビルディング

ベンダー数▶30セクション

NYを代表するセレブシェフ、ジャン・ジョルジュ氏がプロデュースしたフードホール。イースト・リバー沿いのフルトン・フュッシュ・マーケットという魚市場だった場所にオープンした。2階建てで広々とした店内には約30ものセクションがあり、食事ができるレストランやバー、ベーカリーをはじめフード関連のおみやげ売り場もある。

MAP P.3-D2　ロウアー・マンハッタン
住 96 South St.（at Fulton St.）
地下鉄 ❷❸ Fulton St
☎ (1-646) 868-6000
営 8:00 ～ 22:00
カード ADJMV
URL tinbuilding.com
☆座席数：まあまあ

米情報誌『Time Out』運営

Time Out Market

タイム・アウト・マーケット

ベンダー数▶21

ブルックリン・ブリッジのたもと、エンパイア・ストアズ内にあるフードホール。こちらは目の前に広がるマンハッタンの摩天楼がいちばんのごちそう。地元ブルックリンの有名ピザ店「ジュリアナズ」やスターシェフ「デヴィット・バーグ」もテナント。フードホールは1階と5階の最上階にあり営業時間は異なる。

下／ジェイコブス・ピクルスのハニー・チキン&ピクルス $13　右／5階のテラス席は座席数が少ないので注意

MAP P.41-A1
ダンボ
住 55 Water St.
(bet. Dock & Main Sts.)
地下鉄 F York St
☎ (1-917) 810-4855
営 8:00 ～ 22:00
(土・日～ 23:00)
カード ADJMV
URL www.timeoutmarket.com/
☆座席数：まあまあ

ダンボ地区で欠かせないスポット

こちらのルーフトップのほか1階でもイートイン可能

オフィス街にあるモダンな食空間

Hudson Eats

ハドソン・イーツ

ベンダー数▶10

ロウアー・マンハッタンのオフィス街にある複合ビル、ブルックフィールド・プレースの中にある。1階がル・ディストリクトというフードマーケットで、2階がハドソン・イーツ。館内のパブリックスペース（オープンテラスあり）でも食べられる。昼時は混雑するので時間をずらすのがおすすめ。

ハドソン・リバー沿いでイートインスペースも広い

左／Spare Rib for Single$11.25　右／タコス各種 $5.50 ～

サイドのマストオーダー、Corn Frit$3.50

MAP P.2-A1　ロウアー・マンハッタン
住 225 Liberty St.（The Oculus 内）
地下鉄 E World Trade Center
☎ (1-212) 978-1673
営 8:00 ～ 21:00（日～ 19:00）
カード ADJMV
URL bfplny.com/food　☆座席数：多め

ミート・パッキング・ディストリクトの中心

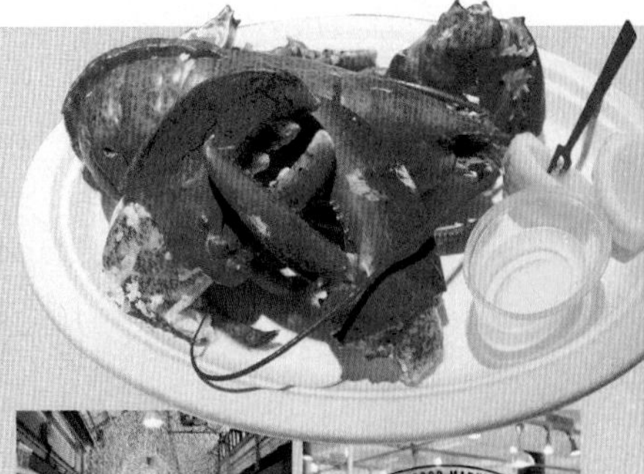

NY の食トレンドを発信し続ける

Chelsea Market

チェルシー・マーケット

ベンダー数▶55

左／工場の雰囲気が残るマーケット内
右／イートイン専用バーが人気の Lobster Place

旧ナビスコ工場を改築した複合ビルの1階にあるマーケット。1997年のオープン以来、ニューヨークの食ブームの先駆け的存在であり、館内には最新のカフェやレストラン、単体のマーケットが入っている。上部にはオフィステナントがあるため、観光客だけでなく連日多くの人でにぎわう。館内にはイートインスペースもあるが、隣接するハイラインで公園ランチもいい。オリジナルグッズやブックストアなどおみやげ探しによさそうなテナントも多数。

上／Lobster Place のロブスター・ロール $23
右／根強い人気のベーカリー Amy's Bread。チョコレート・サワードゥ・ツイスト $4.75 とカップケーキ $4

別MAP P.8-B2
ミート・パッキング・ディストリクト
住 75 9th Ave.
(bet. 15th & 16th Sts.)
地下鉄 A C E 14 St
☎ (1-212) 652-2111
営 7:00 ～ 21:00 (日 8:00 ～ 20:00)
カード A D J M V
URL www.chelseamarket.com
☆座席数：まあまあ（室外含む）

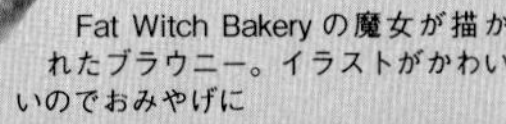

やや小ぶりサイズの Witch Babies$2.75も

Fat Witch Bakery の魔女が描かれたブラウニー。イラストがかわいいのでおみやげに

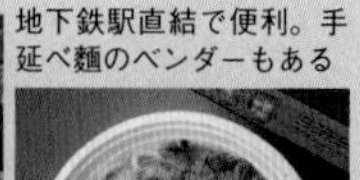

地下鉄駅直結で便利。手延べ麺のベンダーもある

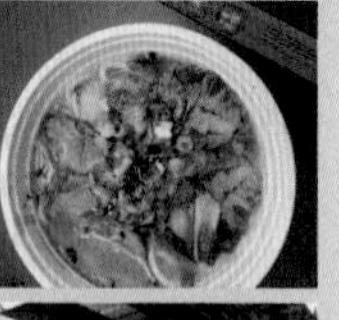

カッツのサンドイッチも味わえる

地元ブルックリンのベンダー多数

DeKalb Market Hall

デカルブ・マーケット・ホール

ベンダー数 ▶ 28

ダウンタウン・ブルックリンにあるショッピングモール「シティポイント」の地階にある。パストラミ・サンドで有名なカッツ・デリカテッセンも入店している。

MAP P.43-C2　ダウンタウン・ブルックリン
住 445 Albee Square W.
(bet. Dekalb & Willoughby Sts.) シティ・ポイント内
地下鉄 B Q R Dekalb Av
☎ (1-929) 359-6555
営 11:00 ～ 21:00 (木～土～ 22:00)
URL www.dekalbmarkethall.com
☆座席数：少なめ

定番メニューの Margherita$24

ランチタイムは多くの人でにぎわう

グラセンそばにこだわり店が集結

Urbanspace Vanderbilt

アーバンスペース・ヴァンダービルト

ベンダー数 ▶ 17

巨大ターミナル、グランド・セントラル駅の北側にあるフードホール。ブルックリンの人気店もテナントに入っているので、わざわざ遠方の店舗まで行かなくてよいと評判。

MAP P.35-D2　ミッドタウン・イースト
住 230 Park Ave.
ヘルムズリー・ビル内
地下鉄 S 4 5 6 Grand Central-42 St
☎ (1-646) 747-0810
営 月～土 7:00 ～ 20:00 (土～ 17:00)
休 日　カード A D J M V
URL www.urbanspacenyc.com
☆座席数：少なめ

バックヤードにも座席スペースあり

Mysttik Masaala の Chana Masala カレー $15.95

ユニオンスクエアのすぐ近くに OPEN

Urbanspace Union Square

アーバンスペース・ユニオンスクエア

ベンダー数 ▶ 13

14 丁目のユニオンスクエアという便利なロケーションに、ミッドタウンなどでおなじみのアーバンスペースがオープン。スムージー、タコス、クラフトビール、インド料理などバラエティ豊か。

MAP P.10-A2　イースト・ビレッジ
住 124 E. 14th St. (bet. 3rd & 4th Aves.)
地下鉄 4 5 6 L N R Q W 14 St-Union Sq
☎ (1-716) 466-2713　営 7:00 ～ 22:00
カード A D J M V　URL www.urbanspacenyc.com/union-square　☆座席数：まあまあ

ハンバーガー、飲茶、スイーツなど幅広いラインアップ

ニューヨーカーのお気に入りが集合

The Market Line

マーケット・ライン

ベンダー数▶24

右の「エセックス・マーケット」の地階にオープン。ニューカマーはもちろん、ウクライナ料理の「Veselka」や飲茶の「Nom Wah」など、人気の老舗店なども軒を連ね、NYが愛する新旧両方の食文化に触れることができる。さまざまな食材を取り扱う1階のエセックス・マーケットと合わせて訪れたい。

MAP P.6-B2　ロウアー・イースト・サイド
住 115 Delancey St.（at Essex St.）
地下鉄 AFMJZ Delancey St-Essex St
営 12:00～24:00（木～土翌 2:00）
カード ADJMV
URL www.marketline.nyc　☆座席数：多め

上／にぎわうダイニングセクション。右上／ロウアー・イースト・サイドらしいヒップな雰囲気が人気、右下／地階へは階段で

2階が明るく開放的なイートインスペース

老舗マーケットがリニューアル

Essex Market

エセックス・マーケット

ベンダー数▶36

ロウアー・イースト・サイドのランドマーク的なマーケットが、2019年に改装オープン。フレッシュな肉や魚、野菜などのグロッサリーだけでなく、ローカルに愛されている名店が揃ったフードホールも併設。地階には左で紹介している「マーケット・ライン」もオープンした。ふたつのフードホールでNYの味をたっぷり楽しめそう。

MAP P.6-B2　ロウアー・イースト・サイド
住 88 Essex St.（at Delancy St.）
地下鉄 FMJZ Delancey St-Essex St
☎（1-917）881-7096
営 8:00～20:00（日 10:00～18:00）
カード ADJMV
URL www.essexmarket.nyc　☆座席数：多め

グリニッチ・ビレッジにあるPorto Rico Importingやヴィーガンフードのテナントも

DINING Tips!

ニューヨークは世界でも指折りのグルメシティ。世界各国のすばらしい料理を堪能できる。

基本情報

予約について

高級店はもちろんカジュアル店でも、まずは予約を。カジュアル店のなかには予約を受け付けない店もあるが可能なかぎり予約するのが賢明。その際、便利なのが予約サイトの「オープンテーブル」。1200以上の店のなかから、場所・目的・日時・人数などにより希望のレストランの予約ができる。

URL www.opentable.com

また、各レストランのウェブサイトのReservations（予約）ページからレストランによりOpen TableやYelp!、Resy、Tockなどの予約サイトを通して予約することもできる。

営業時間

レストランの営業時間は、だいたいランチ11:00～15:00、ディナー18:00～22:00。韓国料理店、ウクライナ料理店などは24時間営業のところもある。

基本的に禁煙

NYでは、ほとんどのレストラン、カフェはバーも含め、屋内での喫煙は禁止されている。これは州の法律で決められているもの。もし食事中に喫煙したくなったら、一度外に出て、決められた場所で吸うしかないが、公共の場はほとんど禁止になっている。路上喫煙も禁止なので気をつけよう。違反者には＄50の罰金が科せられる。

チップ

ニューヨークのレストランのチップの相場は18～20%で、タックス（8.875%）の2倍（ダブルタックス）が基本といわれている。店によっては支払い金額にあらかじめ加算してくるところもある。レシートをよく確認しよう。

現金で支払う場合、チップのみテーブルに置いていく方法もある。ただし、小銭だけを置くようなことは失礼なのでしないように。クレジットカードの場合は、チップ欄があるのでチップ金額と合計金額を計算して記入しサインしたものを担当者に渡す（→P.185）。タブレットの場合はチップ欄をタップして決済を。

☑ レストラン情報

普段は行けないような高級レストランに足を運ぶチャンスが「レストランウイーク」。夏と冬の2回の特定期間に、イベントに協賛しているレストランのコース料理がお手頃な値段で提供される。2023年7月24日～8月20日は2コースのランチ＄30、3コースのディナー＄60だった。ただし、ドリンク類や税金、チップなどは別料金。

URL www.nyctourism.com/restaurantweek

ドレスコード

NYの高級レストランでは以下のようなドレスコード（服装規定）を設けている店がある。店によって基準もさまざまなので、気になるようなら食事の前に聞いておくとよい。NYのレストランでは多くが「ナイスカジュアル」。
★カジュアルエレガント
女性はワンピース以上イブニング未満のドレス。男性はスーツなど略礼服。
★スマートカジュアル
女性はワンピースやスーツ。男性はスーツ、または上着にネクタイなど。ジーンズはNG。
★ナイスカジュアル
おしゃれに着こなしていればジーンズでもOK。ダメージジーンズやTシャツ、短パンなどは避けたい。

おトクなハッピーアワー

決まったアルコールやフードが、特定の時間帯のみお手頃価格で楽しめるサービスのこと。通常の半額近い値段で飲めることもあり、ディナー前の1杯にはおすすめ。時間帯は店によって異なるが、平日の16:00～19:00など、ピークの時間の前がほとんど。多くのバーやレストランでハッピーアワーを設けている。

飲酒の際にはIDを

ニューヨークでは飲酒は21歳から。そのため、バーやレストランでアルコールを注文する際は、写真付きのID（パスポートなどの身分証明）の提示を求められることがある。忘れずに持参を。レストランによっては、パスポートのコピーでもOKとしてくれるところもたまにあるが、なるべく現物を持っていくのがよいだろう。日本の運転免許証は不可。

アルコールを持ち込む

「BYOB」と書いてあったら、アルコール持ち込みOKという意味。BYOBは「Bring Your Own Bottle 自分の酒は持参で」の略。アルコールに対するコルクチャージ（コルクを開ける手間賃、グラス使用料など）が取られることもある。

USDAって何？

USDA ORGANIC

USDAはUnited States Department of Agricultureの略で、アメリカ合衆国の農務省のこと。日本でいえば、農林水産省にあたる政府機関。USDAマークがついているものは、農務省公認ということ。

レストランの衛生

ニューヨークでは、衛生状態の格づけを店頭に表示することが義務づけられている。対象は約2万4000軒ある市内すべての飲食店。NY市衛生局が抜き打ち検査を行い、ABCの3ランクで評価。B以下の評価の場合は、改善猶予期間の1ヵ月以内に再検査を受けることができる。検査結果は店頭に掲示される。

何を食べる?

ハンバーガー

ファストフードから高級レストラン、ステーキハウス、専門店までさまざま。

ニューアメリカン

各国料理の要素を取り入れた見た目も美しいヘルシーな料理。セレブシェフによる店多数。

パンケーキ

ダイナーやカフェなどで。朝食やブランチとして出している店が多い。

☑日本に上陸したNYフード

チェック

朝食で有名なサラベスやクリントン・ストリート・ベーキング・カンパニー、シティ・ベーカリー(NYは閉店)。熟成肉が人気のウルフギャング・ステーキハウスやハンバーガーのシェイク・シャックなどがある。また、ブランチで人気のジャックス・ワイフ・フリーダ、老舗ステーキハウスのピーター・ルーガーも東京に上陸している。

☑話題のSNS映えスイーツ

NYでは、近年カラフルでかわいい、いわゆるSNS映えするスイーツが話題。NYでは、もともと、ドミニク・アンセルの「クロナッツ®」がきっかけで、味がよくて見た目もかわいいスイーツが流行に。現在は、カラフルなスイーツ、ドリンク類などが人気。多くの店がユニークなメニューを創作している。

コーヒー

最近は、豆にこだわったコーヒー店が増えている。

ベーグル

ユダヤ人の多いNYではポピュラーな食べ物。専門店やグルメストアなどで買える。

カップケーキ

見た目はとてもかわいいけど味は激甘。最近は甘さ控え目で、オーガニックのものも人気。

ステーキ

肉質にこだわったダイナミックな味わい。Dry-agingと呼ばれる熟成肉を出す店が多い。

オーダーしよう！

❶ 入店する

“Hi”や“Good Evening”などと笑顔であいさつを。名前と人数を告げる。勝手に空いている席に座らないこと。

❷ 案内される

案内係の人が案内してくれる。席に着くと、テーブル担当者がメニューを持ってきてくれる。

❸ ウエーターを呼ぶ

担当者を呼ぶときは、基本はアイコンタクトか片手を軽くあげる。大声で呼び止めるのは避けること。

❹ 飲み物を注文する

アルコールを飲まなくても水、発泡水などを頼もう。エスコートする男性が女性の分も注文するのがスマートだ。

❺ 料理を注文する

シェアすることを伝えれば、お皿を別々にしてくれる店もある。デザートメニューは食後に出てくる。

❻ 料理を味わう

テーブル担当者がやってきて、味はどうだったかなどと声をかけてくる。「Good!」「Excellent」など感想を伝えよう。

❼ 支払い（チェック）を頼む

テーブルで行うのが基本。座ったまま、“Check, please”と頼むと、勘定書き（Check）を持ってきてくれる。

❽ 支払い（チェック）する

チップは飲食費の15～20%。NYでは18%～20%がスタンダードだ。
チップ換算早見表は ➡P.483

クレジットカード

飲食費の合計欄の下にチップを加えた合計金額を記入してサインする。複写になっている自分の控え（Customer's Copy）のみ持ち帰る。

現金

チップを料金に加算してテーブルの上に置く。料理の支払いを先にして、チップだけテーブルに置いてもいい。

アプリやタブレット

Apple Payなどアプリ決済が可能な店もある。

☑ メニューで見かける英語

肉類	仔牛肉	veal（ヴィール）
	仔羊肉	lamb（ラム）
	シカ	venison（ヴェニソン）
	七面鳥	turkey（ターキー）
魚介類	アワビ	abalone（アバロウニ）
	シタビラメ／カレイ	sole（ソウル）
	車エビ	prawn（プローン）
	タコ	octopus（オクトパス）
	イカ	squid（スクイッド）
	マス	trout（トラウト）
	タラ	codfish（コッドフィッシュ）
	スズキ	perch（パーチ）
	イワシ	sardine（サーディン）
	ムール貝	mussel（マスル）
	ハマグリ	clam（クラム）
	ホタテ	scallop（スカラップ）
	カタツムリ	snail（スネイル）
調理方法	ゆでた	boiled（ボイルド）
	炒めて蒸した	braised（ブレイズド）
	あぶり焼きにした	broiled（ブロイルド）
	直火焼きにした	grilled（グリルド）
	燻製にした	smoked（スモークト）
	蒸した	steamed（スティームド）
	油で軽く炒めた	sautéed（ソウテイド）
	油で揚げた	deep fried（ディープフライド）
	オーブンで焼いた	roasted（ローステド）
	つぶした	mashed（マッシュド）
	～を詰めた	stuffed（スタッフト）
	串焼き	brochette（ブロシェット）
	とろ火で煮込んだ	stewed（スチュード）
	ぶつ切りにした	chopped（チョップト）
	冷やした	chilled（チルド）
	骨付きの	boned（ボウンド）
	風味付けした	flavored（フレイヴァード）
	添える	garnish（ガーニッシュ）

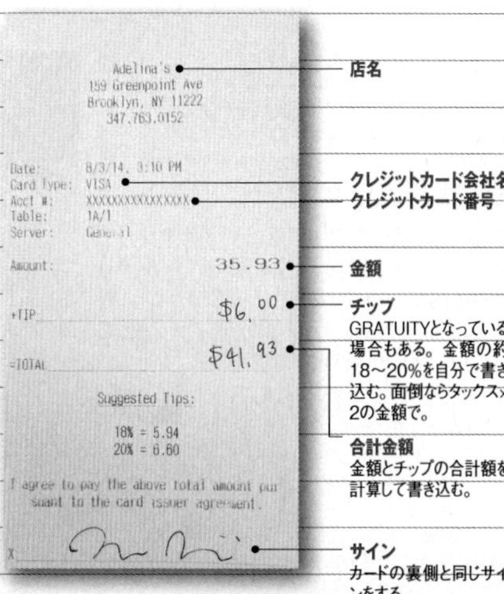

ニューヨーカーに人気 ★セレブシェフ系のほか、クリエイティブな料理が人気。

ミシュラン認定のフュージョンアメリカ

クラウンシャイ
Crown Shy

別MAP P.3-C2 ロウアー・マンハッタン

シェフはNYのフードシーンを牽引するジェームズ・ケント氏。旬の素材を使った美しい料理が堪能できる。週末のブランチもおすすめ。

住70 Pine St.(near Pearl St.)
地下鉄②③Wall St ☎(1-212)517-1932
営月～水17:30～21：30、木・金～22:00、土11:00～14:30、17:30～22:00、日11:00～14:30、17:30～21:30
カード A D J M V URL crownshy.nyc

パリにいるような優雅なビストロ

ラ・グランデ・ブーシェリー
La Grande Boucherie

別MAP P.36-A3 ミッドタウン・ウエスト

アールヌーボー様式の美しくゆったりとした店内では朝食からランチ、ディナー、夜のおつまみまで楽しめる。ハンバーガーもおすすめ。

住145 W. 53rd St. (bet. 6th & 7th Aves.)
地下鉄ⒷⒹⒺ7Av
☎(1-212)510-7714
営8:00～24:00
カード A D J M V
URL boucherieus.com

各メディア絶賛の定番レストラン

グラマシー・タバーン
Gramercy Tavern

別MAP P.10-A1 グラマシー

数々の人気店を手がけるダニー・メイヤーが経営のモダンアメリカン。日本とフランスで経験を積んだシェフ、マイケル・アンソニーの料理が絶品。エレガントな店内の雰囲気もよし。

シーズナルメニュー($168)が好評

気軽に楽しむなら予約必要のタバーンエリアへ

Photo by Elen Silverman

住42 E. 20th St.(bet. Park Ave. S. & Broadway)
地下鉄⑥23 St
☎(1-212)477-0777
営ランチ11:30～14:30、ディナー17:00～21:30(金・土～22:00)
予算ランチ＄58～、ディナー＄168～
カード A M V URL www.gramercytavern.com

大人な雰囲気の高級フレンチ

イレブン・マディソンパーク
Eleven Madison Park

別MAP P.14-A4 グラマシー

ユニオン・スクエア・カフェやグラマシー・タバーンの系列店。天井が高いアールデコ調の店内で、ラグジュアリーなフランス料理を堪能できる。ランチ・ディナーとも＄335～のテイスティングメニュー。

ミシュランガイドで3つ星を獲得

マディソン・スクエア・ガーデンのすぐそば

住11 Madison Ave.(at 24th St.)
地下鉄ⓇⓌ23 St
☎(1-212)889-0905
営土12:00～14:00、月～水17:30～22:00、木～日17:00～23:00
予算＄335～(テイスティングコースのみ)
カード A J M V URL www.elevenmadisonpark.com

♥**知っておきたいNYセレブシェフ** ダニエル・ブリュー（フレンチの4つ星シェフ）、マーカス・サミュエルソン(オバマ前大統領の公式晩餐会を担当)、ジャン・ジョルジュ（NYに13店舗ものレストランをもつ）。↗

王道人気のモダンアメリカン

ユニオン・スクエア・カフェ Union Square Cafe

別MAP P.10-A1 グラマシー

人気レストランガイド『ザガット』で、いつもトップグループに入る店。メニューは日替わり。19th St.バーガー＄27。

住101 E. 19th St. (at Park Ave S.)
地下鉄LNQRW45614 St-Union Sq
☎(1-212) 243-4020 営ランチ木～日11:30～14:30、ディナー17:00～22:30（木～土～23:00）
予算ディナー＄40～
カードADMV URLwww.unionsquarecafe.com

NYのラーメンブームの先駆け店

モモフク・ヌードルバー Momofuku Noodle Bar

別MAP P.10-B3 イースト・ビレッジ

日本のラーメン屋で修業したオーナーシェフのデービッド・チャン氏。おしゃれなインテリアに囲まれた店。

住171 1st Ave. (bet. 10th & 11th Sts.)
地下鉄L1 Av ☎(1-212) 777-7773
営12:00～15:00（金・土～16:00）、17:00～22:00（金・土～23:00）
予算＄16～
カードAMV URLwww.momofukunoodlebar.com

超高層ビルの60階にあるダイニング

マンハッタ Manhatta

別MAP P.3-C2 ロウアー・マンハッタン

JPモルガンが所有していた超高層ビルの60階にあるダイニング。「マンハッタ」の店名は、19世紀の詩人、ウォルト・ホイットマン氏の詞に由来するという。フレンチを取り入れたニューアメリカンが楽しめる。

ウォール街に近く、NYダウンタウンの絶景が眺められる

コースやアラカルトを楽しめる

住28 Liberty St. (bet. 5th & 6th Aves.)
地下鉄ACFulton St ☎(1-212) 230-5788
営12:00～14:00、17:00～22:30
予算ランチ、ディナー＄35～
カードADJMV
URLwww.manhattarestaurant.com

Photos: Manhatta

人気のフレンチビストロ

パスティス Pastis

別MAP P.8-B3 ミート・パッキング・ディストリクト

1999年創業。2014年に一度閉店したが2019年に待望の再オープン。アメ色に炒められた玉ねぎがたっぷり入ったオニオングラタンスープがおすすめ。フォトジェニックな空間もすてき。

おしゃれなのに気取らないフレンチビストロ。朝食からディナーまで楽しめる

以前お店があった場所から近いミート・パッキング・ディストリクトにある

Photos:Pastis

住52 Gansevoort St. (bet. Washington & Greenwich Sts.) 地下鉄ACEL14 St
☎(1-212) 929-4844 営朝食8:00～11:00、ランチ11:30～15:00、ミッディ15:00～17:00、ディナー17:00～23:00（金・土～24:00）、ブランチ土・日10:00～15:00 予算ランチ＄45～、ディナー＄95
カードADJMV URLpastisnyc.com

↘ シェフではないが、シェイク・シャックの仕掛け人、ユニオンスクエア・ホスピタリティ・グループのダニー・メイヤーもチェックを！

贅沢な時間を過ごせること間違いなし

ザ・モダーン
The Modern

別MAP P.37-C3 ミッドタウン・ウエスト

ニューヨーク近代美術館にあるニューアメリカンのレストラン。店内は彫刻庭園に面しており、コンテンポラリーアートを眺めながらゆっくり美しい料理を楽しめる。レストランで食事をする場合、入館料は不要。

住9 W. 53rd St.(bet. 5th & 6th Aves.)
地下鉄ⒺⓂ5 Av/53 St
☎(1-212)333-1220
営11:30〜14:00、月〜土17:00〜21:00
カードADJMV
URLwww.themodernnyc.com

ミシュランで2つ星を獲得した実力派

天井が高く、昼間は太陽の光が差し明るい雰囲気

バカラ・クリスタルに囲まれて

グランド・サロン
Grand Salon

別MAP P.36-B3 ミッドタウン・ウエスト

バカラ・ホテルの中にあるレストラン。バカラのクリスタルを取り入れた店内のインテリアは必見。フレンチのツイストをきかせたニューアメリカンで、ランチとディナーが楽しめる。いちばんのおすすめはアフタヌーンティー$140〜。

とびきり優雅なひとときを過ごせるアフタヌーンティー

バカラのクリスタルに囲まれたおしゃれで豪華な店内

住28 W. 53rd St.(bet. 5th & 6th Aves.)バカラ・ホテル内2階　地下鉄ⒺⓂ5 Av / 53 St
☎(1-212)790-8867　営7:00〜23:00(日〜22:00、アフタヌーンティー12:00〜17:00(要予約)　予算$75〜　カードADJMV
URLwww.baccarathotels.com

新鮮なオリーブオイルがたっぷり

フィグ・アンド・オリーブ
Fig & Olive

別MAP P.8-B2 ミート・パッキング・ディストリクト

店名どおり、オリーブオイルをふんだんに使った地中海料理。南フランス、イタリア、スペインのエッセンスが漂う料理はどれもボリューム満点。

健康にもよいオリーブをふんだんに用いている
Photo : B Mine

インテリアもおしゃれで女性に人気

住420 W.13th St.(bet. 9th Ave.&Washington St.)　地下鉄Ⓛ8 Av　☎(1-212)924-1200
営ランチ12:00〜15:30(ブランチ土・日11:00〜)、ディナー16:00〜21:30
予算ランチ＄29〜、ディナー＄42〜
カードAJMV
URLwww.figandolive.com

VOICE　**ザ・モダーン**　コース料理が中心だが、手前のバーコーナーならアラカルトでカジュアル。オープンキッチンの目の前でコース料理が楽しめる限定席もあるようだ。(京都府　中川健太郎　'23)

『ティファニーで朝食を』が現実に

ザ・ブルーボックス・カフェ
The Blue Box Cafe

別MAP P.37-C2 ミッドタウン・イースト

ラグジュアリー感たっぷりの優雅な空間で、朝食やランチ、ティファニー・ティー、ディナーなどのメニューを楽しむことができる。事前予約が必要。

住727 5th Ave.(at 57th St.)ティファニー6階
地下鉄Ⓕ線57 St ☎(1-212)605-4090
営月～土10:00～20:00、日11:00～19:00
予算$39～ カードADJMV
URLwww.blueboxcafenyc.com
※URLresy.com/cities/ny/blue-box-cafeから予約を。NY時間の9:00から30日後の予約を受け付けている。Resyのアプリでも可能

2023年4月にリニューアル。ティファニー・ブルーの世界は健在
Photo Courtesy Tiffany & Co.

ハーレムにあるソウルフード

エイミー・ルースズ
Amy Ruth's

別MAP P.29-D3 ハーレム

ローカルにも観光客にも人気。ソウルフードの定番でもあるフライドチキン、バーベキューリブのほか、メープルシロップをかけていただくワッフル&フライドチキンがおすすめ。

ワッフルにフライドチキンウイングがのったThe Tommy Tomita $23.95

壁にはアフリカ系アメリカンの著名人のイラストが

住113 W. 116th St.(near Malcolm X Blvd.)
地下鉄❷❸116 St
☎(1-212)280-8779
営11:30～21:00(金・土～22:00)
予算ランチ、ディナー$15～
カードADJMV URLamyruths.com

ファッショニスタもお気に入り

ロカンダ・ヴェルデ
Locanda Verde

別MAP P.5-C3 トライベッカ

オーナーはロバート・デ・ニーロ氏。グリニッチ・ホテル内にあり、カフェ・ブリュー出身シェフの都会的イタリアンが楽しめる。

住377 Greenwich St. (near N. Moore St.)
地下鉄❶Franklin St ☎(1-212)925-3797 営朝食月～金7:00～11:00、ランチ月～金11:30～15:00、ディナー月～土17:00～23:00、ブランチ土・日10:00～15:00 予算ディナー$40～
カードAMV URLwww.locandaverdenyc.com

話題の超高層ビルにあるスターシェフの店

ル・パビロン
Le Pavillon

別MAP P.35-D3 ミッドタウン・ウエスト

超高層ビル、ワン・ヴァンダービルトにオープンしたフレンチの巨匠ダニエル・ブールー氏のレストラン。

住One Vanderbilt Ave(ワン・ヴァンダービルト内2階) 地下鉄Ⓢ❹❺❻❼Grand Central-42 St
☎(1-212)622-1000 営月16:30～23:30、火～金12:00～14:00、16:30～23:30 休日
予算ランチ$75～、ディナー$130～
カードADJMV URLlepavillonnyc.com

VOICE **エイミー・ルースズ** 日曜の午後は付近の教会帰りの人々でにぎわう。少々混雑するが雰囲気を楽しみたいならおすすめ。チキン&ワッフルはすごくおいしかった。 (静岡県 そーき '23)

=要予約・予約をすすめる　=ドレスアップしよう

オバマ氏も訪れたハーレムの新名所

レッド・ルースター
Red Rooster

別MAP P.29-D1 ハーレム

スウェーデン料理をベースにアレンジされたマーカス・サミュエルソンの超人気店。週末のブランチは行列覚悟で。

Photo by Paul Brissman

住310 Lenox Ave.（bet. 125th & 126th Sts.）
地下鉄❷❸125 St　☎（1-212）792-9001　営月〜金12:00〜21:00（金〜22:00）、土・日11:00〜22:00（日〜21:00）　予算ディナー＄40〜
カードAMV　URLwww.redroosterharlem.com

カジュアルなニューアメリカン

コロニー
Colonie

別MAP P.42-A2 ボコカ

あたたかみのある雰囲気と行き届いたサービス、洗練された味わいの料理が人気。週末のブランチもおすすめ。

住127 Atlantic Ave.（near Henry St.）, Brooklyn
地下鉄❷❸❹❺Borough Hall　☎（1-718）855-7500
営17:00〜21:30（金・土〜22:00）、ブランチ土・日11:00〜14:45
カードAMV
URLwww.colonienyc.com

NYの夜景も豪華メニュー

リバー・カフェ
The River Café

別MAP P.41-A1 ダンボ

ブルックリン・ブリッジのたもとにあり、マンハッタンが一望できる有名アメリカ料理店。格式が高くムード満点。デートや記念日、誕生日におすすめ。ドレスコードもスマートエレガンスで。

ここからのマンハッタンの景色は最高

ブルックリン・ブリッジをイメージしたデザート

Photos：vivavioletaphotography.com

住1 Water St., Brooklyn（ブルックリン・ブリッジのたもと）　地下鉄ⒶⒸHigh St
☎（1-718）522-5200
営水〜日17:00〜22:30　休月・火
予算ディナー＄130〜　カードAMV
URLrivercafe.com

老舗アペタイジングストアのカフェ

ラス&ドーターズ・カフェ
Russ & Daughters Cafe

別MAP P.6-B1 ロウアー・イースト・サイド

コーシャーフードが中心のアペタイジングストア、ラス&ドーターズのカフェ。ベーグルやパストラミサンドがおすすめ。ジューイッシュ美術館にも支店があり、メニューが少し異なる。

系列デリにも近いロウアー・イースト・サイドにある

3〜4人ならいろいろつまめるPlattersをオーダーしたい

住127 Orchard St.（bet. Rivington & Delancey Sts.）
地下鉄ⒻⓂⒿⓏDelancey St
☎（1-212）475-4880
営8:30〜14:30（金・土〜15:30）
カードAMV
URLwww.russanddaughterscafe.com

VOICE　**ラス&ドーターズ・カフェ**　センスよく盛りつけられたベーグル・サンドは、SNS映えする！　朝食からディナーまで通し営業なのもいい。　（東京都　花菜　'22）['23]

肉のカットと焼き方に定評あり

クオリティ・ミーツ Quality Meats

別MAP P.36-B1 ミッドタウン・ウエスト

専用グリルを使った肉は、うま味が閉じこめられている。昔の精肉店をイメージしたインテリアも見どころ。

住57 W. 58th St.(bet. 5th & 6th Aves.)
地下鉄Ⓕ57 St ☎(1-212) 371-7777 営ランチ月～金11:30～15:00、ディナー17:00～23:00
予算ランチ＄28～、ディナー＄60～
カードAMV URLwww.qualitymeatsnyc.com

『プラダを着た悪魔』にも登場

スミス・アンド・ウォレンスキー Smith & Wollensky

別MAP P.18-B3 ミッドタウン・イースト

焼き加減がレアでも外側を豪快に黒くなるまで焼くのがこのお店の特徴。フィレとサーロインが両方楽しめる。

住797 3rd Ave.(at 49th St.) 地下鉄⑥51 St
☎(1-212) 753-1530 営ランチ月～金11:45～14:30、ディナー17:00～23:00(日・月～22:00)
予算ランチ＄60～、ディナー＄80～
カードADJMV
URLwww.smithandwollenskynyc.com

フレンチテイストのステーキを

ビーエルティー・プライム BLT Prime

別MAP P.22-B3 アッパー・イースト・サイド

見た目も美しい上品なステーキが人気。肉はアンガス牛のUSDAプライムビーフ。他店とは一線を画す、おしゃれな店内もいい。

住1032 Lexington Ave. (bet. 73rd & 74th Sts.)
地下鉄⑥77 St
☎(1-212) 995-8500
営17:00～22:00
予算ディナー＄100～ カードAMV
URLwww.bltrestaurants.com

日本にも上陸した人気店

ベンジャミン Benjamin

別MAP P.35-D4 ミッドタウン・イースト

ピーター・ルーガーでキャリアを積んだマネージャーとシェフがオープンさせた店。ステーキはもちろんスープも絶品。

住52 E. 41st St. (bet. Madison & Park Aves.) Dylon Hotel内 地下鉄④⑤⑥⑦ⓈGrand central-42 St. ☎(1-212) 297-9177 営月～金7:30～22:30、土16:00～22:30 休日
予算$50～ カードADJMV
URLwww.benjaminsteakhouse.com

ブルックリン発"肉屋"が話題に

ブルックリンのウイリアムズバーグの発展にひと役買ったのが、ローカル&サステイナブルにこだわった、アンドリュー・ターロウ氏。もともと倉庫街で治安が悪かったサウス・ウイリアムズバーグ周辺にインダストリアルな建物を生かした、いわゆる「ブルックリンスタイル」のホテルやレストランを次々とプロデュース。それがきっかけでブルックリンカルチャーが栄えていったといっても過言ではない。ワイス・ホテル(P.348)、ダイナー(P.195)、マーロウ&サンズ(P.195)、ローマンズ(P.198)などがターロウ氏による系列店だ。それらのお店に食料品を卸す精肉店、マーロウ&ドーターズMarlow & Daughters(別MAP P.38-A3)にも注目したい。

♥Quality Eats クオリティ・ミーツのカジュアルビストロ。同じクオリティの肉料理や一品料理が楽しめる。イースト・ビレッジとアッパー・ウエスト・サイドに支店あり。URLwww.qualityeats.com

これぞ、アメリカンステーキ！

ウルフギャングス・ステーキハウス・トライベッカ
Wolfgang's Steakhouse TriBeCa

別MAP P.5-C3 トライベッカ

老舗ステーキ店「ピーター・ルーガー」の元ヘッドウエーター、ウルフギャングが独立、オープンさせた人気店。28日間熟成のドライ・エイジド・ビーフの味は絶品。ほかにも市内に4店舗ある。

ピーター・ルーガーは遠いと思う人はここへ

食後のマストオーダーはチーズケーキ

住409 Greenwich St.（bet. Beach & Hubert Sts.）　地下鉄❶Franklin St　☎（1-212）925-0350
営日～木12:00～22:00、金・土12:00～23:00
予算ランチ＄30～、ディナー＄70～
カードADJMV
URLwolfgangssteakhouse.net

エレガントなステーキ専門店

ポーターハウス・バー・アンド・グリル
Porter House Bar and Grill

別MAP P.17-C2 アッパー・ウエスト・サイド

コンテンポラリー・アメリカンで知られるシェフ、マイケル・ロモナコが手がける店。ポーターハウス、サーロインに加え、45日間熟成のドライエイジド・ビーフも話題に。窓からはセントラルパークが一望できるという絶景付き。

良質のビーフのうま味を閉じ込めたフィレミニョン$76（ディナー）

キッチンで焼かれるビスケットもマストオーダー

Photos：Noah Fecks

住10 Columbus Cr.（at 59th St.）ドイツ銀行センター４階　地下鉄ⒶⒸⒷⒹ❶59-Columbus Circle　☎（1-212）823-9500　営11:30～14:45、17:00～22:00（木・金～23:00、土～翌2:00）　予算＄50～　カードAMV
URLwww.porterhousenyc.com

ブルックリンの老舗ステーキハウス

ピーター・ルーガー・ステーキハウス
Peter Luger Steakhouse

別MAP P.38-A4 ウイリアムズバーグ

創業100年以上の歴史があり、地元の人だけでなく、現地在住の日本人も絶賛しているステーキハウス。狙い目はランチ。ディナーは予約困難だが、キャンセルもあるので電話をしてみて。

住178 Broadway（bet. Driggs & Bedford Aves.）, Brooklyn　地下鉄ⒿⓏⓂMarcy Av
☎（1-718）387-7400　営月～木11:45～21:45、金・土11:45～22:45、日12:45～21:45
予算ランチ＄25～、ディナー＄80～
カード不可、現金のみ
URLpeterluger.com

ニューヨークで絶賛され続けているステーキ

赤れんががひときわ目立つ

VOICE　**ピーター・ルーガー・ステーキハウス**　東京に上陸。なかなかNYに行けないので食事に行った。味はまったく同じで、店内はNYよりも高級感があった気がする。（東京都　前田絵理　'22）['23]

週末のブランチは行列覚悟で

サラベス・セントラルパーク・サウス
Sarabeth's Central Park South

別MAP P.36-B1 ミッドタウン・ウエスト

朝食＆ブランチ（月～金8:00～16:00、土・日8:00～17:00）が人気。いち押しは、ふわふわ卵のオムレツ$23～。有名な自家製ジャムも絶品。ほか4店舗あり。

名物料理のクラシック・ハム・ベネディクト$27（ブランチ）

セントラルパークのすぐそばにある

住40 Central Park S.（bet. 5th & 6th Aves.）
地下鉄N R W 5 Av-59 St ☎(1-212) 826-5959
営8:00～22:00（日～21:00）
休12/25
予算朝食&ランチ＄25～、ディナー＄45～
カードA D J M V
URLsarabethsrestaurants.com/ ■家庭料理

カキを食べるならグラセンへ

グランド・セントラル・オイスター・バー
Grand Central Oyster Bar & Restaurant

別MAP P.35-D3 ミッドタウン・イースト

古きよき時代の駅の雰囲気をそのままに、1913年から営業。毎朝、世界中から新鮮なシーフードが入荷する。

住89 E. 42nd St.（Grand Central Terminal B1F） 地下鉄S 4 5 6 7 Grand Central-42nd St
☎(1-212) 490-6650
営月～金11:30～21:30 休土・日 予算＄40～
カードA D J M V URLwww.oysterbarny.com
■トラディショナル

アップルパンケーキが有名

フレンド・オブ・ア・ファーマー
Friend of a Farmer

別MAP P.10-A1 グラマシー

カントリー調の店内は一歩入っただけで和やかな気分になる。週末のブランチは混み合うので時間をずらして。

住77 Irving Pl.（bet. 18th & 19th Sts.）
地下鉄L N Q R W 4 5 6 14 St-Union Sq
☎(1-212) 477-2188 営9:00～22:00（日17:00～） 予算ランチ＄20～、ディナー＄30～
カードA M V
URLwww.friendofafarmer.com ■家庭料理

アメリカ文化と歴史の香る店

ピーツ・タバーン
Pete's Tavern

別MAP P.10-A1 グラマシー

1864年創業、ニューヨークでいちばん古いといわれる歴史ある店。パスタやバーガー類が中心でボリュームあり。

住129 E. 18th St.（at Irving Pl.）
地下鉄L N Q R W 4 5 6 14 St-Union Sq
☎(1-212) 473-7676 営12:00～翌2:00
予算ランチ＄13～、ディナー＄20～
カードA M V URLwww.petestavern.com
■トラディショナル

ブルックリンの人気アメリカン

バターミルク・チャネル
Buttermilk Channel

別MAP P.42-A4 ボコカ

おすすめはButtermilk Fried Chicken $29（ディナーのみ）。土日のブランチメニューも充実している。

住524 Court St., Brooklyn（at Huntington St.）
地下鉄F G Smith - 9 Sts ☎(1-718) 852-8490
営月～金11:30～15:00、17:00～22:00（金～23:30）、土・日10:00～15:00、17:00～22:00（土～23:30） 休月 予算ディナー＄85～
カードA D J M V URLbuttermilkchannelnyc.com
■家庭料理

VOICE **グランド・セントラル・オイスター・バー** ひとり旅で気軽にレストランに入りたいならおすすめ。カウンターでサクッと食べられるし、入口横に持ち帰り専門のカウンターもある。（神奈川県 平林健一 '23）

リピーター続出のミートボール専門店

ミートボール・ショップ
The Meatball Shop

別MAP P.16-B3 ミッドタウン・ウエスト

©Will Sterns

5種類のミートボールとソースを組み合わせるメニューが人気。サイドメニューも豊富だ。

住798 9th Ave.（at 53rd St.）
地下鉄Ⓒ Ⓔ50 St ☎（1-212）230-5860
営月～金12:00～23:00（金～24:00）、土・日11:30～23:00（土～24:00）
予算$15～ カード A D J M V
URL www.themeatballshop.com ■家庭料理

トライベッカの人気ダイナー

バビーズ
Bubby's

別MAP P.5-C3 トライベッカ

素材とホームメイドにこだわるアメリカンダイナー。おすすめは有機卵を使用したエッグ・ベネディクト。ブランチのみイングリッシュマフィン付き。チェリーやアップルなどのパイも定番。

定番人気のエッグ・ベネディクト$24

ハイライン散策の前にフラッと立ち寄れる

住120 Hudson St.（bet. Franklin & N Moore Sts.）
地下鉄❶Franklin St ☎（1-212）219-0666
営8:00～22:00（金・土～23:00）
カード A D J M V
URL www.bubbys.com
■家庭料理

話題のフレンチベーカリー&カフェ

ラファイエット
Lafayette

別MAP P.10-A4 ノーホー

SNSでシュプリームが大人気に。ランチからディナーまでカジュアルに楽しめる。なかでもエッグ・ベネディクトには定評あり。パンやケーキを持ち帰るのもいい。

Photo: Noah Fecks

フレンチテイストのカフェ。朝食やブランチがおすすめ

人気のシュプリームは1人1個限りの販売（2023年12月現在）

住380 Lafayette St.（bet. 4th & Great Jones Sts.）
地下鉄❻Bleecker St ☎（1-212）533-3000
営朝食8:00～11:00（土・日～10:00）、ランチ11:30～15:30（ブランチ土・日10:00～）、ディナー17:00～21:30（水～土～22:00）
予算$30～ カード A D J M V
URL www.lafayetteny.com ■家庭料理

ここにも忘れずに立ち寄りたい！

デュモン・バーガー
DuMont Burger

別MAP P.38-A3 ウイリアムズバーグ

デュモン・バーガー$17が大人気。ミニサイズ$15のほか、マック&チーズやミルクシェイクなども評判がよい。

住314 Bedford Ave.（bet. S.1st & S.2nd Sts.）, Brooklyn 地下鉄ⓁBedford Av
☎（1-718）384-6127 営日～木11:30～23:00、金・土11:30～翌1:00 予算$15～
カード A D J M V URL dumontburgerusa.com
■家庭料理

VOICE **バビーズ** 『プラダを着た悪魔』のアンディ（アン・ハサウェイ）の恋人ネイトが働くレストランとして出てくるのが、バビーズのトライベッカ店！（神奈川県 雅子 '22）['23]

付近住民に愛されている

マーロウ&サンズ
Marlow & Sons

別MAP P.38-A3 ウイリアムズバーグ

ローカル食材を使ったニューアメリカン。朝食からディナーまで、メニューは日替わり。入口付近はカフェ。

住81 Broadway (bet. Berry St. & Wythe Ave.), Brooklyn 地下鉄JZMMarcy Avから徒歩約10分
☎(1-718) 384-1441
営8:00〜18:00(水〜土〜22:00)
予算朝食$15〜、ランチ・ディナー$40〜
カードADJMV URLwww.marlowandsons.com

地元ニューヨーカーに人気

グッド・イナフ・トゥ・イート
Good Enough to Eat

別MAP P.20-B1 アッパー・ウエスト・サイド

おすすめはパンケーキ$14〜。週末のブランチタイムには行列ができるほど。量も多めで店名どおり満腹に。

住520 Columbus Ave. (at 85th St.)
地下鉄BC86 St ☎(1-212) 496-0163
営月〜金8:00〜22:00、土・日9:00〜16:00、17:30〜22:00 予算ランチ$15〜、ディナー$20〜 カードADJMV
URLwww.goodenoughtoeat.com ■家庭料理

サウス・ブルックリンのアイコン的存在

ダイナー
Diner

別MAP P.38-A3 ウイリアムズバーグ

昔使われていた食堂車(ダイナー)を使用したレトロでセンスのよい店内がいい。メニューは日替わりをはじめハンバーガーや肉料理などが味わえる。ブランチもおすすめ。

上質な素材を使ったGrass-fed & Finished Burger$25

食堂車を再利用した建物を使用。古きよきアメリカを感じる

住85 Broadway (at Berry St.), Brooklyn
地下鉄MMarcy Av
☎(1-718) 486-3077
営月〜金11:00〜15:00、17:00〜22:00、土・日10:30〜15:00、17:00〜22:00
カードADJMV URLwww.dinernyc.com

NYビールを広めた人気のマイクロ・ブリュワリー

ブルックリン・ブリュワリー
Brooklyn Brewery

1988年創業。ニューヨークにクラフトビール文化を浸透させた知名度No.1のブランド。日曜の13:00〜18:00は無料見学ツアーあり(変更あり、事前にウェブで確認を)。併設のバーで飲むこともできる(有料)。
別MAP P.38-B1 ウイリアムズバーグ
住79 N. 11th St. (bet. Wythe & Berry Sts.) 地下鉄LBedford Av
☎(1-718) 486-7422
URLbrooklynbrewery.com

ぜひツアーに参加しよう

VOICE **マーロウ&サンズ** インテリアやディスプレイなどすべてセンスがよくて好きなお店。夜はしっとり飲みながら料理をつまむのがいい。 (大阪府 山崎梨乃 '23)

ミュージアムカフェ ★ 入館料不要で一流シェフの味が楽しめる。

ミッドタウンの穴場的カフェ

モーガン・カフェ The Morgan Café

別MAP P.14-A2 ミッドタウン・イースト

美術館のモーガン・ライブラリー内にある明るくおしゃれなカフェ。サラダやサンドイッチなどの軽食メニューが中心で、なかでもおすすめはアフタヌーンティーのAfternoon Tea for 2$47。

ミッドタウンで静かに過ごせる穴場

住225 Madison Ave. (at 36th St.) モーガン・ライブラリー内
地下鉄⑥33 St
☎(1-212)683-0008
営火～日11:00～16:00(金～18:30) 休月
予算$20～ カードADJMV
URLwww.themorgan.org

セントラルパークを眺めながら

ロバート Robert

別MAP P.17-C2 アッパー・ウエスト・サイド

ミュージアム・オブ・アート&デザインの最上階にある、コンテンポラリーアメリカン。インテリアもスタイリッシュだ。セントラルパークを一望できる窓際の席が人気。メイン$30～。

眺望とともに見た目も美しい料理を堪能

住2 Columbus Circle (at 8th Ave.) ミュージアム・オブ・アート&デザイン内
地下鉄ⒶⒸⒷⒹ❶59 St-Columbus Circle
☎(1-212) 299-7730 営12:00～15:45 (土・日11:00～)、16:00～22:00 (金・土～23:00)
予算ランチ$30～、ディナー$40～
カードADJMV
URLrobertnyc.com

NY歴史協会内にオープン

クララ Clara

別MAP P.21-C2 アッパー・ウエスト・サイド

店名は博物館内にある多くのティファニーランプをデザインした、クララ・ドリスコルにちなんで名付けられたという。伝統的なニューヨーク料理をモダンにアレンジした新しい味に出会えそう。

2023年秋にオープンしたばかり

住170 Central Park W. (at 77th St.)
地下鉄ⒷⒸ81 St-Museum of Natural History
☎(1-212)485-9211
営11:00～15:00、17:00～22:00
カードADJMV
URLwww.claranyc.com

ザッハトルテは絶品!

カフェ・サバースキー Café Sabarsky

別MAP P.22-A1 アッパー・イースト・サイド

ノイエ・ギャラリー内にあるウィーン風カフェ。インテリアもウィーンのサロンのようで優雅なティータイムを過ごせる。人気なので行列を覚悟しよう。ウィーン風料理も食べられる。

本格派ウィーン菓子をゆったり味わえる

住1048 5th Ave. (at 86th St.) ノイエ・ギャラリー内
地下鉄④⑤⑥86 St
☎(1-212)288-0665
営月9:00～18:00、木～日9:00～21:00
休火・水
予算$20～ カードAMV
URLwww.neuegalerie.org/cafesabarsky

♥**ニューヨーク公共図書館 (→P.79)** 1階にエイミーズ・ブレッドのベーカリー・カフェがある。5番街の休憩スポットとしてもおすすめ。飲食は店内のみ。

イタリアン ★ セレブシェフたちの活躍もあり、NYではいつも注目。

予約が取りにくいうわさの人気店

リリア
Lilia

別MAP P.39-C2 ウイリアムズバーグ

「パスタの女王」と呼ばれるミッシー・ロビンスの店。カジュアルな雰囲気でモダンなイタリアンが味わえる。

住567 Union Ave. (bet. N. 10th & 11th Sts.), Brooklyn 地下鉄Ⓛ Bedford Av
☎(1-718) 576-3095
営16:00～22:00
予算 $35～ カードADJMV
URL www.lilianewyork.com

セレブ御用達の有名店

エミリオズ・バラート
Emilio's Ballato

別MAP P.31-D1 ノリータ

本場さながらの雰囲気でワインを片手にイタリアンが楽しめる。味は賛否両論あるが、セレブ遭遇率が高いお店。予約不可。

住55 E. Houston St. (bet. Mulberry & Mott Sts.)
地下鉄ⒷⒹⒻⓂ Broadway-Lafayette St
☎(1-212) 274-8881
営12:00～23:00 (金・土～24:00)
カードADJMV
URL なし

いち押しのカジュアルイタリアン

ルーパ
Lupa

別MAP P.9-D4 グリニッチ・ビレッジ

ローマのトラットリアをイメージしたという、カジュアルな雰囲気のレストラン。人気店は予約が取りにくいが、ここは予約なしなので気軽で値段も手頃。素材が新鮮で盛りつけも繊細。

住170 Thompson St. (bet. Houston & Bleecker Sts.) 地下鉄ⒸⒺ Spring St
☎(1-212) 982-5089
営12:00～22:00 (月・火16:00～、金・土～23:00)
予算ランチ、ディナー $30～
カードAMV
URL www.luparestaurant.com

パスタをはじめ手頃な値段で本格イタリアンが味わえる

グリニッチ・ビレッジのソーホーに近い場所にある

コスパ抜群のパスタ屋さん

ペペ・ロッソ・トゥー・ゴー
Pepe Rosso to Go

別MAP P.30-A1 ソーホー

持ち帰り専門となっているが店内にあるテーブルでも食べられる。ランチスペシャルはスープorサラダ付きで$11～！

住168 Sullivan St. (bet. near Houston St.)
地下鉄ⒶⒸⒺ Spring St
☎(1-212) 677-4555
営月～土11:00～23:00、日15:00～22:00
予算 $15～ カードAMV
URL www.peperossotogo.com

パスタがおいしい！

オーロラ・ソーホー
Aurora Soho

別MAP P.30-A3 ソーホー

ソーホーにある、こぢんまりとしたカジュアルイタリアン。ボリュームたっぷりの自家製パスタがおすすめ。

住510 Broome St. (near W. Broadway)
地下鉄ⒶⒸⒺ Canal St ☎(1-212) 334-9020
営12:00～23:00 (土・日11:00～、金・土～23:30、日～22:30)
予算ランチ$30～、ディナー$40～ カードAMV
URL www.aurorasoho.com

VOICE **ペペ・ロッソ・トゥー・ゴー** 物価が高いNYにおいて貴重な存在。サラダ＋前菜＋パスタ$18で大満足。テイクアウトもできる。
（和歌山県 太田麻衣子 '22）['23]

バー使いもできるダイニング

ローマンズ
Roman's

別MAP P.43-D2 フォートグリーン

地元産の新鮮なオーガニック食材を使用した絶品イタリアンが味わえる。ワインリストも豊富でスタッフのサービスもいい。

住243 Dekalb Ave. (bet. Vanderbilt & Clermont Aves.), Brooklyn　地下鉄Ⓖ Clinton-Washington Av
☎(1-718)622-5300
営ランチ土・日11:00〜15:00、ディナー毎日17:00〜22:30　カードADJMV
URL www.romansnyc.com

全面ガラス張りのシックな雰囲気

リンカーン・リストランテ
Lincoln Ristorante

別MAP P.16-B1 アッパー・ウエスト・サイド

名店パーセの元シェフ、ジョナサン・ベンノの繊細なモダンイタリアン。落ち着いた雰囲気で楽しめるディナー・プリフィクスメニューも人気。

©Evan Sung

どれもボリューム満点で洗練された味わい

ランチは10種類以上からふたつ選べる

©Iwan Baan

住142 W. 65th St.(リンカーン・センター内)
地下鉄❶66 St-Lincoln Center
☎(1-212)359-6500
営ブランチ土・日11:00〜14:00、ディナー火〜金・日17:00〜21:00　休月
予算ディナー＄60〜
カードAMV　URL www.lincolnristorante.com

1922年オープンの老舗

アンティカ・ペサ
Antica Pesa

別MAP P.38-B2 ウイリアムズバーグ

流行最先端のウイリアムズバーグにありながら落ち着いた雰囲気。イタリア、ローマ地方の味が本場さながらに楽しめる。

住115 Berry St.(bet. N. 7th & 8th Sts.)
地下鉄Ⓛ Bedford St
☎(1-347)763-2635
営18:00〜22:00(金・土〜23:00)
予算$50〜　カードADJMV
URL anticapesa.com

地元住民に愛される北イタリア料理

アル・ディ・ラ・トラットリア
al di la Trattoria

別MAP P.43-C4 ボコカ

イタリア北東部、ヴェネトの郷土料理が自慢のレストラン。その本格的な味を求めて、ランチ、ディナーとも客足が絶えない。カルボナーラをはじめ自家製パスタを使ったパスタ料理がおすすめ。

住248 5th Ave. (at Carroll St.)
地下鉄Ⓡ Union St
☎(1-718)783-4565
営17:00〜21:30(金・土〜22:00)　休日
予算＄30〜
カードAMV
URL www.aldilatrattoria.com

タリアテッレ・ラグーソース$23

ゆっくり食事できそうな広い店内

Photo courtesy of al di la Trattoria

VOICE　**アル・ディ・ラ・トラットリア**　前菜、パスタ、メイン、どれを頼んでもはずれなし。日曜が休みで、ブルックリンの住宅地にあるのでちょっと行きにくいがおすすめ。　(埼玉県　ふっちゃん　'23)

フレンチ ★カジュアルに楽しめるフレンチビストロの人気が急上昇。

3つ星シェフの絶品フレンチ

ブノワ
Benoit

別MAP P.36-B3 ミッドタウン・ウエスト

史上最年少でミシュラン3つ星を獲得したアラン・デュカスがプロデュースしたフレンチビストロ。アラカルトのほか、プリフィクスなどで定番フレンチが食べられる。ブランチもおすすめ。

パリのビストロ風のおしゃれな外観。カーネギー・ホールにも近い

視覚的にも楽しめる、色彩の美しい料理が豊富

Photos: Pierre Monetta

住60 W. 55th St. (bet. 5th & 6th Aves.)
地下鉄Ⓕ57 St ☎(1-646) 943-7373
営12:00〜21:15（木〜土〜21:45、日〜21:00）
予算＄30〜
カード A D J M V
URL www.benoitny.com

エリック・リペールの創作シーフード

ル・バーナディン
Le Bernardin

別MAP P.33-D1 ミッドタウン・ウエスト

ミシュランガイドでも最高ランクの3つ星を獲得した有名店。奥のテーブル席もよいがラウンジでランチに提供される3コースのプリフィクス＄125が人気。

入口を入った左のラウンジなら予約不要

クマモト・オイスターのキャビア添え

Photos：Jean-George Management LLC

住155 W. 51st St. (bet. 6th & 7th Aves.)
地下鉄ⒷⒹⒺ7 Av ☎(1-212) 554-1515
営月〜金12:00〜14:30、17:00〜22:30（金・土〜23:00） 休日
予算ランチ＄57〜、ディナー＄160〜
カード A D J M V
URL www.le-bernardin.com

スターシェフのおしゃれなオーガニック

エービーシー・キッチン
ABC Kitchen

別MAP P.11-D2 グラマシー

フレンチの大御所ジャン・ジョルジュが手がける、地産地消をテーマにしたお店。有名インテリアショップの1階にあり、食器や家具、内装もセンスがいい。

住35 E. 18th St. (bet. Broadway & Park Ave. S.) ABCカーペット内（レストラン専用入口は18th St.沿い） 地下鉄ⓁⓃⓆⓇⓌ④⑤⑥14 St-Union Sq
☎(1-212) 475-5829
営ランチ月〜金12:00〜15:00、ブランチ土・日11:00〜15:00、ディナー月〜土17:00〜22:00
予算ディナー＄45〜 カード A M V
URL www.abckitchen.nyc

©Evan Sung

ブラックシーバスのほうれん草、チリとハーブ添え

白を基調としたモダンなインテリア

©Iwan Baan

♥ル・バーナディン 予約不要のラウンジで食べられるランチ、City Harvestがおすすめ。プリフィクスの3コースで＄90、うち＄5はNY市内の食料を必要とする人に届ける活動を行う団体、シティ・ハーベストへの寄付となる。

🅐=要予約・予約をすすめる 🅓=ドレスアップしよう

ミシュランで３つ星を獲得した一流店

ダニエル
Daniel

別MAP P.18-A1 アッパー・イースト・サイド

フレンチの巨匠、ダニエル・ブリューのレストラン。クラシックなインテリアと味わい深い食事はNY随一。

住60 E. 65th St. (bet. Madison & Park Aves.)
地下鉄Ⓕ⓪Lexington Av/63 St
☎(1-212) 288-0033
営火～日17:00～22:00 休月
予算ディナー＄188～
カードＡＤＭＶ URLwww.danielnyc.com

NY フランス料理の大御所

ジャン・ジョルジュ
Jean Georges

別MAP P.17-C1 アッパー・ウエスト・サイド

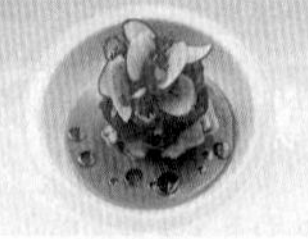

有名セレブシェフ、ジャン・ジョルジュの3つ星レストラン。見た目も美しいヌーベル・キュイジーヌ。

住1 Central Park West（トランプ・インターナショナル・ホテル内）
地下鉄ⒶⒸⒷⒹ①59 St-Columbus Circle
☎（1-212）299-3900 営火～土16:45～21:30
休日・月
予算ディナー＄148～ カードＡＤＪＭＶ
URLwww.jean-georgesrestaurant.com

シンプルな味わいが人気

タルティネリー
Tartinery

別MAP P.14-A1 ミッドタウン・イースト

タルティンと呼ばれるオープンサンドイッチの店で、どの料理もおいしい。搾りたてのジュースも人気。

住90 Park Ave. (bet. 39th & 40th Sts.)
地下鉄⑥Spring St
☎(1-212) 300-5838
営月～金7:00～20:00 土・日8:00～16:00
予算$20～ カードＡＭＶ
URLwww.tartinery.com

人気店『パスティス』の姉妹店

バルサザール
Balthazar

別MAP P.31-C3 ソーホー

有名なブラッセリー。店内は、アンティークのミラーが本場パリを思わせる。隣は系列のベーカリー。

住80 Spring St. (bet. Broadway & Crosby St.)
地下鉄⑥Spring St ☎(1-212) 965-1414 営月～金8:00～11:00、11:30～16:30、17:00～24:00、土・日9:00～16:00、17:00～24:00
予算ディナー＄35～
カードＡＭＶ URLbalthazarny.com

オニオングラタン・スープをぜひ

ラ・ボーン・スープ
La Bonne Soupe

別MAP P.36-B3 ミッドタウン・ウエスト

スープを中心にキッシュやデザートなどが楽しめるフレンチビストロ。コスパがよく、ミッドタウンにおいて貴重な存在。

住48 W. 55th St. (bet. 5th & 6th Aves.)
地下鉄Ⓕ57 St ☎(1-212) 586-7650
営12:00～21:00（金・土～22:00）
予算$20～
カードＡＭＶ
URLlabonnenyc.com

グリニッチ・ビレッジの人気ビストロ

カフェ・クルーニー
Cafe Cluny

別MAP P.9-C3 グリニッチ・ビレッジ

朝食＆ランチはオムレツ、ディナーはショートリブが人気。ワインも豊富。家族連れでも楽しめるカジュアルフレンチ。

住284 W. 12th St. (at W. 4th St.)
地下鉄①②③14 St
☎(1-212) 255-6900
営9:00～22:00、（土・日10:00～）
予算＄25～ カードＡＭＶ
URLwww.cafecluny.com

VOICE **ジャン・ジョルジュ** レストランで楽しむには予算も時間も厳しいなら、彼がプロデュースしたフードホール、Tin Building (P.177) へ。フードみやげもセンスがよい。（東京都 もっち '23）

北欧料理を堪能するならここ！

アクアビット
Aquavit

別MAP P.37-D2 ミッドタウン・イースト

女性シェフ、エマ・ベンソンによるスウェーデン料理。ソースや盛りつけはアートのように新しく、味も繊細。

住65 E. 55th St. (bet. Madison & Park Aves.)
地下鉄ⒺⓂ5 Av-53 St ☎(1-212) 307-7311
営火～金12:00～14:00、月～土17:30～21:00（金・土～21:30） 休日
予算ランチ＄58～、ディナー＄105～
カードAMV URLwww.aquavit.org ■北欧

映画やドラマのロケ地としても有名なカフェ

ベセルカ
Veselka

別MAP P.10-B3 イースト・ビレッジ

老舗のウクライナ料理店。おすすめはボルシチやスープ。夜遅くまで通して営業しているのでランチやディナーを食べ損ねたときにも便利。

ウクライナの家庭料理が楽しめる

イースト・ビレッジのランドマークにもなっている

住144 2nd Ave. (at 9th St.)
地下鉄⑥Astor Pl
☎(1-212) 228-9682
営8:00～24:00（日～23:00）
予算＄15～25 カードAMV
URLveselka.com
■ウクライナ

毎晩大にぎわいの人気タパスバー

ボケリア
Boqueria

別MAP P.9-D1 チェルシー

タパス（スペイン語でおつまみ）は$6～で、常時15種＋日替わり5種の約20種類が楽しめる。おすすめはマッシュルームと生ハムのクリームコロッケ＄12。小皿料理なので気軽に頼める。

どれもお酒に合う料理ばかりで美味

2軒目に立ち寄るのもいいかも

住53 W. 19th St. (bet. 5th & 6th Aves.)
地下鉄ⒻⓂ23 St ☎(1-212) 255-4160
営月～金11:30～22:00、土・日11:00～22:00（日～21:00） 予算ランチ＄20～、タパス＄6
カードAMV URLboqueriarestaurant.com
■スペイン

高級キャビア専門店

キャビア・ルッセ
Caviar Russe

別MAP P.37-C3 ミッドタウン・イースト

モダンなインテリアのなかで優雅に過ごせる。キャビアがたっぷり味わえる3コーステイスティング$175にシャンパンがおすすめ。

住538 Madison Ave. (bet. 54th & 55th Sts.)
地下鉄ⒺⓂ5 Av/53 St
☎(1-212) 980-5908
営月～土12:00～15:00、17:00～22:00、日12:00～16:00 カードAMV
URLcaviarrusse.com ■東ヨーロッパ

VOICE **ベセルカ** スープかサラダにピエロギなどが付いたコンビネーションをオーダー。$23～27とNYではコスパよし。スープは7種類から選べて、ボルシチがおすすめ。（大阪府　西本理梨　'23）

=要予約・予約をすすめる　=ドレスアップしよう

洗練された繊細なギリシア料理

ピーロス
Pylos

別MAP P.11-C3 イースト・ビレッジ

ギリシア料理を現代風に提供。どの料理もハズレなしと評判だ。店名にもなっている素焼きの壺が天井一面に。

住128 E. 7th St.(bet. 1st Ave. & Avenue A)
地下鉄Ⓛ1 Av　☎(1-212)473-0220
営金～日11:30～16:00、17:00～23:00（金・土～24:00）
予算ディナー＄35～　カードAMV
URLpylosrestaurant.com　■ギリシア

マンハッタン・ブリッジの真横！

セレスティン
Celestine

別MAP P.41-B1 ダンボ

John Street Park内にオープンした地中海料理レストランは、橋の真横という絶好のロケーションで新ランドマークに。

住1 John St.(near Adams St.), Brooklyn
地下鉄ⒻYork St
☎(1-718)522-5356
営17:00～23:00、金～日11:00～15:00
URLcelestinebk.com
■地中海

スペイン食材店経営のカフェ

デスパーニャ
Despaña

別MAP P.31-C3 ソーホー

1971年から続くスペイン輸入食材店の奥にあるイートインスペース。チョリソーやブラックソーセージ、スペインオムレツやピンチョスは絶品。小さなお店で人気が高いため開店直後に行こう。

ひとりでも気軽に本格タパスをつまめるのもいい

デリとしても利用できるので持ち帰るのもOK

住408 Broome St.(bet. Centre & Lafayette Sts.)　地下鉄⑥Spring St
☎(1-212)219-5050
営火～土11:00～18:00　休月
予算＄10～　カードADMV
URLwww.despanabrandfoods.com　■スペイン

ブルックリン美術館近くのキュートなスポット

アギズ・カウンター
Agi's Counter

別MAP P.44-B1 クラウンハイツ

オーナーシェフのジェレミーさんがハンガリー人の祖母アギさんにちなんで名づけたカフェ＆レストランは、トレンド店が集中するFranklin Ave.沿いにありブルックリン美術館からも徒歩約6分。

人気メニューのDuran/Duran($13)はふわふわ卵のオープンサンド

東欧の田舎風のおしゃれな外観

住818 Franklin Ave.(at Union St.)
地下鉄②③④⑤Franklin Av
☎(1-718)822-7833
営8:00～15:00、17:30～22:00、土・日9:00～15:00　予算$20～　カードADJMV
URLagiscounter.com
■ハンガリー

VOICE　**ベセルカ（→P.201）**　ウクライナ料理レストランではあるが付近住民に愛されているダイナーという雰囲気。映画やドラマの撮影にもよく使われている。長時間営業もありがたい。（京都府　向井あつみ　'23）

日本 ★ ミッドタウンとイースト・ビレッジに多数ある。ラーメン店も急増。

日本でおなじみのチェーン店

大戸屋
Ootoya

別MAP P.10-A3 グリニッチ・ビレッジ

マンハッタンに3店舗。日本でのイメージとは違い、高級和食店の雰囲気。味つけはおなじみだがNYのほうがボリューミーかも。

住41 E. 11th St. (bet. Broadway & University Pl.) 地下鉄 L N Q R W 4 5 6 14 St-Union Sq
☎(1-212) 473-4300
営ランチ11:30～15:00、ディナー17:00～21:00
予算$25～ カード A D J M V
URL ootoya.us

LES の隠れ家的スポット

ラビット・ハウス
Rabbit House

別MAP P.6-B2 ロウアー・イースト・サイド

日本人オーナーが経営するワイン＆酒バー。創作系小皿料理が気軽に楽しめる。イベントなども開催。

住41 Essex St. (bet. Grand & Hester Sts.)
地下鉄 F M J Z Delancey-Essex St
☎(1-646) 448-4022
営17:30～23:00 (木～土～24:00、日～22:00)
休月 予算$25～ カード A J M V
URL www.rabbithouse.nyc

クオリティの高い和カフェ

ブルックリン・ボール・ファクトリー
Brooklyn Ball Factory

別MAP P.39-C4 ウイリアムズバーグ

カレーライスやおにぎり、お弁当などが楽しめる。一番の人気メニューはジューシーでボリューム満点のミートボール弁当。どら焼きも美味！

住95 Montrose Ave. (bet. Manhattan Ave. & Leonard St.) 地下鉄 G Broadwayまたは J M Lorimer St ☎(1-718) 387-5296
営8:00～17:00
予算 $ 20～ カード A D J M V
URL www.brooklynballfactory.com

アメリカでも人気のしゃぶしゃぶ

しゃぶ辰
Shabu-Tatsu

別MAP P.10-B3 イースト・ビレッジ

しゃぶしゃぶのほかに焼肉やすき焼き（2人前～）、韓国料理などもある。値段も良心的で日本人にも人気。

住216 E. 10th St. (bet. 1st & 2nd Aves.)
地下鉄 L 1 Av ☎(1-212) 477-2972
営17:00～21:00
予算ランチ＄25～、ディナー＄35～
カード A D J M V URL www.shabutatsu.com

気軽に食べられるジャパニーズ・レストラン

店名	地図	営業	特徴
酒蔵	別MAP P.14-B1	営月～金11:30～14:00、水～日17:30～翌2:00(日～22:00) 休月・火	約200種類の日本酒が楽しめる
Curry-YA×Rai Rai Ken×Otafuku	別MAP P.10-B3	営17:00～21:00 休火・水	日本の魅力的なファストフードがいろいろ楽しめる
ヤキトリ大将	別MAP P.10-B3	営日～水18:00～翌2:00（金・土～翌4:00）	焼き鳥は1本からオーダー可能。飲んで食べてもひとり＄20くらい
牛角	別MAP P.18-B3	営11:00～22:00（金・土～23:00）	日本でおなじみの焼肉チェーン店
田端ラーメン	別MAP P.13-C1	営11:30～22:30	東京・田端のラーメン屋で修業をしたというミャンマー人がオーナー。ラーメンだけでなくご飯ものも人気
かつ濱	別MAP P.35-C2	営11:30～21:00	マンハッタンで唯一のとんかつ専門店。無菌豚を使用したジューシー＆さくさくのとんかつを
イザカヤ・MEW	別MAP P.13-D2	営ランチ12:00～14:30、ディナー17:00～21:30(金・土～22:30)	ミッドタウンの中心にありランチ定食$13～が人気。夜は居酒屋としてにぎわう
ケンカ	別MAP P.10-B3	営17:00～23:00 休月	昭和レトロなインテリアのなか日本の居酒屋メニューが揃う

VOICE **Rice & Miso** 玄米のおにぎりやみそ汁を提供する小さなカフェ。お弁当もあり。日本の味が恋しくなったらぜひ立ち寄って。URL www.riceandmiso.com （埼玉県 もぐら '22）['23]

=要予約・予約をすすめる　=ドレスアップしよう

本家本元ノブ・マツヒサの創作料理

ノブ・ダウンタウン
Nobu Downtown

別MAP P.2-B1　ロウアー・マンハッタン

高級創作ジャパニーズフードが楽しめる。代表作のロックシュリンプの天ぷらがおすすめ。

住195 Broadway (at Fulton St.)（入口はFulton St.またはDey St.沿い）
地下鉄ⒶⒸⒿⓏ②③④⑤Fulton St
☎(1-212) 219-0500
営17:30～22:15（金・土～23:15）
予算ディナー＄50～　カードADJMV
URLwww.noburestaurants.com

人気の寿司パラダイス

がりのすし
Sushi of Gari

別MAP P.23-C2　アッパー・イースト・サイド

日本から空輸したネタを使った創作寿司は、ミシュランガイドNYにも評価されている。予約は早めにしよう。

住402 E. 78th St. (bet. 1st & York Aves.)
地下鉄⑥77 St　☎(1-212) 517-5340
営土・日12:00～21:45、水～金17:00～21:45
休月・火
予算＄50～　カードAMV
URLwww.sushiofgari.com

ブルックリンで味わう本格定食

オコノミ／ユージ・ラーメン
Okonomi / Yuji Ramen

別MAP P.39-C3　ウイリアムズバーグ

Yuji Ramenで一世を風靡した原口雄次さんの店。朝は新鮮な旬の魚や野菜を使った朝食が、夜はラーメンなど、既存概念にこだわらない独創的なメニューが楽しめる。

住150 Ainslie St. (near Lorimer St.)
地下鉄ⓁLorimer St
☎(1-929) 295-0480
営9:00～15:00、18:00～22:00
予算＄30～
カードADJMV
URLwww.okonomibk.com

香ばしい厚切りベーコンと半熟卵をトッピングしたBeacon & Egg Mazemen$18

ウイリアムズバーグの東側。地元住民にも愛されている店

ニューヨークでは今、RAMENが熱い！

モモフク・ヌードルバー➡P.187が火つけ役となり、ニューヨークではいまだラーメンが大ブーム。日本食レストランの多いイースト・ビレッジ周辺に集まっており、博多の有名店の秀ちゃんラーメン（別MAP P.18-B3）をはじめ、せたが屋（別MAP P.9-D1）、アイバン・ラーメン（別MAP P.7-D3）、NYに2店舗あるトット・ラーメン（別MAP P.32-A1）、つけ麺がおすすめのラーメン匠（別MAP P.10-A3）などが大人気。ぜひ、いろいろ食べ比べてみよう。

秀ちゃんラーメンのベジタブル・ラーメン

日本食レストランでもチップは必要　日本食とはいえ、ここはニューヨーク。ファストフードは別として、スタッフがサービスをしてくれる場所は、たとえラーメン店でもチップが必要になる。

中華 ★ 広東料理を中心に、飲茶、ヌードルショップなど。

ニューヨークのＢ級グルメ!?

コンジー・ビレッジ（粥之家）
Congee Village

別MAP P.6-B2 ロウアー・イースト・サイド

お粥専門店。お粥のメニューは30種類もあるうえ、麺類やチャーハンも充実。ほかの料理もどれもおいしい。

住100 Allen St.（bet. Delancey & Broome Sts.） 地下鉄ⒻⓂⒿⓏDelancey St-Essex St
☎(1-212)941-1818
営11:00～24:00 予算＄10～
カードＡＭＶ（＄15以上から利用可能）
URL congeenyc.com

人気No.1の飲茶レストラン

ゴールデン・ユニコーン（麒麟金閣）
Golden Unicorn

別MAP P.6-A3 チャイナタウン

週末には、ビルの3フロアを使った座席はみるみる満席になる。だいたい1時間待ち。点心がワゴンで運ばれてくる。

住18 E. Broadway（at Catherine St.）
地下鉄ⒿⓏChambers St ☎(1-212)941-0911
営月～金10:00～22:00（金～23:00）、土・日9:00～22:00（土～23:00）
予算＄18～ カードＡＤＪＭＶ
URL www.goldenunicornrestaurant.com

モチモチの厚い皮が魅力的

ヴァネッサズ・ダンプリング・ハウス
Vanessa's Dumpling House

別MAP P.38-B3 ウイリアムズバーグ

NY市内に4店舗あるダンプリング（＝餃子）の専門店。水餃子も焼餃子もあるが、オススメはスパイシーソースのもの。

住310 Bedford Ave.（near S. 1st St.）
地下鉄ⓁBedford Av ☎(1-718)218-8809
営月～金12:00～22:00、土・日13:00～22:00
予算ランチ$10～、ディナー$20～
カードＡＤＪＭＶ
URL www.vanessas.com

アメリカ人も好きなヌードル

グレート・NY・ヌードルタウン（利口福）
Great NY Noodle Town

別MAP P.6-A3 チャイナタウン

ヌードルは、卵を使った粗麺か、お米を使った河粉（平らな麺）、米粉（細い）、瀬粉（太い）からチョイスできる。

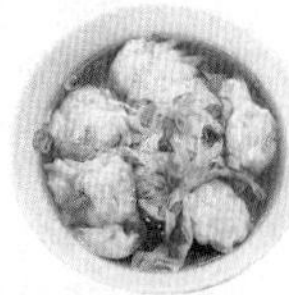

住28 Bowery（at Bayard St.）
地下鉄ⒿⓏⓃⓆⓇⓌ⑥Canal St
☎(1-212)349-0923
営9:00～22:00（金・土～23:00）
予算＄5～ カード不可、現金のみ
URL www.greatnynoodletown.net

NYでおいしい小籠包を！

ジョーズ・シャンハイ（鹿鳴春）
Joe's Shanghai

別MAP P.6-A3 チャイナタウン

小籠包がおいしい。いちばんの人気メニューは、蟹粉小籠包$8.75。ミッドタウンに支店あり（住24 W. 56th St.）。

住46 Bowery（bet. Canal & Bayard Sts.）
地下鉄ⒿⓏⓃⓆⓇⓌ⑥Canal St
☎(1-212)233-8888
営11:00～22:00
予算＄10～ カード不可、現金のみ
URL www.joeshanghairestaurants.com

チャイナタウン住民の憩いの場

メイライワァ（美麗華）
Mei Li Wah

別MAP P.6-A3 チャイナタウン

数少ないチャイニーズ・コーヒー・ショップのひとつ。タイバン（巨大な肉まん）や角煮バンもおいしい。

住64 Bayard St.（bet. Mott & Elizabeth Sts.）
地下鉄ⒿⓏⓃⓆⓇⓌ⑥Canal St
☎(1-212)966-7866 営8:30～19:30
休無休 予算角煮バン$1.50～、コーヒー$1.35
カード不可、現金のみ
URL www.meilaiwah.com

VOICE **コンジー・ビレッジ** 店内が広く円卓もあるので、大人数で食事するのにいい。予約不可だが早めに行って並べばよい。粥之家という店名だがお粥のほか、一品料理も充実。（福岡県 豊泉茉莉 '23）

=要予約・予約をすすめる　=ドレスアップしよう

安くて激ウマの手打ち麺を

シーアン・フェイマス・フード(西安名吃)
Xi' An Famous Foods

別MAP | P.6-A3　チャイナタウン

クイーンズの小さな名店が今やニューヨーク市内に支店多数のチェーン店に。モチモチの手打ち麺にラム肉をトッピングした看板メニュー、Spicy Cumin Lamb Hand-Ripped Noodles$14.25はマストオーダー！

住45 Bayard St.
(bet. Bowery & Elizabeth Sts.)
地下鉄JZNQRW6Canal St
☎なし
営11:30〜20:30
予算$7〜　カードJMV
URLwww.xianfoods.com

こちらが看板メニューのヌードル。ピリ辛キャベツとクミンがアクセント

あらゆる無駄を省き低コストを実現

世界いち安いミシュランレストラン

ティム・ホウ・ワン(添好運)
Tim Ho Wan

別MAP | P.10-A3　イースト・ビレッジ

ミシュランの評価を受けている香港の有名飲茶店。オリジナル・レシピで作られる手作り点心は並ぶ価値ありのおいしさ。なかでも、シグネチャーメニューの叉焼包(チャーシューパオ)はおすすめ。

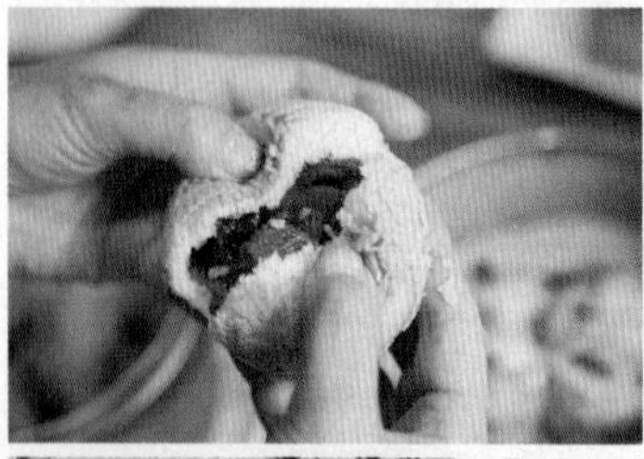

一見メロンパンのような名物の叉焼包

予約は取らないので早めに行ってリストに名前を

住85 4th Ave. (near 10th St.)
地下鉄6Astor Pl　☎(1-212) 228-2800
営月〜金11:30〜20:00 (水・木〜20:30、金〜21:00)、土・日11:00〜21:00 (日〜20:00)
予算＄20〜　カードAMV
URLtimhowanusa.com

まずはカニをオーダーして!

ホプ・キー(合記飯店)
Hop Kee

別MAP | P.6-A3　チャイナタウン

小さい店内には地元の中国人がいっぱい。チャイニーズブロッコリーやカニの広東風などがおすすめ。

住21 Mott St. (at Mosco St.)
地下鉄JZNQRW6Canal St
☎(1-212) 964-8365
営日〜木11:00〜翌1:00、金・土11:00〜翌4:00
予算＄12〜　カード不可、現金のみ
URLwww.hop-kee-nyc.com

プリプリのエビ餃子がおいしい

ディム・サム・ゴーゴー
Dim Sum GoGo

別MAP | P.6-A4　チャイナタウン

飲茶は注文票に数を書く方式。おすすめは豆苗餃子やライスロール。ベジタリアン向けも豊富で、味も比較的あっさり。

住5 E. Broadway (near Catherine Sq.)
地下鉄JZChambers St
☎(1-212) 732-0797
営11:00〜21:00　予算＄15〜
カードADJMV (＄25以上利用可能)
URLwww.dimsumgogonyc.com

VOICE　**シーアン・フェイマス・フード**　手打ち麺はかなりの幅広麺でボリューム満点。ちょっと辛いけどやみつきになる。ポークやラムのバーガーもおすすめ。　(広島県　奥野あゆみ　'23)

アジア&エスニック ★韓国を中心にタイ、ベトナム、マレーシアなども楽しめる。

韓国人がすすめる韓食屋さん

ハンバット
Hanbat Restaurant

別MAP P.13-D2 ミッドタウン・ウエスト

本場韓国の家庭料理が味わえる店。前菜のキムチがおいしいほか、おすすめはパジョンや石焼きビビンパ。

住53 W. 35th St.(bet. 5th & 6th Aves.)
地下鉄ⒷⒹⒻⓂⓃⓆⓇⓌ34 St-Herald Sq
☎(1-212)629-5588 営11:30〜22:30
予算ランチ＄15〜、ディナー＄25〜
カードAMV
URLwww.nychanbat.com ■韓国

行列覚悟、コリアンタウンの人気店

クンジップ
The Kunjip

別MAP P.14-A3 ミッドタウン・ウエスト

店名は、韓国語で「祝暦日に集まる長男系の家」という意味。三枚肉やプルコギなどボリューム満点。

住32 W. 32nd St.(near 5th Ave.)
地下鉄ⒷⒹⒻⓂⓃⓆⓇⓌ34 St-Herald Sq
☎(1-212)564-8238
営10:00〜24:00(金・土〜翌2:00) 予算ランチ＄12〜、ディナー＄30〜 カードAMV(ミニマム＄20) URLthekunjipnyc.com ■韓国

日本にも店舗あり

ビー・シー・ディー・トーフ・ハウス
BCD Tofu House

別MAP P.14-A3 ミッドタウン・ウエスト

韓国純豆腐料理スンドゥブを味わえる「ブッチャンドンスンドゥブ」のNY店。土鍋で炊いたご飯と一緒に食べよう。

住5 W. 32nd St.(near 5th Ave.)
地下鉄ⒷⒹⒻⓃⓆⓇⓌ34 St-Herald Sq
☎(1-212)967-1900
営10:30〜翌1:00(金・土〜翌5:00)
予算＄25〜 カードADJMV
URLwww.bcdtofuhouse.com ■韓国

手軽に利用できるコリアンデリ

ウリジップ
Woorijip

別MAP P.14-A3 ミッドタウン・ウエスト

韓国料理の弁当などを買ってその場で食べられる。ランチボックスはみそ汁またはキムチ付きで$9〜。現金払いで割引あり。

住12 W. 32nd St. (bet. 5th Ave. & Broadway)
地下鉄ⒷⒹⒻⓂⓃⓆⓇⓌ34 St-Herald Sq
☎ (1-212) 244-1115 営月〜土10:00〜21:00(木〜土〜22:00) 休日 予算ランチ＄10〜、ディナー＄15〜 カードAMV(ミニマム＄10)
URLwoorijip32.com ■韓国

手作り豆腐が人気

チョウ・ドン・ゴール
Cho Dang Gol

別MAP P.13-D2 ミッドタウン・ウエスト

毎日店で作られる豆腐がおいしいと評判。豆腐チゲをぜひ。辛過ぎないので、辛いのが苦手な人でも大丈夫。

住55 W. 35th St.(bet. 5th & 6th Aves.)
地下鉄ⒷⒹⒻⓂⓃⓆⓇⓌ34 St-Herald Sq
☎(1-212)695-8222
営月〜木12:00〜14:30、17:00〜21:30、金・土12:00〜21:30 予算＄25〜 カードADJMV
URLchodanggolnyc.com ■韓国

キンパ(海苔巻き)専門店

エモ
E-Mo

別MAP P.14-A3 ミッドタウン・ウエスト

コリアンタウンにある。ハラペーニョ、ビーフなど約11種類のキンパ(韓国風海苔巻き)が楽しめる。TO GOのみ。

住2 W. 32nd St.(5th Ave. & Broadway)
地下鉄ⒷⒹⒻⓂⓃⓆⓇⓌ34 St
☎(1-212)594-1466
営月〜土10:00〜19:30(土〜19:00)
休日 予算$6.50〜 カード不可。現金のみ
URLなし ■韓国

VOICE **ウリジップ** デリ・コーナーでは食べたいものを好きなだけ取って精算、イートイン・スペースで食べる。精算時、現金支払いで割引があった。 (山梨県 相原みなみ '22) ['23]

フォーがおすすめ!

フォーバング
Pho Bang

別MAP P.31-D4 チャイナタウン

チャイナタウンにあるベトナム料理レストラン。ビーフ、チキン、ベジタリアンなどフォーの種類が豊富でおいしい。ほかに生春巻き、揚げ春巻きもオーダーして。

住157 Mott St.(near Broome St.)
地下鉄ⒿⓏBowery
☎(1-212)966-3797
営10:30〜21:00
予算$5〜
カード不可、現金のみ
URLなし
■ベトナム

定番人気のフォー・タイ・レギュラー$7.25

人気店なのでランチタイムは相席になることも

隠れ家的韓流ティーサロン

フランチア・ビーガン・カフェ
Franchia Vegan Cafe

別MAP P.14-A2 ミッドタウン・イースト

韓国精進料理の名店ハンガウィの姉妹店。良質の緑茶とともに、野菜点心を楽しめる。おすすめはスープかサラダをチョイスして、前菜ふたつ、メイン、デザートが付いたプリフィクスメニュー$50。

野菜がたくさん食べられると好評

18:00以降はひとり最低$15注文のこと

住12 Park Ave.(bet. 34th & 35th Sts.) 地下鉄⑥33 St ☎(1-212)213-1001
営12:00〜21:00(金〜日〜21:30)
予算ディナー$30〜 カードADMV
URLfranchia.com
■コリアンフュージョン

究極の韓国ベジタリアン料理

ハンガウィ
Hangawi

別MAP P.14-A3 ミッドタウン・イースト

韓国料理のイメージが変わるほどヘルシーなメニューが味わえる。

住12 E. 32nd St.(bet. 5th & Madison Aves.)
地下鉄⑥33 St ☎(1-212)213-0077
営月〜金17:00〜21:30(金〜22:00)、土・日13:00〜22:00(日〜21:30)
予算ディナー$30〜 カードAMV
URLhangawirestaurant.com ■韓国

安くておいしいベトナム料理

サイゴン・シャック
Saigon Shack

別MAP P.9-D4 グリニッチ・ビレッジ

ワシントンスクエアパークの近くにある人気店。フォーやベトナムのサンドイッチのバインミーなどが手軽に味わえる。

住114 MacDougal St.(bet. 3rd & Bleecker Sts.)
地下鉄ⒶⒸⒺⒷⒹⒻⓂW 4 St-Washington Sq
☎(1-212)228-0588 営11:00〜21:00
予算ランチ&ディナー$8〜 カード不可、現金のみ
URLwww.saigonshack.com
■ベトナム

♥Cote ミシュラン1つ星のコリアンダイニング。小皿とお肉4種類のButcher's Feastというセットメニューをオーダーして。お肉は店員さんが焼いてくれる。人気店だけに予約がなかなか取れない。URLwww.cotenyc.com

かわいいマレーシアン・カフェ

コピティアム
Kopitiam

別MAP P.6-B3 ロウアー・イースト・サイド

マレーシアンフードが楽しめるカフェ。ナシレマやスパイシーセサミヌードルのほか、スイーツもおすすめ。しっかり食べたいときも、ちょっと小腹がすいたときもいつ行っても満足できる。

スイーツ$5～やマレーシアスタイルのコーヒー$5～もある

インドア&アウトドアでイートイン可。予約不可

住151 E. Broadway (bet. Pike & Rutgers Sts.)
地下鉄 F East Broadway
☎(1-646) 609-3785
営10:00～22:00　予算$20～　カード A D J M V
URL www.kopitiamnyc.com
■マレーシア

安くておいしいベトナム料理店

ニャチャン・ワン
Nha Trang One

別MAP P.6-A3 チャイナタウン

チャイナタウンに数あるベトナム料理店のなかでもいちばん混んでいる店。生春巻きやライスヌードルスープがおすすめ。揚げ春巻きをのせたそうめんのブンチャージョーは日本人好みの味。

日本人にもしっくりくる味と評判

ヘルシーなベトナム料理を召し上がれ

住87 Baxter St. (bet. Walker & White Sts.)
地下鉄 J Z N Q R W 6 Canal St　☎ (1-212) 233-5948　営11:00～22:00 (月～16:00、金・土～23:00)　予算ランチ&ディナー＄15～
カード A D J M V　URL nhatrangonenewyork.mybistro.online　■ベトナム

マレーシアンフードの有名店

ニョニャ
Nyonya

別MAP P.31-D4 リトル・イタリー

どれを頼んでもハズレなしで、毎日大勢の人でにぎわう人気店。スパイシーで濃厚なエビそばPrawn Meeや海南ライスHainanese Chicken with Rice、サテSatayはおいしいだけでなくコスパがよくおすすめ。

ゆで鶏とココナッツで炊き上げた海南ライス$10

平日11:00～16:00のみのランチセットあり

住199 Grand St. (bet. Mulberry & Mott Sts.)
地下鉄 B D Grand St　☎(1-212) 334-3669
営11:00～23:30 (金・土～24:00)
予算$10～　カード不可、現金のみ
URL www.ilovenyonya.com
■マレーシア

VOICE　**ニョニャ**　海南ライス (Hainanese Chicken with Rice) は本場マレーシアの味だった。ノリータ散策のあと安くておいしいお店を探すならおすすめ。支払いは現金のみ。　(神奈川県　橋本孝則　'23)

クイーンズの超人気タイ料理店

シープラパイ
SriPraPhai

別MAP P.46-D ウッドサイド

地元タイ人コミュニティから人気に火がつき、いまやマンハッタンからも人が押し寄せるほどの盛況ぶり。まず最初に整理券をもらうシステム。

住64-13 39th Ave.(near 65th St.), Queens
地下鉄⑦61 St-Woodside
☎(1-718)899-9599
営月・火・木～日11:30～20:30　休水
予算ランチ&ディナー $15～
カード不可、現金のみ
URL www.sripraphai.com　■タイ

定番人気メニューのパッタイ$13.50

足を運ぶ価値のある人気タイ料理レストラン

ブルックリンの台湾レストラン

ウィンソン
Win Son

別MAP P.39-D4 ウイリアムズバーグ

ウイリアムズバーグの少し外れにある行列必須の人気店。おしゃれでかわいい店内では伝統的な台湾料理に現代的なツイストを融合させたメニューが味わえる。向かいにはWin Son Bakeryという系列のベーカリーカフェがあり、こちらも連日大にぎわいだ。

住159 Graham Ave.(at Montrose Ave.)
地下鉄ⓁMontrose Av
☎(1-347)457-6010
営火～金17:30～23:00、土・日11:00～
休月　カードADJMV
URL winsonbrooklyn.com　■台湾

地下鉄Montrose Av駅から徒歩約4分

焼き小籠包のPan-Griddled Pork Buns$14

クイーンズのチャイナタウンへ行ってみよう

クイーンズのフラッシング(→P.155)には、マンハッタンよりも大きなコミュニティのチャイナタウンがある。地下鉄⑦番線Flushing-Main Stを下車すると、周辺には漢字の看板がずらり。歩いている人もほとんどがアジア人だ。グロッサリーストアやドラッグストアをはじめレストランが多く、日本の牛角もある。なかでもおすすめなのが、フードコートの新世界商城集團(URL www.newworldmallny.com)。中国系を中心に32軒のベンダーが並び、いつも多くのローカルの人々でにぎわっている。

本場さながらの味とリーズナブルな値段も人気

VOICE **May Wah Fast Food**　ぶっかけご飯(オーバーライス)が人気で、なかでもChicken Leg Over Rice$7.50+Egg45¢がおすすめ。狭いけどイートイン・スペースもあり。別MAP P.6-A3　(千葉県　Kiwi　'22)['23]

インド・アフリカ・中近東 ★イースト・ビレッジはインド料理店が多い。

日本にも上陸したオールデイダイニング

ジャックス・ワイフ・フリーダ
Jack's Wife Freda

別MAP P.31-C3 ソーホー

フリーダおばちゃんのイラストが目印。「南アフリカに住んでいるユダヤ系のおばあちゃんが作る伝統料理」がコンセプトの人気店。朝食からディナーまで、いつでも楽しめるオールデイダイニングのスタイルもうれしい。

ブランチの人気メニューは緑のトマトを使用したGreen Shakshuka

たくさんの生花に囲まれて明るくナチュラルな世界が広がる

住226 Lafayette St. (near Spring St.)
地下鉄Ⓡ Ⓦ Prince St
☎(1-212) 510-8550
営月～水8:30～22:00、木～土8:30～23:00、日8:30～21:00 カード A D J M V
URL jackswifefreda.com ■フュージョン

マンハッタンに2店舗ある

スパイス・シンフォニー
Spice Symphony

別MAP P.14-B3 グラマシー

タンドリーチキンやビリヤニ、カレーなどの正当派インド料理のほかに、中国料理とのフュージョンメニューもある。

住182 Lexington Ave. (at 31st St.)
地下鉄⑥33 St ☎(1-212) 545-7742
営11:00～15:00、17:00～21:45 (金・土～22:00)
休月 予算ランチ&ディナー$10～
カード A M V URL www.spicesymphony.com
■インド

デリで食べるディープなカレー

プンジャビ
Punjabi

別MAP P.11-C4 イースト・ビレッジ

カウンターでオーダーするインディアンデリ。スモールボウルカレーとチャイをお試しあれ。テイクアウトのみ。

住114 E. 1st St. (bet. Avenue A & 1st Ave.)
地下鉄Ⓕ2 Av
☎(1-212) 533-3356
営12:00～24:00 予算＄8～
カード不可、現金のみ URLなし
■インド

おいしいだけでなく安い！

カレー・イン・ア・ハリー
Curry in a Hurry

別MAP P.14-B3 グラマシー

オーダー後、2階のスペースで食べられるファストフード形式。ほとんどの人がサラダ付きのスペシャルプレートを注文する。カレーは全体にわりとマイルドな味付け。ひとりごはんスポットとしてもおすすめ。

住119 Lexington Ave. (at 28th St.)
地下鉄⑥28 St ☎(1-212) 683-0900
営11:00～22:00 (日16:30～)
予算ランチ&ディナー＄10～ カード A M V
URL www.curryinahurrynyc.com
■インド

カレーのファストフード店が並ぶリトル・インディアにある

選べるカレーとサラダのスペシャルセットで$9.99～

VOICE **プンジャビ** 深夜になるとインド系のタクシー・ドライバーたちで大混雑。ほとんどのメニューが$10以下でどれもおいしい。 (長野県 YUI '22) ['23]

中近東風ピザがおいしい

マスタッシュ・ピザ
Moustache Pitza

別MAP P.9-C4　グリニッチ・ビレッジ

トルコ、レバノン、モロッコの料理ならこちら。ひよこ豆のフムスやナスのババガヌーシュなどのディップはピタパンにつけて。フェタチーズとチキンのソテー添えガーデンサラダもおすすめ。

住29 7th Ave S. (bet. Morton & Leroy Sts.)
地下鉄❶Christopher St-Sheridan Sq
☎(1-212) 229-2220
営12:00〜23:00
予算 $15〜
カード不可、現金のみ
URL www.moustachepitza.com
■中近東

自然と笑みがこぼれてしまう本場のおいしさ

中近東料理で異国情緒を感じよう

ヘルシーな中近東系ファストフード

タイーム
Taïm

別MAP P.31-D3　ノリータ

ファラフェル（ひよこ豆のコロッケ）のサンドイッチほか、すべてベジタリアン。フルーツのスムージーも人気。

住45 Spring St. (at Mulberry St.)
地下鉄❻Spring St
☎(1-212) 219-0600　営毎日11:00〜22:00
予算ファラフェル・サンドイッチ $10.50〜
カードADJMV
URL taimkitchen.com　■中近東

トルコ料理にチャレンジ

ターキッシュ・キッチン
Turkish Kitchen

別MAP P.14-B3　グラマシー

前菜のおすすめは「タマラ」。クセがあるとされるメインの羊料理も食べやすい。最後はチャイで締めて。

住386 3rd Ave. (bet. 27th & 28th Sts.)
地下鉄❻28 St　☎(1-212) 679-6633　営月〜土16:00〜22:30　休日　予算ランチ $18〜、ディナー $30〜　カードADJMV
URL turkishkitchen.com　■トルコ

カジュアルに味わうモロッコ料理

カフェ・モガドール
Cafe Mogador

別MAP P.38-B2　ウイリアムズバーグ

ババガヌーシュ（ナスのディップ）が絶品。銀製のポットから注ぐミント風味のモロッカンティーでリラックス。イースト・ビレッジに本店があるが、こちらのほうが店内が広く入りやすい。ランチはコスパよし！

モロッコ料理に必須のアリッサも用意される

地元ニューヨーカーたちでいつもにぎわう店内

住133 Wythe Ave. (bet. N. 8th & 7th Sts.), Brooklyn　地下鉄ⓁBedford Av　☎(1-718) 486-9222　営10:00〜23:00（金・土〜24:00）
予算ランチ $12〜、ディナー $25〜
カードADJMV　URL cafemogador.squarespace.com　■モロッコ

VOICE　**カフェ・モガドール**　土・日9:00〜16:00のブランチがおすすめ。エッグ・ベネディクトはコーヒーorティーとオレンジジュース付き。　（福島県　河合さくら　'22）['23]

中・南米 ★ ファストフードからおしゃれ系まで幅広いのがメキシカン。

ファストフードでお気軽メキシカン

チポートレ
Chipotle

別MAP P.35-C4 ミッドタウン・ウエスト

行列のできるチェーン店。ボリュームたっぷりのブリトーやタコスなどがカジュアルに楽しめる。NY市内に多数店舗がある。

住9 W. 42nd St.(bet. 5th & 6th Aves.)
地下鉄❼5 Av
☎(1-212)354-6760
営10:45～22:00
予算$10～
カードADJMV
URLwww.chipotle.com
■メキシカン・ファストフード

全米チェーンでマンハッタンに多数支店がある

素材にこだわったヘルシーなメキシカンを

フードトラックの人気店

セザールルズ・エンパナーダ
Cesar's Empanadas

別MAP P.43-C3 フォートグリーン

ランチタイムに行列ができるメキシカンのフードトラック。タコスやエンパナーダが、ボリュームもあり安くておいしい。

住16-32 Hanson Pl.(アトランティック・ターミナル駅前) 地下鉄ⒷⓆ❷❸❹❺Atlantic Av-Barclays Ctr ☎(1-732)558-6498
営9:00～21:00 予算$3～ カードAMV
instagram.com/cesarsempanadas(インスタのみ)
■メキシコ

モレソースが絶品

カーサ・エンリケ
Casa Enrique

別MAP P.46-A4 ロング・アイランド・シティ

グランド・セントラル駅から1駅。ミシュランを連続獲得しているメキシコ料理店。タコスとカクテルは必ずオーダーを。

住5-48 49th Ave.(near Vernon Blvd.), Long Island City 地下鉄❼Vernon Blvd-Jackson Av
☎(1-347)448-6040 営17:00～22:15(土11:00～15:30、17:00～22:30、日11:00～15:30)
予算$40～ カードADJMV
URLanticapesa.com ■メキシコ

チェルシー・マーケット内にある

ロスタコス・ナンバーワン
Los Tacos No.1

別MAP P.8-B2 ミート・パッキング・ディストリクト

NYいちコスパがよくおいしいと評判なのがこちらのタコス。時間帯を問わず多くの人でにぎわう。立ち食いで豪快にいただこう。

住75 9th Ave.(チェルシー・マーケット内)
地下鉄ⒶⒸⒺ14 St
☎(1-212)256-0343
営月～土11:00～22:00、日11:00～21:00
予算$6～
カード不可、現金のみ
URLwww.lostacos1.com
■メキシコ

メキシカン・レストランではおなじみ、サボテンのタコス、ノバル

フードスポット多数のチェルシー・マーケット内にある

VOICE **ロスタコス・ナンバーワン** 日本で食べたことのない、サボテンのタコスがウマい！ チェルシー・マーケットだけでなくタイムズスクエアにも支店あり。別MAP P.33-C4 (岡山県 松崎愛 '22)['23]

=要予約・予約をすすめる　=ドレスアップしよう

ラテン系ダイナー&カフェ

カフェ・ハバナ
Café Habana

別MAP P.31-D2 ノリータ

おいしさと安さが人気のカフェ。メキシカンスタイルの焼きトウモロコシは、チーズとパプリカがたっぷりの大人気メニュー。隣にはテイクアウト専門のカフェ・ハバナ・トゥー・ゴーがある。

焼きトウモロコシは1本$5.25。香ばしい

店内はいつも若者でにぎわっている

住17 Prince St.(at Elizabeth St.)
地下鉄Ⓙ Ⓩ Bowery　☎(1-212)625-2001
営11:00〜23:00
予算ランチ$15〜、ディナー$20〜　カード A M V
URL www.cafehabana.com　■キューバ

気軽にフレッシュなタコスを

ラ・エスキーナ
La Esquina

別MAP P.31-C3 ソーホー

1932年オープン。タコスやサラダがメイン。地下には従業員専用ドアから入る隠れ家風レストランあり。

住114 Kenmare St.(near Lafayette St.)
地下鉄⑥Spring St　☎(1-646)613-7100
営12:30〜20:30(金・土〜21:00)
予算$12〜
カード A D J M V
URL www.esquinanyc.com　■メキシコ

本場のメキシカンキュイジーヌ

ドス・カミノス
Dos Caminos

別MAP P.30-A1 ソーホー

テラス席でおしゃれにメキシカンを。テーブルで作るワカモーレ(アボカドディップ)は絶品。テキーラは100種以上。

住475 W. Broadway(at Houston St.)
地下鉄Ⓑ Ⓓ Ⓕ Ⓜ Broadway-Lafayette St
☎(1-212)277-4300　営毎日11:30〜21:00(金・土〜22:00)
予算$20〜　カード A M V
URL www.doscaminos.com　■メキシコ

NY市内に3店舗ある人気店

モレ
Mole

別MAP P.38-A2 ウイリアムズバーグ

ブリトー、エンチラーダなどおなじみのメキシコ料理がずらり。フルバーではテキーラやマルガリータも楽しめる。

住178 Kent Ave.(at N. 4th St.)
地下鉄Ⓛ Bedford Av
☎(1-347)384-2300　営12:00〜22:00
カード A D J M V
URL molenyc.com
■メキシコ

派手な外観が目を引く

カリエンテ・キャブ・カンパニー
Caliente Cab Company

別MAP P.9-C4 グリニッチ・ビレッジ

マルガリータの看板が目印のメキシカンバー。カクテル2杯付きでボリューム満点の週末のブランチ$15.95がおすすめ。

住61 7th Ave. S.(at Bleecker St.)
地下鉄❶Christopher St-Sheridan Sq
☎(1-212)243-8517　営13:00〜23:00
予算$20〜　カード A D J M V
URL calientecabco.com
■メキシコ

♥カフェ・ハバナ　ブルックリンにも支店のHabana Outpostあり。季節限定オープンで、2024年4月に再オープン予定。広い屋外スペースでかぶりつくトウモコロシは美味！

UK発、無添加サンドイッチ専門店

プレタ・マンジェ
Pret A Manger

別MAP P.34-B4 ミッドタウン・ウエスト

健康、自然、新鮮の3つがコンセプト。オーガニック素材にこだわった、安全でヘルシーなサンドイッチ。

住857 Broadway (at 17th St.)
地下鉄ⓁⓃⓆⓇⓌ④⑤⑥ 14 St-Union Sq
☎(1-646) 838-5526
営月～金7:00～21:30（金～19:30）、土・日8:00～18:00 予算サンドイッチ$6～ カードADJMV
URLwww.pret.com/en-us

完全ヴィーガンのファストフード

ビートニック
Beatnic

別MAP P.31-C2 ノリータ

ヴィーガンとは思えない質の高さと、おしゃれ感が評判。ケールのシーザーサラダやソイパテのハンバーガーなどが人気。

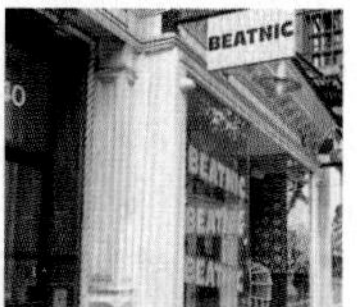

住240 Lafayette St. (near Spring Sts.)
地下鉄⑥Spring St
☎1-212-290-8000
営11:00～22:00
予算$15～ カードADJMV
URLwww.eatbeatnic.com

LESのおしゃれヘルシーデリ&カフェ

ダイムズ・デリ
Dimes Deli

別MAP P.6-B3 ロウアー・イースト・サイド

サラダやサンドイッチを中心に、見た目もかわいいヘルシーなメニューが味わえる。ヴィーガンメニューも豊富。隣に同系列のグロッサリー、近くのCanal St.沿いにレストランあり。

入って左側にサラダやジュースがある

野菜たっぷりのThe Big Salad $15

住143 Division St. (near Canel St.)
地下鉄ⒻEast Broadway
☎(1-212) 240-9410
営月～金8:00～20:00、土・日9:00～20:00
予算$15～ カードADMV
URLdimesnyc.com/deli

メルボルンの空気感漂う人気スポット

リトル・コリンズ
Little Collins

別MAP P.18-B4 アッパー・イースト・サイド

NYでもすっかり定着したオーストラリア発フラット・ホワイト・ラテが有名なカフェ。看板メニューはアボカドトースト。

住708 3rd Ave. (bet. 55th & 56th Sts.)
地下鉄④⑤⑥59 St
☎(1-212) 308-1969
営月～金7:00～20:00、土・日7:30～18:00
予算$20～ カードADJMV
URLwww.littlecollinsnyc.com

人気マクロビレストランのヌードル店

ソウエン・イースト・ビレッジ
Souen East Village

別MAP P.10-B3 イースト・ビレッジ

オーガニックラーメン（$16～）は味噌、醤油、カレーのスープがあり、麺も選ぶことができる。

住326 E. 6th St. (bet. 1st & 2nd Aves.)
地下鉄Ⓕ2 Av ☎(1-212) 388-1155
営13:00～21:30
休サンクスギビング、12/24・25、1/1、7/4
予算ランチ$13～、ディナー$20～
カードAMV URLsouen.net

♥**Dimes** ダイムズ・デリの斜め向かいにある同系列のレストラン。見た目もかわいいヘルシーなメニューで女子に人気。別MAP P.6-B3 営dimesnyc.com/restaurant

ブランチにおすすめ

バンター
Banter NYC

別MAP P.5-C1 グリニッチ・ビレッジ

ソーホーに近いグリニッチ・ビレッジの街並みにフィットするかわいいカフェ。アボカドトーストやキノコトースト、卵料理、サンドイッチなど、野菜たっぷりのヘルシーメニューはどれを頼んでも外れなし。

住169 Sullivan St.
(bet. Bleecker & Houston Sts.)
地下鉄ACEBDFMW 4 St-Wash Sq
☎非掲載
営月～金8:00～15:00、土・日8:00～16:00
カード A D J M V　予算 $30～
URL www.banternyc.com

ローカルにこだわったフレッシュな野菜のサラダもある

ラテは抹茶、ゴールデン（ウコンを使用）、チャイの3種類

ジャン・ジョルジュ初の菜食専門店

エービーシーヴィー
abcV

別MAP P.11-D1・2 チェルシー

世界中で3つ星、4つ星レストランを展開するフランス人シェフが手がけるベジタブル料理専門店。見た目も美しいクリエイティブなフードが人気！

野菜とフルーツを使った色彩豊かなサラダ

インテリア店ABCカーペット内にある

住38 E. 19th St. (bet. Broadway & Park Ave.)
地下鉄RW23 St　☎(1-212) 475-5829
営ランチ12:00～15:00、ディナー17:00～22:00（土・日17:30～）、ブランチ土・日11:00～15:00
予算 $50～
カード A D J M V
URL www.abcv.nyc

素材の質を追求するベジタリアン

ダートキャンディ
Dirt Candy

別MAP P.6-B2 ロウアー・イースト・サイド

数々の賞を受賞している有名店。近郊の野菜を積極的に用い、野菜のおいしさを純粋に追求するスタイルが注目を集めている。

Photos:Dirt Candy

アラカルトはなく5コースのテイスティングメニューのみ

見た目の美しさもいい。ミシュランも獲得している有名店

住86 Allen St. (bet. Broome & Grand Sts.)
地下鉄BDGrand St
☎(1-212) 228-7732
営火～土17:30～22:30
休日・月
予算 $35～　カード A M V
URL www.dirtcandynyc.com

VOICE **バンター**　お気に入りはBowl of Sweet Potato Fries。添えられたスパイシー・マヨとさつまいもの辛甘ミックスが最高！　グルテン＆乳製品不使用なのもいい。（東京都　西村莉菜　'23）

ブランチするならココ!

ブッチャーズ・ドーター
The Butcher's Daughter

別MAP P.38-B3 ウイリアムズバーグ

NYとLAに4店舗を展開するオーガニックカフェ。新鮮野菜たっぷりで見た目もすてきな料理を明るくて開放的な空間でいただける。フレッシュジュースも有名。

地下鉄ベッドフォード・アベニュー駅から徒歩約4分のところ

肉不使用で野菜たっぷりのブッチャーズ・バーガー$18

住271 Metropolitan Ave.(at Driggs Ave.)
地下鉄Ⓛ Bedford Av ☎(1-347)763-1421
営毎日8:00〜21:00(金・土〜22:00)
予算ランチ$25〜、ディナー$50〜
カード A D J M V
URL www.thebutchersdaughter.com
■ブランチがおすすめ

ノリータといえば!

カフェ・ジタン
Cafe Gitane

別MAP P.31-D2 ノリータ

欧州の空気が漂う店に入れば、ここがノリータの中心だと実感できる。客層もクリエイターやアーティストふう。

住242 Mott St.(at Prince St.)
地下鉄⑥ Spring St ☎(1-646)870-0087
営10:00〜22:00(日〜20:30)
予算コーヒー$3.50〜、デザート$7.50〜
カード A D J M V URL www.cafegitanenyc.com
■待ち合わせに

フレンドリー空間で上質パンを提供

ル・パン・コティディアン
Le Pain Quotidien

別MAP P.13-D3 チェルシー

世界中で展開するベーカリーカフェ。オーガニック素材を使用したパンやペストリーなどが楽しめる。ケーキやタルトもおすすめ。

住339 7th Ave.(bet 28th & 29th Sts.)
地下鉄Ⓑ Ⓓ Ⓕ Ⓜ 34St-Herald Sq.
☎(1-332)910-6872
営毎日6:00〜19:00(土・日7:30〜)
予算$6〜 カード A M V
URL www.lepainquotidien.com ■ベーカリーカフェ

週末はブランチを楽しむ人々でにぎわう

スイートチック
Sweet Chick

別MAP P.38-B2 ウイリアムズバーグ

クリスピーフライドチキンやミートローフなど、アメリカ南部の家庭料理が有名なカフェ。ボリュームたっぷりなのでシェアするのもよい。プロスペクト・ハイツにも支店あり。

フルーツたっぷりのSweet Chick Waffle $15

ここベッドフォード・アベニュー店のほか市内に4店舗ある

住164 Bedford Ave.(at N. 8th St.)
地下鉄Ⓛ Bedford Av ☎(1-347)725-4793
営月〜金11:00〜23:00 (金〜24:00)、土・日10:00〜24:00(日〜22:00)
予算$25〜 カード A D J M V
URL www.sweetchick.com
■ブランチがおすすめ

♥ブッチャーズ・ドーター NY市内に支店あり。ソーホーが本店。別MAP P.31-D3 住19 Kenmare St.(at Elizabeth St.) URL www.thebutchersdaughter.com

=要予約・予約をすすめる　=ドレスアップしよう

あのパンケーキをここでも!

コミュニティ・フード&ジュース
Community Food & Juice

別MAP P.28-A3 モーニングサイド・ハイツ

NYイチと評判のパンケーキ店「クリントンストリート・ベーキング・カンパニー」の姉妹店。パンケーキ$16〜はもちろん、牧草飼育牛肉を使ったハンバーガー$22やフレッシュジュースも人気。

コロンビア大学のそばにあり落ち着いた雰囲気

素材にこだわったナチュラル・グラスフェド・ビーフ・バーガー$22

住2893 Broadway (bet. 112th & 113th Sts.)
地下鉄❶Cathedral Pkwy　☎(1-212) 665-2800
営9:00〜15:30、16:00〜21:00
予算コーヒー$5〜
カードADJMV
URLwww.communityrestaurant.com
■しっかり食事

開放感たっぷりのカフェ

デヴォシオン
Devocion

別MAP P.38-A2 ウイリアムズバーグ

店内には大きな天窓や観葉植物があり、重厚感あふれるソファでゆったり心地よく過ごせる。もちろん、ていねいに自家焙煎した質の高いコーヒーもおすすめ。朝早くから多くの人でにぎわっている。

自然光が差し込む店内は、赤れんがの壁がブルックリンっぽい

コロンビア産の良質豆を自家焙煎。サンドイッチやパンもおいしい

住69 Grand St. (near Wythe Ave.), Brooklyn
地下鉄ⓁBedford Av
☎(1-718) 285-6180
営毎日8:00〜19:00
カードADJMV　URLwww.devocion.com
■ホッとひと息

ラルフ・ローレン本店にあるカフェ

ラルフズ・コーヒー
Ralph's Coffee

別MAP P.22-A3 アッパー・イースト・サイド

日本上陸済みだが、本店のクラシックで落ち着いた空間のなかでいただくコーヒーは格別!

住888 Madison Ave. (at 72nd St.)
地下鉄⑥68 St-Hunter College
☎(1-212) 434-8000　営9:00〜17:00
予算アイスコーヒー$4.75　カードADJMV
URLwww.ralphlauren.com/ralphs-coffee-feat
■ホッとひと息

オーストラリア発の自家焙煎コーヒー

パートナーズ・コーヒー
Partners Coffee

別MAP P.38-B2 ウイリアムズバーグ

厳選された良質な豆と高い焙煎技術で、瞬く間にコーヒー通のスポットに。サンドイッチやサラダなどもある。

住125 N. 6th St. (bet. Bedford Ave. & Berry St.), Brooklyn　地下鉄ⓁBedford Av　☎(1-347) 586-0063　営6:30〜18:00 (土・日7:00〜)
予算コーヒー$3〜5.25、サンドイッチ$12.95
カードADJMV　URLwww.partnerscoffee.com
■ホッとひと息

ブルックリンのレストラン・ウイーク　ブルックリンでもレストラン・ウイークを開催していたが、現在は、ニューヨークという形でマンハッタン、ブルックリン両方の店が参加することになった。

本場 NY スタイルのチーズケーキ

ジュニアズ
Junior's

別MAP P.33-C2 ミッドタウン・ウエスト

1950年創業、チーズケーキで有名なブルックリン発の老舗ダイナー。チョコやストロベリー、キャロットなど種類豊富。49丁目にあるこちらは、店内が広くゆったり。タイムズスクエアにも支店あり。

アメリカを感じたいならここへ！

ブロードウエイ観劇のあとにおすすめ

住1626 Broadway (at 49th St.)
地下鉄Ⓝ Ⓡ Ⓦ49 St
☎(1-212) 365-5900 営7:00～23:00 (火～木～24:00、金・土～翌1:00)
予算チーズケーキ＄8.95～ カードAMV
URLwww.juniorscheesecake.com

至極の味わいのベーカリーカフェ

ママン
Maman

別MAP P.5-C3 トライベッカ

創業者のひとりは南仏でミシュランの星獲得経験あり。サンドイッチやスイーツなど、南仏テイストのホームメイドメニューが人気。

住211 W. Broadway (bet. Franklin & White Sts.) 地下鉄❶Franklin St
☎(1-646) 882-8682
営7:30～18:00 (土・日8:00～) ※キッチンは16:00まで
カードADJMV URLmamannyc.com

スイーツのカスタマイズが楽しめる

ミルク・バー
Milk Bar

別MAP P.10-B2 イースト・ビレッジ

クッキーやケーキのスイーツ類だけでなく、ソーセージ入りフォカッチャも。基本的に立ち食い。

住251 E. 13th St. (bet. 3rd & 2nd Aves.)
地下鉄Ⓛ3 Av ☎(1-646) 692-4154
営15:00～23:00 (木～日11:00～)
予算パイ＄7.05～
カードADJMV
URLmilkbarstore.com

リッチな気分でひとりごはん

ラデュレ
Ladurée

別MAP P.30-A3 ソーホー

パリが本店のラデュレ。NYのソーホー店は、広い中庭もあり、ゆったりとした気分で過ごせるすてきな場所。

住398 W Broadway (bet. Spring & Broome Sts.)
地下鉄Ⓒ ⒺSpring St
☎(1-646) 392-7868
営9:00～19:00 (水～土～20:00)
予算カプチーノ$5.60
カードADJMV URLwww.laduree.us

ブルックリン発の人気ドーナツ

ドウ・ドーナツ
Dough Doughnuts

別MAP P.11-D1 チェルシー

ミシュラン3つ星レストランで働いていた女性ペイストリーシェフが創業。クオリティと見た目の美しさで今やNYの人気No.1ドーナツに。

住14 W. 19th St. (bet. 5th & 6th Aves.)
地下鉄Ⓡ Ⓦ23 St ☎(1-212) 243-6844
営9:00～19:00 (日～18:00)
予算＄5～ カードADJMV
URLwww.doughdoughnuts.com

VOICE **Sir Kensington'sのケチャップ** ニューヨークに行くと必ず購入。容器がビンだったが最近はプラスチック素材もあり使い勝手もよい。おすすめ！ (福岡県 macorin '22) ['23]

NYでは定番の抹茶フードを

チャチャ・マッチャ
Cha Cha Matcha

別MAP P.31-C1 イースト・ビレッジ

日本ではおなじみの抹茶をニューヨークっぽく楽しめるカフェ。マッチャ・ラテのほか、宇治の抹茶を使った濃厚なソフトクリームやスイーツも人気。日本のものとはやや異なり、甘味はほとんどなく、さっぱりとした後味が特徴。

住327 Lafayette St. (bet. Bleecker & E. Houston Sts.)
地下鉄⑥ⒷⒹⒻⓂBroadway-Lafayette St
☎(1-646) 895-9484
営8:00〜19:00 予算＄6〜 カードADJMV
URLchachamatcha.com

SNS映えスポットとしても人気のお店

ニューヨーク市内に4店舗ある

抹茶シュークリームはマスト!

ビブル&シップ
Bibble & Sip

別MAP P.32-B1 ミッドタウン・ウエスト

プリン、ケーキなど、どれも甘さ控えめでおいしい。Cream Puffs(シュークリーム)とクマのラテアートはぜひオーダーを。

住253 W. 51st St. (near 8th Ave.)
地下鉄ⒸⒺ 50 St
☎(1-646) 649-5116
営月〜金9:00〜19:00、土・日10:00〜20:00
カードAMV
URLwww.bibbleandsip.com

デザートをコースでいただく

チカリシャス
Chikalicious

別MAP P.10-B3 イースト・ビレッジ

デザートバーの有名店。日本人シェフのチカ・ティルマン氏が腕を振るうデザートは、どれもモダンで洗練された味。

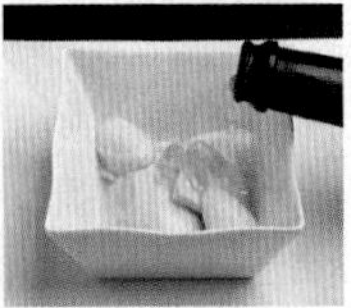

住203 E. 10th St. (bet. 1st & 2nd Aves.)
地下鉄Ⓛ3 Av ☎(1-212) 995-9511
営木〜日15:00〜22:00(もしくは売り切れまで)
休月〜水 予算＄26〜 (3コースのプリフィクス) カードDJMV
URLwww.chikalicious.com(メールで予約可)

イタリアンデザートを楽しむ

ベニーロズ
Veniero's

別MAP P.10-B3 イースト・ビレッジ

1894年創業。種類の多いケーキのなかでチーズケーキがおすすめ。番号札をもらって順番を待つ。

住342 E. 11th St. (bet. 1st & 2nd Aves.)
地下鉄Ⓛ1 Av ☎(1-212) 674-7070
営日〜木8:00〜22:00、金・土8:00〜23:00
予算チーズケーキ＄6、アイスカプチーノ＄5.25
カードADJMV
URLvenieros.com

デザートにも食事にも使える

チョバーニ
Chobani

別MAP P.30-A2 ソーホー

ほどよいもったり感がクセになるグリークヨーグルト。椅子は少ないがイートインできるので、散策の合間に。

住152 Prince St. (at W. Broadway)
地下鉄ⒸⒺSpring St ☎(1-212) 364-3970
営8:00〜17:00
予算ハーフ$5.75〜
カードAJMV
URLwww.chobani.com

♥チカリシャス 向かいにはデザートバーDessert Club, Chikaliciousがある。営7:00〜24:00(土・日9:00〜) テイクアウトなどカジュアルにいただくならこちらへ。

和+フレンチの極上デザート

パティスリー・フエ
Patisserie Fouet

別MAP P.10-A2 イースト・ビレッジ

製菓講師として長年のキャリアをもつベテランシェフによる、繊細で美しいデザートが人気。アフタヌーンティーもおすすめ。

Photo : Yuko Kitamura

住15 E. 13th St. (bet. University Pl. & 5th Ave.)
地下鉄ⓁⓃⓆⓇⓌ④⑤線14 St-Union Sq
☎(1-212) 620-0622
営10:00〜20:00 (金・土〜22:00)　休月
カード ADJMV　URL www.fouetnyc.com

LES のパイ専門店

ピーティーズ
Petee's

別MAP P.6-B2 ロウアー・イースト・サイド

チョコパイ、ピーカンパイなど甘い系からチキンホットパイなど食事系まで、ホームメイドのパイ各種が楽しめる。

住61 Delancey St. (bet. Allen & Eldridge Sts.)　地下鉄ⒻⒿⓂⓏDelancey St
☎(1-646) 494-3630
営月〜木16:00〜23:00、金〜日11:00〜23:00
予算 $ 10〜　カード ADJMV
URL www.peteespie.com

NY でナンバーワン!　チーズケーキ

エイリーンズ・スペシャル・チーズケーキ
Eileen's Special Cheesecake

別MAP P.31-C3 ノリータ

見た目にも美しいケーキは他店と比べて繊細な味で、小さめなのでちょうどいい。迷ったらプレーンチーズケーキからどうぞ。イートイン可。

繊細で優しい味のチーズケーキがずらりと並ぶ

ノリータにある老舗店

住17 Cleveland Pl. (near Kenmare St.)
地下鉄⑥Spring St
☎(1-212) 966-5585
営11:00〜19:00 (金・土〜20:00)
予算チーズケーキ $ 5.25〜
カード AMV
URL www.eileenscheesecake.com

名物クルーラーを試してみて

デイリー・プロヴィジョン
Daily Provisions

別MAP P.12-B3 ミッドタウン・ウエスト

シェイクシャックやグラマシー・タバーンを手がけるユニオン・ホスピタリティの系列店。テイクアウト中心のベーカリーカフェでNY市内に5店舗ある。メニューはサンドイッチやサラダなどが中心だが、なかでも人気はクルーラー。あっという間に売り切れるので、見つけたら即買いで。

住440 W. 33rd St., Suite 90
地下鉄⑦34 St-Hudson Yards
☎(1-646) 747-8610
営7:00〜21:00　カード ADJMV
URL dailyprovisionsnyc.com
※NY市内に多数支店あり

Photo : Peter Garritano

クルーラーのフレーバーは季節により異なる。$4〜

ハドソンヤーズの近くにあるので観光がてら寄ってみて

♥**Dominique Ansel Bakery**　「クロナッツ」で一大ブームをおこしたお店はまだ健在。お花が浮かんだホットチョコやアイスクリームなど夏季限定アイテムも人気。住189 Spring St.(bt. Sullivan & Thompson Sts.)

映画の舞台にもなった有名店

セレンディピティ3
Serendipity 3

別MAP P.18-B1 アッパー・イースト・サイド

雑貨屋の奥がカフェ。ハンバーガーやサラダもあるが、いちばんの人気はフローズン・ホットチョコレート。

住225 E. 60th St. (bet. 2nd & 3rd Aves.)
地下鉄ⓃⓇⓌLexington Av/59 St
☎(1-212) 838-3531　営11:00〜23:00（土・日10:00〜）　予算フローズン・ホットチョコレート＄15.95、サンデー＄18.95　カードAMV
URLserendipity3.com

アメリカンパイが有名

フォー&トゥエンティ・ブラックバーズ
Four & Twenty Blackbirds

別MAP P.44-A1 ゴワナス

農場で育ったエミリーとメリッサの姉妹が、祖母のレシピをもとにしたパイを提供。新鮮素材を使用したボリュームたっぷりのパイが絶品。なかでも看板メニューともいえるSalty HoneyとSalted Caramel Apple Pieはおすすめ！

パイは1ピース$6.50〜。ホール売り$45〜もある

本店はブルックリンのゴワナス。プロスペクト・ハイツに支店あり

住439 3rd Ave. (at 8th St.), Brooklyn
地下鉄ⒻⒼⓇ9 St
☎(1-718) 499-2917
営月〜金8:00〜18:00、土9:00〜19:00、日10:00〜19:00
予算＄8〜　カードAMV
URLbirdsblack.com　■家庭料理

おいしい紅茶でほっとひと息

アリスズ・トゥー・ゴー
Alice's To Go

別MAP P.41-A2 ブルックリンハイツ

オリジナルブレンドの紅茶は種類豊富。スコーンやフレンチトーストも。アッパー・ウエスト店よりすいている。

住43 Hicks St. (near Middagh St.)
地下鉄ⒶⒸHigh St　☎(1-347) 223-4830
営月〜金8:00〜16:00、土・日10:00〜15:00
予算＄25〜
カードADJMV
URLwww.alicesteacup.com

ブルックリンの人気ベーカリーカフェ

バケリ
Bakeri

別MAP P.40-A1 グリーンポイント

焼きたてパンの香りが店内に立ち込める、街角の小さなパン屋さん。ランチのサンドイッチ$8〜12もおいしい。ウイリアムズバーグに続き、グリーンポイントにも出店。こちらのほうが広く、ゆったりできる。

住105 Freeman St.
(bet. Franklin & Manhattan Aves.), Brooklyn
地下鉄ⒼGreenpoint Av
☎(1-718) 349-1542
営7:00〜18:00（土・日8:00〜）
予算＄7〜　カードADJMV
URLwww.bakeribrooklyn.com

朝食メニューのカフェラテとクロワッサン

ヨーロッパのカフェのような落ち着いた雰囲気

♥**バケリ**　ブルックリンで人気のベーカリーカフェは、ウイリアムズバーグ店も健在。別MAP P.38-B2
住150 Wythe Ave. (bet. N. 7th & 8th Sts.)　こちらはカード不可、現金のみ。　URLwww.bakeribrooklyn.com

ローカルアイスの火つけ役

ヴァン・リーウィン・アーティザン・アイスクリーム
Van Leeuwen Artisan Ice Cream

別MAP P.10-B3 イースト・ビレッジ

NY産の素材にこだわって作られたナチュラルアイスクリーム。じんわりやさしい味が人気。フードトラックから路面店をオープンさせた。ブルックリンにも支店あり。

クリーミーな味わいに引かれる

住48 1/2 E. 7th St.(near 2nd Ave.)
地下鉄⑥Astor Pl
☎(1-646)476-3865
営11:00〜24:00(金・土〜翌1:00)
予算 $7〜(1スクープ)
カード現金不可、カード、Apple Payのみ
ADJMV
URLvanleeuwenicecream.com

豪快なトッピングに注目

ビッグ・ゲイ・アイスクリーム
Big Gay Ice Cream

別MAP P.20-B1 アッパー・ウエスト・サイド

小さな屋台から始まった店。カレー風味のココナッツ、チョコとベーコンなど、ユニークなトッピングや組み合わせが話題に。おすすめは塩キャラメル入りバニラ&チョコ。

少し変わったアイスが食べたいなら

住516 Columbus Ave.(at 85 St.)
地下鉄ⒷⒸ86 St
☎(1-212)533-9333
営日〜水12:00〜23:00、木〜土12:00〜24:00
予算 $6〜
カードADJMV
URLwww.biggayicecream.com

懐かしいアメリカンデザートを

ブルックリン・ファーマシー&ソーダ・ファウンテン
Brooklyn Farmacy & Soda Fountain

別MAP P.42-A3 ボコカ

大人たちが慣れ親しんだアメリカの懐かしい味を再現してくれる店。ノスタルジックな店内に、クリームたっぷりのデザート目当てに地元のファミリーたちが集まってくる。

バナナスプリットはオーダー率高し

住513 Henry St. (at Sackett St.), Brooklyn
地下鉄ⒻⒼCarroll St
☎(1-718)522-6260
営14:00〜22:00
予算シェイク$10.5、アイスクリームサンデー$13〜 カードMV
URLwww.brooklynfarmacyandsodafountain.com

伝統的なイタリアンスタイルで作られる

アモリーノ・ジェラート・アンド・カフェ
Amorino Gelato and Cafe

別MAP P.32-B3 ミッドタウン・ウエスト

すべてのフレーバーがヴィーガン100%。最高品質の素材を使ったフレッシュなイタリアンジェラートが人気。マンハッタンにいくつか支店があるが、ここタイムズスクエア店はワッフルやクレープなどのメニューもある。

サイズを決めれば何種類でも選べる

住721 8th Ave.(bet.45th & 46th Sts.)
地下鉄❶50 St
☎(1-212)445-0101
営11:00〜23:00(金・土〜24:00)
予算 $6〜
カードADJMV
URLwww.amorino.com

VOICE **ヴァン・リーウィン** ちょっと高いけどおいしい♡ NYのどこに行ってもあちこちに支店があったが、ブルックリン・ブリッジのたもとで食べるアイスは格別。(兵庫県 中村結衣 '23)

ベーカリー ★朝食やランチだけでなく、おやつにもいいペストリーなど。

評判どおりのおいしさ

エイミーズ・ブレッド
Amy's Bread

別MAP P.8-B2 ミート・パッキング・ディストリクト

1992年創業。本店はミッドタウン・ウエストにあり、マスコミから高い評価を得ているベーカリー。ハード系のパンやサンドイッチ、カップケーキなどが人気。なかでも軽い酸味がいいサワードゥがおすすめ。

カマンベールチーズとリンゴのサンドイッチ

チェルシー・マーケットほかミッドタウンやブルックリンにもある

住75 9th Ave.(チェルシー・マーケット内)
地下鉄ACE14 St ☎(1-212) 462-4338
営8:00〜18:00
予算朝食のペストリー＄2.50〜4.75
カードAMV
URLwww.amysbread.com
■マーケット内でイートイン可

ソーホー住民に愛されるご近所ベーカリー

ヴェスヴィオ・ベーカリー
Vesuvio Bakery

別MAP P.30-A2 ソーホー

1920年に創業し、一時はシティ・ベーカリー系のバードバスとして営業していたイタリアン・ベーカリーがソーホー地区に再オープン。

住160 Prince St. (bet. Thompson St. & West Broadway)
地下鉄CESpring St ☎(1-646) 869-0090
営9:00〜19:00 予算$5〜
カードADJMV
URLvesuvio-bakery.com

やみつきになる塩チョコクッキー

オーブンリー
Ovenly

別MAP P.40-A2 グリーンポイント

クッキーやマフィン、スコーンなどの焼菓子のほかキッシュもおいしいブルックリンの人気店。イートインもできる。

住31 Greenpoint Ave.(at West St.)
地下鉄GGreenpoint Av
☎(1-888) 899-2133
営7:30〜19:00(土・日8:00〜)
予算＄5〜 カードADJMV
URLoven.ly

イスラエル出身のパン職人が出店

ブレッズ・ベーカリー
Breads Bakery

別MAP P.11-D2 グラマシー

看板メニューはユダヤ系の菓子パン、バブカ。ヌテラとベルギーのダークチョコレートチップを練り込まれたチョコレートバブカが好評。

住18 E.16th St.(bet. 5th Ave.& Universal Pl.)
地下鉄LNQRW45614 St-Union Sq
☎(1-212) 633-2253
営7:00〜20:00
カードADJMV URLwww.breadsbakery.com

マンハッタンにも支店あり

ビアン・キュイ
Bien Cuit

別MAP P.42-B2 ボコカ

店名はフランス語で「よく焼けた」という意味。バゲットやクロワッサン、タルトなどの焼き菓子が味わえる。

住120 Smith St. (bet. Pacific & Dean Sts.), Brooklyn 地下鉄FGBergen St
☎(1-718) 852-0200 営7:00〜18:00
予算$5〜 カードADJMV
URLwww.biencuit.com
■イートイン可能

VOICE **ルヴァン・ベーカリー(→P.230)** ここのチョコチップ・クッキーが大好き。朝8時からオープンしているので帰国日の朝に購入して日本に持ち帰っています。(福岡県 じゅんじゅん '23)

ピザ ★こちらは、ほとんどがホール売り(シングルピザ)のレストラン形式。

ワシントンDC発のチェーン系ピザ

アンド・ピザ
&pizza

別MAP P.14-A3 グラマシー

定番メニューのほかに、生地やソース、トッピングまですべてカスタムオーダーできるCraft your Ownも人気。

住15 W. 28th St. (bet. Broadway & 5th Ave.)
地下鉄Ⓡ Ⓦ 28 St
営11:00〜22:00(金・土〜23:00)
予算$10〜
カードADJMV
URLandpizza.com

長蛇の列ができる老舗有名店

ロンバルディーズ
Lombardi's

別MAP P.31-D3 ノリータ

創業1905年、NYスタイルのピザ最古の店。コールオーブンで焼くピザが評判。月〜木曜は予約可。

住32 Spring St. (at Mott St.)
地下鉄⑥Spring St ☎(1-212) 941-7994
営日〜木12:00〜22:00、金・土12:00〜24:00
予算ピザ＄22〜
カード不可、現金のみ
URLwww.firstpizza.com

安い、大きい、おいしい!

ジョーズ・ピザ
Joe's Pizza

別MAP P.9-D4 グリニッチ・ビレッジ

1975年創業。NYスタイルのピザが味わえる人気店。タイムズスクエアやウイリアムズバーグなどにも支店あり。

住7 Carmine St. (near 6th Ave.)
地下鉄ⒶⒷⒸⒹⒺⒻⓂW 4 St-Washington Sq
☎(1-212) 366-1182
営月〜木10:00〜翌3:00、金・土10:00〜翌5:00
予算$3〜 カード不可、現金のみ
URLwww.joespizzanyc.com

伝統を重んじる硬派なピザ

ケステ・ピッツァ・アンド・ヴィノ
Keste Pizza & Vino

別MAP P.3-C1 ロウアー・マンハッタン

"Keste"とはイタリア語で「これぞ!」の意味。セレブピザ職人ロベルト・カポルシオ氏が、ナポリピザの定義に従った窯と薪、現地から取り寄せた素材で焼くピザ(＄13〜32)が絶品。

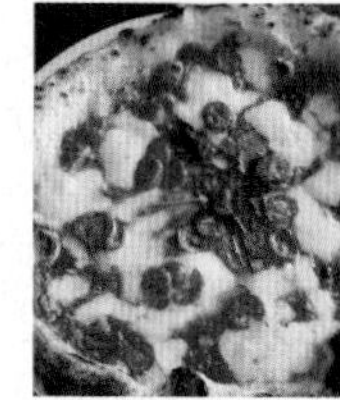

パリパリ生地のピザはぺろりと食べられる

住77 Fulton St. (near Gold St.)
地下鉄②③Fulton St.
☎(1-212) 243-1500
営11:30〜21:30(金・土〜22:30)
予算ピザ＄13〜32
カードAMV
URLkestepizzeria.com

ピザファンが絶賛する人気店

ロベルタズ
Roberta's

別MAP P.40-A3 ブッシュウィック

窯で焼き上げられる薄焼きピザは、NYのベストピザに選ばれたこともあり、どれを食べても絶品。ブッシュウィックの本店まで、わざわざ食べに来るファンも。

店内にはラジオ局もある

住261 Moore St. (bet. Bogart & White Sts.), Brooklyn 地下鉄ⓁMorgan Av
☎(1-718) 417-1118
営月〜金12:00〜22:00(木〜23:00、金〜24:00)、土・日11:00〜24:00(日〜23:00)
予算ピザ＄20〜
カードADJMV
URLwww.robertaspizza.com

ニューヨークのピザ NYではピザにタバスコをかけることはあまりなく、乾燥させた唐辛子フレークをかけるのが一般的。ニューヨーカーたちはピザをふたつ折りにして食べることが多い。トッピングなしのチーズピザとペパロニが定番。

ホットドッグ&サンドイッチ ★ファストフードでなくレストラン形式もある。

NY グルメサンドイッチ専門店

ウィッチクラフト 'Wichcraft

別MAP P.13-D2 ミッドタウン・ウエスト

セレブシェフのトム・コリッキオが仕掛け人。厳選した素材、マヨネーズもジャムもホームメイドというこだわりのサンドイッチが人気。

住1407 Broadway (at 38th St.)
地下鉄ⓃⓆⓇⓌⓈ①②③⑦Times Sq-42 St
☎(1-646) 329-6025
営月～金8:00～18:00、土・日10:00～16:00
予算$10～ カード AMV URL www.wichcraft.com
■ファストフード形式(チップ不要)

NY イチのロブスターロール

エドズ・ロブスター・バー Ed's Lobster Bar

別MAP P.31-C4 ソーホー

身がどっさり入ったロブスターロール(時価)が有名。ロブスタービスクやラビオリも人気。カウンター席あり。

住155 Grand St. (bet. Lafayette & Centre Sts.) 地下鉄⑥Spring St ☎(1-212) 343-3236
営月～金11:00～22:30 (月～22:00、金～23:30)、土・日10:30～21:30 (土 ～23:30) 予算 $35～
カード AMV URL www.lobsterbarnyc.com
■レストラン(チップ要)

プリプリのロブスターがたっぷり!

ルークス・ロブスター Luke's Lobster

別MAP P.10-A2 イースト・ビレッジ

日本にも上陸しているロブスターロール専門店。アメリカ、メイン州の良質でジューシーなロブスターがぎっしり詰まったロブスターロールは、レモンバターと特製スパイスが絶妙な味わい。クラブロールやシュリンプロールもある。

看板メニューのロブスターロールは$23～

NY市内に8店舗。こちらはユニオンスクエアに近い

住124 University Pl. (bet. 13th & 14th Sts.)
地下鉄ⓁⓃⓆⓇⓌ④⑤⑥14 St - Union Sq
☎(1-646) 692-3468
営11:00～19:00
予算ロブスターロール$23 カード AMV
URL lukeslobster.com
■ファストフード形式(チップ不要)

パストラミならニューヨークでいちばん

カッツ・デリカテッセン Katz's Delicatessen

別MAP P.7-C3 ロウアー・イースト・サイド

100年以上の歴史を誇るコーシャーフードの老舗店。自家製ハムやソーセージ、コンビーフなどのサンドイッチは格別だが、なかでもダントツの人気はパストラミのサンドイッチ。

ジューシーで香ばしいパストラミが挟まったサンドイッチ$27.45

1914年創業、ユダヤの伝統食文化を伝える店

Photos : Katz's Delicatessen

住205 E. Houston St. (at Ludlow St.)
地下鉄Ⓕ2 Av ☎(1-212) 254-2246
営8:00～23:00
予算 $12～ カード ADJMV
URL katzsdelicatessen.com
■レストラン (チップ要) とカフェテリア (チップ不要) あり

♥**カッツ・デリカテッセン** 店に入ると整理券を渡されるので、それを持ってカウンターでオーダーを(なくすと$50の罰金を課せられる)。基本的にセルフサービスだが、左の壁際のテーブルのみスタッフがサーブするので注意を。

⊘=要予約・予約をすすめる　⊘=ドレスアップしよう

立ち食いホットドッグの店

グレイズ・パパイヤ
Gray's Papaya

別MAP P.20-B3 アッパー・ウエスト・サイド

フレッシュビーフのホットドッグが激安。100%フレッシュのトロピカルドリンクと合わせるとおいしさ倍増。

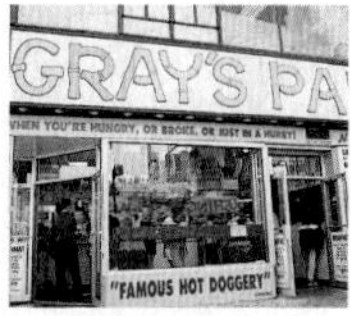

住2090 Broadway (at 72nd St.)
地下鉄❶❷❸72 St　☎(1-212) 799-0243
営8:00～22:00 (木～土～23:00)
予算ホットドッグ＄2.95、コーヒー＄1.00～
カード不可、現金のみ
URLgrayspapaya.nyc　■スタンドのみ

NY唯一のモントリオール産ベーグル

マイル・エンド
Mile End

別MAP P.42-B3 ボコカ

ほんのり甘くて小さめのモントリオール式ベーグルが人気。smoked meatも絶品。週末のブランチは行列必至だ。

住97A Hoyt St. (bet. Atlantic Ave. & Pacific St.)
地下鉄ⒶⒸⒼHoyt-Schermerhorn
☎(1-718) 852-7510
営8:00～21:00 (土・日9:00～)　予算＄12～
カードAMV　URLwww.mileenddeli.com
■レストラン形式 (チップ要)

一度は行ってみたい本店

レッドフック・ロブスター・パウンド
Red Hook Lobster Pound

別MAP P.41-A3 レッドフック

ロブスターロールで一躍有名に。マンハッタンにも支店はあるが、時間があればぜひ本店へ。船のキャビンのような店内では、サラダやチャウダーなども味わえる。

住284 Van Brunt St. (bet.Verona & Pioneer Sts.), Brooklyn　地下鉄ⒻⒼSmith & 9 StsよりバスB61　☎(1-718) 858-7650
営12:00～21:00 (金・土～22:00)
カードADJMV　URLwww.redhooklobster.com/pound
■レストラン形式 (チップ要)＋フードトラック

看板メニューはマヨネーズを使ったメインスタイルのロブスターロール＄32

マンハッタンにも屋台トラックが走るが、ぜひ本店を訪れたい

醸造所を併設したワインバー

小皿料理と地ワインを

ブルックリン・ワイナリー
Brooklyn Winery

NY州産のブドウを使って希少なNYワインを造っている。ワインに合わせて作る旬の小皿料理も女性に人気が高く、話題のスポットとなっている。
別MAP P.39-C1　ウイリアムズバーグ
住61 Guernsey St. (bet. Nassau & Norman Aves.)　地下鉄ⒼNassau Av
☎(1-347) 763-1506　営火～金17:00～22:00、土・日13:00～22:00 (日～18:00)　休月
カードAMV
URLwww.bkwinery.com
●ワイナリーツアー&テイスティングツアーとテイスティング (90分) のパッケージも行っている。火18:30～20:00、土・日14:00～15:30。ひとり＄45。21歳以上参加可。写真付きの身分証を持参。スケジュールはウェブで要確認。

VOICE　**グレイス・パパイヤ**　ホットドッグには、とろとろに煮込まれたケチャップ味の「オニオン」をトッピングしてみて (オニオンのトッピングは無料)。安いうまいで大満足！ (和歌山県　福田久　'23)

CHECK
食べやすい定番人気サラダ
Kale Caesar
$13.45　ケール・シーザー

BASE

Shredded Kale
ロメインレタスの代わりにβカロチン豊富な小さくカットしたケールを

Tomato
真っ赤な完熟プチトマトの赤で、サラダのグリーンに彩りを添えて

Shaved Parmesan
荒く削ったざっくりパルミジャーノ・レッジャーノがアクセント

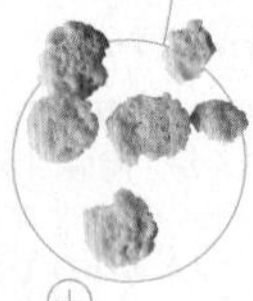
Roasted Chicken
食べやすくダイス状にカットされたカロリー控えめの胸肉ロースト

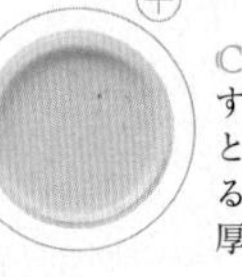
Parmesan Crisp
チーズ・スナック菓子のようなサクサク食感と味わいがサラダにマッチ

＋
Caesar Dressing
すべての材料をひとつにまとめ上げるクリーミーな濃厚ドレッシング

＋
Whole Wheat Bread
穀物の味わいたっぷり、もっちりとした食感のフレッシュな焼きたてパン

NYフードの定番?

おいしい!　ヘルシー!　たっぷり!
注目のサラダ専門店

おいしくてヘルシーで、
旅行者にもおすすめなのがサラダ。
最近では「サイド」という概念を超えた
ボリュームたっぷりの
チョップドサラダが大人気。
なかでも続々支店をオープンする専門店、
スイートグリーンをチェック!

Photos & Text: Kayoko Ogawa

Sweetgreen
スイートグリーン

おしゃれなサラダ専門店

ローカル＆オーガニックにこだわった野菜＆フルーツとドレッシングを使用。あらかじめ中身が決まったサラダのほか、お気に入りをカスタマイズするCreate Your Ownでオーダーできる。

MAP P.28-A3
モーニングサイド・ハイツ
住 2937 Broadway（near 115th St.）
地下鉄 ❶ 116 St-Columbia University
☎ (1-917) 675-6616
営 10:30～22:00
休 祝　カード AMV
URL sweetgreen.com
※支店多数あり

CHECK
あったか具材が入った個性派サラダ
Shroomami

$13.95　シュローマミ

サラダと一緒にレモン・フレスカもオーダーするのがおすすめ！

BASE
Shredded Kale
青野菜特有の苦味がなく食べやすいケールはβカロチン＆ビタミンが豊富

Sprouts
いつもは目立たない生モヤシ。みずみずしさとシャキシャキ感で主張を

Organic Wild Rice
サックリとした独特の食感と香ばしさ。サラダ具材では大人気の雑穀

Raw Beet
ほのかな優しい甘味とりんごのような食感がクセになる生ビーツ

Roasted Sesame Tofu
プロテインとして投入される焼き豆腐。固めの食感で食べ応えをアップ

Spicy Sunflower Seeds
香辛料にくぐらせたひまわりの種が、辛味のアクセント役として大活躍

Warm Portobello Mix
風味＆ボリュームたっぷりのあったかポートベローは野菜との相性も◎

Miso Sesame Ginger Dressing
日本人の舌にもなじみやすい、さっぱりとした味わいのピリ辛ドレッシング

Create Your Ownのオーダー方法

1 ベースのグリーン野菜を選ぶ
基本のグリーンをアルグラ（ルッコラ）、メスクラン、ケール、ベビー・スピナッチ、ロメインレタスなどからチョイスする。

2 中身（トッピング）を4種類選ぶ
続いてトッピングをセレクト。コーンやニンジン、トマトやキュウリといった定番から、追加料金でプレミアム・トッピング（アボカド、シトラス・シュリンプ、ゆで卵、ローステッド・チキンなど）を加えるのもよい。自分だけの組み合わせでオリジナルのサラダを作ろう。

3 ドレッシングを選ぶ
レモンの搾り汁やオリーブ油から、定番のバルサミックやシーザー、個性的なタヒニ・ヨーグルトのクリーム系など、とにかく多彩。

できた！

ベビー・ケールをベースに、トマト、グレープ、ニンジン、コーンの4種をチョイス。パンを添えて

これで$12.95！

4 お会計
完成したサラダはこのあと、会計へ。追加でパンやドリンクをオーダーしたい場合は、このときにお願いしよう。

今、話題のBakery6店

コロナ禍で多くのレストランが閉店していくなか、盛況だったのがベーカリー。ニューヨーカーにとってパンは日々の暮らしに欠かせないもの。そこで、話題の６店舗をご紹介！

人気のヒミツ・サイドストーリー

人気の巨大クッキー（約170g）は、見た目のインパクトとは裏腹に、素朴でなつかしい味わい。流行の移り変わりが激しいNYにあって、万人が愛する普遍のおいしさが人々の胃袋をキャッチ。セレブのファンも多い。

左：店名の"Levain"は仏語で「パン種」の意味　右：74丁目にある半地下の本店

Bakery 01

地域密着型のかわいいベーカリー

Levain Bakery

ルヴァン・ベーカリー

1994年、半地下にある小さな工房からスタート。支店が増えても本店は地域住民に愛され続けている。店頭に漂う甘いクッキーの香りに誘われて、学校帰りの子供たちから大人まで、店先にはいつも行列ができている。市内6店舗を展開。

MAP P.20-B3　アッパー・ウエスト・サイド
住 167 W. 74th St. (near Amsterdam Ave.)
地下鉄 ①②③ 72 St　☎ (1-917) 464-3769
営 8:00 ～ 20:00　URL levainbakery.com

Ⓐ **Baguette with Butter and Jam**

$3.75

ミニ・バゲットに自家製の木苺ジャムとバターを塗っただけの一品。このシンプルさがうまい!

Ⓑ **Brioche with Cinnamon Butter**

$5

ふんわりと口当たりのよいブリオッシュに香り高いシナモンを練り込んで。食べ応え抜群

ミニ・バゲットもおすすめ!

冷凍品が全米各地で販売に!

NYいちと人気の高いクッキーが、2020年から全米各地のスーパーで販売スタート。オリジナルに比べてサイズは控えめだが、話題の味を自宅のオーブンで手軽に再現できるとあってたちまち話題に。

Ⓒ **Lemon Slice**

$4.75

レモンの香りがほんのりのバターケーキ。甘さ抑えめでさわやかな味わいに、コーヒーが進む

Ⓓ **Oatmeal Raisins Cookies**

$5

生地にオートミールとレーズンを混ぜ込んだスコーン。サクサクの食感と果実の味わいが◎

その他の支店

Ⓐアッパーイーストサイド	別MAP	P.22-B1
Ⓑアッパーウエストサイド	別MAP	P.20-B2
ノーホー	別MAP	P.10-A4
ウイリアムズバーグ	別MAP	P.38-B2
ハーレム	別MAP	P.29-C3

右：イエローキャブ・モチーフのトートは$12　下：店頭に並ぶ商品の数々。どれも素朴な味わい

Ⓐ **Cabernet Sesamo**

$7.25

NY 産のワイン用ブドウ酵母で焼いたイタリアン・ブレッド。ゴマの風味が香ばしい

Ⓑ **Chardonnay Miche**

$7.25

同じくワイン用ブドウ酵母で焼いたミシェ。さわやかな酸味の風味豊かなパン

Ⓒ **Raspberry Morning Bun**

$5.25

フレッシュなラズベリージャムを練り込んだ渦巻きデニッシュは味わいもさわやか

Ⓓ **Pretzel**

$3.75

ゴマやケシの実をちりばめたフラットベッド・スタイルの歯応えのあるパン

Ⓔ **NY Breakfast Sandwich**

$11.75

スモークサーモンとクリームチーズをサンドしたNYらしいベーグル・サンド

上：老舗ならではの定番商品をはじめ、多彩なラインアップ　下：アッパー・イースト・サイドの街並みになじむたたずまい

1916年創業の老舗ベーカリー

Orwashers Upper East Side

Bakery 02

オーワッシャーズ・アッパーイーストサイド

ハンガリー移民のオーワッシャー氏による家庭のレシピで作ったパンが始まり。2007年からは新オーナーが伝統を守りつつ、現代的ラインアップを展開。地域住民に愛されている。

MAP P.23-C2　アッパー・イースト・サイド
住 308 E. 78th St. (near 2nd Ave.)　地下鉄 ⑥ 77 St
☎ (1-212) 288-6569　営 7:00～18:00
URL orwashers.com
☆アッパー・ウエスト・サイド MAP P.20-B1 に支店あり

人気のヒミツ・サイドストーリー

NY 産ワイン用ブドウやブルックリン地ビールの酵母を使った"アルチザン"シリーズをはじめ、移民の街らしく各国の特色を生かした"NYC オリジナル"シリーズによる斬新で多彩なラインアップが舌の肥えたニューヨーカーに人気。

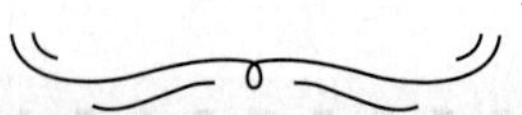

旅するシェフの小粋なベーカリー

La Bicyclette Bakery

Bakery 03

ラ・バイセクレット・ベーカリー

世界8ヵ国でパン修業に励んだ若手フランス人シェフによるパンが人気。コロナ禍での開業にもかかわらず、上質でクラシックなラインアップは地元で話題となりたちまち人気店に。

別MAP P.38-B3　ウイリアムズバーグ
住 667 Driggs Ave. (at Fillmore Pl.), Brooklyn
地下鉄 Ⓛ Bedford Av　☎ (1-347) 916-1417
営 8:00 ～ 13:00　休 月
URL labicyclettebakery.com

幼少時よりパン作りに親しんできたシェフ、フローさん

左：シンプルでかわいらしい店内　中：ハム&チーズのサンドイッチ $12　右：フローさんが心を込めて焼き上げる

人気のヒミツ・サイドストーリー

ローカルが絶賛するのがわずか $1 のオーガニック・バゲット（2023年11月現在）。"パンは贅沢品ではなく万人のためのもの"という言葉どおり、より多くの人々に良質なパンを味わってほしいという理念が共感を呼んでいる。

Ⓐ Pain aux Raisins

$5

レーズンをたっぷり盛り込んだしっとりペイストリー。バターの香りがたまらない

Ⓑ Crorssant

$3.75

バターを惜しみなく使い、ていねいに折り込まれたレイヤーが美しいクロワッサン

Ⓒ Choco Roulé

$5

チョコレート・チップを盛り込んだ生地をぐるりと巻いて焼き上げたペイストリー

ソーセージ・ロールは温めてもらっていただこう！

人気のヒミツ・サイドストーリー

独自メニューが豊富な同店で注目なのは巨大ソーセージ（ラムもしくはポーク）を包んだソーセージ・ロール。また、店内ではイートインも可能。ワインも常備しており、これまでにないベーカリーのアプローチが話題になっている。

Ⓐ Turkey & Cheese Croissant

$7

低カロリーがうれしいターキーハムとチーズのクロワッサン・サンド

Ⓑ Baked Sausage Roll

$8.50

ジューシーなラム・ソーセージをさくさくのパイ生地で包み込んだ一品

Ⓒ Cheese Twist

$4.90

コクのあるチーズをふんだんに盛り込んだ大きなねじりパン

チーズ好きにはたまらない♡

Ⓓ Raspberry Custard Tart

$4.50

フレッシュ・ラズベリーをしのばせたエッグカスタードのタルト

オーストラリアの話題店が上陸

Bourke Street Bakery

バーク・ストリート・ベーカリー

2019年、オーストラリア・シドニーの人気店が満を持してNYに上陸。クロワッサンなどの定番はもちろん、オージー・ツイストを効かせたセイボリー系も充実しており、早朝の店先には長蛇の列が。

MAP P.14-A3 ノマド
住 15 E. 28th St.（near Madison Ave.） 地下鉄 ⑥ 28 St
☎（1-718）744-4803 営 月～金 7:00～16:00、土日 8:00～17:00 URL bourkestreetbakery.com ☆チェルシー MAP P.14-A3、☆アッパー・ウエスト・サイド MAP P.20-B3 に支店あり

上：オリジナルグッズはおみやげにおすすめ
左下：すでに市内3店舗を展開する快進ぶり
右下：混雑する朝昼以外の時間帯が狙いめ

チェルシー・マーケットの地下１階にある

Bakery 05

バゲットやペイストリーが人気

ALF Bakery

アルフ・ベーカリー

トライベッカの有名店アーケード・ベーカリーで働いていたアマドゥ・リー氏がオープンさせたベーカリー。伝統的なフランスの手法をベースに、見た目も美しい上品な味のパンが並ぶ。

MAP P.8-B1　ミート・パッキング・ディストリクト
住 759th Ave.（bet. 15th &16th Sts.）
地下鉄 ACE 14 St　☎（1-646）847-1600
営 9:00～18:00　URL alfbakery.com

Pain au Chocolat

$5.75

定番のパンオショコラ。サクサクのクロワッサン層と濃厚チョコの相性抜群

Cinnamon Bun

$6.50

デニッシュスタイルのシナモンバン。大粒のロックシュガーをのせて香ばしく

Veggie Sandwich

$12

ラディッシュ、トマト、パセリソースがのったオープンサンド。彩りが鮮やか

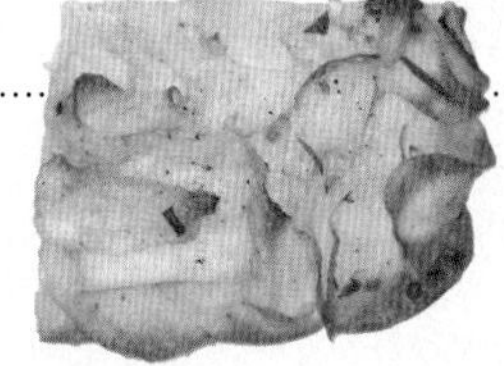

Patate Pizza

$5.75

人気のカット・ピザ。スライスしたポテトとタマネギ、ローズマリーが絶妙！

Bonboloni

$4.25

ジャムやクリーム、チョコを詰めた定番のイタリアン・ドーナツ

ボリュームたっぷりの一品♪

Uovo Brioche

$7.95

オムレツとカリカリのプロシュートをふわふわのブリオッシュでサンド。朝ごはんに！

Bakery 06

「こねないパン作り」で一世を風靡

Sullivan Street Bakery

サリバン・ストリート・ベーカリー

1994年ソーホーにオープン。ヘルズ・キッチン移転により店舗も一新、「より上質な手作り」をモットーに毎日多くのパンを焼き上げる。

MAP P.16-B4　ミッドタウン・ウエスト
住 533 W. 47th St.（bet. 10th ＆ 11th Aves.）
地下鉄 CE 50 St　☎（1-212）265-5580　営 7:00～18:00
URL sullivanstreetbakery.com
☆チェルシー MAP P.13-C4 に支店あり

白を基調としたナチュラルで清潔感あふれるインテリア

注目の

今やNYの定番フード！
グルメバーガー

ニューヨークもアメリカとあって、根強い人気のハンバーガー。王道から、素材にこだわったヘルシーなものまで幅広く、アメリカ西海岸発のカスタムメイドも人気！

$8.49

シャック バーガー Shackburger

バンズ、ビーフパテ、アメリカンチーズ、レタス、トマト、シェイクソース
特上サーロインを使ったハンバーガーが楽しめる。あっさり味のオリジナルソースが決め手！

日本にも上陸済みのセレブなバーガー

ユニオンスクエア・カフェ、グラマシー・タバーンを手がけるセレブシェフ、ダニー・メイヤーによる有名店。全米に支店が続々オープン。

シェイク・シャック Shake Shack

MAP P.32-B3　ミッドタウン・ウエスト
住 691 8th Ave.(at 44th St.) ※他に店舗あり
地下鉄 Ⓐ Ⓒ Ⓔ 42nd St-Port Authority Bus Terminal
☎ (1-646)435-0135　営 毎日 10:30 ～ 24:00
カード A J M V　URL shakeshack.com
◎ファストフード形式、チップ不要（チップのボトルはあり）、先にオーダーして着席

何から何までオーガニック！

牧草飼育肉のパテから、野菜、チーズ、調味料、デザート、ビールまですべてオーガニック。揚げ物には100％ピーナッツオイルを使用。

ベア・バーガー Bare Burger

MAP P.9-D4 グリニッチ・ビレッジ
住 535 La Guardia Pl.(bet. W.3rd & Bleecker Sts.) ※アストリア、ブルックリンのパークスロープ、ミッドタウンなど店舗多数、日本にも上陸済み
地下鉄 ⑥ Bleecker St　☎ (1-212)477-8125
営 毎日 11:30 ～ 22:00（日～21:00）
カード A M V　URL bareburger.com
◎レストラン形式、チップ要、着席してからオーダー

ベアバーガー・スプリーム Bareburger Supreme

ブリオッシュ、ビーフパテ、コルビー・ジャックチーズ、オニオンリング３つ、アップルウッド・スモークド・ベーコン、レタス、刻みフレンチフライ、自家製ソース
パテはビーフ、ターキー、カモ、チキンのほか、エルクやバイソン、イノシシも選べる。

$16.95

$18.5

オール・アメリカン・バーガー All American Burger

バンズ、ビーフパテ、アメリカンチーズ、スペシャルソース
ジューシーなパテに特製ソースとチーズがとろり。あとからじんわりくるおいしさ。フレンチフライはプラス $2。

ミルクシェイクだけじゃない！

「古きよきアメリカ」にこだわり、それに現代風のエッジを加えたメニューが人気。なかでもミルクシェイクが有名だが、ハンバーガーもおいしい！

ブラック・タップ・クラフト・バーガー＆ビア Black Tap Craft Burger & Beer

MAP P.30-A3 ソーホー
住 529 Broome St. (bet. Sullivan & Thompson Sts.)　地下鉄 Ⓒ Ⓔ Spring St
☎ (1-917)639-3089　営 月～木12:00～22:00、金11:00～24:00（日～22:00）　カード A D J M V
URL blacktap.com
◎レストラン形式、チップ要、着席してからオーダー

行列が絶えない 隠れ家的人気店

高級ホテルのフロントの脇にこっそりある隠れ家的バーガー店。しかしそのこだわりのおいしさから毎日行列ができるほどの人気。

バーガー・ジョイント Burger Joint

MAP P.36-A2　ミッドタウン・ウエスト
住119 W. 56th St.(bet. 6th & 7th Aves.) トンプソン・セントラルパーク・ニューヨーク・ホテル内
地下鉄 F 57th St
☎(1-212)708-7414　営毎日11:00〜23:00
カード A M V　URL burgerjointny.com
◎ファストフード形式、チップ不要（チップのボトルはあり）、先にオーダーして着席

チーズバーガー Cheese Burger

バンズ、ビーフパテ、チーズ、ピクルス、レッドオニオン、トマト、レタス、ケチャップ、マスタード、マヨネーズ
ジューシーなパテに、とろけるチーズ、新鮮な野菜の王道バーガー。バンズもふわふわ。

グラスフェッド&フィニッシュド・バーガー Grass-fed & Finished Burger

ポテトバンズ、ホワイトチェダーチーズ、レッドオニオン、レタス
ビーフパテは肉厚でジューシー。しゃきしゃきレタスと上品なホワイトチェダーのチーズとマッチ

シンプル・イズ・ザ・ベスト！ NYいちと評判のハンバーガー

サウス・ウイリアムズバーグの人気店ダイナーの看板メニュー。グラスフェッドビーフ（牧草牛）のパテをはじめ、野菜やバンズなど素材にこだわって作られたハンバーガーは絶品！　複雑なトッピングや調味料を使用せず、シンプルにおいしいと思える味。

ダイナー Diner

MAP P.38-A3 ウイリアムズバーク
→P.195
◎レストラン形式、チップ要、着席してからオーダー

NYベストバーガーに 何度も選ばれた名店

本店はブルックリンのクリントンヒル。長方形のデトロイトスタイル・ピザとハンバーガーが人気のレストラン。パテが２枚でチーズがとろとろのボリュームたっぷりのバーガーはナイフとフォークでいただこう。

エミリー Emily

MAP P.5-C1 グリニッチ・ビレッジ
住35 Downing St. (at Bedford Ave.)　地下鉄 1 Houston St　☎ (1-917) 935-6434　営月〜金12:00〜22:00（金〜24:00）土・日11:00〜24:00（日〜22:00）
予算$30〜　カード A D J M V　URL pizzalovesemily.com
◎レストラン形式、チップ要、着席してからオーダー

エミー・ダブル・ステーキ・バーガー The Emmy Double Stack Burger

Tom Cat Bakeryのプレッツェルバンズ、パテ2枚、ソース、キャラメリゼオニオン、チェダーチーズ、ピクルス。フレンチフライ付き
熟成肉とプレッツェルのバンズを使用した極上のハンバーガー。とけるチーズとエミリー秘伝のソースがマッチ

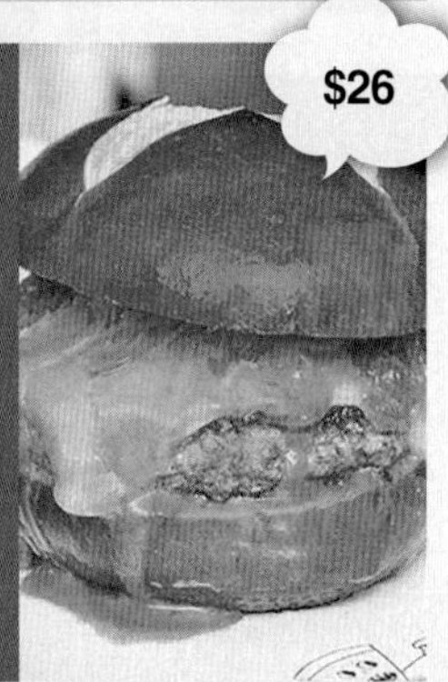

オリジナル・ファイブ・ナプキン・バーガー Original Five Napkin Burger

バンズ、ビーフパテ、キャラメライズド・オニオン、グリュイエールチーズ、ローズマリー・アイオリソース
約283gもある分厚いパテ！　レアかミディアムの焼き加減を選ぶ。中から肉汁がジュワー。

ど迫力の肉厚バーガー！

店名は、バーガーが大き過ぎて食べるのが大変で、ナプキンが５枚は必要という意味。寿司やフィッシュ&チップスもある。

ファイブ・ナプキン・バーガー 5 Napkin Burger

MAP P.32-A3 ミッドタウン・ウエスト
住630 9th Ave.(at 45th St.)　※他に支店あり
地下鉄 A C E 42nd St-Port Authority Bus Terminal
☎(1-212)757-2277　営毎日 11:30〜22:30(水〜土〜23:30)
カード A M V　URL 5napkinburger.com
◎レストラン形式、チップ要、着席してからオーダー

Starbucks Reserve NYロースタリーに行こう!

焙煎所を併設した次世代スタバは、まさにコーヒーのワンダーランド。3フロアにわたるスペシャルな空間を徹底解剖!

世界4店目の次世代スタバでプレミアムなコーヒー体験!

Starbucks Reserve Roastery
スターバックス・リザーブ・ロースタリー

シアトル、上海、ミラノに続き、2018年NYにオープンしたリザーブ・ロースタリー。コーヒーとの新しい出合いを提供するスタバの次世代ストア。究極のコーヒー体験をしに出かけよう!

MAP P.8-B2
ミート・パッキング・ディストリクト
住 61 9th Ave. (bet. 14th & 15th Sts.) 地下鉄A C E L線14 St-8 Av
☎ (1-212) 691-0531
営8:00〜22:00(金・土〜23:00)
カード A D J M V
URL starbucksreserve.com

1 メイン・バー

エスプレッソからコールドブリューまで多彩なコーヒーが揃うメインカウンター。限定メニューのロースタリー・クリエーションズや飲み比べができるフライトも楽しめる。

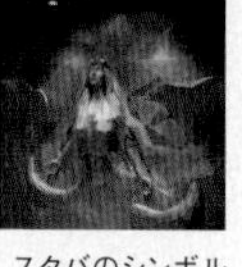
スタバのシンボルの人魚サイレンの彫刻も必見!

2 エクスペリエンス・バー

半地下の隠れ家的カウンターは、クローバー、コーヒープレス、サイフォン、モッドバー、ケメックスの5種類の抽出方法が選べる体験ゾーン。バリスタに好みを伝えよう。

3 スクーピング・バー

自家焙煎豆をその場で袋詰めしてくれる

店内で焙煎されたフレッシュなコーヒー豆を量り売りするコーナー。どれも世界中から厳選された最高級の希少豆で、産地とフレーバーのほか焙煎日も表示されている。

Text: Naoko Umitani
Photos: Starbucks Reserve Roastery, Kayoko Ogawa

4 アリビア・モ・バー

2階のバーでは、コーヒーとティーをベースにしたカクテルのほかワインやNYの地ビールも提供。このニューヨークのロースタリーのバーがアメリカで初展開だった。

ノンアルコールのカクテルもある

広々したカウンターでオリジナルカクテルを楽しめる

6 焙煎エリア

店内奥には巨大な銅製キャスク（貯蔵樽）とプロバット社製の最新焙煎機があり、スタッフの説明を聞きながらコーヒー豆が焙煎される様子を目の前で見ることができる。

5 ロースタリー厳選アイテム・エリア

マグカップやタンブラーからバッグ、Tシャツまでデザイン性の高い洗練されたアイテムが勢揃い。ここでしか買えないNYCモチーフの限定商品も豊富なので要チェック！

取っ手部分が布のオリジナル紙袋も販売
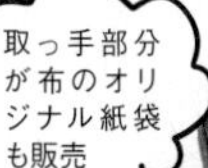

NYロースタリーの建物が描かれたマグ$19.95

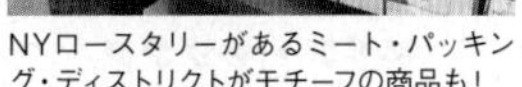
NYロースタリーがあるミート・パッキング・ディストリクトがモチーフの商品も！

7 プリンチ（ベーカリー）

店内奥にあるミラノ発のベーカリーでは焼きたてパンとピザを提供。朝食とランチメニューもあり、スープやサラダもサーブ。ティラミスなどイタリアンなスイーツも！

生ハムとチーズのサンドイッチ

プリンチのサンドイッチとスイーツは1と2でも購入できる

リザーブ・ロースタリーのコップはこちら！

アイスコーヒー、コールドブリュー、リフレッシャーのみ

【スタバのサイズ】日本とここが違う！

- トレンタというベンティより大きいサイズが存在する。
- ベンティのコールドサイズは量が多い。約710ml（コールド）
- 「スモール」と言うと、トールサイズが出てくる。ショートがよいならショートと言うこと。

Short ショート	Tall トール	Grande グランデ	Venti® ベンティ	Trenta® トレンタ
約237ml	約355ml	約473ml	約591ml	約917ml

かわいくておいしい♥ カップケーキ大集合

まだまだ根強い人気♪

ベジタリアン向けのものから、甘さ控えめで繊細な味わいの名店まで、さまざま。ぜひ目と舌で楽しんで！

2

イエローデイジー

デイジーイエローのアイシングにカラースプレーをトッピング

3

バニラ

卵や砂糖の代用で洋梨やサボテンの甘味料を使うヴィーガン向け

1

チョコレート

ラベンダーカラーにチョコのスプレーが上品な色合い

2

チョコレート・カップケーキ

チョコレート好きにおすすめ。リッチなダークココアを使用

4

$3.50

サンシャイン

食べるのがもったいないほどかわいい色合い。生地はバニラ

3

チョコレート

ほどよい甘さが口に広がる。甘さ控えめで優しい味

1 マグノリア・ベーカリー Magnolia Bakery

週末は行列ができるほどの人気店。これぞアメリカのカップケーキ、という甘い味。

別MAP P.9-C3
グリニッチ・ビレッジ
住 401 Bleecker St. (at W. 11th St.)
地下鉄 ❶ Christopher St-Sheridan Sq
☎ (1-212) 462-2572
営 9:30～22:00（金・土～23:00）
カード A D J M V
URL magnoliabakery.com

2 ビリーズ・ベーカリー Billy's Bakery

新鮮な素材を使ってていねいに作られたケーキは見た目もきれい。祝日用のケーキもあり。

別MAP P.8-B1
チェルシー
住 184 9th Ave. (near 21st St.)
地下鉄 C E 23 St
☎ (1-212) 647-9406
営 9:00～21:00（火・水～22:00、木～土～23:00）
カード A M V
URL billysbakerynyc.com

3 エリン・マッケンナズ・ベーカリー Erin McKenna's Bakery

小麦粉、グルテン、精製糖、乳製品を使わない100％ヴィーガン。アガベの甘さが優しい味。

別MAP P.6-B2
ロウアー・イースト・サイド
住 248 Broome St. (bet. Orchard & Ludlow Sts.)
地下鉄 F M J Z Delancey St-Essex St
Free (1-212) 677-5047
営 10:00～20:00（金・土～21:00）
カード A M V
URL erinmckennasbakery.com

4 シュガー・スイート・サンシャイン Sugar Sweet Sunshine

マグノリアで働いていた女性ふたりがオーナー。色合いがかわいく、ネーミングもユニーク。

別MAP P.7-D4
ロウアー・イースト・サイド
住 126 Rivington St. (near Norfolk St.)
地下鉄 F M J Z Delancey St-Essex St
☎ (1-212) 995-1960
営 月～金 8:00～19:00、（金～20:00）、土・日 10:00～20:00（日～18:00）
カード A M V
URL sugarsweetsunshine.com

4

セクシー・レッドベルベッド
バターミルクやココアパウダーを入れたレッドベルベット

6

クリームブリュレ
カップケーキの中にはカスタードクリームが入っている

7

ラズベリー・オン・チョコレート
ラズベリーとダークチョコのコラボ。口溶け感もなめらか

1

バニラ
元気になりそうな鮮やかなグリーンのバニラカップケーキ

5

レッドベルベッド
ふわふわ生地にほどよい甘味のアイシングがマッチ。定番メニュー。

7

ピーナッツバター・オンバナナ
ピーナッツの塊がゴロゴロ入って楽しい食感

6

ピーチコブラー
甘いホイップと上にのった黄桃の甘酸っぱさがマッチ！

5

ダークチョコレート
チョコレート生地の上にベルギー産のリッチなチョコをのせて

8

バニラ
王冠のように角が立ったアイシングがかわいい。上品な味わい

5 スプリンクルズ・カップケーキ
Sprinkles Cupcakes

西海岸で誕生、全米展開するカップケーキ店。24時間好きなときにカップケーキを購入できるATMを併設しているのも話題。

別MAP P.18-B1
アッパー・イースト・サイド
住780 Lexington Ave. (bet. 60th & 61st Sts.)
地下鉄 ④⑤⑥ 59 St
☎(1-212)207-8375
営10:00～21:00(金・土～22:00、日～20:00)
カード A M V
URL sprinkles.com

6 モリーズ・カップケーキ
Molly's Cupcakes

シカゴ発のカップケーキ。フィリングが中に入った Center Filled Cupcake が主流。

別MAP P.9-D4
グリニッチ・ビレッジ
住228 Bleecker St. (bet. Carmine & Downing Sts.)
地下鉄 ⒶⒸⒺⒷⒹⒻⓂ W 4 St
☎(1-212)414-2253
営10:00～21:00(金・土～22:00)
カード A D J M V
URL mollyscupcakes.com

7 バター・レーン
Butter Lane

オーガニックバターを使ってていねいに焼き上げる小さなカップケーキ屋さん。優しい色&味がいい。

別MAP P.47-A2
ニュージャージー
住1 American Dream Way (1階), East Rutherford, NJ バス ポートオーソリティの305番ゲートからNJトランジット・バス355番で約16分
☎(1-908)864-9416
営11:00～21:00 (金・土～22:00、日 12:00～20:00)
カード A D J M V
URL butterlane.com

8 ワン・ガール・クッキーズ
One Girl Cookies

ブルックリンの手作りクッキー店。居心地のいい店内のガラスケースに焼き菓子が並ぶ。

別MAP P.42-B3
ボコカ
住68 Dean St. (bet. Smith St. & Boerum Pl.)
地下鉄 ⒻⒼ Bergen St
☎(1-212)675-4996
営9:00～17:00 (土・日 10:00～)
カード A M V
URL onegirlcookies.com

編集部おすすめ
さくっと to go派には この5店

NY発 コーヒー 編集部おすすめ 10選

ニューヨーカーのライフスタイルに欠かせない存在となった「リアルにおいしいコーヒー」。焙煎や豆へのこだわりはロースターによって多種多様。個性豊かな地元コーヒーを味わいたい。

コミュニティを愛する小さな小さなカフェ

フレンチブルドッグのシルエットが目印

晴天時のサイドウオーク席はいつも満席

Hutch & Waldo Cafe

ハッチ・アンド・ワルド・カフェ

オーストラリアの海沿いの空気感をイメージしたカフェ。季節感あふれる軽食とともに必ずオーダーしたいのがオリジナル焙煎のコーヒー。深い香りと味わいは、通をうならせるクオリティ。

MAP P.22-B1 アッパー・イースト・サイド
住 247 E. 81st St.(near 2nd Ave.)
地下鉄 Ⓝ Ⓠ 線 86 St
☎ (1-347)853-8313 営 8:00～15:00
カード A D J M V URL hutchandwaldo.com

Joe Coffee

ジョー・コーヒー

2003年創業。早くからスペシャルティ・コーヒーに注目し 、ニューヨークのコーヒー文化の担い手として知られる人気ロースター。

MAP P.10-A2 イースト・ビレッジ
住 9 E. 13th St.(bet. 5th Ave. & University Pl.)
地下鉄 Ⓛ Ⓝ Ⓠ Ⓡ Ⓦ ④ ⑤ ⑥ 線 Union Sq-14 St
☎ (1-212)924-3300
営 7:00～17:00(土・日9:00～)
カード A D J M V
URL joecoffeecompany.com

上:全面ガラス張りの外観。右:“Joe=(米語圏で)コーヒー”の意味として知られている

市内21カ所で愛される家族経営チェーン

Variety Coffee Roasters

ヴァラエティ・コーヒー・ロースターズ

アーティストに人気のブルックリン区ブッシュウィックに焙煎所を構え、中南米産の良豆を中心に焙煎。市内5店舗を展開。

別MAP P.40-B4 ブッシュウィック
住 146 Wyckoff Ave.(at Himrod St.)
地下鉄 Ⓛ線 Dekalb Av ☎(1-718)497-2326
営 7:00～21:00 カード ADJMV
URL varietycoffeeroasters.com

シングルオリジン好きな人におすすめだ

温冷どちらでもおいしいダークロースト

Ninth Street Espresso

ナインス・ストリート・エスプレッソ

サードウエイブ・ブームに先駆け、2001年からこだわりの豆と焙煎で知られていた。アルファベットシティを拠点に市内全4店舗を展開。

別MAP P.11-D3 イースト・ビレッジ
住 700 E. 9th St.(bet. Avenue C & Avenue D)
地下鉄 Ⓛ線 1 Av ☎(1-212)358-9225
営 7:00～19:00 カード ADJMV
URL ninthstreetespresso.com

Birch Coffee

バーチ・コーヒー

市内13カ所で展開する小規模焙煎のコーヒー

コーヒーと人をつなげるビジネスを夢見たふたりのニューヨーカーによって創設。クイーンズ区ロングアイランドシティの焙煎所を拠点に、日々多様な豆が焙煎されている。

別MAP P.16-B2 ミッドタウン・ウエスト
住 884 9th Ave.(bet 57th & 58th Sts.)
地下鉄 A B C D 1 59St-Columbus Circle
☎(1-212)686-1444
営 7:30～16:00
カード ADJMV
URL www.birchcoffee.com

浅煎りから深煎りまで広く味わえる

マンハッタンを中心に多くの支店がある

編集部おすすめ
ゆったりくつろぎ派にはこの5店

おいしいコーヒーが紡ぐ人と安らぎの空間

ローカルっぽくカウンター席に着くのもよい

黒塗りの外観は住宅街では圧倒的存在感が

Sweetleaf Coffee

スイートリーフ・コーヒー

クイーンズ区出身のリッチ・ニエートさんが立ち上げた。ニューヨークの多様性を反映したコーヒーを目指す一方で、コーヒー内の総溶解固形分を算出、科学的根拠に基づく焙煎も話題に。

別MAP P.40-A1 グリーンポイント
住 159 Freeman St.(near Manhattan Ave.)
地下鉄 G線 Greenpoint Av
☎ (1-347)987-3732 営 7:00~19:00(土日8:00~)
カード ADJMV URL sweetleafcoffee.com

ラテアートが美しいカフェラテ

Coffee Project

コーヒー・プロジェクト

コーヒーの味わいをより繊細に楽しめるという、話題のデコンストラクテッド・ラテが楽しめる小さなカフェ。ブルックリン、クイーンズには最新機材を備えた支店が。

別MAP P.10-B4 イースト・ビレッジ
住 239 E. 5th St.(near 2nd Ave.)
地下鉄 6 Astor Pl ☎ (1-212)228-7888 営 月～金7:30～17:00、土・日8:00～17:30 カード ADJMV
URL coffeeprojectny.com

カプチーノができるまでを楽しめるテイスティング・メニュー、デコンストラクテッド・ラテ$12

イーストビレッジ発のハイエンド・コーヒー

ブルックリンのアイコン的ロースター

腕利きバリスタがていねいに入れてくれる

Brooklyn Roasting Company

ブルックリン・ロースティング・カンパニー

世界各国の契約農家から仕入れた上質豆を使い、環境に優しいコーヒー造りで知られるブルックリンの名店。ストランド・ブックストア(P.308)にも入店している。

別MAP P.43-D1 ブルックリン・ネイビーヤード
住 200 Flushing Ave.(at Washington Ave.)
地下鉄 F線 York St ☎ (1-718)858-5500
営 6:00～19:00(土・日7:00～) カード ADJMV
URL brooklynroasting.com

Irving Farm New York

アーヴィング・ファーム・ニューヨーク

定番のハウスブレンドのほか、少量栽培されるシングルオリジン豆の焙煎にも力を入れている。市内には7軒のカフェがある。

別MAP P.20-B2 アッパー・ウエスト・サイド
住 224 W. 79th St.(near Broadway)
地下鉄 LNQRW456線 14 St
☎ (1-212)206-0707
営 7:30～17:00(土・日～18:00)
カード ADJMV URL irvingfarm.com

柑橘系のさわやかさが印象的なハウスブレンド

NY郊外で焙煎されたこだわりのコーヒー

ブルックリンのコーヒー文化が体感できる

ぜひコーヒーと一緒にコロンビアの軽食も

Devocion

デヴォシオン

コロンビア出身のオーナーが2006年にオープン。上質なコーヒーと洗練された空間は地元のノマドたちに愛されている。

別MAP P.38-A2 ウイリアムズバーグ
住 69 Grand St.(near Wythe Ave.)
地下鉄 L線 Bedford Av ☎ (1-718)285-6180
営 8:00～19:00 カード ADJMV
URL devocion.com

ステーキ

STEAK主要部位

一見豪快に見えるが、その味は繊細かつ奥が深く、日本の霜降り肉とはまったく異なる。焼き方や熟成方法のみならず、肉の種類や部位によっても味わいや食感は大きく異なる。

Chuck
Rib
Loin
Sirloin
Round
Brisket
Plate
Flank

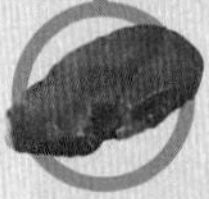

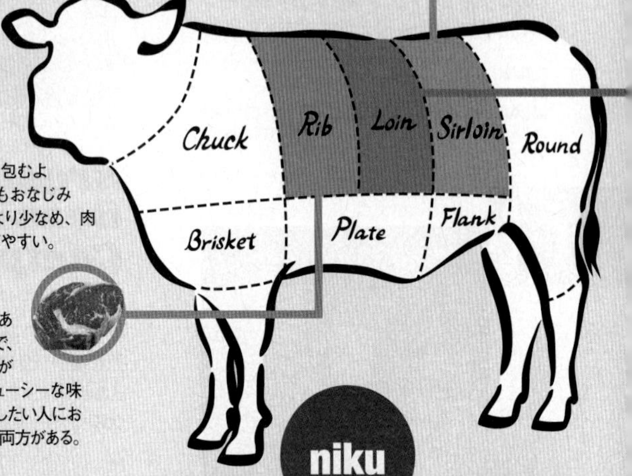

サーロイン（センターカット）

腰上部の肉。脂肪が肉を包むように付いている、日本でもおなじみの部位。脂身はリブアイより少なめ、肉質は軟らかく、とても食べやすい。

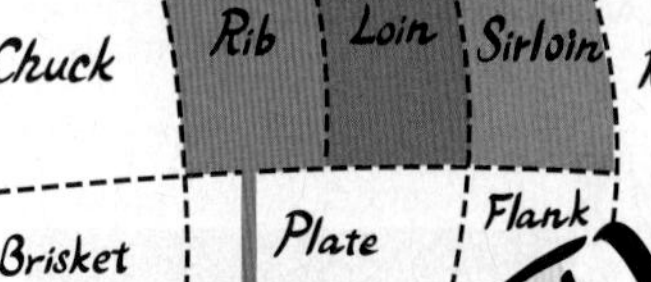

リブアイ

アメリカ人に最も人気のある部位。あばら部分の肉で、大きめの脂肪が適度に広がり、肉質が軟らかい。ジューシーな味わいと脂肪の甘味を堪能したい人におすすめ。骨付きと骨なしの両方がある。

niku

うまい肉が食

バーベキュー

BBQ主要部位

テキサスやケンタッキーなど、南部や中部の名物料理だが、最近はNYでも人気上昇中。秘伝のたれとさまざまなウッドチップを使ってじっくり時間をかけて焼き上げた、香り高きBBQを食べたい。

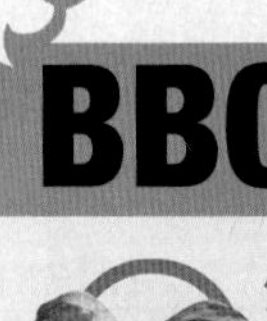

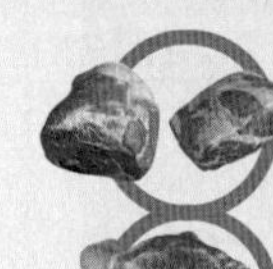

ショルダー

文字どおり肩の部分。日本でいうところの肩ロースで、うま味と風味の両方を味わえる霜降りの部位。BBQでは細かく引き裂いて食べやすくしたプルド・ポークなどで使われる。

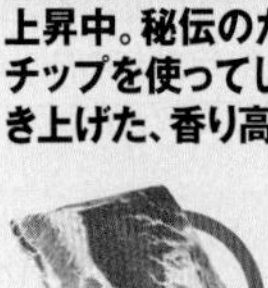

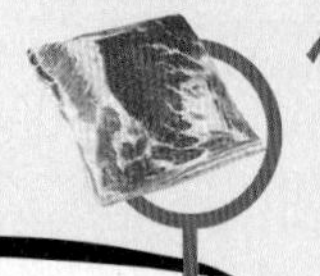

ベリー

日本でいうところのバラ肉の部位。脂肪が多く、ベーコンなどに使われる。とろとろの角煮を彷彿とさせる食感と甘味が楽しめる。

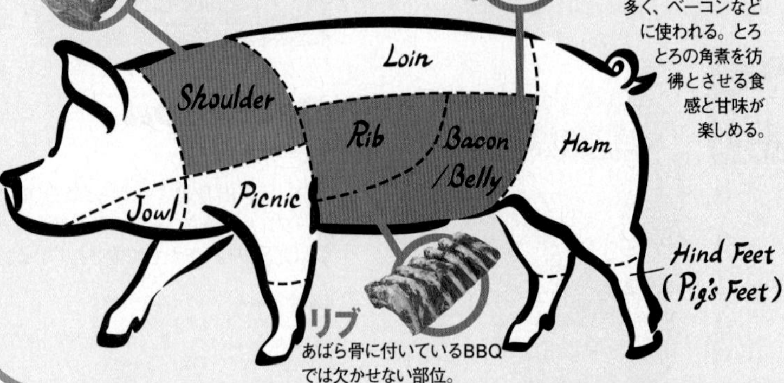

Loin
Shoulder
Rib
Bacon /Belly
Ham
Jowl
Picnic
Hind Feet (Pig's Feet)

リブ

あばら骨に付いているBBQでは欠かせない部位。

Photos: Cattlemen's Beef Board & National Cattlemen's Beef Association, University of Nebraska, Lincoln
コーディネート・文＝福島千里

フィレ・ミニョン

1頭の牛から限られた量しか取れない貴重な部位。脂身は少ないため、あっさりとしたステーキが好みの人におすすめ。また、とても軟らかいうえに小さいので、肉が苦手な人でも食べやすい。

NYストリップ（ショートロイン）

腰下部の部位。サーロインと似ているが、脂身はより少なく、引き締まった肉質が特徴。その形がニューヨーク州に似ていることから、ニューヨークでは「NYストリップ」の愛称で親しまれている。

ポーターハウス

ふたり以上でオーダーするならぜひ挑戦してほしい部位。T字形の骨を境にストリップとフィレに分かれており、一度に2種の部位を楽しめるのが魅力。また、フィレが肉の3分の1を占めるとポーターハウス、フィレが少ないとTボーン・ステーキと呼ばれる。日本ではまだ流通が少ない希少な部位。

うまい肉が食べたい！

NYを象徴する食のひとつが肉料理。なかでも、古くから移民たちに支えられてきたシンプルかつ大胆な料理法のステーキや、豚肉や牛肉の塊を豪快に焼き上げたバーベキュー（以下、BBQ）は、その代表格。肉食文化に触れながら、お好みの肉に挑戦しよう。

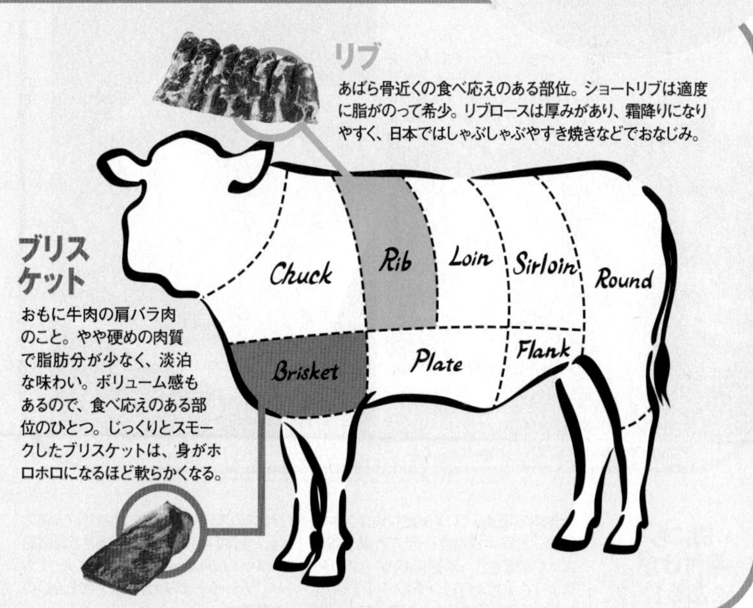

リブ

あばら骨近くの食べ応えのある部位。ショートリブは適度に脂がのって希少。リブロースは厚みがあり、霜降りになりやすく、日本ではしゃぶしゃぶやすき焼きなどでおなじみ。

ブリスケット

おもに牛肉の肩バラ肉のこと。やや硬めの肉質で脂肪分が少なく、淡泊な味わい。ボリューム感もあるので、食べ応えのある部位のひとつ。じっくりとスモークしたブリスケットは、身がホロホロになるほど軟らかくなる。

STEAK

オールド・ホームステッド・ステーキハウス
Old Homestead Steakhouse

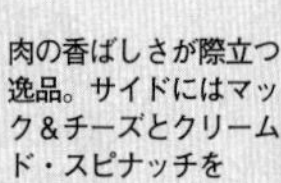

別 MAP P.8-B2
ミート・パッキング・ディストリクト

ドライエイジド・リブ $155（2人前）

NY最古の老舗専門店

創業は1868年。トレンドに惑わされることなく地元ニューヨーカーたちに親しまれている店。極上プライム・ビーフを使ったステーキは絶品。セレブたちもふらりと立ち寄るさり気なさも人気の秘密。

住 56 9th Ave. (bet. 14th & 15th Sts.)
地下鉄 A C E 14 St
☎ (1-212) 242-9040
営 火～土17:00～21:00（土～22:00）、日16:00～21:00 休 月
予算 ディナー$150～
カード A D J M V
URL theoldhomesteadsteakhouse.com
※予約をすすめる、ドレスコードはスマートカジュアル

肉の香ばしさが際立つ逸品。サイドにはマック＆チーズとクリームド・スピナッチを

肉厚で甘味たっぷりのビーフ・トマトと、モツァレラチーズのさっぱりサラダを前菜に

←ベテラン・サーバーがステーキにまつわるあらゆる質問に答えてくれる ↓老舗店にふさわしい落ち着いた雰囲気

Photo：Old Homestead Steakhouse

肉にも格付けがある！

米国内で流通している国産牛肉は、牛の種類、性別、成熟度、そして脂肪交雑によって決定され、米国農務省（USDA）によって「プライム」「チョイス」「セレクト」などの等級に分けられている。トップクラスのステーキ専門店で使われているのは、全体のわずか3%に相当する最高級のプライムがほとんど。サシがよく入っており、ジューシーで味わい深く、軟らかいのが特徴。

ピーター・ルーガー・ステーキハウス
Peter Luger Steakhouse

別MAP P.38-A4
ウイリアムズバーグ

揺るがない伝説の老舗専門店

1887年創業。ニューヨークのステーキブームの火つけ役ともいわれる名店。特にUSDAプライム級の牛肉を28日間独自に熟成させたドライエイジドは看板メニューで、多くのステーキファンをうならせている。

住 178 Broadway (bet. Driggs & Bedford Aves.)
地下鉄 J Z M Marcy Av
☎ (1-718) 387-7400
営 月〜木 11:45〜21:45、金・土 11:45〜22:45、日 12:45〜21:45
予算 ランチ $35〜、ディナー$100〜
カード デビットカード、現金、小切手のみ
URL peterluger.com
※要予約、ドレスコードはスマートカジュアル

↑入りやすくカジュアルな雰囲気でありながら、歴史を感じさせる店内
→サーバーのきびきびと動く姿にも老舗の誇りを感じる

↓定番メニューのポーターハウスにプラスしたいのは、シズリング・ベーコン、クリームド・スピナッチ(ホウレンソウ)、スライスド・トマト。大人数でシェアしたい

ポーターハウス
(2人用)
$135.90

ランチだけの提供、ランチ・バーガー$19.95。ステーキ店ならではの肉厚感とジューシーさが味わえる

焼き加減にもこだわりを

焼き方により味わいが変わるステーキ。オーダー時に希望の焼き具合を伝えよう。
◎ブルーレア (Blue Rare)
周辺は焼けているが内部はまったくの生で温度も冷たい。
◎レア (Rare)
周辺は焼けており、内部は生ではあるが温度はぬるい。
◎ミディアムレア (Medium Rare)
周辺は焼けているが芯はまだ生の状態で赤色に近いが温かい。
◎ミディアム (Medium)
中心部はピンク色で温かく、外側は茶色でよく焼けている。
◎ミディアムウェル (Medium Well)
ほぼ全体が焼けているが内部は鈍いピンク色が残る。
◎ウェルダン (Welldone)
中心部まで火が完全に通っている状態。

Photos：Keens Steakhouse

STEAK

キーンズ・ステーキハウス
Keens Steakhouse

別 MAP P.13-D2
ミッドタウン・ウエスト

エグゼクティブな雰囲気抜群

創業1885年の老舗店。重厚感あるインテリアとクラシックな雰囲気は、NYのステーキハウスたるにふさわしい。USDAプライム級の良質素材を伝統的手法で熟成、極上のステーキに仕上げている。

住 72 W. 36th St.
(bet. 6th & 5th Aves.)
地下鉄 BDFM 34 St-Herald Sq
☎ (1-212) 947-3636
営 月～金 11:45～22:30、土 17:00～22:30、日 17:00～21:30
予算 ランチ $65～、ディナー $95～
カード ADJMV
URL keens.com
※要予約、ドレスコードはビジネスカジュアル

プライム・フィレ・ミニョン $55～

女性ひとりでも食べやすいフィレ・ミニョン

↑カクテルも楽しめる雰囲気のよいバー
←老舗ならではの重厚感がある店内インテリア

STEAK

ウルフギャング・ステーキハウス
Wolfgang's Steakhouse

別 MAP P.5-C3
トライベッカ

最上級の極上ステーキを提供する

ピーター・ルーガーに長年勤めたウルフギャング氏が独立してオープン。NYのみならず、日本や海外でも支店を展開。NYスタイルのステーキ文化を広めている。トライベッカ店は比較的予約が取りやすい。

住 409 Greenwich St.
(bet. Beach & Hubert Sts.)
地下鉄 1 Franklin St ☎ (1-212) 925-0350
営 12:00～22:00（金・土～23:00）
予算 ランチ $40～、ディナー $90～
カード ADJMV
URL wolfgangssteakhouse.net
※要予約、ドレスコードはビジネスカジュアル
※タイムズスクエアにも支店あり

ポーターハウス・フォー・トゥ $57.95（1人）

28日間熟成させたドライエイジド・ビーフが絶品

政治家をはじめ多くの著名人が訪れることでも知られる

スライスされたビーフ・トマトとオニオンのサラダ$12.95

ステーキはP.191もチェック！

ステーキの大きさって？

肉の大きさはoz（オンス）という単位で示されている（1oz＝約28g）。NYでは、サーロインステーキなら、通常ひとり分で22oz＝約623g、ランチなどで出される小さめのステーキは8～10oz（約220～280g）が主流。

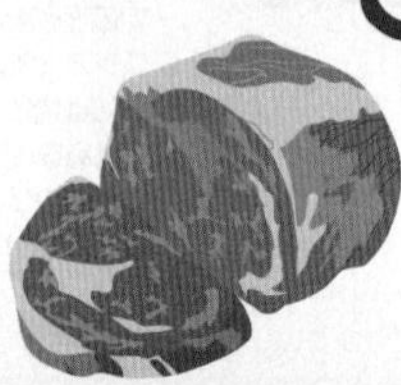

BBQ

フェッテ・ソウ・バーベキュー
Fette Sau BBQ

別 MAP P.38-B3
ウイリアムズバーグ

こだわりのオーガニックBBQ

オーガニックやグラスフェッドなど、徹底した素材にシーズニングを入念に擦り込み、桜や楓などの木々を混ぜて燻したBBQが大人気の店。開店前から店前に男女問わず行列ができるほどのにぎわい。

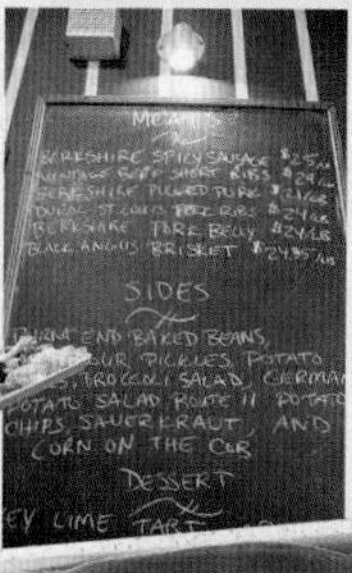

↑地ビールやハードリカーはバーにて　←希望の部位を1/4lb（約113g）単位でオーダー

住354 Metropolitan Ave. (bet. Roebling & Havemeyer Sts.)
地下鉄 L Bedford Av
☎(1-718)963-3404
営 月・火 17:00～22:00、水～日12:00～22:00（日～21:00）
予算 $35～　カード ADJMV
URL fettesaubbq.com

メニューは日替わり。リブやブリスケットなどいろいろな部位に挑戦しよう。量り売りで＄12.50（1/2lb）～

セルフサービスなので、購入後、自由に着席しよう

主役を引き立てるサイドメニュー

マストオーダーは、レッドキドニー・ビーンズと呼ばれる豆を甘辛く煮立てたベイクド・ビーンズやゆでたトウモロコシ。さっぱりしたいならコールスローやピクルス、ブロッコリーのサラダを。そして主食には、マック（マカロニ）＆チーズやコーンブレッド。BBQのうま味を際立たせ、味も単調にさせない名脇役たち。肉ばかりで飽きないよう、メインとサイドをバランスよくオーダーしよう。

BBQ マイティ・クインズ Mighty Quinn's

別 MAP P.9-C3
グリニッチ・ビレッジ

日本上陸も決定したNY発BBQ

テキサス州とノース＆サウスキャロライナ州の伝統技法によるバーベキューが食べられる専門店。質の高い肉がカジュアルに楽しめることから、NY 市内をはじめニュージャージーにも支店が続々オープンするほどの人気。

住75 Greenwich Ave. (bet Bank & W. 11th Sts.)
地下鉄 ①② Rector St
☎(1-646) 524-7889
営11:30～21:00（金・土～21:30）
予算 $15～
カード ADJMV
URL mightyquinnsbbq.com

↑ジューシーな味わいのSpare Ribs for Single $15.50　→サイドのマストオーダーはトウモロコシを使ったCorn Frit $5.95。サクサクの食感は肉にぴったり
↓ほろほろ肉とスパイスが香り高いブリスケット・サンドイッチ$17.49

BBQ マーブルズ・スモークハウス＆バンケット・ホール Mable's Smokehouse & Banquet Hall

サイドの野菜とお肉が楽しめるデラックス・プラッター $57.95～

←夫婦ふたりで専門店をスタート。たちまち人気店となった　↓ジューシーなプルド・バック・サンドイッチ $15.95

別 MAP P.38-B1
ウイリアムズバーグ

スタイリッシュなBBQを

オーナーは、元アーティストのミーガン・ラブさんとジェフ・ルトンスキーさん。味の評判はもとより、ふたりが手がけるおしゃれな空間でいただく洗練された BBQ は、たちまちローカルの人気に。

住44 Berry St.（at N. 11th St.）
入口は Brooklyn Brewery 横
地下鉄 Ⓛ Bedford Av
☎(1-718) 218-6655
営12:00～21:00（金・土～22:00）
予算 $20～　カード ADJMV
URL mablessmokehouse.com

Photos : Mable's Smokehouse & Banquet Hall

アメリカにおけるBBQとは

日本で BBQ というと、肉をシンプルにグリルするものを想像するが、アメリカでは、とにかく手間のかかる料理。重要なのはスモーキングで、グリルの中に桜や楓、ヒッコリーなど燻製に適したウッドチップを投入し、シーズニングを擦り込んだ肉と一緒に低温でじっくりと調理する。それにより独特の風味が加わり、味わいも深みを増す。

BBQ ブルー・スモーク Blue Smoke

別 MAP P.2-A1
ロウアー・マンハッタン

王道の味をいただくなら

有名レストランの仕掛け人、ダニー・メイヤーの手がけるレストラン。ジューシーなリブ、オリジナルソース各種は絶品。地下にあるバーのジャズ・スタンダードでは、ジャズを聴きながら BBQ を堪能できる。

住 255 Vesey St.（bet. River Ter & End Ave.）
地下鉄 ❶ Chambers St
☎ (1-212) 889-2005
営 11:00 ～ 21:00（木～土～ 22:00）
予算 $50 ～
カード A D J M V
URL bluesmoke.com

↑長時間かけてじっくりとスモークしたリブ＄46
↓地階にはローカルにも人気のジャズクラブがある

Photos：Blue Smoke

BBQ ホームタウン・バーベキュー Hometown Bar-B-Que

別 MAP P.41-A3
レッドフック

ショートトリップ気分で出かけよう

レッドフックのフェリー乗り場から歩いて 10 分くらいのところにある人気店。ボリューミーでしっかり味付けされた BBQ が楽しめる。サイドはカリフラワーとマッケンチーズがおすすめ。2023 年 11 月現在、イートインも再営業中。

住 454 Van Brunt St.（at Reed St.）
地下鉄 Ⓕ Ⓖ Smith-9th Sts.
☎ (1-347) 294-4644
営 日、火～土 12:00 ～ 22:00（金・土～ 23:00）
休 月
予算 $25 ～
カード A D J M V
URL hometownbbq.com

↑スペアリブ$15、ブリスケット$20（いずれも1/2パウンド）、ターキー$20など

←地元住民に人気の店

ソースで地方色がわかる

BBQ に欠かせないのがソース。マスタード系のテネシー州、お酢が効いたノースカロライナ州、トマトの甘味がクセになる濃厚な味わいが特徴的なテキサス州など、地域によってソースの種類もさまざま。NY の専門店に行くと、通常 2 ～ 3 種類のソースが備えられている。いろいろ試してみて、好みの味を見つけよう。

まだまだ人気！ NYのおいしいパンケーキ

日本にもすでに上陸済みの定番店から
最旬の話題店まで、NYでおすすめのパンケーキをご紹介！
表面はさっくり、食べるとしっとりふわふわ。
朝食に、ランチに、デザートに、パンケーキを食べよう！

Sourdough Pear Pancake
サワードウ・ペア・パンケーキ
小$15、大$20
酸味が強いサワードウ生地と甘とろの洋ナシ＋メープルバターが絶妙！

ダンボの東側に位置する歴史的なエリア、ビネガーヒルにある。木のぬくもりにあふれた店内は居心地抜群で、裏庭もすてき！

Vinegar Hill House

ビネガーヒル・ハウス

住宅街にたたずむ隠れ家店。薪オーブンで焼かれるパンケーキは外はカリッ、中はしっとり。取材時は洋ナシだったが季節により果物が変更になる。

MAP P.41-B1　ビネガーヒル（ブルックリン）
住72 Hudson Ave.(near Water St.)　地下鉄 F York St
☎(1-718)522-1018　営日～木17:30～21:30（金・土～22:00）、ブランチ土・日10:00～15:00
休月・火　カード A D J M V　URL www.vinegarhillhouse.com
★パンケーキは土・日曜のブランチ（10:00～15:00）で食べられる

コーディネート・写真＝小川佳世子、文＝海谷菜央子
Photos : Vinegar Hill House, Clinton St. Baking Company, Bubby's , Good Enough to Eat

Clinton St. Baking Co. & Restaurant

クリントン・ストリート・ベーキング・カンパニー＆レストラン

NYの人気No.1パンケーキは、ブルーベリーのほかバナナ・ウォルナッツ、チョコレートチャンクも選べる。日本にもあるけれど、ぜひ本店で！

MAP P.7-D3
ロウアー・イースト・サイド
住4 Clinton St (at E. Houston St.)
地下鉄Ⓕ 2Av ☎(1-646)602-6263 営ブランチ毎日9:00～16:00、ディナー水～土 17:30～22:00 カード A D J M V
URL clintonstreetbaking.com
★パンケーキは営業時間中いつでも食べられる

週末は行列必至。朝イチから行くのがおすすめ

系列店でも食べられる！

Community Food & Juice

コミュニティ・フード＆ジュース

クリントン・ストリートの姉妹店。本店よりも広く、座席数も多いので並ばずに入れる可能性大。

MAP P.28-A3 モーニングサイド・ハイツ
営朝食・ランチ9:00～15:30、ディナー16:00～21:00

Blueberry Pancakes

ブルーベリー・パンケーキ

$18

生地にもブルーベリーがぎっしり。温かいメープルバターも高ポイント！

NY市内に3店舗ある。店内は清潔感にあふれていてセンスがよい

Jack's Wife Freda

ジャックス・ワイフ・フリーダ

明るい店内でいただく朝食&ブランチメニューが人気のお店。なかでも生地にローズウォーターを練り込んだワッフルは絶品!生クリームではなくヨーグルトがのっているのもヘルシー。

別MAP P.31-C3　ソーホー
住226 Lafayette St. (near Spring St.)
地下鉄 R W Prince St　☎(1-212) 510-8550　営月〜水8:30〜22:00、木〜土8:30〜23:00、日8:30〜21:00
カード A D J V
URL jackswifefreda.com
★ワッフルは営業時間中いつでも食べら

Rosewater Waffle
ローズウォーター・ワッフル
$17
レバノン産のヨーグルトが決め手。ミックスベリーをトッピングしたワッフル

Five Leaves

ファイブ・リーブス

絶品パンケーキはブルックリン女子にも大人気で週末は行列必至。平日の朝食かランチを狙おう。週末のブランチ以外は店のウェブから予約可。

MAP P.39-C1 グリーンポイント
住 18 Bedford Ave.(at Lorimer St.)
地下鉄 G 線Nassau Av
☎ (1-718)383-5345
営 毎日8:00〜23:00
カード A D J M V
URL fiveleavesny.com
★パンケーキは平日の朝食とランチ＆土・日曜のブランチで食べられる

俳優の故ヒース・レジャーが出資したヒップな店

Ricotta Pancakes
リコッタ・パンケーキ
$20
リコッタチーズ入りのモチフワ生地×ハニーコームバターが至福の味わい

上はブルーベリー、下はヌテラ×ミックスベリー×生クリーム。このふたつとバナナの3種類を試せるフライト$26もおすすめ

Bubby's

バビーズ

アメリカのお袋の味をおしゃれに提供。パンケーキの生地は独特な酸味のサワードウも選べる。日本にも6店あるけれど本店は格別！

MAP P.5-C3 トライベッカ
住 120 Hudson St. (bet.Franklin & N Moore Sts.)
地下鉄 1 線Franklin St ☎ (1-212) 219-0666
営 毎日8:00〜22:00（金・土〜23:00） カード A D J M V
URL bubbys.com
★パンケーキは毎日8:00〜16:00に食べられる

Caramelized Banana & Toasted Walnuts Pancakes
キャラメライズド・バナナ＆トーステッド・ウォルナッツ・パンケーキ
$23
こんがりとキャラメリゼしたバナナ×焼きウォルナッツの黄金コンビ

Buttermilk Pancakes
バターミルク・パンケーキ
$15
バターミルクを使うことで、しっとりふわふわの極上生地を実現！

ボコカ住民たちのベスト・ブランチスポットとして君臨。日本にも2店あり

Buttermilk Channel

バターミルク・チャネル

アメリカのコンフォートフードに欠かせないバターミルクを使ったパンケーキは豊かなコクと風味でリピート必至！　バターミルクフライドチキンも人気。

MAP P.42-A4　ボコカ
住 524 Court St. (at Huntington St.)
地下鉄 F G 線Smith-9 Sts　☎ (1-718) 852-8490　営 ブランチ火～日11:30～15:00（土・日10:00～）、ディナー火～日17:00～22:00（金・土～23:30）　休 月　カード A D J M V
URL buttermilkchannelnyc.com
★パンケーキは土・日曜のブランチ（10:00～15:00）で食べられる

平日9:30～16:30にもブランチが楽しめる話題店

Sunday in Brooklyn

サンデイ・イン・ブルックリン

ミシュラン店出身シェフのパンケーキは見た目のインパクトと独創的な組み合わせで一躍NY名物に。ボリューム満点なのでふたりでシェアが正解。

MAP P.38-A3　ウイリアムズバーグ
住 348 Wythe Ave. (near S. 2nd St.)
地下鉄 L 線Bedford Av　☎ (1-347) 222-6722　営 9:30～22:00（金・土～23:00）
カード A D J M V　※現金での支払い不可
URL sundayinbrooklyn.com
★パンケーキは9:30～16:30に食べられる

Sunday Pancakes
サンデイ・パンケーキ
$17～
麦芽生地×ヘーゼルナッツソース×ブラウンバター＝未体験のおいしさ！

Good Enough to Eat

グッド・イナフ・トゥ・イート

1981年創業の老舗店のパンケーキは全7種類で目移り必至。どれも特製ストロベリーバターとメープルシロップ付きで、ド迫力の大きさ!

別MAP P.20-B1
アッパー・ウエスト・サイド
住 520 Columbus Ave. (at 85th St.)
地下鉄 Ⓑ Ⓒ 86 St ☎(1-212)496-0163
営 月～木、土・日8:00～16:00、17:30～22:30（土・日9:00～）、金8:00～23:00
カード A D J M V URL goodenoughtoeat.com
★パンケーキは平日8:00～16:00、土・日曜9:00～16:00に食べられる

昔ながらのアメリカンフードをおなかいっぱい食べられる!

Magic Hour Rooftop Bar & Lounge

マジックアワー・ルーフトップ・バー＆ラウンジ

モクシー・ホテルのルーフトップ・バー。ブランチの人気メニューがこちら。とても大きいのでシェアして食べよう。

別MAP P.13-D2 ミッドタウン・ウエスト
住 485 7th Ave 18th fl. (bet. 36th & 37th Sts.) 地下鉄 ❶❷❸ 34St-Pen Station ☎ (1-212) 268-0188
営 月～木15:00～24:00、金15:00～翌4:00、土11:30～翌4:00、日11:30～24:00
カード A D J M V URL moxytimessquare.com
★パンケーキはブランチ（$50）または、土・日曜Pink AF Brunch（$45）の11:30～15:30に食べられる

Pink AF Pancake Stack
ピンク AF パンケーキ・スタック
$45～50
ブルーベリーやリンゴのコンポートを練り込んだパンケーキの上にコットンキャンディをオン!

Photos：MOXY Times Square, Magic Hour

注目を集めるトレンド食材 次世代肉を食べる!

フライドピクルス×次世代肉の絶妙なハーモニーがgood!

大人気のピクルス専門店 Pickle Guys のオーナーがオープンしたコーシャ（ユダヤ教に則る食品）&ベジタリアンフード。バーガーの中にフライドピクルスが入っているのが特徴。カリサクのピクルスと次世代肉が絶妙にマッチし、くせになるおいしさ。

Diller
ディラー

MAP P.6-B2／ロウアー・イースト・サイド
住 357 Grand St.(at Essex St.)
地下鉄 F M J Z Delancey St-Essex St
☎ (1-917)262-0550　営 月〜木11:30〜20:00　休 金・土　URL dillernyc.com

ビヨンド・バーガー $11.95 と酢漬けポテトフライ $5.95

秘伝の極上ソースが次世代肉のうま味をアップ!

ハラルフード（イスラム教に則る食品）のファストフード店は、Impossible Foods 社の次世代肉を使ったバーガーを提供。シークレットレシピのオリジナル極上ソースをオンすることで、外はカリッ、中はジューシーに。焼かれたパテのうま味がさらにアップ。

Holy Cow
ホーリー・カウ

MAP P.6-B3　ロウアー・イースト・サイド
住 34 Canal St.(near Division St.)
地下鉄 F East Broadway
☎ (1-212)744-9446
営 11:00〜23:00(金・土〜24:00)
URL holycow.nyc

インポッシブル・バーガー $12

インポッシブル・バーガー $17.50

肉好きでも一度はトライ! 絶品次世代肉バーガー

Impossible Foods 社の次世代肉を使ったインポッシブル・バーガーを提供。競合する Beyond Meat 社がエンドウ豆を主原料とするのに対し、こちらは大豆をメインに使い、もっちり感が強いのが特徴。本物の肉と間違うほどの完成度でポテトバンズとの相性も◎

5 Napkin Burger
ファイブナプキンバーガー

MAP P.32-A3／ミッドタウン・ウエスト
住 630 9th Ave.(at 45th St.)
地下鉄 A C E 42nd St – Port Authority Bus Terminal
☎ (1-212)757-2277
営 11:30〜22:30(水〜土〜23:30)
URL 5napkinburger.com

次世代肉って何?

モックミートやミートアナログ、フェイクミートとも呼ばれる食肉代替品のこと。大豆など植物由来の食品を使いながら本物の肉と変わらない味を実現しヘルシー志向の高いNYで人気。

ビル・ゲイツも出資しているBeyond Meat社はエンドウ豆を主原料にしたパテやソーセージなどさまざまな商品を展開。ホールフーズなどで購入でき、焼くだけでOK。

Shopping

ショッピング

食料品から雑貨、コスメまで スーパーマーケットに行こう!!

ニューヨーカーの暮らしがのぞけて、おみやげ探しもできるスーパーマーケットは旅のマストゴースポット！

※商品の情報は2023年11月現在のものです。

日本では見かけない野菜にうっとり

たくさんの種類があるカットフルーツ

ナチュラル&オーガニック系全米チェーンスーパー

Whole Foods Market
ホールフーズ・マーケット

オリジナルやローカルを中心にフードから生活雑貨まで800以上の商品が揃うのが特徴。イートインスペースがあるのも便利！

別MAP P.38-B2　ウイリアムズバーグ
住238 Bedford Ave.(at N.4th St.), Brooklyn
地下鉄 L Bedford Av　☎(1-718) 734-2321
営8:00～22:00　URL wholefoodsmarket.com/stores/williamsburg

その他の支店

ブライアントパーク店はタイムズスクエアにも近く、観光中に立ち寄るのに便利。ハーレム店は比較的すいていて穴場。

ブライアントパーク　別MAP P.34-B4
コロンバス・サークル　別MAP P.17-C2
ユニオンスクエア　別MAP P.10-A2
ハーレム　別MAP P.29-D1
フォートグリーン　別MAP P.43-C3

トートバッグは必ず手に入れたいアイテム

イートイン可　食料品　日用雑貨　お酒　コスメ　トートバッグ

ローカルアイテムも多数取り扱う

レジの並び方

商品数が少なければExpress、それ以外は通常のレーンに並ぶ。

色分けされているレーンのうち、いちばん短い列の最後尾に並ぶ。

自分が並んでいるレーンの色と頭上モニターの色をチェック。

自分のレーンの色と同じ色の所に表示された番号のレジへ。

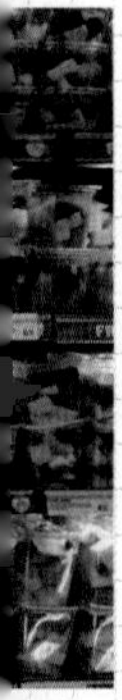

サラダバーの使い方

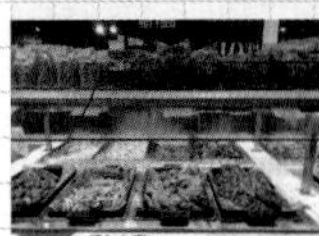

温かいフードのHot Barと野菜やフルーツのSalad Barがある。

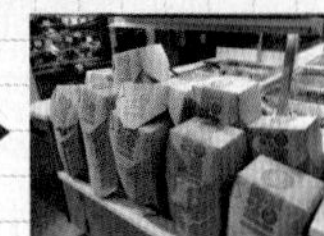

ボックスの大きさは3種類（2種類の店も）。ふたつに分けてもOK。

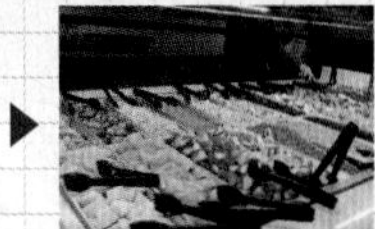

値段は1パウンド（約454g）$10.99（$8.99、$9.99の店もあり）。

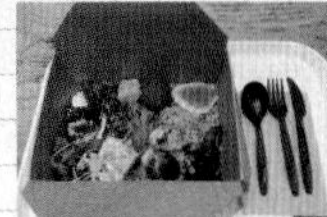

完成したらレジで支払ってから着席するか持ち帰る。フォークなどは無料。

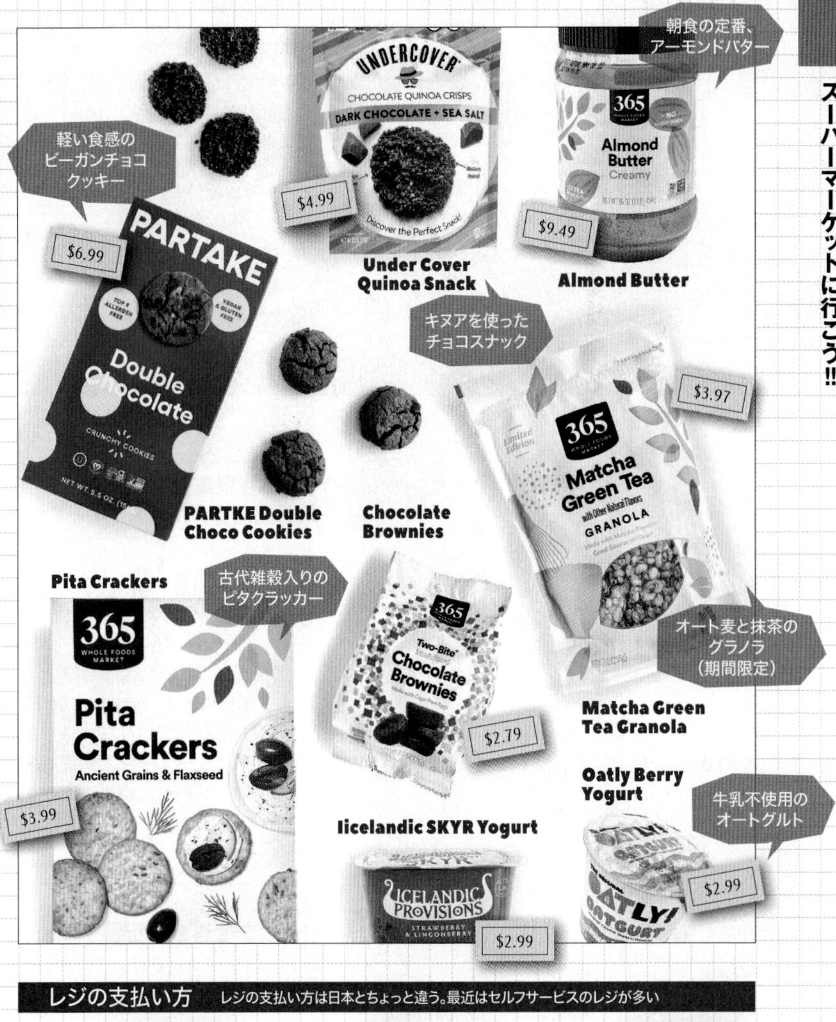
軽い食感のビーガンチョコクッキー
$6.99
PARTAKE
Double Chocolate
CRUNCHY COOKIES
PARTKE Double Choco Cookies
UNDERCOVER
CHOCOLATE QUINOA CRISPS
DARK CHOCOLATE + SEA SALT
Discover the Perfect Snack!
$4.99
Under Cover Quinoa Snack
キヌアを使ったチョコスナック
朝食の定番、アーモンドバター
365
Almond Butter
Creamy
$9.49
Almond Butter
Chocolate Brownies
$3.97
365
Matcha Green Tea
GRANOLA
Matcha Green Tea Granola
オート麦と抹茶のグラノラ（期間限定）
Pita Crackers
古代雑穀入りのピタクラッカー
365
Pita Crackers
Ancient Grains & Flaxseed
$3.99
365
Two-Bite
Chocolate Brownies
$2.79
Iicelandic SKYR Yogurt
ICELANDIC PROVISIONS
STRAWBERRY & LINGONBERRY
$2.99
Oatly Berry Yogurt
牛乳不使用のオートグルト
OATLY!
$2.99

レジの支払い方

レジの支払い方は日本とちょっと違う。最近はセルフサービスのレジが多い

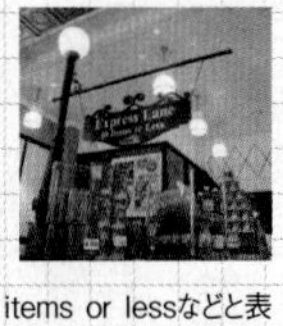

購入点数が少ない場合はExpressレーン（店により異なるが10個以下が一般的。Express: 10 items or lessなどと表示されている）を選べば素早く買える。

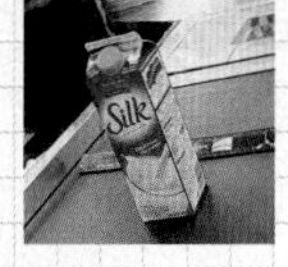

商品は自分でカゴから出してベルトコンベアーに乗せ、次の客との間に仕切り棒を置いて区別する。商品の袋詰めは自分ではなくレジ係がしてくれる。

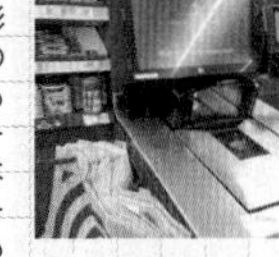

コロナの影響でレジの支払い方も変化。ホールフーズをはじめ、スーパーなどでも写真のように自分で行うセルフレジ（Self Checkout）が増えている。

1934年創業。家族経営店で支店を出さないのも魅力のひとつ

UWS住民御用達！ 地元密着型グルメストア

Zabar's
ゼイバーズ

80年以上の歴史を誇る老舗グルメスーパーはアッパー・ウエスト・サイド住民の台所的存在。チーズやお総菜、コーヒーなど対面販売カウンターが多く、いつも活気でいっぱいなのが楽しい。2階には雑貨コーナーも！

別MAP P.20-B2　アッパー・ウエスト・サイド
住 2245 Broadway (at 80th St.)
地下鉄 ❶79 St　☎ (1-212) 787-2000
営 月～土8:00～19:30、日9:00～17:00
URL zabars.com

NYだけ
隣にカフェ
食料品
キッチン雑貨
トートバッグ

お総菜の量り売りもある

人気のチーズコーナーは NY 産も見つかる

買いやすい値段のロゴ入りのマグカップ

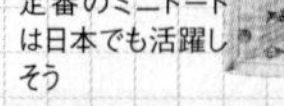

$3.95

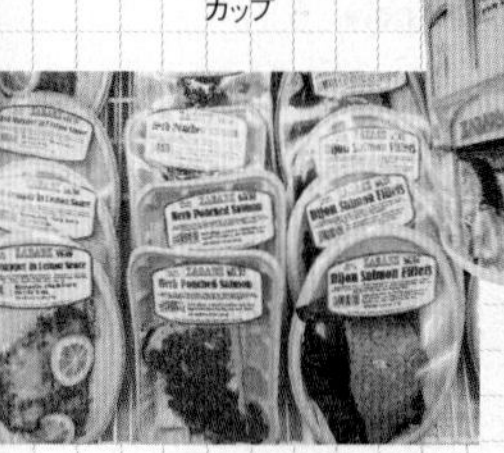

パッケージ入りのお総菜も豊富

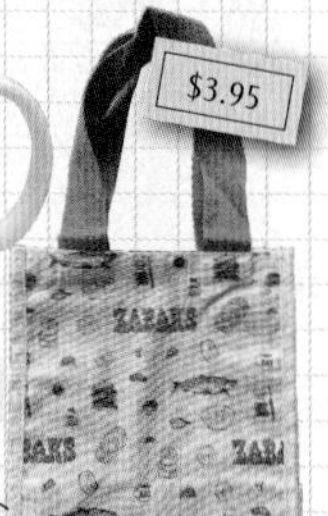

定番のミニトートは日本でも活躍しそう

1 階の食料品のレジ

地域住民のニーズに応え愛される店

コロナ禍でスケールアップ 創業1915年の老舗店

Butterfield Market
バーターフィールド・マーケット

古くは富豪ロックフェラー家への配達サービスにはじまり、以降、アッパー・イースト・サイドの住民に愛されている。地元ブランドをはじめ、自家製パンやパック入りのお総菜など、厳選された多彩なアイテムが人気。ディスプレイもおしゃれ。

別MAP P.22-A1 アッパー・イースト・サイド
住 1150 Madison Ave. (at 85th St.)
地下鉄 4 5 6 線86 St ☎ (1-212) 758-2800
営 7:00〜20:00 (土・日8:00〜19:00)
カード A D J M V
URL butterfieldmarket.com

NYだけ
カフェあり
食料品
お酒
トートバッグ

メトロポリタン美術館やセントラルパークに近い

季節でフレーバーが変わる人気のフレンチクルーラー

オリジナルのキャンバストートバッグ $14.99 はセンス抜群

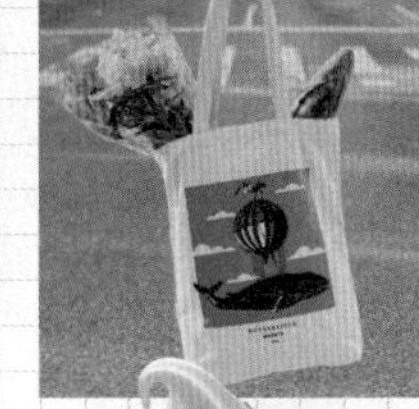

NY の定番 Lox はもちろん、ほかサンドイッチも美味

ホームメイド・フローズンヨーグルト。トッピングは +$1

ピザや巻き寿司もテイクアウトできるのでこちらで買い込んでピクニックもいい

西海岸発、開放的な雰囲気が人気

Trader Joe's
トレーダー・ジョーズ

カリフォルニア州パサデナからスタート。全米に400もの支店がある。全商品の80%が自社ブランド。お手頃値段とカジュアルで開放的な雰囲気が人気だ。

MAP P.20-B3　アッパー・ウエスト・サイド
住 2073 Broadway (near 72nd St.)
地下鉄 ①②③ 72 St
☎ (1-212) 799-0028　営 8:00〜21:00
URL traderjoes.com

おみやげにいいチョコがけプレッツェル

日本のじゃがビーのようなポテトスナック

ベーグルのシーズニングはエブリシングを

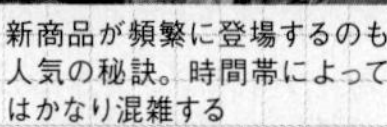

新商品が頻繁に登場するのも人気の秘訣。時間帯によってはかなり混雑する

食料品 / お酒 / トートバッグ / コスメ

ハイセンスな激安スーパー

Target
ターゲット

真っ赤な丸いロゴで知られるオールマイティなスーパー。生鮮食料品も扱うが、注目は有名ブランドとコラボしたアパレルや雑貨。コスメやお菓子も豊富。市内に店舗増。

MAP P.13-D2　ミッドタウン・ウエスト
住 112 W. 34th St. (near 6th Ave.)
地下鉄 Ⓑ Ⓓ Ⓕ Ⓜ 34 St　☎ (1-646) 968-4739
営 9:00〜22:00　カード A D J M V
URL target.com☆ほかにも市内多数支店あり

ミッドタウンをはじめ市内に店舗が続々オープン。なにかと頼れるスーパー

ターゲットのロゴが描かれた不織布のトート

巨大なクマに入ったキャラメルポップコーン

自社ブランドsimply balancedのビーフジャーキー

コスメ&クスリ / 食料品 / キッチン雑貨 / アパレル

地元住民に愛される庶民派

Fairway Market
フェアウエイ・マーケット

1954年創業。アッパー・ウエスト・サイドのランドマーク的存在。1階が生鮮食料、2階がカフェと生活雑貨。自家焙煎コーヒーをはじめ自社ブランドも多い。

別MAP P.20-B3　アッパー・ウエスト・サイド
住 2131 Broadway (bet. 74th & 75th Sts.)
地下鉄 ❶❷❸ 72 St
☎ (1-718) 569-4500　営 7:00〜24:00
instagram.com/fairwaymarket

NYだけ　食料品　日用雑貨

たっぷり入ったスパイスはおみやげにも

ラズベリー＆チョコのフレーバーコーヒー

一時期倒産の危機があったがコロナ禍で復活

スタッフが親切なのも高ポイント。2階にイートインスペースもあり

マック＆チーズフレーバーのスナック

オリジナル商品のローストピーナッツ

オーガニックのコールドプレスジュース

全米一と評判のスーパー

Wegmans
ウェグマンズ

NY州を中心に全米100以上の店舗を展開。優良企業として知られる老舗スーパー。こちらはマンハッタンの初店舗で、ブルックリン（別MAP P.43-C1）にも店舗あり。

別MAP P.10-A3　イースト・ビレッジ
住 499 Lafayette St. (at E. 8th St.)
地下鉄 Ⓝ Ⓠ Ⓡ Ⓦ 8St
☎ (1-646) 225-9300
営 7:00〜22:00　カード ADJMV
URL wegmans.com

食料品　日用雑貨　巨大店舗

そのほかにあるスーパーマーケットLIST

Citarella
シタレラ
別MAP P.20-B3
アッパー・ウエスト・サイド
住 2135 Broadway (at 75th St.)
地下鉄 ❶❷❸ 72 St
☎ (1-212) 874-0383
営 8:00〜20:00
URL www.citarella.com

Union Market
ユニオンマーケット
別MAP P.44-A1
パークスロープ
住 754-756 Union St. (at 6th Ave.), Brooklyn
地下鉄 Ⓡ Union St
☎ (1-718) 230-5152
営 7:30〜21:00
URL unionmarket.com

Elm Wellness
エルム・ウェルネス
別MAP P.9-C2
グリニッチ・ビレッジ
住 56 7th Ave. (bet. 13th and 14th Sts.)
地下鉄 ❶❷❸ 14 St
☎ (1-212) 255-6300
営 8:30〜20:00（土・日10:00〜）
URL www.elmdrugs.com

おみやげだけじゃもったいない スーパーのお総菜で

Zabar's
ゼイバーズ

パック詰めフードが豊富

ジューイッシュフードのグルメストア。あらかじめパックされたサラダやパスタがおすすめ。ショーケースの量り売りお総菜もお忘れなく。

P.264

Trader Joe's
トレーダー・ジョーズ

PB商品はコスパ最高！

温かいお総菜はないが、サラダならパック売りあり。冷凍食品が豊富なので温められるようならぜひお試しを。スナックや飲み物も手に入れよう。

P.266

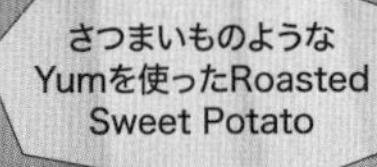

さつまいものような
Yumを使ったRoasted
Sweet Potato

オーガニックの
Strawberry Peach
Mint Kombucha
$2.79

サラダバーメニューより。
写真で$18くらい

マカロニにチーズを
絡めて焼いたMac'n
Cheese

スープも自分で注ぐ。
Mushroom Balrey
Soup　$4.99(小)

Whole Foods Market
ホールフーズ・マーケット

サラダバーは希少価値大！

量り売りのサラダバー（1パウンド＝約453gで$13.99）は旅行者の強い味方。温かいものも冷たいものも肉も野菜もあり、食べたいものを好きなだけ食べられる。マンハッタンに多数支店があるのもありがたい。イートインも可。

P.262

スーパーのお総菜でおうちごはん

おうちごはん

外食が高いニューヨークでは、
スーパーやグルメストアでお惣菜を買って
おうちごはんがおすすめ！

トマトソースのPenne Pasta$10.99（1パウンド）とBeans Salad$10.99（1パウンド）も量り売り。フルーツもお忘れなく

Chobaniのヨーグルト$1.49、Mexican Salad $3.99、バナナとリンゴ

Fairway Market
フェアウェイ・マーケット

老舗スーパーのお総菜

P.267

野菜や肉&魚をはじめ生鮮食品が中心のスーパー。奥に量り売りサラダバーがある。

Target
ターゲット

朝食メニューならおまかせ

P.266

生鮮食料品の取り扱いは少ないスーパーだが、フルーツやヨーグルトなら手に入る。

ビールもこんなにたくさん！

おうちごはんのお供に最高のビール。思わずパッケージ買いしてしまうおしゃれなデザインもあり。いろんな種類を試してみよう。

憧れブランドが90%OFFも!

オフプライスショップ

有名ブランドの返品商品やメーカーの処分品を割引販売する、オフプライス（Off-Price）ショップ。自社ブランドを扱うアウトレットとは違い品揃えが豊富で、衣服や靴をはじめ、キッチン用品やコスメが揃う店舗も。NY に多数あるので掘り出し物を探しに行こう!

45日以内なら返品もOK
購入後に着用したらサイズが違っていた、破損していた、以外に、やっぱり気が変わった、でも大丈夫。ゲストサービス・コーナーで手続きを。

スマホの無料充電サービスがある店も
入店後すぐチャージしてショッピング。くれぐれも引き取りを忘れずに!

オリジナル商品も!

2023年5月、同じ場所で復活!

Century21

センチュリー21

以前に比べフロア数は減ったものの、高くて手が出せないカジュアルブランドからハイエンドブランドまで、すべてが大幅オフ価格！　たっぷり時間をかけて掘り出し物を探そう。

MAP P.2-B2 ロウアーマンハッタン
住 22 Cortlandt St.
(bet. Church St. & Broadway)
地下鉄 N R Cortland St
☎ (1-1-212) 227-1202
営 10:00 ～ 20:00、日 11:00 ～ 18:00
カード A D J M V
URL c21stores.com

→ NY モチーフのオリジナルのキーチェーン各 $12.99

Gucci

$1150 ▼ $649.9

←ウェッジソールのグッチのサンダルも約半額
↓ドルチェ＆ガッバーナのシフォンブラウス

$895 ▼ $379.99

DOLCE & GABBANA

1 階のバッグ売り場にもさまざまなブランドが

洋服からハウスウエアまで

T.J. Maxx

ティージェイ・マックス

NY だけでなく全米で 1000 を超える店舗があるチェーン店。洋服、バッグやシューズだけでなく、リビング雑貨、キッチン＆バス用品、コスメなどもおトク。

MAP P.9-D1 チェルシー
住 620 6th Ave.
(bet. 18th & 19th Sts.)
地下鉄 F M L 14 St
☎ (1-212) 229-0875
営 9:00 ～ 21:30
(金・土日 7:00 ～ 22:00、日 8:00 ～)
カード A D J M V
URL tjmaxx.tjx.com

コスメやビューティアイテムが多いのもうれしい

キースヘリングのマウンテンパーカー

NY だけでなく全米各地にあるオフプライスのチェーン店

JANSPORT
$5.25 → $19.99
JANSPORT のリュックもこの値段

靴マニアにおすすめ！

Nordstrom Rack

ノードストローム・ラック

シアトル発の高級デパート、ノードストロームが展開するオフプライス店。もとは靴の専門店だっただけあり、こちらも靴が豊富にラインナップ。メンズも充実している。

MAP P.10-A2 イースト・ビレッジ
住 60 E. 14th St.
(bet. Broadway & 4th Ave.)
地下鉄 L N Q R W 4 5 6 14 St-Union Sq
☎ (1-212) 220-2080
営 10:00 ～ 21:00（土～ 22:00、日 11:00 ～ 20:00）
カード A D J M V
URL stores.nordstromrack.com

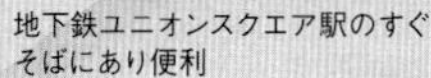

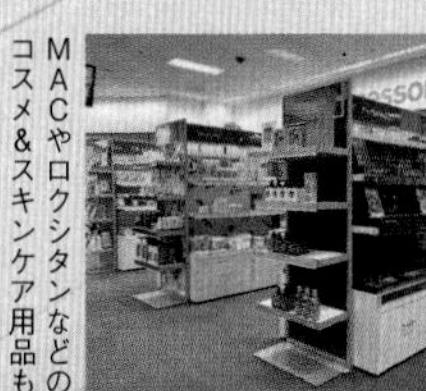

MAC やロクシタンなどのコスメ＆スキンケア用品も

地下鉄ユニオンスクエア駅のすぐそばにあり便利

Kate Spade
$229 → $89.97

MARC JACOBS
$295 → $159.97

↑ケイト・スペードのウォレット
→マーク・ジェイコブスのミニバッグ

高級デパートのオフプライス

Bloomingdale's The Outlet Store

ブルーミングデールズ・ジ・アウトレットストア

アッパー・イースト・サイドの老舗高級デパートの系列オフプライスショップ。洋服を中心にバッグやシューズなど、ハイセンスでおしゃれなブランドが多数見つかる。

MAP P.20-B3
アッパー・ウエスト・サイド
住 2085 Broadway (at 72nd St.)
地下鉄 ❶❷❸ 72 St
☎ (1-212) 634-3190
営 10:00 ～ 20:00 (日～ 18:00)
カード ADJMV
URL www.bloomingdales.com

高級デパート系列とあってフェミニンな印象のアイテムが多い

ブルーミングデールでしか買えない人気のバッグも

オリジナル商品も！

$1365 ▼ $939.99

MONCLER

モンクレールの赤いダウンベスト

マーク・ジェイコブスのショルダー

$250 ▼ $129.99

MARC JACOBS

T.J. Maxx の姉妹店

Marshalls

マーシャルズ

同じグループのティージェイ・マックスよりもややカジュアルな印象。キッチン＆バル用品やインテリア雑貨、おもちゃ、お菓子、ペット商品なども扱う。

MAP P.9-D1 チェルシー
住 620 6th Ave. (bet. 18th & 19th Sts.)
地下鉄 ⒻⓂⓁ 14 St
☎ (1-212) 741-0621
営 9:00 ～ 21:30 (日 10:00 ～ 20:00)
カード ADJMV
URL www.marshalls.com

普段使いによさそうなカジュアルウエアが豊富に見つかる

$15 ▼ $7

AMERICAN EAGLE

←アメリカン・イーグルのショートパンツ
→イェール大学のカレッジトレーナー
↓ DKNY のローファーサンダル

DKNY

$72 ▼ $49.99

$25 ▼ $19.99

憧れブランドが90%OFFも！ オフプライスショップ

スポーツブランドが豊富

Burlington

バーリントン

ニュージャージーのバーリントンにあるオフプラチェーン。大小のサイズ展開が幅広いと評判。メンズとレディスの洋服を中心にベビーやキッズも揃う。

別MAP P.10-A2 イースト・ビレッジ
住 40 E. 14th St., 4 Union Square (bet. Broadway & University Pl.)
地下鉄 L N Q R W 4 5 6 14 St-Union Sq
☎ (1-212) 533-1725
営 8:30～21:30
カード A D J M V
URL www.burlington.com

サイズ別に並べられた店内。お宝探し気分で探そう

NY GIANTS
$25 ▼ $12.99
↑ NFL のジャイアンツのロン T

$5.99 ▼ $2.99
←コーンの処理が簡単にできるストリッパー

$8 ▼ 各$3.99
←日本では見かけないようなかわいいノートも

Hurley X
$14 ▼ $7.99
↓サーフブランド、ハーレイのポーチ

靴専門のオフプラショップ

DSW

ディー・エス・ダブル

店名は Designer Shoe Warehouse を略して DSW。スニーカーからサンダル、ブーツまであらゆる靴がレディス、メンズともに揃う。

別MAP P.10-A2 イースト・ビレッジ
住 40 E. 14th St., 4 Union Square (bet. Broadway & University Pl.), 2F
地下鉄 L N Q R W 4 5 6 14 St-Union Sq
☎ (1-212) 674-2146
営 9:00～21:00（日～20:00）
カード A D J M V
URL www.dsw.com

倉庫のように広い店内にさまざまな靴が並ぶ。アウトレットコーナーもある

Converse
$64.96 ▼ $47.99
←定番ブランド、コンバースも発見

Dr. Martens
$159.99 ▼ $95.99
↑ドクター・マーチンのエナメルのハイカット

↑オフはこのサインが目印
→雨の日が楽しくなりそうな長靴

HUNTER
$119 ▼ $84.98

STEVE MADDEN
$69.99 ▼ $48.99
←シルバーのローファーはスティーブ・マデンの

NYで着たい! アメカジブランド9選+1

日本でも人気のアメリカ発カジュアルブランド。ニューヨークには、全米から集まったお手頃な価格で魅力的なブランドがたくさん。あれこれ迷いながら、楽しくショッピングしよう。

❶バッグや小物につけてもかわいいニット素材のブローチ ❷リボンの形で耳に揺れるピアス ❸1枚あると活躍しそうなカーキのビスチェ ❹ビタミンカラーのバッグはコーデのアクセントに ❺ファッションに欠かせないデニムのショートパンツ

いつものスタイルにプラスワン

Urban Outfitters

アーバン・アウトフィッターズ

ヴィンテージ、ボヘミアン、スポーティなど、さまざまなテイストの個性的なアイテムを探すことができる。旬なアイテムがリーズナブルに購入できるので、店内は流行に敏感な若者でにぎわっている。

別MAP P.31-C1 ソーホー
住628 Broadway
(bet. Bleecker & E. Houston Sts.)
地下鉄 ⒷⒹⒻⓂ Broadway-Lafayette St
☎(1-212) 475-0009
営11:00 〜 20:00
カード ADJMV
URL www.urbanoutfitters.com
※アーバン・アウトフィッターズのコンセプトショップ Space Ninety 8 がウイリアムズバーグにある。要チェック! 別MAP P.38-B2

スタイリッシュで高品質

J.Crew

ジェイ・クルー

ここ数年でイメージをがらりと変えた人気ブランド。デザイン性と品質の高さに定評がある。ベーシックアイテムからトレンドを意識したスマートスタイルまで、大人かっこいい日常着として大活躍。

別MAP P.11-D2 チェルシー
住91 5th Ave. (near E. 17th St.)
地下鉄 ⓁⓃⓆⓇⓌ④⑤⑥ 14 St-Union Sq
☎(1-212) 255-4848
営10:00 〜 19:00 (日 11:00 〜 18:00)
カード ADJMV
URL www.jcrew.com

❶小花がプリントされたブラウス。カラーとそでの白が清潔感アップ ❷ベストセラーアイテムのフォンバッグ ❸素材のよさと上品なデザインが引き立つショートパンツ ❹ストライプのブラウスは襟元のビジュと全体にちらしたパールで大人かわいく

1 $59.5
2 $158
3 $118
4 $85
5 $50

❶カジュアルファッションに決まるサングラスの種類も多い
❷パッチワークがおしゃれ度をあげてくれそうなデニム
❸ハンドルに遊び心があるバッグ
❹1枚は欲しい白シャツもメイドウェルなら着心地は完璧
❺重ね着でもこのままでも何かと使えそうなタンクトップ

J.クルーの姉妹ブランド
Madewell
メイドウェル

シンプルながらもトレンドを意識したきれいめカジュアルブランド。デニムなどの休日スタイルからオフィスでも活躍するジャケットまで揃っているので、大人の女性は必見。バッグなどの小物もクオリティが高い。

MAP P.31-C4 ソーホー
住486 Broadway(at Broome St.)
地下鉄 ⑥ Spring St
☎ (1-212) 226-6954
営 10:00 ～ 20:00 (日 11:00 ～ 19:00)
カード ADJMV
URL www.madewell.com

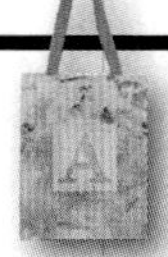

どこか少女っぽさを残した装い
Anthropologie
アンソロポロジー

アメリカ東海岸発の人気ライフスタイルブランド。大人かわいい上質なデザインのレディス向けウエアがたくさん。ほかにも雑貨や食器も要チェック！

MAP P.8-B2
ミート・パッキング・ディストリクト
住75 9th Ave. (at 15th St.)
チェルシー・マーケット内
地下鉄 ACE 14 St
☎ (1-212) 620-3116
営10:00 ～ 20:00 (日 11:00 ～ 18:00)
カード ADJMV
URL www.anthropologie.com

1 $148
2 $14
3 $5
4 $22
5 $32

❶3つの異なるストライプを見事に組み合わせたシャツワンピ ❷アンソロポロジーの定番イニシャルマグ ❸ミニサイズのボウルもカラフルに揃う ❹イラストと刺繍がアートのようなディッシュタオル❺左のタオルと同じシリーズのエプロンも

カジュアルでスポーティ

American Eagle

アメリカン・イーグル

イーグルがトレードマーク。着心地がよく、飾らないテイストで若者に人気。ターゲットは15～35歳の男女で、値段も手頃だ。チェックのシャツ、Tシャツ、デニムなどラフなスタイルが豊富。

MAP P.31-C1 ソーホー
住 599 Broadway (at W. Houston St.)
地下鉄 BDFM Broadway-Lafayette St
☎ (1-212) 219-4600
営 10:00～20:00 (日～19:00)
カード ADJMV
URL www.ae.com

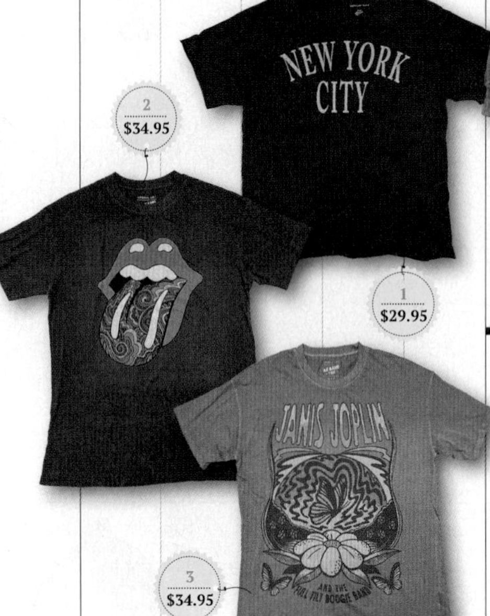

❶NY限定。ブラックボディにNEW YORK CITYのロゴがかっこいい ❷ローリング・ストーンズをモチーフにしたロックTシャツ ❸サイケな柄はジャニス・ジョプリン

❶バックプリントはアメリカのワイオミング州にあるグランド・ティトン国立公園 ❷ざっくり着られるオーバーサイズのフーディ ❸アメリカ国立公園の動物たちが描かれたもの。スモーキーな色合いがおしゃれっぽい

親子ペアルックも可能!

Old Navy

オールド・ネイビー

GAPの姉妹ブランドとして誕生。2017年に残念ながら日本から撤退した。メンズ、レディス、キッズ、ベビーと幅広い年代だけでなく、スポーツやマタニティもカバー。Tシャツなどカラーバリエも豊富。

MAP P.33-C3 ミッドタウン・ウエスト
住 150 W. 34th St. (bet. 6th & 7th Aves.)
地下鉄 ❶❷❸ 34St-Penn Sta
☎ (1-212) 596-0049
営 10:00～21:00 (日～20:00)
カード ADJMV
URL www.oldnavy.com

H&Mの姉妹ブランド

& Other Stories

アンド・アザー・ストーリーズ

ワンピースやブラウスなど、かわいくてフェミニンな雰囲気。アパレルをはじめシューズやバッグ、アクセサリー、コスメなども展開している。ソーホー、ウエストフィールドWTCに支店あり。日本未上陸なので要チェック！

MAP P.35-C4
ミッドタウン・イースト
住 505 5th Ave. (near 42nd St.)
地下鉄 ❼ 5 Av
☎ (1-212) 328-4012
営 10:00～20:00 (日 11:00～)
カード ADJMV
URL www.stories.com

西海岸の風を感じる

Hollister Co.

ホリスター

日本でもすっかりメジャーになったアバクロの兄弟ブランド。安くて使えるカジュアル服は男女問わず人気だ。自分用にはもちろん、ボディミストなどの小物をおみやげにしても喜ばれる。

別MAP P.13-D2　ミッドタウン・ウエスト
住130 W. 34th St. (bet. 6th & 7th Aves.)
地下鉄 Ⓑ Ⓜ 5 Av /53 St
☎ (1-646) 200-5190
営10:00 ～ 20:00
カード A D J M V
URL www.hollisterco.com

1 $29.95
2 $29.95
3 $29.95

4 $69.95

❶2023年に公開、大ヒットした映画『Barbie』とのコラボTシャツ　❷アメリカ西海岸を感じさせるポップなデザイン　❸こちらも映画『Barbie』とのコラボ　❹スマイルや虹、さくらんぼなどの刺繍がちりばめられてかわいい

アウトドアブランド編！

街でも着れるファッション性の高い一着を探したい。

ファッション性が高く

The North Face

ザ・ノース・フェイス

1966年創業。クライミングやハイキング、山スキーのための道具を扱うプロショップ。日本で販売されているものとはデザインが異なるので、自分へのおみやげに最適。低価格のキッズサイズは女性におすすめ！

別MAP P.35-C3　ミッドタウン・ウエスト
住510 5th Ave. (at 43rd St.)
地下鉄 Ⓢ④⑤⑥⑦ Grand Central-42 St
☎ (1-212) 221-1929　営10:00 ～ 19:00 (金・土～ 20:00、日 12:00 ～ 18:00)
カード A D J M V
URL www.thenorthface.com

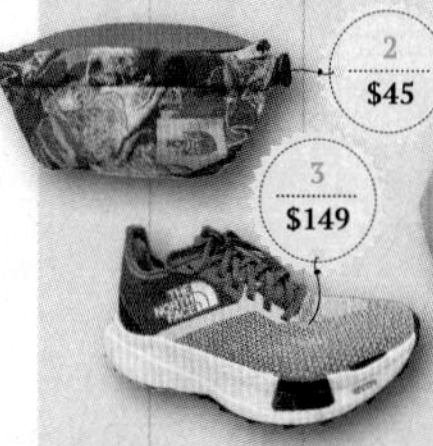
2 $45
3 $149

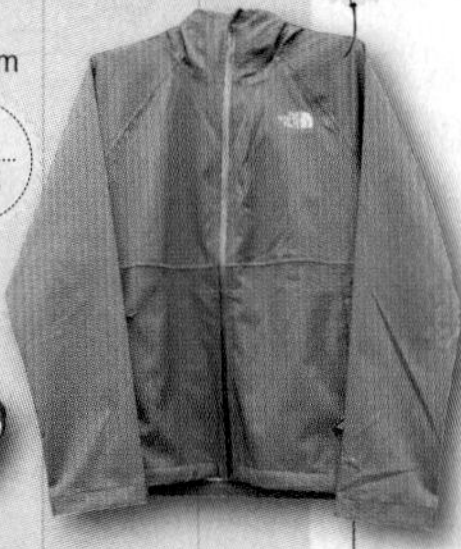
1 $170

❶1着あると便利、鉄板アイテムのマウンテンジャケット　❷日本ではあまり見かけないデザインのウエストポーチも　❸メンズ用のスニーカー SUMMIT VECTIV PRO

シンプルだけど機能的

Patagonia

パタゴニア

1970年代にクライミングギアを作ることから始まった。現在はクライミング、スキー、スノーボード、サーフィン、フライフィッシング、パドリング、トレイルランニングを楽しむ人たちのためのウエアを展開。

別MAP P.20-B2
アッパー・ウエスト・サイド
住426 Columbus Ave. (bet. 80th & 81st Sts.)
地下鉄 Ⓒ Ⓑ 81 St-Museum of Natural History
☎ (1-917) 441-0011
営10:00 ～ 19:00 (日～ 18:00)
カード A D J M V
URL www.patagonia.com

$159

レディス向けのレトロパイプ・フリース

ブルックリンでのんびり

古着SHOP巡り

古着を探すならブルックリンへ。あこがれのハイブランドが眠っていることも多々あるので、宝探し気分でお気に入りを見つけよう!

NYの古着事情

古着やビンテージをさりげなくミックスして着こなすのがニューヨーカー。リーズナブルという理由だけではなく、一点物でオリジナリティを出せるアイテムとして幅広い層に人気だ。そんな古着&ビンテージ・ショップが多いのはブルックリン。もともと倉庫街だったことから、元倉庫をリノベーションして利用しているショップをたくさん見かける。どこも品数が豊富で商品のサイクルも早いので、いいものに出会ったら即買いがおすすめ。ただし、ほつれやボタンの有無などしっかり確認して。ちなみに英語で古着はUsedやSecondhandなどと呼ばれる。

ワーク系のごついシューズやスニーカーが揃う

1950年代のスウェーデンのミリタリーパンツ$95。スウェーデンのもので、このコンディションのものはなかなかお目にかからない貴重アイテム

Recommended!
多数ある商品のなかから、スタッフに推しアイテムを教えてもらいました！

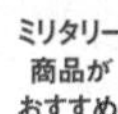

両方ともUSミリタリーのアイテム。右が1940〜50年代のフライトジャケット$395、左は1970年代のシューティングジャケット$95

1970年代のリーバイスのベルボトム$125。後ろポケットのステッチがユニークで、コンディションも抜群なのにこの値段はおトク！

両方とも1970年代のビンテージ。右に持っているのがデニムのフーディ$65、左がイエローのフットボールキャンプTシャツ$40

1960年代のドレス$75。淡いオレンジ色がかったふんわりシフォンで、シルエットがとってもきれい。おしゃれに着こなしてみたい。

日本人オーナーによるこだわりの古着を

10ft Single by Stella Dallas

10フィート・シングル・バイ・ステラダラス

ウイリアムズバーグにある大型ヴィンテージショップ。ブルックリンに数ある古着店のなかでも、品揃え、コンディション、ディスプレイ、スタッフの知識など、どれをとってもすばらしい。メンズアイテムが豊富。小物類も多数あり。

P.297

Recommended!
貴重なビンテージがたくさんあってファッションの博物館のよう！

10フィート・シングルの姉妹店
Stella Dallas Living
ステラダラス・リビング

レディスの洋服を中心に、ビンテージのスカーフやアンティークボタンなどの小物を扱う。店内の棚がたくさんのビンテージファブリックで埋め尽くされているので、インテリアファブリックを探すにはおすすめ！

パジャマだったというワンピース $185

1960 年代のエミリオ・プッチ $620

ビンテージドレスは 1940 年代のもの $260

別MAP P.39-C3
ウイリアムズバーグ
住281 N. 6th St.
(near Meeker Ave.)
地下鉄 G Metropolitan Av
☎ (1-718) 387-6898
営12:00 ～ 19:15
カード A D J M V
www.instagram.com/stelladallasliving/

ブルックリンを中心に8店舗
L Train Vintage
エルトレイン・ビンテージ

Recommended!
ノーブランドもブランドも幅広く揃って安い！

地下鉄 L 線沿いにオープンしたことが店名の由来。商品の入れ替わりも早く、とにかく安いので、現地の学生にも人気のお店。広い店内はレディスとメンズがある。

❶たっぷりのファーがついたレザージャケット。レザーは $100 ～ 500 くらい ❷コンディションのよいスニーカーも多数見つかる ❸ 70 年代のコーチの Tabby バッグ ❹カラフルなキルティングのジャケット $75 ～
Photos Courtesy L Train Vintage

別MAP P.40-A3
ブッシュウィック
住120 Knickerbocker Ave.
(near Thames St.)
地下鉄 L Morgan Av
☎ (1-718) 366-2200
営12:00～19:00（金～日～19:30）
カード A D J M V
URL www.ltrainvintagenyc.com

Recommended!
ゆったり空間のなかで
センスのよい
古着に出会える！

倉庫を改装した巨大な店舗は圧巻

Beacon's Closet

ビーコンズ・クローゼット

ゆったりとした空間は色別にディスプレイされているのでお気に入りも探しやすい。マンハッタンにもあるがこのスペースは本店ならでは。どちらかというとレディスアイテムが多い。

P.298

❶80年代に流行したナイロンジャケット $34.95　❷赤いレザーのバッグ $39.95　❸アニマルプリントのコンバース $29.95　❹状態のよい靴が豊富　❺いろいろな顔が描かれたユニークなTシャツ $15.95

SHOPPING Tips!

日本人が経営するショップ以外は、日本語が話せるスタッフはほとんどいないと思っておこう。

基本情報

営業時間

平日10:00〜19:00、土曜11:00〜18:00が一般的。土曜は平日と同じ場合もある。日曜は12:00〜17:00となることがほとんど。ノリータやブルックリンの個人店舗は午後からオープンが多い。日本のように営業時間どおりに開く・閉まるとは限らない。

まずは初めのルール

知らんぷりしてお店に入っていかないこと。見るだけでも、入店する際は「ハイ！」とか「ハロー」と店員にあいさつを。「May I help you？」（何かお探しですか？）と聞かれたら、「Just looking, thank you」（見ているだけです、ありがとう）と答えて。ハイエンドブランドや高級ブティックなどでは、店員に断りなしに商品を触らないように。

祝日に注意

祝日が休みという店は、アメリカの祝祭日すべてが休みということになる。無休という店でも、イースター、サンクスギビング、クリスマス、ニュー・イヤーズ・デイは休む場合がある（→P.9）。一方で、オープンしていることもあるので、心配なら事前に電話やSNSなどで確かめるのがおすすめ。オープンしていても、変則的な営業時間になることもある。

エコバッグは必需品

ニューヨーク州と隣のニュージャージー州では、現在使い捨てのプラスチック製レジ袋の使用が法律で禁止されている。紙袋も有料になるので、買い物の際はエコバッグ（現地ではトートバッグ、ショッピングバッグと呼ばれる）を忘れないように。おみやげにもなるので、レジ回りに置かれているバッグを購入してもいい。

☑ コンビニ感覚で利用しよう ドラッグストア&スーパー

べんりだよ

NYでコンビニはほとんど見つからない。それに代わるのがドラッグストアやスーパー。ウォルグリーンWalgreens、ターゲットTargetを筆頭に、シーヴイエスCVS、ライトエイドRite Aid、デュアン・リードduane readeといったチェーン店が、24時間または早朝から深夜まで営業している。薬以外にもコスメ、飲料やスナック類、雑誌、文房具、NYみやげなどを取り扱い、特にコスメは、ロレアル、メイベリンなどが日本より安く買える。

支払いについて

Cash（キャッシュ）は現金のことで、Charge（チャージ）は、クレジットカードによる支払いのこと。Chargeを選んだら次に「Credit or Debit?」と聞かれる。Creditはクレジットカード、Debitは即時決済のデビットカードのこと（アメリカの銀行口座と一部の日本の銀行口座に対応）。支払いは、レジの前や横にあるマシンに、自分でカードをタッチかスライドさせて行う。最近はタブレットやApplePayなどのスマホによる非接触決済も多い。また、Eレシートも一般的になっている。

非接触決済(タッチ決済)が多い。
🔊のマークが付いているカードが必要

クレジットカードでの支払い方法例

①カードリーダーにカードをタッチかスライドさせる。
②金額が出たら、確認後、指か付属のペンでOKをタッチ。
③credit をタッチ。
④サインをしてOKをタッチ。サインが印刷されたレシートが出てきて終了。

年に1度の大セール

アメリカ（NY）では、デパートでも路面店でも、祝祭日に合わせてセールが行われる。期間については店により異なるので、ウェブやSNSなどでチェックしたい。なかでも大幅値引きになるのが、サンクスギビング・デイからニュー・イヤーズ・デイの期間。一流ブランドもセールを行うので、お気に入りブランドを安値で手に入れることができるのもありがたい。

1月	ニュー・イヤーズ・デイ・セール
2月	バレンタイン・デイ・セール
3月	イースター・デイ・セール
5月	母の日セール
6月	父の日セール
7月	独立記念日セール
8月	レイバー・デイ・セール
10月	コロンバス・デイ・セール
11月	ベテランズ・デイ・セール
	サンクスギビング・デイ・セール
12月	クリスマス・セール
	アフター・クリスマス・セール

気になるTAX

日本の消費税に相当するセールスタックス（税金）がかかり、リファンド制度はない。NYでは8.875%（市税4.5%＋州税4%＋メトロポリタン通勤圏追加税0.375%）。ただし、$110未満の衣料品、靴に対する買い物は非課税。1品ごとの価格が$110を超えなければ、合計額が$110を超えても免税となる。生鮮食品と薬も非課税。加工食品は課税対象。

交換・返品

レシートの裏側や下のほうに交換・返品についてのポリシーが書いてあることが多い。その条件の範囲内なら、返品や交換に応じてくれる。その際はレシートが必要となるので、必ず保管しておこう。Eレシートでも大丈夫。

あやしいショップ

ショッピングのトラブルは、タイムズスクエアや34丁目周辺のカメラ、電化製品、時計、おみやげなどを一緒に販売しているショップに多い。初めは優しく相手をしてくれていたのに、 レジへ行ったとたんに態度が変わり、とんでもない値段を言われたなどということも。あやしいと感じたら、近づかないこと。偽ブランド商品を並べる露店にも注意。

試着時の注意

日本と比べて縫い目やボタンの処理が粗雑なため、細かいチェックを忘れずに。ファストファッション・ショップやディスカウントショップでは、試着室に長蛇の列ができていることも。何度も並ぶ必要がないよう一度にまとめて並ぶほうがよい(枚数制限がある店も)。試着室に入る前、係の人に試着する点数を聞かれ、その点数の番号が表示された札をもらうことがある。これは盗難防止のためで、試着を終えたら札を返す。

一流ブランド ★5番街を中心に世界中のハイエンド・ブランドが揃う。

ヴァン・クリーフ&アーペル
Van Cleef & Arpels

別MAP P.37-C2 ミッドタウン・ウエスト

住744 5th Ave.
(bet. 57th & 58th Sts.)
地下鉄ⓃⓇⓌ5 Av / 59 St
☎(1-212)896-9284
営月～土11:00～18:00、日12:00～17:00
カード ADJMV
URL vancleefarpels.com

ブルガリ
Bvlgari

別MAP P.37-C2 ミッドタウン・ウエスト

住730 5th Ave.(at 57th St.)
地下鉄Ⓕ57 St
☎(1-212)315-9000
営月～土11:00～19:00、日12:00～18:00
カード ADJMV
URL bulgari.com

プラダ
PRADA

別MAP P.37-C2 ミッドタウン・ウエスト

住724 5th Ave.(bet. 56th & 57th Sts.) 地下鉄ⓃⓇⓌ5 Av / 59 St
☎(1-212)664-0010
営月～土10:00～19:00、日12:00～18:00
カード ADJMV
URL prada.com

カルティエ
Cartier

別MAP P.37-C4 ミッドタウン・イースト

住653 5th Ave.(at 52nd St.)
地下鉄ⒺⓂ5 Av / 53 St
☎(1-212)446-3400
営月～土11:00～19:00、日12:00～18:00
カード ADJMV
URL cartier.com

ティファニー ニューヨーク本店
Tiffany Landmark

別MAP P.37-C2 ミッドタウン・イースト

比較的手軽に買えるシルバーのアクセサリー類からラグジュアリーまで、美しいきらめきを放つジュエリーが並ぶ。シルバー製品やテーブルウエアもある。

NYの5番街に建つ本店

2023年4月リニューアルオープン

住727 5th Ave.(at 57th St.)
地下鉄ⒺⓂ5 Av / 53 St
☎(1-212)755-8000
営月～土10:00～20:00、日11:00～19:00
カード ADJMV
〈支店〉別MAP P.3-C2、P.30-B2
URL tiffany.com
Photos Courtesy of Tiffany & Co.

コーチ
Coach

別MAP P.37-C3 ミッドタウン・イースト

1941年にマンハッタンで革小物工房として創業。デザインだけでなく高い機能性をもつバッグや小物類が人気。ここ本店は品揃えも豊富。日本語を話すスタッフもいる。

5番街をはじめ市内各所にある

シンプルで買いやすい価格帯も魅力

住685 5th Ave.(at 54th St.)
地下鉄ⒺⓂ5 Av / 53 St
☎(1-212)758-2450
営月～土10:00～20:00、日11:00～18:00
カード ADJMV
〈支店〉別MAP P.30-A2ほか
URL coach.com

♥ティファニー　2023年4月に大変身した店内は、まるでミュージアムのよう。オードリー・ヘップバーン主演の名作映画『ティファニーで朝食を』のインスタレーションが流れ、同映画でオードリーが↗

ルイ・ヴィトン
Louis Vuitton

別MAP P.37-C2 ミッドタウン・イースト

住1 E. 57th St.(at 5th Ave.)
地下鉄ⓃⓇⓌ5 Av / 59 St
☎(1-212)758-8877
営月～土10:00～20:00、日11:00～19:00
カードADJMV 〈支店〉別MAP P.30-B2
URL us.louisvuitton.com

バーバリー
Burberry

別MAP P.37-C2 ミッドタウン・イースト

住9 E. 57th St.(bet. 5th & Madison Aves.) 地下鉄ⓃⓇⓌ5 Av /59 St ☎(1-212)407-7100

営月～土10:00～19:00(金・土～20:00、日11:00～)
カードADJMV
URL us.burberry.com

シャネル
Chanel

別MAP P.37-C2 ミッドタウン・イースト

住15 E. 57th St.(bet. 5th & Madison Aves.) 地下鉄ⓃⓇⓌ5 Av /59 St ☎(1-212)355-5050

営月～土11:00～18:00、日12:00～18:00 カードADJMV
〈支店〉別MAP P.18-A1、P.30-B2
URL chanel.com

ディオール
Dior

別MAP P.37-C2 ミッドタウン・イースト

住767 5th Ave.
(bet. 5th & Madison Aves.)
地下鉄ⓃⓇⓌ5 Av / 59 St
☎(1-646)915-0420
営月～金10:00～20:00、日11:00～19:00
カードADJMV
URL dior.com

サンローラン
Saint Laurent

別MAP P.37-C2 ミッドタウン・イースト

住3 E. 57th St.(bet. 57th & 58th Sts.) 地下鉄ⓃⓇⓌ5Av/59 St
☎(1-212)980-2970
営11:00～19:00(日12:00～18:00)
カードADJMV
URL www.ysl.com

グッチ
Gucci

別MAP P.37-C2 ミッドタウン・イースト

住725 5th Ave.(トランプ・タワー1階) 地下鉄ⒺⓂ5 Av / 53 St
☎(1-212)826-2600
営月～土10:00～20:00、日11:00～19:00
カードADJMV
URL gucci.com

アルマーニ・フィフス・アベニュー
Armani 5th Avenue

別MAP P.37-C2 ミッドタウン・イースト

住717 5th Ave.(at 56th St.)
地下鉄ⒺⓂ5 Av / 53 St
☎(1-212)339-5950
営月～土11:00～19:00、日12:00～17:00
カードADJMV
URL armani.com

サルバトーレ・フェラガモ
Salvatore Ferragamo

別MAP P.37-C4 ミッドタウン・イースト

住655 5th Ave.
(bet. 52nd & 53rd Sts.)
地下鉄ⒺⓂ5 Av / 53 St
☎(1-212)759-3822
営月～土10:00～19:00、日12:00～18:00
カードADJMV
URL ferragamo.com

ベルサーチ
Versace

別MAP P.30-B2 ソーホー

住111 Greene St.(near Prince St.)
地下鉄ⓇⓌPrince St
☎(1-212)735-9132
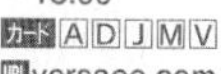
営月～土11:00～19:00、日12:00～18:00
カードADJMV
URL versace.com

アルマーニ・エクスチェンジ
A/X Armani Exchange

別MAP P.37-C4 ミッドタウン・イースト

住645 5th Ave.(at 51st St.)
地下鉄ⒺⓂ5 Av / 53 St
☎(1-212)980-3037
営月～土11:00～18:00、日11:00～18:00 カードADJMV
URL armaniexchange.com

↘着用していたジバンシーのドレスのレプリカや宝石なども飾られている。内装を手がけたのは東京の銀座や表参道のシャネルも手がけた伝説的な建築家、ピーター・マリノ。

ブルックス・ブラザーズ
Brooks Brothers

別MAP P.36-B4 ミッドタウン・ウエスト

住1270 6th Ave. (A&E Rockefeller Center) 地下鉄ⒷⒹⒻⓂ47 - 50 Sts - Rockefeller Ctr
☎(1-212) 247-9374
営月～土9:30～20:00、日11:00～18:00
カード A D J M V
URL brooksbrothers.com

ミュウミュウ
miu miu

別MAP P.30-B2 ソーホー

住100 Prince St. (bet. Greene & Mercer Sts.) 地下鉄ⓇⓌPrince St
☎(1-212) 334-5156
営月～土11:00～19:00、日12:00～18:00
カード A D J M V
〈支店〉別MAP P.37-C2 URL miumiu.com

マルベリー
Mulberry

別MAP P.30-B2 ソーホー

住100 Wooster St.
(bet. Prince & Spring Sts.)
地下鉄ⓇⓌPrince St
☎(1-917) 730-7101
営月～土11:00～19:00、日11:00～18:00
カード A D J M V
URL mulberry.com

トリーバーチ
Tory Burch

別MAP P.30-B1 ソーホー

住151 Mercer St.
(bet. W. Houston & Prince Sts.)
地下鉄ⓇⓌPrince St
☎(1-917) 261-7172
営月～土11:00～19:00、日12:00～18:00
カード A D J M V URL toryburch.com

ポール・スミス
Paul Smith

別MAP P.30-B3 ソーホー

住88 Wooster St.
(bet. Spring & Broome Sts.)
地下鉄ⓇⓌPrince St
☎(1-646) 613-3060
営月～土11:00～19:00、日12:00～18:00
カード A D J M V
URL paulsmith.com

マーク・ジェイコブス
Marc Jacobs

別MAP P.30-B1 ソーホー

住127 Prince St. (near Wooster St.) 地下鉄ⓇⓌPrince St
☎(1-212) 343-1490
営月～金11:00～17:00
カード A D J M V
URL marcjacobs.com

コール・ハーン
Cole Haan

別MAP P.35-C1 ミッドタウン・ウエスト

住620 5th Ave. Rockefeller Center
地下鉄ⒷⒹⒻⓂ47 - 50 Sts - Rockefeller Ctr ☎(1-212) 765-9747
営月～金10:00～19:00、日11:00～19:00
カード A D J M V
URL colehaan.com

ビクトリアズ・シークレット&ピンク
Victoria's Secret & Pink

別MAP P.37-C4 ミッドタウン・ウエスト

住640 5th Ave.
(bet. 52nd & 51st Sts.)
地下鉄ⒺⓂ5 Av / 53 St
☎(1-646) 495-2867
営月～土10:00～20:00、日11:00～19:00
カード A D J M V
URL victoriassecret.com

ボッテガ・ヴェネタ
Bottega Veneta

別MAP P.2-A1 ロウアー・マンハッタン

住225 Liberty St. (bet. South End Ave. & West Sts.) ブルックフィールド・プレース内
地下鉄ⒺWorld Trade Center
☎(1-212) 271-2626 営月～土10:00～19:00、日12:00～18:00 カード A D J M V
URL bottegaveneta.com

ボス・ストア
BOSS Store

別MAP P.17-C2 アッパー・ウエスト・サイド

住10 Columbus Circle (at 59th St.) ドイツ銀行センター1階
地下鉄ⒶⒸⒷⒹ❶59 St-Columbus Circle ☎(1-212) 485-1900
営10:00～20:00 (日11:00～19:00)
カード A D J M V
URL www.hugoboss.com/us/men

♥**Markarian** バイデン大統領夫人のジル・バイデンが大統領就任時に着用していたブルーのドレスとコートで注目を浴びたブランド。実店舗はないがネット販売しており、日本にも発送してくれる。URL markarian-nyc.com

アレキサンダー・マックイーン
Alexander McQUEEN

別MAP P.18-A1 アッパー・イースト・サイド

住747 Madison Ave.
(bet. 64th & 65th Sts.)
地下鉄FMNQRLexington Av - 63 St ☎(1-212) 645-1797
営10:00～18:00(日12:00～17:00)
カードADJMV
URLalexandermcqueen.com

クロム・ハーツ
Chrome Hearts

別MAP P.22-A3 アッパー・イースト・サイド

住870 Madison Ave.
(bet. 70th & 71st Sts.)
地下鉄668 St - Hunter College
☎(1-212) 794-3100
営月～土10:00～18:00
休日 カードADJMV
URLchromehearts.com

トムフォード
Tom Ford

別MAP P.18-A1 アッパー・イースト・サイド

住672 Madison Ave.
(at 61th St.)
地下鉄NRW5 Av / 59 St
☎(1-212) 359-0300
営月～水10:00～18:00、木～土10:00～18:30、日12:00～18:00
カードAJMV URLtomford.com

ドルチェ&ガッバーナ
D&G (Dolce & Gabbana)

別MAP P.22-A4 アッパー・イースト・サイド

住820 Madison Ave.
(bet. 69th & 68th Sts.)
地下鉄668 St - Hunter College
☎(1-212) 249-4100
営月～土10:00～18:00 休日
カードADJMV
URLdolcegabbana.com

キャロリーナ・ヘレラ
Carolina Herrera

別MAP P.22-A3 アッパー・イースト・サイド

住954 Madison Ave. (at 75th St.)
地下鉄4677 St
☎(1-212) 249-6552
営月～土10:00～17:00
休日
カードADJMV
URLcarolinaherrera.com

マックス・マーラ
Max Mara

別MAP P.22-A4 アッパー・イースト・サイド

住813 Madison Ave. (at 68th St.)
地下鉄668 St - Hunter College
☎(1-212) 879-6100
営月～土10:00～18:00、日12:00～17:00
カードADJMV
URLmaxmara.com

ジョルジオ・アルマーニ
Giorgio Armani

別MAP P.22-A4 アッパー・イースト・サイド

住761 Madison Ave.
(bet. 65th & 66th Sts.)
地下鉄FQLexington Av / 63 St
☎(1-212) 988-9191
営月～土10:00～18:00、日12:00～17:00
カードADJMV
URLarmani.com

ジミー・チュウ
Jimmy Choo

別MAP P.18-A1 アッパー・イースト・サイド

住699 Madison Ave.
(bet. 62nd & 63rd Sts.)
地下鉄FQLexington Av / 63 St
☎(1-212) 759-7078
営月～土11:00～18:00、日12:00～17:00
カードADJMV
URLjimmychoo.com

エルメス
Hermès

別MAP P.18-A1 アッパー・イースト・サイド

住706 Madison Ave. (at 63nd St.)
地下鉄NRW5 Av / 59 St
☎(1-212) 751-3181
営月～土10:00～18:00 休日
カードADJMV
〈支店〉別MAP P.3-C2
URLhermes.com

トッズ
Tod's

別MAP P.37-C1 アッパー・イースト・サイド

住650 Madison Ave.
(bet. 59th & 60th Sts.)
地下鉄NRW5 Av / 59 St
☎(1-212) 644-5945
営月～土10:00～18:00
日12:00～18:00 カードADJMV
URLtods.com

♥**ビリオネア・ロウ(億万長者通り)** ミッドタウン57th St.の通称。世界中の超富裕層が購入した高層のラグジュアリーなコンドミニアムやハイブランドが集まっていることからそう呼ばれるように。

ファッションブランド ★MPDやソーホーに集中している。

上質な素材に定評のある

ジェイ・クルー J.Crew

別MAP P.11-D2 チェルシー

クオリティにこだわったカジュアルトラッドブランド。さりげなくトレンドを意識した飽きのこないシルエットと、豊富なカラーバリエーションが人気。レディス、メンズ、キッズがあり、普段使いの服まで揃う。

Tシャツ$39.50、ショートパンツ$69.50

日本から撤退したが米国では大人気のブランド

住91 5th Ave.(near 17th St.)
地下鉄L N Q R W 4 5 6 14 St-Union Sq
☎(1-212)255-4848
営10:00～19:00(日11:00～18:00)
カードA D J M V
URL www.jcrew.com

ライフスタイルをコーディネート

アンソロポロジー Anthropologie

別MAP P.8-B2 ミート・パッキング・ディストリクト

シルエットやディテールにこだわった大人かわいい上品なデザインがたくさん。アパレルのほか、雑貨や食器、ステーショナリーも揃う、アメリカ東海岸発の人気ライフスタイルブランド。

定番人気はイニシャルマグ

ディスプレイもかわいい。日本未上陸なので要チェック!

住75 9th Ave.(at 15th St.)チェルシー・マーケット内
地下鉄A C E 14 St
☎(1-212)620-3116
営10:00～20:00(日11:00～18:00)
カードA D J M V
URL www.anthropologie.com

日本が誇るモードブランド

コム・デ・ギャルソン COMME des GARÇONS

別MAP P.8-A1 チェルシー

川久保玲氏が設立した世界的な人気ブランド。ゴールドをテーマにした店内と洞窟のような入口も話題。

住520 W. 22nd St. (bet. 10th & 11th Aves.)
地下鉄C E 23 St ☎(1-212)604-9200
営月～土11:00～18:00、日12:00～17:00
カードA D J M V
URL www.comme-des-garcons.com

セレブも愛用する華やかなワンピース

ダイアン・フォン・ファステンバーグ Diane Von Furstenberg

別MAP P.8-B2 ミート・パッキング・ディストリクト

代表アイテムであるラップドレスも健在。フェミニン&エレガントなデザインが特徴。

住874 Washington St.(near 14th St.)
地下鉄L 8 Av
☎(1-646)486-4800
営月～土12:00～18:00、日12:00～17:00
カードA J M V
URL www.dvf.com

VOICE **アンソロポロジー** 支店によって品揃えがやや異なる気がする。観光客が多く、おみやげになりそうな小物が多いチェルシー・マーケットがおすすめ。 (千葉県　高田杏子　'23)

キュートで個性的なデザインで注目

シンシア・ローリー
Cynthia Rowley

別MAP P.9-C3 グリニッチ・ビレッジ

ミニマムなラインのワンピースなど、パステルカラーの商品が並ぶ。素材とデザインに凝った靴や小物もある。

住394 Bleecker St.(bet. W. 11th & Perry Sts.)
地下鉄❶Christopher St - Sheridan Sq
☎(1-212) 242-3803
営月～土11:00～19:00、日11:00～18:00
カードAJMV
URL cynthiarowley.com

日本でも人気が高い NY ブランド

スリーワン・フィリップ・リム
3.1 Phillip Lim

別MAP P.10-B4 イースト・ビレッジ

カリフォルニア生まれの中国系アメリカ人デザイナーが立ち上げたブランド。クラシックで上品なデザインにファン多数。

住48 Great Jones St.(bet. Bowery & Lafayette St.) 地下鉄❻Bleecker St
☎(1-212) 334-1160
営火～日12:00～18:00 休月
カードAMV
URL 31philliplim.com

セレブ愛用の都会派アメカジ

ラグ&ボーン
Rag & Bone

別MAP P.30-B2 ソーホー

2002年に誕生し、日本にも上陸。ジーンズを中心にシャツやパンツなどクラシック&モダンなアイテムが揃う。

住119 Mercer St.(bet. Prince & Spring Sts.)
地下鉄ⓇⓌPrince St
☎(1-212) 219-2204
営11:00～19:00
カードADJMV
URL www.rag-bone.com

NY 発人気ブランド

セオリー
Theory

別MAP P.30-B4 ソーホー

シンプル&機能的でありながら、女性らしい上品なラインで人気。デリバリーサービスもある。

住47 Greene St.(bet. Broome & Grand Sts.)
地下鉄ⓃⓆⓇⓌCanal St
☎(1-212) 334-5071
営月～土11:00～19:00、日12:00～18:00
カードAMV
URL www.theory.com

おみやげには T シャツが人気

ラルフ・ローレン(メンズ)
Ralph Lauren

別MAP P.22-A3 アッパー・イースト・サイド

店内はまるで美術館のようにラルフの世界が広がる。価格は日本より安いわけではないがファンなら訪れるべき場所。

住867 Madison Ave.(at 72nd St.)
地下鉄❻68 St - Hunter College
☎(1-212) 606-2100
営月～土10:00～18:00、日12:00～17:00
カードAMV
URL www.ralphlauren.com

知的でエレガントな女性をイメージ

マイケル・コース
Michael Kors

別MAP P.35-C1 ミッドタウン・ウエスト

オフィスにも着ていけそうな、上質でシンプルなアイテムがずらり。ウエアだけでなく、バッグや腕時計なども人気。

住610 5th Ave.(near 49th St.) ロックフェラー・センター内
地下鉄ⒷⒹⒻⓂ47-50 Sts-Rockefeller Ctr
☎(1-212) 582-2444
営月～土9:00～21:00、日11:00～19:00
カードADJMV URL www.michaelkors.com

VOICE **アンソロポロジー(→P.288)** 各店舗にSALEコーナーがあり、掘り出し物を探すのが楽しい！ただし、なかにはキズ物もあるので注意を！ (東京都 川野唯 '22) ['23]

イタリアのプレミアムカジュアル

ディーゼル
Diesel

別MAP P.30-B3 ソーホー

バッグ、靴、サングラスなどのアクセサリーが豊富。定番のデニムは履きやすくファッショニスタも注目。

住122 Spring St.(bet. Greene & Mercer Sts.)
地下鉄ⓇⓌPrince St
☎(1-212)625-1555
営月～土11:00～19:00、日12:00～18:00
カードADJMV
URLdiesel.com

NYで注目の若手デザイナー

アレキサンダー・ワン
Alexander Wang

別MAP P.30-B4 ソーホー

モノトーンを中心に、シンプルでエッジの効いたデザインが人気。ウエアを中心にバッグやアクセサリーも揃う。

住103 Grand St. (bet. Mercer & Greene Sts.)
地下鉄ⓃⓆⓇⓌ⑥Canal St
☎(1-212)977-9683
営月～土12:00～19:00、日12:00～18:00
休日 カードADJMV
URLwww.alexanderwang.com

アメリカン・トラディショナルの代表

ラルフ・ローレン(ウィメンズ)
Ralph Lauren

別MAP P.22-A3 アッパー・イースト・サイド

日本でもおなじみのアメリカン・トラディショナル・ブランド。ここはウィメンズのフラッグシップストア。買い物だけでなく内装やディスプレイまで、「ラルフ・ローレン」のすばらしい世界を楽しめる。

ラルフ・ローレンの世界が広がるおしゃれ空間

隣にはカフェがあり休憩できるのもいい

住888 Madison Ave.(at 72nd St.)
地下鉄⑥68 St-Hunter College
☎(1-212)434-8000
営月～木10:00～18:00、金・土～19:00、日12:00～18:00 カードADJMV
URLwww.ralphlauren.com

ニューヨーク発祥ブランド

ポール・スチュアート
Paul Stuart

別MAP P.35-C3 ミッドタウン・イースト

流行に左右されない、着る人のライフスタイルに合わせたスタイリングを揃える高級メンズアパレル店。

住350 Madison Ave.(at 45th St.)
地下鉄Ⓢ④⑤⑥⑦Grand Central-42 St
☎(1-212)682-0320
営月～土10:00～18:00、日12:00～17:00
カードADJMV
URLwww.paulstuart.com

ファッショニスタたちが集う

サタデーズ・NYC
Saturdays NYC

別MAP P.31-C4 ソーホー

サーフグッズはもちろん、アーバンサーフのファッションアイテムをラインアップ。店内にカフェを併設している。

住31 Crosby St.(bet. Broome & Grand Sts.)
地下鉄⑥Spring St ☎(1-347)449-1668
営月～金8:00～19:00、土・日9:00～19:00(カフェ:月～土8:00～16:00)
カードAMV
URLwww.saturdaysnyc.com

VOICE **Ralph's Coffee** ラルフ・ローレンのショップ内の1階にあるカフェ。日本に出店しているが、ぜひNY本店へ! 住888 Madison Ave. (京都府 川嶋美子 '22)['23]

セレクトショップ ★こだわりのウエアやバッグ、靴などが見つかる。

センスのよいデニムアイテムなら

ブルックリン・デニム
Brooklyn Denim

別MAP P.38-A3 ウイリアムズバーグ

オリジナルのデニムアイテムのほか、オーナーが選んだカジュアルアイテムがメンズ&レディスともに揃う。奥に長い店内にはさまざまな色や形のデニムがあるので、試着に時間をとって。

住338 Wythe Ave.(bet. S. 1st & S. 2nd Sts.)
地下鉄 L Bedford Av
☎(1-718)782-2600
営月～土11:00～18:00、日12:00～17:00
カード A D J M V
URL brooklyndenimco.com

オリジナルをはじめ、多種多様なデニムが揃う

オリジナルのデニムジャケット$275

リトル・イタリーの人気店

ナンバーシックス・ストア
No. 6 Store

別MAP P.31-D4 リトル・イタリー

ヨーロッパのビンテージや新進デザイナーのアイテムまで、センスのよいトレンドアイテムが揃う。トップス$120～など。

住8 Centre Market Pl. (bet. Broome & Grand Sts.) 地下鉄 A C E J Z N Q R W 6 Canal St
☎(1-212)226-5759
営火～日12:00～18:00 休月
カード A M V
URL no6store.com

7階建てのコンセプトストア

ドーバー・ストリート・マーケット
Dover Street Market

別MAP P.14-B3 グラマシー

コム・デ・ギャルソンの川久保玲氏がプロデュース。ナイキ・ラボとコラボしたスニーカーなども扱う。

住160 Lexington Ave.(at 30th St.)
地下鉄 6 28 St ☎(1-646)837-7750
営月～水11:00～18:00、木・金11:00～19:00、日12:00～18:00
カード A D J M V
URL www.doverstreetmarket.com

シンプルなスタイル

デュオ
Duo

別MAP P.10-B3 イースト・ビレッジ

独立系若手デザイナーの作品と良質ビンテージが中心。食器や花瓶などの雑貨も扱う。

住324 E. 9th St.(bet. 1st & 2nd Aves.)
地下鉄 6 Astor Pl
☎(1-212)777-7044
営13:00～19:00 休火
カード A M V
URL www.duonyc.com

高感度なセレクションを展開

グース・バーナクル
Goose Barnacle

別MAP P.42-A2 ボコカ

ブルックリン在住のオーナーがセレクト。ほどよいストリート感、品のよさをミックスした品揃えが評判。メンズ中心。

住91 Atlantic Ave. (near Hicks St.)
地下鉄 2 3 4 5 Borough Hall
☎(1-718)855-2694 営水～日11:00～19:00
休月・火 カード A D J M V
URL goosebarnacle.com

VOICE **グース・バーナクル** おしゃれに着こなせそうなセンスのよいカジュアルアイテムがたくさん。店内も広めでゆったり商品を選べる。ブルックリンだがぜひ立ち寄って。（兵庫県 宮本達也 '23）

かわいいがいっぱい

クローク&ダガー
Cloak & Dagger

別MAP P.10-B3 イースト・ビレッジ

女子なら誰しも気分が上がるキュートなアイテムがところ狭しと並ぶ。流行に左右されない、スタンダードな大人かわいいアイテムが揃う。センス抜群と評判なので、お気に入りを探しに行こう。

住334 E. 9th St. (bet. 1st & 2nd Aves.) 地下鉄⑥Astor Pl
☎(1-212)673-0500
営月～土11:30～19:30、日11:00～19:00
カードADJMV
URLwww.cloakanddaggernyc.com

ガーリーテイストなアイテムがずらり

世界中から集められたおしゃれな小物

ボンド・07・バイ・セリマ
Bond 07 by Selima

別MAP P.10-A4 イースト・ビレッジ

セリマ・オプティック(右)の小物専門店。サングラス、帽子、アクセサリーが豊富。奥にはヘアサロンがある。

住7 Bond St. (bet. Broadway & Lafayette St.)
地下鉄⑥Bleecker St
☎(1-212)677-8487
営月～土11:00～19:00、日12:00～18:00
カードADJMV
URLselimaoptique.com

モード系めがねフレームを探すなら

セリマ・オプティック
Selima Optique

別MAP P.30-B3 ソーホー

個性的なフレームを探している人は必見。めがね、サングラスともに、オリジナルだからお気に入りが見つかるかも。

住59 Wooster St.(at Broome St.)
地下鉄ⓇⓌPrince St
☎(1-212)343-9490
営月～土11:00～19:00、日12:00～18:00
カードADJMV
URLselimaoptique.com

セレブや業界人御用達の店

カーナ・ザベット
Kirna Zabete

別MAP P.30-B1 ソーホー

元雑誌編集者とショップのマネジャーのふたりが選んだ、キュートなアイテムが100種類以上並ぶ。

住160 Mercer St.(bet. Price & E. Houston Sts.)
地下鉄ⓇⓌPrince St ☎(1-212)941-9656
営月～土11:00～19:00、日12:00～18:00
カードADJMV
URLwww.kirnazabete.com

おしゃれなアウトドアウエアを探すなら

ハチェット・アウトドア・サプライ
Hatchet Outdoor Supply

別MAP P.42-A2 ボコカ

ブルックリンにあるアウトドア系セレクトショップ。本格派からタウンユースまでハイクオリティな商品が幅広く見つかる。

住77 Atlantic Ave.(at Hicks St.)
地下鉄❷❸❹❺Borough Hall
☎(1-347)763-1963 営火・水・日12:00～17:00、木～土12:00～18:00 休月
カードADJMV
URLhatchetsupply.com

♥**返品・交換** チェーン店の場合、ほかの支店で買ったものでも受け付けてくれることが多い。なかにはショップカードで返金というパターンもあるので注意。

ハイセンスなライフスタイルを提案

ラブ・アドーンド Love Adorned

別MAP P.31-D1 ノリータ

ギャラリーのような店内にはアジアや中東、ヨーロッパから集められた雑貨やアクセサリーが並ぶ。

住269 Elizabeth St. (bet. Prince & E. Houston Sts.)
地下鉄ⒷⒹⒻⓂBroadway-Lafayette St
☎(1-212) 431-5683 営12:00〜19:00
カードADJMV
URLwww.loveadorned.com

モデルも愛用するショップ

マリン・ランダラス Malin Landaeus

別MAP P.38-B2 ウイリアムズバーグ

良質なビンテージものだけでなく、オリジナルブランドも揃う人気店。モデルやスタイリストにもファンが多い。

住157 N. 6th St. (bet. Bedford & Driggs Aves.)
地下鉄ⓁBedford Av
☎(1-347) 294-9977 営11:00〜20:00
カードADJMV
URLwww.malinlandaeus.com

注目のサーフショップ

ピルグリム・サーフ+サプライ Pilgrim Surf + Supply

別MAP P.38-A2 ウイリアムズバーグ

Photos : Pilgrim Surf+ Supply

西海岸のヒップなサーフカルチャーはブルックリンでも健在。本格的なギアからアパレルまでが揃う専門店。

住33 Grand St. (bet Kent & Wythe Ave.)
地下鉄ⓁBedford Av
☎(1-718) 218-7456
営11:00〜19:00 カードADJMV
URLpilgrimsurfsupply.com

人と差がつくアイテムがいっぱい

ライン&ラベル Line & label

別MAP P.39-C1 グリーンポイント

ほかではなかなか出合えないユニークなデザインが見つかる。店内の工房で作られる革バッグもいち押し。

住580 Manhattan Ave. (bet. Nassau & Driggs Aves.)
地下鉄ⒼNassau Av ☎(1-929) 298-0201
営月〜土12:00〜19:00、日12:00〜18:00
休火 カードADJMV
URLwww.lineandlabel.com

アウトドア好き必見!

ウェスターリンド Westerlind

別MAP P.31-D1 ノリータ

Sea、Mountain、Home Baseの3つのコンセプトをもとに、デザイン性と機能性が高いウエアやグッズをセレクト。ユニセックスのうえスタイリッシュなので、日常使いができるのもうれしい。オリジナルラインもあり。

住77 E. Houston St. (bet. Bowery & Elizabeth St.)
地下鉄⑥Spring St
☎(1-212) 226-6916
営12:00〜18:00
カードADJMV
URLwww.westerlindoutdoor.com

街歩きにもおしゃれなアイテム多数

VOICE **ピルグリム・サーフ+サプライ** 東京にもあるが、ブルックリンの店舗とは雰囲気が違うのでぜひ訪れて。サーファーでなくても欲しいアイテムがたくさんあった。 (埼玉県 西岡健二 '23)

カジュアル ★レディスとメンズを一緒に扱うファストファッションも多数。

根強い人気のアバクロ

アバクロンビー&フィッチ Abercrombie & Fitch

別MAP P.37-C3 ミッドタウン・イースト

“アバクロ”の愛称で親しまれている。Tシャツやジーンズなどが人気。レディス&メンズあり。NY限定品を探そう。

住668 5th Ave.(bet 52nd & 53rd Sts.)
地下鉄ⒺⓂ5 Ave / 53 St
☎(1-212)381-0110
営10:00〜20:00
カードADJMV
URL www.abercrombie.com

あのユニクロが5番街に!

ユニクロ Uniqlo

別MAP P.37-C3 ミッドタウン・ウエスト

広い店内には、日本とはちょっと違うアイテムをラインアップ。シンプル&コスパのよさはここでも健在。

住666 5th Ave.(at 53rd St.)
地下鉄ⒺⓂ5 Av / 53 St Free(1-877)486-4756
営11:00〜20:00
カードADJMV
〈支店〉別MAP P.31-C2
URL www.uniqlo.com/us

チープ&トレンディならおまかせ

エイチ&エム H & M

別MAP P.35-C1 ミッドタウン・イースト

日本でもおなじみの人気チェーン店。トレンドを意識し、洗練されたカットと色使いがポイント。

住589 5th Ave.(at 48th St.)
地下鉄ⒷⒹⒻⓂ47 - 50 Sts - Rockefeller Ctr
Free(1-855)466-7467
営月〜木10:00〜21:00、金・土9:00〜22:00、日10:00〜21:00 カードADJMV
〈支店〉別MAP P.13-D2ほか URL www.hm.com

トレンド満載のデザインをお手頃価格で

フォーエバー21 Forever 21

別MAP P.33-C3 ミッドタウン・ウエスト

NYに多数あるが、ここはXXI FOREVERやFOREVER21⁺など、レディス、メンズともに幅広いラインが揃う。

住1540 Broadway(bet. 45th & 46th Sts.)
地下鉄ⓃⓇⓌ49 St
☎(1-212)302-0594
営月〜木10:00〜23:00、金・土10:00〜24:00、日11:00〜23:00 カードADJMV
URL www.forever21.com

カラフルなGAP系カジュアルウエア

オールド・ネイビー Old Navy

別MAP P.13-D2 ミッドタウン・ウエスト

メンズ、レディス、キッズ、ベビーを揃える。Tシャツなどカラーバリエ豊富。$10以下のアイテムも多数。

住150 W. 34th St.(bet. 6th & 7th Aves.)
地下鉄❶❷❸34 St - Penn Sta
☎(1-212)594-0049 営10:00〜21:00(日〜20:00)
カードADJMV 〈支店〉別MAP P.29-C1ほか
URL www.oldnavy.com

オフィス向けレディスウエアなら

ロフト LOFT

別MAP P.33-C4 ミッドタウン・ウエスト

パンツやスカートなどは、値段も手頃でサイズの幅も広い。きちんと感がありながら着心地もよい。

住1459 Broadway(at 42nd St.)
地下鉄ⓃⓆⓇⓈⓌ❶❷❸❼Times Sq-42 St
☎(1-212)704-4195
営月〜金9:00〜20:00、土10:00〜19:00、日12:00〜17:00 カードADJMV
URL www.loft.com

VOICE **オールド・ネイビー** 毎年アメリカ独立記念日(7月4日)が近くなると販売される限定Tシャツはおすすめ。だいたいアメリカ国旗がモチーフで価格も安い。(大阪府 竹本ちさと '23)

究極のアメカジ!

ダブル・アール・エル
RRL

別MAP P.30-A3 ソーホー

ラルフ・ローレンが展開する最高級ビンテージライン。古い時代の製法を再現した、本物志向のアメリカンビンテージを追求。定番から新しいアイテムまで多数揃うので、良質の大人カジュアルをぜひ試してみて。

住381 W. Broadway (bet. Spring & Broom Sts.)
地下鉄ⒸⒺSpring St
☎(1-212) 625-3480
営11:00～19:00
カードADJMV
URLwww.ralphlauren.com

ソーホーにあり周辺の雰囲気とマッチした外観

ニューヨーカーに根強い人気のメンズ・ブランド

カジュアルだけどエレガント

エリーン・フィッシャー
Eileen Fisher

別MAP P.11-D1 チェルシー

生地のよさにこだわる人におすすめ。シンプルなウエアは肌触りがよく、手入れしやすい。日本人サイズも豊富。

住166 5th Ave. (bet. 21st & 22nd Sts.)
地下鉄ⓇⓌ23 St
☎(1-212) 924-4777
営月～土10:00～18:00、日12:00～18:00
カードADMV
URLwww.eileenfisher.com

マンハッタンに多数あり

エクスプレス
Express

別MAP P.34-B2 ミッドタウン・ウエスト

マンハッタンのいたるところにあるチェーン店。トレンドを意識したデザインとお手頃価格が人気。メンズもあり。

住1552 Broadway (at 46th St.)
地下鉄ⓃⓇⓌ49 St
☎(1-646) 448-8376
営月～土10:00～20:00、日12:00～20:00
カードAMV
URLwww.express.com

日本にも初出店した

アメリカン・イーグル
American Eagle

別MAP P.31-C1 ソーホー

全米とカナダに展開するアメカジブランド。お手頃な価格と、古着っぽいテイストが人気。メンズ＆レディスあり。

住599 Broadway (at W. Houston St.)
地下鉄ⒷⒹⒻⓂBroadway-Lafayette St
☎(1-212) 219-4600
営10:00～20:00 (日～19:00)
カードADJMV
URLwww.ae.com

カジュアル&スポーティな人気店

クラブ・モナコ
Club Monaco

別MAP P.11-D1 チェルシー

モノトーン中心のカジュアルで着回ししやすいベーシックなものばかり。レディス＆メンズあり。コスメも人気。

住160 5th Ave. (at 21st St.)
地下鉄ⓇⓌ23 St
☎(1-212) 352-0936
営月～木10:00～20:00、木～土10:00～21:00 日11:00～20:00 カードADJMV
URLclubmonaco.com

♥**Aerie** アメリカン・イーグルのセカンドブランド、エアリー。日本では2022年10月に東京、渋谷にオープンしているが、NY限定アイテムもあるので立ち寄りたい。住75 Spring St.

メンズファッション ★カジュアルから王道までメンズも多様

ジョニー・デップも愛用

モスコット
Moscot

別MAP P.6-B2 ロウアー・イースト・サイド

ロウアー・イースト・サイドでモスコット家が5世代にわたり経営してきた、老舗アイウエアブランドの本店。熟練職人による匠の技が光るめがねやサングラスのフレームが見つかる。

1899年ロウアー・イースト・サイドで創業

セレブ愛用者が多い。$350前後～

Photos：Moscot

住94 Orchard St. (bet Broome & Delancey Sts.)
地下鉄ⒻⓂⒿⓏDelancey St & Essex St
☎(1-212) 477-3796
営月～土10:00～18:00、日12:00～18:00
カード A M V
〈支店〉別MAP P.42-B2 URL moscot.com

古きよきアメリカ

ファイン・アンド・ダンディ・ショップ
Fine And Dandy Shop

別MAP P.32-B2 ミッドタウン・ウエスト

ほぼすべての商品を店から10マイル以内で生産。熟練の職人によるカスタムメイドのスーツを提供している。

住445 W. 49th St. (bet 9th & 10th Aves.)
地下鉄ⒸⒺ50 St
☎(1-212) 247-4847
営12:00～18:00 休月
カード A D J M V
URL fineanddandyshop.com

スニーカーマニア垂涎の品揃え

キス
Kith

別MAP P.10-A4 ソーホー

新進気鋭のシューズデザイナーが有名メーカーとコラボした、エクスクルーシブなスニーカーが見つかる。

住337 Lafayette St. (at Bleecker St.) ATRIUM内
地下鉄⑥Bleecker St
☎(1-646) 648-6285
営月～土11:00～21:00、日11:00～20:00
カード A M V
URL kith.com

圧倒的なセンスでLESカルチャーを牽引

ハント・ニューヨーク
The Hunt NYC

別MAP P.6-B3 ロウアー・イースト・サイド

アンティーク風ストリートファッション・ブランド。プロスケーター兼モデルの故ディラン・ライダーもオーナーのひとりだった。元電気店を改装したクールでおしゃれなインテリアもいい。

オンライン販売もあるがぜひ店舗に来店を

「私たちの心はこの目の中にある」というメッセージの片眼がモチーフ

住27 Canal St. (near Essex St.)
地下鉄ⒻEast Broadway
☎(1-646) 861-2245
営月～土12:00～20:00 日～18:00
カード A D J M V
URL thehuntnyc.com

VOICE **キス** 店内にあるソフトクリームショップ「Kith Treats」が大人気！ シリアル入りのアイスがとてもおいしかった！ これ目当てに行くのもあり。 （福島県 太田裕子 '22）['23]

コンディションのよいドレスが豊富

アンジェラズ・ビンテージ・ブティック
Angela's Vintage Boutique

別MAP P.10-B4 イースト・ビレッジ

1900～80年代のデザイナーズビンテージの店。靴、バッグ、帽子のほか、アクセサリーも充実している。

住26 2nd Ave.(bet. 1st & 2nd Sts.)
地下鉄Ⓕ2 Av
☎(1-212)475-0101
営金～土14:00～20:00、日14:00～19:00
休月～木
カードADMV

セレブも通うブランド再販ショップ

リアルリアル
The Real Real

別MAP P.30-B3 ソーホー

高級ブランドを再販するECサイトのNY旗艦店。洋服はもちろん、バッグ、シューズまで憧れブランドの商品が揃う。

住80 Wooster St. (bet. Spring & Broom Sts.)
地下鉄ⓇⓌPrince St
☎(1-212)203-8386
営10:00～19:00(日11:00～18:00)
カードADJMV URLwww.therealreal.com

ハイエンド系が充実

アマルコルド・ビンテージ・ファッション
Amarcord Vintage Fashion

別MAP P.38-B2 ウイリアムズバーグ

ヴィトン、エルメス、プラダなど、ハイエンドブランドに力を入れている専門店。全体的にエレガントでセンスが光る。

住223 Bedford Ave.(bet. N. 4th & N. 5th Sts.)
地下鉄ⓁBedford Av
☎(1-718)963-4001
営火～日12:00～19:00 休月
カードAMV
URLwww.amarcordvintagefashion.com

宝探し気分が味わえるショップ

10フィート・シングル・バイ・ステラダラス
10ft Single by Stella Dallas

別MAP P.39-C3 ウイリアムズバーグ

広大な店内は1940～60年代のレアアイテムの宝庫。日本人オーナーの確かな審美眼でセレクトされた商品がぎっしりと並ぶ。

住285 N. 6th St. (near Meeker Ave.)
地下鉄ⒼMetropolitan Av
☎(1-718)486-9482
営日～木12:00～20:00(金・土～19:45)
カードADJMV
www.instagram.com/stella_dallas_nyc/

一流ブランド多数のセカンドハンズ

アイナ
Ina

別MAP P.31-D2 ノリータ

プラダ、グッチをはじめ、ハイエンドブランド品が揃うユーズド専門のセレクトショップ。隣にメンズの店舗あり。

住21 Prince St.(bet. Mott & Elizabeth Sts.)
地下鉄ⓇⓌPrince St ☎(1-212)334-9048
営12:00～19:00
カードAMV
〈支店〉別MAP P.9-C1ほか
URLwww.inanyc.com

ブランド好きは必見

ワット・ゴーズ・アラウンド・カムズ・アラウンド
What Goes Around Comes Around

別MAP P.30-B2 ソーホー

セレブやデザイナー、スタイリスト御用達のハイエンド・ビンテージ・ショップ。おなじみの名門ブランドのアイテムがずらり。

住113 Wooster St.
(bet. Prince & Spring Sts.)
地下鉄❶W Prince St ☎(1-646)807-4517
営月～土11:00～19:00、日12:00～18:00
カードAMV
URLwww.whatgoesaroundnyc.com

ファストファッション&セカンドハンズショップの注意 商品に穴が空いていたり、破けていたり、シミが付いていることも多々ある。試着をして、商品のコンディションをよく確認して購入しよう。

ニューヨークでも最大手の古着屋

ビーコンズ・クローゼット
Beacon's Closet

別MAP P.39-C1 グリーンポイント

NYで4店舗展開する古着専門店。倉庫を改装した巨大な店内には、洋服はもちろん雑貨から靴、ドレスまで幅広い品揃えが人気。全体にコンディションがよく、買いやすい値段もいい。レディスとメンズがある。

バラエティ豊かな古着がたくさん

住74 Guernsey St.(near Nassau Ave.)
地下鉄Ⓖ Nassau Av　☎(1-718) 486-0816
営11:00〜20:00
カード A J M V
〈支店〉別MAP P.43-C4、P.9-D2
URL beaconscloset.com

慈善団体が運営するスリフトショップ

ハウジング・ワークス
Housing Works Thrift Shop

別MAP P.9-C1 ミート・パッキング・ディストリクト

NYに10店舗を展開するスリフトショップ。地域の人たちから寄付された質の高い古着が安く購入できる穴場的存在。

住143 W. 17th St.(bet 6th & 7th Aves.)
地下鉄①② 18 St
☎(1-718) 838-5050
営月〜土11:00〜19:00、日12:00〜17:00
カード A D J M V
URL www.housingworks.org

全米チェーンの古着店

バッファロー・エクスチェンジ
Buffalo Exchange

別MAP P.38-B2 ウイリアムズバーグ

アメリカ国内に約40を超える店舗があるチェーン。トレンドアイテムも豊富なので、じっくり宝探しをしよう。

住504 Driggs Ave.(at N.9th St.)
地下鉄Ⓛ Bedford Av
☎(1-718) 384-6901
営月〜土11:00〜20:00、日〜19:00
カード D J M V
URL www.buffaloexchange.com

一生モノが見つかるショップ

ラビッツ
rabbits

別MAP P.38-B3 ウイリアムズバーグ

日本人女性オーナーが厳選した、その年のトレンドにコネクトした旬の商品が揃うビンテージショップ。ファッション業界にファンが多いのも納得の品揃えで、プチサイズも豊富。

センスがキラリと光るアイテムがずらり

エルメスのスカーフとアライアの靴

住120 Havemeyer St.(bet. Grand & S. 1st Sts.)　地下鉄ⒿⓏⓂ Marcy Av
☎(1-718) 384-2181
営火〜土13:00〜19:00、日12:00〜19:00
休月　カード M V
URL www.rabbitsnyc.com
www.instagram.com/rabbitsnyc(インスタグラム)

VOICE **ビーコンズ・クローゼット** NYでいちばんお気に入り。品揃えが豊富で見やすく、コンディションがよい商品が見つかる。近くのカフェ、ファイブ・リーブスと一緒に訪れて。(静岡県　松岡莉里　'23)

バッグ&靴 ★高級ブランドならデパートもチェック!

ムートンブーツでおなじみのブランド

アグ UGG

別MAP P.30-B3 ソーホー

オーストラリア発ブランド。定番のムートンブーツをはじめ、サンダルなど新作のフルラインがいち早く並ぶ。

住79 Mercer St.(bet. Broome & Spring Sts.)
地下鉄ⓇⓌPrince St ☎(1-212)226-0602
営月～土10:00～19:00、日12:00～18:00
カードADJMV
URLwww.ugg.com

ニューヨーク発の軽快バッグ

ケイト・スペード Kate Spade

別MAP P.30-B3 ソーホー

エディターだったケイト・スペードが、1993年に創業したバッグブランド。カラフルな色使いと機能性が人気。バッグはもちろん、レディスウエア、靴、雑貨、ステーショナリーなど幅広く展開。ハドソンヤーズやウエストフィールドなどのモールにも支店あり。

日本にはないアイテムも見つかるかも

遊び心のあるデザインは、インパクト大

住454 Broome St.(at Mercer St.)
地下鉄ⓇⓌPrince St ☎(1-212)274-1991
営月～土11:00～18:00、日12:00～18:00
カードADJMV
URLwww.katespade.com

NYC限定商品にも注目のメガストア

コンバース Converse

別MAP P.31-C2 ソーホー

スニーカーはもちろん、ジーンズやTシャツも揃うフラッグシップストア。NY限定デザインのスニーカーや、自分でデザインを選べるカスタム・メイド・サービスもあるのでおみやげにおすすめ。

I♡NYのマーク入りスニーカーもある

住560 Broadway(at Prince St.)
地下鉄ⓇⓌPrince St
☎(1-212)966-1099
営10:00～20:00
カードADJMV
URLwww.converse.com

マンハッタン・ポーテージを手に入れよう

アルトマン・ラゲッジ Altman Luggage

別MAP P.6-B1 ノリータ

赤地に白のロゴが目印のメッセンジャーバッグでおなじみのマンハッタン・ポーテージを扱うバッグ専門店。

住135 Orchard St.(bet. Rivington & Delancey Sts.) 地下鉄ⒿⓏBowery
☎(1-800)372-3377
営月～木9:00～18:30、金・日～18:00
休土 カードADJMV
URLwww.Altmanluggage.com

VOICE **ケイト・スペード** 日本より安いわけではないが、NYモチーフのアイテムがあるので必見。また、オフプライスショップでも扱っているので、ケイト好きならそちらもチェック！（岡山県 佐々木愛 '23）

サラ・ジェシカ・パーカーが手がける

エス・ジェイ・ピー
SJP

別MAP P.9-C3 グリニッチ・ビレッジ

『SATC』でおなじみのサラ・ジェシカ・パーカーがプロデュースするシューズショップ。ハンドメイドの靴はカラーバリエが豊富。

住385 Bleecker St. (at. Perry St.)
地下鉄ⒶⒷⒸⒹⒺⒻ❶W4 St-Wash Sq
☎(1-646) 863-2133
営月～土11:00～18:00、日12:00～17:00
カード ADJMV　URL sjpbysarahjessicaparker.com

スタイリッシュで実用的なバッグ

クレア・ヴイ
Clare V.

別MAP P.31-D1 ノリータ

旅に出かけることが多いオーナーが考案したバッグは、おしゃれで機能的。どれも服を選ばず使えそう。

住240 Elizabeth St. (bet. Prince & E. Houston Sts.)　地下鉄ⒷⒹⒻⓂBroadway-Lafayette St
☎(1-646) 484-5757
営月～土10:00～18:00、日11:00～18:00
カード AMV
URL www.clarev.com

NY発コットンバッグ・ブランド

バッグオール
Bag-all

別MAP P.31-D2 ノリータ

使い捨てることなく、リユース可能なバッグをと考案。黒いリボンがかわいいコットン素材のバッグブランド。小分けにできるオーガナイザーやトートなど種類も多数。

ディスプレイを見るだけでもワクワク

旅行用にぴったりなバッグの数々

住219 Mott St. (bet. Prince & Spring Sts.)
地下鉄❹❻Spring St
☎(1-917) 515-0175
営月～土11:00～19:00、日～18:00
カード ADJMV
URL www.bag-all.com

ウォール街にある2大ブランドショップ

　ビジネスの中心地、ウォール街にあるティファニーとエルメス。両ブランドともミッドタウンにもあるが、ウォール街店のほうがすいているのでゆったりとショッピングが楽しめる。

ティファニー・ウォール街店
Tiffany Wall Street
別MAP P.3-C2　住37 Wall St. (bet. Broad & William Sts.)　☎(1-212) 514-8015
営月～木10:00～18:00、金10:00～19:00、土10:00～18:00、日11:00～16:00
カード ADJMV

エルメス・ウォール街店
Hermès Wall Street
別MAP P.3-C2　住15 Broad St. (bet. Wall St. & Exchange Pl.)　☎(1-212) 785-3030　営火～金10:00～18:00、土11:00～18:00
休日・月　カード ADJMV

外観もおしゃれ

スポーツ用品 ★ランニングからダンスやヨガまで幅広く揃う。

スポーツ専門メガストア

ナイキNYC
NIKE NYC

別MAP P.37-C4 ミッドタウン・イースト

ゴルフ、フィットネスなど、各セクションに分かれ、他店では数少ない商品も充実。ニューヨーク店オリジナルグッズは1階に。ランニングの無料レッスンなどのイベントも開催している。

住650 5th Ave. (at. 52nd St.)
地下鉄ⒺⓂ5 Av/53 St
☎(1-212) 376-9480
営11:00～20:00
カード A J M V
URL www.nike.com

シューズのカスタムオーダーもあり

ミッドタウンの中心にある巨大店舗

ダンスウエアならおまかせ

カペジオ
Capezio

別MAP P.33-C1 ミッドタウン・ウエスト

クラシックからジャズまでダンスのウエア、タイツ、レオタードなどが揃う。通信販売で日本からも注文可。

住1650 Broadway (at 51st St. 2F)
地下鉄ⒸⒷⒹ7 Av
☎(1-212) 245-2130
営月・火、木～土11:00～19:00、水11:00～16:30、日12:00～18:00
カード A M V URL www.capezio.com

NBA のチームグッズが揃う

NBAストア
NBA Store

別MAP P.35-C3 ミッドタウン・イースト

プロバスケットリーグNBAのオフィシャルストア。地元ニックスとネッツはもちろん各チームのグッズが豊富に見つかる。

住545 5th Ave. (at 45th St.)
地下鉄⑦5 Av
☎(1-646) 440-0637
営日～木10:00～20:00、金・土10:00～21:00
カード A D J M V
URL store.nba.com

日本語パンフのある老舗スポーツ用品店

パラゴン・スポーツ
Paragon Sports

別MAP P.11-D2 チェルシー

創業1908年の老舗スポーツショップ。ゴルフ、テニス、スキーからキャンプ用品まで何でも揃う。

住867 Broadway (near 18th St.)
地下鉄ⓁⓃⓆⓇⓌ④⑤⑥14 St - Union Sq
☎(1-800) 961-3030
営11:00～19:00 (土10:45～)
カード A D M V
URL www.paragonsports.com

MPD のフラッグシップストア

アシックス・ストア・ニューヨーク
The Asics Store NY

別MAP P.8-B2 ミート・パッキング・ディストリクト

「カヤノ」モデルをはじめ、NYCマラソン・モデルのウエアなどが揃う。足の測定サービスもある。

住420 W. 14th St. (bet. 9th Ave. & Washington St.) 地下鉄Ⓛ8 Av
☎(1-212) 691-1410
営月～土10:00～20:00、日11:00～18:00
カード A J M V
URL www.asics.com

VOICE **パラゴン・スポーツ** あらゆるスポーツのグッズやウエアが幅広く揃う。店内がゆったりしているので落ち着いて試着ができる。スタッフも知識豊富な人が多い。 (栃木県 田中泰輔 '23)

ランナーのための体験型ショップ

ニューバランス The New Balance

別MAP P.11-D1 グラマシー

ランナーのためのシューズほか、あらゆるグッズが揃う。ランニングレーンもあり、試し履きして走ることもできる。

住150 5th Ave.(at 20th St.)
地下鉄ⓇⓌ23 St
☎(1-212)727-2520
営月～土10:00～19:00、日11:00～18:00
カードADJMV
URLwww.newbalance.com

オリジナルのロゴアイテムがずらり

アディダス・オリジナルス Adidas Originals

別MAP P.30-B2 ソーホー

オリジナルスならではのフットウエアやスポーツウエアも取り揃えている。ファンならずとも訪れてみたい。

住115 Spring St.(bet. Greene & Mercer Sts.)
地下鉄ⓇⓌPrince St
☎(1-212)966-0954
営月～木11:00～19:00、金・土10:00～20:00、日11:00～20:00 カードADJMV
URLwww.adidas.com/us

西海岸で有名なアウトドアショップ

アール・イー・アイ REI

別MAP P.31-C1 ノリータ

アメリカ国内に180店舗以上ある人気チェーン。店内には、キャンプなどのアウトドアグッズやスポーツ&フィットネスアイテムがずらり。

住303 Lafayette St.(at Houston St.)
地下鉄ⒷⒹⒻⓂBroadway - Lafayette St
☎(1-212)680-1938
営月～土10:00～20:00、日10:00～19:00
カードADJMV
URLwww.rei.com

世界最大級の面積を誇る

アディダス・ブランド・センター Adidas Brand Center

別MAP P.31-C1 ソーホー

ソーホーにある大きな建物。テニス、サッカー、ジョギングなどスポーツ用からタウンウエアまで幅広く揃う。

住610 Broadway(at E. Houston St.)
地下鉄ⒷⒹⒻⓂBroadway - Lafayette St
☎(1-212)529-0081
営月～土10:00～20:00、日11:00～19:00
カードADJMV
URLwww.adidas.com/us

大人気のヨガ・ウエア・ブランド

ルルレモン・アスレティカ Lululemon Athletica

別MAP P.35-C2 ミッドタウン・イースト

スタイリッシュなデザインと機能的な素材で愛用者多数。ここ以外にもマンハッタン内に13支店あり。

住592 5th Ave.(near 48th St.)
地下鉄ⒷⒻⓂ47 - 50 Sts Rockefeller Ctr
☎(1-332)239-6660
営10:00～20:00
カードADJMV
URLwww.lululemon.com

メジャーリーグ・ファンなら感涙モノ

ニューヨーク・ヤンキース・クラブハウス New York Yankees Clubhouse

別MAP P.14-A2 ミッドタウン・イースト

ヤンキースはもちろん、メッツやニックスなど、NYを本拠地とするスポーツチームのグッズが数多く揃う。

住393 5th Ave.(bet. 36th & 37th Sts.)
地下鉄ⒷⒹⒻⓂⓃⓆⓇⓌ34 St - Herald Sq
☎(1-877)833-7397
営月～土11:00～19:00、日11:00～18:00
カードADJMV 〈支店〉別MAP P.33-C4ほか
URLlids.com

VOICE **ルルレモン・アスレティカ** 店内で無料ヨガクラスのイベントが開催されることがある。店内のスタッフに聞いてみるか、公式SNSでチェックしてみて。 (神奈川県 松本桂子 '23)

雑貨&おもちゃ ★ キャラクターものならミッドタウンの大型店へ。

おなじみのキャラクターが勢揃い

ディズニーストア
Disney Store

別MAP P.34-A2 ミッドタウン・ウエスト

2階建ての巨大フロアには、キュートな商品がぎっしり。自由の女神に扮したミッキーなどNY限定品も多数ある。

住1540 Broadway (near 45th St.)
地下鉄ⓃⓇⓌ49 St
☎(1-212) 626-2910
営9:00～21:00
カード ADJMV
URL www.shopdisney.com

デンマーク発レゴの旗艦店

レゴストア
The LEGO Store

別MAP P.37-C4 ミッドタウン・ウエスト

レゴで作ったオブジェが多数飾られミュージアムのよう。レゴのパーツの大小カップ詰め放題もあり。

住636 5th Ave. (near 51st St.)
地下鉄ⒺⓂ5 Av - 53 St
☎(1-212) 245-3248
営月～土11:00～20:00、日11:00～19:00
カード ADJMV
URL lego.com

自由の女神に扮したキスチョコがお出迎え

ハーシーズ・チョコレート・ワールド
Hershey's Chocolate World

別MAP P.34-A2 ミッドタウン・ウエスト

タイムズスクエアの名所のひとつ。甘い香りの店内には、NYのロゴ入りオリジナルTシャツやチョコが並ぶ。

住701 7th Ave. (at 47th St.)
地下鉄ⓃⓆⓇⓌ49 St
☎(1-212) 581-9100
営10:00～23:00
カード ADJMV
URL chocolateworld.com

キャラクターでおなじみ

エムアンドエムズ・ワールド・ニューヨーク
M&M's World® New York

別MAP P.33-C2 ミッドタウン・ウエスト

M&Mチョコレートのオフィシャルストア。チョコのほか赤、青、黄色とカラフルなキャラクターグッズがずらり。

住1600 Broadway (bet. 48th & 49th Sts.)
地下鉄ⓃⓆⓇⓌ49 St
☎(1-212) 295-3850
営10:00～20:00
カード ADJMV
URL www.mms.com

メジャーリーグ・ファンなら感涙モノ

MLBフラッグシップ・ストア
MLB Flagship Store

別MAP P.36-B4 ミッドタウン・ウエスト

メジャーリーグの公式ショップ。ヤンキースだけでなく、ドジャースなどすべての球団のグッズが揃う。

住1271 6th Ave. (bet. 50th 51st Sts.)
地下鉄ⓃⓆⓇⓌCanal St
☎(1-332) 228-1040
営11:00～19:00
カード ADJMV
URL www.mlb.com/shop/nyc-retail-store

世界初のハリポタ公式旗艦店

ハリー・ポッター・ニューヨーク
Harry Potter New York

別MAP P.11-D1 チェルシー

3フロア、15のテーマに分けられた店内はハリポタの関連商品が満載。名物のバタービールが飲めるカフェもある。

住935 Broadway (at 22nd St.)
地下鉄ⓇⓌ23 St
営9:00～21:00 (日～19:00)
カード ADJMV
URL harrypotterstore.com

エムアンドエムズ 自分の好きなチョコをカスタマイズできるM&M Design Your Ownはおすすめ。好きな色のチョコとパッケージを選ぶだけ。おみやげにもGood!（東京都　岩間優愛　'23）

文具 ★アメリカらしいカラフルでキュートなアイテムが見つかる。

オフィス用品なら何でも揃う

ステープルズ
Staples

別MAP P.11-D3 チェルシー

文房具から電化製品まで扱う。ユニオンスクエア店は、コピー＆プリントコーナーもある。

住5 Union Square West (bet. 14th & 15th Sts.) 地下鉄LNQRW456 14 St - Union Sq
☎(1-212)929-6323
営月～金8:00～20:00、土9:00～21:00、日10:00～19:00
カードADJMV URLstaples.com

NY市公認のオフィシャルストア

シティストア
CityStore

別MAP P.5-D4 ロウアー・マンハッタン

おなじみNYPDやNYFDをはじめ、清掃局や公園局などNY市のオフィシャルグッズが揃う。おみやげ探しにぴったり。

住1 Centre St. (near Reade St.)
地下鉄J Chambers St
☎(1-212)386-0007
営月～金9:00～16:00 休土・日
カードADJMV
URLa856-citystore.nyc.gov

大切な人へのギフトを探すなら

ピンク・オリーブ
Pink Olive

別MAP P.9-C3 イースト・ビレッジ

有名デパートの元バイヤーがオープンした雑貨屋。NYモチーフのアイテム多数揃う。

住439 E. 9th St. (bet. 1st Ave. & Avenue A)
地下鉄L 1 Av ☎(1-212)780-0036
営月～金12:00～20:00、土・日11:00～19:00 (日～18:00)
カードAMV
URLpinkolive.com

ニューヨークらしいおみやげ No.1!

ニューヨーク・トランジット・ミュージアム・ギャラリー＆ストア
NY Transit Museum Gallery & Store

別MAP P.35-D3 ミッドタウン・イースト

バス、地下鉄でおなじみMTAのオリジナルグッズが手に入る。路線をモチーフにしたアイテムがいっぱい。

住89 E. 42nd St. & Vanderbilt Ave. Grand Central Terminal内 地下鉄S4567 Grand Central Statiton駅内 ☎(1-212)878-0106
営10:00～19:30、土・日10:00～18:00
カードADJMV
URLwww.nytransitmuseum.org

センスあふれる紙モノがずらり

グリニッチ・レタープレス
Greenwich Letterpress

別MAP P.9-D3 グリニッチ・ビレッジ

繊細で上品なデザインのペーパーグッズが揃う。エンパイヤや自由の女神などニューヨークモチーフが書かれたグリーティングカードやステーショナリーはかわいくておみやげにもぴったり。

住15 Christopher St. (bet. Waverly Pl. & Greenwich Ave.)
地下鉄1 Christopher St - Sheridan Sq
☎(1-212)989-7464
営火～土11:00～19:00、日・月12:00～18:00
カードAJMV
URLgreenwichletterpress.com

ペーパーグッズを中心にかわいい雑貨がたくさん

グリニッチ・ビレッジのなかで移転リニューアルした

VOICE **グリニッチ・レタープレス** お店もかわいいが周辺の町並みもすてき。高層ビルがなく、小さなブラウンストーンの建物が並ぶ。散策とセットで訪れて！ (東京都 REN '23)

インテリア・家具・食器 ★ ユニークなキッチン用品は見ているだけで楽しい。

業務用からおしゃれ用まで

フィッシュズ・エディ
Fishs Eddy

別MAP P.11-D1 チェルシー

もとは飲食店で不要になったデッドストックの食器を販売していたが、シンプルで丈夫な品質が話題となり、一躍有名に。セールは＄10～＄30のものがメイン。NY212シリーズのグッズはおすすめ。

ユニオンスクエアのそばにある老舗

住889 Broadway (at 19th St.)
地下鉄 R W 23 St
☎(1-212) 420-9020
営月～土10:00～18:00、日11:00～18:00
カード A D J M V
URL fishseddy.com

インテリアグッズのデパート

エービーシー・カーペット＆ホーム
ABC Carpet & Home

別MAP P.11-D1・2 チェルシー

カーペット専門店からスタートし、創業100年余りのインテリアのデパート。雑貨、小物、アンティークが揃う。店内のインテリアを見ているだけで楽しい。半地下にはレストランもある。

館内のレストラン、ABCキッチンも訪れたい

住888 Broadway (at 19th St.)
地下鉄 L N Q R W 4 5 6 14 St - Union Sq
☎(1-212) 473-3000
営月～土10:00～18:00、日11:00～
カード A D J M V
URL abchome.com

19世紀の倉庫を改装！　レトロモダンな新名所

ブルックリン・ブリッジのたもと、19世紀に廃墟だった倉庫をリノベーションした5階建ての複合施設、エンパイア・ストアズ。タイムアウト・ニューヨークが運営するフードホールをはじめ、レストランやカフェ、ショップ、ギャラリーなどがテナント。また、屋上のちょっとした展望スペースからは、マンハッタンの摩天楼などウオーターフロントならではの絶景も楽しめる。今やダンボの象徴となる存在なのでぜひ訪れよう。トイレもある。

エンパイア・ストアズ
Empire Stores
別MAP P.41-A1　ダンボ
住55-83 Water St. (bet. Dock & Main Sts.)　地下鉄 F 線York St
☎(1-646) 880-8555
営店により異なる
URL empirestoresdumbo.com

フードホールやショップなどさまざまなテナントがある

VOICE **フィッシュズ・エディ**　シリーズのラインアップが少なくなった気がする。摩天楼が描かれた212シリーズは健在だったが、それ以外のニューヨークアイテムがなかった。（東京都　西川有紀　'23）

クレイト&バレルの姉妹店

シービー2
CB2

別MAP P.30-B4 ソーホー

本家より若い世代向けでモダンなデザインが特徴。お皿やグラスがリーズナブルな価格で手に入るのがうれしい。

住451 Broadway (bet. Grand & Howard Sts.)
地下鉄NQRWJZ6Canal St
☎(1-212) 219-1454
営月～土10:00～21:00、日11:00～19:00
カードAJMV
〈支店〉別MAP P.18-B2　URLcb2.com

プロ仕様も扱う

ウィリアムズ・ソノマ
Williams-Sonoma

別MAP P.9-C2 チェルシー

カラフルな食器、ヨーロッパのトップメーカーの鍋など、機能的で斬新なデザインのキッチン用品が揃う。

住110 7th Ave. (bet. 16th & 17th Sts.)
地下鉄118 St　☎(1-212) 633-2203
営月～土10:00～19:00、日11:00～18:00　カードAMV
URLwilliams-sonoma.com

シンプルでエレガントな小物が揃う

クレイト&バレル
Crate & Barrel

別MAP P.31-C1 ソーホー

全米チェーン店の家具&雑貨店。シンプルで機能的なキッチン用品やバスグッズが並ぶ。

住611 Broadway (at Houston St.)
地下鉄BDFMBroadway - Lafayette St
☎(1-212) 780-0004　営月～土10:00～20:00、日11:00～18:00
カードAMV
URLcrateandbarrel.com

繊細な世界観にうっとり

ジョン・デリアン・ドライ・グッズ
John Derian Dry Goods

別MAP P.10-B4 イースト・ビレッジ

デコパージュ技法により1点ずつ手作りされた作品が並ぶ。店内はまるで美術館のよう。

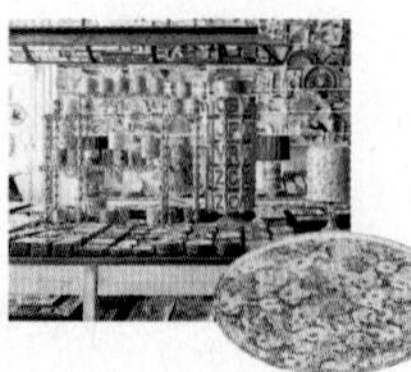

住6 E. 2nd St. (bet. 2nd & 3rd Aves.)
地下鉄F2 Av　☎(1-212) 677-3917
営火～土11:30～18:00
休日～月　カードADJMV
URLjohnderian.com

Photos: John Derian

NYの隣ニュージャージー州の巨大複合施設

ポートオーソリティからバスで行けるショッピングモール。屋内スキー場、アイススケートリンク、水族館など、あらゆるエンタメが楽しめる。ドリームワークスの屋内プールやニコロデオンのテーマパーク、レゴランドなど家族向けのアトラクションも充実！

アメリカン・ドリーム
American Dream
別MAP P.47-A2　ニュージャージー

住1 American Dream Way, East Rutherford, NJ
バスポートオーソリティの305番ゲートから、NJトランジット・バス355番で約20分　☎(1-833) 263-7326
営11:00～21:00 (金・土～22:00)
カードADJMV
URLwww.americandream.com

テナントは450店が入る

VOICE　**MoMAデザインストア**　「MoMA」のロゴ入のヤンキースのキャップはおすすめ。色のバリエーションも多数。日本ではフリマアプリなどでも取引されている。　(兵庫県　松田慶　'23)

書籍 ★ アート、建築、SFXなど専門店が多いのが特徴。

とっても便利な日系書店

紀伊國屋書店
Kinokuniya

別MAP P.33-D4 ミッドタウン・ウエスト

店内はまさに日本の書店そのもの。NYに関する本や地図、雑誌のバックナンバーなども豊富。カフェも併設。

住1073 6th Ave.(bet. 40th & 41st Sts.)
地下鉄ⒷⒹⒻⓂ42 St - Bryant Pk
☎(1-212)869-1700
営月～土10:00～20:00、日11:00～19:30
カードADJMV
URLusa.kinokuniya.com

古本販売チェーンでおなじみの

ブックオフ
BookOff

別MAP P.34-B2 ミッドタウン・ウエスト

書籍、コミック、雑誌を中心にCDや映像ソフトも扱う。日本でおなじみの100円コーナーも$1コーナーとしてある。

住49 W. 45th St.(bet. 5th & 6th Aves.)
地下鉄ⒷⒹⒻⓂ47 - 50 Sts - Rockefeller Ctr
☎(1-212)685-1410
営10:00～20:00
カードADJMV
URLbookoffusa.com

絵本が充実の子供向けブックストア

ブックス・オブ・ワンダー
Books of Wonder

別MAP P.9-D1 チェルシー

ビンテージから最新のものまで子供も大人も楽しめる絵本がずらり。ぬいぐるみやポストカードも充実している。

住42 W. 17th St.(bet. 5th & 6th Aves.)
地下鉄ⒻⓂ14 St
☎(1-212)989-3270
営11:00～19:00
カードAJMV
URLbooksofwonder.com

プレゼント用の本を探すなら

リッツォーリ
Rizzoli Book Store

別MAP P.14-A4 グラマシー

美術、建築、写真、アートなどセレクトのよい専門書が揃う。シックなインテリアも美しいのでゆっくり本を選べる。

住1133 Broadway(bet. 25th & 26th Sts.)
地下鉄ⓇⓌ28 St
Free(1-212)759-2424
営月～土11:00～20:00、日11:00～19:00
カードAJMV
URLrizzolibookstore.com

本の割引もある、バーンズ&ノーブル Barnes & Noble

雑誌、語学、医療、コンピューター、ビジネス、絵本など、あらゆる種類が揃う全米チェーンの書店。ベストセラーでも割引している本もある。また、店内にカフェのあるところも。営だいたい9:00か10:00～21:00か22:00くらいまで。
URLbarnesandnoble.com

●ユニオンスクエア店
別MAP P.10-A1
住33 E. 17th St.(bet. Broadway & Park Ave. S.)

●5番街店
別MAP P.35-C2
住555 5th Ave.
(bet. 45th & 46th Sts.)

●82丁目&ブロードウエイ店
別MAP P.20-B1
住2289 Broadway
(bet. 82nd & 83rd Sts.)

●トライベッカ店
別MAP P.5-C4
住97 Warren St.(at Greenwich St.)

観光中にも寄れる5番街店

VOICE **紀伊國屋書店** 入口付近のマガジンラックに日本語のNY情報誌がある。どれも無料なので、ブライアントパークで休憩しながら読むのがおすすめ。（大阪府　山崎しのぶ　'23）

マーク・ジェイコブスがプロデュース

ブックマーク
BookMarc

別MAP P.9-C3 グリニッチ・ビレッジ

写真集やアート、ファッション関係の書籍がメイン。ノートやペンなどの文房具のほか、オリジナルアイテムも揃う。マーク・ジェイコブスの遊び心がたっぷりつまった、アートを感じるユニークなブックストア。

オリジナルの雑貨やステーショナリーはおみやげにいい

アートのほかファッション、音楽などの本もセレクト

住400 Bleecker St. (at 11th St.)
地下鉄①②③14 St　☎(1-212) 620-4021
営11:00〜17:00
カード A M V
URL marcjacobs.com/bookmarc

地元住民に愛される独立系書店

グリーンライト・ブックストア
Greenlight Bookstore

別MAP P.43-C3 フォートグリーン

書店が少なかったエリアに地元の期待を受けオープン。本のセレクトに定評あり。さまざまなイベントも開催する。

住686 Fulton St. (at S Portland Ave.)
地下鉄Ⓖ Fulton St
☎(1-718) 246-0200
営10:00〜22:00
カード A M V
URL greenlightbookstore.com

SF関係の本&雑誌がずらり

フォービドゥン・プラネット
Forbidden Planet

別MAP P.10-A2 グリニッチ・ビレッジ

雑誌類はもちろん、フィギュアや小物などの品揃えも豊富だ。興味のある人はチェックしよう。

住832 Broadway (at 13th St.)
地下鉄ⓁⓃⓆⓇⓌ④⑤⑥14 St - Union Sq
☎(1-212) 473-1576
営10:00〜20:00
カード A M V
URL fpnyc.com

ニューヨーク最大の古本屋

ストランド・ブックストア
Strand Book Store

別MAP P.10-A2 イースト・ビレッジ

在庫約250万冊の古本＆新書を擁する。古本でもジャンル別に分かれているので探しやすい。店の脇にはいつも$1〜10の超特価の本が並んでいる。ここのロゴ入りオリジナルグッズは値段のわりにしっかりしていると評判。

ユニークなデザインのトートバッグはぜひおみやげに

1927年創業という老舗の古本屋

住828 Broadway (at 12th St.)
地下鉄ⓁⓃⓆⓇⓌ④⑤⑥14 St - Union Sq
☎(1-212) 473-1452
営10:00〜20:00
カード A D J M V
URL strandbooks.com

VOICE **ストランド・ブックストア** 有名なトートバッグは1階のレジ横あたりにたくさん積まれている。新作も続々と登場するようなので、まずはこちらをチェック。トイレは2階にある。（茨城県　守山哲也　'23）

レアな料理本の古書がずらり

ボニー・スロトニック・クックブックス
Bonnie Slotnick Cookbooks

別MAP P.10-B4 イースト・ビレッジ

オーナーのボニーさんのこだわりで集められた料理関係の古書専門店。アンティークのキッチン用品もキュート。

住28 E. 2nd St.（at 2nd Ave.）
地下鉄Ⓕ2 Av ☎(1-212) 989-8962
営13:00～18:00
休木
カードＡＤＪＭＶ
URL bonnieslotnickcookbooks.com

寄付で成り立つ書店&カフェ

ハウジング・ワークス・ブックストア・カフェ
Housing Works Bookstore Cafe

別MAP P.31-C1 ソーホー

書籍、家具などはすべて寄付されたもの。ボランティアによって運営され、収益はエイズ患者とホームレスへの援助になる。

住126 Crosby St.（bet. E. Houston & Prince Sts.） 地下鉄ⒷⒹⒻⓂBroadway - Lafayette St
☎(1-212) 334-3324
営11:00～20:00
カードＡＤＪＭＶ
URL housingworks.org/bookstore

アート関係の本が幅広く揃う

アーサス・ブックス・アンド・ギャラリー
Ursus Books & Gallery

別MAP P.22-A2 アッパー・イースト・サイド

美術、建築、ガーデニングなど芸術関係の本の充実度はかなりのもの。探している本があれば、取り寄せも可能。

住50 E. 78th St., #1C（bet. Park & Madison Aves.） 地下鉄⑥77 St
☎(1-212) 772-8787
営月～金10:00～17:00、土 予約のみ
休日 カードＡＭＶ
URL ursusbooks.com

歴史ある古本店

アーゴシー・ブックストア
Argosy Book Store

別MAP P.18-B2 アッパー・イースト・サイド

絶版本や手に入りにくい初版本、アンティーク本、古地図などを探すなら、訪れたい。膨大な蔵書数を誇る。

住116 E. 59th St.（bet. Park & Lexington Aves.） 地下鉄④⑤⑥Lexington Av / 59 St
☎(1-212) 753-4455
営月～金11:00～18:00
休土・日 カードＡＪＭＶ
URL argosybooks.com

老舗演劇書店が待望の再オープン！

ドラマ・ブック・ショップ
The Drama Book Shop

別MAP P.13-C2 ミッドタウン・ウエスト

1917年に創業し2019年に惜しまれながら閉店したタイムズスクエアの演劇書店が移転再オープン。ミュージカル『ハミルトン』のチームが復活支援した新店舗はカフェを併設し、イベントも展開。

住266 W. 39th St.（near 8th Ave.）
地下鉄ⒶⒸⒺ42 St-Port Authority Bus Terminal
☎(1-347) 227-8227
営10:00～19:30（日12:00～19:00）
カードＡＤＪＭＶ
URL dramabookshop.com

ディスプレイもユニーク。オリジナルグッズも揃う

カフェでくつろぎながら演劇の世界に浸れる

VOICE **ハウジング・ワークス・ブックストア・カフェ** ソーホーにありながら店内は広く落ち着いた雰囲気なので、待ち合わせによい。カフェもあり、イベントも多数開催される。 （静岡県 谷川正敏 '23）

CD&レコード ★少なくなったとはいえ老舗中古レコード店も健在。

クラシック&ジャズが中心

アカデミー・レコーズ
Academy Records

別MAP P.11-D2 チェルシー

クラシック、ジャズ中心の中古レコード&CDの専門店。特にクラシックの種類の豊富さはNY随一と評判だ。

住12 W. 18th St.(bet. 5th & 6th Aves.)
地下鉄ⒻⓂ14 St
☎(1-212)242-3000
営12:00～19:00
カード A J M V
URL www.academy-records.com

レア物の中古レコードも見つかる

ウエストサイダー・レコーズ
Westsider Records

別MAP P.20-B3 アッパー・ウエスト・サイド

レア物、廃盤レコードを数多く揃える中古レコード専門店。音楽関連の古本コーナー、DVDも充実している。

住233 W. 72nd St. (bet. Broadway & West End Ave.) 地下鉄❶❷❸72 St
☎(1-212)874-1588
営月～木11:00～19:00、金・土11:00～19:00、日12:00～18:00
カード J M V URL westsiderbooks.com

地元レーベルも多数

アカデミー・レコーズ・アネックス
Academy Records Annex

別MAP P.40-A2 グリーンポイント

アカデミー・レコーズの支店。ファンク&ソウルをはじめ、年代やジャンルを問わず幅広い中古レコードが揃う。

住242 Banker So.(at Meserole Ave.)
地下鉄ⒼGreenpoint Av
☎(1-718)218-8200
営11:00～19:00
カード A M V
URL academy-lps.com

NY 最大規模のレコード店

ラフ・トレード
Rough Trade

別MAP P.34-B1 ミッドタウン・ウエスト

ロンドンのインディ系レコード店がオープンさせた巨大ショップ。毎日開催のインストアライブも要チェック。

住1250 6th Ave(bet 49th & 50th Sts.)
地下鉄ⒷⒹⒻⓂ47-50 Sts - Rockfeller Ctr
☎(1-212)664-1110
営10:00～20:00 カード A M V
URL roughtrade.com

レコードに囲まれながらコーヒーを

ブルックリンの閑静な住宅街にあるショップ「レコード」「コーヒー」「アンティーク」がテーマ。コーヒーを片手にレコードを探せるのがうれしい。ソーホーの有名レストラン「バルサザール」のペイストリーもある。

ブラック・ゴールド・レコーズ
Black Gold Records

別MAP P.42-A4 住461 Court St. Brooklyn (bet. Luquer St. & 4th Pl.) 地下鉄ⒻⒼCarroll St ☎(1-347)227-8227 営月～金7:00～20:00、土・日8:00～20:00
カード M V URL blackgoldbrooklyn.com

中央にコーヒーのカウンターがあり、オープンスペースの店内

VOICE **中古レコードならArtists & Fleasもチェック!** ブルックリンのウイリアムズバーグのArtists & Fleas (→P.312) には中古レコードのブースもあった。(東京都 水田健一 '23)

チェルシー発人気ブランド

マリン・アンド・ゴッツ
Malin+Goetz

別MAP P.9-C1 チェルシー

スキンケア、ヘアケア、ボディケアなど男女ともに使えるユニセックスなアイテムが揃う。香水も扱っている。

住177 7th Ave. (bet. 20th & 21st Sts.)
地下鉄❶23 St ☎(1-212) 643-7368
営月～土10:00～19:00、日12:00～18:00
カード A M V
URL malinandgoetz.com

自分好みの香りを調合してくれる

ソーポロジー
Soapology

別MAP P.9-C2 グリニッチ・ビレッジ

100%ナチュラル&オーガニックのスキンケア専門店。初回ビジターはハンドトリートメントが無料になる。

住67 8th Ave. (bet. 13th & 14th Sts.)
地下鉄ⒶⒸⒺⓁ8 Av
☎(1-212) 255-7627
営10:00～22:00
カード A J M V
URL soapologynyc.com

1838年に創業の老舗薬局

シーオー・ビゲロウ・ケミスト
C.O. Bigelow Chemists

別MAP P.9-D3 グリニッチ・ビレッジ

現在のインテリアは1902年当時のままという老舗ドラッグストア。オリジナルコスメ商品も人気。

住414 6th Ave. (bet. 8th & 9th Sts.) 地下鉄ⒶⒸⒺⒷⒹⒻⓂW 4 St ☎(1-212) 533-2700
営月～土9:00～21:00、日9:00～17:30
カード A D M V
URL bigelowchemists.com

日本未上陸の自然派コスメ

フレッシュ
Fresh

別MAP P.11-D2 チェルシー

ボストン生まれ。フルーツを使用したボディ&スキンケアアイテムが人気。リップクリーム「SUGAR」はおすすめ。

住872 Broadway (at 18th St.)
地下鉄❹❺❻ⓃⓆⓇⓌⓁ14 St-Union Sq
☎(1-212) 477-1100
営月～土11:00～19:00、日12:00～18:00
カード A D J M V URL fresh.com

自然のエッセンスが心地いい

キールズ
Kiehl's

別MAP P.10-B2 イースト・ビレッジ

日本でも人気のドクターズコスメの老舗。広々としたここ本店には200種類以上のスキンケア製品が揃う。

住109 3rd Ave. (bet. 13th & 14th Sts.)
地下鉄Ⓛ3 Av ☎(1-212) 677-3171
営月～土10:00～20:00、日11:00～18:00
カード A M V
URL kiehls.com

ハーブの量り売りが圧巻

フラワーパワー
Flower Power

別MAP P.11-C3 イースト・ビレッジ

オーガニックと品質にこだわったハーブやエッセンシャルオイルを販売する専門店。オリジナルコスメも好評。

住406 E. 9th St. (1st Ave. & Avenue A)
地下鉄Ⓛ1 Av ☎(1-212) 982-6664
営毎日12:00～19:00
カード A J M V
URL flowerpower.net

♥**ジョンマスターズオーガニック** 以前ソーホーにあった路面店は閉店している。商品はホールフーズ・マーケット（→P.314）などで扱いあり。

コスメのデパート!

セフォラ
Sephora

別MAP P.31-C2 ソーホー

ヨーロッパの有名ブランドから、NYブランドまであらゆるコスメがずらり。マンハッタン内に店舗多数。

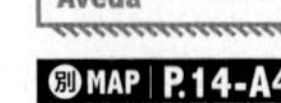

住557 Broadway (bet. Prince & Spring Sts.)
地下鉄Ⓡ Ⓦ Prince St
☎(1-212)625-1309 営月～土10:00～21:00、日11:00～19:00
カード A D J M V URL sephora.com

アロマテラピーでリラックス

アヴェダ
Aveda

別MAP P.14-A4 チェルシー

植物成分を使用したスキンケア＆ヘアプロダクツで有名なアヴェダの直営店。ヘアサロンやスパも併設している。

住1134A Broadway (at 26th St.)
地下鉄Ⓝ Ⓠ Ⓡ Ⓦ 28 St.
☎(1-212)645-4797
営10:00～20:00 (日11:00～19:00)
カード A M V
URL aveda.com

日本未上陸のかわいいコスメ

グロッシアー
Glossier

別MAP P.38-B2 ウイリアムズバーグ

ビューティエディターが立ち上げたNY発ブランド。絵の具のようなチークやリップなどシンプルでかわいいパッケージも魅力。

住77 N. 6th St (at Wythe Ave.)
地下鉄Ⓛ Bedford Av
☎(1-646)650-7856
営11:00～19:00 (日～18:00)
カード A D J M V
URL glossier.com

NY へのオマージュを表したフレグランス

ボンド・ナンバーナイン
Bond No.9

別MAP P.22-A3 アッパー・イースト・サイド

NYの地名がつけられたフレグランスやキャンドルが揃う。ブリーカー・ストリートなどに4店舗展開している。

住897 Madison Ave. (bet. 72nd & 73rd Sts.)
地下鉄⑥ 77 St
☎(1-212)794-4480
営月～土11:00～19:00、日12:00～18:00
カード A M V
URL bondno9.com

アーティストのすてきアイテムがたくさん! Artists & Fleas

チェルシー・マーケットとウイリアムズバーグ (週末11:00～19:00のみ) にあるインドア・マーケット。小さなブースがひしめき合い、若手デザイナー＆アーティストたちの商品がぎっしり。アクセサリーやアパレル、雑貨などセンスのよいアイテムが見つかる。

アーティスツ＆フリーズ
Artists & Fleas
別MAP P.8-B2

住70N 7th St. (bet. Kent & Wythe Aves.) URL www.artistsandfleas.com

イラストやメッセージが描かれたポーチで有名なPamela Barskyもテナント

♥**Marc Jacobs Beauty** まだ限られた店舗でしか購入できないマーク・ジェイコブスのコスメライン。ファンデーション、アイシャドウ、リップなど、セフォラで購入することができる。

グルメストア ★素材にこだわった食材を扱う店が多い。

オーガニックの商品が安い!

トレーダー・ジョーズ
Trader Joe's

別MAP P.10-B2 グラマシー

1958年カリフォルニアで誕生したオーガニックスーパー。トロピカルムードとリーズナブルな価格が人気。

住142 E. 14th St.(bet. 3rd & 4th Aves.)
地下鉄Ⓛ3 Av ☎(1-212) 529-4612
営8:00～21:00
カード A M V
〈支店〉別MAP P.9-D1、P.20-B3ほか
URL traderjoes.com

トリノ本店の大型イタリアンマート

イータリー
Eataly

別MAP P.14-A4 グラマシー

イタリアンの巨匠、マリオ・バタリがプロデュースに参加。広い店内には、上質な総菜やワインがめじろ押し。

住200 5th Ave.(bet. 23rd & 24th Sts.)
地下鉄ⓇⓌ23 St
☎(1-212) 229-2560
営7:00～23:00
カード A M V
URL eataly.com/nyc

話題のインダストリー・シティにある

サハディーズ
Sahadi's

別MAP P.44-A4 サンセットパーク

ブルックリンにある老舗の中近東系食材店。インダストリー・シティにある2号店が話題で、デリやデザートをその場で食べることもできる。

住52 35th St. Brooklyn (bet. 2nd & 3rd Aves.) インダストリー・シティBldg. 4 地下鉄ⒹⓃⓇ36 St ☎(1-718) 788-7500 営11:00 ～ 19:00
カード A D J M V URL sahadis.com

セレブ遭遇率も高いティーショップ

ハーニー&サンズ・テイスティングルーム
Harney & Sons Tasting Room

別MAP P.31-C4 ソーホー

NYのアップステイトに本店があるホールリーフティー・ブランドの直営店。250種類以上のお茶があり、気になるものがあれば試飲できる。店内奥にカフェもある。おみやげにもおすすめ。

世界中から集められた最高級茶葉を使用

壁一面にずらりと並ぶティー

住433 Broome St. (bet. Broadway & Crosby St.) 地下鉄⑥Spring St
☎(1-212) 933-4853
営日～金11:30～18:30、土10:30～18:30 休木
カード A J M V
URL harney.com

ブルックリンのティーブランド

ベロック・ティー・アトリエ
Bellocq Tea Atelier

別MAP P.40-A2 グリーンポイント

オーガニックの茶葉を使った、さまざまなブレンドティーを販売。サロン風のエレガントな店内ではテイスティングも楽しめる。

住104 West St. (bet. Kent St. & Greenpoint Ave.)
地下鉄Ⓖ Greenpoint Av
☎(1-800) 495-5416
営日・木12:00～18:00 金・土12:00～19:00
URL bellocqtea.com

VOICE **ハーニー&サンズ** 缶入りはスーパーなどにもあるが、店舗でしか扱っていないものもある。小分けの袋をもらえたり、テイスティングもできるのでソーホー店がおすすめ。（大阪府 安野理梨 '23）

大手ナチュラルフード専門店

ホールフーズ・マーケット
Whole Foods Market

別MAP P.34-B4 ミッドタウン・ウエスト

マンハッタン内に多数支店があり、何かと便利。オーガニックを中心に食品、コスメ&スキンケア商品なども扱う。2階には、イートインスペースや無人レジなどもある。

ブライアントパークのすぐ目の前にある

カットフルーツはホテルでも食べられるのでおすすめ

住1095 6th Ave.(bet. 41st & 42nd Sts.)
地下鉄ⒷⒹⒻⓂ42 St-Bryant Pk
☎(1-917)728-5700
営8:00～21:00 カード ADJMV
URL wholefoodsmarket.com

ホールフーズそのほかの支店

Tribeca 別MAP P.5-C4 Union Square 別MAP P.10-A2 Chelsea 別MAP P.13-D4 Midtown East 別MAP P.18-B2 Columbus Circle 別MAP P.17-C2 Upper West Side 別MAP P.24-B2など

アッパー・ウエストの老舗

ゼイバーズ
Zabar's

別MAP P.20-B2 アッパー・ウエスト・サイド

1階にはチーズ、スモークサーモン、ジャム、スパイス、パン、お総菜などコーシャーフードを中心とした食材がずらり。2階はキッチン用品売り場。ロゴ入りグッズは、2階に向かう階段にある。

1934年ゼイバー夫婦が創業した老舗グルメストア

オリジナルのロゴ入りグッズも人気。$2.98～

住2245 Broadway(at 80th St.)
地下鉄①79 St
☎(1-212)787-2000
営月～土8:00～19:30、日9:00～18:00
カード ADJMV
URL zabars.com

NYにあるアップルストア

●5番街店 別MAP P.37-C1
住767 5th Ave.(bet. 58th & 59th Sts.)
営24時間

●ソーホー店 別MAP P.30-B1・2
住103 Prince St.(at Greene St.)
営月～土9:00～21:00、日10:00～20:00

●ミート・パッキング・ディストリクト店 別MAP P.8-B2 住401 W. 14th St.(at 9th Ave.) 営月～土9:00～21:00、日10:00～20:00

●グランド・セントラル店 別MAP P.35-D3 住45 Grand Central Terminal(グランド・セントラル・ターミナル構内)
営月～金8:00～20:00、土10:00～19:00、日11:00～19:00

●アッパー・ウエスト・サイド店 別MAP P.20-B4 住1981 Broadway(bet. 67th & 68th Sts.)
営月～土9:00～21:00、日10:00～20:00

※ほかにアッパー・イースト・サイド、ロウアー・マンハッタン、ブルックリンのウイリアムズバーグ、ダウンタウン、クイーンズなど合計10店舗あり。

♥**ゼイバーズ** 南隣にカフェテリア形式(レジでお金を払い各自着席式)のカフェがある。店内で売られているサンドイッチやドーナツ、コーヒーが楽しめる。さくっと休憩したいときにおすすめ。

1946年から地元で愛されるベーカリー

ウィリアム・グリーンバーグ・デザーツ
William Greenberg Desserts

別MAP P.22-A1 アッパー・イースト・サイド

チョコとバニラのブラック&ホワイトクッキーは、NYいちと評判。売り切れ必至の人気なのでお早めに。

住1100 Madison Ave.(bet. 82nd & 83rd Sts.)
地下鉄④⑤⑥86 St
☎(1-212)861-1340　営月～金8:00～18:30、土8:00～18:00、日10:00～16:00
カードAMV
URLwmgreenbergdesserts.com

カラフル&ポップなスイーツ天国

ディランズ・キャンディ・バー
Dylan's Candy Bar

別MAP P.12-B3 ミッドタウン・ウエスト

ラルフ・ローレン氏の娘、ディラン・ローレン氏の店。オリジナルのチョコやキャンディのほか、量り売りがある。アクセサリーや雑貨も扱っている。パッケージがかわいいのでおみやげにぴったり。

店内の甘い香りにときめく
©Francis Dzikowski

パッケージもキュート。おみやげ向き

住20 Hudson Yards(ハドソンヤーズ内レベル4)
地下鉄⑦34 St-Hudson Yards
☎(1-646)661-6094
営月～木10:00～20:00、金・土10:00～22:00、日11:00～19:00
カードADJMV
URLdylanscandybar.com

店内いっぱいにNYみやげが!

チェルシー・マーケット・バスケット
Chelsea Market Baskets

別MAP P.8-B2 ミート・パッキング・ディストリクト

チョコレートやグラノーラなどのフードみやげをはじめ、キッチングッズやI♡NYロゴのアイテムまで、おみやげにぴったりな商品がたくさん見つかる。チェルシー・マーケット内にあるので、ランチついでに立ち寄りたい。

地階と1階にところ狭しとギフトアイテムが並ぶ

NYをモチーフにしたエコバッグとNY州で取れたハチミツ

住75 9th Ave. (bet. 15th & 16th Sts.) Chelsea Market内　地下鉄ACE14 St
☎(1-212)727-1111
営11:00～19:30
カードADJMV
URLchelseamarketbasket.com

ゼイバーズの兄弟店

イーライ・マーケット
Eli's Market

別MAP P.22-B2 アッパー・イースト・サイド

地下は野菜と生鮮食品、1階はパンやサラダバーなどで、サンドイッチがおすすめ。イートインスペースもある。

住1415 3rd Ave.(bet. 80th & 81st. Sts.)
地下鉄⑥77 St
☎(1-212)717-8100
営7:00～21:00
カードAMV
URLelizabar.com

VOICE **チェルシー・マーケット・バスケット**　ニューヨークブランドのフード関連のギフトやトートバッグなど、品揃えにわくわくする。地下のセールコーナーもお忘れなく。（山口県　ぷっち　'23）

A

これぞ定番！　1個は持っていたいおなじみI♡NYのロゴ入り。$6.50

F

紙コップを模したカップは、ティファニーブルーが上品。ペア（2個）で$170

G

オールドNYを思わせるロゴがかわいい。このクオリティで$5.98

E

まわりにぐるりとNYの摩天楼。厚みのあるフォルムもかわいい。$14.95

D

本棚に並べられたカラフルな本を描いたトート。$19.95

G

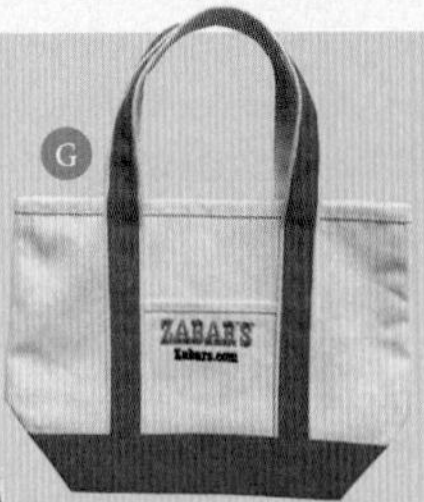

しっかりとしたキャンバス地にオレンジがアクセント。$19.98

C

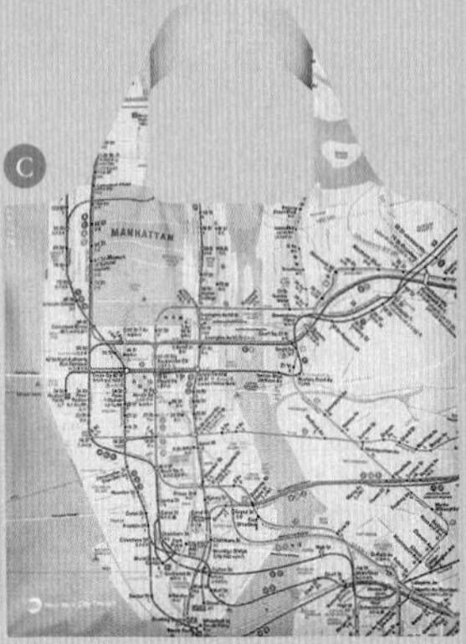

→地下鉄路線図が全面に広がるエコバッグ。小さく折りたためるのがいい。専用ポーチ付き$16

A

←ワイン専用のトートだけど、普通に持ってもかわいい。$21.95

J

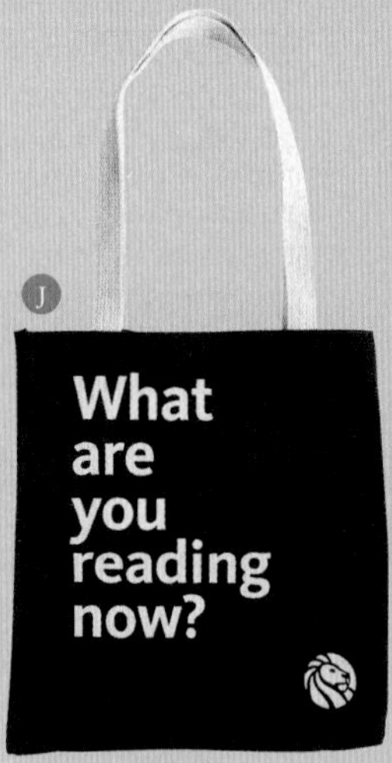

→反対面には図書館のシンボル、ライオンのイラストが描かれている。グレーなど他色もあり。$26

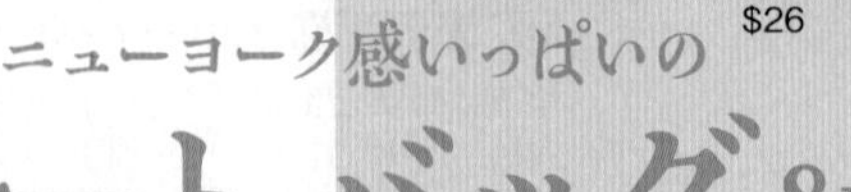

ニューヨーク感いっぱいの

トートバッグ＆マグカップ

手軽に買えるのでおみやげにもぴったり。
気に入ったものはなくなる前に
即買いがおすすめ！

※商品の情報は2023年12月現在のものです

A NY市認定のオフィシャルストア

City Store
シティストア

MAP P.5-D4
ロウアー・マンハッタン
住 1 Centre St.,North Plaza
地下鉄 J Z線 Chambers St
☎ (1-212) 386-0007
営 月～金9:00～16:00
休 土・日
カード A D J M V
URL a856-citystore.nyc.gov

ニューヨーク感いっぱいのトートバッグ&マグカップ

H
↑ブルックリンのドーナツショップ、ファンファン・ドーナツのオリジナル。$22

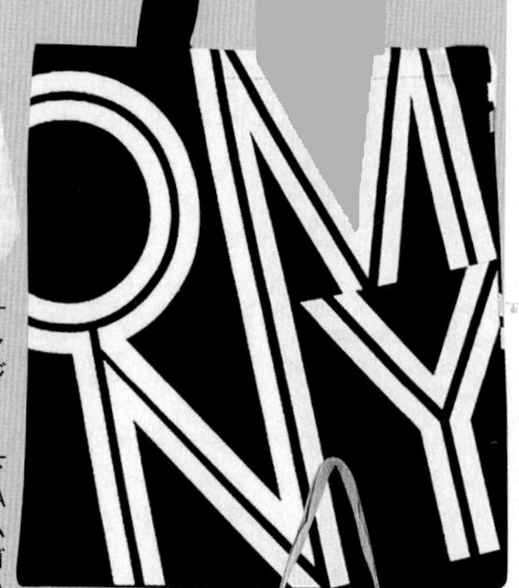

J
→NYの地下鉄&バスMTAの新システムOMNYのロゴをプリント。$20

↖ホールフーズのウイリアムズバーグ店とブルックリン・デニムのコラボ限定商品。$24.95

A B
→センスのよいイラストのビンテージ風トート。100%コットン。$18.95

D
↓マリンテイストでさわやか。装いのアクセントにも。$24.95

C
MTAプライドハードが描かれたセラミックマグ。$12.95

C
ニューヨーク交通博物館の40周年記念マグ。ジュリア・ロスマンのイラスト。$16.95

D
ビルの上でキングコングが本を読んでいる書店らしいマグ。$15.95

A
かつてNYのデリや屋台で買うコーヒーが入っていた紙コップをモチーフにしたコップ。$24.99

アーティストのマグを探しに

ブルックリン発コーヒー、ヴァラエティ・コーヒーでは、地元アーティストとのコラボマグを続々展開。要チェック！

←長寿TV番組のホストだったデヴィッド・レターマンのマグ。$12

Variety Coffee
ヴァラエティ・コーヒー →P.243

B フードや雑貨おみやげはおまかせ

Chelsea Market Basket

チェルシー・マーケット・バスケット

MAP P.8-B2
ミート・パッキング・ディストリクト
住 75 9th Ave. (bet. 15th & 16th Sts.)　地下鉄 ACE線14 St
☎ (1-888) 727-7887
営 8:00～21:00
カード ADJMV
URL www.chelseamarketbasket.com

C 地下鉄&バスを運営MTAの公式ショップ

New York Transit Museum Gallery & Store

ニューヨーク・トランジット・ミュージアム・ギャラリー&ストア
→P.304

D ストランド・ブックストア → P.308
E フィッシュズ・エディ → P.305
F ティファニー → P.284
G ゼイバーズ → P.264
H ファンファン・ドーナツ → P.170
I ホールフーズ → P.314
J ホールフーズ ウイリアムズバーグ店 → P.262
J ニューヨーク公共図書館(本館) → P.79

超高級から庶民派まで

デパート＆ショッピングモール図鑑

人気ブランドが一堂に会する
デパート＆ショッピングモール。何でも揃う
きらびやかな空間へ出かけよう。

1 ノードストローム Nordstrom

シアトル発の高級デパート

高級デパートのフラッグシップがニューヨークに出店。地上５フロア、地下２フロアはレディスファッションが中心で品揃えが豊富。

MAP P.17-C2　ミッドタウン・ウエスト
住 225 W. 57th St.（at Broadway）
地下鉄 ⒶⒸⒷⒹ❶ 59 St - Columbus Circle
☎ (1-212) 295-2000　営 月～土 10:00～21:00、日 11:00～19:00　カード ADJMV
URL shop.nordstrom.com

ニューヨーク店限定アイテムも多数ある

3階から5階はレディスファッションが中心。空間を大胆に使ったおしゃれなディスプレイは必見。同日配達や24時間ピックアップも可能。

靴の品揃えは抜群！

シューズ専門店としてスタートしているだけあって靴の品揃えは抜群。ナイキとのコラボシューズも。

レストランやカフェも多数

ラウンジのようにゆったり休憩できるカフェやフードコート、最上階にはレストラもある。

◎客層:20～50代のファッショニスタたち
◎価格帯:高め
◎フレンドリー

ノードストローム・メンズ・ストア Nordstrom Men's Store

ブロードウエイを挟んだ向い側にあるのがメンズ専門店。シューズやバッグ、洋服、アクセサリーなどが揃う。

MAP P.17-C2
ミッドタウン・ウエスト
住 235 W. 57th St.（at Broadway）
地下鉄 ⒶⒸⒷⒹ❶ 59 St - Columbus Circle　☎ (1-212) 843-5100
営 月～土 10:00～21:00
日 11:00～19:00
カード ADJMV

Photos:Nordstrom

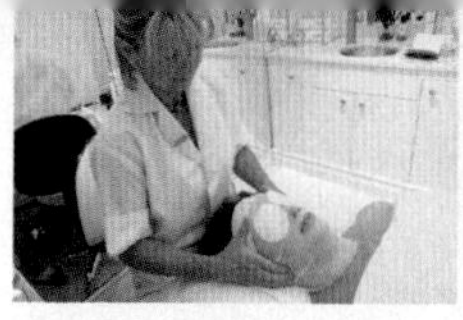

コスメ売り場が充実

話題のコスメブランドが勢揃い。ドゥ・ラ・メールでは、商品をふたつ以上購入したらフェイシャルエステを無料で施術してもらえる。

ショーウインドーは必見

ホリデイシーズンの風物詩ショーウインドーは、まるでアート作品。常識にとらわれないスタイルと、独特な世界観にうっとりする。

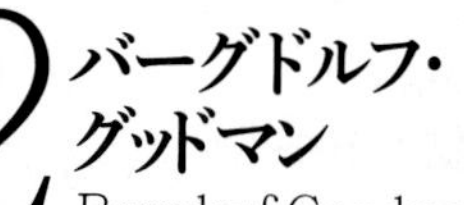

2 バーグドルフ・グッドマン Bergdorf Goodman

◎客層:やや年齢層高め
◎価格帯:高め
◎やや入りにくい

夢と憧れがつまった老舗デパート

格調高い店構えが、超一流デパートの貫禄に満ちている。顧客リストの名前には、ハリウッド女優からファーストレディまで並ぶ。

MAP P.37-C1　ミッドタウン・ウエスト
住 754 5th Ave. (bet. 57th & 58th Sts.)
地下鉄 N R W 5 Av / 59 St　☎ (1-212) 753-7300
営 11:00 ~ 19:00
休 祝　カード A J M V
URL bergdorfgoodman.com

バーグドルフ・グッドマン・メンズ Bergdorf Goodman Men's

老舗の風格が漂うメンズ専用デパート。レディス同様、贅沢で気品のある厳選された一流のブランドを取り扱う。

MAP P.37-C1　ミッドタウン・イースト
住 745 5th Ave. (bet. 57th & 58th Sts.)
地下鉄 N R W 5 Av / 59 St
☎ (1-212) 753-7300
営 11:00 ~ 19:00
休 祝　カード A D J M V
URL www.bergdorfgoodman.com

3 サックス・フィフス・アベニュー Saks Fifth Avenue

5番街ショッピングの中心地

1924年創業。便利なロケーションと洗練された品揃えが人気。2～6階はウエア、5階はエステ、8階はカフェがある。

◎客層:年齢層高めだがカジュアル
◎価格帯:高め
◎入りやすい

MAP P.35-C1　ミッドタウン・イースト
住 611 5th Ave. (bet. 49th & 50th Sts.)
地下鉄 E M 5 Av / 53 st　☎ (1-212) 753-4000
営 月～土 11:00 ~ 19:00、日 12:00 ~ 18:00
休 12/25　カード A D J M V
URL saksfifthavenue.com

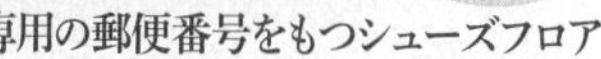

専用の郵便番号をもつシューズフロア

特に力を入れているのが、8階の女性靴売り場。靴が宝石のように美しくディスプレイされている。ルブタンのコーナーには、コスメもある。

ホリデイシーズンのライトアップがスゴい!

エレガントで豪華なライトアップは、毎年感動モノ。きらびやかな世界にほれぼれするだろう。

オリジナルグッズはおみやげにも

素材にこだわったオリジナルブランドのアパレル、靴、バッグなども人気。使い勝手のよさに定評あり。

NYブランドが多数揃う

コーチやダイアン・フォン・ファステンバーグ、トリーバーチなど新旧のNYブランドがずらりと並ぶ。

広くてゆったりした空間

NY市最大の開発プロジェクトとあって、マンハッタン内にありながら店内がとても広い。雨の日でもゆったり買い物を楽しむことができる。

◎客層:観光客が多くカジュアル
◎価格帯:ロウからハイまで幅広い
◎入りやすい

4 ショップ&レストラン/ハドソンヤーズ

The Shops & Restaurants

ハドソンヤーズにあるモール

7階建てのビル、20ハドソンヤーズに100以上のテナントが集結。テナント数も多くレストランもある。

ハドソンヤーズ内なので観光もできる

モールがあるハドソンヤーズには、ヴェッセル、エッジをはじめ、観光名所がたくさん。ショッピングと一緒に楽しめる。

地下鉄利用しがてらふらりと立ち寄れる

通りに多くのテナントが並ぶ。地下鉄駅直結だがメトロカードは不要。ディランズ・キャンディ・バー(→P.315)や日本のQBカットも入店。

◎客層:観光客が多くカジュアル
◎価格帯:お手頃
◎入りやすい

5 ターンスタイル

Turnstyle

地下鉄直結の小モール

ショップス・アット・コロンバスサークル(→P.321)の地下にあり、地下鉄駅に直結している。テナント数は少ないが、ちょっとしたおみやげなどが手に入る。

MAP P.17-C2 ミッドタウン・ウエスト
住 コロンバス・サークルの地下(入口は57th/58th St. & 8th Ave.)
地下鉄 N Q R W線57 St
☎ (1-917) 991-2670
営 11:00~19:00
カード A D J M V
URL turn-style.com

◎客層:地元、観光客とさまざま
◎価格帯:ロウからハイまで幅広い
◎入りやすい

メンズのセレクトに定評あり

地下1階のメンズフロアは充実した品揃え。マーク・ジェイコブスやジャック・スペード、ラグ&ボーンなどNYブランドも豊富に取り扱う。

駅直結なので便利

59 St / Lexington Av駅の60丁目&レキシントン・アベニュー出口と直結しているので、天気の悪い日でも気軽に立ち寄れる。

6 ブルーミングデールス

Bloomingdale's

1872年創業の高級デパート

広い店内には、洋服から家具まで何でも揃う。"ブルーミー"の愛称で親しまれている。店の紙袋をモチーフにしたグッズが人気。

MAP P.18-B2 アッパー・イースト・サイド
住 1000 3rd Ave.(at 59th St.) 地下鉄 4 5 6 59 St
☎ (1-212) 705-2000 営 月~土 10:00 ~ 20:00、日 11:00 ~ 19:00(季節により変更あり)
休 サンクスギビング、12/25 カード A D J M V
URL bloomingdales.com

ブルーミングデールズ・ソーホー

Bloomingdale's Soho

ハイエンドからトレンドを取り入れたブランドが揃う。アパレル、小物、コスメなどはレディスのみ取り扱う。

MAP P.31-C3 ソーホー
住 504 Broadway (bet. Spring & Broome Sts.)
地下鉄 6 Spring St
☎ (1-212) 729-5900 営 月~土 10:00 ~ 20:30、日 12:00 ~ 19:00(季節により変動あり)
休 祝 カード A D J M V
URL www.bloomingdales.com

7 メイシーズ Macy's

34丁目にある庶民派デパート

◎客層:観光客が多くカジュアル
◎価格帯:わりと手頃
◎入りやすい

品揃えも豊富で、ほかの高級デパートに比べ安心価格でセール品も多数。サンクスギビングのパレードを主催することでも知られる。

MAP P.13-D2 ミッドタウン・ウエスト
住 151 W. 34th St. (bet. Broadway & 7th Ave.)
地下鉄 BDFMNQRW 34 St -Herald Sq
☎ (1-212) 695-4400
営 日~木 10:00 ~ 21:00、金・土 10:00 ~ 22:00
カード ADJMV
URL macys.com

充実のシューズフロア

2階のシューズ売り場は圧巻。ブランド別になっていて見やすいうえアウトレットコーナーもあるので、時間をかけてサイズ探ししたい。

キッチン用品は一見の価値あり

見ているだけで楽しいキッチン用品。シェフが使う本格的なものから、アメリカらしいポップなアイテムまで、幅広いセレクションが魅力。

NYC観光局があり、お得なクーポンももらえる

中2階のビジターセンターで、パスポートを提示(またはタッチパネルでスキャン)すると、10%オフのセービングパスがもらえる。

木製エスカレーターに乗ってみよう

味のある木製エスカレーターは、1902年の創業当初に設置されたもの。ガタゴトと音をたてて動くNY最古のエスカレーターを体感しよう。

8 ウエストフィールド・ワールド・トレード・センター Westfield World Trade Center

WTCに隣接 オキュラスのなかにある

アメリカを中心に世界中にチェーン展開するモール。美しい館内にはケイト・スペードやコールハーンをはじめ、コスメのセフォラなど60店舗以上のテナントがある。

MAP P.2-B1 ロウアー・マンハッタン
住 185 Greenwich St. (オキュラス内)
地下鉄 NRW Cortlandt St
☎ (1-212) 284-9982 営 9:00~20:00 (土10:00~、日 11:00~19:00)
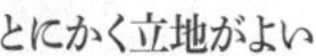
カード ADJMV URL www.westfield.com

◎客層:観光客、付近のオフィスワーカーとさまざま
◎価格帯:幅広い
◎入りやすい

とにかく立地がよい

地下鉄やニュージャージーを結ぶ鉄道のハブであるワールド・トレード・センター駅に直結。付近のオフィスワーカーたちや観光客で終日賑わっている。

9 ショップス・アット・コロンバスサークル The Shops at Columbus Circle

ドイツ銀行センター内にある

コーチや、Jクルーなどのアパレルショップやコスメ、レストラン、ホールフーズ・マーケットなどが集まる。

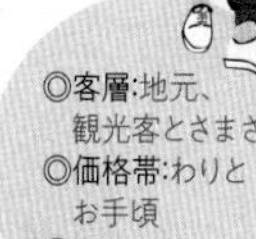

MAP P.17-C2
アッパー・ウエスト・サイド
住 10 Columbus Circle (at 59th St.)

地下鉄 ACBD1 59 St - Columbus Circle
☎ (1-212) 823-6300 (総合案内)
営 月~土 10:00 ~ 20:00、日 11:00 ~ 19:00 (店により異なる) 休 12/25 カード ADJMV
URL theshopsatcolumbuscircle.com

グルメスポットも充実

レストラン、ジャズクラブ、ホテル、オフィスなどが入る複合施設。飲食店が10店舗ほど入っている。

◎客層:地元、観光客とさまざま
◎価格帯:わりとお手頃
◎入りやすい

やっぱり本が好き！

個性あふれる NYの 本屋さん

コロナ禍もあり、紙離れが増える一方で、ニューヨークの独立系書店はすこぶる元気！　コミュニティの文化の発信地として、おみやげを見つけられるスポットとして、個性的な本屋さんに行ってみよう！

Floor 3 古書・ビンテージ

RARE（レア）BOOKのフロアは、まさに希少価値の高いクラシックな古書＆ビンテージ本を販売する。なかには$50000（約720万円）のものも。書店というよりギャラリーのような落ち着いたたたずまいもいい。

Floor 2 アート、写真、建築、ファッション、子供

さまざまなジャンルが揃う。コーナー説明が文字だけでなくアイコンになっているのでお目当てが探しやすい。ファッションや写真、絵本はおみやげにも。

Floor 1 メインフロア

料理、映画＆ドラマ、ニューヨーク・コーナーなど。レジ付近にはトートバッグ$19.95～、ポーチ$11.95～をはじめ、マグカップなどオリジナルグッズがある。

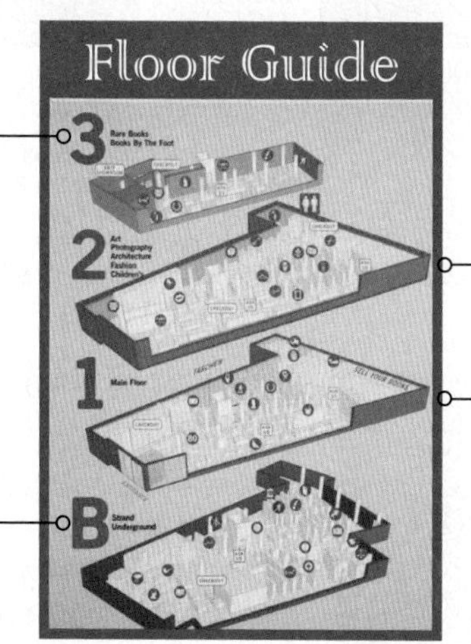

Floor B ストランド・アンダーグランド

ビジネス、言語、法律、宗教、スポーツなど。書店というより倉庫のような膨大な数。地階に向かう階段からステーショナリーなどもディスプレイされている。

古書も新書も幅広く！ NYを代表する老舗

創業1927年。地下1階、地上3階の店内はまるで巨大倉庫のよう。アートや演劇からビジネス、レアな古本まで取り揃える独立系書店。新刊でも2～3割ほど安く、本好きにはたまらない空間だ。オリジナルのトートバッグやポーチはNYみやげの定番に。

ストランド・ブックストア Strand Book Store

MAP P.10-A2 イースト・ビレッジ
住 828 Broadway（at 12th St.）
地下鉄 L N Q R W 4 5 6 14 St - Union Sq
☎（1-212）473-1452
営 10:00～20:00
カード A D J M V　URL strandbooks.com

カフェもあり 待ち合わせに便利

ノリータのアイコン的存在。子供から大人まで、幅広いジャンルを取り扱う。店内にある専用製本機では、約6分で自分の本を制作できるとあり、クリエイターに人気が高い。ウイリアムズバーグほか、NYに5店舗ある。

マクナリー・ジャクソン・ブックス
McNally Jackson Books

MAP P.30-A2　ノリータ
住134 Prince St. (bet. Lafayette & Muberry Sts.)　地下鉄 N R Prince St
☎ (1-212) 274-1160
営10:00～22:00
カード A D J M V
URL mcnallyjackson.com

❶地下と地上のフロアからなる。アート専門書が充実　❷読み聞かせなどイベントも多数開催　❸入口左にはカフェも併設。本がモチーフのオブジェが天井に　❹リボンが持ち手のオリジナルトートバッグが人気

絶版書も含む世界中の 料理本が見つかる

閑静な住宅街にひっそりとたたずむ料理書専門店。オーナーのボニーさんが長年かけて集めた世界中の料理本が店内に所狭しと並ぶ。絶版書も多数あり、料理好きのみならず、ビンテージファンにも興味深い空間。

ボニー・スロトニック クックブックス
Bonnie Slotnick Cook Books

MAP P.10-B4　イースト・ビレッジ
住28 E. 2nd St. (at 2nd Ave.)
地下鉄 F 2 Av
☎ (1-212) 989-8962
営 月～水、金・日 13:00～18:00
休 木・土　カード A D J M V
URL bonnieslotnickcookbooks.com

❶一般住宅を活用したアットホームなインテリア　❷こぢんまりとした空間に並ぶクックブック　❸ビンテージ品も揃う

自費出版が中心で レアなアート作品が多数

リトルプレス（自費出版）を専門に、1万5000を超える国内外アーティスト作品を取り扱うユニークなNPO書店。手書きの作品から完成度の高い逸品まで、一般的に流通しないレア作品が並ぶ。

❶本だけでなくアーティストの作品がたくさん見つかる　❷チェルシーにある本店。イースト・ビレッジにも支店あり

プリンテッド・マター
Printed Matter, Inc.

別MAP P.12-B4　チェルシー
住 231 11th Ave. (at. 26th St)
地下鉄 ⒸⒺ 23 St
☎ (1-212) 925-0325
営 11:00～19:00
休 日　カード ADJMV
URL printedmatter.org

アーティスティックな 独立系書店

アート本の出版社が経営するブックストア。店内には写真集や画集、絵本などクリエイティブなアート関連本がたくさん。ニューヨークをモチーフにした雑貨も豊富なので、おみやげ探しにも使える！

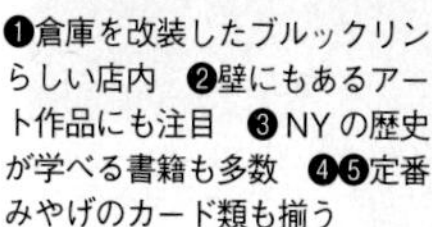

❶倉庫を改装したブルックリンらしい店内　❷壁にもあるアート作品にも注目　❸NYの歴史が学べる書籍も多数　❹❺定番みやげのカード類も揃う

パワーハウス・アリーナ
Powerhouse Arena

別MAP P.41-B1　ダンボ
住 28 Adams St. (near Water St.)
地下鉄 Ⓕ York St
☎ (1-718) 666-3049
営 日～水 11:00～19:00、木～金 11:00～20:00、土 10:00～20:00
カード ADJMV

アートな逸品から手軽に
買えるおみやげまで チョコレート

Chocolate 最前線

Text & Coordination : Naoko Umitani

NYに数あるチョコレートの名店の中から最旬&人気メニューを厳選してご紹介。お気に入りを見つけてみて♪

まるでジュエリー！ 美しすぎる極上チョコ

3つ星フレンチレストランでショコラティエを務めていたスザンナさんが独立オープン。食べるのがもったいないくらい美しいボンボンは至福の味わい。

Stick With Me
スティック・ウィズ・ミー

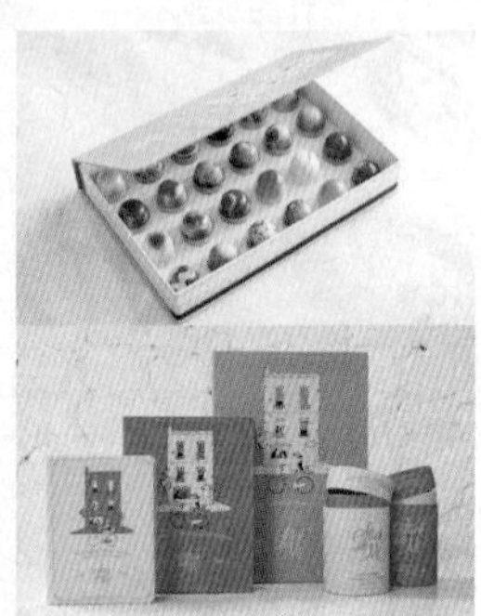

本の形のギフト用ボックスは6、12、24、54個（$28～216）から選べる。円筒はキャラメル用

別MAP P.31-D3 ソーホー
住 202 A Mott St. (near Spring St.)
地下鉄 J 線 Bowery ☎(1-646)918-6336
営 12:00～19:00
カード ADJMV URL swmsweets.com

↑おみやげに人気のNYコレクションはオレンジピールやブルーベリーをチョコでカバー。$13～17.50
↓絶品チョコチップクッキー$3.50は特大サイズ！

NYのチョコブームはココからスタート！

ミスター・チョコレートの愛称で知られるフランス人パティシエのショップ1号店。板チョコからクッキーまで多彩な商品が勢揃い！

Jacques Torres
ジャック・トレス

別MAP P.41-A1 ダンボ
住 66 Water St. (bet. Main & Dock Sts.)
地下鉄 F 線 York St
☎(1-718)875-1269 営 10:00～19:00
カード ADJMV
URL mrchocolate.com

店内にはイートインスペースもある

12個入りで$30。フレーバーは約25種類

女子受け抜群のアートなチョコ

NYらしいポップなアートで彩られたガナッシュは、見た目も味も女子受け抜群！　ミッドタウンのキタノホテルにも支店あり。

MarieBelle
マリベル

別MAP P.30-A3 ソーホー
住 484 Broome St. (near Wooster St.)
地下鉄 Ⓒ Ⓔ 線 Spring St　☎ (1-212)925-6999
営 11:00～19:00
カード A D J M V　URL mariebelle.com

NYの人気スポットが描かれたキャラメルコレクション $39

アートには一つひとつ違うメッセージが込められているそう。大切な人へのギフトにもぴったり！　9個 $35～

Chocolate チョコレート 最前線

ブルックリンのインダストリー・シティにある工場（店舗も併設）で手作りされている

エンパイアのチョコはおみやげに！　ダークとミルク、6インチはホワイトも。$20～

約100年の歴史を誇るマンハッタン最古のチョコ店

1923年創業の老舗店は現在NY市内に6店展開。エンパイア・ステート・ビルや自由の女神などNYの象徴をかたどったチョコが人気。

Li-Lac Chocolates
ライラック・チョコレート

別MAP P.9-C3 グリニッチ・ビレッジ
住 75 Greenwich (near 11th St.)
地下鉄 ❶❷❸ 線 14 St
☎ (1-347)609-0942　営 11:00～19:00 (金・土～19:30、日～18:00)　カード A D J M V
URL li-lacchocolates.com

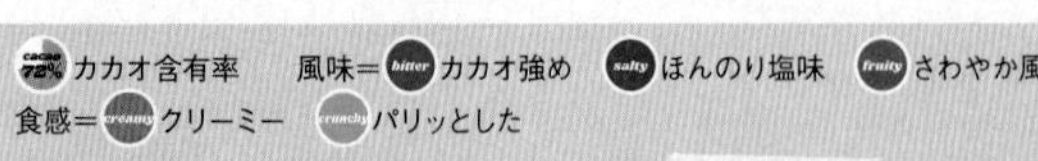

NY Choco

cacao 72% カカオ含有率　風味＝ bitter カカオ強め　salty ほんのり塩味　fruity さわやか風味
食感＝ creamy クリーミー　crunchy パリッとした

a｜
b｜

$12

NOTES:

大粒アーモンドと粗めのシーソルトをダークチョコにイン。食感も楽しめる♪

i｜

$9

NOTES:

フランスで絶大な人気を誇るチョコブランド。ミルクチョコとアーモンドがマッチ！

cacao 41%　fruity　creamy

b｜

$3.50

NOTES:

ブルックリン・ブリッジとI♥NYのパッケージの中はシンプルなダークチョコ

i｜

$9

NOTES:

味は上のチョコバーと同じ。無添加でオーガニック認証も取得している

b｜
f｜
h｜

$6

NOTES:

カカオ豆を焙煎しないローチョコ。ピンクシーソルトの塩気で甘味とうま味がアップ

g｜

$9

NOTES:

健康志向の高いニューヨーカーに人気の抹茶をフィーチャー。見た目もきれい

カカオ豆（ビーン）から板チョコ（バー）になるまでの全工程（豆の選別や焙煎を含む）を一貫して管理し製造すること。

g｜

$9

NOTES:

ダークチョコにエスプレッソをブレンド。香りがよく赤ワインにも合いそう

b｜
d｜

$6.69

NOTES:

乳製品を使わないヴィーガンチョコは自然派デリのもの。フレンチシーソルト入り

late Bars

b | c | h

$9.25

NOTES:
カカオ豆を焙煎せずに低温で作るローチョコにスモークソルト（燻製塩）をイン

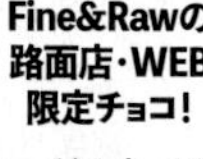

Fine&Rawの路面店・WEB限定チョコ！

ヘーゼルナッツやシーソルトなど8種類のフレーバーをダークチョコでコーティングしたトリュフセット$29も人気。

c |

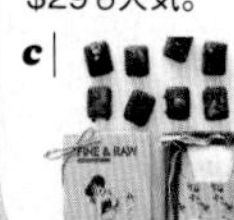

b | e | h

$9

NOTES:
材料はカカオとケーンシュガー、シーソルトのみ。素材のよさが際立つ逸品

b | c | h

$9.50

NOTES:
栄養価の高いローチョコ×スーパーフードの果物ルクマは最強にヘルシー

b | e | h

$9

NOTES:
オーガニックのヘーゼルナッツをイン。タンザニア産のカカオ豆の風味が生きる

b | h

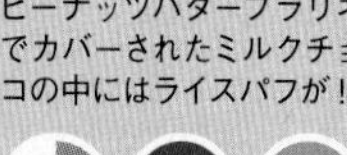

$12

NOTES:
ピーナッツバタープラリネでカバーされたミルクチョコの中にはライスパフが！

crunchy

---

a | Cacao Prieto
カカオ・プリエト
→P.262、P.314ホールフーズで取り扱いあり

b | Chelsea Market Baskets
チェルシー・マーケット・バスケット
→P.315

c | Fine & Raw
ファイン&ロウ
MAP P.40-B3　ブッシュウィック
住 70 Scott Ave. (bet. Randolph & Johnson Aves.)　地下鉄 L 線 Jefferson St　☎ (1-718) 366-3633　営 11:00～18:00　休 土・日　カード A D J M V　URL fineandraw.com

d | Hu Kitchen
ヒュー・キッチン
→P.262, P.314ホールフーズで取り扱いあり

e | Mast Market
マスト・マーケット
MAP P.20-B2
アッパー・ウエスト・サイド
住 353 Columbus Ave. (at 77th St.)
☎ (1-212) 876-6278
営 8:00～20:00
カード A D J M V
URL mastmarket.com

f | Raaka Chocolate Factory
ラーカ・チョコレート・ファクトリー
MAP P.41-A3　レッドフック
住 58 Seabring St. (near Van Brunt St.)
地下鉄 F G 線 Carroll St
☎ (1-855) 255-3354
営 月～木11:00～16:00
金～日11:00～18:00
カード A D J M V
URL raakachocolate.com

g | MarieBelle
マリベル
→P.327

h | Whole Foods Market
ホールフーズ・マーケット
→P.262, P.314

i | MoMA Design Store
モマ・デザイン・ストア
→P.371

『AND JUST LIKE THAT.../セックス・アンド・ザ・シティ新章』のロケ地はここ!

U-NEXTにて見放題で独占配信中のドラマ『AND JUST LIKE THAT.../セックス・アンド・ザ・シティ新章』。大人気ドラマ＆映画『SATC』（セックス・アンド・ザ・シティ）の新章として、50代になった主人公たちのパンデミック後の生活を描いた物語は、年齢を重ねた女性の生き方や多様化するアメリカを読み解く要素などがたくさんちりばめられている。『SATC』同様に多くのNYロケ地があるので、一部を紹介しよう。※以下カッコ内はS＝シーズン、E＝エピソード

キャリーの家
Carrie' s Old Apartment

ドラマシリーズからおなじみの場所。アッパー・イースト・サイドという設定だが、実際にあるのはグリニッチ・ビレッジ。住66 Perry St.

ノリータ　Nolita（→P.102）

[S1E3] キャリーたちがナターシャを追跡して途中逃げたのは、ノリータのCrosby St.(bet. Spring & Prinse Sts.)にある壁画のあたり。

グラント将軍の墓
General Grant National Memorial

[S1E3] キャリーがマンハッタンを歩き回り、コロンビア大学にいるミランダに会いに行く。キャンパス内にいるように見えるが実際はここ。ちなみにコロンビア大学の最寄り駅として116 St駅が出てくるが、撮影はBowery駅で行われた。
住W. 122nd St. & Riverside Dr.

シーズン3の制作も決定している

チェルシー・マーケット
Chelsea Market（→P.179）

[S1E8] キャリーたちはチェルシー・マーケット内のLobster Placeで食事をして、Fat Witch Bakeryで買い物する。「スープの店がなくなった」というセリフがあるがこれも事実。

ハドソンヤーズ
Hudson Yards→（P.83）

[S2S1] チェが住むことになる場所。近年最大の開発プロジェクトによる近未来空間が広がる最新スポット。

ブノワ　Benoit（→P.199）

[S2E7] エイダンとすれ違いがあったものの再会でき食事したレストラン。アラン・デュカスがプロデュースしたフレンチビストロ。

ティン・ビルディング
Tin Building（→P.177）

[S2E9] シーマたちと食事をしたのはここにあるHouse of Red Pearl というレストラン。オープンしたばかりの話題スポットを使うのはさすが。

コニー・アイランド（→P.151）
Cony Island

[S2E10] スティーブがお店をオープンする予定の場所は、ブルックリン、コニーアイランドのビーチにあるホットドッグ屋さんPaul's Daughter。

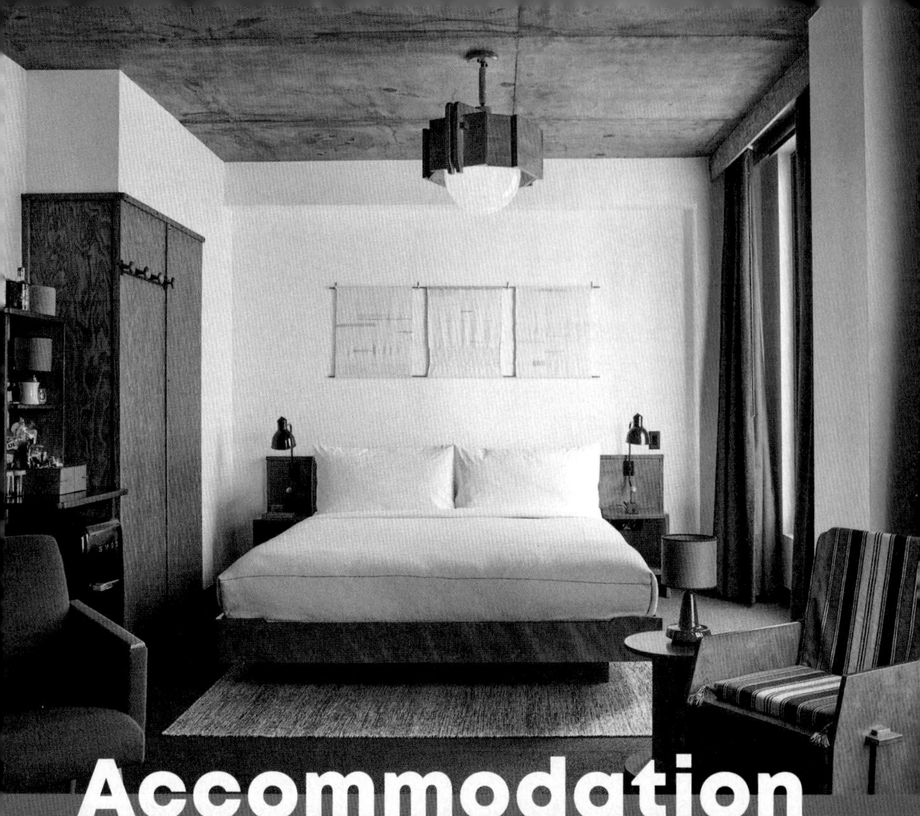

Accommodation

ホテル

Photo : Ace Hotel Brooklyn

STAYING Tips!

世界中から観光客やビジネス客が集まるニューヨーク。旅のスタイルに合わせて賢くホテル選びを。

基本情報

喫煙には厳しい

ほとんどのホテルが全館禁煙（客室はもちろん、ロビーも禁煙）。ごく一部のホテルで喫煙可能な部屋を提供しているが、その場合も数部屋しかないことが多いので、予約の際にスモーキング・ルームに宿泊可能かどうかを確認しよう。また、電子たばこも屋内で禁止となっているので注意。禁煙の部屋で吸ってしまうと、清掃にかかる費用（罰金）を請求される。

料金の仕組み

アメリカのホテル料金は、日本のように人数単位ではなく部屋単位が基本。1泊でひとりいくらではなく、シングルルーム＄○○、ツインルーム＄○○、というように表示され、その料金で部屋の定員までの人数が泊まれる。
ひとりで泊まるといってもほとんどの場合ベッドがふたつあるか、クイーンやキングベッドがひとつといった「ふたり用の部屋をひとりで使う」ことになる。そのためシングルもツインも、料金的にはあまり変わらない。また、安いと思って予約してみると、実は周辺の治安がよくなかったり、駅から遠かったりということもある。よく検討しよう。

タックスについて

ホテルでは、1日につき14.75%（ホテル税5.875%やNY州税4%など4項目の合計）のタックスと、ひと部屋当たり1泊につき＄3.50（客室占有税＋Javits拡張基金）が加算される。ほとんど、タックスなしの料金を提示しているので、気になる人はホテルに料金を確認する際、タックス込みかどうかを尋ねておこう。ウェブで予約する際は、予約を進めていくうちに合計金額が出てくる。

知っておきたい

☑ ホテルのランク

デザイナーズ
デザイナーによる内装など、インテリアにこだわったおしゃれ度が高いホテル。

高級
歴史のある建物で設備が充実。パッケージツアーなどで使われるホテルチェーンもある。

中級
立地による差があるが、一般的に客室は簡素。部屋の広さやサービスもさまざま。

エコノミー
建物は古くても清潔なところもある。周辺の治安が悪いことがあるので注意。

部屋のタイプ

ホテルによって言い方が違うが、スタンダードルーム、デラックスルーム、スイートといった表記を使うところが多い。
★シングルルーム＝S
ベッドがひとつある部屋のこと。
★ダブルルーム＝D
フルサイズ以上のベッドがひとつある部屋。クイーンまたはキングのベッドがあるものが多い。ひとりで泊まる場合でも、このタイプの部屋を使うことになる。
★ツインルーム＝T
ベッドがふたつある部屋。中級以上のホテルでは、それぞれがクイーンサイズの大きなベッドであることも多い。
★スイートルーム
寝室と居間とが分かれた部屋。ちなみにSweet Roomではなく、Suite Room。

ベッドのサイズ

★キングサイズ：ダブルより大きいサイズ。ふたりでもゆったり眠れる。幅約193×奥行き約203cm
★クイーンサイズ：日本でいうダブル。ふたりで眠れる。
幅約152×奥行き約203cm
★フル：クイーンよりひと回り小さい。幅約135×奥行き約190cm
★ツイン：フルよりさらに小さい。幅約99×奥行き約191cm
★シングルサイズ：日本のビジネスホテルのようなシングルベッドは、格安ホテルやレジデンスを除き、ニューヨークではあまり見られない。
★日本のサイズ：ダブル→幅約140×奥行き約195cm、セミダブル→幅約121×奥行き約195cm、シングル→幅約98×奥行き約195cm

サービスの質

一流ホテルだからサービスも行き届いているはずという期待は、もたないほうがいい。そのときに応じた人次第なので、フロントスタッフでさえ対応がよくないと感じることがある。そうかと思えば、エコノミーホテルですばらしい応対に出合うこともある。高級ホテルになればなるほど、コンシェルジュがしっかりしているのは確か。基本的に完全分業制なので、自分の仕事以外はノータッチ。

クレジットカード

チェックイン時に、身分証明と支払いの保証のため、クレジットカードの提示を求められる。ただちに引き落とされるものではないので安心を。カードがない場合、現金補償（$100程度）を求めるホテルもある。

☑ニューヨークホテル混雑状況

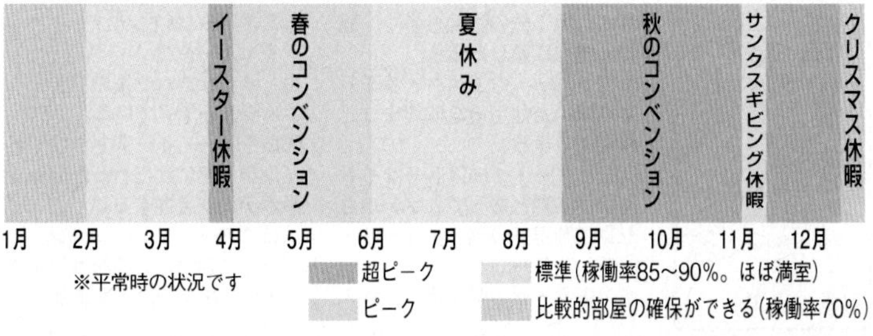

イースター休暇
春のコンベンション
夏休み
秋のコンベンション
サンクスギビング休暇
クリスマス休暇

1月 2月 3月 4月 5月 6月 7月 8月 9月 10月 11月 12月

※平常時の状況です

超ピーク
ピーク
標準（稼働率85～90%。ほぼ満室）
比較的部屋の確保ができる（稼働率70%）

予約について

ネットやアプリを使おう

予約専用サイトやアプリ、ホテルのオフィシャルサイトは便利。サイトにより割引などもあるので利用価値は高い。ただし、紹介写真が実際と大きく違うというクレームも多々ある。トリップアドバイザーURLwww.tripadvisor.jpなど、クチコミサイトも参考に。

ネット&アプリ予約の注意

キャンセルポリシー（キャンセル料などの注意事項）や税込み価格の表示方法などは、各社異なるので注意。また、現地での支払いはできても、サイトやアプリでは日本のクレジットカードでは予約ができない場合もあるので注意を。
予約専用サイト&アプリでは、たまにだが、ホテル側に予約の連絡が届かず、予約ができて予約番号をもっていても宿泊できないことがある。できれば、予約した際の予約確認書（予約確認番号が明記されている）のプリントアウトと、予約に使ったクレジットカードを持参しよう。大手の予約サイト&アプリを使ったり、心配なら確認の電話をするのもいい。まだ宿泊していないホテルの支払請求がされていないか、クレジットカードの明細は必ず確認を。

オフィシャルサイト

ヒルトン、マリオット、シェラトンといった国際的なホテルチェーンや有名な高級ホテルは日本に公式の代理店（レップ）があり、空室状況の確認や予約ができる。そのほか、旅行会社が代理店業務を行っているホテルもあるし、旅行会社に頼んで希望のホテルの予約を入れることもできる。
オフィシャルのウェブサイトから自分で予約できるし、心配があれば確認の電話かメールをしておこう。

NYのホテルは高い!

ニューヨークでの宿泊費は本当に高い。相場はだいたい東京の2倍くらい見積もっていよう。しいていえば、ビジネス客の少ない1～2月が比較的料金が安めだ。秋のコンベンションの多い時期や年末年始は、料金が3倍以上に値上がりすることがある。年間を通じて、1泊＄200以下のホテル(中級クラス)はなかなかないだろう。

ホテルの数

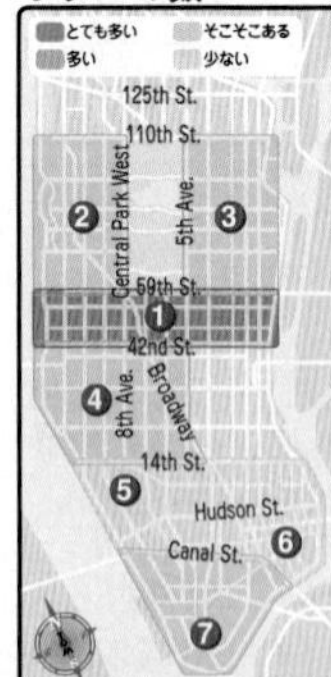

どのエリアに泊まる?

※ブルックリンには、まだ数は多くないが、ブティックホテル、チェーンホテルが点在する。

①ミッドタウン
バス、地下鉄の路線も多く、観光の拠点に適した場所。
②アッパー・ウエスト・サイド
落ち着いた住宅地なのでゆったり滞在できる。
③アッパー・イースト・サイド
高級住宅地とあって、ホテルもセレブ御用達の超一流ばかり。
④チェルシー
エコノミーや中級ホテル、ホステルが多い。
⑤ミート・パッキング・ディストリクト
おしゃれなセレブ系のブティックホテルが増えている。
⑥ロウアー・イースト・サイド
インテリアにこだわったセレブ系ホテルが点在する。
⑦ロウアー・マンハッタン
ビジネス客向けの高級ホテルやチェーンホテルなどがある。

ホテルの利用法

到着後はスーパーへ

マンハッタンにあるデリやグロッサリー、スーパー、ドラッグストアでは、水やソーダ類などの飲み物、パンやスナックなどが手に入る。また、日用雑貨も置かれているので一緒に買える。ほとんどが24時間営業または遅くまでオープンしている。特にホテルの密集するミッドタウンなら徒歩5～10分の場所に数軒はあるので、コンシェルジュやフロントの人に聞いて探そう。

チップ

何かしてもらったらチップを渡すのを忘れずに。

★ドアマン
ホテルの出入りには不要だが、タクシーを呼んでもらったら＄1（雨など悪天候の場合は＄2）。

★ポーター
荷物を運んでもらったら1個につき＄2～3。

★ルームキーパー
ベッドメイクをしてくれたらベッド1台につき＄1、何か持ってきてもらったら＄2。

★コンシェルジュ
1件につき＄3、チケットなど入手困難なものを手配してもらったらチケット代の10～15%。

Wi-Fi環境

中級・エコノミーでは、Wi-Fiを全客室に無料提供しているところが多い。また、シェラトンやヒルトンなど、高級ホテルではWi-Fiは有料のことが多い。その場合、料金は割高で、1日当たり$20前後。こうしたホテルでも、ロビーのみWi-Fiを無料開放しているところもある。最近は客室料に加えFacility Fee（設備費）などといった名目の課金があり、こちらにWi-Fiの料金が含まれていることが多い。

エクスプレス・チェックアウト

チェックアウト時の混雑を解消するため、エクスプレス・チェックアウトというシステムを導入しているホテルもある。チェックアウトする朝までに、客室のドアの下にクレジットカードがプリント（伝票に刻印）された計算書が届けられる。これにサインをしてカギと一緒にキードロップに入れれば終了。キードロップは、ホテル内各フロアやフロントのそばにある。

☑便利なサービス

ぜひ利用したい

アメニティグッズ
中級クラス以上であれば、石鹸などは備えつけられている。ただし、歯ブラシはない。

ドライヤー
客室に備えつけられていない場合、フロントで無料貸し出しというところもある。

セーフティボックス
4桁の暗証番号を自分で設定して利用するタイプが多い。

モーニングコール
英語では「ウエイクアップコール」。電話でオペレーターに、希望の時刻を伝えるだけ。

ボイス・メッセージ
自分宛てに連絡があったとき、部屋の電話のランプが点滅しているのがその知らせ。

コンシェルジュ
チケット手配、予約の代行、観光に関する相談などさまざまな情報提供をしてくれる。

ランドリーサービス
専用の袋に入れてピックアップしてもらい、所定の時間内で仕上げてもらう。

両替
宿泊客ならホテルで現金化してもらうこともできる。部屋番号を聞かれる。

高級 アルゴンキン・ホテル タイムズスクエア オートグラフ コレクション
The Algonquin Hotel Times Square, Autograph Collection

1902年創業の老舗。有名作家たちが集う文芸サロンとしての役割を果たしてきた。客室は落ち着いたエドワード調。

別MAP P.33-D3 ミッドタウン・ウエスト
住59 W. 44th St.(bet. 5th & 6th Aves.), NY 10036 地下鉄BDFM42 St-Bryant Park
☎(1-212)840-6800 Free(1-888)236-2427(予約) FAX(1-212)944-1419 日本予約 無料0120-142-890 料SDT $166～637 スイート $262～789 カードADMV 181 あり 無料 URLwww.marriott.com

高級 ウェスティン・ニューヨーク・タイムズスクエア
The Westin New York at Times Square

個性的な外観が印象的。エスカレーターで昇ると近未来的なロビーが広がり、室内も洗練された雰囲気だ。

別MAP P.32-B4 ミッドタウン・ウエスト
住270 W. 43rd St.(at 8th Ave.), NY 10036
地下鉄ACE42 St-Port Authority Bus Terminal
☎(1-212)201-2700 Free(1-888)627-7149(予約) 日本予約 無料0120-142-890
料SDT $176～751 スイート $332～1200
カードADJMV 873 あり
$16.95 URLwww.marriott.com

高級 ルネッサンス・ニューヨーク・ミッドタウン
Renaissance New York Midtown

マリオット系のラグジュアリーホテル。メイシーズやマディソン・スクエア・ガーデンまで徒歩約4分。

別MAP P.13-C2 ミッドタウン・ウエスト
住218 W. 35th St.(bet. 7th & 8th Aves.), NY 10001 地下鉄12334th Street - Penn Station
☎(1-212)239-0014
料SDT $470～
カードADJMV 348 あり
無料
URLwww.marriott.com

高級 ハードロック・ホテル・ニューヨーク
Hard Rock Hotel New York

ロックをテーマにしたハードロック・カフェのホテル。ロビーには有名アーティストの衣装も展示されている。

別MAP P.34-A1 ミッドタウン・ウエスト
住159 W. 48th St.(bet. 6th & 7th Aves.), NY 10036
地下鉄NRW49 St
☎(1-212)970-1200
料$470～ カードADJMV 446 あり
無料
URLwww.hardrockhotels.com/new-york

高級 ミレニアム・ホテル・ブロードウェイ・タイムズスクエア
Millennium Hotel Broadway Times Square

1990年のオープン以来、タイムズスクエア周辺のランドマーク的存在。どこへ行くにも便利。

別MAP P.33-D3 ミッドタウン・ウエスト
住145 W. 44th St.(bet. 6th Ave. & Broadway), NY 10036 地下鉄NQRSW1237Times Sq-42 St ☎(1-212)768-4400 Free(1-800)622-5569(予約) 料SDT $119～6089 スイート $309～769 カードADJMV 626 あり $30の設備費に含む
URLwww.millenniumhotels.com

高級 クラウンプラザ・タイムズスクエア・マンハッタン
Crowne Plaza Times Square Manhattan

ブロードウエイの活気を肌で感じることができる絶好の立地。スタッフのサービスもよく、施設も充実している。

別MAP P.33-C2 ミッドタウン・ウエスト
住1605 Broadway(at 49th St.), NY 10019
地下鉄NRW49 St ☎(1-212)977-4000 Free(1-877)424-2449 FAX(1-212)333-7393 日本予約 無料0120-677-651 料SDT $110～475 スイート $292～602 カードADJMV 795 あり 無料
URLwww.ihg.com

高級 シェラトン・ニューヨーク・タイムズスクエア
Sheraton New York Times Square

日本人利用客が多く、ロケーションもよいことから安心感がある。清潔なのも魅力のひとつだ。

別MAP P.17-D3 ミッドタウン・ウエスト
住811 7th Ave.(at 53rd St.), NY 10019
地下鉄BDE7 Av ☎(1-212)581-1000
Free(1-888)236-2427 日本予約 無料0120-142-890 料SDT $163～644 スイート $461～899 カードADJMV
1780 あり $19.95の設備費に含む
URLwww.marriott.com

ホテル施設のマーク表示① 基本的にサービスありは青、なしはグレーになっています。ありの場合でもバスタブや室内金庫、コーヒーメーカーなどは部屋によりない場合があります。(P.338に続く)

高級 インターコンチネンタル・ニューヨーク・タイムズスクエア InterContinental New York Times Square

スタイリッシュな外観とくつろげる客室がビジネスマンに人気。ブロードウエイの劇場街に近く便利。

別MAP P.32-B3 ミッドタウン・ウエスト
住300 W. 44th St. (at 8th Ave.), NY 10036 地下鉄ACE42 St-Port Authority Bus Terminal ☎(1-212)803-4500 Free(1-866)875-1978 FAX(1-212)315-2535 日本予約 無料0120-829-718 料SDT $226〜589 スイート$371〜9275 カードADJMV 607 あり 無料 URL www.ihg.com

高級 パール The Pearl

ブロードウエイから半ブロック。寝具、インテリアなどにこだわり、リラックスできる環境が整っている。

別MAP P.33-C2 ミッドタウン・ウエスト
住233 W. 49th St. (bet. Broadway & 8th Ave.), NY 10019 地下鉄❶❷50 St ☎(1-212)245-4000 料SD $199〜670 スイート$415〜840 カードADJMV 94 あり 施設料金$28.69に含まれる URL www.pearlhotelnyc.com

高級 バカラ・ホテル Baccarat Hotel

フランスの高級クリスタルブランド、バカラがプロデュース。美しいクリスタルが施された空間で滞在できる。

別MAP P.36-B3 ミッドタウン・ウエスト
住28 W. 53rd St, New York, (bet. 5th & 6th Aves.), NY 10019 地下鉄EM5 Ave/53 S ☎(1-212)790-8800 料$1600〜 カードADJMV 114 あり 無料 URL www.baccarathotels.com

高級 ニューヨーク・ヒルトン・ミッドタウン New York Hilton Midtown

数あるヒルトンホテルのなかでも48州最大の部屋数を誇る。買い物やミュージカル鑑賞にも便利。

別MAP P.36-A・B3 ミッドタウン・ウエスト
住1335 6th Ave. (bet. 53rd & 54th Sts.), NY 10019 地下鉄F57 St ☎(1-212)586-7000 Free(1-800)401-5190 FAX(1-212)315-1374 日本予約 東京(03)6864-1633 無料0120-489-852(23区外) 料SDT $185〜555 スイート$381〜4440 カードADJMV 1878 あり $14.95 URL www.newyorkhiltonmidtown.com

高級 ハイアット・グランド・セントラル・ニューヨーク Hyatt Grand Central New York

グランド・セントラル・ターミナルに隣接し、交通の便は抜群にいい。ロビーも客室も洗練された雰囲気。

別MAP P.14-B1 ミッドタウン・イースト
住109 E. 42nd St. (at Lexington Ave.), NY 10017 地下鉄S4567Grand Central-42 St ☎(1-212)883-1234 Free(1-800)233-1234 FAX(1-646)213-6659 日本予約 無料0120-923-299 料SDT $179〜446 スイート$379〜1146 カードADJMV 1298 あり $45.89の設備費に含む URL www.hyatt.com

高級 ニューヨーク・マリオット・マーキース New York Marriott Marquis

劇場を併設する人気ホテル。ロビーは8階にあり、36階分の吹き抜けのアトリウムが自慢。客室はほどよい広さ。

別MAP P.33-C3 ミッドタウン・ウエスト
住1535 Broadway (at 45th St.), NY 10036 地下鉄NRW49 St ☎(1-212)398-1900 Free(1-800)843-4898 FAX(1-212)704-8930 日本 無料0120-142-890 料SDT $216〜914 スイート$442〜2033 カードADJMV 1966 あり $14.95の設備費に含む URL www.marriott.com

高級 ブレークリー The Blakely

木目のシックな家具、大理石のバスルームなどゴージャスな雰囲気。電子レンジや食器のあるキチネット付き。

別MAP P.36-A3 ミッドタウン・ウエスト
住136 W. 55th St. (bet. 6th & 7th Aves.), NY 10019 地下鉄NQRW57 St ☎(1-212)574-3350 Free(1-800)735-0710 FAX(1-212)582-8332 料SDT $163〜385 スイート$198〜406 カードADJMV 50 あり 無料 URL www.theblakelyny.com

シャンプー　ドライヤー　目覚まし時計　室内金庫　バスタブ　冷蔵庫　コーヒーメーカー　ミニバー　有線LAN　Wi-Fi　電子レンジ　キッチン キチネット　ビジネスセンター　エレベーター　コンシェルジュ　無料の朝食

アパート エイケイエイ・セントラルパーク AKA Central Park

セントラルパークまで1ブロック、5番街もすぐの好ロケーション。多くがフルキッチン付きで、高級コンドのよう。

別MAP P.36-B1 ミッドタウン・ウエスト

住42 W. 58th St.(bet. 5th & 6th Aves.), NY 10019 地下鉄F57 St
☎(1-646)744-3100 Free(1-888)252-0150
料スタジオ$389～767 スイート$803～3611
カードAMV 部屋数134 バリアフリーあり 無料
URL www.stayaka.com

アパート エイケイエイ・タイムズスクエア AKA Times Square

タイムズスクエアまで1ブロック弱。客室も広く、フルキッチン付き。混雑期は2泊以上での予約を。

別MAP P.33-D3 ミッドタウン・ウエスト

住123 W. 44th St.(bet. 6th Ave. & Broadway), NY 10036
地下鉄NQRWS1237Times Sq-42 St
☎(1-212)764-5700 Free(1-888)252-0130
料スイート$209～749 ペントハウス$236～929 カードADMV 部屋数105 バリアフリーあり
無料 URL www.stayaka.com

アパート エレメント・ニューヨーク・タイムズスクエア・ウエスト Element New York Times Square West

客室は全室食器洗浄機付きのフルキッチンで、ニューヨークライフを満喫したい人におすすめ。

別MAP P.13-C1 ミッドタウン・ウエスト

住311 W. 39th St.(bet. 8th & 9th Aves.), NY 10018 地下鉄ACE42 St-Port Authority Bus Terminal ☎(1-212)643-0770
Free(1-888)236-2427 日本 無料0120-142-890
料SD$139～534 スイート$259～589
カードADMV 部屋数411 バリアフリーあり 無料
URL www.marriott.com

アパート ラジオ・シティ・アパートメント Radio City Apartments

キッチン、リビング、ベッドルーム、バスルーム付きステューディオが多い。ふたりか3人なら安上がりだ。

別MAP P.33-D2 ミッドタウン・ウエスト

住142 W. 49th St.(bet. 6th & 7th Aves.), NY 10019 地下鉄NRW49 St
☎(1-212)730-0728 Free(1-877)921-9321(予約) FAX(1-212)921-0572
料SDT$130～295 スイート$170～1010
カードADJMV 部屋数115 バリアフリーあり 無料
URL radiocityapartments.com

中級 エム・ソーシャル・ホテル・タイムズスクエア・ニューヨーク M Social Hotel Times Square New York

ブロードウエイに近く、観劇後、夜遅くなっても歩いて帰れる。フロントは7階だが、1階の入口に警備員がいる。

別MAP P.33-C1 ミッドタウン・ウエスト

住226 W. 52nd St.(at Broadway), NY 10019
地下鉄1 50 St
☎(1-212)315-0100 FAX(1-212)765-5365
料SDT$145～549
カードADJMV 部屋数480 バリアフリーあり 無料
URL millenniumhotels.com

中級 ヨーテル・ニューヨーク Yotel New York

コンパクトなスペースに必要最低限の設備が配されていて、システムも機能的。荷物預かりロボットも大活躍だ。

別MAP P.12-B1 ミッドタウン・ウエスト

住570 10th Ave.(bet. 41st & 42nd Sts.), NY 10036 地下鉄ACE42 St-Port Authority Bus Terminal ☎(1-646)449-7700 料SDT $109～539(シャワーのみの部屋が多い) スイート$215～1420 カードADMV
部屋数713 バリアフリーあり
無料 URL www.yotel.com

中級 シチズンエム・ニューヨーク・タイムズスクエア CitizenM New York Times Square

赤と黒を基調としたセンスのよいインテリアが特徴。ブロードウエイ観劇にももってこいのロケーション。

別MAP P.33-C1 ミッドタウン・ウエスト

住218 W. 50th St.(bet. Broadway & 8th Ave.)
地下鉄1 50 St
☎(1-212)461-3638
料$230～ カードADJMV
部屋数230 バリアフリーあり
無料
URL www.citizenm.com

♥**ホテル施設のマーク表示②** 無料は室内での1日(だいたい24時間)当たりのインターネット接続料金(ロビーでは無料の場合多し)、部屋数は部屋数(記載のない場合は禁煙ルームのみ)、バリアフリーはバリアフリールームの有無。

中級 シェルバーン・ホテル&スイーツ
Shelburne Hotel & Suites

ヨーロッパスタイルの広めの客室、ロケーション、清潔度など、人気が高いのもうなずける。

別MAP P.14-B2 ミッドタウン・イースト

住303 Lexington Ave.(at 37th St.), NY 10016
地下鉄S4567Grand Central-42 St
☎(1-212)689-5200 Free(1-866)233-4642
料SDT $153～623 スイート $240～1044
カードADMV 客325 あり
$44.75の設備費に含む
URLwww.affinia.com

中級 ホテル・スタンフォード
Hotel Stanford

コリアンタウンにある。ブロードウエイの劇場街にも歩いて行くことができる。設備も充実していて、朝食付き。

別MAP P.13-D3 ミッドタウン・ウエスト

住43 W. 32nd St.(bet. 5th Ave. & Broadway), NY 10001 地下鉄BDFMNQRW34 St-Herald Sq ☎(1-212)563-1500
Free(1-800)365-1114 FAX(1-212)643-0157
料SDT $109～419 スイート $209～509
カードADJMV 客124 あり 無料
URLbesthotel.pt/us/stanford-hotel-new-york/

中級 イーブン・ホテル・ニューヨーク・タイムズスクエア・サウス
EVEN Hotels New York - Times Square South

ヘルズキッチンのホテル街にある。清潔でシンプル、センスのよい客室が評判。ホテル内にピンポン台も。

別MAP P.13-C2 ミッドタウン・ウエスト

住321 W. 35th St.(bet. 8th & 9th Aves.), NY 10001 地下鉄ACE34 St - Penn St
☎(1-212)356-0034 日本予約無料0120-677-651 料SDT $170～400
カードADJMV
客150 あり 無料
URLwww.ihg.com

中級 タイム
The Time

ブロードウエイの劇場街の中心にあり、タイムズスクエアにも近い。24時間オープンのフィットネスルームあり。

別MAP P.33-C2 ミッドタウン・ウエスト

住224 W. 49th St.(bet. Broadway & 8th Ave.), NY 10019 地下鉄150 St
☎(1-212)246-5252 Free(1-877)846-3692(予約)
料SDT $179～569 スイート $299～1819
カードADJMV 客193 あり
$34.43の設備費に含む
URLwww.thetimehotels.com

中級 ワーウィック
Warwick

ロックフェラー・センターのそばに建つ、ヨーロピアンスタイルのエレガントなホテル。観光にも便利な立地が人気。

別MAP P.36-B3 ミッドタウン・ウエスト

住65 W. 54th St.(at 6th Ave.), NY 10019
地下鉄F57 St
☎(1-212)247-2700 FAX(1-212)247-2725
料SDT $145～595 スイート $255～1195
カードADMV 客426 あり
$33.28の設備料に含む
URLwarwickhotels.com/warwick-new-york

中級 ホテル・エジソン
Hotel Edison

ホテルに一歩入るとアールデコのインテリアが1931年創業の歴史を感じさせる。ブロードウエイの劇場に至近。

別MAP P.33-C2 ミッドタウン・ウエスト

住228 W. 47th St.(bet. Broadway & 8th Ave.), NY 10036 地下鉄NRW49 St
☎(1-212)840-5000 ☎(1-212)453-4026(予約) Free(1-800)637-7070 料SDT $119～709 スイート $245～1099 カードADJMV
客810 あり $40.16の設備費に含む
URLwww.edisonhotelnyc.com

中級 パーク・セントラル・ニューヨーク
Park Central New York

7番街に面し、55～56丁目にまたがっている。ブロードウエイにも徒歩で行ける。地下鉄57丁目駅に近くて便利。

別MAP P.17-C2 ミッドタウン・ウエスト

住870 7th Ave.(at 56th St.), NY 10019
地下鉄NQRW57 St-7 Av
☎(1-212)247-8000
料SDT $139～613 スイート $299～689
カードAJMV 客761 あり
無料
URLwww.parkcentralny.com

シャンプー　目覚まし時計　バスタブ　コーヒーメーカー　有線LAN　電子レンジ　ビジネスセンター　コンシェルジュ
ドライヤー　室内金庫　冷蔵庫　ミニバー　Wi-Fi　キッチン キチネット　エレベーター　無料の朝食

中級 トラベル・イン
The Travel Inn

ロビーは広くないが、客室はゆったりしている。冷蔵庫と電子レンジ付きの部屋あり。ヘルズキッチン地区にある。

別MAP P.12-B1 ミッドタウン・ウエスト

住515 W. 42nd St. (bet. 10th & 11th Aves.), NY 10036 地下鉄ⒶⒸⒺ42 St-Port Authority Bus Terminal ☎(1-212)695-7171 Free(1-800)869-4630 料SDT＄109〜345 カードADMV 79 あり ＄6 URLtravelinnnewyork.info

チェーン エンバシースイーツ・バイ・ヒルトン
Embassy Suites by Hilton

エンパイア・ステート・ビルやブライアントパークが徒歩圏。地下鉄34丁目駅からも徒歩約4分。無料の朝食もうれしい。

別MAP P.13-D2 ミッドタウン・ウエスト

住60 W. 37th St. (bet. 5th & 6th Aves.) 地下鉄ⒷⒹⒻⓂⓃⓆⓇⓌ 34 St-Herald Sq ☎(1-212)912-0111 料＄284 カードADJMV 310 あり 無料 URLwww.hilton.com

チェーン ダブルツリー・バイ・ヒルトン・ニューヨーク・ミッドタウン・フィフスアベニュー
DoubleTree by Hilton New York Midtown Fifth Ave.

ミッドタウンの中心部にある上質なホテル。5番街やロックフェラー・センターは徒歩すぐという絶好のロケーション。

別MAP P.36-B4 ミッドタウン・ウエスト

住25 W. 51th St. (bet. 5th & 6th Aves.) 地下鉄ⒷⒹⒻⓂ47-50 Sts - Rockefeller Ctr ☎(1-212)262-3200 料＄140〜 カードADJMV 230 あり 無料 URLwww.hilton.com

中級 スリーウエスト・クラブ
3 West Club

全28室のこぢんまりとしたホテル。5番街にあるセント・パトリック大聖堂のすぐ近くにあるので、ショッピングにはうってつけ。

別MAP P.37-C4 ミッドタウン・ウエスト

住3 W. 51st St. (near 5th Ave.) 地下鉄ⒷⒹⒻⓂ47-50 Sts - Rockefeller Ctr ☎(1-212)582-5454 料＄200〜 カードADJMV 28 あり 無料 URL3westclub.com

エコノミー ポッド・タイムズスクエア
Pod Times Square

機能的でデザイン性の高いゲストルームには、全室にテレビ、Wi-Fiが完備。場所を考えるととてもリーズナブル。

別MAP P.32-A4 ミッドタウン・ウエスト

住400 W. 42nd St. (near 9th Ave.), NY 10036 地下鉄ⒶⒸⒺ42 St-Port Authority Bus Terminal Free(1-844)763-7666 料2段ベッド＄99〜369 SD＄109〜379 カードADMV 665 あり ＄22.95の設備費に含む URLwww.thepodhotel.com

エコノミー ポッド39
Pod 39

おしゃれでコンパクトで人気が高いポッドの別館。グラセンまで歩ける。2段ベッドが1台入った部屋などがある。

別MAP P.14-B1 ミッドタウン・イースト

住145 E. 39th St. (bet. 3rd & Lexington Aves.), NY 10016 地下鉄Ⓢ④⑤⑥⑦Grand Central-42 St Free(1-844)763-7666 料2段ベッド＄90〜469 SD＄110〜499 カードAJMV 366 あり ＄22.95の設備費に含む URLwww.thepodhotel.com

中級 シタディーヌ・コネクト
Citadines Connect

5番街、タイムズスクエアなど、ミッドタウンの主要な見どころに徒歩で行けるロケーションが魅力。

別MAP P.35-C2 ミッドタウン・ウエスト

住15 W. 45th St. (near 5th Ave.) 地下鉄Ⓢ④⑤⑥⑦Grand Central-42 St ☎(1-212)302-9088 料＄300〜 カードADJMV 125 あり あり URLwww.citadinesnyc.com

♥クレジットカードは必須 チェックイン時、デポジット(保証金)としてクレジットカードを提示する必要がある。すでにネットなどで支払いを終えていても、IDとして必要になるので忘れずに。

チェーン フェアフィールド・イン & スイーツ・バイ・マリオット Fairfield Inn & Suites by Marriott

マディソン・スクエア・ガーデンの近くに位置する。朝食ビュッフェが無料。屋上には市内を眺められるバーもある。

別MAP P.13-C2 ミッドタウン・ウエスト
住338W. 36th St.(bet. 8th & 9th Aves.)
地下鉄ACE34 St - Penn Sta
☎(1-212)216-9110
料$400～
カード ADJMV
286 あり 無料
URL www.marriott.com

チェーン ヒルトン・ガーデン・イン・ニューヨーク/ウエスト35thストリート Hilton Garden Inn New York/West 35th St.

エンパイア・ステート・ビルまで1ブロック、最新設備を備えたホテル。周辺に人気レストランやお店も多数。

別MAP P.13-D2 ミッドタウン・ウエスト
住63 W. 35th St.(near 6th Ave.), NY 10001
地下鉄BDFMNQRW34 St-Herald Sq
☎(1-212)594-3310 Free(1-877)782-9444
日本予約 東京(03)6864-1633
料SDT $109～658 カード ADMV
298 あり
無料 URL www.hilton.com

チェーン フォー・ポインツ・バイ・シェラトン Four Points by Sheraton

ハドソンヤーズから徒歩2分のシェラトン系のホテル。マンハッタンの眺望を楽しめる客室もある。

別MAP P.12-B2 ミッドタウン・ウエスト
住444 10th Ave.(at. 35th St.), NY 10001
地下鉄7 34 St – Hudson Yards
☎(1-646)952-5980
料SDT $186～1010
カード ADMV
148 あり 無料
URL www.marriott.com

チェーン フェアフィールド・イン&スイーツ・ニューヨーク・マンハッタン Fairfield Inn & Suites New York Manhattan

地下鉄駅やバスターミナルや人気スポットに近い好立地。フィットネスセンターや屋上ラウンジなど設備も充実。

別MAP P.13-C1 ミッドタウン・ウエスト
住330 W. 40th St.(bet. 8th & 9th Aves.), NY 10018 地下鉄ACE42 St-Port Authority Bus Terminal ☎(1-212)967-9494
Free(1-888)236-2427 日本予約 無料0120-142-890 FAX(1-212)967-3977 料SDT $117～561 スイート $283～709 カード ADJMV 244
あり 無料 URL www.marriott.com

チェーン コートヤード・ニューヨーク・マンハッタン・ミッドタウン・イースト Courtyard New York Manhattan/Midtown East

JFK空港からE線一本でホテル最寄り駅に到着。周辺にはコンビニや人気ショップもあり使い勝手は抜群。

別MAP P.18-B3 ミッドタウン・イースト
住866 3rd Ave.(near 53rd St.), NY 10022
地下鉄EM Lexington Av/53 St
☎(1-212)644-1300 Free(1-800)894-6380
日本予約 無料0120-142-890 FAX(1-212)317-7940
料SDT $149～542 スイート $238～589
カード ADJMV 321 あり
無料 URL www.marriott.com

チェーン ホリデイイン・ニューヨーク・シティ・タイムズスクエア Holiday Inn New York City Times Square

空港からのシャトルバスが利用可能。観劇などのエンタメ好きには好立地。防音仕様の客室でWi-Fi無料。

別MAP P.13-C1 ミッドタウン・ウエスト
住585 8th Ave.(bet 38th & 39th Sts.), NY 10018 地下鉄ACE42 St-Port Authority Bus Terminal
☎(1-212)473-6200 Free(1-800)465-4329
日本予約 無料0120-677-651 料$105～429
カード ADJMV 271 あり 無料
URL www.ihg.com/holidayinn

チェーン ベストウエスタン・プラス・ホスピタリティ・ハウス Best Western Plus Hospitality House

広々としていてアパートメントのような客室。焼きたてベーグルなどの朝食が無料で提供される。

別MAP P.18-B4 ミッドタウン・イースト
住145 E. 49th St.(bet. 3rd & Lexington Aves.), NY 10017 地下鉄6 51 St
☎(1-212)753-8781 Free(1-800)780-7234
料スイート $165～770
カード ADJMV 35 あり
無料 URL www.bestwestern.com

シャンプー　目覚まし時計　バスタブ　コーヒーメーカー　有線LAN　電子レンジ　ビジネスセンター　コンシェルジュ
ドライヤー　室内金庫　冷蔵庫　ミニバー　Wi-Fi　キッチン キチネット　エレベーター　無料の朝食

チェーン ニューヨーカー・ウィンダム The New Yorker, A Wyndham

マディソン・スクエア・ガーデンやペン駅の斜め向かいにある。エンパイア・ステート・ビルディングにも徒歩圏内。

別MAP P.13-C2 ミッドタウン・ウエスト

住481 8th Ave.(at 34th St.), NY10001
地下鉄ACE34th Street - Penn Station
☎(1-212)971-0101 Free(1-877)999-3223
料SDT $123～305 スイート $283～788
カードADJMV
1050 あり $40.16の設備費に含む
URL www.newyorkerhotel.com

チェーン ホームウッド・スイーツ・バイ・ヒルトン・ニューヨーク Homewood Suites by Hilton New York

各部屋に簡易キッチンが付いているので住んでいるように滞在できる。ビッフェスタイルの朝食も込み。

別MAP P.13-C2 ミッドタウン・ウエスト

住312 W. 37th St.(bet. 8th & 9th Aves.), NY 10018 地下鉄ACE34 St - Penn Sta
☎(1-212)244-0644
料SDT $176～500
カードADJMV
293 あり 無料
URL www.hilton.com

チェーン ハンプトン・イン・マンハッタン・マディソンスクエア Hampton Inn Manhattan-Madison Square

エンパイア・ステート・ビルが徒歩圏。無料の朝食は持ち帰り用のバッグももらえる。客室はシンプル。

別MAP P.13-D3 ミッドタウン・ウエスト

住116 W. 31st St.(bet. 6th & 7th Aves.)
地下鉄BDFMNQRW34 St-Herald Sq
☎(1-212)946-9700
料$158～
カードADJMV
136 あり 無料
URL www.hilton.com

チェーン ハンプトン・イン・マンハッタン・タイムズスクエア・サウス Hampton Inn Manhattan Times Square South

タイムズスクエアやコンベンションセンターのそば。周辺はレストラン街でブロードウエイの劇場街も徒歩圏。

別MAP P.13-C1 ミッドタウン・ウエスト

住337 W. 39th St.(bet. 8th & 9th Aves.)
地下鉄BDFMNQRW34 St-Herald Sq
☎(1-212)967-2344
料$149～
カードADJMV 184 あり
無料 URL www.hilton.com

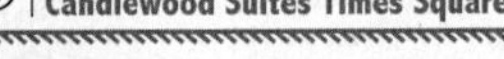

チェーン キャンドルウッド・スイーツ・タイムズスクエア Candlewood Suites Times Square

地下鉄駅が複数あり便利。タイムズスクエア、バスターミナルから徒歩5分。館内に24時間営業のミニストアがある。

別MAP P.13-C1 ミッドタウン・ウエスト

住339 W. 39th St.(bet. 8th & 9th Aves.), NY 10018
地下鉄ACE42 St-Port Authority Bus Terminal
☎(1-212)967-2254 Free(1-888)226-3539
日本予約 無料0120-677-651
料スイート $114～460 カードADMV
188 あり 無料 URL www.ihg.com

海外ホテル予約サイトを活用しよう!

個人旅行を中心に、利用が広がるオンラインの海外ホテル予約サイト。右記のウェブサイトでは、世界各地の都市にある何万軒ものホテルのなかから、自分の条件に合ったホテルを選んで、お得な料金で予約できるのが人気の秘密だ。予約サイトの特徴や安全性をしっかり見極め、納得したうえで賢く利用したい。

●エクスペディア Expedia
URL www.expedia.co.jp
☎(03)6362-8013(日本語カスタマーサポート)

●ホテルズドットコム Hotels.com
URL jp.hotels.com
☎(03)6743-8545

●地球の歩き方海外ホテル予約
URL hotels.arukikata.com

♥ミッドタウンのホテル タイムズスクエア周辺には特にチェーン系のホテルが多数ある。どれも長く似たような名前で、なかには近くに同系列店があることもあるので、自分が滞在するホテルを確認しておきたい。

高級 ビークマン・トンプソン・ホテル
The Beekman, A Thompson Hotel

1883年に建造されたビルを改装、ラグジュアリー空間が魅力の5つ星ホテル。館内のレストランも好評。

別MAP P.3-C1 ロウアー・マンハッタン
住123 Nassau St.(near. Beekman St.), NY 10038 地下鉄④⑤Fulton St
☎(1-212)233-2300
料$437〜845
カードADJMV
287 あり 無料
URL www.thebeekman.com

高級 クロスビーストリート・ホテル
Crosby Street Hotel

ソーホーの静かなエリアにある。スタイリッシュな家具と大きな窓で、ひと部屋ずつ内装が異なり、おしゃれ。

別MAP P.31-C2 ソーホー
住79 Crosby St.(bet. Spring & Prince Sts.), NY 10012 地下鉄⑥Spring St
☎(1-212)226-6400 Free(1-844)727-6729
料SD$615〜1420 スイート$1170〜6020
カードADJMV 86 あり 無料
URL www.firmdalehotels.com/hotels/new-york/crosby-street-hotel

高級 イブリン
The Evelyn

老舗ホテル、ガーシュインがリニューアル。シンプルな客室にはバスローブやスリッパ、TVなどが備わり快適に過ごせる。

別MAP P.14-A4 グラマシー
住7 E. 27th St.(bet. Madison & 5th Aves.), NY 10016 地下鉄⑥28 St
☎(1-212)545-8000 ☎(1-212)453-4040(予約) 料SD$131〜467 T$166〜529 スイート$216〜739 カードAMV
160 あり $30.98の設備費に含む
URL www.theevelyn.com

デザイナーズ エース・ホテル
Ace Hotel

ファッショニスタに人気。西海岸発のホテルグループ、エースのNY。インテリアは部屋により異なる。

別MAP P.14-A3 チェルシー
住20 W. 29th St.(bet. 5th Ave. & Broadway), NY 10001 地下鉄ⓇⓌ28 St
☎(1-212)679-2222、(1-844)781-1157(予約)
料SDT$146〜509 スイート$489〜649
カードAJMV 290 あり 無料
URL acehotel.com/new-york

デザイナーズ シックスティ・ロウアー・イースト・サイド
Sixty LES

LESのランドマーク的ホテル。モノトーンを基調としたシンプルなインテリア。スパ、サウナ、プールがある。

別MAP P.7-C3 ロウアー・イースト・サイド
住190 Allen St.(bet. Stanton & Houston Sts.), NY 10002 地下鉄Ⓕ2 Av
Free(1-212)460-5300(予約)
料SD$150〜540 スイート$190〜2470
カードADMV
141 あり $38.11の設備費に含む
URL www.sixtyhotels.com

デザイナーズ シックスティ・ソーホー
Sixty Soho

ショッピングはもちろん、住人気分が味わえる立地。おしゃれだけれどシンプルで落ち着けるデザインが人気。

別MAP P.30-A3 ソーホー
住60 Thompson St.(bet. Spring & Broome Sts.), NY 10012 地下鉄ⒸⒺSpring St
Free(1-877)431-0400(予約)
料SDT$240〜915 スイート$590〜3295
カードAMV 97 あり
$41.25の設備費に含む
URL www.sixtyhotels.com

デザイナーズ 33シーポート・ホテル・ニューヨーク
33 Seaport Hotel New York

ブルックリン・ブリッジの横にあるデザイナーズホテル。自由の女神やピア17などの観光スポットに行くのに便利。

別MAP P.3-D1 ロウアー・マンハッタン
住33 Peck Slip(at Front St.)
地下鉄②③Fulton St
☎(1-212)966-6600
料$460〜 カードADJMV
66 あり
無料
URL www.33seaporthotelnyc.com

シャンプー　目覚まし時計　バスタブ　コーヒーメーカー　有線LAN　電子レンジ　ビジネスセンター　コンシェルジュ
ドライヤー　室内金庫　冷蔵庫　ミニバー　Wi-Fi　キッチン キチネット　エレベーター　無料の朝食

高級 スタンダード・イースト・ビレッジ The Standard, East Village

セレブに人気のLAのホテルがNYに進出。上層階からの眺めもよい。1階にあるカフェも人気。

別MAP P.10-B4 イースト・ビレッジ
住25 Cooper Squ (bet. 5th & 6th Sts.), NY 10003 地下鉄⑥Astor Pl
☎(1-212) 475-5700 料SD $185～809 ステューディオ $547～1089
カードADJMV 145 あり
$34.43の設備費に含む
URL standardhotels.com

高級 ニューヨーク・マリオット・ダウンタウン New York Marriott Downtown

ロウアー・マンハッタン地域の観光にはもってこい。上階の客室からはハドソン・リバーが眺められる。全館禁煙。

別MAP P.2-B2 ロウアー・マンハッタン
住85 West St. (bet. Albany & Carlisle Sts.), NY 10006 地下鉄①Rector St
☎(1-212) 385-4900 Free(1-800) 242-8685
FAX(1-212) 227-8136 日本予約 無料0120-142-890 料SDT $184～665 スイート $262～703 カードADJMV 506 あり
$14.95 URL www.marriott.com

中級 ワシントン・スクエア・ホテル Washington Square Hotel

創業100年を超える歴史あるホテル。ジャズ好きな人や、いつものNYとは違った旅をしてみたい人におすすめ。

別MAP P.9-D3 グリニッチ・ビレッジ
住103 Waverly Pl. (near MacDougal St.), NY 10011 地下鉄ⒶⒸⒺⒷⒹⒻⓂW 4 St - Wash Sq ☎(1-212) 777-9515 Free(1-800) 222-0418 (予約) FAX(1-212) 979-8373
料SDT $195～387
カードADJMV 152 あり 無料
URL washingtonsquarehotel.com

中級 チェルシー・パインズ・イン Chelsea Pines Inn

1850年代のタウンハウスを利用した宿。小さいが、おしゃれ。客室のハリウッド黄金期のポスターの演出も。

別MAP P.9-C2 チェルシー
住317 W. 14th St. (near 8th Ave.), NY 10014
地下鉄Ⓛ8 Av、ⒶⒸⒺ14 St
☎(1-212) 929-1023
料SD $118～298 スイート $155～334
カードADMV 26 なし 無料
URL www.chelseapinesinn.com

デザイナーズ ソーホー・グランド・ホテル SoHo Grand Hotel

室内の家具はすべてオーダーメイド。シンプルなデザインで広い空間は心地よい。アメニティはシー・オー・ビゲロウ。

別MAP P.30-A4 ソーホー
住310 W Broadway (bet. Grand & Canal Sts.), NY 10013 地下鉄ⒶⒸⒺCanal St
☎(1-212) 965-3000、(1-212) 965-3300 (予約)
料SD $179～775 スイート $625～1945
カードADMV 347 あり 無料
URL www.sohogrand.com

エコノミー フレデリック・ホテル Frederick Hotel

駅を出るとすぐ目の前にある、1844年完成のゴシック調の建物。エンパイア・ステート・ビルが見える部屋もある。

別MAP P.5-C4 トライベッカ
住95 W Broadway (at Chamber St.), NY 10007 地下鉄①②③Chambers St
☎(1-212) 566-1900 ☎(1-212) 453-4047 (予約)
料SD $110～659 T $145～689 スイート $216～829 カードADJMV 133
あり $30.98の設備費に含む
URL www.frederickhotelnyc.com

アパート オフ・ソーホー・スイーツ・ホテル Off Soho Suites Hotel

バックパッカーが多く、数人でシェアして借りる人もいる。キッチンにはコンロやフライパンもある。部屋は簡素。

別MAP P.6-A1 ロウアー・イースト・サイド
住11 Rivington St. (bet. Bowery & Chrystie St.), NY 10002 地下鉄ⒿⓏBowery
☎(1-212) 979-9815
Free(1-800) 633-7646 (予約) 料T $179～319 (バス・トイレ共同) スイート $269～519
カードAJMV 38 あり 無料
URL www.offsoho.com

VOICE **ソーホー・グランド・ホテル** ソーホーに歩いて行けるので便利。館内のインテリアやルーフトップバーではちょっと豪華な雰囲気が楽しめる。ウエルカムシャンパンあり。（埼玉県　高橋佳奈　'22）〔'23〕

ホステル チェルシー・インターナショナル・ホステル
Chelsea International Hostel

共同キッチン＆ダイニングが2ヵ所あり、コーヒーや紅茶は無料。宿泊は最長14日。18歳未満不可。

別MAP P.9-C1 チェルシー

住251 W. 20th St.(bet. 7th & 8th Aves.), NY 10011 地下鉄❶18 St ☎(1-212)647-0010
料ドミトリー＄65〜81 S＄110〜130 DT＄123〜161(一部バス共同)
カードAMV 200ベッド 車椅子なし
Wi-Fi無料
URLwww.chelseahostel.com

チェーン フォーポインツ・バイ・シェラトン・マンハッタン・チェルシー
Four Points by Sheraton Manhattan Chelsea

マディソン・スクエア・パークやフラットアイアン・ビルが近く、シティビューも抜群。コーヒーやボトルウオーターも無料。

別MAP P.13-D4 チェルシー

住160 W. 25th St.(near 7th Ave.), NY 10001
地下鉄❶23 St
☎(1-212)627-1888 Free(1-888)236-2427
日本予約 無料0120-142-890
料SDT＄102〜619 スイート＄511〜1019
カードADJMV 158 車椅子あり
Wi-Fi無料 URLwww.marriott.com

チェーン ヒルトン・ガーデン・イン・ニューヨーク/マンハッタン・チェルシー
Hilton Garden Inn New York/Manhattan-Chelsea

チェルシーの花市場に位置し、徒歩圏内に観光スポットが多い。電子レンジ、コーヒーマシンなどが設置され便利。

別MAP P.13-D3 チェルシー

住121 W. 28th St.(bet. 6th & 7th Aves.), NY 10001-6102 地下鉄❶28 St
☎(1-212)564-2181 Free(1-877)782-9444
日本予約 無料0120-489-852(23区外)
料SDT＄128〜557
カードADJMV 169 車椅子あり
Wi-Fi無料 URLwww.hilton.com

チェーン ホリデイイン・エクスプレス・ニューヨーク・シティ・チェルシー
Holiday Inn Express NYC-Chelsea

マディソン・スクエア・ガーデンやペン駅から300m余でアクセス至便。ビジネスセンターもフル装備。朝食も無料。

別MAP P.13-C3 チェルシー

住232 W. 29th St.(bet. 7th & 8th Aves.), NY 10001 地下鉄❶28 St
☎(1-212)695-7200 Free(1-877)424-2449
日本無料0120-677-651
料SDT＄107〜462
カードADJMV 228 車椅子あり
Wi-Fi無料 URLwww.ihg.com/holidayinnexpress

チェーン ホリデイ・イン・ニューヨークシティ・ウォールストリート
Holiday Inn New York City Wall Street

証券取引所やウォール街の近く、マンハッタンの金融街の中心部にある。11歳以下の子供の宿泊が無料。

別MAP P.3-C2 ロウアー・マンハッタン

住51 Nassau St.(bet. Maiden Ln. & Liberty St.)
地下鉄ⒶⒸFulton St
☎(1-212)227-3007
料＄295〜 カードADJMV
113 車椅子あり
Wi-Fi無料
URLwww.ihg.com

チェーン ハンプトン・イン・マンハッタン・チェルシー
Hampton Inn Manhattan-Chelsea

おしゃれなウエストビレッジに近く、ハドソンヤードも徒歩圏内。朝食無料。館内にATMがある。

別MAP P.13-D4 チェルシー

住108 W. 24th St.(near 6th Ave.), NY 10011
地下鉄ⒻⓂ23 St
☎(1-212)414-1000 Free(1-800)426-7866
日本予約 無料0120-489-852(23区外)
料SD＄149〜539 T＄169〜549
カードADJMV 144 車椅子あり
Wi-Fi＄4.95 URLhamptoninn3.hilton.com

チェーン ウィンダム・ガーデン・チャイナタウン
Wyndham Garden Chinatown

全室禁煙、Wi-Fi完備なのでビジネスユースにも。ふたつの地下鉄駅より10分以内でミッドタウンへ出られる。

別MAP P.6-A2 チャイナタウン

住93 Bowery(at Hester St.), NY 10002
地下鉄ⒷⒹGrand St ☎(1-646)329-3400
Free(1-877)999-3223
料SDT＄149〜479
カードADJMV
106 車椅子あり
Wi-Fi無料 URLwww.wyndhamhotels.com

シャンプー　目覚まし時計　バスタブ　コーヒーメーカー　有線LAN　電子レンジ　ビジネスセンター　コンシェルジュ
ドライヤー　室内金庫　冷蔵庫　ミニバー　Wi-Fi　キッチン キチネット　エレベーター　無料の朝食

高級 カーライル The Carlyle

1930年に創業し、歴代米大統領や英国王室をはじめ、世界中の多くのセレブが定宿にしている格調高い超高級ホテル。

別MAP P.22-A2 アッパー・イースト・サイド
住35 E. 76th St.(at Madison Ave.), NY 10021
地下鉄⑥77 St ☎(1-212)744-1600
料$865～
カード ADJMV
176 あり 無料
URL www.rosewoodhotels.com/en/the-carlyle-new-york

高級 マンダリン・オリエンタル Mandarin Oriental

タイムワーナー・センターの35～54階。アジアンテイストの客室からはセントラルパークかハドソン川が見渡せる。

別MAP P.17-C2 アッパー・ウエスト・サイド
住80 Columbus Cir (at 60th St.), NY 10023 地下鉄ⒶⒸⒷⒹ①59 St-Columbus Circle ☎(1-212) 805-8800 Free(1-866) 801-8880（予約） FAX(1-212) 805-8888 日本予約 無料0120-663-230 料SD $765～1515 スイート$1845～1万4200 カード ADJMV 244 あり $15 URL www.mandarinoriental.com

デザイナーズ マーク・ホテル The Mark Hotel

インテリアが多彩で、気品漂う。枕を選べたり、スリッパのアメニティなど、ほかにはないサービスも。

別MAP P.22-A2 アッパー・イースト・サイド
住25 E. 77th St.(at Madison Ave.), NY 10075 地下鉄⑥77 St
☎(1-212)744-4300 Free(1-866)744-4300
FAX(1-212)606-3100
料SDT $715～1105 スイート$1295～1万
カード ADJMV 152 あり
無料 URL www.themarkhotel.com

アパート ホテル・ビーコン Hotel Beacon

ブロードウエイに面したアットホームなアパートホテル。レストランが密集し、リンカーン・センターも徒歩圏内。

別MAP P.20-B3 アッパー・ウエスト・サイド
住2130 Broadway (bet. 74th & 75th Sts.), NY 10023 地下鉄①②③72 St
☎(1-212)787-1100
Free(1-800)572-4969（予約）
料SDT $169～529 スイート$259～1449
カード ADJMV 276 あり 無料
URL www.beaconhotel.com

中級 ガーデンズ ソネスタ ES スイーツ ニューヨーク The Gardens Sonesta ES Suites New York

閑静な住宅地にあるオールスイートのホテル。キッチンには電子レンジや冷蔵庫も完備。家族連れにもおすすめ。

別MAP P.18-B1 アッパー・イースト・サイド
住215 E. 64th St.(bet. 2nd & 3rd Aves.), NY 10065 地下鉄ⒻⓆLexington Av/63 St
☎(1-212)355-1230 Free(1-866)233-4642（予約） 料スイート$232～1669
カード ADJMV 132 あり
$42の設備費に含む
URL www.affinia.com

中級 ホテル・ベレクレア The Hotel Belleclaire

セントラルパークや自然史博物館が徒歩圏内。アットホームな雰囲気で暮らしているように滞在できる。

別MAP P.20-A・B2 アッパー・ウエスト・サイド
住2175 Broadway (at 77th St.), NY 10024
地下鉄①79 St ☎(1-212)362-7700
☎(1-212)453-4036（予約）
料SDT $152～609 スイート$194～659
カード AMV 254 あり
$24.10の設備費に含む
URL www.hotelbelleclaire.com

中級 アロフト・ハーレム Aloft Harlem

寝具や設備にこだわり、エコにも気を配る。アポロシアターまで1ブロック半とハーレムの空気を感じられる。

別MAP P.29-C1 ハーレム
住2296 Frederick Douglass Blvd.(bet. 123rd & 124th Sts.), NY 10027
地下鉄ⒶⒸⒷⒹ125 St
☎(1-212)749-4000 Free(1-888)236-2427
日本 無料0120-142-890 FAX(1-212)678-6000
料SDT $149～442 カード ADMV 124
あり 無料 URL www.marriott.com

VOICE **ホテル・ビーコン** 全室にキッチンまたは簡易キッチン付き。付近にスーパーがたくさんあるので、ちょっとした調理ができる。地下鉄の72 St駅もすぐ。 （山口県 山本さや '22）〔'23〕

中級 アートハウス・ホテル
Arthouse Hotel

100年以上の歴史があるホテルで、1920年代のエレベーターも残る。客室は改装済みでモダンなインエリア。

別MAP P.20-B2 アッパー・ウエスト・サイド

住222 W. 77th St.(bet. Broadway & Amsterdam Ave.) 地下鉄❶79 St
☎(1-212)362-1100
料$279～ カードADJMV
291 あり
あり
URLwww.arthousehotelnyc.com

中級 ルツェルン・ホテル
The Lucerne Hotel

1904年に建てられたランドマーク的な建物。部屋は清潔でコスパは高い。スイートルームには簡易キッチンあり。

別MAP P.20-B2 アッパー・ウエスト・サイド

住201 W. 79th St.(at Amsterdam Ave.)
地下鉄❶79 St
☎(1-212)875-1000
料$189～ カードADJMV
200 あり
あり
URLthelucernehotel.com

中級 シックス・コロンバス
6 Columbus

ウエスト・パーク・ホテルが、歴史的な外観はそのまま、シックなホテルに再生。まるでギャラリーのようだ。

別MAP P.17-C2 アッパー・ウエスト・サイド

住308 W. 58th St.(at Columbus Circle), NY 10019 地下鉄ACBD❶59 St-Columbus Circle Free(1-877)544-0935 料SDT $143～729 スイート$429～829
カードAMV 88 あり
$34.43の設備費に含む
URL6columbushotel.com

エコノミー リバーサイド・タワー・ホテル
Riverside Tower Hotel

ハドソン川に面して建つホテル。全室に冷蔵庫と電子レンジがあり、フロントに頼めば食器も貸してくれる。

別MAP P.20-A2 アッパー・ウエスト・サイド

住80 Riverside Dr.(at 80th St.), NY 10024
地下鉄❶79 St
☎(1-212)877-5200 Free(1-800)724-3136(予約) FAX(1-212)873-1400
料SDT $115～189 カードAJMV
120 あり 無料
URLriversidetowerhotel.com

YMCA ウエスト・サイドYMCA
West Side YMCA

セントラルパークへ半ブロック。充実したジムがあり、無料で利用できる。比較的清潔。ロビーにPCあり。

別MAP P.17-C1 アッパー・ウエスト・サイド

住5 W. 63rd St.(bet. Broadway & Central Park West), NY 10023 地下鉄ACBD❶59 St-Columbus Circle ☎(1-212)912-2600
料S $82～136、D $97～160(バス・トイレ共同、一部2段ベッド) D $162～215、クワッド $270～304 カードAJMV 374 あり
$10の設備費に含む URLwww.ymcanyc.org

ホステル ハイ・ニューヨークシティ
Hi New York City

会員でなくても会費(1泊$4)を払えば宿泊可。ドミトリーと個室があり、明るい雰囲気。夏期は予約を。

別MAP P.24-B1 アッパー・ウエスト・サイド

住891 Amsterdam Ave.(at 103rd St.), NY 10025 地下鉄❶103 St
☎(1-212)932-2300
料ドミトリー $71～99 個室 $260～280
カードADJMV
724ベッド あり 無料
URLwww.hiusa.org

ホステル ジャズ・オン・ザ・パーク・ホステル
Jazz on the Park Hostel

閑静な場所にある家族経営のホステル。わりとこぎれいで、BBQパーティなどのイベントも行うことも。

別MAP P.25-C1 アッパー・ウエスト・サイド

住36 W. 106th St.(bet. Central Park West & Manhattan Ave.), NY 10025
地下鉄BCCathedral Pkwy(110 St)
☎(1-212)932-1600 FAX(1-212)932-1700
料ドミトリー $86～109 個室 $182～228
カードAMV 41 なし
無料 URLなし

シャンプー　目覚まし時計　バスタブ　コーヒーメーカー　有線LAN　電子レンジ　ビジネスセンター　コンシェルジュ
ドライヤー　室内金庫　冷蔵庫　ミニバー　Wi-Fi　キッチン キチネット　エレベーター　無料の朝食

ブルックリン

ワン・ホテル・ブルックリン・ブリッジ
デザイナーズ
1 Hotel Brooklyn Bridge

ブルックリン・ブリッジの横。公園内にあり、マンハッタンの絶景が望める屋上プールとラウンジが人気。

別MAP P.41-A1 ダンボ
住60 Furman St.(Brooklyn Bridge Park内), Brooklyn, NY 11201 地下鉄ⒶⒸHigh St
☎(1-347)696-2500 Free(1-833)625-6111(予約) FAX(1-347)696-2599
料DT$288〜796 スイート$524〜5000
カードADJMV 194 あり $51.64の設備費に含む URLwww.1hotels.com

ワイス・ホテル
デザイナーズ
Wythe Hotel

むき出しのコンクリートや赤れんがを生かした、ロフトタイプのホテル。壁一面がガラスで覆われ、開放感たっぷり。

別MAP P.38-B1 ウイリアムズバーグ
住80 Wythe Ave.(at N. 11th St.), Brooklyn, NY 11249
地下鉄ⓁBedford Av
☎(1-718)460-8000 FAX(1-718)460-8001
料SD$265〜645 カードADJMV
69 あり 無料
URLwythehotel.com

ホクストン
デザイナーズ
The Hoxton

ウイリアムズバーグにあるデザイナーズホテル。インテリアのセンスが抜群でマンハッタンの景色が楽しめる客室もある。

別MAP P.38-B1 ウイリアムズバーグ
住97 Wythe Ave.(bet. N. 9th & N. 10th St.)
地下鉄ⓁBedford Av
☎(1-718)215-7100
料$260〜 カードADJMV
175 あり
あり
URLthehoxton.com

ヌー・ホテル
デザイナーズ
Nu Hotel

白を基調としたモダンなインテリア。デザイナーズルームもある。ボコカにあり、比較的お手頃な値段で泊まれる。

別MAP P.42-B2 ボコカ
住85 Smith St.(at Atlantic Ave.), Brooklyn, NY 11201 地下鉄ⒶⒸⒼHoyt Schermerhorn Sts
☎(1-718)852-8585 FAX(1-718)852-8558
料SD$99〜526 T$124〜559 スイート$239〜657 カードADJMV
93 あり $17.21の設備費に含む
URLwww.nuhotelbrooklyn.com

アロフト・ブルックリン
デザイナーズ
Aloft Brooklyn

スタイリッシュなデザインでフィットネスセンターも完備。肩の凝らない心地よさがあり、こだわりの寝具が人気。

別MAP P.42-B2 ダウンタウン・ブルックリン
住216 Duffield St.(bet. Willoughby & Fulton Sts.), Brooklyn, NY 11201
地下鉄❷❸Hoyt St ☎(1-718)256-3833 FAX(1-718)256-3855 Free(1-888)236-2427
日本予約 無料0120-142-890 料SD$119〜603 T$126〜619 カードADJMV 176
あり 無料 URLwww.marriott.com

アーロ
デザイナーズ
Arlo

旧ウイリアムズバーグ・ホテルが名称とブランドを変更してオープン。ブルックリンらしい赤れんがの外観は健在。

別MAP P.38-B1 ウイリアムズバーグ
住96 Wythe Ave.(bet. N. 10th & N. 11th St.)
地下鉄ⓁBedford Av
☎(1-718)362-8100
料$359〜 カードADJMV
146 あり
あり
URLwww.arlohotels.com

ホテル・ル・ブルー
デザイナーズ
Hotel Le Bleu

ブルックリンの中心にあるスタイリッシュなホテル。ビジネス、観光によし。Wi-Fi無料。朝食サービスあり。

別MAP P.44-A1 パークスロープ
住370 4th Ave.(bet. 3rd & 6th Sts.), Brooklyn, NY 11215 地下鉄ⒻⒼⓇ4 Av-9 St
☎(1-718)625-1500 Free(1-866)427-6073
料SDT$140〜540
カードAMV 48 あり 無料
URLwww.hotellebleu.com

♥エクスプレス・チェックアウト クレジットカードで支払う場合、レセプションに立ち寄る必要なくチェックアウトできる。ドアの下に届けられる計算書にサインしてカギと一緒にキードロップに入れれば終了。

デザイナーズ エース・ホテル・ブルックリン
Ace Hotel Brooklyn

シアトル発人気ホテルチェーン、エースがブルックリンに。バークレーズ・センターやBAMに近い。

別MAP P.43-C2 ダウンタウン・ブルックリン
住252 Schermerhorn St.(near Bond St.), Brooklyn, NY 11217
地下鉄ⒶⒸⒼHoyt-Schermerhorn St
☎(1-718)313-3636
料$370〜
カード A D J M V　287　あり
Wi-Fi $14.95　URL acehotel.com/brooklyn

高級 ニューヨーク・マリオット・ブルックリン・ブリッジ
New York Marriott at the Brooklyn Bridge

ブルックリン・ブリッジまで徒歩圏。客室は広く清潔で、上階からは対岸が見える。館内に美容室やATMがある。

別MAP P.42-B1 ダウンタウン・ブルックリン
住333 Adams St.(bet. Johnson & Fulton Sts.), Brooklyn, NY 11201　地下鉄ⒶⒸⒻⓇ Jay St-Metro Tech　☎(1-718)246-7000　Free(1-888)236-2427　日本予約 無料0120-142-890　料SDT $176〜551　スイート $328〜5200　カード A D J M V　666　あり
Wi-Fi $14.95　URL www.marriott.com

中級 ホリデイイン・エクスプレス・ブルックリン
Holiday Inn Express Brooklyn

メイモナイズ・パークでメッツのマイナーリーグ、サイクロンズを見るのにも便利。ちょっと豪華な朝食が付く。

別MAP P.43-C4 ボコカ
住625 Union St.(bet. 3rd & 4th Aves.), Brooklyn, NY 11215　地下鉄ⓇUnion St
☎(1-718)797-1133　Free(1-800)465-4329
日本予約 無料0120-677-651
料SDT $127〜362
カード A D J M V　115　あり
Wi-Fi 無料　URL www.ihg.com

中級 ポッド・ブルックリン
Pod Brooklyn

コスパ大でおなじみのPodがブルックリンにも登場。Bedford Av駅を中心にブルックリン観光するなら便利。

別MAP P.38-B3 ウイリアムズバーグ
住247 Metropolitan Ave.(near Driggs Ave.), Brooklyn, NY 11211
地下鉄ⓁBedford Av　☎(1-844)763-7666
料DT $119〜419　2段ベッド $119〜319
カード A D J M V　249　あり
Wi-Fi $22.95の設備費に含む
URL www.thepodhotel.com

ホステル ニューヨーク・ムーア・ホステル
NY Moore Hostel

イースト・ウイリアムズバーグに位置するおしゃれなホステル。ドミトリーだけでなく3人用個室もある。

別MAP P.40-A3 ブッシュウィック
住179 Moore St.(near Bushwick Ave.), Brooklyn, NY11206
地下鉄ⓁMontrose Av　☎(1-347)227-8634
FAX(1-347)377-2072　料ドミトリー1人$76〜92、個室(バス・トイレあり)1人$92〜150
カード A D J M V　32　あり
Wi-Fi 無料　URL www.nymoorehostel.com

サブレットとエアビーアンドビーについて

サブレットとは、NYに住んでいる人が帰省や旅行などで不在になるときに、自分の部屋を期間限定で貸し出すシステム。たいていは1ヵ月の家賃を日割りにした金額、あるいは日割りの金額プラスアルファで貸し出すので、ホテルよりリーズナブルに滞在できる。サブレット募集の告知は、下記などで探せる。
URL www.add7.net(日本語)
URL newyork.vivinavi.com(日本語)

一方、民泊サービスの「エアビーアンドビーAirbnb」は、ウェブサイトを通じて自分の家の部屋やアパートを旅行者に貸し出すもの。
URL www.airbnb.jp/new-york-ny/stays

いずれにしても、他人の家に泊まるわけなので、利用を考えている人は自己責任のうえ、慎重に選ぶようにしたい。

シャンプー　目覚まし時計　バスタブ　コーヒーメーカー　有線LAN　電子レンジ　ビジネスセンター　コンシェルジュ
ドライヤー　室内金庫　冷蔵庫　ミニバー　Wi-Fi　キッチン キチネット　エレベーター　無料の朝食

クイーンズそのほか

デザイナーズ ボロ・ホテル Boro Hotel

部屋は広く清潔でおしゃれ。マンハッタンビューの部屋は景色もよく人気。39 Av駅から徒歩約4分なのでアクセスもよい。

別MAP P.46-B3 ロング・アイランド・シティ
住38-28 27th St.(bet. 38th & 39th Aves.), Long Island City, NY 11101 地下鉄Ⓝⓦ39 Av
☎(1-718)433-1375
料スタジオSD$120～337、ペントハウス$620～800 カードADJMV 108
あり $21.81の設備費に含む
URL www.borohotel.com

高級 ラベル・ホテル Ravel Hotel

クイーンズボロ・ブリッジのたもとにある隠れ家的なブティックホテル。マンハッタンの眺めが美しい。

別MAP P.46-A3 ロング・アイランド・シティ
住8-08 Queens Plaza. S.(at Vernon Blvd.), Long Island City, NY 11101
地下鉄Ⓕ21 St-Queensbridge ☎(1-718)578-4376 Free(1-800)843-2400 FAX(1-718)289-7919 料SD $120～359 T $159～400 スイート $599～899 カードADJMV 113
あり 無料 URL www.wyndhamhotels.com

エコノミー レッド・ライオン・イン・アンド・スイーツ Red Lion Inn & Suites

マンハッタンを出てひとつ目のQueensboro Plaza駅を降りて1ブロック。MoMA P.S.1も徒歩圏内。朝食付き。

別MAP P.46-B3 ロング・アイランド・シティ
住42-24 Crescent St.(at 42nd Rd.), Long Island City, NY 11101
地下鉄ⓃⓌ⑦Queensboro Plaza
☎(1-718)303-3700 Free(1-800)733-5466
料SDT $120～230
カードADJMV 80 あり 無料
URL www.redlion.com

チェーン ホーム2スイーツ・バイ・ヒルトン Home2 Suites by Hilton

最寄り駅から徒歩約1分。リノベーションされた広い部屋も魅力。全室キッチン付き。コインランドリーあり。

別MAP P.46-B3 ロング・アイランド・シティ
住39-06 30th St.(at 39th Ave.), Long Island City, NY11101 地下鉄ⓃⓌ39 Av
☎(1-718)706-6262 Free(1-877)646-6302
日本予約 無料0120-489-852(23区外)
料スタジオSDT $146～369 スイート $149～421 カードAMV 115 あり
無料 URL www.hilton.com

高級 ハイアット・リージェンシー・ジャージーシティ Hyatt Regency Jersey City on the Hudson

Exchange Pl駅上にある。平日はホテルに近いPaulus Hook乗り場からマンハッタンのピア11までフェリーも出航。

別MAP P.47-A2 ジャージーシティ(NJ)
住2 Exchange Pl.(ハドソン・リバー沿い), Jersey City, NJ 07302 列車パストレイン：Exchange Pl駅 ☎(1-201)469-1234
FAX(1-201)432-4991 日本予約 無料0120-923-299
料SDT $196～570 スイート $1100～1300
カードADMV 350
あり 無料 URL www.hyatt.com

中級 コートヤード・ジャージーシティ・ニューポート Courtyard Jersey City Newport

パストレインでマンハッタンまで10分。駅のすぐ隣にあり、ホテルの周りはショッピングモールで便利。全館禁煙。

別MAP P.47-A2 ホーボーケン(NJ)
住540 Washington Blvd., Jersey City, NJ 07310 列車パストレイン：Newport駅
☎(1-201)626-6600 Free(1-888)236-2427
日本予約 無料0120-142-890 FAX(1-201)626-6601
料SDT $147～599 スイート $189～519
カードADJMV 187 あり 無料
URL www.marriott.com

エコノミー ホーランド・ホテル Holland Hotel

パストレインでワールド・トレード・センター駅からふたつ目。Newport駅上のモールから1ブロック。

別MAP P.47-A2 ジャージーシティ(NJ)
住175 12th St., Jersey City, NJ 07310
列車パストレイン：Newport駅
☎(1-201)963-6200
料SD $120～289
カードADMV 71 あり
無料
URL thehollandhotel.com

♥ジャージーシティ(NJ州)のホテル ロウアー・マンハッタンの対岸にありマンハッタンの景色を眺められることもあり、ホテル料も高騰している。とはいえマンハッタンよりはまだ抑えめ。マンハッタンへはフェリー、PATHトレイン、NJトランジットのバスなどでアクセスできる。

Museum & Gallery

ミュージアムとギャラリー

Photo : Nicholas-Knight

Museumに行く前に 知っておきたいアートのこと！

アートに詳しくなくても、これだけ押さえておけば大丈夫！

印象派

1874年にモネ、ルノワールらがパリで私的に開催した展示会で、モネが発表した作品『印象、日の出』から名づけられた。光の動きをいかに表現するかを重視し、絵全体が色彩に富む。絵画中に明確な線が見られないことも特徴。

★ルノワール、モネ、ドガ、マネ、シスレーなど

ルノワール Pierre-Auguste Renoir

フランスのリモージュに生まれ、若い頃は陶器の絵付け職人として働く。明るい色彩で人物を描き、色の魔術師といわれた。『メンデスの娘たちThe Daughters of Catulle Mendes』(メット)など。

ゴッホ Vincent Van Gogh

オランダで生まれ、事務員、教師、伝道師を経て27歳で画家になる。画商の弟テオに支えられながら創作活動を続け、日本の浮世絵の模写や収集にも励んだ。37歳でピストル自殺。生前に売れた作品は1枚だけだった。『星月夜The Starry Night』(モマ)など。

ポスト印象派 (後期印象派)

印象派に続いて19世紀末の20年間にフランスを中心に活躍した前衛画家たちを指す。印象派の影響を受けながらも、原始的な題材や激しい色彩の導入など独自の特徴を生み出し、20世紀美術の先駆けとなる個性的な画風を確立した。　★ゴッホ、セザンヌ、ゴーギャン、スーラ、ロートレックなど

モネ
Claude Monet

パリで生まれ、16歳のときに風景画家ブーダンから自然の美しさを学ぶ。1874年、第1回印象派展に『印象、日の出』を出展し、これが「印象派」の名称の由来となる。晩年は、200点以上の睡蓮の連作を描き続けた。『睡蓮Water Lilies』(モマ)など。

ドガ
Edgar Degas

銀行家の息子としてパリに生まれる。法律を学んだ後、国立美術学校に進学し、イタリアに留学。その後マネと出会い、印象派に傾倒していった。踊り子を題材にした作品が多い。『ダンス教室The Dancing Class』(メット)など。

セザンヌ
Paul Cezanne

南仏の裕福な家に生まれ、法科大学進学後、1861年に画家を目指してパリに移り住んだ。初期の作品は理解されなかったが、晩年に故郷に戻ってからは巨匠としての地位を確立し、後に近代絵画の父と呼ばれた。『水浴する人The Bather』(モマ)など。

ロマン主義

格調高く均整の取れた古典主義絵画に対立する動きとして19世紀初頭に起こった。色彩による強い感情表現が特徴。フランスロマン主義絵画を代表するドラクロワは、強烈な色彩と動的な構図で劇的な場面を描いた。

★ゴヤ、ドラクロワ、フリードリヒ、フィリップ・オットー・ルンゲなど

ゴヤ
Francisco José de Goya y Lucientes

スペイン北東部サラゴサ近郊の町に生まれ、イタリアで学ぶ。スペイン最大の宮廷画家として活躍した。『マヌエル・オソーリオ・マンリーケ・デ・スニガの肖像Manuel Osorio Manrique de Zuniga』(メット)など。

フォーヴィスム
(野獣派)

1905年にパリで開催された展覧会で、一群の作品の強烈な色彩と奔放なタッチを見た批評家が「野獣の檻(フォーヴ)の中にいるようだ」と評したことに由来する。感覚を重視し、心が感じる色彩を表現した。

★マティス、ルオー、アンドレ・ドラン、モーリス・ド・ヴラマンクなど

マティス
Henri Matisse

フランスで生まれ、初めは法律家を志すが、20歳を過ぎて画家に転向。1905年に単純化した線と強烈な色彩による作品を発表し、野獣派(フォーヴィスム)と呼ばれるようになる。『ダンスDance(I)』(モマ)など。

表現主義

20世紀初頭にドイツで生まれた芸術運動「ドイツ表現主義」とその影響を受けた作品を指す。「青騎士」や「ブリュッケ」などの表現主義グループができた。誇張表現、象徴的な色使いが特徴で、人間心理にも焦点を当てる。

★カンディンスキー、キルヒナー、エミール・ノルデなど

カンディンスキー
Wassily Kandinsky

ロシア出身。ドイツのミュンヘンで学び、前衛芸術運動で活躍する。1910年から1913年までに描かれた『コンポジション』(グッゲンハイム美術館)シリーズが代表作。ほかに『青い山Blue Mountain』(グッゲンハイム美術館)など。

キュビスム
（立体派）

セザンヌの影響を受けたパブロ・ピカソとジョルジュ・ブラックが、自然や人間を単純な形体に還元して描いたことから始まった。ピカソによって1907年に描かれた『アヴィニョンの娘たちLes Demoiselles d' Avignon』（モマ）がキュビスムの出発点といわれる。

★ピカソ、ジョルジュ・ブラック、フェルナン・レジェ、フアン・グリスなど

ピカソ
Pablo Picasso

スペインのマラガで生まれる。父親は美術教師で、幼少から非凡な絵の才能を示す。パリを拠点に青の時代、バラ色の時代、キュビスム、新古典主義など独特のスタイルを展開。91歳で死去するまで膨大な作品を残した。上記のほか、『鏡の前の少女Girl before a Mirror』（モマ）など。

シュールレアリズム
（超現実主義）

仏の詩人アンドレ・ブルトンによって1924年に提唱された芸術運動。先導したのは詩人たちだったが、やがて多くの画家が参加し、潜在的意識や集団意識、夢の世界を重視して理性に支配されることのない状態を表現した。

★ダリ、ミロ、マックス・エルンスト、キリコ、マグリットなど

ダリ
Salvador Dalí

スペインのカタルーニャ地方出身。シュールレアリズムの代表的な作家として知られる。「天才」と自称して、数々の奇行や逸話がある。『記憶の固執The Persistence of Memory』（モマ）など。

アッシュカン・スクール
（ごみ箱派）

1908年、ロバート・ヘンリを中心とする8人の画家がNYでグループ展を開催。貧しい人々の生活や都市部の荒廃を率直に描いたことから、批評家からAshcan School（ごみ箱派）と名づけられた。アメリカンアートの出発点。

★ホッパー、ロバート・ヘンリ、ジョージ・ルクス、ジョージ・ベローズ、ジョン・スローンなど

ホッパー
Edward Hopper

NY市郊外ナイアック出身。NYの美術学校で学んだあと、1906年パリへ留学。帰国後は商業イラストレーターとして活躍したが、後に絵画に専念し、大都会に生きる人々の虚無と孤独を描いた。『路線脇の家House by the Railroad』（モマ）、『日曜の早朝Early Sunday Morning』（ホイットニー美術館）など。

素朴派

税関職員であったルソーのように、正規の美術教育を受けずに、独学で制作したアーティストたちを指すことが多い。ナイーヴ・アート、パントル・ナイーフなどとも呼ばれる。

★アンリ・ルソー、グランマ・モーゼスなど

ルソー
Henri Julien Félix Rousseau

フランス出身。パリの税関に勤務しながら絵を描いていたことから、素朴派とされる。ただし、代表作のほとんどは退職後の50代に描かれている。『夢Le Rêve』（モマ）、『眠れるジプシー女La Bohémienne endormie』（モマ）など。

抽象表現主義

1940年から1950年を中心に描かれた抽象絵画のひとつの傾向。識別できるイメージを描かず、ポロックに代表されるように、巨大なキャンバスに精神的な自己表現をする作品が多い。ニューヨーク派とも呼ばれる。
★ポロック、オキーフ、ゴーキー、リー・クラスナー、ウィレム・デ・クーニングなど

オキーフ
Georgia O'Keeffe

ウィスコンシン州生まれの女性画家。商業デザイナーや美術教師の仕事を経て、写真家アルフレッド・スティーグリッツと結婚。ニューメキシコの荒野に移住してからはそのライフスタイルも注目され、98歳まで生きた。『サマーデイズ Summer Days』（ホイットニー美術館）など。

ポロック
Jackson Pollock

ワイオミング州出身。ロスアンゼルスの高校を経て、NYの美術学校に入学。1945年に画家のリー・クラスナーと結婚し、1947年に「ドリッピング技法」を完成。飲酒運転による交通事故で44年の生涯を終えた。『ワン・ナンバー31 One:Number31,1950』（モマ）など。

ポップアート

1950年代のイギリスで誕生し、特に1960年代のアメリカの大量消費社会を背景に発展した現代美術。わかりやすい絵柄と鮮やかな色彩が特徴的。
★ウォーホル、リキテンスタイン、ジャスパー・ジョーンズ、デイヴィッド・ホックニーなど

ジャスパー・ジョーンズ
Jasper Johns

アメリカ、ジョージア州出身。少年期をサウスカロライナで過ごしNYへ。アメリカ国旗、数字や文字などをモチーフにした作品が多い。『旗Flags』（モマ）など。

ウォーホル
Andy Warhol

ペンシルバニア州ピッツバーグ出身。大学卒業後NYに移り、1960年代からシルクスクリーン技法を使うようになる。1970年代〜80年代にかけては肖像画を発表する一方、世界中で個展を開催。享年58歳。生涯独身だった。『キャンベルのスープ缶 Cambell's Soup Cans』（モマ）、『ゴールデン・マリリン・モンロー Gold Marilyn Monroe』（モマ）など。

リキテンスタイン
Roy Lichtenstein

NY市出身。オハイオ州立大学で美術の修士号を取得。1960年代から漫画のひとコマを拡大した作品を発表し、ポップアートの代表的存在となる。版画や立体の制作でも知られる。73歳で死去。『ボールを持つ少女Girl with Ball』（モマ）など。

ミュージアム

NY は芸術の宝庫だ。ストリートの看板、壁のペインティングなど、すべてがアートにあふれている。普段は興味がない人でも気軽に触れてみよう。

美術館巡りを成功させるコツ

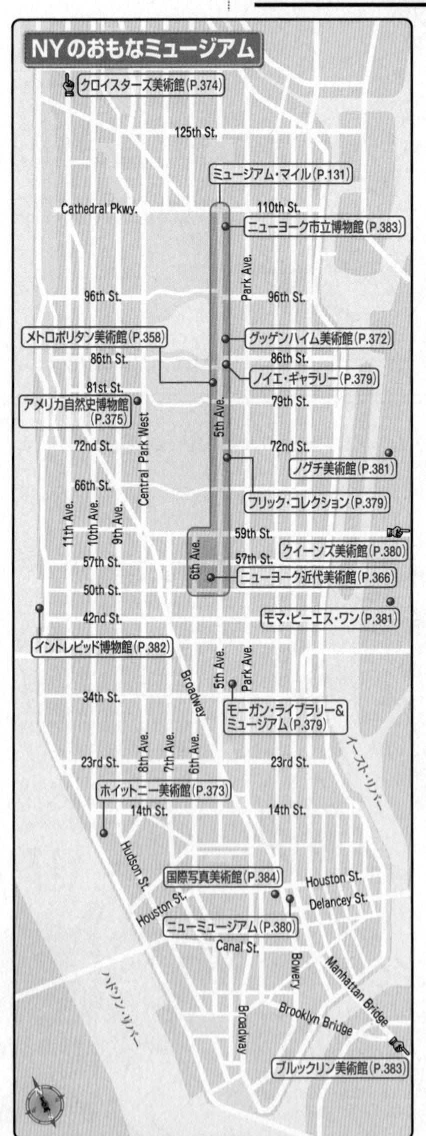

①人気美術館へは朝一番に

メトロポリタン美術館、近代美術館といった美術館は人気なので人も多い。すいている時間帯というのはないが、早い時間に出かけるほうがよい。

②1日に何ヵ所も行かない

駆け足で観たのでは、印象も薄れ、数だけこなしたという結果になってしまう。観たい美術館を絞って、1ヵ所に最低3時間はかけたい。無料のハイライトツアーに参加するのもいい。

③必要なら事前に予約・購入を

美術館のなかにはオンラインでの予約制のところもある。特にシティパスを使用するなら時間指定を忘れずに。ちなみに、ニューヨーク近代美術館はオンライン予約で $2 ディスカウントしてくれる。

④身軽な格好でじっくり鑑賞

重い荷物を持って作品を観て回るのは大変なので、チェックルーム（クローク）で荷物やコートを預かってもらおう。預けるのは無料。スーツケースなど規定のサイズ以上の荷物は預けることができない。飲食の持ち込みも不可（ペットボトルの水のみ可）。

⑤美術館、ギャラリーはすべて禁煙

屋内は基本的にすべて禁煙。屋外でも公園を含む公共の場は禁煙。NYは喫煙に厳しい街なので注意。

⑥展示作品について

常設作品でも、時期により展示されていないことも多い。作品の展示時期はウェブで確認できる。

エリアにより異なるアートシーン

　有名な大美術館にはじまり、こぢんまりした美術館、現在のアートシーンを見せてくれるユニークなギャラリーまでさまざまに楽しめるニューヨーク。大まかだが、以下、エリアごとにアートシーンが異なる。

①アッパー・イースト・サイド：メガ級美術館がいっぱい。
②チェルシー：ギャラリーシーンの中心。
③ソーホー：非営利団体ギャラリーが多い。
④クイーンズとブルックリン：新進アートが中心。

フラッシュなしなら写真撮影できる美術館も

カフェだけでも利用価値大

大きな美術館にはレストランやカフェのフロアがある。入館料不要のところもあるので休憩に使うのもよい。

セルフサービス形式のカフェテリアも多い

おもなミュージアムの開館時間

<table>
<tr><th>エリア</th><th>ミュージアム名</th><th>ページ</th><th>月</th><th>火</th><th>水</th><th>木</th><th>金</th><th>土</th><th>日</th></tr>
<tr><td rowspan="5">アッパー・イースト</td><td>メトロポリタン美術館</td><td>P.358</td><td colspan="2">10:00〜17:00</td><td>休</td><td>10:00〜17:00</td><td colspan="2">10:00〜21:00</td><td>10:00〜17:00</td></tr>
<tr><td>グッゲンハイム美術館</td><td>P.372</td><td colspan="5">11:00〜18:00</td><td>11:00〜20:00</td><td>11:00〜18:00</td></tr>
<tr><td>フリック・コレクション</td><td>P.379</td><td colspan="3">休</td><td colspan="4">10:00〜18:00</td></tr>
<tr><td>ニューヨーク市立博物館</td><td>P.383</td><td>10:00〜17:00</td><td colspan="2">休</td><td>10:00〜21:00</td><td colspan="3">10:00〜17:00</td></tr>
<tr><td>ノイエ・ギャラリー</td><td>P.379</td><td>11:00〜18:00</td><td colspan="2">休</td><td colspan="4">11:00〜18:00</td></tr>
<tr><td rowspan="2">ワシントン・ハイツ アッパー・ウエスト</td><td>クロイスターズ美術館</td><td>P.374</td><td colspan="2">10:00〜17:00</td><td>休</td><td colspan="4">10:00〜17:00</td></tr>
<tr><td>アメリカ自然史博物館</td><td>P.375</td><td colspan="7">10:00〜17:30</td></tr>
<tr><td>ミッドタウン</td><td>ニューヨーク近代美術館</td><td>P.366</td><td colspan="5">10:30〜17:30</td><td>10:30〜19:00</td><td>10:30〜17:30</td></tr>
<tr><td>MPD</td><td>ホイットニー美術館</td><td>P.373</td><td>10:30〜18:00</td><td>休</td><td colspan="2">10:30〜18:00</td><td>10:30〜22:00</td><td colspan="2">10:30〜18:00</td></tr>
<tr><td>LES</td><td>ニューミュージアム</td><td>P.380</td><td>休</td><td colspan="2">11:00〜18:00</td><td>11:00〜21:00</td><td colspan="3">11:00〜18:00</td></tr>
<tr><td rowspan="3">クイーンズ</td><td>モマ・ピーエス・ワン</td><td>P.381</td><td>12:00〜18:00</td><td colspan="2">休</td><td colspan="2">12:00〜18:00</td><td>12:00〜20:00</td><td>12:00〜18:00</td></tr>
<tr><td>ノグチ美術館</td><td>P.381</td><td colspan="2">休</td><td colspan="5">11:00〜18:00</td></tr>
<tr><td>クイーンズ美術館</td><td>P.380</td><td colspan="2">休</td><td colspan="3">12:00〜17:00</td><td colspan="2">11:00〜17:00</td></tr>
<tr><td>ブルックリン</td><td>ブルックリン美術館</td><td>P.383</td><td colspan="2">休</td><td colspan="5">11:00〜18:00
(第1土曜17:00〜23:00)</td></tr>
</table>

は、通常より遅くまで開いている曜日を示しています。（2023年12月現在）

Pay-What-You-Wish　料金＝Pay-What-You-Wishとは、任意払いのこと。基本的に自分の決めた金額でかまわない。任意払いの日は混雑覚悟で。

➡P.61

メトロポリタン美術館
The Metropolitan Museum of Art

おすすめ度➤★★★

住1000 5th Ave.(at 82nd St.)
地下鉄④⑤⑥ 86th Stより徒歩約10分
バスM1、M2、M3、M4、M86(83th St. または5th Ave. あたりで下車)
☎(1-212) 535-7710
開日〜火、木10:00〜17:00、金・土10:00〜21:00
休水、サンクスギビング、12/25、1/1、5月の第1月曜日
料大人 $30、シニア(65歳以上) $22、学生$17、12歳未満は大人同伴の場合無料
URL www.metmuseum.org(日本語あり)

美術の教科書で目にしたことのある名作から近代アートまで、さまざまな作品が堪能できる

メトロポリタン美術館(メット)

The Metropolitan Museum of Art (Met) 別MAP P.22-A1

文化遺産が詰まったメガ美術館

ロンドンの大英博物館、サンクトペテルブルクのエルミタージュ、パリのルーヴルと並ぶコレクションの多さで、その数は200万点以上。ギャラリー数は世界最多を誇り、全コレクションの約4分の1が展示され、残り4分の3は収蔵庫に眠る。年間をとおして約70の特別展を開催しており、そちらも好評なので、常設展と組み合わせた予定を立てたい。なお、頻繁に作品の入れ替えをしているので注意。

1日かけてゆっくり鑑賞したい

館内ツアーに参加しよう

ミュージアム・ハイライト・ツアー

毎日開催(英語)。日本語は、木・金・日曜11:15〜12:15(2023年12月現在)。ほかの言語もある。スケジュールは随時見直されるのでウェブで確認を。ほかにも、リーマン・コレクションや中世美術などテーマごとのハイライトツアー、子供向けツアーなどがある。

動画で予習を

ウェブサイトには音声ガイドやテーマ別の解説ビデオが豊富に用意されている。一部、ポッドキャストもある。
URL www.metmuseum.org/metmedia

日本語ツアーにぜひ参加しよう

❤**美術館に行く前にアプリのダウンロードがおすすめ** 作品の展示場所をナビゲートしてくれたり、オーディオツアー(一部の作品は日本語紹介もあり)も楽しめる。あらかじめダウンロードしておけばオフラインでも利用可能。ウェブサイトからアクセスを。なかにはiPhoneのみの対応もあるので注意。

コレクション概要

※展示は2023年12月現在のものです。展示内容や位置は変更になることがあります。①～⑱の各番号は、P.360、362の館内図と対応しています。

① ギリシアとローマ美術
ギリシアとローマ時代の彫刻、絵画、青銅、ガラス、宝石など、1万7000点以上のなかから展示。
1、2階

② マイケル・ロックフェラー・ウイング アフリカ・オセアニア・南北アメリカ美術
紀元前3000年の考古学品から20世紀まで、幅広い時代の工芸品を展示する。
1階

③ 近代美術
1900年から現在までの絵画、デッサン、彫刻、デザイン、建築などを扱っている。エコール・ド・パリの作品やピカソもある。
1、2階

④ ヨーロッパ彫刻・装飾美術
所蔵品は約5万点を超える。彫刻、木工作品、家具、染色などを公開。
1階

⑤ ロバート・リーマン・コレクション
リーマンブラザーズ証券のCEOだったリーマン氏のコレクション。リーマン邸の室内の雰囲気をそのまま伝えている。
地階、1階

⑥ 中世美術
ケルト美術、ビザンティンと中世初期の財宝、ゴシック彫刻などを展示。
1階

⑦ 武器・甲冑
5世紀から19世紀に及ぶ作品を蔵する。西ヨーロッパと日本のコレクションが多い。
1階

⑧ アメリカン・ウイング
17世紀から20世紀初頭のアメリカ美術史に欠かせない著名な作品が充実している。
1、2、3階

⑨ エジプト美術
2万6000点のコレクションのなかから、石器時代の30万年前から紀元後400年までの作品を年代順に展示。
1階

⑩ 19世紀、20世紀初期ヨーロッパの絵画・彫刻
フランスとロマン派から後期印象派までヨーロッパ絵画が中心。ロダンの彫刻も。
2階

⑪ ヨーロッパ絵画
13世紀から19世紀まで、約2500点の名作が揃う。レンブラント、フェルメールなど17世紀オランダの巨匠の作品は必見。
2階

⑫ 素描と版画
特に15世紀ドイツ、18世紀イタリア、19世紀フランスの作品が充実している。版画を含む印刷物のコレクションは120万点に及ぶ。
2階

⑬ 古代中近東美術
紀元前8世紀から紀元後7世紀までの、イランやシリア、トルコなどの美術品を展示。
2階

⑭ アジア美術
イスラム、中央アジア、南アジア、韓国・朝鮮、日本、中国と、アジア全域の美術を幅広く展示。欧米で最大のコレクションを誇る。
2、3階

⑮ 楽器
さまざまな国の古代から現代までの楽器を約5000点のコレクションのなかから展示。パイプオルガンは必見。
2階

⑯ 写真
19世紀のフランスやイギリスから、アメリカ西部の自然や先住民をフィルムに収めたティモシー・オサリバンなどを展示する。
2階

⑰ アラブ諸国、トルコ、イラン、中央アジア、後期南アジア美術
16世紀のペルシャ絨毯、アラビアンタイルを施した噴水、中世のコーランなども展示している。
2階

⑱ ギフトショップ
関連書籍、ミニチュア、雑貨などが充実している。美術館オリジナル商品はおみやげに人気。
1、2階

VOICE **メットの日本語館内ツアー**　気に留めなかった作品のよさを確認でき、日本語だったので理解も深まった。ガイドさんにより紹介する作品が異なるようなのでまた参加したい。（京都府　えりりん　'23）

【おもな作品 1階】

ギリシア・ローマ美術、エジプト美術、近代美術などのコレクションが中心。家具の展示もある。

『ブロイ公妃』J・A・D・アングル、『ティファニーのガラス工芸』など。

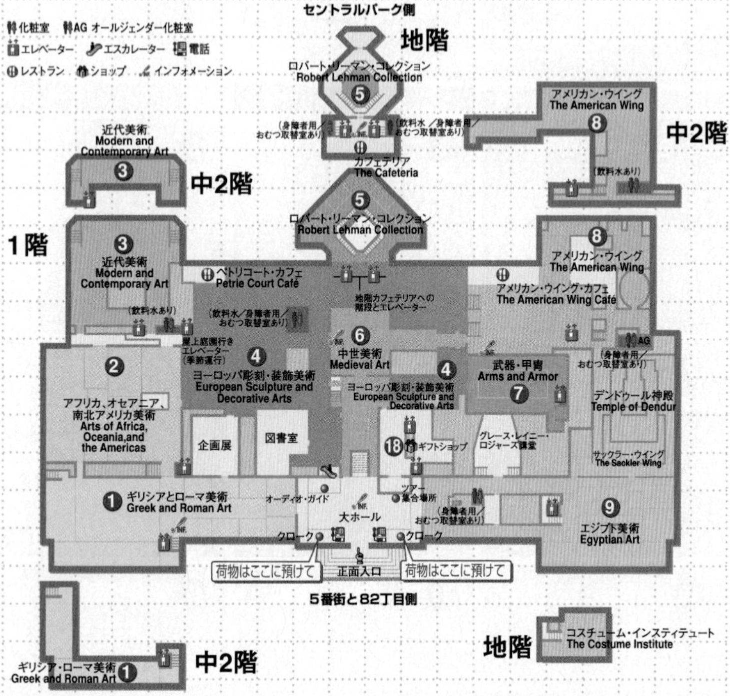

セントラルパーク側

化粧室　AG オールジェンダー化粧室
エレベーター　エスカレーター　電話
レストラン　ショップ　インフォメーション

地階
ロバート・リーマン・コレクション Robert Lehman Collection 5
（身障者用／おむつ取替室あり）
（飲料水／身障者用／おむつ取替室あり）
カフェテリア The Cafeteria

中2階
アメリカン・ウイング The American Wing 8
（飲料水あり）

中2階
近代美術 Modern and Contemporary Art 3

1階
5 ロバート・リーマン・コレクション Robert Lehman Collection
3 近代美術 Modern and Contemporary Art
（飲料水あり）
ペトリコート・カフェ Petrie Court Café
（飲料水／身障者用／おむつ取替室あり）
地階カフェテリアへの階段とエレベーター
8 アメリカン・ウイング The American Wing
アメリカン・ウイング・カフェ The American Wing Café
（身障者用／おむつ取替室あり）
屋上庭園行きエレベーター（季節運行）
2 アフリカ、オセアニア、南北アメリカ美術 Arts of Africa, Oceania, and the Americas
4 ヨーロッパ彫刻・装飾美術 European Sculpture and Decorative Arts
6 中世美術 Medieval Art
4 ヨーロッパ彫刻・装飾美術 European Sculpture and Decorative Arts
7 武器・甲冑 Arms and Armor
デンドゥール神殿 Temple of Dendur
企画展
図書室
18 ギフトショップ
グレース・レイニー・ロジャーズ講堂
サックラー・ウイング The Sackler Wing
1 ギリシアとローマ美術 Greek and Roman Art
オーディオ・ガイド
ツアー集合場所
大ホール
（身障者用／おむつ取替室あり）
9 エジプト美術 Egyptian Art
クローク　クローク
荷物はここに預けて　正面入口　荷物はここに預けて
5番街と82丁目側

中2階
ギリシア・ローマ美術 Greek and Roman Art 1

地階
コスチューム・インスティテュート The Costume Institute

デンドゥール神殿
The Temple of Dendur

◎（紀元前10年）

遺跡の保護に尽力したアメリカへ、エジプトからプレゼント。ナイル川のほとりを再現。中には神殿を建てたシーザーの浮き彫りが。必見！　1階❾131

※作品解説文の文末にある数字は、展示場所（セクションとギャラリー番号）に対応します。

眠るエロス像 *Sleeping Eros*

◎作者不明（紀元前3世紀～2世紀）

ギリシア神話の恋愛の神様エロス（キューピッド）像。弓矢を持たずに地上に横たわって、気持ちよさそうにお昼寝中？ 1階❶164

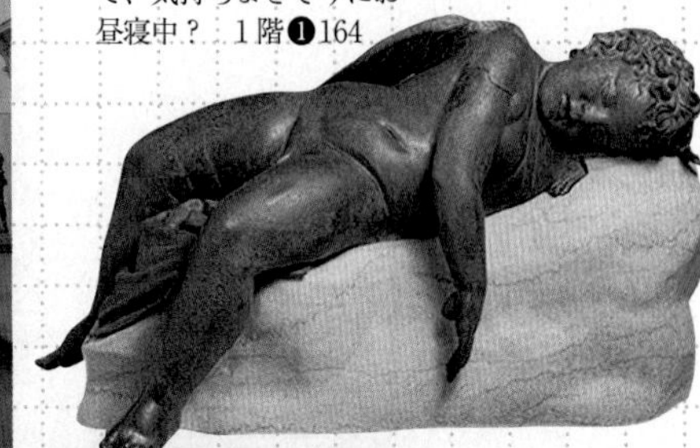

騎馬の中庭

Equestrian Court

◎クンス・ロヒナー（1548年頃）

中世の騎士が戦いに出る様子を再現。武具に迫力を与えている。先を走って逃げるフリをして写真を撮るのも楽しい。1階❼371

秋景

Autumn Landscape

◎ティファニー・スタジオ（1923年頃）

ティファニーが立ち上げたガラス工芸スタジオの作品とされている。色づく秋の景色をステンドグラスで色鮮やかに表現。1階❽700

カバ

Hippopotamus

◎作者不明（紀元前1961～1878年頃）

古代エジプトでは水中の怪物として恐れられたカバ。今はメットのマスコット「ウィリアム君」として人気者。1階❾136

デラウエア川を渡るワシントン

Washington Crossing the Delaware

◎エマヌエル・ロイツェ（1851年）

独立戦争中の1776年クリスマスにジョージ・ワシントン率いる大陸軍が渡河する様子。約4m×6mの大迫力！ 2階❽760

若かりしヘラクレス

Marble Statue of a Youthful Hercules

◎作者不明（紀元前69-96年）

約2.5mの迫力！ 人体構造や彫刻技術は見事。何千年も前に造られたのが信じられない。1階❶162

※展示は2023年12月現在のものです。
展示内容や位置は変更になることがあります。

おもな作品 2階

ヨーロッパ絵画、19世紀・20世紀のヨーロッパの絵画・彫刻などがある、この美術館のメインフロアともいえる。

『釣り』マネ、『マヌエル・オソーリオ・マンリケ・デ・スニガ』ゴヤ、『マグダラのマリア』ラ・トゥールなど。

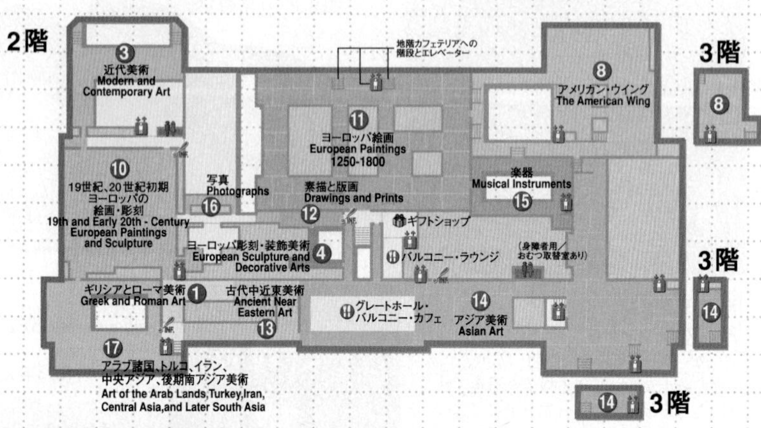

女占い師
The Fortune Teller

◎ジョルジュ・ド・ラ・トゥール（1630年頃）

右側のロマの老婆が若い男を占う間に、仲間の女性たちが男の所持品を盗もうとしている。17世紀の画家がよく扱ったテーマ。2階⓫622

信仰の寓意
Allegory of the Catholic Faith

◎ヨハネス・フェルメール（1670～72年頃）

悪に勝ち、信仰という美徳を求める姿を表現。モデルは実在の人物ではなく、信仰を擬人化。リンゴが転がるところからイブと推測。2階⓫614

ホメロスの胸像を見つめるアリストテレス
Aristotle with a Bust of Homer

◎レンブラント（1653年）

当時、人物の富と権力の象徴とされた肖像画を内面の表現重視で描いたもの。老いのシワも隠さず味わい深く仕上げた。2階⓫616

※作品解説文の文末にある数字は、展示場所（セクションとギャラリー番号）に対応します。

ピアノの前のマンデスの娘たち
The Daughters of Catulle Mendès
◎ルノワール（1888年）

ルノワールの友人で詩人のカチュール・マンデスが、愛人の女性作曲家ともうけた５人の子供のうちの３人。芸術一家の雰囲気。２階❿821

麦わら帽子の自画像
Self-Portrait with a Straw Hat
◎フィンセント・ファン・ゴッホ（1887年）

モデルなしでも描けるという理由から、20点以上の自画像を描いたゴッホ。この作品は練習用キャンバスの裏を使用している。２階❿825

マダムX
Madame X
◎ジョン・シンガー・サージェント（1883～1884年）

社交界の華であったゴートロー夫人がモデル。頭上の小さな冠は彼女の気品を表している。2023年11月現在、非公開

サーカスの客寄せ
Circus Sideshow
◎ジョルジュ・スーラ（1887～88年）

パリで客寄せ中のコルヴィサーカスを描いた、点描で有名なスーラの作品。ガス灯の下で演奏するトロンボーン奏者が幻想的。２階❿825

少女
Study of a Young Woman
◎ヨハネス・フェルメール（1665～67年頃）

特定のモデルはいない「トローニー」というジャンルの作品。薄い眉と広い額、優しい表情には、なぜかひきつけられる魅力が。２階⓫614

水差しを持つ若い女
Young Woman with a Water Pitcher
◎ヨハネス・フェルメール（1662年頃）

フェルメール・ブルーと呼ばれる鮮やかな青のドレスに注目。左側から光が差し込む部屋に立つ女性は、彼の典型的なテーマ。２階⓫614

※展示は2023年12月現在のものです。展示内容や位置は変更になることがあります。

メトロポリタン美術館の歩き方

事前にウェブをチェック

コレクションの数が多く展示内容が頻繁に変更になるため、行ったもののお目当ての作品が展示されていないこともある。ウェブやアプリのCollection Databaseで検索、見たい作品のギャラリー番号を控えておきたい。

無料マップを入手しよう

到着したら、まずは正面玄関のインフォメーションで無料マップを入手しよう。またはアプリのオーディオガイドを頼りに。日本語もあるが英語のほうが詳しい。興味があるテーマを選んでルートを決めてから回り始めよう。

無料ツアーを利用しよう

スタッフによる英語のツアーは毎日開催されている。日本語のハイライトツアー➡P.358は、時間のない人にわかりやすくておすすめ。

正面玄関を入るとある1階の大ホール

付近を散策することも

一度入館すれば当日は出入り自由。見学に疲れたらアッパー・イースト・サイド付近を散策して戻るのもいい。

ほかの注意点

館内のスケッチは鉛筆のみ可。そのほかの筆記用具は不可。写真撮影はOK(フラッシュ、動画、自撮り棒は不可)。

ファッションの祭典、メットガラ

毎年5月の第1月曜に開催されるイベント、メットガラ(Met Gala)。正式には「コスチューム・インスティチュート・ガラ」で、メットの地階にあるコスチューム・インスティチュートが開催のファッションの祭典のこと。オープニングは世界中から多くのセレブが参加することで注目されている。

立ち寄りたいミュージアムストア

館内にはオリジナルグッズを扱うショップが数ヵ所ある。巨大美術館らしく、扱う商品もバラエティ豊かで品数豊富。なかでもおすすめは、ロゴをモチーフにしたマグネットや所蔵作品をあしらったTシャツやトートバッグ。こちら以外にも、JFK空港ターミナル4、ニューアーク空港ターミナルCにもあるので要チェック。

キーチェーン、モネの指人形、MASTとのコラボチョコレートなどのギフト

もうひとつのお楽しみ カフェ＆レストラン Cafe & Restaurant

アートだけでなく、食事も楽しめるのも魅力。
どこもカジュアルな雰囲気で気軽に入れるのがいい。
金・土曜の夜はけっこうな混雑ぶり。

屋上庭園

The Cantor Rooftop Garden Bar

5階にあり、セントラルパークを一望できるスポット。大型アートが展示されることも。例年4月中旬～10月の営業。アクセスは1階近代美術そばのエレベーターから。

営日～火・木11:00～16:00、金・土11:00～20:00

季節限定営業だがタイミングが合えばぜひ足を運んでみて。夏～初秋の金・土の夕方はバーになる

バルコニー・ラウンジ

The Balcony Lounge

正面入口ホール2階のバルコニーにあるカフェ＆バー。金・土の17:00～はクラシック音楽の生演奏もある。

営日～火・木11:00～16:45（木9:00～）、金・土11:00～20:45

バーは週2回夕方からの営業。ワインやシャンパン、ビールなどのアルコール類あり

アメリカン・ウイング・カフェ

American Wing Cafe

1階正面から入ると右側奥のアメリカン・ウイングにある。サンドイッチ、エスプレッソなどの軽食が楽しめる。

営日～火・木11:00～16:00、金・土11:00～20:00

大きな窓からセントラルパークが見える。天気のいい日は明るく気持ちがよい

メット・ダイニングルーム

The Met Dining Room

4階にある広々としたダイニングで、セントラルパークを眺めながら、スターシェフBill Telepanによる季節のメニューがいただける。予約必須。

☎(212)570-3975
営月・火・木～土11:30～15:00、ディナーは金・土17:00～19:30のみ
※ジャケット着用（ビジネスカジュアル）

イータリー

The Eatery

日本にもあるイタリアンの高級グルメストア、イータリーがテナントに。地階にあり、手頃な値段のフードメニューが充実している。セルフサービス形式のカフェ。

営日～火・木～日11:00～16:00

1階ヨーロッパ彫刻から階段、エレベーターでアクセスを

ペトリコート・カフェ

Petrie Court Café

1階の西側、ヨーロッパ彫刻のエリアにあるセルフサービス形式のカフェ。セントラルパークに面していて開放的なムード。14:30から16:30はアフタヌーンティーメニューもある。

営日～火・木11:00～16:00、金・土11:00～20:00

天井が高くゆったりとした雰囲気。のんびりしたい人におすすめ

ニューヨーク近代美術館(MoMA)
おすすめ度➤★★★
住11 W. 53rd St. (bet. 5th & 6th Aves.)
地下鉄Ⓔ Ⓜ5 Av/53 St駅より徒歩約1分
バスM1、M2、M3、M4、M5(53 St.あたりで下車)
☎(1-212) 708-9400
開毎日10:30～17:30、土～19:00
休サンクスギビング、12/25、11/1
料美術館：大人$30、シニア(65歳以上)$22、学生$17、16歳以下(大人同伴)無料
※オンラインで購入すると、各$2割引
※当日は出入り自由。シアターで上映されるフィルム鑑賞料金も含む
URLwww.moma.org(日本語あり)
※チケットはウェブサイトからも買える。トップページのPlan your visit→Buy Tickets
※スケッチは鉛筆のみ可。スケッチブックの大きさ27.9cmX21.6cm以下

ニューヨーク近代美術館(モマ)

The Museum of Modern Art (MoMA) 別MAP P.36-B3

近現代アートの殿堂

世界のモダンアートの宝庫、ニューヨーク近代美術館(モマ)。マンハッタンの中心ミッドタウンに堂々と存在し、アクセスも便利なことから、ニューヨーカーをはじめ、世界中の人々に愛されている。

もともとは、1929年にジョン・D・ロックフェラーJr.夫人ら3人のニューヨーク市民によって設立。8枚の版画と1枚の素描画からスタートしたコレクションは今や15万点を超える数を誇る。2004年には日本人建築家、谷口吉生氏のデザインによってリニューアル。そして、2019年、展示エリアの拡張のため、さらなる改装を行った。ギャラリースペースを追加し、分野の垣根を越えた展示など、所蔵作品の見事なキュレーションに加え、いち早く斬新なアーティストとのコラボを行うなど、現代美術の発展と普及にも貢献している。ゴッホ、ピカソ、モネなどの著名な画家の代表作と共に、毎回注目される企画展も見逃せない。

ミッドタウンの真ん中に位置する　Photo:The Museum of Modern Art(MoMA)

モマを楽しく回るために

1 オーディオガイド

「Bloomberg Connects」というアプリをダウンロードする方法と、Web (www.moma.org/audio) にアクセスして開く方法がある。いずれも無料。

2 NY在住なら金曜夕方は無料

毎月第一金曜16:00～20:00は、入場が無料になる。ただし、NY市在住者が対象。

3 メンバー会員になる

Annual会員になると、入場料や上演フィルムが無料になる(年会費$65)。Access会員になると、さらに同伴者が$5で入場できたりミュージアムストアでの買い物が10～20%割引になる。年会費$110～。

4 持ち込みに注意

大きさ43×28×13cm以上の荷物はクロークに預ける。長い傘、キックスケーター、スケートボード、車輪付きバッグ、36×59×23cmを超える物品などは持ち込み禁止。

5 その他の禁止事項

喫煙、飲食物持ち込み、ギャラリーとシアターでの携帯電話の使用は禁止。写真は個人使用目的の場合のみ可能だが、フラッシュと三脚、動画、自撮り棒は禁止。

♥**MoMA**　隣接する高層ビルは、フランス人建築家ジャン・ヌーベル設計による「53 West 53」。こちらにもMoMAの新しいギャラリーが3つあり、上は住居になっている。

館内MAP

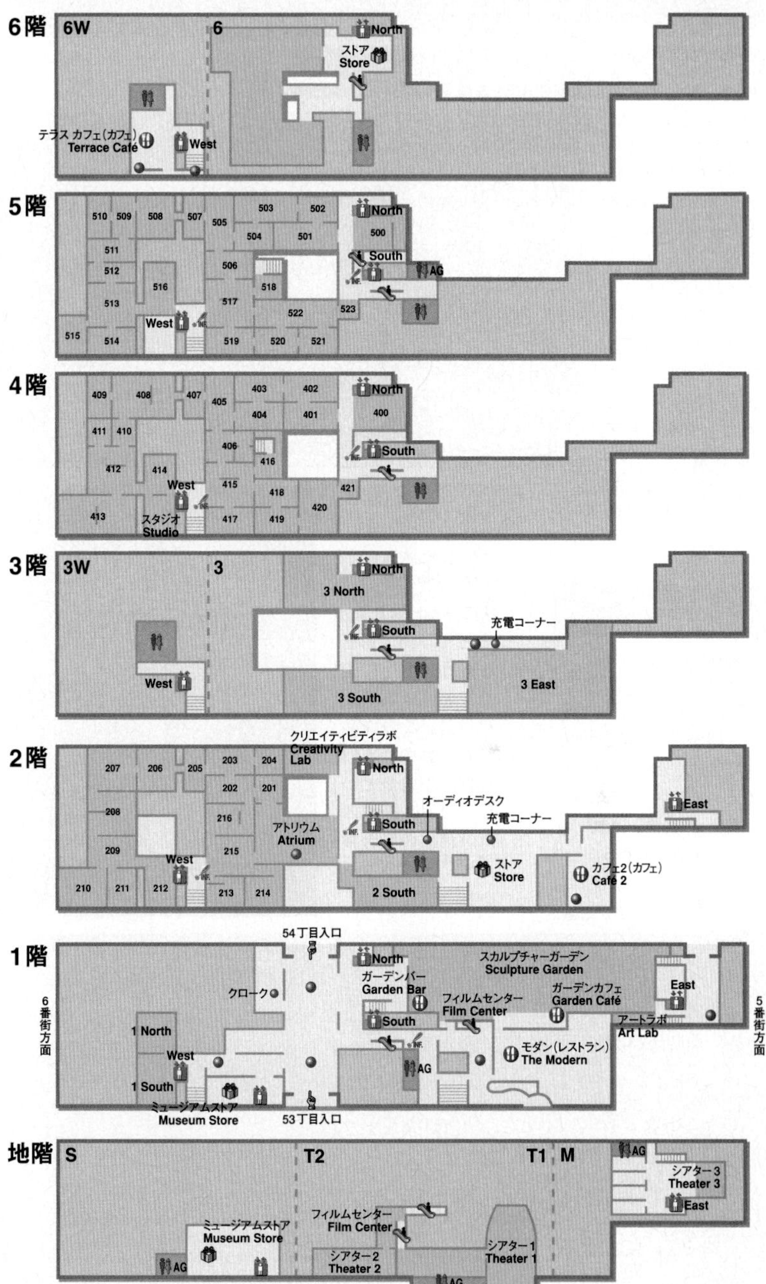

モマのギャラリーセッション 作品や美術館に対しての理解を深めるために行われる。詳細はウェブサイトか当日ロビーの掲示で確認を。開催は不定期(11:30〜、13:30〜)。予約不要で無料。

モマ・コレクション・ハイライト

ジャクソン・ポロック　Jackson Pollock

『ワン：ナンバー31』
one: number 31

キャンバスを床に敷き、その上から絵具を滴らせて制作するアクションペインティングで知られるポロックの傑作。スピード感や力強さと共に、繊細さや叙情性も持ち合わせ、観る者を引き込む作品。4階

セザンヌ
Paul Cézanne

『水浴する人』
The Bather

後のキュビスム（立体派）に大きな影響を与え、近代絵画の父と呼ばれるセザンヌ。この作品でも男性像は人物を表した肖像というより、直線や四角い色面の集合体として捉えられている。5階

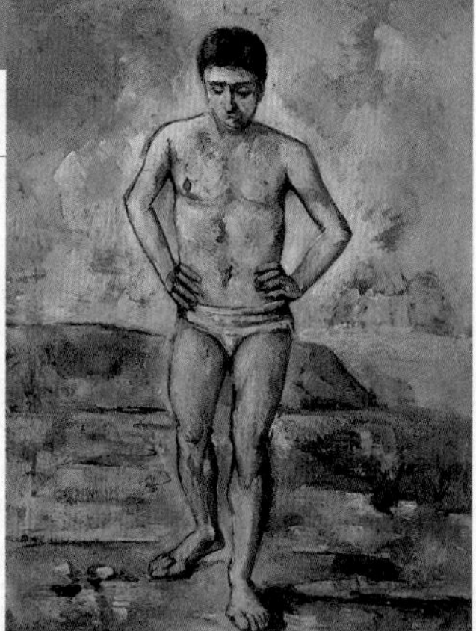

モ　ネ
Claude Monet

『睡蓮』
Water Lilies

『睡蓮 Water Lilies』三部作は、印象派の巨匠モネが80歳で完成させた。水面に映し出される空、そこに浮かぶ睡蓮の花と葉。太陽の光のもと永遠に変わることのない自然の美しさが見事に切り取られた傑作だ。5階

※展示は2023年12月現在のものです。展示内容や位置は変更になることがあります。

ロイ・リキテンスタイン Roy Lichtenstein

『ボールを持つ少女』Girl with Ball

広告用の写真をコミック形式で表現したもの。無機質だがノスタルジアが漂うユニークな作品。平らな色面を黒い線で囲む単調な画風で、漫画のひとコマを拡大し、通俗的な物のもつ美しさを引き出した。4階

マティスのコレクションも豊富

『赤いアトリエ　The Red Studio』
画面の装飾的統一を目指した作品。奥行きを示す斜線と単色の平面的な背景が見事に調和。

『ダンス　Dance（I）』
5階のギャラリー506に展示されていることが多い。

アンディ・ウォーホル Andy Warhol

『キャンベル・スープ缶』Campbell's Soup Cans

32種類のスープ缶が、写真から転写する版画の技法で描かれている。缶は同じデザインだが、ラベルの内容がすべて違うところに注目。ウォーホルは日常生活に主題を求め、難解な現代美術を一般にもわかりやすく身近なものにした。4階

『ゴールド・マリリン・モンロー』Gold Marilyn Monroe

ウォーホルは、映画スターや有名政治家を大衆文化の象徴として好んで描いた。モンローの自殺直後に制作されたこの作品もそのひとつ。4階

ゴッホ　Vincent Van Gogh

『星月夜』
The Starry Night

モマのコレクションのなかで最も有名な作品。精神疾患の療養のために滞在していた、南仏のサン・レミーにある施設の窓からの眺めにインスピレーションを得て描いたもの。躍動感のあるタッチで描かれた濃紺の夜空と、補色の黄色で描かれた三日月と星々のコントラストが印象に残るゴッホの代表作。5階

ピカソ　Pablo Picasso

『アヴィニヨンの娘たち』Les Demoiselles d'Avignon

モマの重要な作品のひとつ。キュビスム（立体派）の開花を示す作品。5階

ウィレム・デ・クーニング　Willem de Kooning

『ウーマン1』
Woman, I

抽象表現主義特有のアクションペインティングを感じさせる作品。制作当時70歳を超えていたとは思えない鮮やかな原色が印象的。クーニングの代表作でもある「ウーマン」シリーズのひとつ。
2023年11月現在、非公開

所蔵元：ニューヨーク近代美術館（モマ）The Museum of Modern Art（MoMA）

カフェ&レストラン

Cafe 2
カフェ・ツー

パスタ、パニーニなどが食べられるイタリアンカフェ。入口の壁がメニューになっているので、並んでいる間に目星をつけておこう。先に注文してお金を払い、席に着くと持ってきてくれる。2階にある。

営11:00～17:00
※入館者のみ利用可

The Modern
モダーン

モマのスカルプチャーガーデンが裏庭という贅沢なフレンチ・アメリカン・レストラン。モマの入場料を支払わなくても、食事をするためだけに入ることができる。

☎(1-212)333-1220
営ランチ月～土12:00～14:00
ディナー月～土18:00～20:30
バールームはランチ11:30～14:30、ディナー月～土17:00～21:00
※ジャケット着用（ビジネスカジュアル）

©Quentin Bacon

Terrace Café
テラス・カフェ

デザート、スープ、サラダをはじめ、お酒も飲めるカフェ。新館6階にあり、店内には現代アートが交替で展示されている。チップ不要なのもうれしい。

営11:00～17:00
※入館者のみ利用可

Photo:The Museum of Modern Art（MoMA）

ミュージアムストア&デザインストア

1、2、6、地階にある、モマ・ミュージアムストアには、2000冊にのぼるアート関係の本、ポスターやカードなどが充実している。モマによって開発された子供や家族向けのグッズもある。店の西側にあるショップ専用入口も利用できる。営10:30～18:30（土～19:30）

またモマの向かいにあるデザインストアでは、オフィス用品、ジュエリー、子供用品、インテリア、家具、照明器具など世界中のグッドデザイン商品とMoMAオリジナルグッズを揃える。スペシャルアート、建築、デザインなどに関する本など出版物も充実。ただし店内がやや狭いので、ゆっくり買い物するなら2階建てのソーホー店がおすすめ。

●53丁目店　別MAP P.36-B3
住44 W. 53rd St.　☎(1-212) 767-1050　営10:00～18:30（水～19:00、土～19:30）

●ソーホー店　別MAP P.31-C3

※日本にも支店あり。オンラインでも購入可。
URL www.momastore.org

美術館の向かいにある53丁目店

♥**MoMAデザインストア**　日本（表参道、京都、心斎橋、ロフト数店舗）にも旗艦店がある。NYで買うのとさほど変わらず、日本で購入できるのはうれしい限り。ニューヨークMoMAのメンバーシップ特典も利用可能。

➡P.61

グッゲンハイム美術館

おすすめ度➤★★★

住1071 5th Ave.
(at 89th St.)

地下鉄④⑤⑥86 St駅から徒歩約10分

バスM1、M2、M3、M4
(89th St.あたりで下車)

☎(1-212) 423-3500

開11:00～18:00(土～20:00)

休サンクスギビング、12/25

料大人$30、学生・シニア(65歳以上) $19、12歳未満無料、土17:00～20:00は任意払い

URLwww.guggenheim.org

※アプリによるオーディオツアー無料

※メンバーのみ入館可能な時間あり(月18:00～20:00)

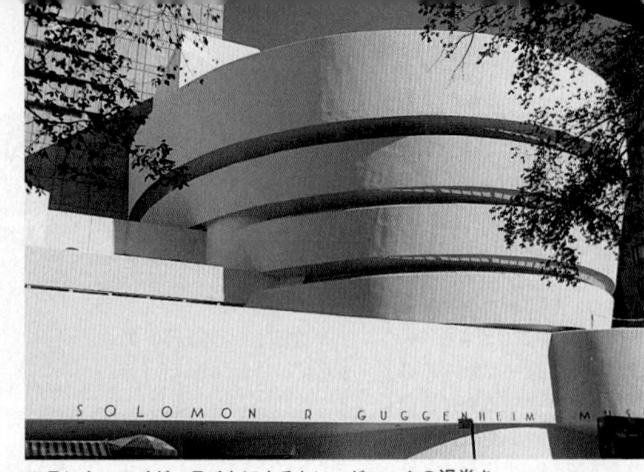

フランク・ロイド・ライトによるトレードマークの渦巻き

グッゲンハイム美術館

Solomon R. Guggenheim Museum 別MAP P.26-A4

セントラルパークの東、白いカタツムリの姿が目印

かの有名なフランク・ロイド・ライトによる設計のとても特徴的な建物。設計自体のモダンさが評価され、高級車アウディの米国でのCMにも起用された。まるで巨大な彫刻のようで、中はぐるぐると上まで続くらせん形の回廊を上る形で鑑賞できるため、一歩中に入ってから上を見上げて写真撮影する人があとを絶たない。

グッゲンハイムはかぎられたスペースをうまく使い、常設展は本館脇に展示しながら、特別展はらせん構造のメインエリアにて常に話題となるものを見せている。まずは下からゆっくりと上がって鑑賞し、頂上まで行ったあと来た道を下り、合間にある常設展をのぞく形がベスト。

世界一を誇るカンディンスキー・コレクション

グッゲンハイムは、カンディンスキーの作品が多いことでも知られる。彼は1866年モスクワ生まれ。30歳にして絵画を学ぶ決意をし、1903年から5年間ヨーロッパ諸国を放浪、アールヌーヴォーやフォーヴィスムといった画家の潮流に触れ、新しい絵画を模索した。

1922年からバウハウス(ドイツのワイマールに創立された総合造型学校)の教壇に立ち、ここで点、線や円、三角形などの幾何学的な形を用いて、それまでの作品とは異なる、新しい抽象画を描き始めた。バウハウス閉校の1933年以降フランスへ移り、制作を続けた。1944年没。

Gift, Solomon R. Guggenheim, 1937 37.239、Photograph by David Heald ©The Solomon R. Guggenheim Foundation, New York.、©ADAGP, Paris & JVACS, Tokyo, 2002
©Solomon R. Guggenheim Museum

♥**グッゲンハイム美術館**　撮影はOKだが三脚と自撮り棒は禁止。企画展によっては撮影禁止になることもある。スケッチは鉛筆のみ可。

ハイライン観光と一緒に訪れたい

ホイットニー美術館

Whitney Museum of American Art 別MAP P.8-B3

MPDにある近・現代アートの殿堂

鉄道王ヴァンダービルト家出身で、彫刻家だったホイットニー夫人が1931年に設立。グリニッチ・ビレッジの自身のアトリエを美術館に改装したのが始まり。その後、アッパー・イースト・サイドに移転、2015年現在の場所に新規移転オープンした。豊富なアメリカンアートの所蔵品は見せ方に定評があり、近年では、大型のインスタレーションやパフォーマンスを含む展示も注目されている。ハイラインとハドソン・リバーの間にある8階建ての建物は、イタリアの有名建築家レンゾ・ピアノの設計で、屋外にも広々とした展示スペースが設けられている。

数年に1回開催されるホイットニー・ビエンナーレWhitney Biennialは、キュレーターおすすめの通常とは趣向の異なる展示内容が人気。次回の日程はウェブサイトで。

ホイットニー美術館

おすすめ度★★★

住 99 Gansevoort St. (bet. 10th Ave. & Washington St.)

地下鉄 A C E 14 St L 8 Av

バス M11、12、14A、14D (10th Ave. & 14th St.あたりで下車)

☎ (1-212) 570-3600

営 10:30〜18:00、金〜22:00

休 火、サンクスギビング、12/25

料 大人$30、シニア・学生$24、18歳以下無料、金17:00〜22:00と毎月第二日曜は無料

URL whitney.org

※館内ツアー

Wi-Fiによるモバイルツアーや、オーディオガイドの貸し出しが行われている。

ホイットニー美術館　作品ハイライト

3階と5〜8階に展示があり、展示内容は頻繁に変わる。2019年11月からは、ホイットニーのコレクションの中から1950〜2019年の作品をセレクトし、陶器、織物など工芸品におけるアートの探求、また日用品を採り入れたアートなどにスポットを当てて、大衆文化と芸術について考察する展示が行われている。ほかにジョージア・オキーフやエドワード・ホッパーらの展示もある。また、近々ジャスパー・ジョーンズ展も開催される予定なので必見。5〜7階の屋外ギャラリーもチェックしよう。

自然光のなか、ゆったり鑑賞できる

『午前7時』（1948年）などホッパーの13作品を展示中

Frenchette Bakery at the Whitney　トライベッカにあるベーカリーがホイットニー美術館1階に2023年秋にオープンした。観葉植物が並べられた緑の空間でペイストリーやコーヒーなどが楽しめる。

NEW YORK CityPASS

➡P.61

クロイスターズ美術館

おすすめ度➤★★

住99 Margaret Corbin Dr., Fort Tryon Park
地下鉄Ⓐ190 St駅より徒歩約8分。下車後、バスM4に乗りひとつめの終点下車。または地下鉄下車後、Margaret Corbin Dr.を北へ徒歩約10分
バスM4（終点Margaret Corbin Dr. & Cloistersで下車）
☎(1-212)923-3700
開10:00〜17:00
休水、サンクスギビング、12/25、1/1
料大人$30、シニア（65歳以上）$22、学生$17、12歳以下（大人同伴）無料
URLwww.metmuseum.org

中世の修道院の遺物を集めて造られた

クロイスターズ美術館

The Cloisters　別MAP P.47-B1

中世の修道院で神聖な気分になる

マンハッタンの北端、ハドソン・リバー沿いのフォート・トライオン・パークの丘に立つクロイスターズ美術館は、メトロポリタン美術館の分館であり、ジョン・D・ロックフェラーによって建てられた。

クロイスターCloisterとは本来、修道院の回廊のことで、この建物の中核である回廊から名づけられた。ここにはフランスやスペインなど中世の修道院の遺物が集められており、中世の信仰への深く熱い思いに満ちていて、神聖な気分にさせられる。なかでもロマネスクとゴシック期の建築彫刻は2000以上の良質なコレクションを誇る。また、祭壇のステンドグラスは見事。中心部からは少し遠いが、訪れる価値ありの美術館だ。

クロイスターズ美術館　作品ハイライト

クロイスターズの中核といえるのが『クサの回廊』。スペインの国境に近い南フランス、クサにあったミシェル修道院のロマネスク回廊。1913年、12の柱、25の基部、7つのアーチをNYへ運び、原形の約半分サイズの回廊が造り上げられた。また、初期フランドル絵画の傑作である『受胎告知の三連祭壇画Annunciation Triptych』（ギャラリー19）、1500年頃の旧フランス王家、ロシュフーコー家ゆかりの作品『捕獲された一角獣 The Unicorn in Captivity』（ギャラリー17）も見逃せない作品だ。

『クサの回廊』Cuxa Cloister

『受胎告知の三連祭壇画』
Annunciation Triptych
©The Metropolitan Museum of Art

♥**クロイスターズ美術館**　同日ならメットにも入場できる（メットの入場券でもクロイスターズに入場可）。4〜10月には中庭にオープンするカフェ、Trie Cafeで休憩するのがおすすめ。

アッパー・ウエスト・サイドの住宅地にある

アメリカ自然史博物館

American Museum of Natural History 別MAP P.21-C2

「自然と人間との対話」がテーマ

　セントラルパークの西、西77丁目から西81丁目にかけての広い敷地に立つアメリカ自然史博物館は、1869年に設立された。テーマは「自然と人間との対話」。化石や生物など自然界はもちろん、さまざまな環境で発展した人間の文化や歴史といった人類学的な範囲まで、地球全体の進化を包括する。

　設立に際し、土地と建物はニューヨーク市が提供したが、運営資金は多くの市民の寄付で賄われた。設立後約100年の間は、資金集めのため探検調査や展示室の増築を繰り返し、徐々に現在の巨大な博物館へと成長。コレクションは約3400万点、毎年約500万人の来館者があり、あらゆる分野の研究員を抱えている。2023年5月には、敷地内にギルダー・センターという新館が完成。洞窟のような空間では、革新的でさまざまな展示が楽しめる。

➡P.61

アメリカ自然史博物館

おすすめ度➤★★★

住200 Central Park West (at 79th St.)

地下鉄Ⓑ©81 St駅すぐ
※地下鉄駅と直結

バスM79 (Central Park Westあたりで下車)
M7、M10、M11 (79th St.あたりで下車)

☎(1-212) 769-5100

開10:00〜17:30

休サンクスギビング、12/25

料大人$28、学生(要ID)・シニア(60歳以上) $22、3〜12歳$16
※ローズ地球・宇宙センター含む。その他、IMAXシアターなどとのコンビネーション・チケットあり

URL www.amnh.org

新たな科学ホール、ギルダー・センター

　Columbus Ave.に面してたたずむ曲線美のスタイリッシュな建物が、2023年5月にオープンしたアメリカ自然史博物館の新館、ギルダー・センターGilder Center。シカゴが本社の建築・都市デザイン事務所スタジオ・ギャングが設計。4階建てのユニークで広々とした館内には、アリ、ハチ、バッタなど身近な昆虫や蝶のギャラリーを中心に、次世代型の学習施設や大型スクリーンのシアター、ギフトショップ、レストランなどがある。フロア間は階段で行き来ができ、博物館本館にも各フロアでつながっている。こちらも必ず立ち寄りたい。

ニューヨークの最新スポットとしても人気

館内での注意　撮影は内蔵フラッシュを含めてOK。三脚と自撮り棒は禁止。プラネタリウムでは全面撮影禁止。子供の肩車も禁止されている。

アメリカ自然史博物館
FIRST FLOOR

1階 ハイライト

『宝石・鉱物』
Mignone Hall of Gems and Minerals

アメリカ最大級の隕石、トパーズ、世界最大のサファイアがある。改装のため閉鎖中。❶

©C.Chesek

『北米の哺乳類』
Bernard Family Hall of North American Mammals

バッファローやムースなどの大きな哺乳類から小動物まで、40以上のジオラマが並ぶ。❷

©J.Beckett/D. Finnin

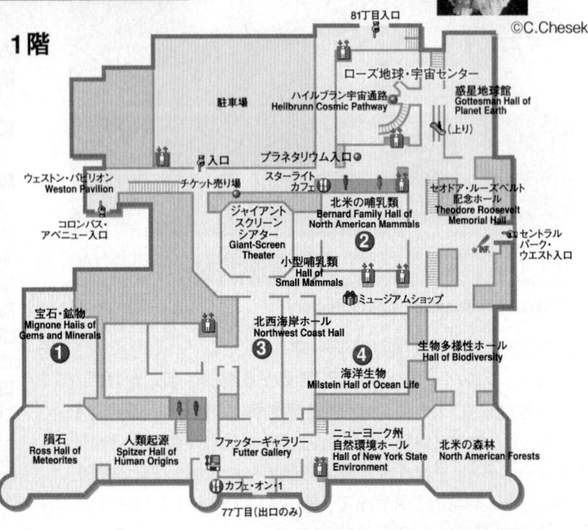

地階

プラネタリウムショップ
チケット売り場
クローク
Will Call
チケット引渡し
駐車場
(入口は1階)
カルマン宇宙ホール
Callman Hall of the Universe
ローズ地球・宇宙センター
ブラックホール・シアター
Black Hole Theater
フードコート
チケット売り場
地下鉄81丁目駅入口
チケット売り場
スクール・ランチルーム

化粧室　エレベーター
電話　エスカレーター
レストラン　階段
ショップ　インフォメーション

©American Museum of Natural History

『北西海岸ホール』
Northwest Coast Hall

ここでの見ものは、カナダのクイーン・シャーロット島に代々住んできたハイダ族の巨大カヌー。2023年12月現在、非公開。❸

©J.Beckett/D. Finnin

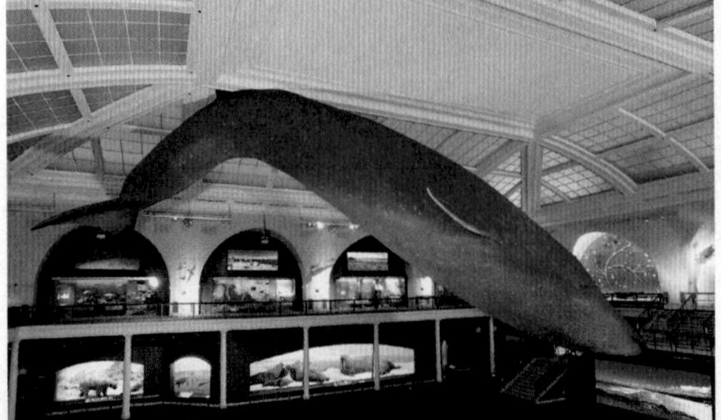

『海洋生物』
Milstein Hall of Ocean Life

天井からつり下がるシロナガスクジラのジオラマがいちばんの見どころ。そのほか、さまざまな環境の海に生息する魚類や哺乳類、鳥類のジオラマが展示してある。❹

©AMNH/D. Finnin

SECOND FLOOR
THIRD FLOOR

2階 3階

セントラルパーク側の2階が正面入口。NY出身の大統領セオドア・ルーズベルトの像や世界で最も背が高い恐竜の化石が出迎えてくれる。❶

©AMNH/D. Finnin

『ローズ地球・宇宙センター』Rose Center for Earth and Space

プラネタリウムやビッグ・バン・シアターを含むエキシビションエリア。暗くなると神秘的に浮かび上がってまさに宇宙のようなイメージ。1〜3階からなる。❷

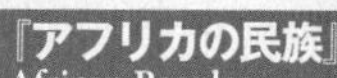

『アフリカの民族』African Peoples

砂漠、ジャングル、川辺と異なる環境に住む人々の生活の違いがわかる。祖先を崇拝する祭りの場面も展示され、アフリカ音楽の流れるパワーあふれるフロア。❸

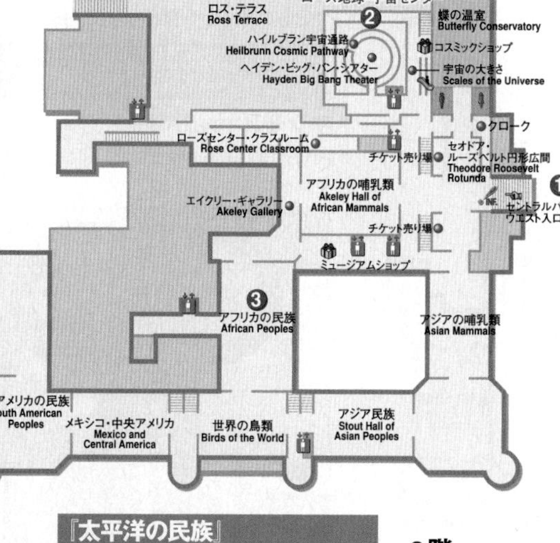

化粧室
電話
レストラン
ショップ
エレベーター
エスカレーター
階段
インフォメーション

3階

地球・宇宙ローズセンター
❷
ヘイデン・プラネタリウム
Hayden Planetarium
（1階よりアクセス）
アフリカの哺乳類
Akeley Hall of African Mammals
ニューヨーク市の鳥類
New York City Birds
ニューヨーク州の哺乳類
New York State Mammals
❹
太平洋の民族
Margaret Mead Hall of Pacific Peoples
北米の鳥類
Sanford Hall of North American Birds
爬虫類と両生類
Reptiles and Amphibians
平原インディアン
Plains Indians
東部森林地帯インディアン
Eastern Woodlands Indians
霊長類
Primates
特別展示ギャラリー3

『太平洋の民族』Margaret Mead Hall of Pacific Peoples

ミクロネシアやポリネシア、メラネシア、インドネシア、オーストラリア先住民の作品は、色彩も鮮やかで、どこか明るい雰囲気が漂う。展示室の最奥に、世界七不思議のひとつであるイースター島のモアイ像がたたずんでいる。❹

©D. Finnin

FOURTH FLOOR 4階

博物館最大の呼び物である化石があるフロア。約1万1000年前の氷河期までに絶滅したマンモス、マストドンも並ぶ。標本は600点を超え、約85%はレプリカではなく本物の化石だ。

『竜盤類恐竜』 Saurlschian Dinosaurs

アロサウルス Allosaurus

かつて地球上に存在した最大級の肉食恐竜のひとつ。❶

ティラノサウルス Tyrannosaurus rex

約6850〜6550万年前の北アメリカ大陸に生息していた肉食恐竜。このように本物で完全な形は珍しい。❷

4階

化粧室
電話
レストラン
ショップ
エレベーター
エスカレーター
階段
インフォメーション

❶❷ 竜盤類恐竜 Saurischian Dinosaurs
ダイナストア
研究図書室 Research Library
❹ 脊椎動物の起源 Vertebrate Origins
鳥盤類恐竜 Ornithischian Dinosaurs
オリエンテーションセンター Wallach Orientation Center
❸ 進化した哺乳類 Milstein Hall of Advanced Mammals
原始哺乳類 Primitive Mammals
カフェ・オン 4
アスター小塔 Astor Turret

『進化した哺乳類』 Milstein Hall Advanced Mammals

マンモス Mammoth

約1万1000年前のマンモス。インディアナ州で発掘された。❸

『脊椎動物の起源』 Vertebrate Origins

生物の進化を表す系統樹ごとのまとまりで、脊椎動物の進化の過程がわかるよう展示してある。❹

王道アートを鑑賞する ★ そうそうたる美術品が観られる。

歴史的有名人の自筆楽譜は必見

モーガン・ライブラリー&ミュージアム
The Morgan Library & Museum

別MAP P.14-A2 ミッドタウン・イースト

銀行家のジョン・ピアポント・モーガン氏のコレクションを集めたライブラリー&ミュージアム。ナポレオンなど歴史的有名人の自筆原稿、モーツァルト（交響曲第35番ハフナー）やベートーベン（交響曲第7番）の自筆楽譜がある。

マディソン・アベニューにあるモダンな建物

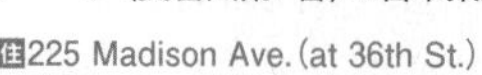

住225 Madison Ave.（at 36th St.）
地下鉄⑥33 St ☎（1-212）685-0008
開火～日10:30～17:00（金～19:00）
休月、サンクスギビング、12/25、1/1
料大人＄22、シニア（65歳以上）$14・学生（要ID）＄13
※金曜17:00～19:00は入場無料、ウェブサイトから要予約。12歳以下は大人同伴の場合無料
URLwww.themorgan.org

ルネッサンス期から近代まで

フリック・コレクション
The Frick Collection

別MAP P.22-A3 アッパー・イースト・サイド

ピッツバーグの実業家ヘンリー・クレイ・フリックが収集したコレクションを展示。ルネッサンス期、ロココ期から近代までと幅広い内容だ。コレクション数は1000点以上。

建物はフリック氏自身の邸宅だった

フェルメールの作品を3点所蔵

住1 E. 70th St.（bet. 5th & Madison Aves.）
地下鉄⑥68 St/Hunter College
☎（1-212）288-0700 開木～日10:00～18:00
休月～水・祝 料大人＄22、シニア（65歳以上）$17、学生（要ID）$12、10歳未満入場禁止
※木曜16:00～18:00は任意払い URLwww.frick.org
※2023年11月現在、改装工事中。その間フリック・マディソン（Frick Madison）としてメット・ブロイヤーがあった別MAP P.22-A3で営業中

ウィーン風コーヒーが味わえるカフェあり

ノイエ・ギャラリー
Neue Galerie

別MAP P.22-A1 アッパー・イースト・サイド

20世紀初期のドイツとオーストリアの一般・装飾美術が展示されている。エスティ・ローダー社のR・ローダー氏のコレクションは必見。ウィーンのサロンを再現したカフェ・サバースキー（→P.196）も併設。撮影禁止。

ヨーロッパを思わせる館内

NYのランドマークでもある建物

住1048 5th Ave.（at 86th St.） 地下鉄④⑤⑥86 St ☎（1-212）628-6200 開木～月11:00～18:00 休火・水・祝 料大人＄25、シニア（65歳以上）＄16、学生（要ID）$12、※12～16歳は大人の同伴が必要。12歳未満は入場不可
※毎月第1金曜17:00～20:00は入場無料
URLwww.neuegalerie.org

Cooper-Hewitt, Smithsonian Design Museum アンドリュー・カーネギーの大邸宅を使ったデザインがテーマの美術館。Using the Penという電子ペンを使って楽しめるシステムも導入。
別MAP P.26-A4 開10:00～18:00（火～20:00） URLwww.cooperhewitt.org

近代アートに親しむ ★ 斬新な企画展や若手アーティストに注目。

日本を再確認!

ジャパン・ソサエティ Japan Society

別MAP P.19-C4 ミッドタウン・イースト

2階のギャラリーフロアでは、世界へ日本美術を発信すべく、常にユニークで興味深い展覧会を開催している。

住333 E. 47th St. (bet. 1st & 2nd Aves.) 地下鉄④⑤⑥⑦ⓈGrand Central-42 St ☎(1-212) 832-1155 開ギャラリーは木～日12:00～18:00 (水～金12:00～13:00はメンバー限定) 休月・火 (ギャラリー以外は開いている) 料大人$12、学生・シニア$10、16歳未満無料(第1金曜16:00～18:00は無料) URLwww.japansociety.org

クラフトとアートデザインの融合

ミュージアム・オブ・アート&デザイン Museum of Arts & Design

別MAP P.17-C2 アッパー・ウエスト・サイド

ガラス、粘土、木、スチールなどのクラフトと現代アートを展開。無料のハイライトツアーを1日2回 (11:30、14:30) 行っている。

住2 Columbus Circle 地下鉄ⒶⒷⒸⒹ①59 St-Columbus Circle ☎(1-212) 299-7777 開火～日10:00～18:00 (12/24、31～15:00) 休月、サンクスギビング、12/25 料大人$18、シニア$14、学生$12、18歳以下無料 (木曜は半額) URLwww.madmuseum.org

革新的な現代アートの数々

ニューミュージアム New Museum

別MAP P.6-A1 ロウアー・イースト・サイド

若手アーティストの発表の空間として設立された美術館。まるで巨大彫刻のようなユニークな建物を手がけたのは、日本人建築ユニットのSANAA (妹島和世+西沢立衛)。

ロウアー・イースト・サイドに堂々と建つ

軽食を楽しめるカフェも併設

住235 Bowery (near Prince St.) 地下鉄ⒿⓏBowery ☎(1-212) 219-1222 開火～日11:00～18:00 (木～21:00) 休月 料大人$18、シニア$15、学生$12、18歳以下無料 (木曜19:00～21:00は任意の寄付。推奨ミニマムは$2) URLwww.newmuseum.org

ディアの展示をマンハッタンで

ディア・チェルシー Dia Chelsea

別MAP P.12-B4 チェルシー

ディア・ビーコン(→P.381) を設立した芸術財団によるプロジェクト。改装のため閉鎖していたが2021年4月に再オープン。

住537 W. 22nd St. (bet. 10th & 11th Aves.) 地下鉄ⒸⒺ23 St ☎(1-212) 989-5566 開水～土12:00～18:00 休日～火、サンクスギビング、12/24、12/25、12/31、1/1 料無料 URLwww.diaart.org

ニューヨークの巨大ジオラマは必見!

クイーンズ美術館 Queens Museum

別MAP P.46-A2 コロナ

1964年の万国博覧会でパビリオンだった建物を転用。NY市の巨大ジオラマが残る。駅からはシティフィールドと逆方向へ。

住Flushing Meadows Corona Park 地下鉄⑦Mets-Willets Point ☎(1-718) 592-9700 開水～日12:00～17:00 (土・日11:00～) (季節により変動あり) 休月・火、サンクスギビング、12/25、1/1 料無料 URLwww.queensmuseum.org ※要予約

♥**F.I.T. Museum** ニューヨーク州立ファッション工科大学にある美術館。無料でファッションなど、さまざまな企画展を開催。開水～金12:00～20:00、土・日10:00～17:00 休月・火 別MAP P.13-D4

前衛彫刻家イサム・ノグチの美術館

ノグチ美術館
The Noguchi Museum

別MAP P.46-C ロング・アイランド・シティ

日系アメリカ人彫刻家イサム・ノグチの美術館。自然との一体感を大切にし、自らも造園に取り組んだことから、館内の庭園すべてが彼のアートとなっている。

くつろぎの空間が広がる　©Shigeo Anzai

住9-01 33rd Rd. (at Vernon Blvd.), Long Island City 地下鉄Ⓝ Ⓦクイーンズの Broadway下車。Broadwayをマンハッタン方向（イースト・リバー方面）に10ブロック進み、Vernon Blvd.を左折。入口はその2ブロック先の33rd Rd. (bet. Vernon Blvd. & 10th St.)。駅から徒歩約15分　バスQ103 (Vernon Blvd 33Rd下車)
☎(1-718) 204-7088
開水～日11:00～18:00　休月・火、サンクスギビング、12/25、1/1　料大人＄12、学生・シニア＄6、12歳未満無料（第1金曜は無料）
※日本語ギャラリートーク第2日曜15:30
URLwww.noguchi.org　※要予約

小学校の校舎を利用したアートセンター

モマ・ピーエス・ワン
MoMA PS1

別MAP P.46-B4 ロング・アイランド・シティ

小学校として使われていた校舎を改装利用した非営利目的のアートセンター。PSとはPublic Schoolの略。独自の型破りな気風を保ちつつ、モマとの提携により共同企画展なども行っている。

Photos : MoMA PS1

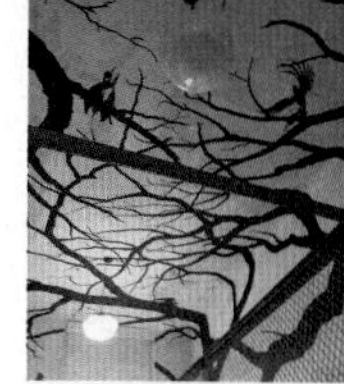

2023年11月　現　在、NY市民の入場は無料

廊下などいたるところにアートがある

住22-25 Jackson Ave. (at 46th Ave.), Long Island City 地下鉄Ⓖ⑦Court Sq、ⒺⓂ23 St
☎ (1-718) 784-2086　開12:00～18:00（土～20:00）　休火・水、サンクスギビング、12/25、1/1　料（推奨）大人＄10、学生・シニア＄5（要ID）　URLmomaps1.org

NY郊外にある巨大美術館

ディア・ビーコン
Dia Beacon

別MAP P.47-B1外 ビーコン

ナビスコの旧パッケージ印刷工場を利用したコンテンポラリー美術館。館内の照明をほぼ自然採光でまかない、高い天井やむき出しのコンクリートなどを効果的に取り入れた展示を行う。

住3 Beekman St., Beacon　列車グランド・セントラル・ターミナルからメトロノース鉄道(Hudson Line)でBeacon駅下車、徒歩約5分
☎ (1-845) 440-0100　開金～月10:00～17:00（冬期変動あり）　休火～木（1～3月は変動あり）、祝　料大人＄20、シニア（65歳以上）・学生＄18、5～11歳$5、4歳以下無料　URLwww.diaart.org

美術館の広さにとにかく驚かされる

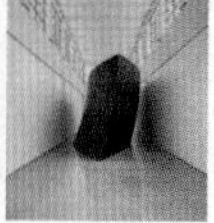

マンハッタンから電車で約90分。小旅行を楽しむ気分で

Children's Museum of Manhattan　体験型の展示が多く、仕事体験するコーナーは子供に大人気。別MAP P.20-B1　開火～日10:00～17:00　料大人・子供$16.75、シニア$13.75、1歳未満無料

アメリカの歴史を知る ★先住民から現代アートまで幅広いコレクション。

航空母艦を使用した博物館

イントレピッド博物館
Intrepid Sea, Air & Space Museum

別MAP P.16-A4 ミッドタウン・ウエスト

スペースシャトル実験機や湾岸戦争の戦闘攻撃機のフライトシミュレーターなどがある。シティ・パスが使える。

住Pier 86, W. 46th St. & 12th Ave. バスM50が目の前に停車。またはM42でPier 83あたりで下車
☎(1-212) 245-0072 開月～金10:00～17:00、土・日10:00～18:00(10～5月は毎日～17:00)
料大人$36、シニア(65歳以上)$34、5～12歳$26、4歳以下無料
URLwww.intrepidmuseum.org

博物館で触れるニューヨークのヒーロー

ニューヨーク市消防博物館
The New York City Fire Museum

別MAP P.5-C2 トライベッカ

1904年建設の消防署の建物を使用、隊員が応対する。"FDNY"のロゴ入りグッズは人気。

住278 Spring St.(bet. Varick & Hudson Sts.)
地下鉄ⒸⒺSpring St
☎(1-212) 691-1303 開水～日10:00～17:00
休月・火・祝 料大人$15、シニア・学生(要ID)$10、3～17歳$6、2歳以下無料
URLwww.nycfiremuseum.org

移民たちの暮らしをリアルに再現

テネメント博物館
Tenement Museum

別MAP P.6-B2 ロウアー・イースト・サイド

1863年から1935年まで、移民たちが実際に暮らしていた長屋(=tenement)を使用。テーマ別ツアーに参加して見学する。

©Keiko Niwa

住103 Orchard St.(near Delancey St.)
地下鉄ⒻⓂⒿⓏDelancy St-Essex St Free(1-877) 975-3786 開10:00～18:00 料大人・シニア(65歳以上)・学生$30(入場料はツアーごとに支払う。6週間前からオンライン購入可)
URLwww.tenement.org

先住民の歴史がわかる

国立アメリカン・インディアン博物館
The National Museum of the American Indian

別MAP P.2-B3 ロウアー・マンハッタン

イヌイットやネイティブアメリカンなどアラスカから南米までの先住民の文化を紹介した博物館。

住1 Bowling Green, Alexander Hamilton U.S. Custom House (bet. State & White-hall Sts.)
地下鉄④⑤Bowling Green
☎(1-212) 514-3700
開10:00～17:00
休12/25 料無料
URLwww.americanindian.si.edu

アメリカの歴史を感じるなら

アメリカン・フォーク・アート美術館
American Folk Art Museum

別MAP P.20-B4 アッパー・ウエスト・サイド

8000点以上の絵画、陶器、キルト、ラグなどの工芸品が見られる。18～19世紀のアメリカのものがメイン。

住2 Lincoln Sq.(Columbus Ave. near 66th St.)
地下鉄❶66 St-Lincoln Center
☎(1-212) 595-9533
開水～日11:30～18:00 休月・火、祝
料無料 URLfolkartmuseum.org

ティファニーのコレクションは必見

ニューヨーク歴史協会
New York Historical Society

別MAP P.21-C2 アッパー・ウエスト・サイド

数多くのティファニーのコレクションや、絵画、彫刻、家具など約160万点の収蔵品を誇る。

住170 Central Park W.(at 77th St.)
地下鉄ⒷⒸ81 St-Museum of Natural History
☎(1-212) 873-3400 開火～日11:00～17:00(金～20:00) 休月 料大人$22、シニア(65歳以上)$17、学生$13、5～13歳$6、4歳以下無料(金曜18:00～20:00は任意払い)
URLwww.nyhistory.org

VOICE **ベビーカーでの入場** ベビーカーで子供を連れてメトロポリタン美術館へ。係の人から82nd St.沿いにあるB1の入口に行くように言われた。結果並ばずスムーズに入館できた。(東京都 中川凜 '22)['23]

ニューヨークを楽しく学ぶ

ニューヨーク市立博物館
Museum of the City of New York

別MAP P.26-A1 ハーレム

NYの歴史に関する絵画、印刷物、写真、装飾美術、おもちゃ、衣装などを展示。黒人の歴史も学べる。

住1220 5th Ave.（at 103rd St.）
地下鉄⑥103 St ☎（1-212）534-1672
開10:00～17:00（木～21:00） 休火・水、祝
料（推奨）大人＄20、シニア（65歳以上）・学生＄14（要ID）、19歳以下無料
URL www.mcny.org

ユダヤの文化に触れる

ジューイッシュ博物館
The Jewish Museum

別MAP P.26-A3 アッパー・イースト・サイド

ユダヤの文化や歴史、芸術に特化した展示を行う。セレモニーで使われる道具などもある。

住1109 5th Ave.（at 92nd St.）
地下鉄⑥ 96 St
☎（1-212）423-3200 開11:00～18:00
休火・水 料大人＄18、シニア（65歳以上）＄12、学生＄8、18歳以下無料 ※土曜は無料
URL thejewishmuseum.org

タイムズスクエアの新名所！

ミュージアム・オブ・ブロードウエイ
The Museum of Broadway

別MAP P.33-D3 ミッドタウン・ウエスト

ブロードウエイの歴史や制作の舞台裏、衣装などを紹介するミュージアム。上演中のミュージカルのオリジナルグッズもギフトショップでゲットできる。

住145 W. 45th St.（bet. 6th & 7th Aves.）
地下鉄ⓃⓆⓇⓌⓈ①②③⑦ Times Sq-42 St
営9:30～18:30（水～14:30、土～20:00）
料大人＄37.02～
URL themuseumofbroadway.com

閉鎖された地下鉄駅を改装して造られた

トランジット・ミュージアム
Transit Museum

別MAP P.42-B2 ブルックリン・ハイツ

昔懐かしい改札や地下鉄がそのまま展示されている。鉄道マニアでなくても興味深いので一見の価値あり。

住99 Schermerhorn St., Brooklyn
地下鉄②③④⑤Borough Hall
☎（1-718）694-1600 開木～日10:00～16:00
休月～木・祝 料大人＄10、2～17歳・シニア（62歳以上）＄5
URL www.nytransitmuseum.org ※要予約

NY で 2 番目の規模を誇る

ブルックリン美術館
Brooklyn Museum

別MAP P.44-B1 プロスペクト・パーク

広大なプロスペクト・パークにあり、NYで第2の規模。民族オブジェクトの収集ではアメリカでもパイオニア的存在だ。南北アメリカのネイティブアメリカン美術も充実している。

ほかの美術館とはひと味違う充実度

住200 Eastern Pkwy.（at Washington Ave.）
地下鉄②③Eastern Parkway Brooklyn Museumより徒歩約1分。ミッドタウンから約30分
☎（1-718）638-5000 開水～日11:00～18:00（第一土曜17:00～23:00）
休月・火、祝 料任意（企画展は別料金。隣の植物園とのコンビチケットあり） URL www.brooklynmuseum.org
※バーチャルツアーあり。詳細はウェブで。18歳以上は要ID

♥フレンズ・エクスペリエンス 1994年から2004年まで放送された米TVドラマ『フレンズ』の世界が体験できるアトラクション。The FRIENDS™ Experience。住130 E. 23rd St.（at Lexington Ave.） 別MAP P.14-B4

映像&科学を楽しむ ★ユニークな展示方法も多く、誰でも楽しめる。

ロバート・キャパの弟が設立

国際写真美術館 International Center of Photography Museum (I.C.P.)

別MAP P.6-B2 ロウアー・イースト・サイド

報道をはじめ、芸術写真など写真のアートを多数展示。ミュージアムカフェやギフトショップも必見。

住79 Essex St. (bet. Delancey & Broome Sts.) 地下鉄FMJZ Delancey St-Essex St ☎(1-212) 857-0000 開水～月11:00～19:00(木～21:00) 休火、祝 料大人$18、シニア$14、学生$12、14歳以下無料。木18:00～21:00は任意の寄付。目安は$10 URL www.icp.org

等身大のろう人形がずらり

マダム・タッソー Madame Tussauds

別MAP P.33-C4 ミッドタウン・ウエスト

リンカーンなどの歴史的人物から、大リーガーやハリウッドセレブまで、本物そっくりなろう人形が150体並ぶ。

住234 W. 42nd St. (bet. 7th & 8th Aves.)
地下鉄1237NQRW Times Sq - 42 St
☎(1-212)512-9600
開10:00～22:00(冬期は変動あり)
料大人$40.99～、2歳未満無料
URL www.madametussauds.com/New-York/

セクシュアリティの進化を人類学的に

セックス博物館 Museum of Sex

別MAP P.14-A4 グラマシー

性について人類学的、社会学的にリサーチ。ポップカルチャー寄りの展示がおもしろい。入館は18歳以上。

住233 5th Ave. (at 27th St.)
地下鉄6 28 St
☎(1-212)689-6337
開11:00～23:00(金・土～22:00)
料$36～(時期により異なる)
URL www.museumofsex.com

飛行ライドも楽しめる体験型ミュージアム

ライズ・ニューヨーク Rise NY

別MAP P.33-C3 ミッドタウン・ウエスト

NYの歴史やカルチャーを学べる体験型のミュージアム。映像、ギャラリー、ライドの3つで構成されている。

住160 W. 45th St. (bet. 6th & 7th Aves.)
地下鉄NQRWS1237 Times Sq–42 St
☎(1-601) 228-2201
開10:00～20:00(金・土～22:00)
料大人$39～、子供$35～、2歳未満無料
URL www.riseny.co

映画のプレミア上映もあり

映像美術館 Museum of the Moving Image

別MAP P.46-C アストリア

キネマスコープ、ビデオゲームなどを含めた映像、サウンド、コスチュームなど、貴重な資料を保管・展示している。

住36-01 35th Ave. (at 37th St.), Astoria
地下鉄MR Steinway St ☎(1-718) 777-6800
開木14:00～18:00、金14:00～20:00、土・日12:00～18:00 休月～水・祝 料大人$20、シニア(65歳以上)・学生(要ID) $12、3～17歳$10 3歳未満は大人同伴の場合無料 URL www.movingimage.us

©Peter Aaron, Esto. Courtesy of the Museum of the Moving Image

クイーンズにある科学博物館

ニューヨーク・ホール・オブ・サイエンス The New York Hall of Science

別MAP P.46-A2 コロナ

見て触れて体験できる博物館。生きた微生物を顕微鏡でのぞいたり、光の仕組みを学んだりと大人も子供も楽しめる。

住47-01 111th St., Flushing Meadows Corona Park 地下鉄7 111 St ☎(1-718) 699-0005
開火～日10:00～17:00(季節により異なる)
休月、祝
料大人$19、シニア(62歳以上)・学生(要ID)・子供(2～17歳) $16 URL nysci.org

♥**The Paley Center for Media** 全米のテレビ、ラジオ史に残る番組の録音、録画が視聴できる。別MAP P.36-B3・4 開水～日12:00～18:00 休月・火 料大人$21.50、学生・シニア$17.50(任意)、12歳以下無料

ギャラリー

数えきれないほどあるニューヨークのアートギャラリー。エリアによって特色があるので、自分の好みをつかんで、効率よく巡りたい。

ギャラリー巡りのコツ

見たいアートシーンでエリアを決める

まずおさえておきたいのがチェルシー。大御所ギャラリーが集まるのはミッドタウンとアッパー・イースト・サイド、新進アーティストの作品ならロウアー・イースト・サイドやブルックリンなどと、エリアにより内容もさまざま。まずはエリアを絞って、その周辺を回ってみよう。比較的すいているのが火〜土曜の午後。

見逃せないオープニング

オープニング＝展示が始まる日のこと。通常、水・木・金・土曜のいずれかの18:00〜20:00がオープニングになる。無料でサービスされるワインを片手に、作品を鑑賞しながら楽しいひとときを過ごせる。アーティスト本人にも会えるチャンス。

ギャラリーにある資料は何でももらう

プレスリリース、アーティストの履歴書、付近のギャラリーの展示案内などが置かれている。各ギャラリーのウェブサイトなども確認を。

貴重な情報源『ギャラリーガイド』

ギャラリーに置かれている月刊誌。エリアごとにギャラリーが紹介され、それぞれの展示内容や期間が載っている。また、巻末の「オープニング一覧」で、オープニングレセプションをチェックして行くのもいい。有料だが、ギャラリー内では無料配布されている。アプリ($4.99)もある。
Blouin Gallery Guide
URL www.blouinartinfo.com/galleryguide

一流美術品オークションハウス

オークションに参加しなくても一級美術品をじっくり観られるチャンス。大きなオークションは、毎年春と秋に盛大に行われるが、毎週水曜あたりにテーマ別のオークションも行われている。週末から週初めには、次のオークションにかけられる逸品の内覧日が設けられ、このときもオークションハウスに入れる。バイヤーたちの品定めは真剣そのもの。ハウス内では、そのシーズンにロンドン、ニューヨークで行われる全オークションについてのカタログが販売されているので、おみやげに買うのもいい。オークション情報は、ウェブサイトでチェックできるほか、ニューヨーク・タイムズ日曜版のアートの項目に掲載されることもある。

●サザビーズ　別MAP P.23-C3
住 1334 York Ave. (near 72nd St.)
☎ (1-212) 606-7000　URL www.sothebys.com

●クリスティーズ　別MAP P.34-B1
住 20 Rockefeller Plaza
(ロックフェラー・センター内)
☎ (1-212) 636-2000　URL www.christies.com

ギャラリーの休業日　日・月曜を休みにしているところが多い。夏になると長期休暇を取ったり、祝日は早めに閉めたり、不規則なこともあるので、訪れる際はウェブなどで確認を。

アートフェア「アーモリーショー」

ミッドタウンの西側にあるピア92/94を使って、世界中から200軒以上もの大手ギャラリーがブースを連ねる巨大アートフェア。年に1回開催され、現在のアートシーンのトレンドがわかると同時に、有名ギャラリストたちに会うこともできるイベントだ。

●The Armory Show
URL www.thearmoryshow.com

ダウンタウンに注目!

ギャラリースポットとして発展しているのがロウアー・イースト・サイド。以下のサイトではギャラリーリストや地図がダウンロードできる。

●DOWNTOWN GALLERY MAP
URL downtowngallerymap.com

エリアに見るギャラリーの特徴

チェルシー　Chelsea

国際色豊かで洗練された作品が並び、コンテンポラリーアートを展示する美術館のキュレーターなど、プロフェッショナルとして次のアートの流れを探す人たちが集まる。20丁目から28丁目の10番街と11番街の間を歩くだけで多くのギャラリーが見つかる。

ロウアー・イースト・サイド(LES)

ギャラリースポットとして発展中。新しいアートを探すならおすすめのエリア。ギャラリーの数も多く、日曜もオープンしているところが多いのがうれしい。

ミッドタウン／アッパー・イースト・サイド Midtown/Upper East Side

5番街とパーク・アベニューに挟まれた57丁目沿い、また60丁目より以北に広がるギャラリー群は、世界的巨匠らの大小の作品の宝庫。リッチなコレクターや、彼らを顧客にもつコンサルタントが、市場リサーチのため頻繁に足を運ぶ所でもある。

NYのギャラリーエリア

ソーホー　Soho

2002年頃にギャラリーの流出が目立ち、現在は非営利団体が多く残るエリア。買い物の途中に気軽に立ち寄ろう。

ウイリアムズバーグ　Williamsburg

若いアーティストたちがこぞってスタジオを構える。どちらかというとストリート系に強い。約50軒のギャラリーが見つかる。

ダンボ　Dumbo

丸石の敷き詰められた歩道に、倉庫をそのまま使ったギャラリーが集うビルが群がる。

ブッシュウィック　Bushwick

ウイリアムズバーグから流出したアーティストたちが集まっていることで話題のエリア。ただし、日によりギャラリーが開いていないことも多いので事前に確認を。

♥美術館でのスケッチは鉛筆で　スケッチはOKだが、基本的にインクや墨などの水性ペンやシャープペンシルは禁止。鉛筆で行うこと。また、見学者の妨げにならないように気をつけたい。

ギャラリー ★ エリアによりアートシーンも異なる。

アーティストからも高評価

マリアン・グッドマン・ギャラリー Marian Goodman Gallery

別MAP P.36-B2 ミッドタウン・ウエスト

おもに欧米の現代作家の絵画、写真、インスタレーションを展示。アネット・メサジェ、ダン・グラハムなど。

住24 W. 57th St.(bet. 5th & 6th Aves.)
地下鉄Ⓕ57 St
☎(1-212)977-7160
開月～金10:00～18:00
休土・日
URLwww.mariangoodman.com

おさえておきたい有名ギャラリー

ピーターブルム・ギャラリー Peter Blum Gallery

別MAP P.31-D4 リトル・イタリー

NYタイムズなどメディアで好評なギャラリー。過去の展示にはロバート・ライマン、アレックス・カッツなど。

住176 Grand St.(bet. Centre Market Pl. & Mulberry St.)
地下鉄⑥Canal St
☎(1-212)244-6055 FAX(1-212)244-6054
開月～金10:00～18:00
休土・日 URLpeterblumgallery.com

有名作家の作品を観るなら、ここへ

ガゴシアン・ギャラリー Gagosian Gallery

別MAP P.12-B4 チェルシー

倉庫のような空間に迫力ある立体作品が映える。コンセプチュアルアート、ミニマルアート、ポップアートなどが中心。

住555 W. 24th St.(near 11th Ave.)
地下鉄ⒸⒺ23 St
☎(1-212)741-1111
開月～金10:00～18:00 休土・日
URLgagosian.com
※ほかに住980 Madison Ave.などにもあり

映画『ハーブ＆ドロシー』にも登場

ペース・ギャラリー The Pace Gallery

別MAP P.12-B4 チェルシー

近現代の欧米の抽象表現主義、コンセプチュアルアート、ミニマルなどを紹介。イサム・ノグチ、コールダーなど。

住510 W. 25th St.(bet. 10th & 11th Aves.)
地下鉄ⒸⒺ23 St
☎(1-212)421-3292
開月～金10:00～18:00(金～16:00) 休土・日
URLwww.pacegallery.com
※ほかに住540 W. 25th St.にもあり

チェルシーを代表するギャラリー

マシュー・マークス・ギャラリー Matthew Marks Gallery

別MAP P.12-B4 チェルシー

チェルシーの代表格。展示アーティストはジャスパー・ジョーンズ、ナン・ゴールディンなど。

住523 W. 24th St.(bet. 10th &11th Aves.)
地下鉄ⒸⒺ23 St ☎(1-212)243-0200
開火～土10:00～18:00
休日・月 URLwww.matthewmarks.com
※ほかに住522 W. 22nd St.、住526 W. 22nd St.にもあり

鉄工所を改装したアートセンター

パイオニア・ワークス Pioneer Works

別MAP P.41-A3 レッドフック

レッドフックにある巨大アートスペース。アートの展示だけでなくコンサートなども開催。また、2階にあるスタジオも見学できる。

住159 Pioneer St., Brooklyn(at Imlay St.)
地下鉄ⒻⒼSmith - 9 StsよりB61バス
☎(1-718)596-3001
開水～日12:00～18:00
休月・火
URLpioneerworks.org

パイオニア・ワークス アート・ギャラリーではあるが、ライブやイベントが開催されたり、中庭でくつろげたりと多目的なコミュニティスペースになっている。スペースが広いため大型展示が多い。入場無料なので気軽に訪れたい。

メトロ・ピクチャーズ
Metro Pictures

インスタレーション、マルチプル、写真、ビデオ作品、絵画、立体と幅広いジャンルをカバー。ロバート・ロンゴ、シンディー・シャーマンらも扱う。

別MAP P.12-B4 チェルシー

住519 W. 24th St.(bet. 10th &11th Aves.)
地下鉄ⒸⒺ23 St
☎(1-212)206-7100
開火〜土10:00〜18:00
休日・月
URLwww.metropictures.com

ジェームス・コーハン・ギャラリー
James Cohan Gallery

若手から有名作家の作品まで幅広く扱う。ビデオアーティストや英国の画家など、話題のアーティストの作品もある。

別MAP P.5-D3 トライベッカ

住48 Walker St.(bet. Church St. & Broadway)
地下鉄ⓃⓆⓇⓌCanal St
☎(1-212)714-9500
開月〜金10:00〜18:00
休土・日
URLwww.jamescohan.com

ルーリング・オーガスティン
Luhring Augustine

国際的に活躍する質の高い現代美術を展開。メガギャラリーとしては初めて、ブッシュウィック(25 Knickerbocker Ave.)にもオープンした。

別MAP P.12-B4 チェルシー

住531 W. 24th St.(bet. 10th &11th Aves.)
地下鉄ⒸⒺ23 St
☎(1-212)206-9100 FAX(1-212)206-9055
開火〜土10:00〜18:00(夏は月〜金10:00〜17:30) 休日・月(夏は土・日)
URLwww.luhringaugustine.com
※住17 White St.(トライベッカ)にもあり

キッチン
The Kitchen

1971年に設立。1階がシアター、2階がギャラリーで、ダンス、音楽、アートなどのイベントを開催。前衛的な作品が多い。

別MAP P.8-B3 グリニッチ・ビレッジ

住163 Bank St.(near West St.), Westbeth Artists Housing, 4th Fl.
地下鉄ⒶⒸⒺⓁ14 St
☎(1-212)255-5793
営火〜土12:00〜18:00
休日・月 URLthekitchen.org
※2023年11月現在、上記仮店舗にてオープン中

サロン94フリーマンズ
Salon 94 Freemans

マリリン・ミンター、ローリー・シモンズ、タケシ・ムラタ、桑田卓郎など注目の現代アーティストをフィーチャー。

別MAP P.26-A4 アッパー・イースト・サイド

住3 E. 89th St.(near 5th Ave.)
地下鉄ⒿⓏBowery
☎(1-646)672-9212
開水〜土11:00〜18:00 休日・月・火
URLsalon94.com
※ほかに住1 Freeman Alley、住12 E. 94th St.(アポイントメント制)にもあり

ノーラ・ハイメ・ギャラリー
Nohra Haime Gallery

絵画、彫刻、写真、コンセプチュアル・アートなど現在アーティストの作品が中心。アートフェアなどにも積極的に参加している。

別MAP P.8-B1 チェルシー

住500A W. 21st St.(bet. 10th & 11th Ave.), 3rd Floor
地下鉄ⒸⒺ 23 St
☎(1-212)888-3550
営火〜土10:00〜18:00
URLwww.nohrahaimegallery.com

レイチェル・ウフナー・ギャラリー
Rachel Uffner Gallery

こぢんまりとしたコンテンポラリーギャラリー。個展のほか、ゲストキュレーターによる企画展なども開催されている。

別MAP P.7-D3 ロウアー・イースト・サイド

住170 Suffolk St.(bet. Houston & Stanton Sts.)
地下鉄ⒻⓂⒿDelancy St-Essex St
☎(1-212)274-0064
開火〜土10:00〜18:00
休日・月
URLwww.racheluffnergallery.com

VOICE **ギャラリー巡りを楽しむなら** チェルシーがおすすめ。チェルシー・マーケットやハイライン、リトル・アイランドなどのスポットも一緒に回れるのがいい。 (東京都 松本めぐみ '23)

エージー・ギャラリー
AG Gallery

ショップAbout Glamour内にあり、らせん階段を下りるとギャラリーへとつながる。ローカルや日本人アーティストを中心としたユニークな展示。

別MAP P.38-B3 ウイリアムズバーグ

住310 Grand St., Brooklyn (bet. Havemeyer & Roebling Sts.)
地下鉄 Ⓛ Bedford Av
☎ (1-718) 599-3044
開 12:00〜19:00
URL aggallerybrooklyn.com

ケントラー・インターナショナル・ドローイング・スペース
Kentler International Drawing Space

アーティストでもあるフローレンスさんが1990年にオープンしたドローイング専門ギャラリー。ローカルおよび海外の作家の作品をフィーチャーする。

別MAP P.41-A3 レッドフック

住353 Van Brunt St., Brooklyn (near Wolcott St.)
地下鉄 ⒻⒼ Smith - 9 StsよりB61バス
☎ (1-718) 875-2098
開 木〜日12:00〜17:00
休 月〜水
URL www.kentlergallery.org

エーアイアール・ギャラリー
A.I.R. Gallery

1970年代、当時少なかった女性アーティストを専門としたギャラリーだった。2015年ソーホーからダンボに移転。

別MAP P.41-B1 ダンボ

住155 Plymouth St. (bet. Jay & Pearl Sts.)
地下鉄 Ⓕ York St
☎ (1-212) 255-6651
開 水〜日12:00〜18:00
休 月・火
URL www.airgallery.org

♥写真映えスポットなら　NYは大きな美術館をはじめ、ギャラリーでも写真撮影が可能なスポットが多い。ただし、フラッシュの有無や小さなギャラリーなどは事前に確認しよう。

ニューヨークのパブリックアート

街を歩くだけで、さまざまなアート作品に出合えるニューヨーク。地下鉄も、多くの駅が趣向を凝らしたアートで彩られているのが楽しい。

取材・文＝海谷菜央子

【地下鉄編】

駅の中には個性豊かなアートがいっぱい

Carrying On（キャリーイング・オン）

◎ジャネット・ツヴァイクとエドワード・デル・ロサリオ

老若男女さまざまな人々が何かを運ぶ様子がホーム全体に描かれている。意外な物を運ぶ人も!?

地下鉄 R W Prince St（Uptown行き、Downtown行き両方のホームにある）

Shad Crossing（シャッド・クロッシング）

◎ミン・フェイ

シャッドとはニシン科の魚。一時期ハドソン・リバーからまったく姿を消したが、最近戻りつつある。

地下鉄 F M J Z Delancey St-Essex St（Fのブルックリン行きホームにある。反対側のホームには同じ画家による農園が描かれている）

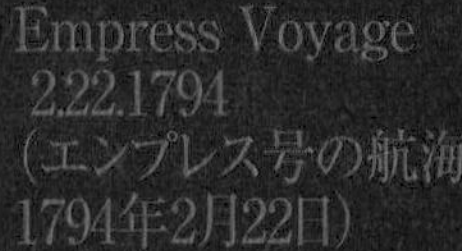

Empress Voyage 2.22.1794（エンプレス号の航海 1794年2月22日）

◎ロバート・インディアナ

米国の対中国貿易船Empress of China号のNY帰港を記念した1998年制作の作品。チャイナタウンの最寄り駅にある。

地下鉄 N Q R W J Z 6 Canal St（Broadway沿いの入口Canal St.との北東角から入って左側の改札を入ると正面、NQとRWを結ぶ通路）

A Gathering（ア・ギャザリング）

◎ウォルター・マーティンとパロマ・ムニョス

全部で181羽のブロンズ製の鳥たちが、さまざまなポーズと表情で群がっている。

地下鉄 A C E Canal St（改札付近とその周りの通路）

Times Square Mural（タイムズスクエア壁画）

◎ロイ・リキテンスタイン

アンディ・ウォーホルと並ぶポップアートの代表作家の壁画。近未来的な地下鉄車両を表現。

地下鉄 N Q R W 1 2 3 7 Times Sq-42 St（1 2 3とN Q R W Sを結ぶ通路）

Saturday on 110th Street (110丁目の土曜日)

◎マヌエル・ベガ

この付近で育ったベガの子供時代の思い出が、地、風、水、火をテーマにした4種類の違う絵で描かれている。

地下鉄 B 6 110 St駅（Uptown行きホームには水と火をテーマにした2作品、Downtown行きホームには地と風をテーマにした2作品がある）

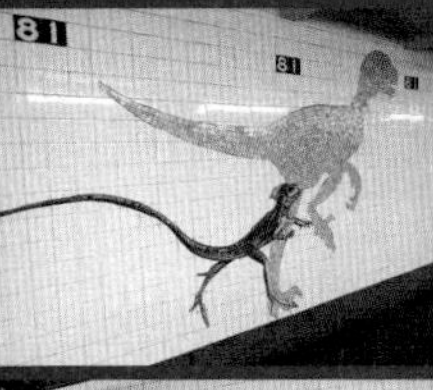

For Want of a Nail (釘がないので)

◎MTA&アメリカ自然史博物館のコラボ

題名はマザー・グースの歌のひとつ。ゾウや恐竜などの動物たちが博物館入館前からお出迎え。

地下鉄 B C 81St-Museum of Natural History（Uptown 行きホーム。Downtown 行きホームには恐竜などの化石、進行方向一番前の出口には立体の水族館がある）

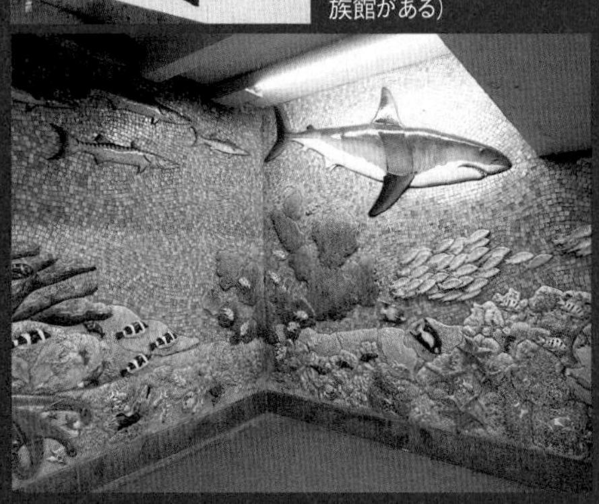

Flying Home: Harlem Heroes and Heroines (フライング・ホーム：ハーレムのヒーローとヒロインたち)

◎フェイス・リングゴールド

Flying Homeはジャズの曲名。アポロシアターなどハーレムにある建物の上をマルコムXら黒人の英雄たちが飛行中。

地下鉄 2 3 125 St（Uptown行き、Downtown行き両方のホームの北側にある）

My Coney Island Baby (マイ・コニーアイランド・ベイビー)

◎ロバート・ウィルソン

ホットドッグや遊園地など、コニーアイランドにおなじみのモチーフが描かれている。

地下鉄 D F N Q Coney Island-Stillwell Av（改札付近の通路）

Alice: The Way Out (アリス：ザ・ウェイ・アウト)

◎リリアナ・ポーター

『不思議の国のアリス』の登場人物たちが、タイルの上にシルエットで描かれている。想像力をかきたてられる。

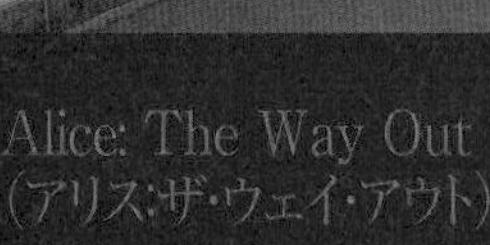

地下鉄 1 50 St（Uptown行き、Downtown行き両方のホームにある）

ニューヨークのパブリックアート【街角編】

アートの街をよりアーティスティックに演出

Young and Old Michael Jackson（ヤング・アンド・オールド・マイケル・ジャクソン）

◎エドゥアルド・コブラ

幼少期と大人のマイケル・ジャクソンが描かれている。下の『自転車に乗るアインシュタイン』と同じアーティストによるもの。

別MAP P.11-C3　イースト・ビレッジ

住180 1st Ave.(at 11th St.)

Slaves of the Past and Present（過去と現在の奴隷たち）

◎ジェームス・デラベガ

ピカソの『ゲルニカ』にインスパイアされて作られた作品。右側には自由と希望のメッセージが綴られている。

別MAP P.26-B1外

住124th St.とLexington Ave.の南西角（デリの右側の壁）

Gay Liberation Monument（ゲイ解放運動記念碑）

◎ジョージ・シーガル

1969年に起きた「ストーンウオールの反乱」の記念碑。

別MAP P.9-C3

住Christopher Park

（地下鉄 1 Christopher St-Sheridan Sq駅すぐ）

Statue of Lenin and Askew Clock（レーニン像とアスキュー・クロック）

◎ユーリ・ゲラシモフ（像）とティボール・カルマン（時計）

赤の広場という名の建物の屋上にあるレーニン像はモスクワから運ばれ1994年に設置。数字を並べ替えた時計はMoMAのアスキュー時計としても有名。

別MAP P.11-C4

住250 E. Houston St.(bet. Avenue A & B)

Einstein on a Bicycle（自転車に乗るアインシュタイン）

◎エドゥアルド・コブラ

NY中に著名人の壁画を描いているブラジル人アーティストの作品。色使いもモチーフもインパクト！

別MAP P.18-B4

住776 3rd Ave.(at 48th St.)

Love Vandal (ラブ・バンダル)

◎ニック・ウォーカー

バンクシーと並び、ストリートアート界で注目を集めるイギリス人アーティストの作品。山高帽をかぶった紳士のキャラクター「バンダル」は世界中の都市に描かれている彼の作品に登場。

別MAP P.9-D2

住 100-104 W. 17th St.(17th St.と6th Ave.の南西角にある駐車場の側面)

Le Petit Prince (星の王子さま)

◎ジャン=マルク・ド・パス

『星の王子さま』の出版80周年を記念し2023年に設置されたブロンズ像。

別MAP P.22-A2　住 972 5th Ave.(bet. 78th & 79th Sts.)

9(ナイン)

◎アイヴァン・チャマイエフ

丸みのある真っ赤な「9」はこのビルのアドレス。

別MAP P.36-B2

住 Solow ビル(9 W. 57th St. bet. 5th & 6th Aves.)の前

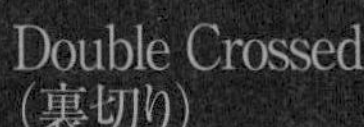

Double Crossed (裏切り)

◎D*Face(ディーン・ストックトン)

香港の新聞社、星島日報のビルの背面に描かれたイギリス人アーティストの作品。女性が両手に持つのは、彼の作品の象徴D*Dog。

別MAP P.31-C4

住 188 Lafayette St. (at Broome St.)

Audrey of Mulberry (マルベリーのオードリー)

◎トリスタン・イートン

リトル・イタリーのメインストリート、マルベリー通り沿いにあるカラフルなオードリー・ヘップバーン。カフェ・ローマのビルの壁に描かれていて、夏期はこの壁画の前がテラス席になる。

別MAP P.31-D4

住 Mulberry St.と Broome St.の南東角(カフェ・ローマの壁)

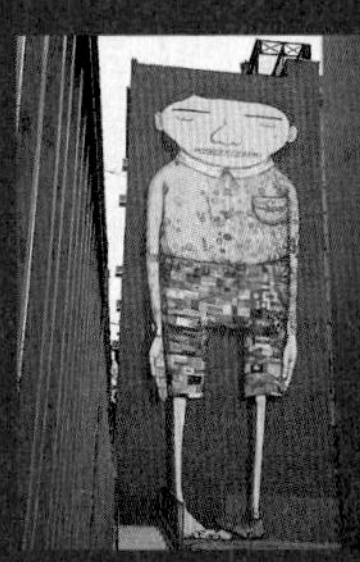

KID (子供)

◎オス・ジェミオス ×フーチュラ

ブラジル人の双子とNYのアーティストのコラボ。5階建ての小学校の壁に描かれている。パンツは世界の国旗のコラージュ。

別MAP P.8-B1

住 320 W. 21st St. (bet. 8th & 9th Aves.)

The Bushwick Collective (ブッシュウィック・コレクティブ)

◎作者複数

近年多くのアーティストが移り住んでいるブルックリンのブッシュウィック地区に描かれた巨大壁画群。ローカルはもちろん、米国外のアーティストたちの作品もある。

別MAP P.40-B3 地下鉄 Ⓛ Jefferson St駅下車。Troutman St.沿いのSt. Nicholas Ave.とWyckoff Ave.の間(ほかにも拡大中)。地下鉄 Ⓛ Morgan Ave駅付近にもある。

Essay From a New Yorker

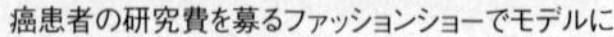
癌患者の研究費を募るファッションショーでモデルに

左はリンカーン・センター、右はハイラインで

ニューヨークを生きる日本人の方——Vol 01

世界の縮図＝ニューヨークで柔軟に生きるということ

キャッツ洋子さん

「郷に行っては郷に従え」。これをニューヨークで行うとものすごいことになる。短い400年の間に世界中から移住した人たちで構成され、今も移民を受け入れているニューヨーク。宗教・人種・習慣・文化・英語のアクセントの違うさまざまな常識バックグラウンドの人たちと社会生活を共にする。「郷＝世界中の縮小＝NY」であるからにして、自分が柔軟でないと対応しきれない！　そのうえ、マイノリティや反戦などの社会運動が行われ、時代感覚が常に更新される。自分の育ってきた常識だけに囚われていると、ニューヨークは恐ろしくカオスでしかない。

逆に、自分の常識を最大限に大きな器に変化させ頭を柔軟にさせるのが最高に楽しい。たとえば、ファッション業界は、LGBTQIA2S+（※）が最先端に混在している。最近は、「女性」とか「黒人」「日本人」とかのひと括りは差別要素が入るときもあり、あくまで「その個人は」となってきている。He や She の主語で始まる文法言語だけに、いろいろと表現がややこしくてアメリカ人ですらよくわかっていない。おっと、「アメリカ人ですら」とまとめちゃいけなかった！　そんなところも最強におもしろい。

世界の縮図「ザ・NY郷」＝「柔軟になり、十人十色の花を咲かせろ！」。NYが大好きだ！

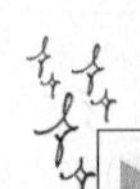
FIT（大学）の教授仲間と一緒に撮った1枚

※ LGBTQIA2S+とは、性的マイノリティを表す言葉

キャッツ洋子さん

NY州立ファッション工科大学(FIT)ファッション経済学博士
デザイナー兼CEO

2001年からNY在住。FIT新学問分野・ファッション経済学設立。乳がんステージ4の治療の傍ら、Heal in Heelsを起業。講演会や、帽子・服のデザイン・販売をし、がん患者のイメージ・生活の質向上の情報発信中。
instagram：@yoko_katz（左）
URL www.healinheels.com（右）

Entertainment & Night Life

エンターテインメントとナイトライフ

Photo : Emilio Madrid

That's Entertainm

いまステージが熱い！

エンターテインメントの本場NYでは連日、多種多様なステージが繰り広げられている。一度観ると、舞台ならではの圧倒的な迫力にハマってしまうこと間違いなし！

現地ライターさんに聞くあれこれ

海谷菜央子さん
ライター　翻訳コーディネーター。本誌の現地レポーターとして多岐にわたり取材を行う。

大作から実験作まで極上のエンタメを堪能

ピュリッツァー賞まで受賞した『ハミルトン』や、映画**『ラ・ラ・ランド』**の効果もあって、今は空前のミュージカルブーム。ブロードウエイでも、新作が続々と登場しています。ブロードウエイとはタイムズスクエア周辺の500席以上の劇場で上演される作品のことで、舞台美術や衣装も豪華な大作が中心。常に50以上の作品を上演中で、その大半はミュージカルですが、**『ハリー・ポッターと呪いの子』**のように演劇も含まれます。何を見るか迷ったら、まずは天才演出家**ジュリー・テイモア**の**『ライオン・キング』**や、ミュージカルの王道をいく**『ウィキッド』**、**約30年ロングラン中の『シカゴ』**がおすすめです。また、映画やテレビで活躍する俳優がブロードウエイに出演することもあるので要チェック。今年は**ダニエル・ラドクリフ**と**エディ・レッドメイン**が話題です。こうした有名俳優も、終演約10分後には劇場横のステージドアから出てきて、気軽にサインや写真撮影に応じてくれるので、ファンの方はぜひ！　一方、499席以下の劇場で行われるオフ・ブロードウエイには、前衛的で実験的な作品が多いのが特徴。**ロングラン中の『ブルーマン・グループ』**や**『パーフェクト・クライム』**などもこちらのカテゴリーに入り、刺激的で斬新なステージを楽しむことができます。

2

#ラ・ラ・ランド
ライアン・ゴズリングとエマ・ストーン主演。ミュージカル映画が苦手でも、これは楽しめたという人が続出。

#ジュリー・テイモア
『ライオン・キング』で有名な女性演出家。『フリーダ』や『アクロス・ザ・ユニバース』などの映画も監督。

#エディ・レッドメイン
物理学者のスティーブン・ホーキングを演じた映画『博士と彼女のセオリー』でアカデミー主演男優賞を受賞。2024年4月から『キャバレー』で主演。

#ハリー・ポッター
ロンドンで絶賛上演中の『ハリー・ポッターと呪いの子』がNYに上陸！　特殊効果を駆使した舞台が話題。

#ダニエル・ラドクリフ
映画『ハリー・ポッター』シリーズの主人公ハリー役で有名。2024年3月24日まで『メリリー・ウィー・ロール・アロング』で主演。

#ブルーマン・グループ
1991年から30年以上にわたってイースト・ビレッジの劇場で上演中。言葉を使わないステージは年齢や性別、文化を超え、現在も進化し続けている。

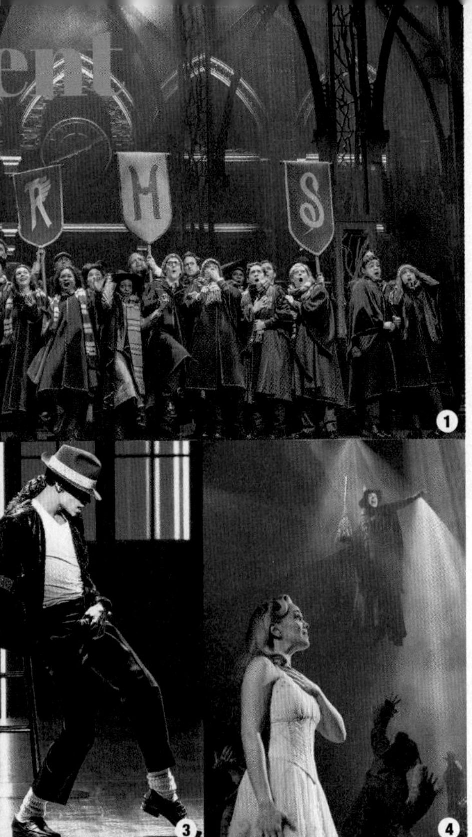

①話題作『ハリー・ポッターと呪いの子』は、シリーズ７作目『死の秘宝』から１９年後の世界を描く。ミュージカルではなく演劇の形で、2021年からは２部を再構築した１部構成で上演 ©Manuel Harlan ②1985年の大ヒット映画『バック・トゥ・ザ・フューチャー』がミュージカルになってブロードウエイに登場 ©Robin Roemer Photography ③2009年にこの世を去ったポップの王様マイケル・ジャクソンの半生を描く『MJ ザ・ミュージカル』は主演イライジャ・ジョンソンのマイケルが憑依したかのようなパフォーマンスが話題 ©Matthew Murphy ©Jan Versweyveld ④『オズの魔法使い』の知られざる物語を描く王道ミュージカル『ウィキッド』 ©Joan Marcus ⑤2023年のトニー賞で主演女優賞を含む５部門を受賞した『キンバリー・アキンボ』は、常人の数倍の早さで老化が進む難病の女子高生の姿をユーモアを交えながら描く話題作 ©Joan Marcus ⑥舞台セットから衣装、照明、劇場まで、すべてがゴージャスで度肝を抜かれる『ムーラン・ルージュ！』は、かぶりつきのテーブル席もあり ©2019 Matthew Murphy

現地ライターさんに聞くあれこれ

2024年 おすすめの作品

MJ The Musical

MJ ザ・ミュージカル →P.404

ジャクソン5時代のヒット曲を含む名曲25曲以上をフィーチャー。人類史上最も成功したエンターテイナー、マイケル・ジャクソンが舞台上によみがえる！

Back to the Future

バック・トゥ・ザ・フューチャー →P.403

最先端技術を駆使して、80年代に大フィーバーを巻き起こしたSF映画を舞台上に再現。ドクが愛車デロリアンを改造して作ったタイムマシンが空を飛ぶシーンは圧巻！

Moulin Rouge!

ムーラン・ルージュ！ →P.405

何もかもがゴージャス＆ディープな究極のエンタメ作品。劇場内はパリのキャバレーそのもので、開演前から妖艶なキャストたちがお出迎え。ヒット曲も満載！

現地ライターさんに聞くあれこれ

気になるミュージカルスター

ロジャー・バート

コネチカット州出身。90年代から活動し、トニー賞とドラマ・デスク・アワード受賞歴もある実力派。『バック・トゥ・ザ・フューチャー』でドク役を好演中。

ヴィクトリア・クラーク

テキサス州出身。『キンバリー・アキンボ』で70代の容姿をもつ女子高生役を見事に演じ、2023年のトニー賞主演女優賞を受賞した。本人は60代。

イライジャ・ジョンソン

ミシガン州出身。9歳のときに『ライオン・キング』のヤングシンバ役でデビュー。2023年4月から『MJ ザ・ミュージカル』のマイケル・ジャクソン役を務めている。

ミュージカル観劇ガイド

Broadway & Off Broadway

最初はミュージカルに
興味がないと言っていた人でも、
一度観るとハマってしまうことも
少なくない。
ぜひ1本は観劇して
本場のミュージカルを
堪能してほしい。

P.398～399の画像はイメージです。
現在公演していない作品も含まれています。

ニューヨークのミュージカル

NYでは大きく分けて3つのミュージカルのカテゴリーがあり、右記のほかにリンカーン・センターなどの大きなシアターで公演されることも。

ミュージカル

ブロードウエイ
タイムズスクエア周辺の500席以上の劇場で行われる華やかなミュージカル。ほとんどの劇場が1000席を超える。
●代表作：『ライオン・キング』

オフ・ブロードウエイ
おもにダウンタウンにある499席以下の劇場で行われる。前衛的、実験的なパフォーマンスが多い。
●代表作：『ブルーマン・グループ』

オフオフ・ブロードウエイ
オフ・ブロードウエイよりさらに小規模な100席未満の劇場で行われる。上演場所は教会、カフェ、ロフトなど劇場でないことも多い。

ミュージカルグッズなら

以下のショップでは、ミュージカルに関する書籍やグッズなどを販売している。ポスターが折れないようなボードを扱うところも。

シアター・サークル 別MAP P.32-B3

ワン・シューベルト・アレー 別MAP P.33-C3

初心者が楽しむためのコツ

1 あらすじを知っておく

ウェブサイト、原作本、DVDなどであらすじを理解しておくといい。

2 セリフの少ない作品を選ぶ

英語が苦手な人は、パフォーマンスや音楽が楽しめる作品を選ぼう。ブロードウエイでは『ア・ビューティフル・ノイズ, ザ・ニール・ダイアモンド・ミュージカル』、オフ・ブロードウエイでは『ブルーマン・グループ』など。

3 演出を楽しめる作品を選ぶ

内容がわからなくても、照明効果や衣装など、ショーの演出を楽しめる作品を選ぶ。『ライオン・キング』『ブルーマン・グループ』など。

4 利用したいAudien

日本語の解説をイヤフォンで聞くシステムで、ストーリーを理解するのを助けてくれる。劇場内ロビー近くに設けられている専用のブースで借りられる。$10＋パスポートなどIDを預ける必要あり。利用できる作品：『ライオン・キング』『ウィキッド』『アラジン』など。スマホの翻訳アプリGalaProも便利。事前に会員登録（無料）後、当日劇場内のGalaPro専用Wi-Fiに接続する。Closed Captioningをオフ、Language Translationをオンにして日本語を選択（1ショーに付き$4.99）。利用できる作品：『シカゴ』『ハリー・ポッターと呪いの子』など

観劇のマナー

1 基本カジュアルでOK

正装の必要はない。ただし、ブロードウエイの夜公演の場合、それなりにこぎれいにしていくほうが楽しめるかも。逆にオフ・ブロードウエイは演出によっては水にぬれたりすることもあるのでカジュアルで。

2 開演時間は厳守

オンタイムに始まるので、時間に余裕をもって劇場に向かおう。トイレは開演前か休憩時間に済ませること。途中で席を立つのは避けたい。

3 大きな荷物は持ち込めない

クロークがあっても大きな荷物は預けられないことがあるので、必要最低限の荷物で行こう。

4 避けたいこと

座席での飲食、撮影、録音は厳禁。携帯電話の電源もオフに（GalaProを使う場合はOK）。観劇中のおしゃべりも控えたい。

ここが日本と違う！

ノリがよく、盛り上がると割れんばかりの拍手や声援で賞賛、ショーストップになることもある。

左上からPhoto : Joan Marcus 2010, ©Disney Theatrical Productions ©Carol Rosegg, David Scheinmann Paul Kolnik ©Joan Marcus

チケットの入手方法【ミュージカル】

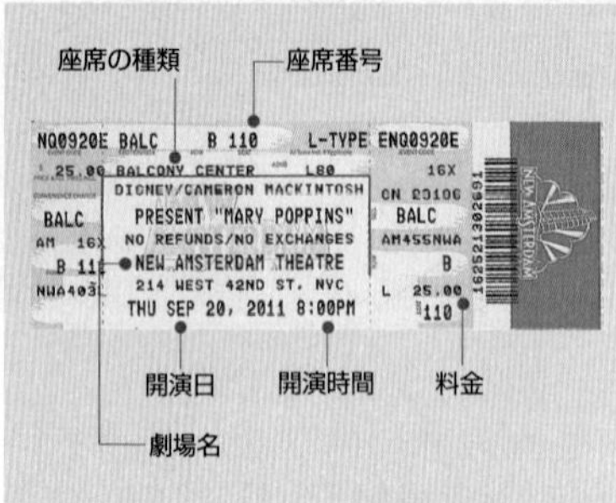

最も確実でシンプル
各劇場のボックスオフィス

座席と空いている日を確認しながら決められる。人気のショーでも1週間ぐらい先のチケットなら手に入ることが多い。手数料もかからない。通常、平日10:00（日曜12:00）〜20:00オープン。クレジットカード、現金が使える。

売り切れのときは？

キャンセル待ちという方法がある。保証はないが、よい席がまわってくる可能性が高い。ただし、週末の夜の部は厳しいかも。当日のキャンセルチケットが一般客に販売されるのは、通常、開演の2時間前。当日のキャンセルがあれば出してもらえる。人気のショーは、さらに2時間くらい前からそれを目当てに行列ができ始める。

2003年以来ロングラン中の『ウィキッド』 ©Joan Marcus

日本からでも納得いくまで探せる
オフィシャルサイトや予約代理店のサイト

観たいショーのウェブサイトからも購入可能。チケットページのカレンダーで日程を選択すると「テレチャージ」または「チケットマスター」という日本でいう『チケットぴあ』のようなウェブサイトにつながる。ウェブサイトでは、各劇場の情報や座席表を見ることもできる。支払いはクレジットカードになり、チケットはプリントアウトするかWill Call（劇場の窓口で受け取る）かGoMobile（スマホ：チケットマスターのみ）を選ぶ。

テレチャージ　Telecharge
☎(1-212)239-2959（日本語）
☎(1-212)239-6200
Free (1-800)477-7400（24時間）
URL www.telecharge.com

チケットマスター　Ticketmaster
Free (1-800)745-3000
営 月〜土9:00〜18:00、日12:00〜18:00
URL www.ticketmaster.com

※ウェブサイト以外に、以下の方法もある。手数料がかかる。
●テレチャージ…電話予約したあと、チケットを当日開演前に劇場の窓口で受け取る。

プレイビルで割引コードを入手

ディスカウントページで作品名をクリックすると購入時に使える割引コードが表示される。ショーと期限が決まっているが、座席の制限はない。半額割引が出ることもあるので要チェックだ。オンライン、電話のほか、PRINT OFFERのプリントアウトを持参すれば劇場の窓口でも適用される。
URL www.playbill.com/discount

そのほかの参考サイト

URL www.nycgo.com/broadway
URL www.broadway.com
URL www.broadwaybox.com
URL www.theatermania.com
URL www.todaytix.com

プレイビルのディスカウントページで割引コードをゲット！

tkts、抽選チケットなど
格安当日券を狙う

チケッツ tkts

割引チケットを扱うオフィス。ブロードウエイなどの残った当日券を20〜50%割引きで売っている。手数料は$6。現金、クレジットカードADJMVが利用可。売り場前の電光掲示板に、当日売り出されるショーの名前が表示される。リンカーン・センターにも支店がある。URLwww.tdf.org

●タイムズスクエア店　MAP P.33-C2
営月・火・金15:00〜20:00、
水・木・土・日11:00〜20:00(日〜19:00)
●リンカーン・センター　MAP P.17-C1
営火〜土11:00〜18:00
携帯電話で使えるtktsのアプリもある。

ラッシュチケット(当日割引券) Rush Ticket

当日にかぎり割引されるチケット。料金は劇場によって異なるが$25〜40くらい。先着、抽選、学生用の3タイプがあり、通常2枚限定で支払いは現金のみ。抽選はオンライン(デジタル・ロッタリー)で申し込みできる。詳細は各ショーの公式サイトで。

●先着順(General Rush)
ボックスオフィスがオープンすると同時に売られる。
『シカゴ』$49
『ハリー・ポッターと呪いの子』$49
『スウィーニー・トッド』$49
『バック・トゥ・ザ・フューチャー』$40
『キンバリー・アキンボ』$40

●抽選(ロッタリー)
■Digital Lottery(オンラインでの抽選)
『ライオン・キング』$35
URLlottery.broadwaydirect.com/show/the-lion-king
『ハミルトン』$10
URLhamiltonmusical.com/lottery
『ウィキッド』$49(火〜金と日の夜)$59(金・土と日の昼)
URLlottery.broadwaydirect.com/show/wicked
イン・パーソン・ロッタリーあり$40
各公演の2時間30分前から劇場外で
『ハデスタウン』$47.50
URLluckyseat.com/shows/hadestown-newyork
『ザ・ブック・オブ・モルモン』$45
URLwww.luckyseat.com/book-of-mormon
『シックス：ザ・ミュージカル』$45
URLlottery.broadwaydirect.com/show/six-ny
『スウィーニー・トッド』$30
URLlottery.broadwaydirect.com/show/sweeney-todd-ny
『バック・トゥ・ザ・フューチャー』$45、『キンバリー・アキンボ』$45、『ア・ビューティフル・ノイズ, ザ・ニールダイアモンド・ミュージカル』$55
URLrush.telecharge.com(Facebook、X旧ツイッター、リンクトインのアカウントが必要)
URLdearevanhansenlottery.com

タイムズスクエアにあるチケッツ

『ムーラン・ルージュ！』$47.50
URLwww.luckyseat.com/shows/moulinrouge-newyork
『MJ・ザ・ミュージカル』$49
URLlottery.broadwaydirect.com/show/mj-ny
『アラジン』$35
URLaladdinthemusical.com/lottery
『ハリーポッターと呪いの子』$40(金のみ)
URLwww.todaytix.com/x/nycでHarry Potterを検索
『リトル・ショップ・オブ・ホラーズ』$40
URLlittleshopofhorrors.socialtoaster.com

立ち見席 Standing Room Ticket

人気ミュージカルは、通常売り切れの場合、当日立ち見券を出す劇場が多い。2〜3時間立ちっぱなしで、1階、または2階の一番後ろで観ることになる。完売にならないと立ち見券は発行されないので、立ち見席目当てに出かけても買えないときがある。

『シカゴ』$39 『ハデスタウン』$39 『スウィーニー・トッド』$40 『&ジュリエット』$45 『シックス・ザ・ミュージカル』$49

チケットはQRコードが主流

チケットをオンライン決済したら、メールが送られてくるが、このリンクをクリックするとQRコードが表示される。当日劇場にはこのQRコードを提示して入場することになる。万一、入場時にインターネット接続できないこともあるので、QRコードはプリントアウトしておくか、スクリーンショットで保存しておきたい。メールは迷惑メールフォルダに入ってしまうことがあるので、公演前になってもメールが届かないようなら確認を。

80年代のヒット映画をプロジェクション・マッピングなどで再現『バック・トゥ・ザ・フューチャー』
Photo by Matthew Murphy and Evan Zimmer

オフ・ブロードウエイから昇格した話題作『キンバリー・アキンボ』
Photos：Joan Marcus

ブロードウエイ

Broadway

当日の劇場内の流れ

着席時にもらえるパンフレット、プレイビル

❶席に案内してもらう

各通路にいる案内人Usherにチケットを見せて案内してもらう。そのとき「プレイビルPLAYBILL」というプログラムを渡される（英語のみ）。これはキャストのプロフィールや上演曲が載っているパンフレットのようなもの。

❷上演前にトイレを済ませておく

❸インターミッション（幕あい休憩）

1幕と2幕の間に15分くらいの休憩がある。場内に飲食物は持ち込めないので、ロビーにあるバーカウンターを利用する。ロビーにはプログラムや関連グッズも売られている。

❹公演終了

座席について

（例：マジェスティック・シアター）

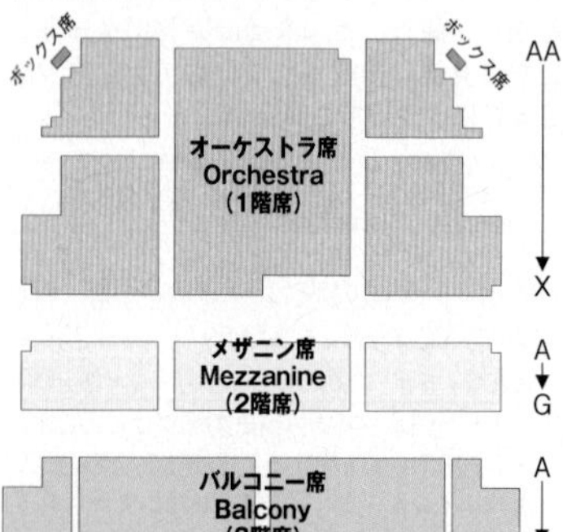

番号は前からABC順で、中央で分けて、ステージに向かって右側が偶数で、左側が奇数

衣装、装置とも豪華な『ウィキッド』
Photo：Joan Marcus

知っておきたいブロードウエイの知識

トニー賞　The Tony Award

1年間に上演されたすべての新作のなかから選ばれる賞。映画のアカデミー賞、音楽のグラミー賞のようなもので、毎年6月に発表される。ミュージカル部門と演劇部門に分かれ、それぞれに　作品賞、主演賞など27部門と特別賞などがある。2023年は『キンバリー・アキンボ』がミュージカル作品賞、主演女優賞、助演女優賞、脚本賞、オリジナル楽曲賞の5部門を受賞。

プレビュー　Preview

初日（オープニングナイト）に向けての準備期間であり、評判を探る期間でもある。その前、約2週間ほど（場合によっては3～4日、あるいは1ヵ月にわたることも）プレビュー公演がある。オフ・ブロードウエイでは料金が安くなっていることも。

2022年の主演男優賞受賞『MJ』
Photo：Matthew Murphy

❤**便利なアプリToday Tix**　ミュージカルの予約アプリ。自分が観劇したい公演の１週間前から予約でき、当日割引があることも。出発前にダウンロードをしておきたい。

ブロードウエイミュージカル

★ 2023年11月現在の情報です。上演時間の変更、公演打ち切りなどもあります。サイトで再度確認を。

初回公演日2015年8月6日

ハミルトン
Hamilton

別MAP P.33-C3 ミッドタウン・ウエスト

歌と踊り度★★★　衣装度★★★　英語必要度★★★

【あらすじ】アメリカ合衆国建国の父のひとりで、10ドル紙幣の肖像画にもなっているアレクサンダー・ハミルトン（1755～1804）の生涯を描くヒップホップ・ミュージカル。孤児のハミルトンは、大学卒業後、独立戦争に従軍しジョージ・ワシントンの右腕として活躍。キャストのほとんどがラテン系またはアフリカ系なのも話題。　上演時間：2時間45分

【見どころ】『イン・ザ・ハイツ』でトニー賞主要4部門を受賞した若き天才リン・マニュエル・ミランダが楽曲、脚本を担当。この作品でもトニー賞の11部門を制覇した。

劇場　Richard Rodgers Theatre
住 226 W. 46th St.（bet. Broadway & 8th Ave.）
地下鉄 N R W 49 St
Free (1-877) 250-2929（チケットマスター）
URL www.hamiltonmusical.com　料 $142～　DL $10

	昼の部	夜の部
月		
火		19:00
水		19:00
木		19:00
金		19:00
土	13:00	19:00
日	13:00	19:00

※月により変動あり

初回公演日2023年8月3日

バック・トゥ・ザ・フューチャー
Back to the Future

別MAP P.33-C1 ミッドタウン・ウエスト

歌と踊り度★★★　セット度★★★　衣装度★★　英語必要度★★

【あらすじ】1985年の大ヒットSF映画を舞台化。高校生のマーティは、友人の科学者ブラウン博士（通称：ドク）が愛車デロリアンを改造して作ったタイムマシンで30年前の1955年に飛んでしまう。その時代のドクの協力を得て、元の世界に戻る方法を見つけたマーティだったが、若かりし頃の自分の母親ロレインに恋をされてしまい……。　上演時間：2時間35分

【見どころ】プロジェクション・マッピングなどの最先端技術を駆使し、最初から最後まで目が離せないタイムトリップ映画を忠実に再現。デロリアンのレプリカも舞台上に登場！

劇場 Winter Garden Theatre
住 1634 Broadway（at 50th St.）
地下鉄 ❶ 50 St
☎ (1-212) 239-6200（テレチャージ）
料 $74～
R $40　DL $45
URL www.backtothefuturemusical.com

	昼の部	夜の部
月		
火		19:00
水	14:00	19:30
木		19:00
金		20:00
土	14:00	20:00
日		15:00

※月により変動あり

初回公演日2011年3月24日

ザ・ブック・オブ・モルモン
The Book of Mormon

別MAP P.33-C2 ミッドタウン・ウエスト

歌と踊り度★★★　衣装度★★　英語必要度★★★

【あらすじ】2011年トニー賞で、作品賞ほか9部門を制覇した話題作。モルモン教徒の優等生のプライスと劣等生のカニングハムは、アフリカのウガンダへ伝道師として派遣されるがエイズや飢饉などの問題を抱える村は宗教どころではなく……。
上演時間：2時間30分

【見どころ】宗教という特殊な題材を歌と台詞とダンスで見事にエンターテインメント化。デコボココンビが繰り広げる奮闘に劇場中が爆笑。

劇場 Eugene O'Neill
住 230 W. 49th St.（bet. Broadway & 8th Ave.）
地下鉄 Ⓒ Ⓔ 50 St
Free (1-877) 250-2929（チケットマスター）
料 $69～
DL $45
URL bookofmormonbroadway.com

	昼の部	夜の部
月		
火		19:00
水		19:00
木		19:00
金		19:00
土	14:00	20:00
日	14:00	19:00

※月により変動あり

初回公演日1996年11月14日

シカゴ
Chicago

別MAP P.33-C2 ミッドタウン・ウエスト

歌と踊り度★★★　衣装度★★★　英語必要度★★★

【あらすじ】1920年代のアメリカ禁酒法時代のシカゴ。クラブ歌手のロキシーは、恋人殺害で逮捕されるが弁護士の策略で無罪に。これによって一躍有名になる。その頃、悪名高い歌手のヴィルマもロキシーに対抗。スキャンダルを利用して名声を手にする女性たちの物語。
上演時間：2時間30分

【見どころ】2003年、映画版がアカデミー賞作品賞受賞。鬼才ボブ・フォッシー振り付けのセクシーなダンスとセリフのテンポのよさが特徴。

劇場 Ambassador
住 219 W. 49th St.（bet. Broadway & 8th Ave.）
地下鉄 Ⓒ Ⓔ 50 St
☎ (1-212) 239-6200（テレチャージ）
料 $59.50～
立 $39　R $49
URL chicagothemusical.com

	昼の部	夜の部
月		19:00
火		19:00
水		
木		19:00
金		20:00
土	14:30	20:00
日	14:00	19:00

※月により変動あり

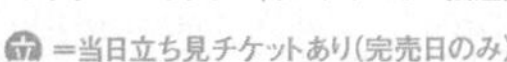
DL ＝デジタル・ロッタリー（オンラインでの抽選）　R ＝ラッシュチケットあり
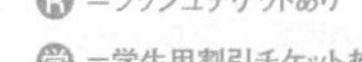
立 ＝当日立ち見チケットあり（完売日のみ）　学 ＝学生用割引チケットあり

初回公演日1997年11月13日

ライオン・キング
The Lion King

別MAP P.33-C3 ミッドタウン・ウエスト

歌と踊り度★★★　衣装度★★★　英語必要度★★

【あらすじ】アフリカにライオンの王の子として生まれたシンバ。実の叔父スカーの陰謀で父ムファサを殺され、その後王国を飛び出す。シンバは過去を忘れ、新しい友達と新しい生活を始めたが、偶然再会した幼なじみナラに説得され、王国を再び取り返す決心をする。

上演時間：2時間45分

【見どころ】ディズニー映画『ライオン・キング』のミュージカル。アニメーションよりシンバの悲しみや驚きをリアルに感じられる。動物たちのメイクにも注目しよう。

劇場 Minskoff
住200 W. 45th St. (near 7th Ave.)
地下鉄ⓃⓇⓌ49 St
Free (1-866) 870-2717 (チケットマスター) 日本からは+1-949-333-4001
料 $157～　DL $35
URL www.lionking.com

	昼の部	夜の部
月		
火		19:00
水		19:00
木		19:00
金		20:00
土	14:00	20:00
日	13:00	18:30

※月により変動あり

初回公演日2022年11月10日

キンバリー・アキンボ
Kimberly Akimbo

別MAP P.33-C3 ミッドタウン・ウエスト

歌と踊り度★★★　セット度★★　衣装度★★★　英語必要度★★★

【あらすじ】常人の数倍の早さで老化が進む難病を患う女子高生キンバリーは、もうすぐ16歳の誕生日を迎えようとしているが、見かけは70代。アルコール中毒の父親、心配性でおなかの子供に夢中の母親、仮出所中の叔母ら、問題だらけの家族に囲まれながらも、キンバリーが明るく希望をもって力強く生きていく姿を描く。　上演時間：2時間20分

【見どころ】キンバリー役でトニー賞主演女優賞を受賞した60代のヴィクトリア・クラークが美しい歌声で難役の女子高生を生きいきと表現。クラスメイトたちの歌とダンスもパワフル！

劇場 Booth Theatre
住222 W. 45th St. (bet. 7th & 8th Aves.)
地下鉄ⓃⓆⓇⓌⓈ❶❷❸❼ Times Sq - 42 St
☎ (1-212) 239-6200 (テレチャージ)
料 $58～
Ⓡ $40　DL $45
URL kimberlyakimbothemusical.com

	昼の部	夜の部
月		
火		19:00
水		19:00
木		19:00
金		19:00
土	14:00	20:00
日	14:00	19:00

※月により変動あり

初回公演日2022年2月1日

MJ ザ・ミュージカル
MJ The Musical

別MAP P.33-C1 ミッドタウン・ウエスト

歌と踊り度★★★　セット度★★★　衣装度★★★　英語必要度★★

【あらすじ】史上最高のエンターテイナー、マイケル・ジャクソンの半生を描く待望のミュージカル。1992年の「デンジャラス・ワールド・ツアー」の舞台裏を中心に、兄たちとのジャクソン5の結成からソロとしてスーパースターの地位を獲得するまでを、父親との葛藤や人種差別への苦悩も織り込みながらヒット曲で綴る。　上演時間：2時間30分

【見どころ】ジャクソン5時代の『ABC』『アイル・ビー・ゼア』から『スリラー』『バッド』『ビリージーン』まで誰もが知る名曲25曲以上が圧巻のダンスと共に繰り広げられる。

劇場 Neil Simon Theatre
住250 W. 52nd St. (bet. Broadway & 8th Ave.)
地下鉄ⒸⒺ50 St
Free (1-877) 250-2929 (チケットマスター)
料 $110～
DL $49
URL mjthemusical.com

	昼の部	夜の部
月		
火		19:00
水	14:00	20:00
木		19:00
金		19:00
土	14:00	20:00
日	15:00	

※月により変動あり

初回公演日2019年4月17日

ハデスタウン
Hadestown

別MAP P.33-C2 ミッドタウン・ウエスト

歌と踊り度★★★　セット度★★★　衣装度★★★　英語必要度★★

【あらすじ】ギリシャ神話の「オルフェウスとエウリディケ」と「冥界の王ハデスと妻ペルセポネ」をモチーフにしたオリジナル作品。オルフェウスとエウリディケは恋に落ちるが生活は貧しく、エウリディケはペルセポネの誘いにのりハデスが統治するハデスタウンに行ってしまう。オルフェウスは彼女を連れ戻しに行くが……。　上演時間：2時間25分

【見どころ】シンガーソングライターのアナイス・ミッチェルと演出家のレイチェル・チャフキンのふたりの女性が神話の世界を見事に表現。2019年トニー賞で作品賞を含む8部門を受賞。

劇場 Walter Kerr Theatre
住219 W. 48th St. (bet. Broadway and 8th Ave.)
地下鉄ⓃⓇⓌ49 St
Free (1-877) 250-2929 (チケットマスター)
料 $49～　DL $47.50、立 $39
URL www.hadestown.com

	昼の部	夜の部
月		
火		19:00
水	14:00	19:30
木		19:00
金		19:00
土	14:00	20:00
日	15:00	

※月により変動あり

VOICE **ブロードウエイで出待ち** 終演後、Backstageという扉の前に並ぶと出演者があいさつに出て来てくれる。サインや写真撮影など気軽に応じてくれた！ (奈良県　さくら　'22) ['23]

初回公演日2014年3月20日

アラジン
Aladdin

別MAP P.33-C4 ミッドタウン・ウエスト

歌と踊り度★★★　衣装度★★★　英語必要度★★

【あらすじ】砂漠の王国アグラバーに住む青年アラジンは、宮殿を抜け出した王女ジャスミンと市場で出会い、恋に落ちる。その後、国務大臣で魔法使いのジャファーに捕らえられるが脱獄、ランプの魔人ジーニーの主人となる。アラジンは、3つだけ願いをかなえてもらえることになるのだが……。　上演時間：2時間45分

【見どころ】映画版でアカデミー歌曲賞を受賞したアラン・メンケンが作曲を担当。空飛ぶ魔法の絨毯をはじめ、大がかりな舞台装置に注目。

劇場 New Amsterdam Theatre
住214 W. 42nd St. (bet. 7th & 8th Aves.)
地下鉄NQRWS1237 Times Sq-42 St
Free (1-866) 870-2717 (チケットマスター) 日本からは +1-949-333-4001
料 $83～　DL $35
URL www.aladdinthemusical.com

	昼の部	夜の部
月		
火		19:00
水		19:00
木		19:00
金		20:00
土	14:00	20:00
日	13:00	18:30

※月により変動あり

初回公演日2022年12月4日

ア・ビューティフル・ノイズ、ザ・ニール・ダイアモンド・ミュージカル
A Beautiful Noise, The Neil Diamond Musical

別MAP P.33-C3 ミッドタウン・ウエスト

歌と踊り度★★★　セット度★★　衣装度★★　英語必要度★★

【あらすじ】1960年代から80年代にかけて数々のヒット曲を生み、2011年にはロックの殿堂入りを果たした歌手ニール・ダイアモンドの自伝的ミュージカル。ブルックリンで生まれ育った貧しいユダヤ移民の子供ニールが成功しながら失望も味わっていく姿を『スウィート・キャロライン』などのヒット曲と共に描く。　上演時間：2時間15分

【見どころ】演出は受賞歴多数の鬼才マイケル・メイヤー。脚本は大ヒット映画『ボヘミアン・ラプソディー』の原案と脚本で知られるアンソニー・マッカーテン。

劇場 Broadhurst Theatre
住235 W. 44th St. (bet. 7th & 8th Aves.)
地下鉄NQRWS1237 Times Sq-42 St
☎ (1-212) 239-6200 (テレチャージ)
料 $84～　DL $55
URL abeautifulnoisethemusical.com

	昼の部	夜の部
月		
火		19:00
水	14:00	
木	14:00	19:30
金		19:00
土	14:00	20:00
日	15:00	

※月により変動あり

初回公演日2019年7月25日

ムーラン・ルージュ！
Moulin Rouge!

別MAP P.32-B3 ミッドタウン・ウエスト

歌と踊り度★★★　セット度★★★　衣装度★★★　英語必要度★★

【あらすじ】ニコール・キッドマン主演の大ヒット映画を舞台化。作家を目指してパリに来たアメリカ人青年クリスチャンは、キャバレー「ムーラン・ルージュ」のスター、サティーンにひと目惚れする。しかしサティーンはクリスチャンのことを、経営難のキャバレーを救ってくれる資産家の公爵と勘違いしてしまい……。　上演時間：2時間35分

【見どころ】マドンナ、エルトン・ジョン、レディ・ガガ、アデルなど有名アーティストのヒット曲が勢揃い。劇場全体が豪華絢爛なキャバレーと化し、開演前から妖艶なキャストたちがお出迎え！

劇場 Al Hirschfeld Theatre
住302 W. 45th St. (bet. 8th & 9th Aves.)
地下鉄ACE 42 St/Port Authority Bus Terminal
Free (1-877) 250-2929 (チケットマスター)
料 $59～　DL $47.50
URL moulinrougemusical.com

	昼の部	夜の部
月		
火		19:00
水	14:00	20:00
木		19:00
金		19:00
土	14:00	20:00
日	15:00	

※月により変動あり

初回公演日2018年4月22日

ハリー・ポッターと呪いの子
Harry Potter and the Cursed Child

別MAP P.33-C4 ミッドタウン・ウエスト

セット度★★★　衣装度★★★　英語必要度★★★

【あらすじ】『ハリー・ポッター』シリーズ7作目『死の秘宝』から19年後の世界を描く舞台(ミュージカルではなく演劇)。3人の子供の父親となり魔法省で働くハリーは、次男のアルバスをホグワーツ魔法学校に入学させる。アルバスは逆転時計を盗み出し過去に戻り、ハリーは……。
上演時間：3時間30分

【見どころ】二部構成で上演されていたが、2021年11月からは二部を再構築した一部構成で上演。特殊効果を駆使した魔法の世界が舞台上で繰り広げられる。

劇場 Lyric Theatre
住214 W. 43rd St. (bet. 7th & 8th Aves.)
地下鉄NQRWS1237 Times Sq-42 St
☎ (1-877) 250-2929 (チケットマスター)
料 $92～　DL $40(金のみ)
URL www.harrypottertheplay.com

	昼の部	夜の部
月		
火		19:00
水	13:00	19:00
木		19:00
金		19:00
土	13:00	19:00
日	14:00	

※月により変動あり

VOICE　**ウィキッド(→P.406)**　ロッタリー(抽選)に申し込み当選した。ほかの演目と違ってロッタリー席は最前列か2列目で観られるので挑戦する価値あり！　チケット代は現金での支払い。(大阪府　MAI　'22)['23]

DL ＝デジタル・ロッタリー（オンラインでの抽選）　R ＝ラッシュチケットあり
立 ＝当日立ち見チケットあり（完売日のみ）　学 ＝学生用割引チケットあり

初回公演日2022年11月17日

&ジュリエット
& Juliet

別MAP P.33-D4 ミッドタウン・ウエスト

歌と踊り度★★★　セット度★★　衣装度★★★　英語必要度★★

【あらすじ】シェイクスピアの戯曲『ロミオとジュリエット』で、ジュリエットが最後に死を選ばないという選択をしていたらどうなっていたかをコメディタッチで描く。稀代のヒットメーカー、マックス・マーティンが楽曲を担当し、彼が手がけたブリトニー・スピアーズやケイティ・ペリーらのヒット曲が満載！　上演時間：2時間30分

【見どころ】ジュリエットがキュートな衣装に身を包み女性パワー炸裂の歌とダンスを披露。既存の楽曲を使ったジュークボックス・ミュージカルで、コンサート感覚で楽しめる。

劇場 Stephen Sondheim Theatre
住124 W. 43rd St. (bet. Broadway & 6th Ave.)
地下鉄ⒷⒹⒻⓂ42 St-Bryant Pk
☎ (1-833) 274-8497（クライテリオン）
料 $102～　立 $45
URL andjulietbroadway.com

	昼の部	夜の部
月		
火		19:00
水	14:00	19:30
木		19:00
金		20:00
土	14:00	20:00
日	15:00	

※月により変動あり

初回公演日2021年10月3日

シックス：ザ・ミュージカル
SIX: The Musical

別MAP P.33-C2 ミッドタウン・ウエスト

歌と踊り度★★★　セット度★★★　衣装度★★★　英語必要度★★

【あらすじ】2017年にイギリスのケンブリッジ大学の学生ふたりによって制作され大評判を呼んだ作品がブロードウエイに登場。英国史上最も残酷でスキャンダラスな王といわれたヘンリー8世の6人の妻たちがロックコンサート会場さながらの舞台上でそれぞれの人生を歌い踊りながら、リードボーカルの座を競い合っていく。　上演時間：80分（休憩なし）

【見どころ】離婚、斬首、死、生還をキーワードに個性豊かな6人の妻たちがロックな衣装に身を包み、パワフルなパフォーマンスを展開。バンドメンバーも全員女性。

劇場 Brooks Atkinson Theatre
住256 W. 47th St. (bet. Broadway & 8th Ave.)
地下鉄ⒸⒺ50 St
☎ (1-877) 250-2929（チケットマスター）
料 $110～
DL $45　立 $49
URL sixonbroadway.com

	昼の部	夜の部
月		
火		19:00
水		19:00
木		19:00
金		20:00
土	15:00	20:00
日	14:00	19:00

※月により変動あり

初回公演日2023年3月26日

スウィーニー・トッド
Sweeney Todd

別MAP P.33-C3 ミッドタウン・ウエスト

歌と踊り度★★★　セット度★★★　衣装度★★　英語必要度★★★

【あらすじ】1979年にブロードウエイで初演され、2007年にはティム・バートン監督によって映画化されたミュージカルのリバイバル。無実の罪で投獄されていたベンジャミンはスウィーニー・トッドと名を変え15年ぶりにロンドンに戻ってくる。彼はパイ店の2階で理髪店を始め、妻と娘を奪った判事に復讐していく……。　上演時間：2時間30分

【見どころ】ブロードウエイ初演以来初めて26人体制のオーケストラでスティーブン・ソンドハイムの美しい楽曲が奏でられる。主演は歌手のジョシュ・グローバン。

劇場 Lunt-Fontanne Theatre
住205 W. 46th St. (bet. Broadway & 8th Ave.)
地下鉄ⓃⓇⓌ49 St
☎ (1-877) 250-2929（チケットマスター）
料 $79～　R $49　DL $30
立 $40
URL sweeneytoddbroadway.com

	昼の部	夜の部
月		
火		
水	13:00	19:00
木		19:00
金		19:00
土	14:00	20:00
日	14:00	

※月により変動あり

初回公演日2003年10月30日

ウィキッド：オズの魔法使いの知られざる物語
Wicked: The Untold Story of the Witches of Oz

別MAP P.33-C1 ミッドタウン・ウエスト

歌と踊り度★★★　衣装度★★★　英語必要度★★

【あらすじ】緑色の肌と魔力をもつ少女エルファバは、全寮制の学校に入学する。彼女はそこで、明るく華やかな少女グリンダに会い……。『オズの魔法使い』に登場する悪い魔女エルファバとよい魔女グリンダに焦点を当て、エルファバがなぜ悪い魔女と呼ばれるようになったのかを描く。
上演時間：2時間45分

【見どころ】衣装、照明、装置すべて豪華。『プリンス・オブ・エジプト』でアカデミー賞オリジナル歌曲賞受賞のスティーヴン・シュワルツが楽曲を担当。

劇場 Gershwin
住222 W. 51st St. (bet. Broadway & 8th Ave.)
地下鉄ⒸⒺ50 St　Free (1-877) 250-2929（チケットマスター）
料 $110～　学 $69　DL $49（火～金と日の夜）、$59（土と日の昼）L $40イン・パーソン・ロッタリー Wickedのみ　URL www.wickedthemusical.com

	昼の部	夜の部
月		
火		19:00
水		19:00
木		19:00
金		20:00
土	14:00	20:00
日	14:00	19:00

※月により変動あり

ブロードウエイの学生料金　正規料金より格安で購入できるが、劇場によりステージが見切れてしまう端っこの座席になることもある。たくさんの作品を鑑賞したいならよいが注意を。

オフ・ブロードウエイ
Off Broadway

オフ・ブロードウエイとは

ブロードウエイとは違い、興行成績を意識せずに前衛的、実験的なパフォーミングの舞台を見せてくれるのが、オフ・ブロードウエイ。ブロードウエイから外れたエリア、おもにダウンタウンで行われるためにそう呼ばれるようになった。風刺たっぷりの笑いやセリフなど、ブロードウエイでは体験できない舞台が人気。近年では、観客が自ら体感する演劇、イマーシブ・シアターも話題だ。

オビー賞とは

オフ・ブロードウエイ、オフオフ・ブロードウエイを対象として優れた舞台に与えられる賞。ニューヨークの情報誌『ビレッジ・ボイス』の主催で1956年から始まった。演技賞、舞台監督賞、舞台美術賞、功労賞などがある。ウディ・アレン、メリル・ストリープなども過去の受賞者。

オフオフ・ブロードウエイの存在

今ではオフ・ブロードウエイも商業的に成功を収め、ある意味でその本来の性質を失いつつある。これに代わってオフオフ・ブロードウエイの存在が注目され始めている。劇場という施設から離れて、ロフトや教会、カフェといった所で上演される。芸術性の高い作品から、アマチュアに毛が生えたような作品までさまざまだ。

©Blue Man Group

『ブルーマン・グループ』は人気のロングラン作品

夏限定！　無料のエンターテインメントショー

NYを夏に訪れるのなら、絶対おすすめは無料の野外コンサート。有名なのはセントラルパークとリンカーン・センター。スケジュールはウェブや情報誌などで、チェックできる。

セントラルパーク ➡P.126

ニューヨーク・フィルの公演が毎年6月に行われる。芝生に寝そべってのクラシック鑑賞は、なかなか味わえない。

URL nyphil.org/parks

また、ライブミュージックが楽しめるサマー・ステージも人気が高い。

URL www.summerstage.org

デラコルテ・シアターでは、シェイクスピアの作品を中心にシェイクスピア・イン・ザ・パークが上演される。事前にデラコルテ・シアター（当日12:00～）でチケットを入手する必要がある。配布開始の数時間前から行列ができるほど人気。当日下記サイトから申し込めば抽選によるチケット取得も可能。また、Public Theater（P.409）でも当日抽選会あり。

URL www.publictheater.org/free-shakespeare-in-the-park

リンカーン・センター ➡P.124

7月末から8月上旬までの「リンカーンセンター・アウト・オブ・ドアーズ」では野外仮設ステージでのコンサート、ダンスなど30以上のイベントをすべて無料で楽しめる。

URL www.lincolncenter.org/out-of-doors

リンカーン・センターのアウトドアフェスティバル

ミュージカルの開演時間について　時期や作品により若干の違いがあるが、昼の部（マチネ）で14:00～、夜の部（ソワレ）は20:00～（週末以外は19:00～や19:30～も）が一般的。

初回公演日2019年10月17日

リトル・ショップ・オブ・ホラーズ Little Shop of Horrors

別MAP P.32-A4 ミッドタウン・ウエスト

歌と踊り度★★★　セット度★★★　衣装度★★★　英語必要度★★

【あらすじ】1960年と1986年に映画化され、2003年にはブロードウエイ公演されたB級ホラーコメディのリバイバル。花屋の店員シーモアは同僚のオードリーに憧れているが彼女にはサディスティックな歯医者の恋人がいる。シーモアは不思議な植物と出会いオードリーⅡと名づけて育てるが、実はこれが人食い植物だった……。　上演時間：2時間15分

【見どころ】演出は『春のめざめ』でトニー賞を受賞し、メトロポリタン・オペラの『椿姫』を新演出したマイケル・メイヤー。270席の小劇場ならではの臨場感が楽しめる。

劇場 Westside Theatre
住407 W. 43rd St. (bet. 9th & 10th Aves.)
地下鉄ACE42 St/Port Authority Bus Terminal
Free (1-212) 239-6200 (テレチャージ)
料$69～
DL$29
URL www.littleshopnyc.com

	昼の部	夜の部
月		
火		19:00
水		19:00
木		19:00
金		20:00
土	14:00	20:00
日	14:00	19:30

※月により変動あり

初回公演日2019年10月27日

デュエリング・ピアノ Dueling Pianos

別MAP P.14-A3 ミッドタウン・イースト

歌と踊り度★★★　セット度★　衣装度★　英語必要度★

【あらすじ】毎週土曜日の22時から行われている、食事とドリンクも楽しめるピアノショー。ビリー・ジョエルからボン・ジョビ、ブリトニー・スピアーズまで、観客のリクエストに何でも応えるふたりのピアニストがその場で次々と即興演奏し、観客は一緒に歌ったり、踊ったり、ニューヨークらしい一晩を味わえる。　上演時間：2時間～3時間

【見どころ】ドアオープンは21時で開演は22時。ミニマム2アイテム(2品以上の注文が必要)。別途Tax+20%のサービス・チャージ。

劇場 The Cutting Room
住44 E. 32nd St. (bet. Madison & Park Aves.)
地下鉄633 St
☎ (1-212) 691-1900 (The Cutting Room)
料$30～
URL https://www.shakerattlerollpianos.com

	昼の部	夜の部
月		
火		
水		
木		
金		
土		22:00
日		

初回公演日2014年11月1日

ドランク・シェイクスピア Drunk Shakespeare

別MAP P.13-D1 ミッドタウン・ウエスト

歌と踊り度★★　セット度★　衣装度★★　英語必要度★★★

【あらすじ】小さな図書館のような空間に「酔っ払ったシェイクスピア協会」のメンバーとして集まった5人のプロの俳優たち。そのうちのひとりがウイスキーを5ショット飲んでシェイクスピア劇にチャレンジしようとし、しらふの他の4人がそこに加わり、観客とも交流しながらハチャメチャな即興劇を繰り広げていく。　上演時間：1時間30分(休憩なし)

【見どころ】21歳以上限定。ウエルカムドリンク(アルコール)付き。観客は上演中もワインやカクテルを注文でき、飲みながら楽しめる。

劇場 Ruby Theatre
住35 W. 39th St. (bet. 5th & 6th Aves.)
地下鉄BDFM42 St-Bryant Pk
☎なし
料$55～
URL https://www.drunkshakespeare.com

	昼の部	夜の部
月		19:00
火		19:00
水		19:00
木		19:00
金	20:00、22:00	
土	17:00、19:00、21:00	
日		19:00

※月により変動あり

初回公演日2007年2月15日

ガジリオン・バブル・ショー Gazillion Bubble Show

別MAP P.32-B1 ミッドタウン・ウエスト

歌と踊り度★★　セット度★★★　衣装度★　英語必要度なし

【あらすじ】シャボン玉アーティストとして知られ、16のギネス世界記録をもつベトナム系カナダ人ファン・ヤンが繰り広げるバブル・ショー。ファン・ヤンと、彼の家族も出演し、大小さまざまなシャボン玉と幻想的な照明やレーザー光線を駆使したエンタメ性抜群のショーを展開。英語力は必要ない。大人も楽しめる。　上演時間：1時間5分(休憩なし)

【見どころ】客席までシャボン玉が飛んでくるので、ぬれてもよい服装で行こう。2歳以下の子供をひざにのせる場合$20(ボックスオフィスのみで購入可)。

劇場 New World Stages
住340 W. 50th St. (bet. 8th & 9th Ave.)
地下鉄CE50 St
Free (1-212) 239-6200 (テレチャージ)
料$59～
URL http://gazillionbubbleshow.com

	昼の部	夜の部
月		
火		
水		
木		
金		19:00
土	11:00、14:00、16:30	
日	12:00、15:00	

※月により変動あり

VOICE **リトル・ショップ・オブ・ホラーズ**　楽曲はディズニー映画でおなじみのアランメンケンとハワード・アッシュマン。1968年に公開された映画を観ていくともっと楽しめる！　(NY在住　MAY　'23)

初回公演日1987年4月18日

パーフェクト・クライム
Perfect Crime

別MAP P.33-C1 ミッドタウン・ウエスト

セット度★★　衣装度★★　英語必要度★★★

【あらすじ】35年以上のロングランを続けるNY史上最長の戯曲作品。グリニッチ・ビレッジの劇場で初演され、現在の10 軒目の劇場では2005年から上演。舞台は夫殺しの嫌疑をかけられた精神科医マーガレット・ブレント宅。刑事はすべてを解明したと思ったが、彼女の夫殺しは完全犯罪の始まりに過ぎなかった……。　上演時間：1時間55分

【見どころ】主演のキャサリン・ラッセルは1987年の初演以来病欠も休暇も取ることなく同じ役を演じ、ギネスブックにも登録されている。

劇場 The Theater Center
住 210 W. 50th St.
(bet. Broadway & 8th Ave.)
地下鉄 1 50 St
☎ (1-877) 250-2929 (チケットマスター)
料 $51～
URL www.perfect-crime.com

	昼の部	夜の部
月		20:00
火		20:00
水		
木		20:00
金		20:00
土	14:00	20:00
日	15:00	19:30

初回公演日1991年4月8日

ブルーマン・グループ
Blue Man Group

別MAP P.10-A3 イースト・ビレッジ

歌と踊り度★★　衣装度★★★　英語必要度なし

【あらすじ】全身をブルーに塗り固めた3人の奇妙なコメディ。天井をチューブで飾りつけた舞台で独自のパフォーマンスを披露し、ときおり客席を歩き、観客をピックアップしてパフォーマンスさせる。具体的なあらすじはない。
上演時間：1時間30分～1時間45分(休憩なし)

【見どころ】まったく言葉を発せず、表情も変えない3人。客席を歩きながら数人をピックアップ。そして、意表を突くエンディング……。

劇場 Astor Place
住 434 Lafayette St. (bet. 4th & 8th Sts.)　地下鉄 6 Astor Pl　Free (1-800) 258-3626
Free (1-800) 745-3000 (チケットマスター)　料 $49～112
学 $40※要ID。発券されない日もあるので事前に (1-212) 387-9415で確認を

URL www.blueman.com

	昼の部	夜の部
月		19:00
火		
水		19:00
木		19:00
金		20:00
土	12:00、15:00、	
日	18:00、21:00	

※月により変動あり

オフ&オフオフ・ブロードウエイのシアターリスト

サークル・イン・ザ・スクエア・シアター
Circle in the Square Theatre

テネシー・ウィリアムズの『サマー・アンド・スモーク』を上演、ロングランを続けた。1960年代後半に演劇学校を設立、現在でも多くの研究生が学ぶ。

別MAP P.33-C1 ミッドタウン・ウエスト
住 1633 Broadway (at 50th St.)
地下鉄 N R W 49 St、1 C E 50 St
☎ (1-212) 307-0388
URL www.circlesquare.org

ルシール・ローテル・シアター
Lucille Lortel Theatre

オフ・ブロードウエイのムーブメント発祥の地といえる劇場。ブレヒトの『三文オペラ』『欲望という名の電車』などを手がけたことで有名。

別MAP P.9-C4 グリニッチ・ビレッジ
住 121 Christopher St.
(bet. Hudson & Bleecker Sts.)
地下鉄 1 Christopher St (Christopher St.を西のほうへ1ブロック歩きBleecker St.を越えた所)
☎ (1-212) 924-2817
URL www.lortel.org

パブリック・シアター
The Public Theater

「アメリカで最も重要でかつ発展的な演劇機関」と賞賛される劇場。ここで上演後、ブロードウエイに移り数々の賞を受賞した作品も多い。

別MAP P.10-A3 イースト・ビレッジ
住 425 Lafayette St. (bet. 4th St. & Astor Pl.)
地下鉄 6 Astor Pl、R W 8 St - NYU
☎ (1-212) 539-8500
URL www.publictheater.org

ラ・ママ 実験劇場
La MaMa Experimental Theatre

エレン・スチュワートによる創設以来、前衛的なパフォーマンスを上演し続けている。寺山修司の天井桟敷や東京キッドブラザースも公演を行った。

別MAP P.10-B4 イースト・ビレッジ
住 74A E. 4th St. (bet. 2nd Ave. & Bowery)
ボックスオフィスは 住 66 E.4th St. (bet. 2nd Ave. & Bowery)
地下鉄 F 2 Av、6 Bleecker St
☎ (1-212) 475-7710　URL www.lamama.org

VOICE　**ブルーマン・グループ**　20年ぶりに観劇したが、内容を現代に合わせてマイナーチェンジして以前よりもっとパワーアップしていたように感じた。ロングランも納得！(埼玉県　和田なつき　'23)

オペラとクラシックとバレエ

オーケストラ、演技、舞踊、美術、衣装、装置、照明などが一体となって織りなす一大芸術、オペラとバレエ。ニューヨークでは世界的にレベルの高い公演が楽しめる。

オペラ

Opera

ニューヨークのオペラ

NYでは「メトロポリタン・オペラ」が楽しめる。メトロポリタン・オペラは専属歌手、オーケストラなどにおいても豪華なオペラ。定期会員から先に席がおさえられるので、一般売り出し前によい席はほぼ完売。

以前楽しめた「シティ・オペラ」は2013年10月、経営難のため70年の伝統に幕を降ろした。

上階ならややカジュアルでもOK

服装には少し気をつけたい。メトロポリタン・オペラハウスはハイソサエティの社交場となっていて、タキシードにイブニングドレスでやってくる観客が多い。しかし、上階へ行くに従ってカジュアルなのが一般的。1階席の人がイブニングドレスやタキシードという姿に対し、最上階の立ち見席の人はパンツにシャツというカジュアルな姿が目立つ。豪華な劇場に似合うこぎれいな服装で出かけたほうが自然かもしれない。

豪華な舞台セットも見どころ。『ラ・ボエーム』より
©Ken Howard/Metropolitan Opera

オペラのすすめ

シーズンの9月から5月まで連日のように公演を行う。英語字幕がすぐ前の席に出てくるのでイタリア語やフランス語がわからなくても大丈夫。日本では海外オペラの来日公演なら3万円以上のものが、$25～で観られるのはうれしい。

チケットの買い方

オフィシャルサイト(日本語あり)、ボックスオフィスで購入できる。
URL www.metopera.org
●ボックスオフィス
☎(1-212) 362-6000
開 月～土10:00～20:00
日12:00～18:00
※一部の公演の立ち見席($35)は開演当日10:00～。電話とウェブサイトでも購入可能だが、手数料$10と施設使用料$2.50がかかる。(施設使用料はボックスオフィスで買ってもかかる)
※2023年12月現在、立ち見席は販売していない
※学生割引あり(学生証が必要)。$35。開演当日10:00～。
※ラッシュチケット$25。1人2枚のみ。販売は、平日は12:00(マチネは開演の4時間前)、土曜は14:00から。ウェブサイトに登録する必要あり。ボックスオフィスと電話での販売はなし。

♥メトロポリタン・オペラ　シーズンは9月下旬から翌年5月2週目まで。約27の演目を上演する。演目は18世紀のバロックから20世紀まで多岐にわたり、作品に合わせたセットも見物だ。

メトロポリタン・オペラ

世界最高オペラのひとつ、メト

メトロポリタン・オペラ（通称メトMET）は、世界最高のオペラのひとつ。年間公演回数と劇場の大きさは世界一。ゴージャスな演出やキャストおよびプロダクションの豪華さも世界に並ぶところなし。

●シーズン：9月下旬から5月中旬まで
●本拠地：メトロポリタン・オペラハウス➡P.415

豪華な出演歌手

このオペラハウスのいちばんの魅力は、出演オペラ歌手の豪華さにある。アンナ・ネトレプコやニーナ・ステンメ、スチュワート・スケルトン、ルネ・フレミングなど、オペラファンでなくても、耳にしたことのある名前が並ぶ。そして、舞台装置、衣装、合唱団などで十二分に堪能させてくれる。とにかく豪華な内装は見もの。開演前にシャンデリアがスルスルと天井に上がっていき、幕が開く。座席前の背もたれ上部には字幕も出る。

アーティストと有名歌手の悲恋物語『トスカ』
©Ken Howard/Metropolitan Opera

メトロポリタン・オペラのバックステージツアーへ行こう

メトロポリタン・オペラハウス➡P.415では、楽屋からリハーサル室、衣装室、大道具を作っている所、最後には舞台袖まで連れていってくれる本物のバックステージツアーを行っている。大きな荷物は持ち込めないので注意。

☎(1-212) 769-7028（月〜金10:00〜16:00）
開〈9月下旬〜5月上旬〉月〜金15:00〜、日10:30〜、13:30〜（土曜はなし。ほかにもない日があるので要確認）
料$35（学生と10人以上のグループ$25）
※電話またはURLwww.metguild.orgのイベントカレンダーページで購入できる。

メトロポリタン・オペラをもっと楽しむために

●3カテゴリーある会員システム

ギルド・メンバーズ($85〜)、パトロンズ($2750〜)、ヤング・アソシエーツ($600〜。対象21〜45歳)の3つのカテゴリーがあり、そのなかでもレベル分けされている。特典内容はレベルで異なる。

●毎月行くならサブスクリプションズ

一般売りの前にチケットをセット買いできること。曜日ごと、またはテーマごとに6〜9公演をセット。シーズン中、ほぼ毎月公演に行ける人向け。

●サマーHDフェスティバル

毎年8月最終金曜から9月第1月曜まで行われる無料の屋外イベント。劇場前に大スクリーンと約3000席が設置され、オペラの舞台映像を楽しむ。

●サマー・リサイタル・シリーズ

NY市内の公園で無料で行われる。2023年は6月20日のセントラルパークのほか、ブルックリン、スタテンアイランド、ブロンクス、ハーレム、クイーンズで開催した。

●オペラショップでおみやげ探し

ロビー北側にあるショップは、CDやDVDはもちろん、Tシャツやマグカップなど上品なデザインのグッズが豊富。営月〜土10:00〜22:00。上演がない日は18:00まで、日10:00〜18:00 URLwww.metoperashop.org

♥メトの座席配置 下（ステージ前）からオーケストラOrchestra、パルテールParterre、グランドティアーGrand Tier、ドレスサークルDress Circle、バルコニーBalcony、ファミリーサークルFamily Circle。

メトロポリタン・オペラ2024年シーズン演目

※mはマチネ(昼公演)

作品名	日程	作品名	日程
ラ・ボエーム La Bohème	1/4, 8, 13m	ナブッコ Nabucco	1/2, 6m, 10, 13, 18, 21m, 26
カルメン Carmen	1/3, 5, 9, 12, 16, 19, 23, 27m, 4/25, 29, 5/3, 9, 13, 18, 22, 25m	エル・ニーニョ El Niño	4/23, 27, 5/1m, 4m, 8, 11, 17
ファイアー・シャット・アップ・イン・マイ・ボーンズ Fire Shut Up in My Bones	4/8, 12, 17, 20, 24, 27m, 5/2	オルフェオとエウリディーチェ Orfeo ed Euridice	5/16, 19m, 23, 25, 30, 6/3, 5, 8m
運命の力 La Forza del Destino	2/26, 3/1, 4, 9m, 12, 16, 21, 24m, 29	ロミオとジュリエット Roméo et Juliette	3/7, 10m, 15, 19, 23m, 27, 30m,
めぐりあう時間たち The Hours	5/5m, 10, 15, 18m, 21, 24, 28, 31	つばめ La Rondine	3/26, 30, 4/2, 5, 9, 13m, 16, 20m,
蝶々夫人 Madama Butterfly	1/11, 14m, 17, 20m, 24, 27, 2/27, 3/2m, 6, 9, 14, 4/26, 30, 5/4, 7, 11m	トゥーランドット Turandot	2/28, 3/2, 5, 8, 13, 16m, 20, 23, 4/3, 6m, 11, 14m, 19, 5/29, 6/1m, 4, 7

※2024年1月1日以降の演目と日程を入れています。2024～2025年シーズンは2024年2月末頃に発表される予定です。

おもなオペラ作品 ★ 初 初心者におすすめの作品

ラ・ボエーム La Bohème

プッチーニ作曲(約2時間59分、休憩2回)

詩人ロドルフォは、画家マルチェロほかふたりと共同生活をしていたが、下の階に住むお針子ミミと愛し合い同棲をする。マルチェロも陽気な娘ムゼッタとよりを戻す。数ヵ月後、マルチェロとロドルフォの会話から、自分が不治の病と知ったミミはロドルフォに別れを告げ、マルチェロとムゼッタも痴話ゲンカの末別れる。共同生活に戻ったロドルフォのところに、ムゼッタが瀕死のミミを連れ込み、ミミは彼との楽しかった生活を回想し、皆の友情に感謝しながら息を引き取る。

カルメン Carmen

ビゼー作曲(約3時間25分、休憩1回) 初

舞台はスペインのセビリア。たばこ工場で働くジプシーの女工カルメンは、工場内のけんかで逮捕されるが、護送した衛兵伍長のドン・ホセは、ミカエラという婚約者がいるにもかかわらず、カルメンの誘惑に負け彼女を逃がしてしまう。ホセは軍を脱走し、ジプシーの密輸団の仲間に入るが、カルメンの心は人気闘牛士エスカミーリョに移っている。闘牛場へ出かけたカルメンのもとに、ホセが現れ復縁を迫るが彼女は拒絶。ホセはカルメンを刺し殺す。

蝶々夫人 Madama Butterfly

プッチーニ作曲(約3時間、休憩1回) 初

1904年の長崎。米海軍士官のピンカートンは、結婚斡旋屋のゴローの仲介で、15歳の芸者の蝶々さんと結婚する。しかし結婚生活も束の間、ピンカートンは米国に戻ってしまう。蝶々さんは彼との間にできた3歳の子供と女中のスズキと共に彼の帰りを信じて待つ。ある日ピンカートンのアメリカ人の妻ケイトが訪ねてきて子供を養育すると申し出る。蝶々さんは彼が来るなら渡すと約束するが、ピンカートンが駆けつけたときには彼女は自害していた。

トゥーランドット Turandot

プッチーニ作曲(約3時間20分、休憩2回)

舞台は伝説時代の中国の北京。宮殿の広場で役人が群衆に「トゥーランドット姫の夫となる条件は3 つの謎を解くことだが、解けなければ斬首の刑」と告げる。姫に一目ぼれした王子カラフはすべての謎を解き明かす。しかし冷酷な姫は結婚を拒み、カラフは姫に「翌朝までに私の名を当てれば死ぬ」と約束する。カラフの名を知る女奴隷リューは拷問を受けるが、口を閉ざしたまま自害。真実の愛に目覚めた姫はカラフの名を愛と宣言し、ふたりは抱き合う。

♥気軽に楽しめるオペラ 日本より料金が安く、上階ならカジュアルな服装でも大丈夫なので鑑賞しやすい。英語字幕を読むのがたいへんなので、事前に上記でストーリーを覚えておくとよいかも。

超一流の顔ぶれが集まるNYフィル Photo : Chris Lee

クラシック
Classic Music

ニューヨーク・フィルハーモニック

世界でも名高いオーケストラのひとつ。2009年シーズンより、生粋のニューヨーカーであり史上最年少（1967年生まれ）のアラン・ギルバートが音楽監督を務めていたが、2018年シーズンよりオランダ出身のヤープ・ヴァン・ズヴェーデンが音楽監督を務めている。客演指揮者、ソリストの顔ぶれも超一流だ。

●シーズン：9月末～6月中旬
●本拠地：デビッド・ゲフィン・ホール ➡P.415

チェンバー・ミュージック・ソサエティ

芸術監督であるチェロのデイヴィッド・フィンケルとピアノのウー・ハンを中心に、弦楽器、管楽器、ピアノを担当するメンバーが、ゲストを交えて室内楽を演奏する。

●シーズン：10月末～5月末
●本拠地：アリス・タリー・ホール ➡P.415

ニューヨーク・フィルハーモニック

●ボックスオフィス
URL nyphil.org
☎ (1-212) 875-5656
住 Broadway & 65th St.
営 月～土10:00～18:00、日12:00～18:00
※公演がある日は、公演開始30分後にクローズ。
※いくつかのコンサートでは当日ボックスオフィスで、学生用チケットの販売あり($25)。引き取り時に学生証の提示必要。公演10日前までウェブでも購入可能。

チェンバー・ミュージック・ソサエティ

☎ (1-212) 875-5788
料 $25～82前後、大学生用ラッシュチケット$10
URL www.chambermusicsociety.org

クラシックの名門、ジュリアード音楽院

クラシックコンサートが無料に!

ウエンズデイズ・アット・ワン
Wednesdays at One

毎週水曜13:00～14:00（ない週もあるので要確認）に、ジュリアード音楽院の学生によるコンサートが行われる。学生といっても、世界中の才能が集まるニューヨークの芸術家の卵たち。その演奏が無料で聴けるとは、うれしいかぎりだ。

場所：アリス・タリー・ホール ➡P.415
☎ (1-212) 799-5000
料 無料　URL events.juilliard.edu

ジュリアード音楽院の演奏風景
Photos:Nan Melville, Chris Cooper

♥**Concerts in the Parks**　毎年6月にあるNYフィルの無料野外コンサート。セントラルパークやプロスペクトパークで開催される。人気なので夜スタートなのに昼前から場所取りで大混雑。詳細はNYフィルのウェブで。

バレエ

Ballet

ニューヨークのバレエ

ニューヨークを拠点とするバレエ団はふたつ。なかでも、ニューヨーク・シティ・バレエがクリスマスシーズンに公演する『ナットクラッカー(くるみ割り人形)』は人気だ。

アメリカン・バレエ・シアター

1940年に創立されたアメリカン・バレエ・シアターAmerican Ballet Theatre (通称ABT) はアメリカを代表するバレエ団。プリンシパル・ダンサーには、アルゼンチン出身の天才的ダンサー、ヘルマン・コルネホのほか、同バレエ団初の黒人女性プリンシパルで自伝が映画化されたミスティ・コープランド、ウクライナ出身のクリスティーン・シェフチェンコ、韓国出身のソ・ヒなどの豪華な顔ぶれが並ぶ。ニューヨークでの定期公演は5月上旬から7月上旬にかけて、メトロポリタン・オペラハウス➡P.415で行われる。また10月後半のデビッド・H・コーク・シアター➡P.415公演では、新作や小作品など実験的な作品が上演されている。

古典バレエの王道『白鳥の湖』
©Gene Schiavone

アメリカン・バレエ・シアター
☎(1-212) 477-3030
料$20～200前後
※ラッシュチケット$35。詳細はP.410左下オペラのラッシュチケットを参照。
※大学生または大学院生には学生用ラッシュチケットあり$12～30。
URL www.abt.org
●レパートリー
『白鳥の湖』『ジゼル』『ロミオとジュリエット』など、古典作品が多い。

陽気なラブストーリー『ドン・キホーテ』
©Gene Schiavone

ニューヨーク・シティ・バレエ

20世紀最大の振付家といわれるジョージ・バランシンが育て上げたバレエ団。レパートリーには古典は少なく、おもに上演されるのは「音楽の視覚化」と形容されるバランシン作品と、『ウエストサイド・ストーリー』をはじめ多くのヒット作を手がけたジェローム・ロビンズの振付作品だ。

見逃せないのが、11月末から12月末にかけて上演される『ナットクラッカー(くるみ割り人形)』。かわいい子供のバレエ、舞台上でどんどん大きくなるクリスマスツリー、雪の中で踊られるワルツなど見どころ盛りだくさんで「これを観ないとクリスマスの気がしない」と言うニューヨーカーも多い。定期公演はデビッド・H・コーク・シアター➡P.415で上演される。

チャイコフスキーの名曲にのせた作品『セレナーデ』
©Paul Kolnik

ニューヨーク・シティ・バレエ
☎(1-212) 870-5656
☎(1-212) 496-0600 (チケット)
料$30～175前後
※13～30歳のための$30のチケットあり(公演による)。要ID。
URL www.nycballet.com

♥**トロカデロ・デ・モンテカルロバレエ団**　1974年にNYで誕生した男性だけのコメディ・バレエ団。2024年は全米や日本公演が予定されている。Les Ballets Trockadero de Monte Carlo　URL trockadero.org

クラシック音楽の殿堂

カーネギー・ホール
Carnegie Hall

別MAP P.36-A2 ミッドタウン・ウエスト

クラシックを中心にボストン交響楽団やシカゴ交響楽団、フィラデルフィア管弦楽団などが定期公演を行う。

住881 7th Ave.(at 57th St.)
地下鉄ⓃⓆⓇⓌ57 St-7 Av ☎(1-212)247-7800
開ツアー月～金11:30、13:30、土11:30、12:30
料$20（チケットはボックスオフィスとウェブサイトで販売） ＜ボックスオフィス＞毎日11:00～18:00（日・祝12:00～） URL www.carnegiehall.org

室内楽が中心

アリス・タリー・ホール
Alice Tully Hall

別MAP P.16-B1 アッパー・ウエスト・サイド

1・2階のホールで、室内楽が中心。毎年秋はニューヨーク映画祭の会場になる。2009年に改装オープン。

住1941 Broadway (at 65th St.)（リンカーン・センター内） 地下鉄❶66 St - Lincoln Center
☎(1-212)721-6500
＜ボックスオフィス＞
開毎日10:00～18:00（日12:00～）
URL www.lincolncenter.org

メトロポリタン・オペラの本拠地

メトロポリタン・オペラハウス
Metropolitan Opera House（通称 MET）

別MAP P.16-B1 アッパー・ウエスト・サイド

主舞台のほか左右と裏に移動用舞台あり。年間25作品以上、合計200回以上公演を行う。アメリカン・バレエ・シアターの本拠地でもある。

豪華でゆったりとした造りも魅力

リンカーン・センター内にある

©Mark Bussell
©Metropolitan Opera

住30 Lincoln Center Plaza (Columbus Ave., bet. 62nd & 65th Sts.)（リンカーン・センター内） 地下鉄❶66 St - Lincoln Center ☎(1-212)362-6000 開基本的に月～土19:30または20:00、土13:00、20:00 ＜ボックスオフィス＞ 開月～土10:00～20:00（公演がない日は～18:00）、日12:00～18:00 URL www.metopera.org

クラシックからジャズまで

デビッド・ゲフィン・ホール
David Geffen Hall

別MAP P.16-B1 アッパー・ウエスト・サイド

ニューヨーク・フィルの本拠地。ロンドン交響楽団やロサンゼルス・フィルなど多くのクラシック公演が行われる。

住10 Lincoln Center Plaza (Columbus Ave. at 65th St.)（リンカーン・センター内）
地下鉄❶66 St - Lincoln Center ☎(1-212) 721-6500 ＜ボックスオフィス＞ 開毎日10:00～18:00（日12:00～） URL www.lincolncenter.org/venue/david-geffen-hall

バレエからコンテンポラリーダンスまで楽しめる

デビッド・H・コーク・シアター
David H. Koch Theater

別MAP P.16-B1 アッパー・ウエスト・サイド

シティ・バレエの本拠地。ポール・テイラー・ダンス・カンパニーや米国外のバレエ団の公演も行われる。

住20 Lincoln Center Plaza (Columbus Ave. at 63rd St.)（リンカーン・センター内）
地下鉄❶66 St - Lincoln Center ☎(1-212) 496-0600 ＜ボックスオフィス＞ 開月～土10:00～20:30（月～19:30）、日11:30～19:30
URL davidhkochtheater.com

♥**カーネギー・ホールの見学ツアー** 10～6月末まで、ツアーで内部を見ることができる。料金は大人$20、学生とシニア（62歳以上）$17。詳しくはウェブサイトでチェック。URL www.carnegiehall.org

ダンス

チェルシーにあるジョイス・シアター

ダンス鑑賞の情報源

最新情報は『タイムアウト』『ニューヨークタイムズ』などのウェブサイトか、ニューヨーク市観光局のオフィシャルサイトでもチェックできる。
URL www.timeout.com/newyork/dance
URL www.nytimes.com/section/arts/dance
URL nyctourism.com/things-to-do/broadway-and-performing-arts

NY のダンスは、カンパニーの数、公演の数、ダンサーの数など、すべてにおいて世界一といえる。まさに "Dance Capital of the World" の名に恥じない。

ダンス鑑賞

数多いパフォーミングアーツのなかで、最も NY を象徴しているといわれるのがダンス。舞台の規模、種類もさまざまで、大規模でクラシックなものから、コンテンポラリーまで数かぎりない。小さな劇場はイースト・ビレッジに多く、芝居と同様、前衛色の強いものが多い。

チケットの入手方法

シティ・センター・シアター、ニューヨーク・ライブ・アーツ、ジョイス・シアター、ブルックリン・アカデミー・オブ・ミュージック（BAM＝バム）など大きな劇場のチケットはチケッツ tkts ➡P.401 でも取り扱っているが、直接ボックスオフィスに出向いたほうが確実。ボックスオフィスはだいたいシアターに隣接している。そのほかの小さなシアターは、ボックスオフィスに直接出向くか、電話で予約する。ほとんどのシアターはウェブサイトでも購入可能。

前衛的なパフォーマンスが話題のバム
Photo:BAM

ニューヨークで「マジックショー」を体験

毎週金・土曜の夜、最高級ホテルの1室で開かれる「チェンバー・マジック」。テレビや新聞などマスコミでも絶賛されている有名マジシャン、スティーブ・コーエン氏によるマジックショーだ。スティーブ氏は日本に住んでいたこともあり、日本語でフォローしてくれるのがうれしい。手元がよく見えるようにと部屋は小さく、60人限定なので、必ずウェブか電話で予約すること。また、高級ホテルなので、ジーンズ、Tシャツは避けたい。

開催：金・土19:00〜、21:30〜
場所：Lotte New York Palace
住 455 Madison Ave. (bet. 50th & 51st Sts.)
別MAP P.37-D4
料 $150〜350
Free (1-866) 811-4111
URL chambermagic.com

さまざまなテーブルマジックが見られる

♥**Chrismas Spectacular**　ホリデーシーズンだけロックフェラー・センターのラジオ・シティで開催されるショー。ダンスやパフォーマンスは圧巻。ザ・ロケッツのラインダンスも必見！ URL www.rockettes.com

ダンスシアター ★ここで紹介するのは比較的大きめの劇場。

モダンダンスの殿堂

ニューヨーク・シティ・センター・シアター
New York City Center Theater

別MAP P.36-A2 ミッドタウン・ウエスト

シティ・バレエはリンカーン・センターができるまではここが本拠地だった。現在はモダンの殿堂として有名。9～6月がダンスシーズンで、さまざまなダンスカンパニーやシアター・カンパニーが公演を行う。

住131 W. 55th St.(bet. 6th & 7th Aves.)
地下鉄Ⓕ57 St、ⓃⓆⓇⓌ57 St-7Av
☎(1-212) 247-0430　チケット予約☎(1-212) 581-1212 毎日12:00～20:00(日～19:30)
料＄35～(演目により異なる)
URL www.nycitycenter.org

2つのカンパニーが合併

ニューヨーク・ライブ・アーツ
New York Live Arts

別MAP P.9-C1 チェルシー

2011年にダンス・シアター・ワークショップとモダンダンスの鬼才、ビル・T・ジョーンズ／アーニー・ゼーン・ダンスカンパニーが合併してできた。184席の劇場とふたつの110m^{2}のスタジオがある。

住219 W. 19th St.(bet. 7th & 8th Aves.)
地下鉄❶18 St、❶❷❸14 St
☎(1-212)691-6500
チケット予約☎(1-212)924-0077
料＄15～80前後
URL newyorklivearts.org

マンハッタン・ユース・バレエの本拠地

MMACシアター
MMAC Theater

別MAP P.16-B2 アッパー・ウエスト・サイド

マンハッタン・ユース・バレエの本拠地であるManhattan Movement & Arts Center内にあるシアター。ダンスを中心に、ミュージカル、コンサート、ファッションショーなど、さまざまなパフォーマンスを上演する。

住248 W. 60th St. (near West End Ave.)
地下鉄❶ⒶⒸⒷⒹ59 St- Columbus Circle
☎(1-212)787-1178
料＄10～40前後
URL www.manhattanmovement.com

さまざまな公演が行われる

ジョイス・シアター
Joyce Theater

別MAP P.9-C1 チェルシー

モダンを中心に、クラシック、スパニッシュなどさまざまな公演が行われる。472席の劇場だが、どの席からも舞台が見やすい。一度に4カンパニー以上のチケットを買うと自動的にメンバーとなりチケットが25%オフになる。

住175 8th Ave.(at 19th St.)
地下鉄ⒶⒸⒺ14 St、❶18 St、Ⓛ8 Av
☎(1-212)691-9740
チケット予約☎(1-212)242-0800
料＄10～155前後
URL www.joyce.org

前衛パフォーマンスなら

ブルックリン・アカデミー・オブ・ミュージック
Brooklyn Academy of Music(BAM)

別MAP P.43-C3 ダウンタウン・ブルックリン

1861年にオープン、現在の建物は1908年に建てられたもの。オペラハウス、ローズシネマのふたつの劇場とスタジオ、カフェがあり、前衛的、実験的なパフォーミングアーツの発表の場となっている。近くには別館のハーベーシアターもある。

2000席以上あるオペラハウス
©Elliot Kaufman

ダウンタウン・ブルックリンにある

住30 Lafayette Ave. (bet. Ashland Pl. & St. Felix St.), ハーベーシアターは651 Fulton St. (bet. Ashland Pl. & Rockwell Pl.)
地下鉄ⒷⓆ❷❸❹❺ⒹⓃⓇAtlantic Av - Barclays Ctr　☎(1-718)636-4100
料＄25～110前後(29歳以下の学生と65歳以上のシニアのラッシュチケット＄10) URL www.bam.org

VOICE **Greenlight Bookstore**　BAMの近くにある老舗ブックストア。BAMとコラボしたTシャツやトートバッグ、ピンなどを販売している。URL www.greenlightbookstore.com（東京都　中村あかり　'22）['23]

一度は行きたい NYの絶景ルーフトップバー8選

ゴージャスな夜景を楽しめるルーフトップバーは、ローカルにも人気。ここでは数あるなかから厳選した8店をご紹介。NYならではの特別な夜を過ごそう！

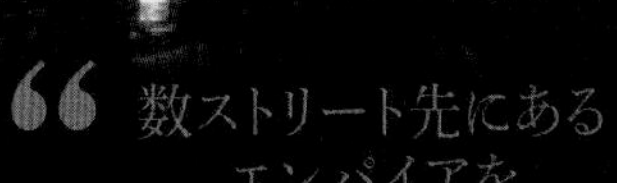

“数ストリート先にある エンパイアを 至近距離で観賞できる”

❖ 230 Fifth
トゥーハンドレッド・サーティ・フィフス

都会のオアシス的空間。迫力のエンパイアを見ながら、ゆったりくつ

5番街にあるNY最大級のルーフトップ。20階の室内ペントハウスと、その上の屋外デッキからなる。屋外はヒーター完備でガウンもあるので、冬でもOK

別MAP P.14-A4　グラマシー
住 230 5th Ave. (at 27th St.) 20階　地下鉄 R W 28 St.
☎ (1-212) 725-4300
営 月〜水14:00〜翌1:00、木〜翌2:00、金〜翌3:00、土11:30〜翌4:00、日11:30〜翌1:00
休 無休　カード A D J M V
URL www.230-fifth.com

VIEW
エンパイア・ステート・ビルディング、ミッドタウン、ダウンタウンなど

Photos : 230 Fifth

“イースト・リバーに浮かぶ ルーズベルトアイランドから 360度のマンハッタンを望む”

マンハッタンからとはまた違ったビューが楽しめる

❖ Panorama Room
パノラマ・ルーム

2021年にオープンしたグラデュエート・ホテルの18階にある。マンハッタンとクイーンズの間のルーズベルトアイランドにあるので、ユニークなアングルから景色を眺められる。

週末のブランチではこんな絶景が眺められるかも
©Steve Freihon

モダンなインテリアでゆったりとした空間

VIEW
おもにマンハッタンの東側、ブルックリン、クイーンズなど

別MAP P.19-D2　ルーズベルトアイランド
住 22 N. Loop Rd. (near W. Loop Rd.), Roosevelt Island　地下鉄 F Roosevelt Island、トラムでも行ける
☎ (1-929) 447-4717
営 水14:00〜23:00、木17:00〜24:00、金17:00〜翌2:00、土15:00〜翌2:00、日15:00〜24:00　休 月・火
カード A D J M V
URL panoramaroomnyc.com

Photos : Panorama Room

❖ Westlight
ウエストライト

スタイリッシュな外観の新ホテル、ウィリアム・ベールの22階にあるルーフトップバー。スターシェフによるフードも絶品と評判。夏期は行列必至なので予約がベター。

MAP P.38-B1　ウイリアムズバーグ
住 111 N. 12th St., William Vale Hotel 22階　地下鉄 L Bedford Av
☎ 1-718-307-7100
営 16:00～24:00（金～翌1:00)、土12:00～翌2:00、日12:00～23:00　休 不定休
カード ADJMV
URL westlightnyc.com

冬期は屋外はクローズするが、室内からもパノラマビューの絶景が楽しめる

“極上の景色が楽しめるウイリアムズバーグの最旬展望スポット”

VIEW
マンハッタンの東側全体（おもにミッドタウン・イーストからダウンタウン）、クイーンズとブルックリンの一部

Photos : Westlight

❖ Top of the Strand
トップ・オブ・ザ・ストランド

大人の社交場といった雰囲気のこぢんまりした空間からエンパイアを目の前に見ることができる。ファッション地区という場所柄、業界人が多いのも特徴。

MAP P.13-D2　ミッドタウン・ウエスト
住 33 W 37th St. (bet. 5th & 6th Aves), Marriott Vacation Club Pulse 21階
地下鉄 BDFMNQRW 34 St- - Herald Sq
☎ (1-646) 368-6385
営 木・木17:00～23:00　金・土～24:00
休 日～火　カード ADJMV
URL topofthestrand.com

Photos : Top of the Strand

美しい夜景で贅沢な気分に浸れる

VIEW
エンパイア・ステート・ビルディング、ミッドタウン、ダウンタウンなど

“デザイナーズホテルの屋上は大人のためのくつろぎバー”

開放的なスペースから見るエンパイアは、格別な美しさ！

❖ Refinery Rooftop
リファイナリー・ルーフトップ

おしゃれピープルが集うことでも知られるリファイナリー・ホテルの屋上にある。趣向を凝らしたオリジナルカクテルとフードも評判。平日のランチタイムもおすすめ。

別MAP P.13-D2　ミッドタウン・ウエスト
住 63 W. 38th St.(near 6th Ave.) Refinery Hotel 13階　地下鉄 B D F M 42 St-Bryant Pk　☎(1-646) 663-5951
営 11:30～23:00 (金～翌2:00、土～翌1:00)　カード A D J M V
URL refineryrooftop.com

VIEW
エンパイア・ステート・ビルディング、ミッドタウン、ダウンタウンなど

“ビルの谷間から、目の前にそびえるエンパイアを堪能”

ピープルウオッチングも楽しめるスポット。金・土の22:00以降は特に盛り上がる

Photos : Refinery Rooftop

❖ The Skylark
スカイラーク

タイムズスクエアから徒歩約3分。目の前にはエンパイアをはじめ、付近の高層ビル群を眺めることができる。屋外だけでなく屋内やラウンジなどもある。

別MAP P.13-D2　ミッドタウン・ウエスト
住 200 W. 39th St. (bet. 7th & 8th Aves.) 30階
地下鉄 1 2 3 N Q R Times Sq-42 St
☎ (1-212) 257-4577
営 月～火 16:30～24:00、水 16:30～翌0:30、木・金曜 16:30～翌1:00　休 日
URL theskylarknyc.com

VIEW
エンパイア・ステート・ビルディング、ミッドタウン、ダウンタウンなど

Photos : The Skylark

イルミネーションに包まれるサンセットもおすすめ。タイムズスクエアの迫力の夜景が楽しめるスポット。週末はニューヨーカーたちでにぎわう

“ミッドタウンの中心の好ロケーション 街の光のシャワーが圧巻”

❖ Harriet's Rooftop
ハリエット・ルーフトップ

目の前に広がる摩天楼が圧巻。ビール $8 ～カクテル $16 ～、ワイン $16 ～などが楽しめる

“ブルックリン・ブリッジを目の前に望む”

ワンホテル・ブルックリン 11 階のルーフトップバーが人気。ただし、宿泊客以外は 17:00 以降は最低 $50（金～日は $75）はオーダーする必要がある。

MAP P.41-A1　ダンボ
住 60 Furman St.（1 Hotel Brooklyn 内）
地下鉄 Ⓐ Ⓒ 線 High St より徒歩約 9 分
☎ 1-347-696-2505　営 11：00 ～ 23：00
URL www.1hotels.com/brooklyn-bridge/taste/harriets-rooftop

Photos : One Hotel

VIEW
ブルックリン・ブリッジ、マンハッタン・ブリッジ、ロウアー・マンハッタンを中心とするダウンタウン

❖ Upstairs at the Kimberly
アップステアーズ・アット・キンバリー

“クライスラー・ビルを一望できるラグジュアリー空間”

滞在型ホテルとして人気のキンバリー・ホテルの屋上にあるバー＆ラウンジ。広々としたエレガントな空間はローカルたちのパーティに使われることも。

MAP P.18-B3　ミッドタウン・イースト　住 145 E. 50th St.（bet. Lexington & 3rd Aves.）, Kimberly Hotel 30階　地下鉄 ⑥ 51 St　☎（1-212）888-1220　営 17：00 ～ 24：00（金～翌 2：00、土 12：00 ～翌 2：00、日 12：00 ～ 23：00、月～ 23：00）（冬期営業あり）
カード A D J M V　URL upstairsnyc.com

VIEW
クライスラー・ビル、ミッドタウンなど

クライスラー・ビルを眺めながら名物カクテルのザ・クライスラー（$19～）で乾杯。コーベ・バーガー・スライダー（$20）も人気。土・日はブランチもある（11:00 ～ 16:00）

Photos : Upstairs at the Kimberly

ライブミュージック

ウェブサイトを利用しよう

最新情報は『タイムアウト』『ビレッジ・ボイス』『ニューヨークタイムズ』などのウェブサイトか、ニューヨーク市観光局のオフィシャルサイトでもチェックできる。

URL www.timeout.com/newyork/music

URL www.villagevoice.com/culture/music

URL www.nytimes.com/section/arts/music

URL www.nyctourism.com/things-to-do/nightlife/

服装について

イースト・ビレッジやグリニッチ・ビレッジ周辺のライブハウスは特に制限はない。

音楽を楽しみたいならライブハウスへ行こう。ニューヨークでは、ジャズ、R & B、ヒップホップ、ロック、パンクなど、さまざまなジャンルの音楽がライブで聴ける。

ライブミュージックの楽しみ方

ハーレムやミッドタウンなど、幅広いエリアにあるのがジャズ。ロックやパンク、レゲエ、ヒップホップなどはビレッジ、ブルックリンなどで楽しめる。双方ともにクラブやバーなどで聴けることもある。

ライブハウスのシステム

通常21:00以降に始まるところが多いが、ライブハウスや出演者によって異なる。また、演奏開始時間が20～30分遅れることもざら。1セットで約45～60分。店により、完全入れ替え制のところと次のセットまでいられるところがある。

料金システム

ライブハウスではミュージックチャージ（チケット）／カバーチャージを支払い、飲食費は別というのが基本。ほかにも以下のような料金がある。

- ミニマム：最低限支払うべき飲食代。値段が設定されている場合とドリンク２杯などの場合がある。
- チップ：ウエーター、ウエートレス、バーテンダーへのチップ（飲食代の18～20%）

有名プレイヤーの演奏が楽しめるブルー・ノート
Photo: Dino Perruci

ボウリング場がライブ会場にもなるブルックリン・ボウル
Photo: Adam Kane Macchia

❤ライブイベント参加の注意　入場に関して最低年齢制限やドレスコードが設けられていることも。詳細は各ライブハウスへ。

ニューヨークではあらゆるジャンルの音楽が楽しめる
Photo：Adam Kane Macchia

システムと注意点

支払い方法（テーブル席ではないクラブ）

カバーチャージは店により、入店時に支払う場合と、帰りに飲食代と一緒に支払う場合がある。テーブル席がないクラブ（食事ができないクラブ）ではカバーチャージがなく、ミニマム（ドリンク２杯以上など）だけがある場合も多い。チップは飲食サービスだけに支払う。

支払い方法（有名クラブのテーブル席）

ミュージックチャージとミニマムチャージ（飲食代）の２本立て。ミニマムチャージとは、最低この金額からの飲食をしてほしいという額。何も注文しなくてもチャージされるので、注文したほうが得だ。また、ミュージックチャージにドリンク代１杯分が含まれていることもある。

テーブル席に着くときは予約を

聴きたいミュージシャンがあったら、まずは予約をしよう。特に有名プレイヤーの出演のときは非常に混雑して、長時間待たされる。また、ギリギリに行くとキャンセルされている場合もあるので、演奏30分前には店に入っていよう。テーブル席がない店での予約は基本的に不要。

帰りはタクシーやシェアライドを

帰りが遅くなる場合はタクシーかシェアライドが便利で安全だ。行きもタクシーを使うなら店名ではなく住所を告げること（P.425のビレッジ・バンガードなら「Waverly St. and 7th Ave. South, please.」）。クラブの正確な位置を知らないドライバーが多いので、近づいてきたら自分で見つけるのが賢明。また帰りのため、ホテルの住所を控えておこう。

ビレッジに復活した有名店、ニッティング・ファクトリー

バーやクラブで気軽に音楽が楽しめる
Photos：Knitting Factory Entertainment

チップについて

支払いの際はレストランと同じくチップを支払う。総額の20～25％程度、もしくはドリンク1杯につき＄1を目安に。

♥**CBGB** 住315 Boweryにあったライブハウス。ラモーンズ、パティ・スミス・トーキング・ヘッズなどアメリカのパンクバンドが多く出演したことで有名に。残念ながら2006年10月で閉業したが、ロゴ入りのアイテムをオンラインで販売中。

クラブ&バー

ニューヨークにはたくさんのクラブやバーがある。バーは高級ホテル内にあるものから、気軽に飲めるアイリッシュパブやスポーツバーまでさまざまだ。

システムと注意点

ニューヨーク（アメリカ）では、週末はバーはだいたい翌1:00～4:00頃まで営業、クラブでは夜明け近くまで、連日連夜趣向を凝らしたイベントが繰り広げられている。そのふたつをハッキリ分けるものがなく、ライブあり、パフォーマンスあり、勝手に踊るもよし、黙って飲んでいるもよしという多目的なナイトスポットが多い。

注文と支払い

カウンターバーのとき

▼

カウンターからバーテンダーに直接オーダーする。

▼

伝票はなく、支払いは、1回オーダーするごとにバーテンダーに払うキャッシュ・オン・デリバリー（C.O.D.）というシステムのことが多い。

※チップはワンドリンク$1～2を目安に。カウンターに$20くらい置いておいてオーダー時に取ってもらい、最後に残金からチップを置いて帰ってもよい。

テーブルのとき

▼

ウエーター、ウエートレスにオーダーする。

▼

支払いは最後でよい。Taxを除いた総額の18～20%を目安にチップを支払う。

※クレジットカードの場合は、税金（TAX）の下にチップ（TIPまたはGRATUITY）の欄があるので、そこに金額を記入し合計金額を出す。もしチップのみ現金で支払うなら、請求書のチップの欄に×かゼロを記入してサインを。

たくさん飲むなら「タブ」で支払いを

1杯飲んで出るのではなく、たくさん飲んだり食事をしたりするつもりなら、タブ（Tab）というクレジットカードでの後払いの方法がある。

1）最初に自分から“I would like to open a tab”と告げる。またはバーテンダーから“Would you like to open a tab?”などと聞かれたら、“Yes, Please”と答える。
そのつど支払いしたければ、もちろん断ればよい。

2）タブを始めるときには、クレジットカードをバーテンダーに預ける。その後の注文はすべてそのカードにつけられる。

3）タブをスタートさせると、チップもまとめて最後に支払う。“I want to close my tab”といえば、バーテンダーが伝票をくれるので、チップを加算して支払う。

チップはキャッシュで

客がクレジットカードで支払いをすると、店はそのカード会社に対して何%かの手数料を払わなければならない。金額的にはそれほどでないが、ウエーター、ウエートレスの立場からすればチップはキャッシュのほうがありがたい。

アイリッシュパブ

アイルランド人の移民が多かったのと、昔からアイルランド人はお酒が強く、飲むのが大好きであるため、街中にアイリッシュバーがある。アイリッシュパブと呼ばれるが、普通のアメリカンバーだ。

スポーツバー

テレビで放映されているさまざまなスポーツイベントを観ながら、わいわい騒げるバー。

ホテルのバー

服装にも少し気を使おう。スーツなどを着る必要はないが、あまりにカジュアルな服装は避けたい。

VOICE **「HAPPY HOUR」を楽しもう！** バーやレストランなどでは、本格的に混雑する平日15時から17時くらいまでのハッピーアワーに行くのがおすすめ。生ガキ$1、国産ビール$5などお得！（埼玉県　Ryo　'23）

日本でもおなじみの名門ジャズクラブ

ブルー・ノート
Blue Note

別MAP P.9-D4 グリニッチ・ビレッジ

1981年オープン 。大物ミュージシャンが出演する人気ジャズクラブ。週末は不定期にブランチも。バーからはステージが見切れるので注意。

住131 W. 3rd St.（bet. 6th Ave. & MacDougal St.） 地下鉄ⒶⒸⒺⒷⒹⒻⓂW 4 St-Wash Sq ☎(1-212) 475-8592 営18:00〜24:00 ライブ20:00、22:30 ブランチ不定期（土・日12:30〜、13:00〜、14:30〜） 料フード&飲み物ミニマム$20、ミュージックチャージ$25〜100 カードADJMV URLbluenotejazz.com/nyc/

一度は行ってみたい老舗のジャズクラブ

グリニッチ・ビレッジのW 4 St駅そばにある

Photo：Dino Perrucci

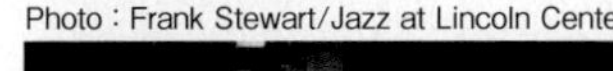
Photo：Frank Stewart/Jazz at Lincoln Center

タイムワーナー・センターにある

ディジーズ・クラブ
Dizzy's Club

別MAP P.17-C2 アッパー・ウエスト・サイド

テーブル席を含め140人収容。NYの夜景も楽しめて、ゆったりとジャズを鑑賞できるスポット。木〜土のレイトナイトセッションでは、新鋭ミュージシャンの演奏が$15で楽しめる。

住10 Columbus Cir.（W. 58th & 60th Sts.）タイムワーナー・センター5階のJazz at Lincoln Center内 地下鉄ⒶⒸⒷⒹ❶59 St-Columbus Circle ☎(1-212) 258-9595 営ライブ19:30、21:30、レイトナイトセッション木〜土23:15 料カバーチャージ$20〜60、フード&飲み物ミニマム$21、レイトナイトセッション木〜土$15、学割あり カードADJMV URLwww.jazz.org/dizzys

ウィントン・マリサリスなどビッグネームも

バックにはアッパー・イースト・サイドの美しい夜景が広がる

時代を超えた伝説のジャズ・クラブ

ビレッジ・バンガード
Village Vanguard

別MAP P.9-C3 グリニッチ・ビレッジ

1935年開業の老舗。ソニー・ロリンズやビル・エバンスをはじめ、歴史に残る数々の名盤がライブ録音された。世界中のジャズファンが一度は訪れてみたいと憧れる、ジャズの聖地。

住178 7th Ave. S.（near Perry St.）
地下鉄❶❷❸14 St ☎(1-212)255-4037
営19:00〜24:00 ライブ20:00、22:00
料$35〜50（ネット予約は手数料＋$2.50）＋1ドリンク（$5〜16）、15歳以上のみ入店可
カードADJMV
URLvillagevanguard.com

演奏に集中してもらいたいと食事サービスなしの飲み物のみ

数々の有名ミュージシャンが演奏

VOICE **ビレッジ・バンガード** 電話での予約は不可なので注意を。毎週月曜は有名なビッグバンド、Vanguard Jazz Orchestraが演奏するので要チェック！ （東京都 まさみ '23）

NY で最も前衛的なジャズクラブ

ジャズ・ギャラリー
Jazz Gallery

別MAP P.14-A4 ミッドタウン・イースト

1995年に故ロイ・ハーグローブ他によって設立。若手ミュージシャンを積極的にブッキング。料理やアルコールのサーブなし。

住1158 Broadway 5th floor (bet. 27th & 28th Sts.) 地下鉄Ⓡ Ⓦ28St
☎(1-646) 494-3625
営水～土19:00～23:00
休日～火（変更あり）
URL www.jazzgallery.org

ハーレムにある隠れ家的存在

ビルズ・プレイス
Bill's Place

別MAP P.29-C1外 ハーレム

ビリー・ホリデーが発掘されたクラブ。バンドリーダーのビル・サクストン氏が率いるジャズが楽しめる。

住148 W. 133rd St. (bet. Adam Clayton Powell Jr. Blvd. & Malcom X Blvd.)
地下鉄❷❸125 St ☎(1-212) 281-0777
営金・土18:30～23:00 休日～木
料ミュージックチャージ$30
カード A D J M V URL billsplaceharlem.com

地元民に愛される、ビレッジの宝石

メズロー
Mezzrow

別MAP P.9-C3 グリニッチ・ビレッジ

小さな地下の空間で、ミュージシャンとオーディエンスが一体となったすばらしいライブが体験できる。

住163 W. 10th St. (bet. 7th Ave S. & Waverly Pl)
地下鉄❶❷Christopher St ☎(1-646) 224-1166
営19:00～翌0:30 料予約なし$25（席が空いていれば）。 予約 日～木$35、金土$40 学割 平日の最終セット$10、1ドリンクミニマム 演奏 19:30 21:00 22:30 24:00 URL www.smallslive.com

バー、ゲームセンター&ジャズ

セラー・ドッグ
Cellar Dog

別MAP P.9-C3 グリニッチ・ビレッジ

地下の広い空間ではジャズのほかに、ビリヤード、卓球、シャッフルボードなども楽しめる。

住75 Christopher St. (W. 4th & Bleecker St.)
地下鉄❶❷Christopher St ☎(1-212) 675-6056
営月～火16:00～翌1:00、水～翌3:00、木・金～翌4:00、土14:00～翌4:00、日14:00～翌1:00 演奏 19:00～、23:00～ 料18時以降 日～木$5、金・土$10 URL www.cellardog.net

初心者向け、NYジャズクラブの選び方

NYでどこのジャズクラブに行けばいいかわからない方は以下の方法で探してみよう。

①気になるジャズクラブの公式ウェブでスケジュールを確認
②出演アーティスト名が掲載されているので、その名前をコピペしてYouTubeで検索。YouTubeは雰囲気を知るのに役立つ
③高い確率でライブがアップされている。その演奏を聞いてみてピンときたら予約すればよい

ウェブでは出演者リストが掲載されているが、だいたいバンドリーダーがトップで、名前の後ろに演奏する楽器が書かれている。リーダーの演奏がフィーチャーされるので、ピアノが好き、トランペットが好きと、楽器で選ぶのもいい。おすすめは、NYベースに活躍するエリック・アレキサンダー（サックス）、ピーター・バーンスタイン（ギター）など。　（日吉尚生）

VOICE **オリジナルCDに注目！** Smoke、Smalls、Mezzrowではライブ録音されたオリジナルCDが$15～25で販売されている。旅の記念や、おみやげにオススメ！（兵庫県 JOJO '22）['23]

ブロードウエイの観劇のあとで

バードランド Birdland

別MAP P.32-B3 ミッドタウン・ウエスト

有名ミュージシャンが多く出演。ブロードウエイやホテル街に近く、エレガントな店内は観光客でいつもにぎわっている。

住315 W. 44th St.(bet. 8th & 9th Aves.) 地下鉄ACE42 St/Port Authority Bus Terminal ☎(1-212) 581-3080 営日～木16:30～24:00、金・土～24:30 ライブ17:30、19:00、21:30、22:30（日によって違う） 料ミュージックチャージ$25～50、1人ミニマム$20/SET（食事、ドリンク） カードADJMV 網www.birdlandjazz.com

スイングジャズを楽しもう

スイング46 Swing 46

別MAP P.32-B3 ミッドタウン・ウエスト

1930年代にタイムスリップしたように、バンドの演奏に合わせてお客さんたちが思いおもいにダンスを楽しんでいる。

住349 W. 46th St.（bet. 8th & 9th Aves.） 地下鉄ACE42 St/Port Authority Bus Terminal ☎(1-212) 262-9554 営17:00～24:00（金・土～翌1:00） 休月 ライブ日～木17:30～20:30、21:00～24:00（金・土～翌1:00） 料テーブル席は月～木$10～、金・土$15～、バーはカバーチャージなし ミニマムチャージ$35/1人(食事、ドリンク) カードADJMV 網swing46.nyc

ロックやフュージョンも楽しめる

イリディアム Iridium

別MAP P.33-C1 ミッドタウン・ウエスト

偉大なギタリスト、レス・ポールが晩年に毎週演奏した場所。若手からベテランまで、充実のラインアップ。

住1650 Broadway（near 51st St.） 地下鉄❶50 St ☎(1-212) 582-2121 営19:00～24:00（火曜休み、日・月曜不定休） ライブ20:30 料$30～75（出演者により異なる）、食事・ドリンク1人ミニマム$15、入店は12歳以上 カードADJMV 網www.theiridium.com

落ち着いた雰囲気の穴場ジャズバー

ジンク・バー Zinc Bar

別MAP P.9-D4 グリニッチ・ビレッジ

土曜のブラジル音楽、日曜の20:00～のタンゴレッスンのあとのタンゴ・トリオがおすすめ。

住82 W. 3rd St.（bet. Thompson & Sullivan Sts.） 地下鉄ACEBDFMW 4 St-Wash Sq ☎(1-212) 477-9462 営18:00～翌2:30（土・日～翌3:00） ライブ19:30、21:00 料バーエリア（カバーなし平日ミニマム1ドリンク、週末2ドリンク）、ステージエリア$25～50+ミニマム2ドリンク カードADJMV 網zincjazz.com

コロナ対策を施し、22年夏に再オープン

スモーク・ジャズ・クラブ Smoke Jazz Club

別MAP P.24-A1 アッパー・ウエスト・サイド

明かりの落ちた店内はキャンドルがともされ、シックな雰囲気。カップルにおすすめする本格的なジャズクラブ。

住2751 Broadway（bet. 105th & 106th Sts.） 地下鉄❶103 St ☎(1-212) 864-6662 営水～日17:00～23:00（金・土～24:00） ライブ19:00、21:00、22:30 休月・火 料ミュージックチャージ$40～70 ミニマムセット、金・土のセカンドセット1フード、セカンドセットと金・土のサードセット$20 カードADJMV 網smokejazz.com

スモールズ・イズ・ビューティフル！

スモールズ・ジャズ・クラブ Smalls Jazz Club

別MAP P.9-C3 グリニッチ・ビレッジ

地下の狭いスペースで、カッティングエッジな演奏が繰り広げられている。NYで一番エキサイティングなジャズクラブ。

住183 W. 10th St.（bet. 7th Ave. & 4th St.） 地下鉄❶Christopher St - Sheridan Sq ☎(1-646) 224-1166 営ライブ月～日19:30、21:00、22:30、24:00（予約可） 料予約なし$25、予約 日～木$35、金・土$40、ミニマム1ドリンク/1セット。レイトセットは学割有$10で平日のみ 網www.smallslive.com

VOICE **ジャズクラブの予約** Village Vanguard、Smoke、Blue Noteは予約をしたほうがいい。Smallsも予約ができるようになったが、予約するとチケットが高くなる（涙）。（兵庫県 JOJO '23）

そのほかのクラブ ★ロック、R&B、カントリー、ラテンなど、何でも楽しめる。

ボブ・ディランも演奏した伝説の店

カフェ・ワ?
Cafe Wha?

別MAP P.9-D4 グリニッチ・ビレッジ

木〜土は1988年に結成された店のハウスバンドが、過去50年間のヒット曲を演奏して、楽しませてくれる。

数々の大物を輩出した老舗

住115 MacDougal St. (at Minetta Ln.)
地下鉄ⒶⒸⒺⒷⒹⒻⓂW 4 St-Wash Sq
☎(1-212) 254-3706
営日20:00〜翌1:30、水〜24:00、木〜土〜翌2:00 休月〜火
料$10〜30（ミニマム2アイテム/1人）
カード ADJMV
URL cafewha.com

ラテン音楽好きにおすすめ

エス・オー・ビーズ
S.O.B's (Sounds of Brazil)

別MAP P.5-C1 ソーホー

1982年オープン。ラテン、R&B、ヒップ・ホップ、ハイチ、ブラジル、カリブ海、オルタナティブといった、ワールドミュージックに特化。

ヘルシーなラテン料理が楽しめるのも魅力

住204 Varick St. (at Houston St.)
地下鉄❶Houston St ☎(1-212) 243-4940
営火〜木19:00〜23:00、金〜土19:00〜翌4:00、日18:00〜22:00 休月 料カバーチャージ$10〜50（ウェブサイトで購入可。前売りのほうが$5くらい安くなることも）。ミニマム$30
カード ADJMV
URL sobs.com

30年以上続くブルースクラブ

テラ・ブルース
Terra Blues

別MAP P.9-D4 グリニッチ・ビレッジ

ブルースといえばここ。本格派のブルースをアルコール片手にどうぞ。Terra（地球）を表すブルーのキャノピーが目印。

全米で活躍中のブルースプレイヤーが出演する

住149 Bleecker St. (bet. Thompson St. & LaGuardia Pl.) 地下鉄❻Bleecker St
☎(1-212) 777-7776 営日〜木18:30〜翌2:00、金18:30〜翌3:00、土18:00〜翌3:00 ライブ毎日19:00、22:00
料カバーチャージ$20〜
カード ADJMV URL www.terrablues.com

伝説のクラブが再オープン

ウェブスターホール
Webster Hall

別MAP P.10-B3 イースト・ビレッジ

1886年創業の老舗クラブが2019年4月末に再オープン。1500人収容のホールでメジャーアーティストのコンサートを開催する。

2017年から改修工事で閉館していた

住125 E. 11th St. (bet. 3rd & 4th Aves.)
地下鉄❻Astor Pl
☎(1-800) 653-8000（チケットマスター）
営日により異なる。公演は19:00または19:30スタートが多い
料$35〜（公演により異なる。事前予約が必要）
カード ADJMV
URL websterhall.com

ライブハウスでの注意 予約していても、席は店に着いた順のことがほとんど。なかには予約順のところもあるが、店によりまちまちなので注意すること。

1961年創業、NYで最古のロッククラブ

ビター・エンド
The Bitter End

別MAP P.9-D4 グリニッチ・ビレッジ

ロックやフォークからファンク、ブルースまで日によって異なる内容で、誰でも気軽に入れるカジュアルさもいい。

住147 Bleecker St.（bet. Thompson St. & LaGuardia Pl.） 地下鉄❻Bleecker St ☎（1-212）673-7030 営土～水18:00～翌1:00、木・金～翌2:00、ショー19:00頃～ 料ミュージックチャージ＄10～ カードＡＤＪＭＶ（ミニマムチャージ：テーブル2ドリンク、バー1ドリンク） URL www.bitterend.com

ビッグネームから地元アーティストまで

ニッティング・ファクトリー・アット・ベイカー・フォールズ
Knitting Factory at Baker Falls

別MAP P.11-C3 イースト・ビレッジ

さまざまなジャンルの音楽が楽しめる有名店。80年代アートシーンを象徴したピラミッドクラブの跡地に移転。

住101 Avenue A（bet. 6th & 7th Sts.） 地下鉄Ⓛ1Av ☎なし 営イベントにより異なる 料ミュージックチャージ$15～25（出演者により異なる） カードＡＤＪＭＶ URL ny.knittingfactory.com

若手からメジャーまで

バワリー・ボールルーム
Bowery Ballroom

別MAP P.6-A2 ロウアー・イースト・サイド

1998年オープンの575人収容のライブハウス。建物は1929年建造。ロックやオルタナティブが中心。

住6 Delancey St.（bet. Bowery & Chrystie St.） 地下鉄ⒿⓏBowery ☎（1-212）260-4700 営ライブは基本的に21:00スタート。ドアオープンは19:00～20:00 料＄20～75 カードＡＤＪＭＶ URL mercuryeastpresents.com/boweryballroom/

ラテンアメリカ気分の夜を

アッシュフォード&シンプソンズ シュガー・バー
Ashford & Simpson's Sugar Bar

別MAP P.20-A3 アッパー・ウエスト・サイド

ライブは日替わりで、おもにジャズ、ソウル、カリビアンなどが楽しめる。ラテンアメリカの雰囲気を楽しんで。

住254 W. 72nd St.（bet. Broadway & West End Ave.） 地下鉄❶❷❸72 St ☎（1-212）579-0222 営火・水15:00～22:00、木15:00～24:00、金・土15:00～23:00、日12:00～20:00 休月 料カバーチャージ＄10～ カードＡＤＪＭＶ（カバーチャージは現金のみ） URL sugarbarnyc.com

バー感覚で楽しめる、次世代のインディペンデント系映画館

ウイリアムズバーグのNitehawk（別MAP P.38-A2）はじめ、ロウアー・イースト・サイドにあるMetrograph（別MAP P.6-B3）など、バーやカフェ&レストランを併設して、食事も楽しめる映画館がじわじわ人気。公開される映画もこだわりのラインアップで、大人の時間を過ごせそう。

Alamo Drafthouse Cinema（別MAP P.43-C2）やiPic Theaters（別MAP P.3-D2）などの大手チェーン系映画館でもおつまみ&アルコールを楽しみながら映画鑑賞できる。詳細はウェブで。

食品倉庫を改装したメトログラフ

VOICE **ブルー・ノート** 入口横の階段を上がった2階にはギフトショップ、トイレ、楽屋がある。演奏後はミュージシャンが楽屋前にいるのでサインをもらおう。 （兵庫県　日吉尚生　'23）

バー ★音楽を楽しめたり夜景を堪能できる場所も。

グランド・セントラル駅の隠れ家バー

キャンベル
The Campbell

別MAP P.35-D4 ミッドタウン・イースト

13世紀のフィレンツェ様式からインスパイアされた荘厳な雰囲気のバー。もとはアメリカの投資家ジョンW. キャンベルのアパートで、後に鉄道警察のオフィスだったという。夕方はビジネスマンたちでにぎわう。

米ドラマ『ゴシップガール』のロケ地としても使用された

グランド・セントラル駅のバルコニーレベルから階段でアクセスを

住15 Vanderbilt Ave. Balcony Level (at Grand Central Terminal)
地下鉄④⑤⑥⑦ⓈGrand Central-42 St
☎(1-917) 209-3440
営15:00～翌1:00（土・日12:00～）
URLwww.thecampbellnyc.com

女性におすすめのかわいいバー

ビューティ・バー
Beauty Bar

別MAP P.10-B2 グラマシー

40年前の美容院をバーにリノベーションした、世界にひとつだけのバーに。インテリアのかわいさが人気。

住231 E. 14th St.（bet. 2nd & 3rd Aves.）
地下鉄Ⓛ3 Av ☎(1-212) 539-1389 営17:00～翌4:00（土・日14:00～） ※マニキュア＋ドリンク10ドル月～金18:00～23:00、土・日15:00～23:00（予約不要） 休月 料カバーチャージなし
カードAMV（$20以上から利用可能）

月曜日のハウスバンドは必見

イレブンス・ストリート・バー
11th St. Bar

別MAP P.11-C3 イースト・ビレッジ

地元民に愛される、アイリッシュパブ。毎晩行われるライブは、ミュージックチャージなしで聴くことができる。

住510 E. 11th St.（bet. Avenue A & B）
地下鉄Ⓛ 1Av
☎(1-212) 982-3929 営月～木14:00～翌2:00、木14:00～翌3:00、金12:00～翌4:00、日12:00～翌2:00
URL11thstbar.com

禁酒法時代から続くスピーク・イージー

ザ・バック・ルーム
The Back Room

別MAP P.6-B1 ロウアー・イースト・サイド

看板もない鉄柵を開け、階下の細い路地の先に店がある。禁酒法時代の名残から飲み物はすべてティーカップで出される。

住102 Norfolk St.(bet. Rivington & Delancey Sts.) 地下鉄ⒻⒿⓂⓏDelancey St・Essex St
☎(1-212) 228-5098
営日～月18:00～翌1:00、火～木18:00～翌2:00、金・土～翌3:00（25歳以上のみ）
URLwww.backroomnyc.com ※毛皮着用禁止

マンハッタン唯一のワイナリー

シティ・ワイナリー
City Winery New York City

別MAP P.8-A2 トライベッカ

自家製ワインとこだわりフードを楽しめる。隣接するホールでは、有名アーティストのライブも多数開催（要チケット）。

住25 11th Ave.（at. 15th St.）
地下鉄ⓁⒺⒶⒸ14 St/8 Av
☎(1-646) 751-6033
営日～木12:00～22:00、水～土12:00～23:00
料カバーチャージなし
カードADJMV URLwww.citywinery.com

VOICE **キャンベル** グランド・セントラル駅を出てVanderbilt Ave.（at E. 42nd St.）から店のプレートのある扉を探そう。隠れ家的で雰囲気抜群！ （東京都 松本由美 '22）['23]

1854年創業、NYで最も古いアイリッシュパブ

マックソーリーズ・オールド・エール・ハウス
McSorley's Old Ale House

別MAP P.10-B3 イースト・ビレッジ

タイムスリップしたかのような店内。壁には所狭しと写真が飾られている。ビールはダークかライトの2種類のみ。

住15 E. 7th St.(bet. 2nd & 3rd Aves.)
地下鉄⑥Astor Pl
☎(1-212)473-9148
営11:00～翌1:00(日12:00～)
料カバーチャージなし　カード不可、現金のみ
URL mcsorleysoldalehouse.nyc

わいわい騒げるスポーツバー

スロンチャ・バー&ラウンジ
Sláinte Bar & Lounge

別MAP P.10-B4 イースト・ビレッジ

NYでは珍しくサッカーやラグビーで盛り上がるスポーツバー。チキンウイング$8～が安くておいしい。

住304 Bowery(bet. Bleecker & Houston Sts.)
地下鉄ⒷⒹⒻⓂBroadway-Lafayette St
☎(1-212)253-7030
営日～火12:00～翌1:00、水～翌2:00、木～土～翌3:00　料カバーチャージなし
カード ADJMV　URL siaintebarnyc.com

最も予約の取りにくいミクソロジーバー

メゾン・プルミエール
Maison Premiere

別MAP P.38-B3 ウイリアムズバーグ

世界レベルの洗練されたカクテルとオイスターで優雅なひとときを。すてきな中庭がある。

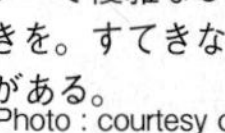

Photo : courtesy of Maison Premier

住298 Bedford Ave.(bet. Grand & S. 1st Sts.)
地下鉄ⓁBedford Av
☎(1-347)889-5710
営月～木14:00～翌1:00、金14:00～翌2:00、土12:00～翌2:00、日12:00～翌1:00
カード AMV　URL maisonpremiere.com

ブルックリンの本格的ビアホール

ラジェガスト・ホール&ビアガーテン
Radegast Hall & Biergarten

別MAP P.38-B2 ウイリアムズバーグ

ベルギー、ドイツなど世界のビールを約100種類堪能できる。ソーセージ$12～がおすすめ。ライブ演奏もある。

住113 N. 3rd St.(at Berry St.)
地下鉄ⓁBedford Av　☎(1-718)963-3973
営月～木12:00～翌1:00、金12:00～翌3:00、土11:00～翌3:00、日11:00～翌1:00
カード ADJMV
URL radegasthall.com

1950年創業のキャバレー・シアター

デュプレックス
The Duplex

別MAP P.9-C3 グリニッチ・ビレッジ

地下と1階のピアノバーでは、毎晩ピアニストとバーテンダーがコメディを挟みながらすばらしい歌を披露してくれる。2階のUpstairs @ The Duplexではドラァグショー、スタンダップコメディなどが行われ、週末はダンスとカクテルを楽しむことができる。スタッフは皆フレンドリーで、楽しい時間を過ごすことができる。

住61 Christopher St.(at 7th Ave. S)
地下鉄❶❷Christopher St　☎(1-212)255-5438
営16:00～翌4:00　カード ADJMV
URL www.theduplex.com

ネオンサインにも魅了される

ピアノバーは毎回立ち見が出るほど、大盛況

VOICE **ハリエット・ルーフトップ(→P.421)** 目の前に見えるブルックリン・ブリッジは圧巻！宿泊者ではなかったので入場料を払ったが、それでもよかった。(東京都　YR　'22)['23]

ニューヨークの夜遊びスポット

ニューヨークをディープに楽しみたいなら、夜の街へ繰り出そう！ ローカルや観光客が集まる人気の夜遊びスポットをご案内。

夜遊びの注意
人通りが少ない場所には注意。また、多額の現金を持ち歩いたり、飲み過ぎも気をつけたい。おしゃれはやり過ぎかと思うくらいテンションを上げていっても大丈夫（金・土曜の夜は特に）。また、アルコールは21歳以上しか飲めず、飲む場合IDが必要になるので忘れずに。

バーレスクショー

以前は風刺劇やストリップショーを指したが、1990年代以降はダンスやサーカスなども含む大人のバラエティショーとして復活。

ディープ＆カオスなオトナのエンタメ

House of Yes
ハウス・オブ・イエス

興奮度ＭＡＸのワイルドなショーを日替わりで開催。刺激的なパフォーマンスが次々と展開するDirty Circusが特におすすめ。$40～。

MAP P.40-B3　ブッシュウィック
住 2 Wyckoff Ave. (at Jefferson St.) ※入口は408 Jefferson St.　地下鉄 L Jefferson St
☎ (1-646) 838-4973　営 水19:00～翌2:00、木22:00～翌4:00～、金・土19:00～翌4:00　休 日・月・火
URL houseofyes.org

度肝を抜かれる演出のオンパレード。ほとんどのショーが21歳以上指定で、入場時にIDの提示が必要。観客はお酒を飲みながら舞台を楽しむ

Photos: Rod, Essence Photography

ドラァグクイーン・ショー

観光客でも女性同士でもカジュアルに楽しめるので、一度は見に行きたい！

おねえさまたちの刺激的なショー

Lucky Cheng's

ラッキー・チェン

派手なメイクのおねえさまたちによる、観客いじりの毒舌トークやショーが約2時間楽しめる。独身最後の夜を女子だけで過ごすバチェロレッテパーティとして使われることも多い。ブランチ＋ミモザ飲み放題$45。18歳以上入場可。入場料$20（VIPシート＋$30）。

MAP P.32-B3 ミッドタウン・ウエスト
住 707 8th Ave.（bet. W.44th & W.45th Sts.） 地下鉄 C E 線50 St
☎ (1-646) 525-0715
営 ブランチのみ土・日13:00～、50分後にショーがはじまる。ショーは90分 休 月～金
URL www.luckychengs.com

約90分間のショーはキメキメのおねえさまたちが次々と登場し、熱狂のステージを展開。毒舌や下ネタ満載で大盛り上がり

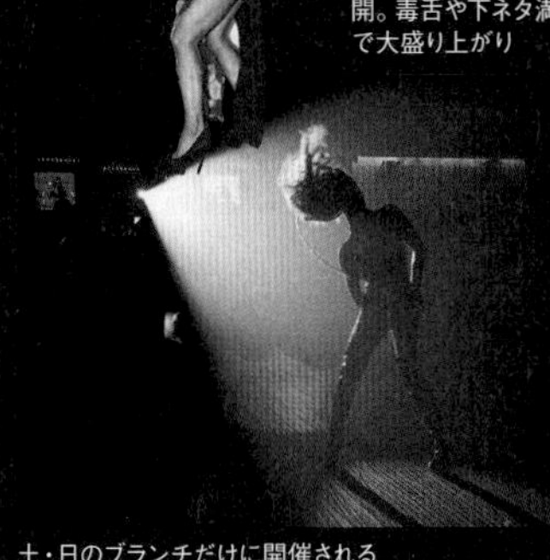

土・日のブランチだけに開催される

世界的に有名なディーバたちの共演？！

Diva Royale

ディーバ・ロワイヤル

キラキラの衣装に身を包んだ女装パフォーマーたちが、レディ・ガガからホイットニー・ヒューストンまで、曲を口パクで披露する。$25～。

MAP P.16-A4 ミッドタウン・ウエスト
住 621 W. 46th St.（bet. 11th & 12th Aves.） Harbor NY内 地下鉄 C E 線50 St ☎ 917-633-4943 営 ショー 金19:30～、土13:00～、19:30～、日13:30～、2ドリンクミニマム、18歳以上入場可 休 月～木 URL www.dragqueenshow.com/new-york-drag-queen-show.html（オンライン販売のみ）

最新鋭設備の照明を使ったステージ。女性だけでも入りやすい

ボウリング

最近ちょっとリバイバルブームのボウリングも楽しめる。

ライブも楽しめるボウリング場

Brooklyn Bowl

ブルックリンボウル

ライブ演奏も楽しめるユニークなボウリング場。有名レストランのブルーリボンが提供しているフードも話題。

MAP P.38-B1 ウイリアムズバーグ
住 61 Wythe Ave.（bet. N. 11th & N.12th Sts.）
地下鉄 L Bedford Av ☎ (1-718) 963-3369 営 水～木18:00～23:00、金18:00～翌2:00、土12:00～翌2:00、日12:00～23:00 休 月・火 URL www.brooklynbowl.com/brooklyn/

イマーシブ・シアター

最近は、観ている側も参加する新感覚の体験型シアターも人気。

今までにない体験ができそう

Sleep No More

スリープ・ノー・モア

シェイクスピアの『マクベス』がベース。観客は白い仮面をかぶり、さまざまな趣向を凝らした部屋を自由に観て回る。

→ P.408

俳優と観客の境界線をなくしたショー

約2時間かけて、さまざまな部屋で展開する衝撃シーンを見て回る

Photos:Yaniv_Schulman

マンハッタンにウイスキー蒸留所が復活!

↑4フロアの広大な空間に広がる本格的蒸留所
↓禁酒法時代の隠れ酒場スピークイージー風のバー

←東海岸産のオイスターもウイスキーと合う!

↑カクテルメニューも豊富
←3種類のウイスキーが楽しめるテイスティングもおすすめ

禁酒法時代以来100年以上ぶりのウイスキー蒸留所

マンハッタンのノーホー地区に禁酒法時代以来100年ぶりにウイスキー蒸留所がオープン。禁酒法時代に建てられた建物内には蒸留所のほかバー&レストランを併設し、見学ツアーも行っている。NY州北部の穀物から作られる3種類のウイスキー（ストレート・バーボン、フォーグレイン・バーボン、ライ）は、メイドインNYのウイスキーとしておみやげにもぴったり。

GREAT JONES DISTILLING CO.
グレート・ジョーンズ・ディスティリング・カンパニー

MAP P.10-A4　ソーホー
住 686 Broadway
(bet. 4th & Great Jones Sts.)
地下鉄 6 Bleecker St
☎ (1-332)910-9880
営 火12:00〜22:00、水〜日12:00〜24:00）
休 月
カード A D J M V
URL greatjonesdistillingco.com

がっつり系のバーガー&フレンチフライ

おしゃれなボトルに入った3種類のウイスキーは、おみやげにぴったり

Sports

スポーツ

観戦前に気をつけたいこと

必ず手ぶらで！

球場にバッグは持ち込めない。40cm四方（厚さ20cm）の硬くない小さなバッグならよいが、それ以上は公共の預かり所に預けることになる（有料）。全身を金属探知機でスクリーニングをする（歩ける子供も同様で、赤ちゃんは抱いたままでもOK）際は空港のように靴を脱いだり、ベルトなどは外さなくてもよいが、係員の指示に従うこと。また、ビデオカメラや大型カメラ、望遠レンズ、三脚、自撮り棒、パソコン、アルコールの持ち込み不可。未開封の水のペットボトルはOK。

プロモーションデイは早めに到着を

ファンサービスの一環で、スポンサー企業が宣伝のためにグッズをプレゼントしてくれる日のこと。このプレゼントは数や年齢に限りがあるので、できれば試合開始1時間以上前には到着しておきたい。

国歌斉唱では厳粛な気持ちで

試合開始前には必ず国歌『The Star Spangled Banner』が流れ、観客全員が脱帽、起立し、国旗を見つめる。座ったまま、おしゃべりなどはしないこと。また、7回表終了後『Take Me Out to the Ball Game』に続いて『God Bless America』を斉唱する。このときも同様に。

当日行動のコツ

◎ヤンキース

ゲートオープンは基本的に試合開始1時間30分前。早めに行って、各チームの打撃練習（BP）を見よう。このときはチケットの座席に関係なくフィールドレベルの席まで入れる。スタンドに飛んできたファウルボールやホームランボールは持ち帰れるので、ボールが来そうなところを狙ってみるのもいい。

◎メッツ

ゲートオープンは試合開始1時間30分前（ロタンダとVIP用は2時間前）。左中間スタンドのブルペンの後ろにあるピクニックエリアでは、ブルペンでウオーミングアップしている投手を間近で見学できる。また、フィールドレベルのチケットを購入したファンには、ベンチの近くで選手にサインを求めることができる特典がある。

ここもチェック！

ヤンキース

歴代の偉大な選手のモニュメントが並ぶ「モニュメントパーク」は必見。また、ダッグアウトやクラブハウスなどを見学できる「スタジアム・ツアー」もおすすめ。基本的に毎日催行。ツアーは11:00～13:40の20分間隔で出発、所要約60分。チケットはホームページやヤンキースのクラブハウスショップで。ひとり$33～。試合当日なら試合前ツアーもある（$60.90～）。

フィールドの後ろにあるモニュメントパーク。過去に活躍したグレートヤンキーたちのレリーフがあり、これらの番号は永久欠番。試合開始45分前まで見学可だが、列が長いと早めに打ち切られることも

MAJOR LEAGUE BASEBALL

MLB NYでメジャーリーグ観戦！

ニューヨークへ行くなら
一度は体験してみたいのが
メジャーリーグ観戦！
今年はどんなドラマが起きるのか。
ますますメジャーから目が離せない！

メッツ

正面入口には、黒人初のメジャーリーガーとして有色人種排除の方針を変えた、ジャッキー・ロビンソンをたたえた円形広場（ロタンダ）がある。スコアボード裏、フィールドレベルにある子供用のプレイグラウンド「ファンフェストFan Fest」も注目。球場のミニチュア版のKiddie Field、子供用バッティングセンターなどがあり、家族で楽しむことができる。

円形広場のジャッキー・ロビンソン・ロタンダには、彼のさまざまな名言がいろいろな所に刻まれ、成し遂げた功績のビデオなどを観ることができる。もちろんロビンソンの背番号42番の彫刻も飾られている

ニューヨーク・ヤンキース

NEW YORK YANKEES

アメリカンリーグ東地区
本拠地：ヤンキースタジアム
URL www.mlb.com/yankees

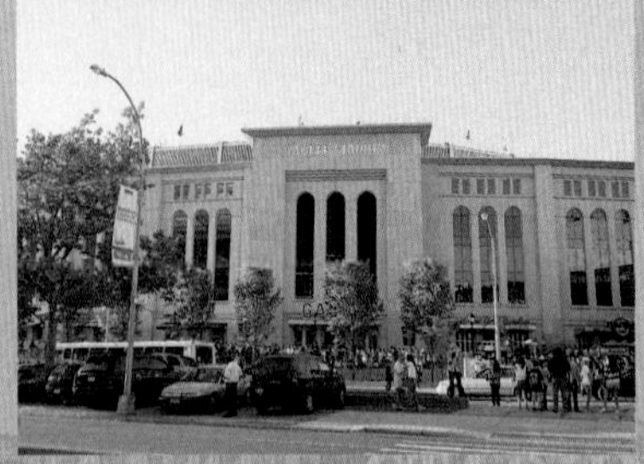

ワールドシリーズ優勝27回の名門

1901年ボルチモア・オリオールズとして発足、1903年NYに移転以来、リーグ優勝40回、ワールドシリーズ制覇27回を誇る。ベーブ・ルースやルー・ゲーリッグなど数々のスーパースターがプレイした。ゲリット・コールらの先発陣に、野手にはア・リーグ、ナ・リーグ両方で首位打者を獲得したD.J.ルメイユや、アーロン・ジャッジやジャンカルロ・スタントンといった長距離砲に期待がかかる。攻守に安定したDJ・ルメイユ内野手にも注目を。

ヤンキースの応援方法

基本のかけ声は「Let's Go Yankees!」。6回終了時のグラウンド整備は必見。『YMCA』の曲が流れるとグラウンドキーパーが一斉に「Y・M・C・A」の人文字を作って踊り始めるのだ。なかには一緒に踊り出す観客もいて、球場全体が盛り上がる。場内で、7回裏が始まる前に『Take Me Out to the Ball Game』がかかり、場内にフランク・シナトラの『ニューヨーク・ニューヨーク』が流れれば試合終了。

ヤンキースをこよなく愛するファンにおすすめシートをナビゲート

田中有美さん

子供の頃から野球好き。甲子園チアガールの元祖野球女子。ヤンキースファン歴20年以上。毎年シーズンチケットを保持して、年間約15試合に足を運ぶ。

高額を支払いふかふかシートでレストランのようにフードオーダーも取りに来てくれるグラウンド近くの観戦もよいけれど、コアなファンたちと一緒に盛り上がるのも球場ならでは！　おすすめの席は、アーロン・ジャッジが守備につき、ホームランも見られるかもしれない「ジャッジチェンバー」と呼ばれるライト側、試合開始後に選手の名前をコールするブリーチャー席、そして球場全体が見渡せ、シフト守備などが一目瞭然に見えるバックネット真後ろ上の3階・4階席です。ほかにも、立ち見だけど最初のドリンクが付いてくるピンストライプ・パスの席はお手頃価格で人気沸騰中。球場限定で販売されているブルー・ポイント・ブリュワリーの地ビール、ピンストライプ・ピルスナーをおともに観戦はいかが？

FOODもお忘れなく!

アーロン・ジャッジ選手の背番号にちなんだ99バーガー。値段も$19.99で1試合99個の限定

上がフライドチキン&フライで下がソーダ。中心にストローを入れて飲めて便利なGrub Tub Combo$20.99

ヤンキースタジアムへの行き方

別MAP P.47-B1

住 1 E. 161st St., (bet. Jerome & River Aves.), Bronx

地下鉄 4 B D マンハッタン中心部から約25分。161 St-Yankee Stadium駅下車すぐ

☎ (1-718) 293-4300

2024年試合日程表

日付	対戦相手
4/5〜7	トロント・ブルージェイズ
4/8〜10	マイアミ・マーリンズ
4/19〜21	タンパベイ・レイズ
4/22〜25	オークランド・アスレチックス
5/3〜5	デトロイト・タイガース
5/7〜9	ヒューストン・アストロズ
5/17〜19	シカゴ・ホワイトソックス
5/20〜23	シアトル・マリナーズ
6/4〜6	ミネソタ・ツインズ
6/7〜9	ロサンゼルス・ドジャース
6/18〜20	ボルチモア・オリオールズ
6/21〜23	アトランタ・ブレーブス
7/2〜4	シンシナティ・レッズ
7/5〜7	ボストン・レッドソックス
7/19〜22	タンパベイ・レイズ
7/23〜24	ニューヨーク・メッツ
8/2〜4	トロント・ブルージェイズ
8/6〜8	ロサンゼルス・エンゼルス
8/9〜11	テキサス・レンジャーズ
8/20〜22	クリーブランド・ガーディアンズ
8/23〜25	コロラド・ロッキーズ
8/30〜9/1	セントルイス・カージナルス
9/9〜11	カンザスシティ・ロイヤルズ
9/12〜15	ボストン・レッドソックス
9/24〜26	ボルチモア・オリオールズ
9/27〜29	ピッツバーグ・パイレーツ

※ヤンキースタジアム開催

ヤンキースタジアム

スコアボード　ゲート8　バッターズ・アイ・シート　スポーツバー　モニュメントパーク Monument Park　ビジターブルペン　ヤンキースブルペン　Audi Yankees Club　ゲート2　ゲート6　チームストア　ビジター側　ヤンキース側　チケットオフィス　ゲート4

デルタスカイ360スイート Delta Sky 360Suites $385〜650

フィールドMVP Field MVP $175〜525

フィールドレベル Field Level $66〜425

メインレベル Main Level $41〜250

テラスレベル Terrace Level $23〜125

ジムビーム・スイート Jim Beam Suite $135〜210

グランドスタンド Grand Stand $17〜75

ブリーチャー Bleachers $18〜95

※対戦相手や日程により料金が異なります

ニューヨーク・メッツ

NEW YORK METS

ナショナルリーグ東地区
本拠地：シティフィールド
URL www.mlb.com/mets

ミラクル・メッツの愛称をもつ

1962年創立。LAに移ったブルックリン・ドジャースの青色とニューヨーク・ジャイアンツ（現サンフランシスコ）のオレンジ色がチームカラー。地元で絶大な人気を誇るチーム。1969年には最下位からワールドシリーズ優勝を成し遂げ、「ミラクル・メッツ」と呼ばれた。近年は低迷しているが、次シーズンに向けて補強を行い、今年こそポストシーズン進出を狙う。また、元ソフトバンクホークスの千賀滉大投手のさらなる活躍にも期待だ。

メッツの応援方法

メッツでのお決まりのかけ声といえば「Let's Go Mets!」。チームがチャンスのとき、周りのファンに合わせてこのかけ声を叫んでみると、試合の雰囲気になじめる。また、観客席でよく「人間ウエーブ」も行われる。周りの観客と一緒にバンザイ・ポーズでウエーブを作ろう。

メッツをこよなく愛するファンにおすすめシートをナビゲート

カセイ・チャンさん

NY在住40年目、日本育ちの台湾人。1986年のメッツの優勝に感動して以来メッツ・ファン。趣味はメッツの遠征試合観戦。

「もちろん、フィールドに近いバックネット裏のデルタ席がいちばんですが、チケットの値段も高い(笑)。となると、ファールライン側に位置するベースラインボックスや、ライトフィールドに位置する2階席コカ・コーラ・コーナーがよいですね。コカ・コーラ・コーナーは、どの席からもマンハッタンの景色と試合を一望できます。あまり予算がない人は3階のプロムナードリザーブドへ。フィールドにいちばん遠い席ですが、熱狂的なメッツ・ファンが座っているのは実はここ。また、逆に予算があるのなら、レフト側2階席にある高級レストランPorsche Grilleで食事しながら試合観戦するのがおすすめです」

FOODもお忘れなく!

マンハッタンにもある、行列ができる人気店シェイク・シャックのハンバーガーははずせない。ほかにも、ローカルに大人気のイタリアンやメキシカンなどもチェック。

シティフィールドへの行き方

別MAP P.47-B2
住 41 Seaver Way, Queens
地下鉄 ⑦マンハッタン中心部から急行で約30分、Mets-Willets Point駅下車
列車 Long Island Railroad（LIRR）NYペン・ステーションからPort Washington Branchラインに乗って約16分、Mets-Willets Point駅下車
☎（1-718）507-8499

2024年試合日程表

	対戦相手
3/28～31	ミルウォーキー・ブルワーズ
5/1～2	シカゴ・カブス
5/10～12	アトランタ・ブレーブス
5/13～14	フィラデルフィア・フィリーズ
5/24～26	サンフランシスコ・ジャイアンツ
5/27～29	ロサンゼルス・ドジャース
5/30～6/2	アリゾナ・ダイヤモンドバックス
6/8	フィラデルフィア・フィリーズ
6/11～13	マイアミ・マーリンズ
6/14～16	サンディエゴ・パドレス
6/25～26	ニューヨーク・ヤンキース
6/28～30	ヒューストン・アストロズ
7/9～11	ワシントン・ナショナルズ
7/12～14	コロラド・ロッキーズ
7/25～28	アトランタ・ブレーブス
7/29～31	ミネソタ・ツインズ
8/13～15	オークランド・アスレチックス
8/16～18	マイアミ・マーリンズ
8/19～21	ボルチモア・オリオールズ
9/2～4	ボストン・レッドソックス
9/6～8	シンシナティ・レッズ
9/16～18	ワシントン・ナショナルズ
9/16～22	フィラデルフィア・フィリーズ

※シティフィールド開催

シティフィールド

メッツ側
ビジター側

デルタ（シルバー）
Delta (Silver) $119～520

クローバー（ゴールド、プラチナム）
Clover (Gold, Platinum) $371～1290

メトロポリタン（ボックス、ブロンズ、シルバー、ゴールド、プラチナム）
Metropolitan (Box, Bronze, Silver, Gold, Platinum) $189～1130

ヒュンダイクラブ
Hyundai Club $144～591

フィールド（ボックス、シルバー、ゴールド）
Field (Box, Silver, Gold) $55～556

ベースライン（ボックス、シルバー、ゴールド）
Baseline (Box, Silver, Gold) $29～332

エクセルシオール（ボックス、ゴールド）
Excelsior (Box, Gold) $28～396

フィールド・リザーブド
Field Reserved $30～256

プロムナード（ボックス、ゴールド）
Promenade (Box & Gold) $14～239

プロムナード（アウトフィールド、リザーブド、インフィールド）
Promenade (Outfield, Reserved & Infield) $13～131

コカ・コーラ・コーナー&トーマス・テュー・リザーブ
Coca-Cola Corner & Thomas Tew Reserve $21～190

ビッグアップル・リザーブド
Big Apple Reserved $25～167

※対戦相手や日程により料金が異なります

チケットの入手方法【スポーツ】

メジャーリーグ(MLB)

MLBサイト ※購入方法は変更になることもあります

❶URL Mlb.comのメニューからTICKETSをクリック
❷チケットを購入したいチームのロゴをクリック。ここからチームごとに違うページに飛ぶ

ヤンキースの場合：

❶左上のTICKETS→Individual Game Ticketsの順でクリック
❷Month（月）、Day（曜日）、Time（開始時間）、Opponent（対戦相手）、Event Info（イベント、プロモーションなど）などがあり、希望のところをクリックすると、試合日と対戦相手が表示
❸見たい日を選び、Buy Ticketsをクリック
❹Premium Seating、General Seating、Pinstrip Passの項のBuy Nowをクリック
❺右上にチケットの枚数と金額の幅が表示される。チケットの枚数を＋、ーで調節する
❻左側の球場見取り図から希望のセクションを選ぶ
❼セクションを選ぶと空いている席が青色の●で表示される
❽金額を確認し、下のGet Ticketsをクリックして、右下のNextをクリック
❾ログイン画面が現れ、アカウントがなければ「Sign up」をクリック
❿名前やメールアドレス、パスワードなどを入力し「Sign up」をクリック
⓫Paymentの画面でクレジットカードの情報とBilling Address（使うクレジットカードの請求書が届く住所）を入力してPlace Orderをクリック
⓬チケット確認Securingのためしばらく時間がかかり、次に駐車場が必要かなどの情報が出る。必要なければ「Next」をクリック
⓭引き渡し方法Deliveryの画面で、日本なら「Other Country」をクリックし、「Go Mobile-No additional charge」か「Customers in Other Countries: by Will Call」のどちらかを選ぶ。「Go Mobile」の場合、試合の48時間前に二次元コードが出るので、そこからアクセスすることが併記されている。チケットの入手方法はひとつずつ異なるので、よく読んでアクセスを。「Will Call」は当日球場やアリーナのチケット窓口で身分証明書（ID）と購入時のクレジットカードを見せてチケットをもらう。「Go Mobile」か「Will Call」を選んだら「Next」をクリック
⓮当日は念のため使用したクレジットカードも持参すること。窓口で受け取るときはIDとクレジットカードを持ってWill Callの窓口へ

アプリ(Ballpark)

最近は、紙チケットはほぼなくなりデジタルチケットが主流。MLB Ballparkアプリを活用しよう。ホームゲームのスケジュールを確認できるほかチケットも購入できる。❶MLB Ballparkアプリをインストール（MLBの公式アプリではないので注意）❷アプリを開いたらGet Startedをクリックして必要事項（名前、Eメールアドレス、パスワード、誕生日）を入力。応援するチームは特に入力しなくてよい ❸Sign Upで登録完了 ❹希望の試合を選択、枚数を選ぶとスタジアムのシートマップが表示されるので、座席を選び支払い画面に。複数枚購入できるので、代表者だけの登録でOK ❺クレジットカード番号を入力して購入。購入したチケットはアプリ内で管理される（iPhoneだとWalletに入れることも）。チケットを友人に転送したいなら、オプションのForwardすればよい

クラブハウス

マンハッタンにあるオフィシャルストアで購入する方法。ここではオフィシャルグッズも販売している。

メリット

現地到着後、座席表を見ながら購入できるので安心。その場でチケットをもらえる。

デメリット

手数料がかかる（ヤンキース$3）。クラブハウスに出向く手間がかかる。試合当日に近づくにつれ、よい席やレアな試合の購入が難しくなる。

ヤンキース
住745 7th Ave.（at 49th St.）
住110 E. 59th St.
(bet. Lexington & Park Aves.)
住393 5th Ave.
(bet. 36th & 37th Sts.)
住245 W. 42nd St.
(bet. 7th & 8th Aves.)

ブローカー

一般では入手不可能な「プレミアムチケット」を特別価格で手配してくれる会社のこと。合法の会社で、年間席やスポンサー席などのプレミアムチケットを特別ルートで入手して手配している。ホテルのコンシェルジュから頼むこともできる。

メリット

よい席で見たいという人や、入手困難な人気カードのチケットが手に入る。

デメリット

チケット料金は正規の額面の2～10倍とかなり高め。

メッツの場合：

❶左上のTICKETS→2024 Single Game Ticketsをクリック
❷Month（月）、Day（曜日）、Time（開始時刻）、Opponent（対戦相手）、Event Info（イベント、プロモーションなど）があり、希望のところをクリックすると、試合開催日と対戦相手が表示される。希望の試合のBuy Ticketsをクリック
❸球場見取り図が表示。右側に席のセクションと金額が表示されるので、希望のものをクリック。セクションの右に表示された望遠鏡のイラストをクリックすれば、そのシートから見た球場の画面が表示される
❹ADD TO CARTとその左上にチケット枚数が表示される。枚数を調節しADD TO CARTをクリック
❺ログイン画面が現れ、mets.com/MLB.comのアカウントをもっている場合はメールアドレスとパスワードを入力してLog In。もっていない場合はCreate Accountをクリックして、名前、メールアドレス、パスワードを入力して☑I agree...にチェックを入れ、Sign Upをクリック
❻選んだ席のセクション、列、番号が表示され、下には駐車場の追加、チケットの受け取り方法（Digital Deliveryが一般的でメールやアプリで受け取る）、支払い方法（クレジットカード情報の入力）、16歳以上であるかの確認とMLBからのメッセージの受取方法にチェックを入れ、手数料を入れた合計金額を確認したらPlace Orderをクリック
❼当日はPrint Tickets at Homeならプリントしたチケットを持参して直接入場の列に並ぶ。バーコードを汚さないように持っていこう

チケット料金について　本書掲載のプロスポーツのチケット料金はあくまで目安。対戦相手や時期により変動することもあります。
MLBサイト、Stubhub.comでの購入について
情報の正確性には万全を期していますが、英語サイトなどはわかりづらい点などがあります。すべて利用者の自己責任において予約してください。

球場の窓口

各スタジアムのチケット窓口で購入する方法。

メリット

いちばん手軽で安い。手数料を払わずに正規の金額で購入でき、その場で座席がわかる。

デメリット

売れ残った席になるので、希望の席が残っているとはかぎらない。

ダフ屋に注意！

スタジアムからちょっと離れた所に行くとたくさんいる。偽造チケットや古い試合の未使用チケットを売りつける者も少なくない。また、それらしき人物に声をかけられたら、「No thank you」と言って近づかないようにしよう。

www.Stubhub.com

スポーツやコンサートなどの公式チケット・ブローカー・サイト。行けなくなった試合のチケットや、余ったチケットを売るなど、個人間でのチケット売買のトラブルを防ぐために作られたものだ。枚数や郵送方法などに条件があるが、上手に使えば、よい席が安く見つかることがある。

購入方法

❶事前登録を行う（無料）。日本語でも登録でき、eメールのアドレスと携帯番号が必要
❷フロントページのSearch欄に観戦したいチーム名を入力→希望の日、または対戦相手を選んだら席の欄をクリック
❸席と枚数、受取方法を確認したら、Go to checkout。サインイン後、料金を確認してAdd payment。オークションの場合があるので注意
❹支払い方法を指定し、オーダーする
❺チケットはeメールになることが多い。当日はプリントアウトを持参のうえ入場の列に並ぶ

バスケットボール（NBA）

ニックス、ネッツとも前売りでほとんど入手できる。いい席で観たいならチケットブローカーをすすめる。入手先は、各アリーナ、チケットマスター、ブローカー、NBAのウェブサイト。

アメリカンフットボール（NFL）

地元で年間8～9試合しかしなく、熱狂的なファンがシーズンチケットを購入しているので、一番購入が難しいためチケットブローカーに頼るのがよい。その他の入手先は、スタジアム、NFLのウェブサイト。

アイスホッケー（NHL）

アイランダーズは相手により入手困難。レンジャーズ、デビルズは対戦チームにより当日券が入手できる。入手先は、マディソン・スクエア・ガーデン、チケットマスター、ブローカー、NHLのウェブサイト。

Madison Square Garden
マディソン・スクエア・ガーデン

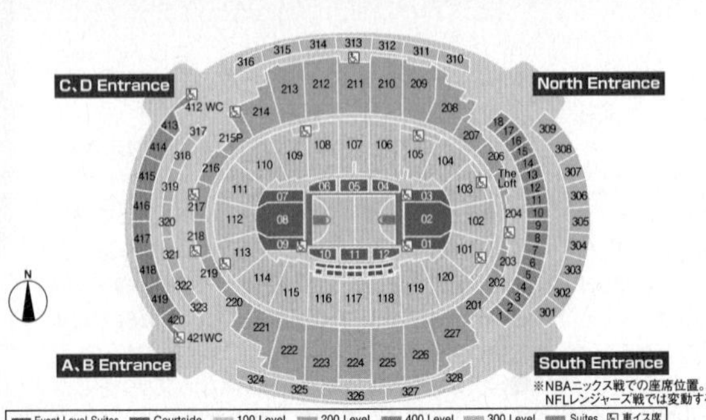

別MAP P.13-C3
住4 Pennsylvania Plaza（7th Ave. bet. 31st & 33rd Sts.）
アクセス》7番街と32丁目の角。タイムズスクエア近辺からなら歩ける。
地下鉄ⒶⒸⒺ❶❷❸ペンシルバニア駅（Pennsylvania Sta）下車。駅の真上にある。
URL www.msg.com

MetLife Stadium
メットライフ・スタジアム

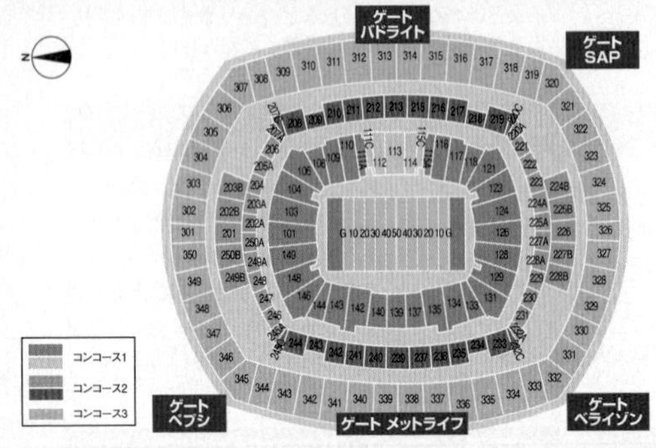

別MAP P.47-A2
住1 MetLife Stadium Dr., East Rutherford, NJ
アクセス》行き方は3とおり。
①NFLジャイアンツとジェッツの試合開催日に限り、マンハッタンのポートオーソリティ・バスターミナルからコーチUSA のバス"351 Meadowlands Express"（片道$7）が、スタジアムまで運行される。試合開始2時間30分前から、試合終了後1時間までの運行。
②NYペンシルバニア駅からNJトランジットでSecaucus Junction駅で下車し、Meadowlands Rail 線に乗り換えてMeadowlands Sports Complex駅へ。徒歩すぐ。イベント開催時のみ運行で、開始時刻の3時間30分前より10～30分間隔で、終了後1時間までの運行。
③Metro-Northを利用してSecaucus Junction駅経由Meadowlands Sports Complex駅下車。徒歩すぐ。
URL www.metlifestadium.com

Barclays Center
バークレイズ・センター

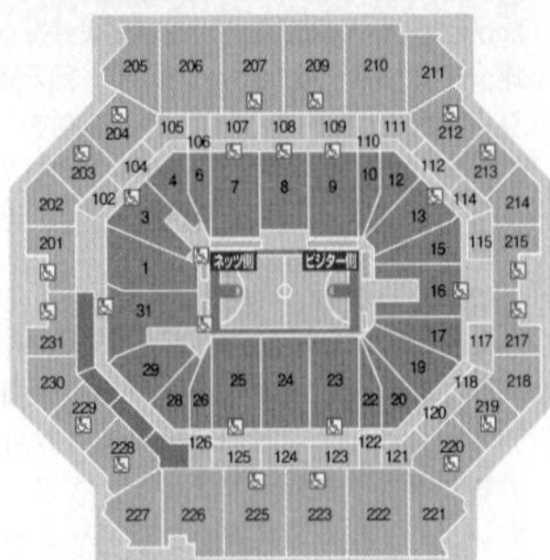

別MAP P.43-C3
住620 Atlantic Ave.（at Flatbush Ave.）
アクセス》ブルックリンの繁華街アトランティック・アベニューとフラットブッシュ・アベニューの角にある。
地下鉄ⒷⒹⓃⓆⓇ❷❸❹❺Atlantic Av-Barclays Ctr駅のすぐ上。
ⒸLafayette Av駅、ⒼFulton St駅下車、徒歩5分程度。マンハッタンのWall Street駅からAtlantic Av-Barclays Ctr駅まで地下鉄で約10分。
URL www.barclayscenter.com

バスケットボール、ボクシング、アイスホッケー、プロレスのほか、カレッジバスケットボール、ラクロス、コンサートなど年中あらゆるイベントが行われる、世界で最も有名なアリーナ。1970年と1973年のニックスの2度のファイナル優勝、そして1994年のレンジャーズのスタンレーカップ優勝の舞台となった。

1879年にマディソン・アベニューと26丁目の角に建てられたこのスタジアムは10年後に取り壊され、1890年に2代目が完成。その後1925年、保険会社メットライフの本社ビルを建てるために再び取り壊され、同年、8丁目に3代目が建てられる。4代目になる今の建物が完成したのは1968年になってから。2011～13年には3年にわたる大改装工事が行われた。2023年、現在の敷地の契約が終了するため、移転か再契約するか迫られている。

●ツアー・エクスペリエンス
Tour Experience

記者席や選手たちが使用するロッカールームまで館内を見学できる。所要約60分。

Free (1-212) 465-6000

料 大人＄37、子供（12歳以下）・学生（要ID）・シニア（65歳以上）＄32

開 10:30～15:00（日により延長）の30分おき

ホームチーム

●ニューヨーク・ニックス（NBA）

●ニューヨーク・レンジャーズ（NHL）

おすすめの席

観客席の勾配が急で階段を上るのが大変。そのため、どこの席からもよく見える。足を伸ばすスペースがアメリカのアリーナとしては狭いが普通の日本人体型なら窮屈には感じないだろう。

NFLのニューヨーク・ジャイアンツとニューヨーク・ジェッツのスタジアムになっている。場所はマンハッタンの西、ニュージャージー州のイーストラザフォードにあり、マンハッタンからは12kmの距離。収容人数約8万2500のスタジアムは、サッカーの試合も開催可能。

スタジアムはメドウランズ・スポーツコンプレックスMeadowlands Sports Complex内にあり、ジャイアンツのトレーニング施設、競馬場などが敷地内にある。スタジアムは大型コンサート会場としてもよく利用され、2020年はガンズ・アンド・ローゼズ、ジャスティン・ビーバーらがコンサートを行った。

●メットライフ・スタジアム・ツアー
MetLife Stadium Tour

普段は入れないプレス席、スイートルーム、フィールド、ジャイアンツやジェッツゆかりの部屋なども見学する。

URL www.metlifestadium.com → Stadium → Stadium Toursをクリック

料 大人$17、シニア・子供（5～12歳）$12＋手数料（$10）

事前にウェブサイトから購入のこと

開 定められた土曜の10:00と13:00から、所要約90分。Central Gateより出発

ホームチーム

●ニューヨーク・ジャイアンツ（NFL）

●ニューヨーク・ジェッツ（NFL）

NBAブルックリン・ネッツの本拠地であり、ボクシングやコンサート、コンベンションなどにも使われる多目的アリーナ。

2012年の開場以来、NBA、NHLをはじめとして、ボクシングのタイトルマッチやプロレス、ビッグネームのコンサートなどのイベントも毎日のように行われている。

プロバスケット開催時は1万7732人、アイスホッケー1万5795人、コンサートでは1万9000人が収容可能。センター内にはジェイ・Zのバー&レストランである40/40 Clubをはじめとして、地元ブルックリンの味を堪能できる15以上のベンダーが入っている。

建物は環境にやさしく、スポーツ&エンターテインメント会場としては全米初のLEED賞（省エネで環境にやさしい建築に贈られる賞）にも輝いた。また、センター内はWi-Fiも開通。

ナイキとコラボをしたネッツ＆アイランダーズのチームストアであるBrooklyn Fanaticsは、毎日12:00～17:00（イベント開催時は変更あり。ネッツとアイランダーズの試合開催日は開始時刻の2時間前に閉店）の営業。なお、35×35×15cm以上のバックパックやスーツケース、ビデオ、一眼レフカメラの持ち込みは不可なので注意しよう。

ホームチーム

●ブルックリン・ネッツ（NBA）

スポーツを観戦する

ニューヨークに本拠地をおくプロチームは、ベースボール2チーム、バスケットボール2チーム、アメリカンフットボール2チーム、アイスホッケー3チーム、サッカー2チームがある。

多くのスポーツが観戦できるNY

アメリカで4大スポーツと呼ばれるベースボール(MLB)、バスケットボール(NBA)、アメリカンフットボール（NFL)、そしてアイスホッケー（NHL)。最近ではサッカー(MLS)を加えて5大スポーツともいわれ、ニューヨークではこれらをすべて観戦することができる。

フランチャイズ制度がはっきりしているアメリカでは、観客の8～9割が地元チームのファン。敵チームに対してのブーイング、そして球場一体のウエイブに参加して楽しもう。

観戦を楽しむコツ

観戦を楽しむには、まず地元チームのファンに溶け込みたい。キャップやTシャツなどチームカラーのものを身にまとって声援を送れば、地元ファンとの一体感が味わえる。ベースボールならブリーチャーシートと呼ばれる席が最もコアなファンが陣取る所。この席に座るのもおすすめだ。

ベースボール

Major League Baseball (MLB)

アメリカでは、野球場のことを親しみを込めて「ボールパーク」と呼ぶ。人工芝が主流の日本の球場とは違い、メジャーの球場は天然芝の美しさと香りも楽しめる。

ニューヨーク現地の日系旅行代理店「あっとニューヨーク」

☎(1-212) 489-9070
URL www.at-newyork.com

MLBウェブサイト

URL www.mlb.com

知っておくと便利なMLB用語

- ●AVG=Average=打率
- ●AB=At Bat=打数
- ●RBI=Runs Batted In=打点
- ●R=Runs Scored=得点
- ●DH=Designated Hitter=指名打者
- ●BB=Base on Balls=四球
- ●HBP=Hit by Pitch=死球
- ●No-hitter=ノー・ヒット・ノー・ラン

ニューヨークのスポーツカレンダー

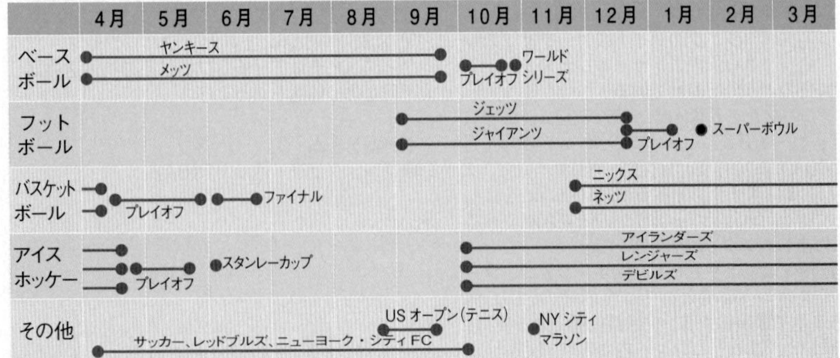

♥**延長戦には注意！** メッツが所属するMLB(ナショナル・リーグ)は延長無期限のため、決着がつくまで試合が延長される。最後まで観戦するならあとには予定を入れないように。また、帰宅時は人の波の流れに乗り帰ること。

サッカー

Major League Soccer (MLS)

1996年に発足したプロサッカーリーグ。ヨーロッパや中南米の移民を中心にファンを増やしており、1試合あたりの集客は2万人を超える。現在カナダ3都市を含む29チームから構成され、ヨーロッパの有名選手も活躍する。

ニューヨーク・レッドブルズ New York Red Bulls

1996年のリーグ発足時からの歴史を誇るチーム。当初はメトロスターズと名乗ったが、2006年より現在の名前に。優勝はまだないが、2018年はリーグトップの成績を残し、悲願の初優勝に期待がかかる。チームカラーは赤と白。ニュージャージー州のハリソンがホーム。

ニューヨーク・シティFC New York City Football Club

2015年にリーグ加入した新しいチーム。翌年よりプレイオフに進出、2019年はカンファレンス1位など、実力も備えている。ブンデスリーガで活躍しアイルランド代表のリング、U-20アルゼンチン代表のモラレス、地元ブルックリン出身のハークなど国際色豊か。チームカラーは水色で、ヤンキースタジアムがホーム。

MLSウェブサイト
URL www.mlssoccer.com

レッドブルズ
URL www.newyorkredbulls.com
●ホーム
レッドブル・アリーナ
別MAP P.47-A2
住 600 Cape May St., Harrison/NJ
列車 PATHトレインHarrison駅下車、徒歩5分
●チケット
ホームページか、当日でもほぼ観戦可能

ニューヨーク・シティ FC
URL www.nycfc.com
●ホーム
ヤンキースタジアム
別MAP P.47-B1
住 1 E. 161st St., Bronx
行き方はヤンキースタジアム→P.439参照
●チケット
ホームページか、当日でもほぼ観戦可能

マイナーリーグもお見逃しなく！

NYには以前ヤンキースのマイナーチームのひとつとしてスタテンアイランド・ヤンキースというチームがあったが、2020年に解散。現在、マイナーリーグは短期シングルAリーグのサイクロンズひとつがある。チケット料金は$12～20。また、メジャーリーグとマイナーリーグの間くらいに位置するアトランティックリーグも存在し、以前スタテンアイランド・ヤンキースが使用していた球場は、現在そのアトランティックリーグ所属のスタテンアイランド・フェリーホークスの本拠地となった。

ブルックリン・サイクロンズ
Brooklyn Cyclones
URL www.brooklyncyclones.com

1957年、ブルックリン・ドジャースがLAに移って40年以上たった2001年に、メッツのマイナーリーグのひとつとして設立。外野の後方にはコニーアイランドの遊園地が広がる。
◎**Maimonides Park**
別MAP P.45-A4 住 1904 Surf Ave., Brooklyn 地下鉄 D F N Q Coney Island/Stillwell Av下車徒歩5分

シーズンは6月中旬から9月初め

♥**ブルックリン・サイクロンズ** 遊園地と隣接しているので、夏のシーズンであれば昼間ビーチを楽しんで夜にナイター観戦もおすすめ。ホットドッグの有名なネイサンズも近い（→P.151）。

バスケットボール

National Basketball Associations (NBA)

アメリカでバスケットボールは不動の人気。相手チームがフリースローを試みると、観客は席から立ち上がり相手選手の集中力を削ぐ。そして地元チームの選手が派手なダンクを決めれば大歓声を上げる。

ニューヨーク・ニックス　New York Knicks

NBA誕生と同じ1946年にチームを創設。1970年と1973年に2度のNBA優勝を果たしている。チーム名のニックスとはニッカボッカーズの略。2020～21年シーズンはプレイオフに進出したが1回戦で敗退した。毎年優勝争いに絡んできた名門強豪チームだが、近年は低迷ぶりがひどい。奮起しているのがジュリアス・ランドルで、ポイントなどで高成績をあげている。

ブルックリン・ネッツ　Brooklyn Nets

ニュージャージーに本拠地をおいていたネッツ。1967年にNBAのライバル的リーグであったABAのチームとして誕生したが、1976年にNBAに吸収された。誕生当時はニュージャージー・アメリカンズという名前だったが、1968年にニューヨーク・ネッツに、そして1977年からニュージャージー・ネッツという名前になった。2012年ブルックリンへの本拠地移転にともない、チーム名を変更。2015～16年のシーズンよりドアマット状態が続いたが、2020～21年は勝率6割7分と躍進、プレイオフに進出するもののカンファレンス準決勝で敗退した。

NBAウェブサイト
URL www.nba.com
URL www.sportingnews.com/jp/nba（日本語）

ニックス
URL www.nba.com/knicks/
●ホーム
マディソン・スクエア・ガーデン ➡P.444
●チケット
よい席で見たいならチケットブローカー頼みとなる。チーム弱体化のためチケットも安くなりつつあり、入手もさほど困難ではない。
料 $45～2676

ネッツ
URL www.nba.com/nets/
●ホーム
バークレイズ・センター ➡P.444
●チケット
会場で当日券を購入できることが多い。ただし、ゴールデン・ステート・ウオリアーズなどの人気チーム相手だと、前売りの段階で完売してしまう。
料 $34～4596

アメリカンフットボール

National Football League (NFL)

ニューヨークにはふたつのプロチームがある。ただし、名前は「ニューヨーク～」といえども、ニュージャージーに本拠地をおく。両チームとも、約8万2500席を有するメットライフ・スタジアムでプレイしている。

NFLウェブサイト
URL www.nfl.com
URL nfljapan.com（日本語）

NFLのなかでも古い歴史をもつジャイアンツ
©NFL JAPAN.COM

ニューヨーク・ジャイアンツ New York Giants

1925年に設立、NFLで４番目の歴史を誇る老舗チーム。古豪ながら長く低迷するが、1986年、1990年と2度のチャンピオンに輝く。2007～08年は残り35秒で大逆転、スーパーボウルを制覇。2011～12年シーズンでも、残り1分で逆転の末、栄冠を獲得した。2022～23年は9勝7敗（1引き分け）であった。

♥**スーパー・ボール・サンデー**　アメリカ最大のスポーツイベント。NFLのNo.1チームを決める優勝決定戦で、2月上旬の日曜に開催。ハーフタイムショーも注目されている。2024年は2月11日にラスベガスで、2025年は2月9日にニューオリンズで開催予定。

ニューヨーク・ジェッツ　New York Jets

グリーンと白がチームカラーのジェッツ
©NFL JAPAN.COM

1960年の創設当初はタイタンズと呼ばれていたが、チームに躍進の願いを込めて1963年、愛称をジェッツにした。1984年からはジャイアンツとスタジアムを共用。熱狂的なファンが多いことでも有名だ。2016年～、2020年～3シーズン連続でAFC東地区最下位だった。

ジャイアンツ
URL www.giants.com
●ホーム
メットライフ・スタジアム ➡P.444
●チケット
熱狂的ファンがシーズンチケットを購入するので、一般売りは皆無。

ジェッツ
URL www.newyorkjets.com
●ホーム
メットライフ・スタジアム ➡P.444
●チケット
ジャイアンツと同じで一般売りは皆無。

アイスホッケー

National Hockey League (NHL)

ニューヨーク・レンジャーズ　New York Rangers

1926年設立の伝統ある名門チーム。第2次世界大戦時にNHLリーグ解散の危機を乗り越えた6チーム（オリジナル・シックスと呼ばれる）のひとつだ。1996～97年シーズンから1998～99年シーズンまではホッケー界の王様ことウェイン・グレツキーが活躍。2014年はカンファレンス優勝。球団創立以来、4度スタンレーカップを獲得している。その後2014年に準優勝をしたが栄冠から遠ざかっている。

ニューヨーク・アイランダース　New York Islanders

1972年に創立、1979～80年シーズンから82～83年シーズンまでスタンレーカップを４年連続で獲得。その後、低迷したが、近年はトレード、ドラフトなどでの選手補強が実を結び2018～19年はプレイオフに進出した。レンジャーズとは永遠のライバル関係で、超満員の観客の前で激しい攻防が展開される。それ以外の当日券は入手しやすい。なお、2020年よりクイーンズの東、ベルモントパークのUBSアリーナを本拠地とした。

ニュージャージー・デビルズ　New Jersey Devils

カンザスシティ、デンバーを経て1982年ニュージャージーに移転。1994～95年シーズンには財政難から本拠地をナッシュビルに移転する話が内定していたが、選手たちが意地を見せて球団史上初となるスタンレーカップを獲得、残留が決定した。2000年、03年と計3度のスタンレーカップ制覇に輝く。近年の低迷はひどく、復活が見込まれる。

NHLウェブサイト
URL www.nhl.com

レンジャーズ
URL www.nhl.com/rangers
●ホーム
マディソン・スクエア・ガーデン ➡P.444
●チケット
チケットマスターなどで手に入る。変動料金制。

アイランダース
URL www.nhl.com/islanders
●ホーム
UBSアリーナ
別MAP P.47-B2外
●チケット
チケットマスターなどで手に入る。$13～426。

デビルズ
URL www.nhl.com/devils
●ホーム
プルデンシャル・センター
別MAP P.47-A2
住 25 Lafayette St., Newark
列車 NYペンシルバニア駅（別MAP P.13-C3）からアムトラック、NJトランジットの鉄道でニューアークのペンシルバニア駅下車。徒歩約10分
●チケット
チケットマスターなどで手に入る。$15～444。

NFL観戦前の注意　MLB同様に、スタジアムへの荷物持ち込みが厳しく、30cm四方で厚さ15cm以下の透明なバッグのみOK。持ち物は必要最小限にして、コートやパンツのポケットを有効に使おう。

USオープンウェブサイト
URL www.usopen.org
※2024年は8月26日～9月2日に開催予定

USTAナショナル・テニス・センター
別冊MAP P.46-A2
住 Flushing Meadows Corona Park, Flushing
地下鉄 ⑦Mets-Willets Point下車後、シティフィールドと逆方面に出る
☎ (1-718) 760-6200
URL www.ntc.usta.com
●チケット
決勝に近づくほど入手困難。旅行者ならチケット・ブローカーかstubhubなどのリセールサイトの利用を考えたい。チケットマスターで手に入ることもある。1・2回戦などであれば当日券もあるが、対戦カードによっては入手できない（終盤は当日売りなし）。

USオープンテニス

US Open Tennis

プロテニスのグランドスラム（4大大会）のなかで、唯一アメリカで行われる大会が、USオープンテニス。2014年の大会では日本の錦織圭選手が準優勝、2018年には大坂なおみ選手が日本人選手初となるシングルスでの優勝に輝いたことは、記憶に新しい。140年近い伝統を誇るこの大会は、クイーンズにあるフラッシング・メドウ・コロナ・パークのUSTAナショナル・テニス・センターで毎週8月の最終週から約2週間にわたって開催される。残暑の日差しがきつい季節に行われるので、熱中症対策は万全に。

ヒノキ舞台ともいえる会場を見学するツアーが10～7月にかけて行われている（$25、4～15歳$12）。また、大会期間中以外であれば、一般の人でも施設内のテニスコートを使用できる。→P. 452

USTAナショナル・テニス・センターで開催される

観戦歴17年の私が、USオープン観戦攻略法を教えます！

①いつ観戦に行く？
できれば初日がおすすめ。初日のナイトセッションは、オープニングセレモニーがあり、過去には大物ミュージシャンが登場している。決勝はチケットも入手しにくいので、帰国後、現地の余韻を引きずりながらテレビ観戦をするのがツウ!?

②会場で何を買う？
大会ロゴ入の帽子、それも白系がおすすめ。日射病を防ぐだけでなく、選手からサインをもらうのに役立つ。

③何を食べ、何を飲む？
残念ながら会場内での食事は、総じておいしくないし高い。最寄りの駅近にもコンビニはなし。なので、飲み物（ペットボトル持ち込みOK）と一緒に、ベーグルやバナナ（おすすめ）など観戦しながら食べやすいものを持ち込もう。とはいえ、大会のオフィシャルドリンク「Grey Gooseのレモネードカクテル」（21歳以上）だけはマスト！これは最高においしくて美しいし、グラスはすてきなおみやげになる。

④事前にアプリをダウンロード
「US OPEN」のアプリがあればチケット購入時の手数料が安価なうえ、アプリがチケットになり、試合日程やコート割り、練習コートまでがわかる。お目当ての選手の試合がなくても練習コートに行けば、間近で見られるうえに、サインをもらえることも！　（加藤拓也）

帽子には錦織選手のサイン

USオープンテニス観戦時の注意　観戦席は日陰部分が少ない。昼間の観戦は高温になる。日焼けや日射病にならないよう、飲み物、帽子やサングラスなどを持っていくのがおすすめ。

スポーツをしよう

NYには手軽に利用できるスポーツ施設がけっこうある。早朝セントラルパークでニューヨーカーに交じってジョギングしたり、スポーツセンターへ行ってみよう。

ランニング

Running

マンハッタン内にこれといったコースはないのだが、ミッドタウンから走るのなら、西側の7番街かコロンバス・サークルからセントラルパークに入って、北のシープ・メドウ沿いに進めば、あとは自分の体力と時間で調節すればいい。セントラルパークの東側からなら、映画のロケなどにもたびたび登場する貯水池1周（2.5km）が有名なジョギングコース。

ひとりで黙々と走るなんてと思っている人には「ニューヨーク・ロード・ランナーズNew York Road Runners」の週末レースがおすすめ。ほぼ毎週日曜セントラルパークで約6kmからハーフマラソンのレースがあり、誰でも参加できる。

ニューヨーク・ロード・ランナーズ

別MAP P.17-C2
住 320 W. 57th St. (bet. 8th & 9th Aves.)
地下鉄 A B C D 1 2 59 St-Columbus Circleより徒歩約2分
Free (1-855) 569-6977
料 年会費$40。メンバーになれば多くのレースへの参加費が割引となる。レースごとにオリジナルTシャツ（冬は長袖）がもらえる。ゼッケンをつけてタイムも計ってもらえるし、ウオーターステーションもあり、なかなか本格的なマラソン気分が味わえる。
URL www.nyrr.org

一度は参加したいニューヨーク・シティ・マラソン

毎年、11月第1日曜に開催されるニューヨーク・シティ・マラソン。記録更新を目指して走る世界のトップレベルのランナーから、車椅子やそのほかのハンディキャップランナー、初めてマラソンに挑戦する人まで、走りたい人にチャンスが与えられるのが、ニューヨーク・シティ・マラソンのいいところ。防寒用に使い捨てのゴミ袋を体にまとっている人、自由の女神の冠をつけている人、動物愛護を訴えてサイのぬいぐるみを着て走る人など、みんな思いおもいにマラソンを楽しんでいる。コースはニューヨークの5つの区、スタテンアイランド、ブルックリン、クイーンズ、マンハッタン、ブロンクスすべてを通る。

このマラソンは多くのボランティアに支えられている。地元の小学生がウオーターステーションで水を配り、ブラスバンドは沿道で演奏。エイドステーションで働くのは、地域のドクターや医学生だ。

●ニューヨーク・シティ・マラソン
料 エントリー料$295（非会員）など
カード A D J M V
URL www.nyrr.org/tcsnycmarathon
※参加資格18歳以上（レース当日）。申し込みは、ウェブサイトから。参加者は抽選で選ばれる。2024年度は11月3日に開催予定。

一度は参加してみたい
Photo：Julienne Schaer

♥NYC RUNS　ニューヨーク市を中心にしたランニングイベントを開催。ブルックリン・ハーフ・マラソンをはじめ、1年を通してさまざまなレースがあるのでチェックを。URL nycruns.com

アイススケート

Ice Skating

ニューヨークでアイススケートが楽しめるおもなスポットは、ロックフェラー・センター・アイススケート・リンク、セントラルパーク内のウールマン・リンク、ミッドタウンのブライアントパークなど。冬の休日ともなると家族連れで大にぎわいだ。冬期以外なら、チェルシー・ピアのスカイ・リンク。屋内なので天候も関係なく、大きな窓から見えるハドソン・リバーも美しい。またスケート教室やさまざまなスケートのイベントも行われる。どこもスケート靴はレンタルできるので、滑って転んでも大丈夫な服を着ていけば気軽に楽しめる。

テニス

Tennis

野外のパブリックコートは4～11月にオープン。旅行者が手軽にプレイできるコートなら、セントラルパークがおすすめ。ただし、プレイするにはNYC Parks発行の許可書「Tennis Permit」が必要で（$15）、公式ウェブサイトなどで取得可。コートに使用料がかかるなど、そのほかルールあり。また、いくつかの野外コートは市が管理しているので、シーズンパス、またはシングルチケットがないと利用できない。

室内テニスコートは、ほとんどが会員制スポーツクラブの中にあるので、メンバーの人と一緒に行ってゲストとして入るしかない。クイーンズにはUSオープンで有名なUSTAナショナル・テニス・センターのテニスコートがあり、コートが空いていれば一般でもプレイできる。

リンク・アット・ロックフェラー・センター
別MAP P.35-C1
営11月初旬～4月中旬 9:00～23:00　料大人$21～73、12歳以下$21～73、レンタル靴$11

ウールマン・リンク
別MAP P.17-D1
営2023年10月28日～2024年3月15日 10:00～、月・火～14:30、水・木～21:00、金・土～22:00、日～21:00
料大人$15～37、12歳以下$10、レンタルスケート$11
URL www.wollmanrinknyc.com

チェルシー・ピア
別MAP P.8-A1

セントラルパーク・テニスコート
別MAP P.25-C・D3
URL www.nycgovparks.org/permits/tennis-permits/apply

USTAナショナル・テニス・センター ➡P.450
料インドア$40～80／1時間、アウトドア$40／1時間

NYで流行のロッククライミングを体験しよう！

クイーンズにある「ザ・クリフス」は、世界トップレベルのクライマーたちも通う話題のスポット。上級者はもちろん、初心者、女性や子供でも楽しめる多彩なコースがある。シューズレンタルもあるので運動できる格好をして行けばOK。室内なので天候も関係なし。レベルに応じたクラスも開催。

The Cliffs at LIC　別MAP P.46-A3
住11-11 44th Dr.（bet. 11th & 21st Sts.）　地下鉄 E M Court Sq-23 St
☎(1-718) 729-7625　営月～金7:00～23:00、土・日9:00～22:00　料1日パス$34など。シューズレンタル$7　※顔写真付きIDの提示が必要
URL lic.thecliffsclimbing.com

クライミングとボルダリングが体験できる

冬限定スケートリンク　42丁目にあるブライアントパーク（→P.78）では、期間限定（10月下旬～3月上旬）で無料スケートリンクがオープンする。シューズなどの貸し出し（$15～50）もあり。

サイクリング
Biking

NYでもシェアバイクShare Bike（自転車は英語でバイク）が拡大。ステーションから自転車を借り出し30分以内にステーションに戻せば1日何度乗っても無料という「シティバイクCitiBike」がある。マンハッタンやブルックリンといったNY市だけでなく、ニュージャージーにもステーションがあり、とても便利。16歳以上なら誰でも利用できる。

乗る際は、自転車専用道を走るか、ない場合は車道を走らなければならないので十分注意したい。なお、荷物カゴにカギはなく、サドルが高いので身長の低い人には乗りにくいかも。シティバイクのほかにも自転車でセントラルパーク内を走るツアーや、ブルックリンのピザやスイーツ店、ヒストリックエリアを巡るツアーなどがある。

シティバイク
➡P.58

セントラルパーク・バイクツアーズ
料$45〜
☎(1-201) 220-5588
URL www.biketourscentralpark.com

ブルックリン・バイクツアー
料$89〜
☎(1-917) 251-3549
URL brooklynbiketours.com

ビーチ
Beach

マンハッタン近郊には、気軽に行けるビーチがいくつかある。初夏になると、ニューヨーカーたちはビーチへ出かけ、のんびり日光浴している。8月中旬ともなると水温が下がるためかシーズンオフになる。

コニーアイランド　Coney Island

マンハッタンから地下鉄で50分くらいで行けるお手軽ビーチ。海はあまりきれいではないので、みんな日光浴に来る。

遊園地やスタジアムのあるビーチ、コニーアイランド

ロング・ビーチ　Long Beach

マンハッタンから同じ約1時間かけるなら、コニーアイランドより白い砂浜の広がるこのビーチが絶対おすすめ。ビーチの近くは住宅街なので、駅前のデリで飲み物などの買い物は済ませておこう。静かに本を読んだり、家族で来ている人が多い。

ジョーンズ・ビーチ　Jones Beach

広くて美しい砂浜が広がるビーチ。設備も充実していて清潔なので、本格的に海を楽しみたい人や子供連れに最適。

コニーアイランド
➡P.151

ロング・ビーチ
列車 PEN（別MAP P.13-C3）からロングアイランド・レイルロードでLong Beach Branch行きに乗り終点のLong Beach駅下車。徒歩10分。所要約60分。電車はほぼ1時間おき
料ピーク時$14.50、オフピーク時$10.75

ジョーンズ・ビーチ
列車 PEN（別MAP P.13-C3）からロングアイランド・レイルロードのBabylon行きに乗りFreeport駅下車。所要約45分。フリーポートからはNICE88のバス（夏期のみ運行）かタクシー（約$32）でビーチへ
料ピーク時$14.50、オフピーク時$10.75＋バス$2.90

※PENはペンシルバニア・ステーションの略

♥**Rockaway Beach**　地下鉄とバスでも行けるが、NYCフェリー（→P.56）のほうが便利。Wall St.から約60分で$4。フェリー乗り場から徒歩約10分でボードウオークのビーチが広がる。

Dance L

ニューヨークでダンスレッスン

プロやアマチュアを問わず、踊りたい人にとってニューヨークはダンスのメッカ。入会金もなく、レッスン料も安くて、気軽に行けるダンスのオープンスタジオがいくつもあるので、ぜひ体験してみよう。

きらびやかな衣装、歌とダンスとドラマチックなストーリー。こうしたショーへの夢を抱いて生き続けるダンサーはニューヨークに数えきれないほどいるという。華やかなステージの陰には、サクセスストーリーを夢みる人々のレッスンに明け暮れる人生がある。このふたつが織りなすエネルギーがニューヨークのダンススタジオにはあふれている。

どんなダンスが学べるのか

ジャズ
モダン
（ホートン・テクニック、グラハム・テクニック）
バレエ
タップ
シアターダンス
ヒップホップ
コンテンポラリー
アフリカンダンス／カポエラ

レベルによるクラスの種類

Basic	▶ベーシック	▶初心者向け、基礎の基礎を教えるクラス
Beg（Beginner）	▶ビギナー	▶初級者向け
Adv/Beg（Advanced Beginner）	▶アドバンスビギナー	▶初中級。少し難しい初級クラス
Slow/Int（Slow Intermediate）	▶スローインターミディエイト	▶初中級。やさしめの中級クラス
Int（Intermediate）	▶インターミディエイト	▶中級
Adv/Int（Advanced Intermediate）	▶アドバンスインターミディエイト	▶中上級
Adv（Advance）	▶アドバンス	▶上級
Pro（Professional）	▶プロフェッショナル	▶プロ。受けるには先生の許可が必要な場合が多い
Open	▶オープン	▶レベルを問わず、誰でも受けられる

※スタジオによっては違う記述をしているところもある。まずは簡単なクラスから受講することをすすめる。

トライアル初回時の注意　レセプションでサインアップ（名前を書いて申し込み）、着替えがあるので20〜30分前には到着していたい。バッグはスタジオ内に持ち込めるが、貴重品などの管理には十分注意を。

essons in NY

PERIDANCE CAPEZIO CENTER
NEW YORK CITY'S PREMIER DANCE CENTER

ダンスに関するQ&A

Q 短期間でも大丈夫？

ニューヨークにはあらゆるジャンルのレッスンを行うオープンスタジオ、クラシックバレエ専門スタジオ、独自のダンススタイルを教えるスタジオなど多数ある。スクールは決まった時間のレッスンになるので、短期滞在者には1回からでもレッスンが受けられる「オープンクラス」がおすすめ。

Q

日本のように、申し込みをして、入会金や月謝を払うというシステム（これはスクール）ではなく、1回$20〜25くらい払えば誰でも受けられるクラスのこと。「いろいろなスタイルを試したい」「自分に合った先生を見つけたい」「ニューヨークでダンスレッスンを受けてみたい」と思っている人にはおすすめだ。

Q 上手な人ばかりなの？

まったくの初心者からプロフェッショナルまでと幅広く、ダンサーを目指している人でなくても誰でも受けられるクラスもある。夕方の初心者・初級者クラスは仕事帰りの人がたくさんいる。

Q どんなダンスが主流なの？

近年はいろいろなダンスのミックス化が進み、一概に「ジャズ」や「モダン」などと分類することが難しくなっている。いってみれば、先生の数だけスタイルがあるわけで、そのなかから自分に合ったものを見つけていくことになる。つまり、ひとつのテクニックを学ぶだけでなく、いろいろなスタイルを身につけることができる。

レッスンを受けるまで

情報誌やウェブサイトでスタジオを調べ、ウェブサイトでスケジュール表をチェック

見学したいなら受付、先生に聞いてみる

- あまりにもレベルの違う生徒には違うクラスを取ることをすすめる先生もいる。できれば一度見学して自分に合ったクラスを取ろう。見学料が必要な場合も。

自分でレベルを決める

- レベルを決定するための試験はない。中級以上のクラスでは、慣れた生徒が多いため、エクササイズの説明はしない先生もいる。
- 英語がわからず、いきなり上級のクラスに行くのは、本人のためにならないだけでなくほかの生徒のじゃまにもなるので注意を。

ダンスレッスン開始

- 貴重品はスタジオ内に持ち込む。

情報の集め方

ダンススタジオやスクールの情報は以下の雑誌を参考にしよう。ニューヨークの大手書店、紀伊國屋、または、カペジオ➡P.301などのダンス用品店などで手に入る。

Dance Magazine URL www.dancemagazine.com
Dance Spirit Magazine URL www.dancespirit.com
『ビレッジ・ボイス』のダンスのページ URL www.villagevoice.com/culture/dance

ダンススタジオ ★初心者からプロまでさまざまなレベルに対応。

ジャズ、タップなどのクラスが豊富

ステップス・オン・ブロードウェイ Steps On Broadway

別MAP P.20-B3 アッパー・ウエスト・サイド

BDC(→下記)と並んでポピュラーなオープンスタジオ。バレエ、タップが豊富。

【ダンスの種類】ジャズ、モダン、バレエ、タップ、シアターダンス、コンテンポラリー、ヒップホップ

住2121 Broadway, 3F (at 74th St.)
地下鉄❶❷❸72 St ☎(1-212) 874-2410
FAX (1-212) 787-2449 料シングルクラス$25、10クラスカード$220(60日間有効)
開毎日(祝日は休みの場合あり)※学生ビザ発行 URL www.stepsnyc.com

以前はBDCの提携スクールだった

バレエ・アーツ Ballet Arts

別MAP P.36-A2 ミッドタウン・ウエスト

以前はBDCの提携スクール。クラスカードはここでしか使えないので注意。

【ダンスの種類】バレエ、シアターダンス、ヒップホップ、ヨガ、ピラティス

住130 W. 56th St., 6F (bet. 6th & 7th Aves.) シティ・センター内 地下鉄ⓃⓆⓇⓌ57 St・7Av
☎(1-212) 582-3350 FAX (1-212) 315-9850
料シングルクラス$22、10クラスカード$205(3ヵ月間有効) 開毎日(祝日は休みの場合あり)※学生ビザ発行 URL www.balart.com
一部のクラスは下記で行われる。住244 W. 54th St., 10F (bet. Broadway & 8th Ave.)

バレエのクラスが充実

ペリーダンス・カペジオ・センター Peridance Capezio Center

別MAP P.10-B2 イースト・ビレッジ

モダンのワークショップも人気。事前登録が必要な場合も。ワークショップは別料金になることもある。

【ダンスの種類】ジャズ、モダン、バレエ、ヒップポップ、サルサ、ヨガ、タップ、武術、コンテンポラリー、アフリカン

ハイクオリティなレッスンが受けられる

ユニオンスクエアから徒歩約4分

住126 E. 13th St. (bet. 3rd & 4th Aves.)
地下鉄❹❺❻ⓃⓆⓇⓌⓁ14 St - Union Sq
☎(1-646) 798-8140 FAX (1-212) 674-2239
料シングルクラス$24、10クラスカード$220(4ヵ月有効) 開毎日(祝日は休みの場合あり)※学生ビザ発行 URL www.peridance.com

オープンスタジオの老舗的存在

ブロードウエイ・ダンス・センター Broadway Dance Center (BDC)

別MAP P.32-B3 ミッドタウン・ウエスト

1984年創立。国内外から多くの講師を迎え、プロのダンサーや振付師を輩出した名門。通称BDC。ジャズとタップのクラスが豊富だ。

【ダンスの種類】ジャズ、バレエ、タップ、シアターダンス、ヒップホップ、アフリカンダンス、コンテンポラリー、ラテン、サルサ、ヨガ、ピラティス

日本人留学生も多数在籍している

住322 W. 45th St., 3F (bet. 8th & 9th Aves.)
地下鉄ⒶⒸⒺ42 St /Port Authority Bus Terminal
☎(1-212) 582-9304 FAX (1-212) 977-2202
料シングルクラス$25、5クラスカード$115(2ヵ月有効)、10クラスカード$200(2ヵ月有効)
開毎日(祝日は休みの場合あり)※学生ビザ発行
URL broadwaydancecenter.com

♥**ダンススタジオのレッスン** 2023年12月現在、多くのダンススタジオが対面に加えてオンラインクラスを提供している。

カンパニーメンバーも受講する!

アルビン・エイリー・アメリカン・ダンス・シアター
The Alvin Ailey American Dance Theater

別MAP P.16-B2 ミッドタウン・ウエスト

さまざまな舞台芸術に影響を与えた振付家、アルビン・エイリー氏が設立したダンスカンパニーのパブリッククラス(Ailey Extension)。プロフェッショナルクラスは大学と提携しており学位が取れる。

【ダンスの種類】ジャズ、ハウス、バレエ、ヒップホップ、サンバ、ズンバ、タップ、コンテンポラリー、ベリーダンス、シアター、アフリカン、ピラティス

住405 W. 55th St.(at 9th Ave.)
地下鉄❶❷ⒶⒸⒷⒹ59 St / Columbus Circle

一流のダンサーたちと一緒にレッスンできる

☎(1-212) 405-9000 FAX(1-212) 405-9001
料シングルクラス$25、初回は$20、5クラスカード$115(1ヵ月有効)、10クラスカード$220(2ヵ月有効)※学生ビザ発行
開毎日 URLwww.alvinailey.org

モダンのメソッドを学ぶ

マース・カニングハム・ダンス・スタジオ
Merce Cunningham Dance Studio

モダンダンスの第一人者マース・カニングハムのスクール。

【ダンスの種類】モダン(カニングハム・テクニック)

現在クラスは基本的に月〜金の10:15〜11:45にMark Morris Dance Center, 住3 Lafayette St., Brooklyn(月、水、金)、Joyce East 10 Street Studios 住287 E. 10th St.(火・木)で行われている。
料シングルクラス$13、10クラスカード$100
開月〜金(祝日は休みの場合あり)
休土・日
URLwww.mercecunningham.org

一流の講師が揃う

マーサ・グラハム・スクール
Martha Graham School

別MAP P.8-B3 グリニッチ・ビレッジ

モダンダンスの大御所、マーサ・グラハムのテクニックを教えるスクールのオープンクラス。

【ダンスの種類】モダン(グラハム・テクニック)

住55 Bethune St., 11F(near Washington St.)
地下鉄ⒶⒸⒺⓁ14 St/8 Av ☎(1-212) 229-9200
料シングルクラス$20、オープンクラスは現在火と木にCreative Cultural Center at St Veronica, 149 Christopher St.で行われている。
開月〜金(祝日は休みの場合あり) 休土・日
※学生ビザ発行 URLmarthagraham.edu/open-classes/

名門バレエ団に併設されたスクール

ジョフリー・バレエ・スクール
Joffrey Ballet School

別MAP P.9-D3 グリニッチ・ビレッジ

ジョフリー・バレエ団の付属学校。常時オープンクラスもあり、初心者からプロまでレベルも多数。

【ダンスの種類】バレエ、ジャズ、ミュージカルシアター、ヒップホップ、コンテンポラリー

住434 6th Ave., 5F(near 10th St.)
地下鉄ⒻⓂⓁ14 St/6 Av Free(1-888) 438-3808
FAX(1-646) 786-4893 料シングルクラス$22、5クラスカード$100(45日有効)、10クラスカード$190(60日有効) 開月〜土(祝日は休みの場合あり) 休日 ※学生ビザ発行 URLwww.joffreyballetschool.com

ワークショップも行われる

ホセ・リモン・ダンス・ファウンデーション
The José Limón Dance Foundation

リモン・ダンス・カンパニーのオフィシャルスクール。毎年ブライアントパークでコミュニティ・クラスあり。

【ダンスの種類】モダン(リモン・テクニック)

オープンクラスは現在以下の3ヵ所またはオンラインで行われている。詳細はウェブで。
①Gibney 住53 Chambers St. ②PMT House at Dance 住28 W. 25th St., 2nd Fl. ③Battery Dance 住380 Broadway, 5th Fl.
※オフィスは以下 住466 W. 152nd St., 2F(bet. Amsterdam & St. Nicholas Aves.)
地下鉄ⒶⒸ155 St ☎(1-212) 777-3353 開月〜金(祝日は休みの場合あり) URLlimon.org

♥**Bikram Yoga** 根強い人気のホットヨガ。日本にもあるチェーンで、NYにも支店多数のビクラム。タオル付きのシングルクラス$35や1週間のウェルカムパッケージ$39(マット、タオル付き)なら旅行者でも手軽。URLbodenyc.com

Essay From a New Yorker

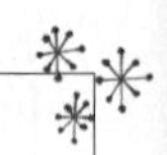

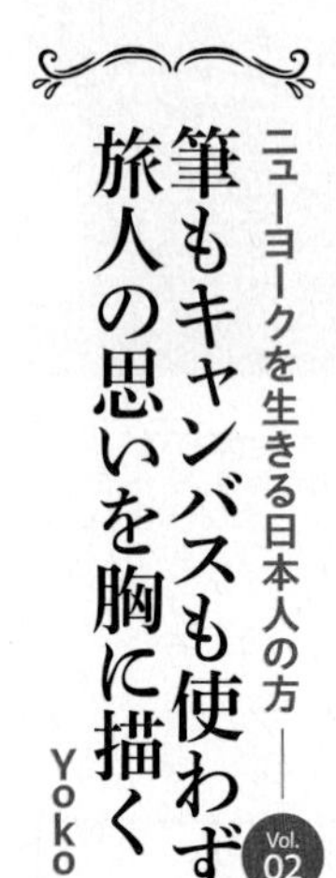

筆もキャンバスも使わず旅人の思いを胸に描く

ニューヨークを生きる日本人の方—— Vol. 02

Yoko M・Kさん

愛猫と愛犬と一緒に暮らす

ニューヨークに住むまで、バックパッカーとしてユーラシア大陸、中東、ヨーロッパ、北アフリカにいたるまで旅をし、それを絵にする生活を10年近く続けた。けれど30歳を目前にして孤独な長旅に疲れてしまい、どこかで基礎から人間を描くことを学びなおそうと学校を探したところ、ニューヨークに美術解剖学と古典技法を同時に学べる大学院があると知った。

ニューヨークにはすべてのアートが集まってくる。今日路上で生まれたばかりのアートも、世界のどこかで消え去ろうとするアートも、そしてそれらを生み出し守ってゆく人々もここに集まって来る。

卒業後すぐに日本に戻る予定だったが、同じ学校で出会った人と結婚。そこで古いタウンハウスを自分たちで改装してアトリエと居住スペースを確保し、おいしい朝食とともに旅人たちが情報交換できる場所を提供しようというアイデアが突然浮かんだ。とりあえず5、6年やったら宿を閉めてまた旅とアートの生活に戻ろうと考え、埃だらけの改装工事現場で夫と寝起きしようやく宿をオープン。しかしわずか2ヵ月後に9/11同時多発テロが起きた。

傷ついた街が再び人々とともに立ち上がる様子を見ながら、「私は今ここにいなければならなかった」という強い気持ちと愛情が生まれた。

宿泊していたすべての旅人が無事に日本へ帰国したあと、彫刻家として修行中だった夫が突然「救命救急医になりたい」と宣言し、医学部に入学することに。そこからひとりで宿を切り盛りする全力疾走の日々が始まった。

さまざまな旅人のお世話をするなかで、自分は絵を描くために旅をしていたのではなく、人と出会うために旅をしていたのだと気がついた。であれば、私はこのニューヨークに集まる旅人と出会おうと思った。彼らのとまどいも興奮も怒りもよろこびも、私を受けて入れてくれたこの街とともに見つめよう。

筆もキャンバスも使わずに、旅人のニューヨークへの思いを胸に描くことが私の仕事であり旅となった。

住まいは赤レンガ造りのタウンハウスが並ぶブルックリン

Yoko M. K さん

旅人・アーティスト・エッセイスト

武蔵野美大在学中よりバックパッカーとしてシルクロードを中心に旅する。1996年ニューヨーク・アカデミー・オブ・アート油絵科入学。1998年芸術修士号取得。2000年結婚、翌年宿を始める。育児、バックパッカーの旅を継続しつつ2019年まで宿を経営。現在は次のプランに向けて準備中。

Travel Information

トラベル・インフォメーション

Photo：Molly Flores

ロマンティックな冬の風物詩

イルミネーションに誘われて

サンクスギビングデイが終わると、
イルミネーションが美しいホリデイシーズンの到来。
冷えた空気に温かい光は、寒くても心がほんわか。
思わずうっとりしてしまう。

ロックフェラー・センター
Rockefeller Center

クリスマスの象徴といえるのがロックフェラー・センターのクリスマスツリー。毎年 11 月下旬から 12 月上旬に行われる点灯式を見るためにたくさんの人が訪れる。イルミネーションは 1 月上旬まで楽しめる。

DATA → P.74

上／ツリーの下にはおなじみのアイススケート・リンク。一度はここで滑ってみたい。右／1933 年から始められた歴史あるイベント。ライトがともるとクリスマス本番だ

下／ユニークなディスプレイが目をひく、サックス・フィフス・アベニュー。　右／真っ赤なリボンでラッピングされたカルティエ

5番街
Fifth Avenue

ビルをまるごとデコレーションしたり、それぞれの個性が際立つこの通りは見逃せない。ウインドーディスプレイはストーリー性や仕掛けがあるものも。必見は、サックス・フィフス、メイシーズ、バーグドルフ。

DATA → P.66

リンカーン・センター
Lincoln Center

リンカーン・センターの広場にもツリーが出現する。オペラハウス、デビッド・ゲフィン・ホール、デビッド・H・コーク・シアターに囲まれた噴水もきらめく。上品で大人っぽいイルミネーションだ。

DATA → P.124

点灯式では音楽やダンスのコンサートがあり、楽しみにしている人も多い。落ち着いた光が冬を彩る

クリスマスツリーと星条旗が一緒になり、周辺の暗闇に浮き上がる。アメリカらしいデコレーションで、意外に穴場だ

ウォール・ストリート
Wall Street

ニューヨーク証券取引所の柱に星条旗を彩ったライトが巻きつけられ、横には大きなクリスマスツリーがきらめく。昼間はビジネスマンが忙しく行き交う慌ただしい場所も、夜は静かで神聖な雰囲気に。

DATA → P.114

リトル・イタリー
Little Italy

メインのマルベリー・ストリートにキリスト教会があるせいか、狭い道にひしめき合うようにリースやサンタの飾りつけがされている。レストランやショップの工夫を凝らしたディスプレイも楽しみたい。

DATA → P.107

イタリア風のイルミネーションが楽しめ、独特な味わい。ノスタルジックな雰囲気だ

あいさつは "Happy Holidays !"

キリスト教だけではなく、いろんな宗教の人が暮らすNYでは、「メリークリスマス」ではなく、「ハッピーホリデイズ」とあいさつしよう！

ホリデイシーズンにしたいこと！

ホリデイマーケットへ行く

クリスマスギフトが並ぶ期間限定のマーケット。こだわりのアイテムを手に入れよう。ユニオンスクエアやグランド・セントラル・ターミナル、ブライアントパークなどで開催。

ホリデイセールへ行く

サンクスギビング後に1年で最大のセールが開催される。クリスマス後はさらに大幅割引に。高級ブランドもセールを行う。

クリスマス限定ショーを観る

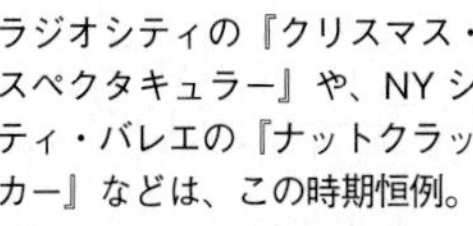

ラジオシティの『クリスマス・スペクタキュラー』や、NYシティ・バレエの『ナットクラッカー』などは、この時期恒例。

ミサに参加する

聖なる夜に厳粛な気分になれるミサに行ってみよう。おすすめは、トリニティ教会（→P.116）やセント・パトリック大聖堂（→P.79）。

ダイカーハイツに行く

ブルックリンにある住宅地。数年前からクリスマスのイルミネーション・スポットとして話題。地下鉄Ⓡ86 St駅下車、徒歩約15分　別MAP P.47-A3

ニューヨークの

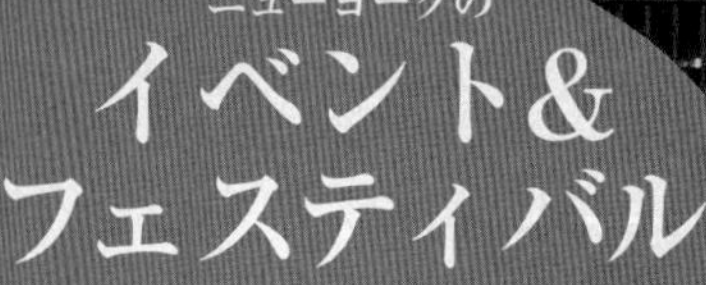

イベント&フェスティバル

日本と同様に四季があるニューヨークでは、
季節折々のイベントやフェスティバルが開催される。
どんどん参加&見学してみたい。
詳しい情報は観光局のサイトでチェック！

URL www.nyctourism.com

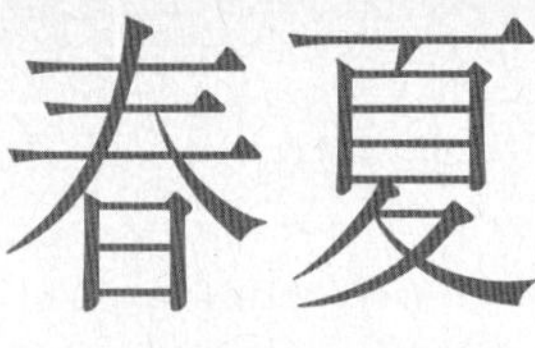

春夏（3〜8月）

セント・パトリック・デイ・パレード St. Patrick's Day Parade

3月17日に開催されるアイルランドのお祭り（3月17日が日曜の場合は土曜に開催）。おもに5番街の44丁目から79丁目までアイリッシュカラーの緑に埋め尽くされる、にぎやかなパレードだ。

URL nycstpatricksparade.org

イースター・パレード Easter Parade

イースターサンデイの10:00から16:00、5番街の49丁目から57丁目の間は華やかなディスプレイで飾られ、数々のイベントが行われる。3月中旬〜4月中旬。

エンパイア・ステート・ビル・ラン・アップ Empire State Building Run-Up

エンパイア・ステート・ビルの1階ロビーから86階の展望デッキまで1576段を駆け上がるという変わったレース。2023年は10月4日に、2024年は10月に開催予定。

URL www.esbnyc.com

9番街インターナショナル・フード・フェスティバル
The 9th Avenue International Food Festival

5月の第3土・日曜の10:00〜18:00、ミッドタウンのヘルズ・キッチンで行われる。
住9th Ave.（from 42nd St. to 57th St.）
URL ninthavenuefoodfestival.com

メトロポリタン・オペラ・サマー・リサイタル・シリーズ
Metropolitan Opera Summer Recital Series

6月になると、メトがセントラルパークをはじめとするNYの公園で20:00から公演を行う。無料。➡P.411
URL www.metopera.org
→searchでSummer Recitalsを入力

インディペンデンス・デイの花火
Independence Day Fireworks

独立記念日の7月4日、川に浮かぶ船から花火が打ち上げられるイベント。打ち上げは21:20頃から。イースト・リバーから打ち上がり、ミッドタウンからイーストビレッジの川沿いとロングアイランド・シティ、ウイリアムズパーク、グリーンポイントの川沿いが人気観賞スポット。クライマックスの時間に自由の女神の前を通るクルーズ船は大人気。

ニューヨーク・フィルハーモニック・イン・ザ・パークス
New York Philharmonic in the Parks

6月中旬から5日間、NY市内5区の公園で20:00から開かれるコンサート（スタテン島は15:00から）。無料。詳細は毎年4月頃発表。➡P.413
URL www.nyphil.org/parks

シェイクスピア・イン・ザ・パーク
Shakespeare in the Park

5月下旬〜6月中旬と7月中旬〜8月中旬、パブリックシアターのシェイクスピア劇がセントラルパークで上演される。無料。当日入場券が必要。➡P.407
住Delacorte Theater, Central Park
URL www.publictheater.org/free-shakespeare-in-the-park

ブロードウエイ・イン・ブライアントパーク
Broadway in Bryant Park

7月の木曜12:30〜13:30に、ミッドタウンのブライアントパークで行われるコンサート。ブロードウエイの数々のヒット曲が楽しめる。無料。
URL bryantpark.org/programs/broadway/-in-bryant-park

便利な観光案内所

パンフレットやクーポンが手に入るので気軽に立ち寄りたい。
URL www.nyctourism.com

オフィシャルNYCインフォメーションセンター
●メイシーズ・ヘラルド・スクエア
MAP P.13-D2
住151 W. 34th St.（bet. 7th Ave. & Broadway）
営10:00〜22:00（日〜21:00）
休 サンクスギビング、12/25

秋冬 (9〜2月)

サン・ジェナーロ祭
Feast of San Gennaro

9月中旬から11日間にわたるリトル・イタリー最大のお祭り。カノーリやソーセージなど200軒以上の屋台が出店するほか、サン・ジェナーロの像をおみこしのように担ぐパレードが行われる。

住 Mulberry St.（bet. Canal & Houston Sts.）
URL www.sangennaro.nyc

グリニッチ・ビレッジ・ハロウィーン・パレード
Greenwich Village Halloween Parade

10月31日に行われる有名なハロウィーン・パレード。19:00〜22:30。6th Ave.をCanal St.から15th St.までパレードする。

URL halloween-nyc.com

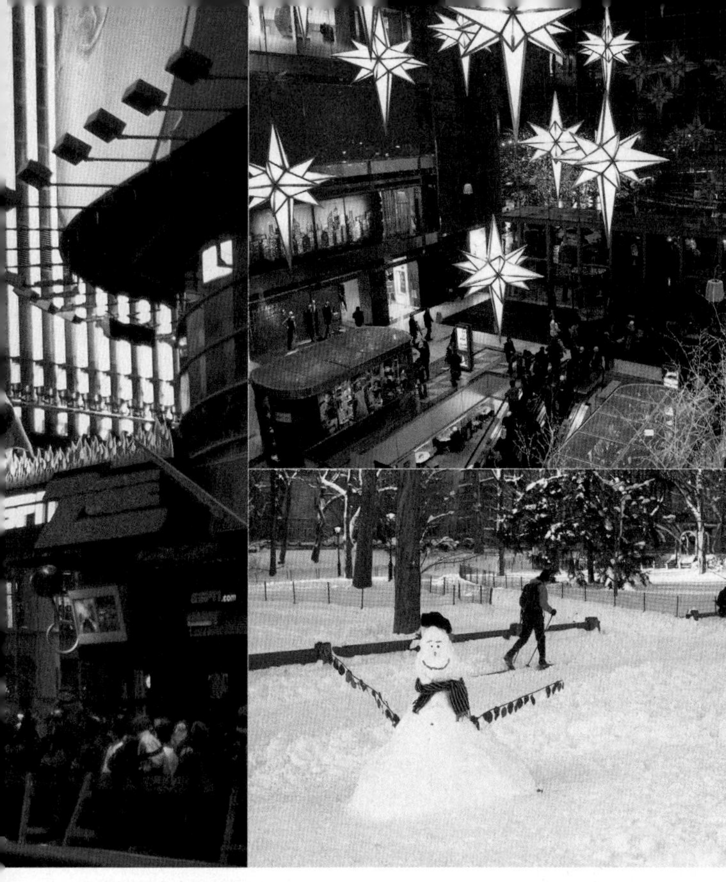

メイシーズ感謝祭パレード
Macy's Thanksgiving Day Parade

数あるパレードのなかでも最大といわれ、11月の第4木曜9:00から開始。さまざまなバルーンが見もので、いよいよ冬到来となるイベント。
住77th St.からCentral Park Westを南下し、59th St.を東へ、その後6th Ave.を南下し、ヘラルドスクエアのメイシーズ（34th St.）まで
URLwww.macys.com/social/parade

ロックフェラー・センターのクリスマスツリー点灯式
Rockefeller Center Lighting of the Giant Christmas Tree

巨大クリスマスツリーがライティングされる人気のイベント。その後は翌年の1月初旬まで毎日5:30〜23:30（最終日は〜21:00）に点灯される。この点灯式が終わると、まさにクリスマスシーズン到来だ。点灯は通常11月下旬。点灯式が始まるのは19:00〜。2024年は12月4日の予定、点灯終了日は未定。
URLwww.rockefellercenter.com/holidays

大みそかのタイムズスクエア・ボール・ドロップ
New Year's Eve Times Square Ball Drop

1904年から開催されている大みそかの伝統行事（ボール・ドロップは1907年から）。タイムズスクエアのビルの屋上から電球をつけたボールが降下すると新年となる。降下するのに60秒かかり、この瞬間は全米に生中継される。
URLwww.timessquarenyc.org

チャイナタウンの旧正月
Lunar New Year Celebration

2024年は2月10日が旧正月。この前後の1週間ほど、チャイナタウンで開催される中国のお正月行事。レストランでは特別メニューを用意し、パレードが行われる日にはドラゴンの踊りや爆竹で街は大騒ぎとなる。
URLexplorechinatown.com

旅のプランニング Planning

ざっくりポイント

- 手配おまかせのパッケージツアーか、自分で行う海外個人旅行（F.I.T.）かを決める。
- F.I.T.なら、まずは稼働率の高いホテルをおさえる。
- 現地入り時間と時差を考え、現地で行動できる日数をはっきりさせる。

アメリカは「ふたり」が基本

支障があるわけではないが、ホテル代が割高になったり、ひとりでは入りにくいレストランが多いくらい。

海外旅行の最新で最大の情報源はここ!

海外旅行最新情報が満載の「地球の歩き方」ホームページ！　ガイドブックの更新情報はもちろん、200ヵ国以上の基本情報、旅行の手続きと準備など、旅に役立つコンテンツ満載。
URL www.arukikata.co.jp

ニューヨークはお金をかけたらかけただけ楽しめる街。予算によっても旅のスタイルが変わってくる。プランを立てるにあたってはシーズンも考慮したい。

プランの立て方

日程は何日か

現地での滞在は正味何日間か。往復の所要時間と時差を考え、現地で行動できる日数をはっきりさせる。

自由旅行かパッケージツアーか

まず初めに、航空券、ホテル、旅程すべてを自分で手配する完全な自由旅行（F.I.T.）か、旅行会社にすべて、もしくは一部の手配をおまかせするパッケージツアーかを決めよう。ニューヨークだけが目的の1週間以内の旅であれば、フリータイムが多いパッケージツアーがお手頃。

目的を決めよう

観光、食事、ショッピング、観劇、スポーツ観戦……と、ニューヨークではしたいことがいっぱい。あわせてフェスティバルやイベントも要チェック。

場所と移動手段を決める

目的地がどこにあるのかを調べ、地下鉄やバスの路線をチェック。ホテルの位置を考えて、回る順番を決める。

■NYの無料情報誌

媒体名	詳細	発行時期	言語
週刊NY生活	ローカルニュース、エンタメを掲載する日本語新聞。	月4回土曜	日本語
デイリー・サン	NYと日本、世界の最新ニュース、スポーツ、芸能情報を掲載。	毎日（デジタルのみ）	日本語
よみタイム	イベント情報、NYのニュースやコラムも充実。	隔週金曜	日本語
NYジャピオン	現地生活者向けだが、グルメなど旅行者も活用しやすい。	毎週金曜	日本語
ニューヨークビズ！	政治、経済などを中心にカルチャーや娯楽までカバー。	毎週木曜	日本語
am New York Metro	ニュース、政治、エンタメ、ダイニングなど。	毎日	英語
Time Out	世界の主要都市で最先端のカルチャーを発信する。	毎日（デジタルのみ）	英語

※日本語の情報誌は、日系書店、日本食レストランなどで手に入る。最近はデジタルでも読める。

■テレビの情報も活用しよう

番組名	詳細
CBS Morning	CBS局。司会はガイル・キングら3人。月～金曜7:00～9:00、土曜9:00～11:00、日曜9:00～10:30
Today	NBC局。ロックフェラー・センターから生放送。月～金曜7:00～11:00、土曜～8:30
Good Morning America	ABC局。タイムズスクエアから生放送。月～土曜7:00～9:00、日曜～8:00
Spectrum News NY1	NY5区のニュースを24時間放送。画面左下に出る地域と時刻、気温（華氏）が便利。

旅のシーズン Seasons

日本と同様に、四季折々さまざまなイベントのあるニューヨーク。シーズンは7～9月。料金は1～2月が安いが、雪など悪天候の日もある。

※料金の目安。ホテルは中級の場合。航空券は燃油サーチャージ除く

■ベストシーズンをCheck!

¥ ～15万円前後　¥¥ 約15～25万円　¥¥¥ 約25万円～
● 1泊＄160前後　●● 約＄200～350　●●● 約＄300～

月	1	2	3	4	5	6	7	8	9	10	11	12
航空券の料金	正月以降から値が下がる	引き続き下旬まで格安	下旬より上がり始め割高になる	ゴールデンウイークに上がる	ゴールデンウイーク以降下旬までは安い	下旬から7月上旬は割安	夏休みに入り徐々に値上がり	ピークの時期	8月下旬から9月末までは比較的安い	9月に比べ少々割高	10月に比べ少々割安	中旬から下旬は1年中で最も割高
上旬／中旬／下旬	¥¥／¥¥／¥¥	¥¥／¥¥／¥¥	¥¥／¥¥／¥¥	¥¥／¥¥／¥¥¥	¥¥／¥¥／¥¥	¥¥／¥¥／¥¥	¥¥／¥¥／¥¥¥	¥¥¥／¥¥¥／¥¥	¥¥／¥¥／¥¥	¥¥／¥¥／¥¥	¥¥／¥¥／¥¥	¥¥／¥¥¥／¥¥¥
ホテルの料金			イースター休暇	←春のコンベンション→		←夏休み→			←秋のコンベンション→		サンクスギビング休暇	クリスマス休暇
上旬／中旬／下旬	●●／●／●	●／●／●●	●●／●●／●●	●●●／●●●／●●●	●●●／●●●／●●●	●●●／●●●／●●●	●●／●●／●●	●●／●●／●●	●●●／●●●／●●●	●●●／●●●／●●●	●●●／●●●／●●●	●●●／●●●／●●●
月平均気温(約)	1.2℃	2.2℃	5.9℃	11.8℃	17.4℃	22.7℃	26℃	25.2℃	21.4℃	15.1℃	9.3℃	4.3℃

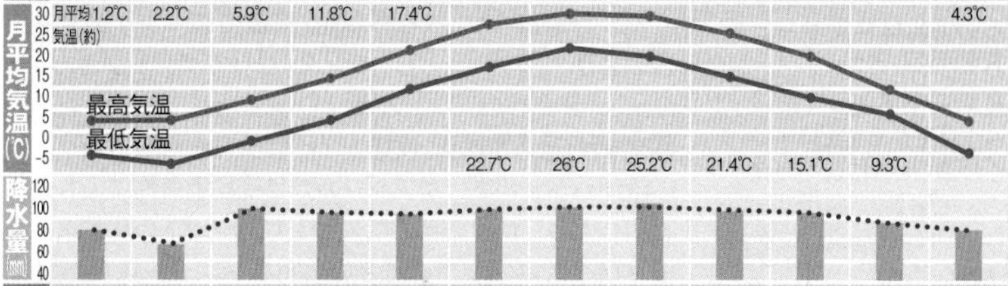

エンターテインメント
- MLB（4月～10月）
- メトロポリタン・オペラ（1月～5月、10月～12月）
- シティ・バレエ（1月～2月、4月～6月、12月）
- ニューヨーク・フィル（1月～5月、10月～12月）

NYをもっと楽しむために

　本誌『地球の歩き方ニューヨーク編』の編集者が、ガイドブックでは紹介できなかったエピソードやこだわり情報を、かわいいイラストとともにエッセイとして書き下ろしています。
　初心者からハードリピーターまで、『地球の歩き方』の取材を通して出合った大好きな場所やものをご紹介。「ニューヨークってやっぱりいいな」「行きたいな」と思えるような、おすすめのTO DOがめいっぱい詰め込まれています。ニューヨーク旅行へのきっかけやヒントになること間違いなしです。
　全国の書店、各書籍通販サイトで発売中。ぜひあわせてご覧ください。

『100 NEW YORK-MY BEST 地球の歩き方編集者が選んだニューヨークで本当にしたい100のこと』なかにしなおこ著（1600円+税）

♥ホテル選びは慎重に　料金が高い宿はロケーションもよく、従業員も親切で、客室も清潔。サービスや快適さは宿泊費に比例する。安い宿に泊まるなら、サービスや清潔さなどは期待しないように。

旅の持ち物 Packing

ニューヨークだけの滞在なら、あれば便利かなと悩むようなものは思いきって持っていかないほうがいい。たいていのものは現地調達でまかなえる。

パッキングの際の注意

薬は普段使用しているものを

ほとんどのものは現地調達できるが、薬だけは日頃飲み慣れたものを持っていこう。医薬分業のアメリカでは、市販の頭痛薬や風邪薬などを除いては、医師の処方せんがなければ薬が買えない。

スーツケースにはカギをかけない

現在、アメリカの国際線、国内線とも、受託手荷物を施錠しないよう求められている。高価なものや貴重品を入れないのはもちろん、心配な人はスーツケースにベルトをしたり、TSAロック（→欄外参照）搭載のスーツケースを使用しよう。

機内持ち込み制限に注意

液体、ジェル類、エアゾール類は受託手荷物に入れること。ただし、個々の容器に入れた100mℓ以下の化粧水、歯磨き粉などはジッパー付きの透明なビニール袋（容量1ℓ以下、縦横合計40cm以内）に入れ、手荷物とは別に検査を受ければ、ひと袋にかぎり機内に持ち込める（日本発の国際線全線とアメリカの国内線全線対象）。また、小型のライター（トーチライターを除く）は機内持ち込みにかぎり、1個なら可。万能ナイフは受託手荷物に入れること。

詳しくは URL www.mlit.go.jp/koku/15_bf_000006.html

受託手荷物について

2023年12月現在、国際線（北米線）エコノミークラスの場合、無料で預けられる荷物は1～2個まで（航空会社、クラスによって異なる）、1個の荷物につき23kg以内、3辺の和の合計が157cm以内とされている場合が多い（日本航空は203cm以内）。また、アメリカの国内線において、エコノミークラスの場合は2個まで預けられるが、1個目から有料（$30～50）としている。詳細は利用航空会社に確認をしておこう。

重い荷物は宅配サービスを利用しよう

事前に電話をしておけば、自宅まで集配に来てくれる（地域により出発の2～3日前）。帰国時は空港内の取扱窓口で手続きをする。
◎ABC空港宅配サービス
無料 0120-919-120
（成田、羽田、関空共通）
◎ヤマト運輸
無料 0120-01-9625
（固定電話）
☎0570-200-000
（スマートフォン、携帯電話）

携行品チェックリスト

品名	必要度	チェック
パスポート	◎	
パスポートのコピー	○	
ESTA渡航認証のコピー	◎	
航空券（eチケットの控え）	◎	
海外専用プリペイドカード	○	
現金（USドル）	○	
現金（日本円）	◎	
クレジットカード	◎	
海外旅行保険証	◎	
国外（国際）運転免許証	△	
国際学生証	△	

品名	必要度	チェック
下着／くつ下	◎	
上着	○	
Tシャツ類	◎	
セーター／トレーナー	○	
帽子／サングラス	○	
雨具	○	
サンダル／スリッパ	△	
洗面・入浴用品	◎	
タオル	△	
パジャマ	△	
マスク	○	

品名	必要度	チェック
エコバッグ	○	
化粧品	○	
日焼け止め／リップクリーム	◎	
医薬品類	◎	
洗剤	△	
筆記用具	○	
ポリ袋／チャック付きポリ袋	△	
カメラ／スマートフォン	○	
モバイルバッテリー	○	
ガイドブック	○	
顔写真（2～3枚）	△	

◎＝どの旅行者にも必要　○＝一般的に必要度が高いもの
△＝あると便利なもの、または人によって必要なもの

♥**TSAロック**　アメリカ運輸保安庁TSAによって認可・容認されたカギで、特殊なツールを使用して開錠・検査できる。TSAロックでも破壊開錠されることもあるので、心配ならカギをかけないこと。

ニューヨークの気候と服装

ニューヨークにも四季があるが、日本に比べて春と秋が短く、夏と冬が長いのが特徴。降水量は1年をとおして月平均90mm程度。雨は8月が最も多く、2月が最も乾燥する。旅行のベストシーズンは5月〜6月中旬と9月中旬〜10月となり、宿泊料金もこの頃が高い。また、ニューヨークは日本の青森と同じ緯度。青森の気候を参考に服装を考えるとよい。なお、アメリカは1日の寒暖の差が大きい。

春　3月はまだかなり寒く、5月上旬にはもう夏の日差しが照りつけてくる。冬服も夏服も必要。

夏　7・8月は通常70〜85°F（26〜30℃）くらいだが、もっと暑くなることも。湿気は意外に多い。街歩きならTシャツに短パンでOK。サングラスも必携だ。

秋　10月上旬から11月上旬は、インディアンサマーと呼ばれる心地よい日和の日も多く、Tシャツで歩けるほど。ただし、朝夕は日本の秋よりは寒いので、厚手の上着かコートを。

冬　12月から2月は、大雪も降るのでブーツや防水靴が必要。外出時には帽子、手袋など必ず用意しよう。とはいえ、ホテルやビル内は暖房が効き過ぎて、厚着では汗ばむほど。薄手と厚手の上着の組み合わせで、上手に温度調節を。

ざっくりポイント

- 夏は暑いが冷房対策のはおり物は忘れずに。サングラスは必携。
- 冬は防寒具を忘れずに。建物内は暖房が強いので重ね着で調整を。
- スーツケースはTSAロック搭載のものを。またはカギをかけない。

冷暖房に注意

アメリカは日本に比べて冷暖房がかなり効いている。日本人なら、アメリカの強い冷房は寒いと感じるほど。特に、劇場や美術館、博物館、空港などは真夏でも上着は必需品。冬は、室内だと暑いくらいのこともあるが、外は−10℃ということもあるので、重ね着で調節しよう。

摂氏（℃）↔華氏（°F）の対比表

➡P.10

冬でもサングラス＆日焼け止めが必要な日も　冬でも日差しが強い日もある。夏と同じく紫外線対策をしておきたい。ダウンコートは必須。

旅の予算とお金 Travel Expenses

ざっくりポイント

- 宿泊費がとにかく高い！ 東京の2倍からと考えよう。
- 外貨（USドル）は日本で両替を。
- クレジットカードは必携。できれば違う会社のもの2枚があると安心。

●航空券の手配
➡P.476

航空券／日本発着の直行便の往復運賃の目安
※2023年11月現在
●日本～ニューヨーク(JFK)
26万5000～49万5000円。エコノミークラス、燃油サーチャージを含む。航空会社やシーズンにより異なる。

航空会社
(日)＝日本語表示あり
アメリカン航空
URL www.americanairlines.jp(日)
全日空
URL www.ana.co.jp(日)
デルタ航空
URL ja.delta.com(日)
日本航空
URL www.jal.co.jp(日)
ユナイテッド航空
URL www.united.com/ja/jp(日)

2023年11月27日現在の為替交換レート
$1.00=149.45円
最新の為替レートは「地球の歩き方」ウェブサイトで確認することができる。
URL www.arukikata.co.jp/rate

旅の内容により支出する金額も異なる。ここでは、目安になる費用を項目別に紹介。準備する外貨は現金を最低限にして、クレジットカードやプリペイドカードなどを上手に利用しよう。

観光にかかるお金

宿泊費

ニューヨークの宿泊費は全米一高く、値段はサービスと治安に比例する。また、同じホテルでも、オンシーズンの夏や秋、週末やクリスマス前後、コンベンションやスポーツイベント開催時などは料金がはね上がる。1泊の宿泊費の目安は、ユースホステル5000円～、エコノミーホテル2万円～、中級ホテル2万8000円～、高級ホテル5万円～くらいだ。

交通費

空港からの交通費を除けば、観光でかかる交通費は、地下鉄やバスがそれぞれ＄2.90（1回券＄3.25）、タクシーは初乗り＄3～、観光バスは＄60～。地下鉄とバスに関しては、乗り放題のパス（7日券＄34）がおすすめ。

食費

フードコートやデリで量り売りのお総菜や作りたてのサンドイッチも買えるが意外に高くつく。基本的には、ランチ＄30～、ディナー＄50～といったところ。高級レストランでのディナーは、アルコールも含めてひとり＄100～は覚悟を。タックスやチップも加わるので、日本より割高感がある。

アトラクション費

旅の目的によって、大きく違ってくるのがこの費用。博物館や美術館は無料～＄30、ミュージカル鑑賞は＄50～700、ライブハウスやナイトクラブは＄25～で、特にスポーツ観戦は、ときとして正規の10倍くらいの値段になる。

外貨の両替

アメリカの通貨単位はドル（＄）とセント（¢）で、＄1.00＝100¢。一般に流通しているのは、紙幣が＄1、＄5、＄10、＄20の4種類。コインは1¢（通称＝ペニーPenny）、5¢（ニッケルNickel）、10¢（ダイムDime）、25¢（クオーターQuarter）の4種類。

♥ATMで現金を引き出す操作手順 ①クレジットカードの磁気部分をスリット ②ENTER YOUR PIN＝PIN（暗証番号）を入力 ③希望する取引を選択。WITHDRAWALかGET CASH＝引き出しを指定➡

持っていく現金の目安は、交通費と飲食代程度の日本円、現地ではチップなどの経費＄100くらい。アメリカでは小額の支払いもクレジットカードがほとんど使える。

外貨両替は日本の国際空港内の銀行などでも取り扱っている。日本出発前に準備できなくても、ニューヨークの国際空港の到着ロビーの両替所で現金化すればよい。

クレジットカード

クレジットカードはアメリカ社会において、所有者の経済的信用を保証するものとして欠かせない存在だ。

日本で加入できる国際カードは、アメリカン・エキスプレスAmerican Express、ダイナースDiners、ジェーシービーJCB、マスターカードMasterCard、ビザVISAなどがあり、銀行や信販会社でも提携しているところがある。利用できないこともあるので、緊急時を考えると複数のクレジットカードを持っておきたい。

ほとんどの店やレストランで利用できるが、まれに店によっては最低の利用金額を定めているところもある。会計時にカードを渡したあと、金額などを確認のうえ、署名欄にサインをすればよい。端末機にクレジットカードのチップ部分を読み込ませPIN（暗証番号）を入力する方法が増えている。

また最近ではサインレスのお店も多い。PIN（暗証番号）が不明な場合は、出発2週間くらい前までにカード発行金融機関にて確認を。利用控えの受領を忘れずに。

デビットカード

使用方法はクレジットカードと同様だが、代金の支払いは後払いではなく発行金融機関の預金口座から原則即時引き落としとなり、利用は基本的に口座の残高の範囲にかぎられる。JCBデビットやVISAデビットがあり、ATMで現地通貨も引き出せる。手数料がかかるものもある。

海外専用プリペイドカード

海外専用プリペイドカードは、外貨両替の手間や不安を解消する便利なカード。多くの通貨で国内での外貨両替よりレートがよく、カード作成時に審査がない（本人確認とマイナンバー申告は必要）。

出発前にコンビニATMなどで円をチャージし（預金）、その範囲内で渡航先のATMで現地通貨が引き出せる。各種手数料が別途かかるが、使い過ぎや多額の現金を持ち歩く不安もない。右欄外のようなカードが発行されている。

NYでは非接触対応クレジットカードが主流

NYでは、非接触対応のクレジットカード（))))が目印）が便利。入手しておきたい。詳しくはカード会社に問い合わせを。そして持ち運びには注意を。

クレジットカードは複数用意しよう

機械が壊れている、スキャンできない等の理由で利用できないことがある。カードを複数用意するなどの準備を。

カード払いは通貨とレートに注意

カード払いをしたとき、現地通貨でなく日本円で決済されていることがある。合法だが、ちゃっかり店側に有利な為替レートになっていたりするので注意したい。サイン前に通貨と為替レートを確認すること。勝手に決済されたときは、帰国後でも発行金融機関に相談を。

●クレジットカードをなくしたら

➡P.489

デビットカード

URL www.arukikata.co.jp/web/article/item/3000231

海外専用プリペイドカードのおもな発行会社

2023年12月現在

●アプラス発行
「MoneyT Global マネーティーグローバル」
URL www.aplus.co.jp/prepaidcard/moneytg/

●トラベレックスジャパン発行
「Travelex Money Card トラベレックスマネーカード」
URL www.travelex.co.jp/travel-money-card

➡ ④取引口座はクレジットカードはCREDIT、デビットカードはSAVINGSを指定　⑤引き出す金額を入力するか、表示された金額から、希望額に近い金額を選択　⑥現金とRECEIPTを受け取る

出発までの手続き Preparation

ざっくりポイント

- まずはパスポートの取得を。持っている人は有効期間の確認を。
- 90日以内の観光滞在ならビザ不要。ただし、ESTA (→P.474) による渡航認証が必要。
- ESTA(エスタ)はインターネットで申請を。有効期間は2年間。
- 海外旅行保険に加入しておこう。

パスポートの有効期限の確認を

アメリカの場合、パスポートの残存有効期間は入国時に90日以上あることが望ましい。

パスポートに関する注意

国際民間航空機関(ICAO)の決定により、2015年11月25日以降は機械読取式でない旅券(パスポート)は原則使用不可となっている。日本ではすでにすべての旅券が機械読取式に置き換えられたが、機械読取式でも2014年3月19日以前に旅券の身分事項に変更のあった人は、ICチップに反映されていない。渡航先によっては国際標準外と判断される可能性もあるので注意が必要。

●外務省による関連通達

URL www.mofa.go.jp/mofaj/ca/pss/page3_001066.html

●パスポートをなくしたら

➡P.489

パスポート(旅券)は、日本国民であることを証明する国際的な身分証明書。これがなければ日本を出国できず、常に携帯しなければならない。

パスポートの取得

一般旅券と呼ばれるパスポートの種類は、有効期限が5年(紺)のものと10年(赤)のものとがある。発行手数料は5年用(12歳以上)が1万1000円、5年用(12歳未満)6000円、10年用が1万6000円で、期間内なら何回でも渡航可能。なお、18歳未満の場合は5年用しか申請できない。

パスポートの申請から受領まで

申請手続きは、オンライン申請が始まったが、従来どおり住民登録をしている居住地の各都道府県の旅券課やパスポートセンターで必要書類を提出して手続きができる。パスポートは指定された受領日以降に、申請時に渡された受領書を持って受け取りに行く。必ず本人が出向かなければならない。申請から受領まで約1週間。都道府県庁所在地以外の支庁などで申請した場合は約2週間かかることもある。

パスポート申請に必要な書類

①**一般旅券発給申請書(1通)** 用紙は各都道府県庁の旅券課にあるが、オンライン申請もできる。18歳未満の場合は親権者のサインが必要。

②**戸籍謄本(1通)** ※6ヵ月以内に発行されたもの。

③**住民票の写し(1通)** ※住基ネット導入エリアに住む人は不要。住民登録していない都道府県で申請する人は必要。

④**顔写真(1枚)** ※6ヵ月以内に撮影されたもの。サイズは縦4.5cm×横3.5cm(あごから頭まで3.4±0.2cm)、背景無地、無帽、正面向き、上半身。スナップ写真不可。白黒でもカラーでも可。また、パスポート紛失時などの予備用に2～3枚焼き増しをして旅行時に持っていくといい。

⑤**申請者が本人に間違いないことを確認する書類** パスポート、運転免許証、個人番号カード(マイナンバーカード)など、官公庁発行の写真付き身分証明書ならひとつ。健康保険証、年金手帳、社員証や学生証(これらの証明書類は写真が貼ってあるもののみ有効)などならふたつ必要。窓口で提示する。

⑥**有効のパスポート** パスポートを以前に取得した人は、返納のうえ、失効手続きを行う。希望すれば、無効となったパスポートを返却してくれる。

♥パスポートの姓 航空券とパスポートは同じ名前でなくてはいけない。結婚で姓が変わった人などは注意しよう。パスポートの記載事項に変更があった場合は、申請の手続きを。詳しくは外務省HPなどで。

ビザ(査証)の取得

ビザ(査証)とは、国が発行するその国への入国許可証のことであり、アメリカ合衆国では、観光ビザ、留学ビザ、移民ビザなどの種類がある。90日以内の観光・商用が目的の渡航であれば、日米両国間のビザ免除プログラムによりビザを取得する必要はない。ビザなしで渡米する場合、電子渡航認証システム(ESTA)による渡航認証を取得する必要がある➡P.474。

滞在が90日以内でもビザが必要なケース

日本から第三国へ渡航したあと、アメリカへ入国する場合は、ビザが必要となることもある。予定のある人は必ず、航空会社、旅行会社、アメリカ大使館・領事館に問い合わせること。ただし、直接アメリカに入国後カナダ、メキシコに陸路で出国、再び戻ってくるといった場合は、その合計が90日以内ならビザは不要。

取得しておくと便利な証書類

国外(国際)運転免許証

アメリカでレンタカーを借りる予定の人には必要不可欠。自分の運転免許証を発行した都道府県の免許センターに出向いて申請する。短時間で発給されるが、国内免許の残存有効期間が短い、免停中、違反の罰金が未払いなどの場合には、発給されないこともある。

レンタカー会社によっては日本で運転免許証の翻訳フォームを有料で作成するサービスを行っている。

なお、現地でレンタカーを利用する際は、国外(国際)運転免許証のほかに、日本の免許証も持っていくこと。

ユースホステル会員証

世界的なネットワークをもつユースホステルは、原則として会員制。ひと部屋に2段ベッドが4〜6つ入っているドミトリー形式。バス、トイレは共同だ。手続きは全国各地にある日本ユースホステル協会の窓口かオンラインで。年会費は成人パス(19歳以上)2500円(継続2000円)。なお、ニューヨークではホステリング・インターナショナル・ニューヨーク・シティのみがオフィシャルで、ほかは私営。

国際学生証(ISICカード)

通称International-Student ID。これを提示することで博物館や乗り物などが割引になる場合がある。簡単な身分証明書としても便利だ。現在取得できるのはバーチャルISICカードとなり、取得はオンライン、支払いはPayPal決済のみ。個人情報と各自の写真、写真入り学生証のスキャンが必要。

ビザの申請

申請には面接(予約制)が必要。面接後、基本的に10〜14日間でビザが発給されるが、場合により4〜6週間要する。詳細はウェブで。
URL www.ustraveldocs.com/ja/nonimmigrant-visa

ビザに関する質問はビザ申請サービス・コールセンター

☎050-5533-2737(日本)、米国在住者は☎(703) 520-2233へ。または、eメール、ライブチャット、Skypeで受け付けている。通信料は利用者負担。

アメリカ大使館

住 〒107-8420
東京都港区赤坂 1-10-5
☎03-3224-5000(代表)
URL jp.usembassy.gov/ja

18歳未満のアメリカ入国時の注意

両親に引率されていない子供が入国する場合は、子供の片親や親、法的保護者の同意書(英文)が要求される可能性がある。
URL jp.usembassy.gov/ja/child-traveling-with-one-parent-or-someone-ja/

国外運転免許証の申請

運転免許証、パスポート、顔写真1枚(縦4.5×横3.5cm)、以前取得したことがあれば国外運転免許証が必要。手数料2350円。有効期間1年。

日本ユースホステル協会

URL www.jyh.or.jp

国際学生証(ISICカード)

URL isicjapan.jp
料 バーチャルカード 2200円

♥ビザ免除プログラムで入国できないケース 2011年3月以降、イラン、イラク、北朝鮮、スーダン、シリア、リビア、ソマリア、イエメンに渡航、滞在したことがある人(例外あり)。該当する場合は、非移民ビザの申請が必要。

ESTA申請前の用意

・パスポート
・クレジットカード
・アメリカ滞在先の住所と電話番号、勤務先情報など

ESTAの代金決済

カード A D J M V　JCBとダイナースクラブは、カード情報の入力時、プルダウン・メニューでDiscover Cardを選択し、JCBまたはダイナースクラブの情報を入力する。Paypalでの支払いも可能。

ESTA(エスタ)の取得

ビザ免除プログラム ➡P.473を利用し、ビザなしで飛行機や船でアメリカへ渡航・通過(経由)する場合、インターネットでESTAによる渡航認証を取得する必要がある。一度ESTAの認証を受けると2年間有効で、米国への渡航は何度でも可能。なお、最終的な入国許可は、初めの入国地において入国審査官が行う。

アメリカへの渡航が決まったら、早めにESTAによる渡航認証を申請・取得しよう(出国の3日以上前までに取得を)。登録料は＄21。支払いはクレジットカード、もしくはデビットカードのみ。原則2年間有効だが、パスポートが期限切れや記載事項変更となったら取得し直すこと。

●ESTAの申請手引き

❶URL esta.cbp.dhs.gov にアクセス

トップページ右上から日本語を選択し、最初の画面から、「新規に申請を作成する」をクリックし次に「個人による申請」、または「グループによる申請」をクリック。セキュリティに関する通告の画面が表示され「確認して続行」をクリック。

●ESTA認証期間中の更新や状況確認をしたい人は、「既存の申請を続行する」をクリック。

❷免責事項

免責事項の画面が表示される。内容をよく読み、問題がなければ、「はい」を選択し、Travel Promotion Act of 2009も同様に選択し、「次へ」をクリック。

❸パスポートのアップロードと申請書の記入

スマートフォンなどからパスポートの顔写真とパスポート番号などのあるページをスキャンして、アップロードする。申請書はすべてローマ字の大文字で入力する。また「*」印のある項目は必ず入力すること。入力したデータは申請途中で保存して終了もできる。その際申請番号がメールに送られるが7日以内に申請を終了しなければ、削除される。

●申請者／パスポート情報、別の市民権・国籍、電子メールアドレスを、確認を含め2度入力し「次へ」をクリックすると、しばらくして「電子メールの確認」が表示される。先ほど入力した電子メールにコードが送られるから「コードを送る」をクリック。送られてきた4桁のコードを入力し「コードを送信する」をクリック。

●別称や他国からのパスポート発給、自分の住所や電話番号、ソーシャルメディア（オプション）GEメンバーシップ、両親（存命か否かにかかわらず）、勤務先情報を順次入力し、「次へ」をクリック。

●渡航情報としてアメリカでの連絡先の住所と電話番号（滞在先のホテル可）、米国滞在中の住所（自由選択）、緊急先情報（日米どちらも可）を入力。

●適格性についての1)～9)の各質問には「はい」、「いいえ」を選択する。

●権利の放棄として「権利の放棄」と「申請内容に関する証明」の内容を読み、☑チェックを入れる。

❹申請内容の確認

入力が正しくない場合は、赤字でエラーメッセージが出る。修正したいところがあれば右上の「申請内容の内容を変更する」をクリックして修正する。もう一度しっかり確認して「確認して続行」をクリック。間違ったことを入力すると大使館などで面接をする可能性が出るので慎重に。すべての項目の確認終了後、もう一度パスポート番号、国籍、名前、生年月日を入力して「次へ」をクリック。

❺申請番号が発行される

申請番号は必ず書き留めるか印刷すること。申請番号は、今後更新または状況確認をするときに必要だ。免責事項を読み、☑チェックを入れ、「今すぐ支払う」をクリックする。

❻支払い

支払い方法を選択。「クレジットカードで支払う」を選び、「続行」をクリック。

オンライン支払いフォームに進む。ここではクレジットカード名義人、請求書送付先の住所、カードの種類、番号、有効期限を正確に入力する。「続行」をクリックする。

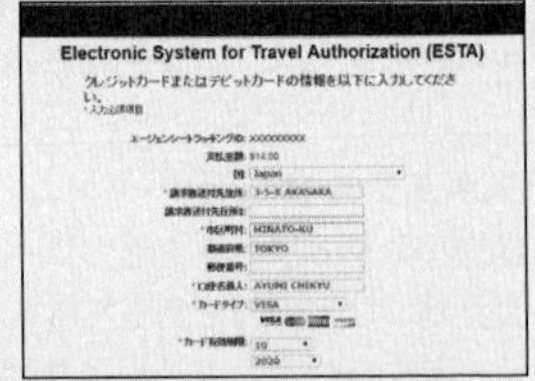

❼申請状況の表示と承認の確認

従来は支払いが終わると即時回答がされていたが、現在は72時間以内に判明されるようになった。画面の申請状況の項に「認証は保留中です」と表示され、そして「終了」。

承認されたか確認するために、❶のURL esta.cbp.dhs.govに再度アクセス。「既存の申請を続行する」、「個人による申請」、を続けてクリック。次の画面でパスポート番号、生年月日、申請番号を入力して「申請の検索」をクリック。氏名、生年月日、申請番号、有効期限、申請した内容などが記載された「認証は承認されました」が表示されれば、ビザ免除プログラムでの渡航が許可されたことになる。このページを印刷し、渡航時に携帯することをすすめる。承認されず「渡航認証拒否」となった場合、アメリカ大使館（→P.473側注）でビザの申請が必要。

♥ESTA申請の注意点　アメリカ政府無認可の第三者が独自のウェブサイトを設け、ESTAについての情報の提供や、旅行者に代わってESTAの申請をするとして料金を請求することがあるので注意。アメリカ大使館・領事館のESTA申請ページには、申請の仕方が動画で紹介されている。

URL jp.usembassy.gov/ja/visas-ja/esta-information-ja/

海外旅行保険に加入

海外旅行保険とは、旅行中の病気やけがの医療費、盗難に遭った際の補償、あるいは自分のミスで他人の物を破損した際の補償などをカバーするもの。アメリカの医療費は非常に高く、犯罪の発生率も決して低いとはいえない。また、金銭的な補償が得られるということだけでなく、緊急時に保険会社のもつ支援体制が使えることはたいへん心強い。万一のことを考えると、保険なしで旅行するのはかなり危ないことだ。

保険に加入する、しないは当然本人の意思によるが、保険料は旅行全体の費用からみれば、ごくわずかな出費にすぎないため、入っておいたほうがいい。

また、各クレジットカードには、取得すると自動的に海外旅行保険が付帯されるサービスがあるが、「疾病死亡」が補償されない、補償金額が不足したため実際には自己負担金が多かったなどのケースがあるので、必ず補償内容を確認しておこう。

海外旅行保険の種類

海外旅行保険は、必ず加入しなければならない基本契約と、加入者が自由に選べる特約に分かれている。

例えば、ある保険会社では、旅行中の傷害（けが）や病気の治療に対して支払われる保険金は「治療費用」という項目にまとめられ、これが保険の基本補償になる。そのほかに特約として、①傷害死亡・後遺障害　②疾病死亡　③賠償責任（旅先で他人にけがをさせたり、ホテルや店で物品を破損した場合の補償）　④携行品損害（自分の持ち物を紛失・破損した場合の補償）　⑤航空機寄託手荷物遅延費用（航空機に預けた荷物の到着が遅れ、身の回りのものを購入する費用など）　⑥救援者費用などがある。

これらの項目をセットにしたものとそれぞれにかけるものがあり、旅行日数に応じて保険金のランクだけを選べばよい。なお、旅行中に感染症を発症した場合、多くの海外旅行保険では追加料金はかからないが、隔離費用や補償の対象日数や時間に関して注意書きがあるので、よく確認すること。

保険を扱っているところ

損保ジャパン、東京海上日動、AIG損保、三井住友海上など10社以上の損害保険会社が取り扱っている。大手の場合、現地連絡事務所、日本語救急サービスなど付帯サービスも充実し、オンラインで簡単に申し込めるようになった。空港にも保険会社のカウンターがあるので、出発直前でも加入できるが、海外旅行保険は日本国内の空港と自宅の往復にも適用されるので、早めの加入が望ましい。

自分が入る保険を理解する

保険が適用にならない場合や、保険金の請求の際、必要な証明書などの注意が書いてある。契約時に受け取る証書と、契約のしおりの約款には必ず目をとおしておくこと。

保険金請求について

保険の約款は非常に細かく決められている。いちばん起こりやすいトラブルは、持ち物に関するもの。携行品損害では、持ち物を盗まれたり、破損した場合、購入時期などから判断した時価が支払われる。ただし、現金、クレジットカードなどは適用外。支払いには、地元警察などへの届け出と被害報告書の作成、保険会社の現地や日本国内のオフィスへの連絡などの条件がある。

マンハッタンの医療費は高額

マンハッタンは同じニューヨーク市でもほかのエリアの2～3倍で、入院しただけで1日約2000～3000ドルの請求を受ける。急性虫垂炎で入院・手術（1日入院）を受けた場合、1万ドル以上の請求があった。※ニューヨーク総領事館ウェブサイトより

「地球の歩き方」ホームページで海外旅行保険について知ろう

「地球の歩き方」ホームページでは海外旅行保険情報を紹介している。保険のタイプや加入方法の参考に。

URL www.arukikata.co.jp/web/article/item/3000681/

現地銀行ATMは手数料に注意　利用料は$1.50～4.00。こまめに引き出すと手数料がかさむが、多額の現金を持ち歩くのもすすめない。クレジットカード併用で。

航空券の手配 Tickets

2023年11月現在、ニューヨークへのノンストップ便を運航しているのは、全日空(NH)、日本航空(JL)、ユナイテッド航空(UA)の計3社。

ざっくりポイント

- 日本からニューヨークへの直行便は3社が運航(2023年12月現在)。
- 羽田か成田からの出発で、JFK空港か、ニューアーク空港に到着になる。
- 長く滞在したいなら、午前便を選びたい。

航空会社の日本国内の連絡先

●全日空
☎0570-029-333
●日本航空
☎0570-025-031
●ユナイテッド航空
☎(03) 6732-5011

普通(ノーマル)運賃について

旅行会社や航空会社のカウンターで、いつでも、同じ条件で買うことができる航空券。種類はファーストクラス、ビジネスクラス、プレミアムエコノミー、エコノミークラスの4つに分かれる。

格安航空券やツアー、ホテルの手配がオンラインで可能

PEX航空券がいつでも手配できる『アルキカタ・ドット・コム』。オプショナルツアー、レンタカーの手配も可能。
URL www.arukikata.com

航空券の種類

日本からニューヨークへの直行便は日本を出発して、ニューヨークに同じ日のほぼ同時刻に着くものが多い。夕方の便であれば到着した日はすぐに夜となり、その日は観光がほとんどできない。もし1時間でも多くニューヨークに滞在して観光をしたいのなら、羽田空港午前発の全日空便か日本航空便をすすめる。

正規割引運賃(ペックスPEX運賃)

航空会社が独自に設定している割引運賃。普通運賃と比べ、他社便への振り替えができない、予約後すぐの引き落とし、予約の変更不可、キャンセルなどに手数料がかかるなどの制約があるが、最大のメリットはピーク時の航空券確保にある。なお、いわゆる格安航空券は、アメリカ路線においてはペックス運賃との料金差がないため、実質上、ペックス運賃がメインで流通している。

eチケットについて

各航空会社とも「eチケット」と呼ばれるシステムを導入している。利用者が携帯するのは予約完了後にeメールで届くeチケットの控え。eチケット控えを紛失しても本人確認が取れれば再発行は可能だ。また、入国審査の際に出国便の予約証明が必要な場合、eチケット控えがないと入国できないこともあるので注意。

燃油サーチャージ

航空運賃や税金のほかに「燃油サーチャージ」といって燃料費が加算される。時期や航空会社によって状況が異なるので、航空券購入時に確認を。

ニューヨーク直行便リスト

2023年12月現在

都市名	出発地	日本発 便名	出発曜日	出発(日本)	到着(NY)
ニューヨーク(ジョン・F・ケネディ空港)	羽田	NH 110 ／共同 UA 7910	毎日	11:30	10:25
		JL 6 ／共同 AA 8403	毎日	11:05	9:50
		JL 4 ／共同 AA8496	毎日	19:45	18:30
		NH160 ／共同 UA7924	毎日	22:55	21:35
ニューヨーク(ニューアーク空港)	羽田	UA130 ／共同 7544	毎日	18:25	17:15
	成田	UA 78/ 共同 NH 6452	毎日	17:40	16:15

航空会社の略号 AA：アメリカン航空、JL：日本航空、NH：全日空、UA：ユナイテッド航空
※コロナ感染症の影響で、毎日運航されていない便もあるので注意を

国際観光旅客税 日本からの出国には、1回につき1000円の国際観光旅客税がかかる。原則として支払いは航空券代に上乗せされる。

出入国の手続き Immigration Control

空港へは、国際線なら、チェックインに時間を要するのと、急なスケジュール変更もあるので出発時刻の3時間前までに着きたい。早めの到着を心がけよう。

日本を出国する　空港到着から搭乗まで

①搭乗手続き（チェックイン）

空港での搭乗手続きをチェックイン（Check-in）といい、手続きは通常、航空会社のカウンター、または自動チェックイン機で行う。タッチパネルの操作をガイダンスに従って行うと搭乗券と荷物タグが出力されるので、自分で荷物にタグをつけて航空会社の荷物預けBaggage Dropカウンターへ。その際パスポートの確認がある。現在ではほとんどセルフチェックインで手続きを行う。

②手荷物検査（セキュリティチェック）

保安検査を受ける前に搭乗券の読み取りが行われるのでパスポートと一緒に用意をしておこう。次に機内に持ち込む手荷物のX線検査と金属探知機による身体検査を受ける。ノートPCなどの大型電子機器、ジッパー付きビニール袋に入れた液体・ジェル類はかばんから出して、また、ベルトなどの身につけている金属類、上着、靴も脱いでX線検査を受ける。そして、自分は検査用のゲートをくぐる。液体入りペットボトルはここで没収される。

③税関での申告

高価な外国製品を持って出国する場合、「外国製品の持出し届」に記入をして申告する。これを怠ると、帰国時に国外で購入したものとみなされ、課税対象になることもある。

④出国審査

近年、顔認証ゲートでの出入国が進んでいる。パスポートを読み込ませ、正面のハーフミラーに顔を向けるだけ。パスポートにスタンプが欲しい場合は、ミラーゲートを通ったところに専用のカウンターがある。

⑤搭乗

自分のフライトが出るゲートへ向かう。途中、免税店や売店があるので、みやげ物やペットボトル飲料などを買うのもいい。搭乗案内は出発時刻の約30分前から。エコノミークラスはグループ分けされ、搭乗券に書かれたグループごとに案内がある。搭乗ゲートでは搭乗券のほか、パスポートの提示を求められることがある。

ESTAを忘れずに!

ビザなしで渡航する場合は、出発の3日以上前にインターネットを通じて渡航認証を受けることが必要➡P.474。必ず事前に認証を取得し、取得番号の表示された画面を印刷して携行を。この番号を確認する航空会社もある。認証を取得しないと入国が拒否されて強制送還となる。

空港の略号3文字コード

●成田国際空港　NRT
●東京国際空港（羽田空港）　HND
●関西国際空港　KIX
●ジョン・F・ケネディ国際空港　JFK
●ニューアーク国際空港　EWR
●ラガーディア空港　LGA

質問の答え方

●渡航目的が観光は“Sightseeing”、仕事は“Business”。
●滞在日数は、5日なら“Five days”、1週間ならば“One week”。
入国審査は簡単な英語だが、わからなければ通訳Interpreter（インタープリター）を頼もう。
●滞在先のホテルの住所を尋ねられるのでホテル情報を用意しておこう。

❤機内預けの荷物は施錠しない　現在、アメリカ線は機内に預ける荷物に施錠をしないように求められている。心配な人はスーツケースにベルトを装着するか、TSAロック機能のスーツケースを使用しよう。

●セルフチェックインの仕方

現在、航空券はeチケットが主流で、セルフチェックイン機を利用して以下のように手続きを行う。航空会社によって多少手順は異なる。

❶空港の出発フロアにあるチェックインカウンターへ
Departure（出発）フロアに行くと、各航空会社のカウンターにテレビ画面のようなパネルのセルフチェックイン機が設置されている。わからない場合は近くのスタッフに聞いてみよう。

❷画面の言語を選ぶ
アメリカの空港なら英語になるが、日本に乗り入れている航空会社なら日本語対応の機能が備わっている。画面上の「日本語」をタッチして次へ。

❸パスポートを読み込ませる
チェックインには、本人確認のため、パスポートや航空会社のメンバーズカードを読み取らせる必要がある。パスポートは顔写真があるページの数字が並ぶ部分を下に向けてスキャンさせる。

❹情報を入力する
搭乗するフライトと自分の名前などのデータが表示されるので、内容を確認のうえ「続行」をタッチ。滞在先の住所（ホテル）、座席の選択や席のアップグレードなどいくつかの質問があり回答を入力する。また、事前にウェブなどでこれらの情報を入力しておけば、ここで表示されるので確認をする。

❺受託手荷物の個数を入力
スーツケースなど預け入れする荷物がある場合、その個数を入力。座席の変更などを行う場合は、オプションから該当メニューを選択する。

❻搭乗券を受け取る
画面上に搭乗時刻とゲート番号が表示されるので確認をする。機械の下部から搭乗券と荷物タグが出てくる。タグは自分で荷物につける。近年米国の国内線ではモバイル搭乗券が普及しており、出発前にモバイル表示できる。

❼荷物を預ける
チェックインで手続きを済ませたら、Bag Dropへ行き、搭乗券とパスポートを見せて、タグをつけた受託手荷物を預ける。手続きを終えたら搭乗ゲートへ。
なお、乗り継ぎがある場合、預けた荷物がどこで受け取れるのか必ずチェックイン時に聞いておこう（基本的にアメリカ到着時の最初の空港）。目的地や到着時間によっては、乗継地で再度預けなければいけない場合もある。

空港にあるセルフチェックインのカウンター

2023年12月現在、アメリカ入国に必要な書類
●ESTAまたは有効なビザ
できれば海外旅行傷害保険にも加入したい。
●ESTAの取得の手順については「地球の歩き方ホームページ」にも詳しく解説されている。
URL www.arukikata.co.jp/esta

入国審査場ではあいさつから
審査官の前に進んだら、“Hello”、“Hi”、“Good morning” と、まずはあいさつをしよう。審査終了後も “Thank you” のひと言を忘れずに。

●空港で荷物が出てこないとき ➡P.489

アメリカに入国する

アメリカ国内で乗り継ぎがあっても、必ず最初の到着地で入国審査を行う。例えば、日本からデトロイトを経由して目的地のニューヨークへ向かうなら、デトロイトの空港で入国審査を受けることになる。到着前に、機内で配られる税関申告書を記入しておこう。

アメリカ入国審査から税関申告まで

①入国審査

飛行機から降りたら “Immigration” の案内に沿って入国審査場に向かう。アメリカ国籍者（U.S.Citizen）、それ以外の国のふたつに分かれている。自分の順番が来たら審査官のいる窓口へ進み、あいさつをしたあとパスポートと税関申告書を提出する。念のためESTAの申請番号とeチケットの控え、ホテル予約書なども用意しておこう。ここで、米国に入国するすべての人を対象に、スキャン装置による両手指の指紋採取（一部空港）とデジタルカメラによる顔写真の撮影が行われる。渡航目的や滞在日数、滞在先、仕事など、いくつか質問され、入国が認められれば、審査は終了。

♥コピー商品の購入は厳禁！ 旅行先では、有名ブランドのデザインやキャラクターなどを模倣した偽ブランド品や、ゲーム、音楽ソフトを違法に複製した「コピー商品」を絶対に購入しないように。空港の税関で没収されるだけでなく、場合によっては損害賠償請求を受けることも。

②荷物をピックアップする

入国審査が完了したら、バゲージクレームBaggage Claimへ。自分のフライトをモニターで確認して、荷物の出てくるターンテーブルCarouselへ行き、荷物を受け取る。預けた荷物が出てこない、スーツケースが破損していたなどのクレームは、その場で航空会社に申し出ること。

③税関検査

税関でチェックされるのは、持ち込み数量に制限がある酒、たばこの持ち込みで、制限を超える場合は課税の対象。税関申告書を提出して入国に関する手続きは終了となる。

税関申告書記入例　（表）　（裏）

U.S. Customs and Border Protection

税関申告書

1 姓(家族) ❶CHIKYU
名(ファーストネーム) ❷AYUMI　ミドルネーム
2 誕生年月日 ❸月 1 2　日 1 5　西暦年 7 2
3 渡航に同行している家族の人数 ❹0
4 (a) 米国における滞在・居住先の住所（番地と通り）（ホテルの名称・訪問先）
❺THE PLAZA
(b) 市 ❻NEW YORK CITY　(c) 州 ❼NY
5 旅券発行国 ❽JAPAN
6 旅券番号 ❾MR1234567
7 居住国 ❿JAPAN
8 今回渡米に先立って訪れた国・国々 ⓫
9 航空会社・便名もしくは船舶名 ⓬NH10
10 今回の渡米の主要目的はビジネスです：⓭ はい　いいえ✓
11 私(私達)は、以下の物品を所持しています：
(a) 果物類、野菜類、植物類、種類、食物、昆虫類　はい　いいえ✓
(b) 肉類、動物、動物/野生生物製品　はい　いいえ✓
(c) 病原体、細胞培養、巻貝類　はい　いいえ✓
(d) 土壌、あるいは、私(私達)は、農場・牧場・放牧地にいました　はい　いいえ✓
12 私(私達)は、家畜の近くにいました：　はい　いいえ✓
13 私(私達)は、現在通貨、または、金融商品にして、10,000ドル以上の米ドル、または、それに相当する外国通貨を所持しています　はい　いいえ✓
14 私(私達)は、市販用商品を所持しています：　はい　いいえ✓
15 米国居住者―市販用商品を含め、海外で購入、あるいは取得した物品の総額
訪問者―米国に残していく物品の総額 ⓮ $ 20.00

署名 ×⓯ 地球歩　⓰1/14/24 日付(月/日/年)

CBP Form 6059B (04/14) Japanese

米国税関・国境警備局は皆様の訪米を歓迎いたします。

重要な情報

所有品目の明細
⓱HANDKERCHIEF　20.00
⓲総額　20.00

CBP Form 6059B (04/14) Japanese

アメリカを出国する

2023年4月末より、帰国に際してCOVID-19の陰性証明書は不要となった。まずはどの交通手段で空港へ向かうかを考え、場合によっては予約を入れよう。荷物が大きい、重いならUberやLyftの配車サービスが便利で、予約もできる。

空港には、出発の3時間前までに着くように心がけたい。航空会社によりターミナルが異なる場合があるので、前もって確認をすること。2023年12月現在、航空機による出国の場合、審査場で出国スタンプを押してもらう手続きは行われていない。チェックイン終了後、利用航空会社の荷物カウンターで、受託手荷物とパスポートを提示すればOK。あとはX線のセキュリティチェックを済ませ、搭乗ゲートへ。

アメリカ入国時の持ち込み制限

通貨は無制限だが、現金1万ドル以上は要申告。酒類は、21歳以上で個人消費する場合は1ℓ、おみやげは＄100相当まで無税。たばこは200本（または、葉巻100本まで）まで無税。

❶姓（名字）　❷名前　❸生年月日（月/日/年：西暦の下2ケタ）　❹同行している家族の人数　❺滞在先（ホテルや友人宅）の名称　❻滞在先の市　❼滞在先の州（2文字の略語）　❽パスポート発行国　❾パスポート番号　❿居住国　⓫米国到着前に訪問した国。なければ無記入　⓬米国に渡航するのに使った航空会社（2文字の略語）とフライト番号　⓭質問の回答にチェック　⓮おみやげなど米国に残る物の金額（私物は含まれない）　⓯パスポートと同じサイン　⓰米国到着日（月/日/年：西暦の下2ケタ）　⓱課税対象がある場合は、品目と金額を記入　⓲その合計金額

Visit Japan Web

日本入国時の「税関申告」をウェブで行うことができるサービス。必要な情報を登録することでスピーディに入国できる。
URL vjw-lp.digital.go.jp
登録に必要なもの
◎パスポート
◎航空券
◎メールアドレス

肉類、肉加工品に注意

アメリカ（ハワイ、グアム、サイパン含む）、カナダで販売されているビーフジャーキーなどの肉加工品は、日本への持ち込み不可。免税店などで販売されているもの、検疫済みシールが添付されているものも、日本への持ち込みは不可。
URL www.maff.go.jp/aqs

♥**税関申告書**　2023年12月現在、申告をするものがない場合、ニューヨークをはじめ、ロスアンゼルスなどのアメリカの多くの空港で、税関申告書の提出は不要。ただし、空港によっては必要であったり、予告なく変更になる場合もある。

入国の流れを解説（指紋採取・顔写真撮影）

初めてアメリカに入国するすべての人を対象に、インクを使わないスキャン装置による指紋採取と、デジタル写真の撮影が行われている。各都市の空港・海港・陸路国境における入国審査場において実施の有無が異なるが、ほとんどのところで実施されていると考えておこう。当初は左右人さし指だけの指紋採取だったが、現在は両手指の指紋採取が一般的だ。

アメリカ到着時

入国管理システムの流れ

1 到着ゲートから“Arrival”の案内表示に従って入国審査“Immigration”へ進む。日本人は外国人専用レーンに並ぶ（場合により職員の指示で別のレーンに案内される場合もある）。

2 自分の順番がきたら職員の質問に答え指紋採取と写真撮影を。

3 入国審査終了後、荷物のピックアップ場所“Baggage Claim”で預けた荷物をピックアップ。

4 税関に申告する必要のある人もない人も、税関“Custom”で税関申告書を提出。

5 国内線へ乗り継ぎする人は乗り継ぎカウンターで再び荷物を預け、出発ゲートへ向かう。

6 市内への各交通機関は、ターミナル内に併設する地下鉄などの駅以外は、ターミナルの外にある。出口を出たら案内表示に従って進めばよい。

入国審査時に顔写真を撮る
©Department of Homeland Security, US-VISIT

現在は両手指の指紋をスキャンすることが多い
©Department of Homeland Security, US-VISIT

パスポートの検査、質問
（滞在目的、日数など）

➡

指紋のスキャン、デジタル
カメラによる顔写真の撮影

➡

バゲージクレームへ

NY旅行に役立つアプリ

NY旅行に不可欠なのがスマートフォン。あると便利だったり、アプリでの支払いを指定されることもあるので、事前にダウンロードと登録をしておこう。

Google Maps（日本語）
地下鉄やバスのリアルタイム運行もわかる。NYで活躍大。

Google翻訳（日本語）
カメラ入力もできるので、複雑な料理名にも役立つ。

LINE
無料電話やメッセージ送受信可能。国際電話を使わなくていいのがよい。

Citymapper（英語）
地下鉄やバスだけでなくフェリーや徒歩などにも対応する乗り換え案内。

Uber（日本語）
タップするだけでタクシー＆ハイヤーが呼べる（→P.52）。

NYC Ferry（英語）
NYCフェリー（→P.56）に乗車の際、チケットも購入できる。

♥**ZIPコード（米国の郵便番号）** クレジットカードでメトロカードを買う際に入力が必要。米国以外で発行されたクレジットカードなら5桁の番号なら何でもOK。

日本に入国する

飛行機到着後の検疫はアメリカからの帰国者は基本的に素通りでいい。次に顔認証ゲートを通り、バゲージクレームで荷物のピックアップを。ターンテーブルで受託手荷物を受け取ったら、税関のカウンターへ。Visit Japan Webで税関申告を済ませていれば、ここでQRコードを税関のスキャナーに読み込ませればOK。済ませていないなら、ターンテーブル近くに用意されている「携帯品・別送品申告書」に記入する。海外で購入した物品が免税範囲内なら緑、超えている場合は赤の検査台へ行き、検査を受ける。

携帯品・別送品申告書記入例

(表)

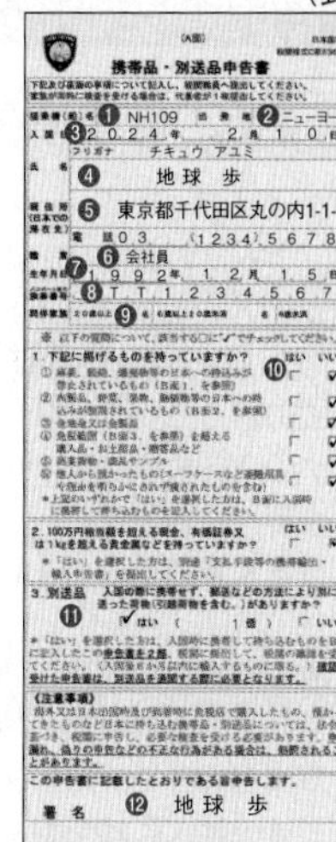

(裏)

※入国時に携帯して持ち込むものについて、下記の表に記入してください。（A面の1. 及び3. ですべて「いいえ」を選択した方は記入する必要はありません。）

酒類			本
たばこ	紙巻		本
	加熱式		箱
	葉巻		本
	その他		グラム
香水			オンス

その他の品名	数量	価格
⓭ ハンドバッグ	1	$600.00

1. 日本への持込みが禁止されている主なもの

2. 日本への持込みが制限されている主なもの

3. 免税範囲（一人あたり。乗組員を除く。）

❶利用航空会社とフライト番号（航空会社は2文字の略語で） ❷出発地 ❸入国日 ❹氏名 ❺住所と電話番号 ❻職業 ❼生年月日❽パスポート番号 ❾同伴家族の人数 ❿質問の回答にチェック ⓫別送品についてのチェックと数 ⓬署名 ⓭入国時に携帯して持ち込む物の品目と金額を記入

携帯品・別送品申告書について

海外からの別送品がある場合は「携帯品・別送品申告書」を2通提出し、このうちの1通に税関が確認印を押して返してくれる。この申告書は、別送品を受け取る際も必要になるため大切に保管しよう。帰国後に別送品の申告はできない。

別送品の申告を怠ると

別送品の申請をしなかったり、確認印入りの申請書をなくした場合は、一般の貿易貨物と同様の輸入手続きが必要になるので要注意。

日本へ持ち込んではいけない物

●覚せい剤、大麻などの不正薬物　●銃砲、銃砲弾、けん銃部品　●わいせつ雑誌やDVD、児童ポルノなど　●偽ブランド品などの知的財産を侵害するもの　●規制対象の動植物　●ソーセージ、ビーフジャーキーなどの牛肉加工品。免税店の販売商品、検疫済みシール添付のものでも不可。　※輸出入禁止・規制品についての詳細は
税関URL www.customs.go.jp

日本入国時の免税範囲（成年者ひとり当たり）

2023年12月現在

	品目		数量または価格	備考
1	酒類		3本	1本760mℓ程度のもの
2	たばこ	葉巻たばこ	50本（ただし、ほかのたばこがない場合）	加熱式たばこ個装等10個 ※加熱式たばこの免税数量は紙巻きたばこ200本に相当する量となる。
		紙巻きたばこ	200本（ただし、ほかのたばこがない場合）	
		その他のたばこ	250g(同上)	
3	香水		2オンス	1オンスは約28mℓ
4	品名が上記1～3以外であるもの		20万円（海外市場の合計額）	合計額が20万円を超える場合は、超えた額に課税。ただし、1個20万円を超える品物は、全額に課税される。

20歳未満の酒類、たばこの持ち込みは範囲内でも免税にならない。
6歳未満の子供は、おもちゃなど明らかに子供本人の使用と認められるもの以外は免税にならない。
※たばこの免税範囲についての詳細は税関URL www.customs.go.jp/kaigairyoko/cigarette_leaflet_j.pdf

VOICE **ESTA申請の注意**　事前登録したのに航空券発券時に登録なしと言われた。控えを見ると、申請時パスポート番号のケタ末尾を入力していなかった（エラーにならなかったので気づかず）。その場で再申請して無事に出発できた。（神奈川県　稲葉光子　'22）['23]

チップとマナー Tips & Manners

チップの目安

●レストランのウエーター、ウエートレスへ
基本は飲食代合計の20%。NYではセールスタックスの2倍(18%)強をチップとして支払おう。現金なら請求書のトレイに置くか、クレジットカードなら、"Gratuity"、または"Tip"の欄にチップの額を書き込み、合計額をいちばん下の空欄に書き込む。サービス料が含まれていれば不要。

●ハウスキーピングへ
ベッドサイドテーブルの上などにはっきりわかるように置く。ベッド1台につき現金で$2~5。

●ホテルのポーター、ベルマンへ
荷物を部屋まで運んでもらったら1個で現金で$2~5。

●タクシーで
メーター料金の15%とされるが、気持ちよく乗ったら多めにしたり、端数は切り上げるのが一般的。最低でも$1。

●観光ツアーで
大型の観光バスのドライバー兼ガイド$3~5、小型バンのドライバー兼ガイド$10~20。

トイレ

NYでは不特定多数の誰もが入れるような公衆トイレが非常に少なく、あっても使わないほうがよい。街なかでトイレに行くなら、デパートやショッピングセンター、高級ホテルのロビーがおすすめ。付近にない場合はカフェなどに入るしかない。

チップについて

アメリカではサービスを受けたらチップを渡す習慣がある。チップの習慣がない日本人にはわずらわしく感じられるが、アメリカでは当たり前のこと。単にお礼の気持ちだけでなく、重要な生活の糧でもあるため、「あげなくても大丈夫だった」と片づけることは避けたい。

いくら支払うかは、サービスの内容や金額によって異なるため、左側注を参考に。渡すときは硬貨ではなく、お札だけにするのがスマート。

マナーについて

日本と違って、たくさんの民族が生活をするニューヨークでは、他人に対するマナーが重要視される。以下は、最低限守りたい。

①1列に並ぼう

キャッシャーやトイレなど、列に並ぶときは、1列に並んで空いたところから入っていくというフォーク型が定着している。それぞれの前に直接並ぶのは避けたい。

②お酒は21歳以上から

NY市では、21歳未満の飲酒は法律で禁じられている。酒屋、レストラン、野球場などでは、アルコール購入の際、ID(身分証明書)の提示を求められることがある。また、クラブでは入店の際に提示することがほとんど。

③公共の場は禁酒

屋外での飲酒は法律違反になる。公園や歩きながらもダメ。また、人前で酔っ払うことは見苦しいとされているため、レストランやバーで、酔っ払い客の入店を断ったり、ひどいと警官を呼ばれることもある。

④喫煙には厳しい

NYのレストランやバー、ホテルでは、一部の例外を除いてすべて禁煙。場所をわきまえずに吸ったり、歩きたばこ、ポイ捨ては慎みたい。ちなみに「Smoke Free」というのは自由に吸ってよいのではなく、禁煙という意味。

⑤あいさつを忘れずに

人と顔を合わせたら"Hi"。NY(アメリカ)において、あいさつは当たり前のマナー。ショップの店員と顔を合わせるとき、レストランに入るときなども忘れずに。

♥**禁煙には厳しい** NY市では屋外での喫煙を規制する法律が施行されている。レストランをはじめ公園や通りなど公共の場、タイムズスクエアの歩行者天国などでも禁煙となる。違反すれば罰金$50を支払わなくてはならない。

チップ換算早見表 Gratuity

料金($)	18%		20%	
	チップ	合計額	チップ	合計額
1	0.18	1.18	0.20	1.20
2	0.36	2.36	0.40	2.40
3	0.54	3.54	0.60	3.60
4	0.72	4.72	0.80	4.80
5	0.9	5.90	1.00	6.00
6	1.08	7.08	1.20	7.20
7	1.26	8.26	1.40	8.40
8	1.44	9.44	1.60	9.60
9	1.62	10.62	1.80	10.80
10	1.80	11.80	2.00	12.00
11	1.98	12.98	2.20	13.20
12	2.16	14.16	2.40	14.40
13	2.34	15.34	2.60	15.60
14	2.52	16.52	2.80	16.80
15	2.70	17.70	3.00	18.00
16	2.88	18.88	3.20	19.20
17	3.06	20.06	3.40	20.40
18	3.24	21.24	3.60	21.60
19	3.42	22.42	3.80	22.80
20	3.60	23.60	4.00	24.00
21	3.78	24.78	4.20	25.20
22	3.96	25.96	4.40	26.40
23	4.14	27.14	4.60	27.60
24	4.32	28.32	4.80	28.80
25	4.50	29.50	5.00	30.00
26	4.68	30.68	5.20	31.20
27	4.86	31.86	5.40	32.40
28	5.04	33.04	5.60	33.60
29	5.22	34.22	5.80	34.80
30	5.40	35.40	6.00	36.00
31	5.58	36.58	6.20	37.20
32	5.76	37.76	6.40	38.40
33	5.94	38.94	6.60	39.60
34	6.12	40.12	6.80	40.80
35	6.30	41.30	7.00	42.00
36	6.48	42.48	7.20	43.20
37	6.66	43.66	7.40	44.40
38	6.84	44.84	7.60	45.60
39	7.02	46.02	7.80	46.80
40	7.20	47.20	8.00	48.00
41	7.38	48.38	8.20	49.20
42	7.56	49.56	8.40	50.40
43	7.74	50.74	8.60	51.60
44	7.92	51.92	8.80	52.80
45	8.10	53.10	9.00	54.00
46	8.28	54.28	9.20	55.20
47	8.46	55.46	9.40	56.40
48	8.64	56.64	9.60	57.60
49	8.82	57.82	9.80	58.80
50	9	59	10.00	60.00

料金($)	18%		20%	
	チップ	合計額	チップ	合計額
51	9.18	60.18	10.20	61.20
52	9.36	61.36	10.40	62.40
53	9.54	62.54	10.60	63.60
54	9.72	63.72	10.80	64.80
55	9.90	64.90	11.00	66.00
56	10.08	66.08	11.20	67.20
57	10.26	67.26	11.40	68.40
58	10.44	68.44	11.60	69.60
59	10.62	69.62	11.80	70.80
60	10.80	70.80	12.00	72.00
61	10.98	71.98	12.20	73.20
62	11.16	73.16	12.40	74.40
63	11.34	74.34	12.60	75.60
64	11.52	75.52	12.80	76.80
65	11.70	76.70	13.00	78.00
66	11.88	77.88	13.20	79.20
67	12.06	79.06	13.40	80.40
68	12.24	80.24	13.60	81.60
69	12.42	81.42	13.80	82.80
70	12.60	82.60	14.00	84.00
71	12.78	83.78	14.20	85.20
72	12.96	84.96	14.40	86.40
73	13.14	86.14	14.60	87.60
74	13.32	87.32	14.80	88.80
75	13.50	88.50	15.00	90.00
76	13.68	89.68	15.20	91.20
77	13.86	90.86	15.40	92.40
78	14.04	92.04	15.60	93.60
79	14.22	93.22	15.80	94.80
80	14.40	94.40	16.00	96.00
85	15.30	100.30	17.00	102.00
90	16.20	106.20	18.00	108.00
95	17.10	112.10	19.00	114.00
100	18.00	118.00	20.00	120.00

レストランの請求書でのチップの書き方

※チップの目安はアメリカ全体では15～20％だが、NYでは18～20％が主流。例えばニューヨークで＄17に18％のチップで渡したいときは、税金は8.875％で、＄1.51なので、その約2倍より少し多めの＄3.10～をチップにすると考えると簡単だ。

♥コインロッカー NYの地下鉄駅は階段が多くロッカーはない。ホテルのチェックアウト後など大きな荷物を預けるなら、スマホで手続きできる右記が便利。URL luggagehero.com URL vertoe.com

電話 Telephone

ざっくりポイント

- 日本で使っているスマートフォンを持っていくなら、国際ローミングか現地 SIM カードを購入すれば使える（例外あり）。日本の携帯会社のプランのなかには別枠の海外データプランや追加料金不要で海外でのデータ通信可能のものもある。
- Wi-Fiルーターを借りてLINE や Messenger などのインターネット回線電話を使うのも便利。

携帯電話を紛失した際の連絡先

NTTドコモ ☎(011) +81-3-6832-6600※1
au ☎(011)+81-3-6670-6944※2
ソフトバンク ☎(011) +81-92-687-0025※3

※1 NTTドコモの携帯からは無料、一般電話からは有料
※2 auの携帯からは無料、一般電話からは有料
※3 ソフトバンクの携帯からは無料、一般電話からは有料

アメリカ国内での電話のかけ方

旅行なら、日本で使用しているスマホや携帯を持参するのが便利。現地で通話するためには以下のような方法がある。

ニューヨークでは2022年5月に公衆電話が撤去され、現在街なかにはない。代わりにあるリンクNYC（→P.486）が米国内の通話は無料だ。こちらはWi-Fiスポット兼USBでスマホの充電もできる。

携帯電話会社の国際ローミング（海外パケット定額サービス）

携帯電話回線による音声通話が可能。「LINE」「Messenger」「FaceTime」などのアプリでも音声通話が可能。料金は国内キャリアの規定による。現地から日本にかけても、現地から現地にいる日本の番号にかけても、国際通話扱いになる。日本からの電話は着信でも有料。

フリーWi-Fi、海外用モバイルWi-Fiルーター

携帯電話番号による音声通話はできない。音声通話は、「LINE」「Messenger」「FaceTime」などのIP電話アプリで行う。Wi-Fi接続されていれば、上記のアプリ同士の通話は無料。

現地SIMカード

音声通話ができるタイプのSIMであれば、電話番号による音声通話が可能（SIMカードの電話番号になる）。料金は現地キャリアの規定による。現地同士での通話は安いが、日本にかけると国際通話になり、やや高額。「LINE」「Messenger」「FaceTime」などのアプリでも音声通話が可能だが、パケット通信料がかかる。

トールフリーとは アメリカ国内通話料無料の電話番号。（1-800）、（1-888）、（1-877）、（1-866）、（1-855）、（1-844）、（1-833）で始まる。日本からかける場合は有料。米国内でも携帯電話からは有料。

スマホの通信設定について

利用したい機能によって、以下のように必要な設定を変更しよう。キャリアや機種によっては、「モバイルデータ通信」をオフにすると、「データローミング」は自動的にオフになる。また、「音声通話ローミング」のみを個別にオフに設定できない機種もある。

利用する機能	利用する通信の種類	海外で利用する際の設定
・音声通話 ・SMS	携帯電話回線 （音声通話ローミング）	・モバイルデータ通信：オフでも可 ・データローミング：オフでも可 ・音声通話ローミング：オン
・インターネット接続 （PCメール、キャリアメール、LINE、マップ、検索など）	携帯電話回線 （データローミング）	・モバイルデータ通信：オン ・データローミング：オン ・音声通話ローミング：オフでも可
・IP電話アプリ	Wi-Fi	・モバイルデータ通信：オフ ・データローミング：オフ ・音声通話ローミング：オフでも可

困ったときの「機内モード」

現地でどんな設定にするか困ったら機内モードをオンにしておこう。こうすると、携帯電話の音声通話、データ通信（モバイルもデータ通信、パケット通信）、Wi-Fiがすべてオフになるので、高額ローミング請求は避けられる。

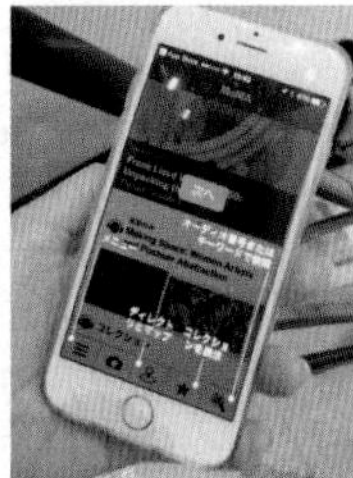

美術館などではアプリがオーディオガイド代わりに

国際電話に関する問い合わせ先（日本）

●NTTコミュニケーションズ
無料0120-00330
URL www.ntt.com
●ソフトバンク
無料0088-24-0018
URL www.softbank.jp
●au
無料0057
無料157（auの携帯から無料）
URL www.au.com
●NTTドコモ（携帯）
無料0120-800-000
151（NTTドコモの携帯から無料）
URL www.docomo.ne.jp
●ソフトバンク（携帯）
無料0800-919-0157
157（ソフトバンクの携帯から無料）
URL www.softbank.jp

ソフトバンクのアメリカ放題

ソフトバンクの世界対応ケータイを持っていればアメリカでも日本と同じように通話やデータ通信などが使用できる。詳細はソフトバンクへ。

INFORMATION

アメリカでスマホ、ネットを使うには

スマホ利用やインターネットアクセスをするための方法はいろいろあるが、一番手軽なのはホテルなどのネットサービス（有料または無料）、Wi-Fiスポット（インターネットアクセスポイント。無料）を活用することだろう。主要ホテルや町なかにWi-Fiスポットがあるので、宿泊ホテルでの利用可否やどこにWi-Fiスポットがあるかなどの情報を事前にネットなどで調べておくとよい。ただしWi-Fiスポットでは、通信速度が不安定だったり、繋がらない場合があったり、利用できる場所が限定されたりするというデメリットもある。そのほか契約している携帯電話会社の「パケット定額」を利用したり、現地キャリアに対応したSIMカードを使用したりと選択肢は豊富だが、ストレスなく安心してスマホやネットを使うなら、以下の方法も検討したい。

☆海外用モバイルWi-Fiルーターをレンタル

アメリカで利用できる「Wi-Fiルーター」をレンタルする方法がある。定額料金で利用できるもので、「グローバルWiFi（【URL】https://townwifi.com/）」など各社が提供している。Wi-Fiルーターとは、現地でもスマホやタブレット、PCなどでネットを利用するための機器のことをいい、事前に予約しておいて、空港などで受け取る。利用料金が安く、ルーター1台で複数の機器と接続できる（同行者とシェアできる）ほか、いつでもどこでも、移動しながらでも快適にネットを利用できるとして、利用者が増えている。

▼グローバルWiFi

海外旅行先のスマホ接続、ネット利用の詳しい情報は「地球の歩き方」ホームページで確認してほしい。
【URL】http://www.arukikata.co.jp/net/

アルファベットの電話番号　アメリカの電話機には、数字とともにアルファベットが書き込まれている。これによって数字の代わりに単語で電話番号を記憶できる。ABC→2　DEF→3　GHI→4　JKL→5　MNO→6　PQRS→7　TUV→8　WXYZ→9

インターネット Internet

ざっくりポイント

- Wi-Fiは高級ホテルほどコストがかかる。
- 街なかにあるリンクNYCは無料Wi-Fiスポット。米国内への通話や地図検索も。
- 海外ローミング代には注意。

地下鉄駅構内のWi-Fiスポット

スマートフォンでの設定 > Wi-FiからTransit WirelessWifiを選び、サファリなどのブラウザを立ち上げて「Connect to Free Wi-Fi」をクリックすればOK。全地下鉄駅で使用可。

インターネットを使うには

「地球の歩き方」ホームページでは、アメリカでのスマートフォンなどの利用にあたって、各携帯電話会社の「パケット定額」や海外用モバイルWi-Fiルーターのレンタルなどの情報をまとめた特集ページを公開中。
URL www.arukikata.co.jp/net/

自分のPC&スマホを使う場合

ホテルのネット環境

多くのホテルがWi-Fi対応で、使用料は無料のことが多い。ただし、高級ホテルではここ数年、Amenity FeeやFacility Feeと呼ばれる設備費に含まれることも多い。一方でロビーやレストランなどのPublic AreaはWi-Fi無料というホテルもあるので確認を。いくつかのホテルでは、宿泊客が自由に使えるPCとプリンターをロビーに置いていることもある。

無料のWi-Fiが使える場所

スターバックス、マクドナルドなどファストフード店、ブライアントパーク、セントラルパーク（一部）、タイムズスクエア、アップルストア、チェルシー・マーケット、デパート、カフェ、地下鉄駅構内など。カフェなどは、商品購入時にパスワードを教えてもらおう。なお、有料ではあるが海外用モバイルWi-Fiルーターをレンタルする方法などもある。

PC&スマホを持っていかない場合

無料で使える場所

マンハッタンに7店舗あるアップルストアを利用しよう。5番街（59th St.の角）なら24時間営業なのでいつでもPC&スマホが利用できる。

有料だが手軽に使える場所

フェデックス Fedex（ビジネスサポートセンター）やステープルズStaples（事務用品店）などにもPCが設置されている。使用にはクレジットカードが必要となる。

街なかにたくさんある「リンクNYC」って何？

公衆電話を次世代のシステムに切り替えるため街頭に設置された各スタンド、「リンクNYC=LinkNYC」。無料Wi-Fiスポットにもなっており、スタンドから約45m以内で使用できる。また、スタンドの内側に備え付けられたタブレットを使って緊急通報用電話番号911や総合案内311への連絡、米国内への無料通話も可能。地図を検索したり、インターネット接続もできる。

スマホの充電もできて米国内通話も無料

スマホのネット使用に注意　スマホを海外ローミングで利用した場合、高額になることがある。通話料が安いとされるIP電話もインターネット回線なので、スマホの設定に注意。

郵便と国際宅配便 Postal & Courier Service

はがき、封書を日本へ送る

ニューヨークから日本への所要日数は、エアメールでだいたい5〜7日くらい、料金は普通のはがき（6×4.25インチ）と約28gまでの封書は＄1.50。切手は郵便局で買える。送る際、宛先の住所は日本語で書いてかまわない（国名「JAPAN」と都道府県名は英語で書くこと）が、差出人の住所・氏名は自分のものを英文で左上に書く。

日本へ荷物を送る

郵便局では梱包用の大型封筒なども販売している。発送は航空便Air Mail（所要7〜10日間）のみだが、人手不足の影響で遅延が発生することも。

小包状のものは、宛先の住所・氏名も差出人もすべて英語で書こう。また印刷物を送る場合はそれを示す「Printed Matters」、書籍の場合は「Books」の表示も書き加える。小包は別送品となるので、帰国時に税関申告書の記入が必要。

海外からの宅配サービスを使う

国際宅配便で旅先から日本へ荷物を送る方法は、宅配便（燃油特別付加運賃と物により関税および消費税がかかる）と別送便（携帯品とあわせて20万円未満の場合は原則免税）の2種類がある。所要日数はいずれも9〜14日ほど。

別送品申告について

海外から別送品を送った場合は、帰国時に「携帯品・別送品申告書」➡P.481を2枚記入する必要がある。税関に提出すると1枚に確認印を押して返してくれる（これは別送品を受け取る際の税関手続きのときに必要）。

別送品の配送サービスを行っている宅配業者

●ヤマト運輸（国際宅急便）
Free (1-877) 582-7246
URL www.yamatoamerica.com/cs/international-ta-q-bin/
●日本通運（ジェットパック）
URL www.nittsu.co.jp/sky/express/jetpack/import.html

別送品の利用手順（ヤマト運輸の場合）

①米国ヤマト運輸の支店または取り扱い店に持ち込むか、2〜3日前に電話して集荷してもらう（マンハッタンの集荷は1箱＄75、2箱目以降は1つ+＄10）、スーツケースには別途梱包料＄20のほかに各種手数料、税金がかかる）。
②帰国便の機内で「携行品・別送品申告書」2枚に必要事項を記入。
③帰国時、空港税関で書類に確認印を受領。
④空港内のヤマト所定のカウンターで手続きする。
⑤別送品申告が終了、その3〜4日後に通関済みの荷物が配達される。

日本への郵便料金 （2023年12月現在）

Air Mail（International Mail）航空便	
封書Letters	1オンス（28g）＄1.50、0.5〜1オンスごとに＄1.30を加算。最大重量3.5オンス（約99g）
はがきPost Card	＄1.50
航空便エム・バッグ Airmail M-bags	11ポンド（約5kg）まで＄87.89、1ポンドごとに＄7.99加算。最大重量66ポンド（約30kg）
定額封書Priority Mail Flat-Rate Envelope	24×31.7cmの封筒に入るだけ＄44.80。最大重量4ポンド（約1.8kg）
定額小包Priority Mail Flat-Rate Box	小＄46.50、中＄96.40、大＄121.30
小包 Parcel	8オンス（約227g）まで＄16.44、32オンス（約907g）まで＄31.92、48オンス（約1.36kg）まで＄48.07、64オンス（約1.8kg）まで＄58.61

M-bagsという郵送方法は、大きな袋に無造作に荷物を入れられ、紛失や破損に対して何の補償もされない方法。
※小包、定額封書、定額小包はPriority Mail（配達に6〜10日要する）を利用した場合。

郵便局の営業時間 URL www.usps.com→Quick Tools→Find USPS Locations→City, State（New York NY）、またはZip Codeを入力すると、最寄りの郵便局の住所と営業時間が表示される。

旅のトラブルと安全対策 Risk Control

ざっくりポイント

- 人が多過ぎる、ひと気がない、メインの通りを外れて暗いという場所には注意。
- 所持品を盗まれたら警察→保険会社、クレジットカードならカード会社の緊急センターに連絡、すべてなくしたら領事館へ駆け込む。

NYで注意したいエリア

◎タイムズスクエア
人がたくさんいて、スリ、置き引きが多い。ミッキーなどの着ぐるみを着た人の写真を撮ると高額チップを要求されるので注意。

◎セントラルパーク
公園内は広いので、早朝、夜は歩かないこと。

◎ハーレム
メインの125丁目以外は、興味本位でむやみに歩き回らないこと。

荷物は少なくまとめる

両手がふさがるほどたくさん荷物を持って歩くと、スリに狙われやすいので要注意。

こんなふうに盗まれる

犯罪者たちは必ずグループで犯行に及ぶ。例えば、ひとりが写真を撮ってもらうよう頼んで、こちらがかばんを地面に置いた瞬間に、もうひとりがかばんを奪って逃げていくという具合に、ひとりがカモになり人の気を引くことが多い。

NYは、日本の都市と比較して犯罪の発生率が高いことは事実。だが、注意すべきことは何かを知ることで防げることが多い。以下を読んで安全な旅を。

ニューヨークの治安について

ニューノーマルとはいえ治安悪化も懸念

タイムズスクエアなど、左側注のエリア以外が安全かといえばそうではない。コロナの影響からその後のインフレによる経済困窮などで、ニューヨーク全体治安がよいとはいえない。市の法律で、窃盗などの軽犯罪者は捕まってもすぐに釈放されてしまうことも理由のひとつだろう。ヘイトクライムも2022年より減少したもののまだ油断はできない。強盗などの凶悪犯罪や重犯罪もあるのが現状だ。

安全に観光するために

人通りの多い道はスリ、置き引きに注意

駅、空港、ホテルのレセプション（チェックアウト時）、人通りの多い道、ファストフード店などでは、いろいろなことに気を取られて「ついうっかり」や「全然気づかぬスキに」被害に遭うことが多い。隣の席に荷物を置くのも厳禁。

大切なものはしっかり管理を

盗まれてしまったら旅が不可能になるものは、①パスポート、②クレジットカードまたは現金、③スマートフォンなど。安ホテルに泊まるときは、貴重品をしっかり持つ、なるべく大金は持ち歩かないなどの注意を。万一、バッグをなくしても、前述の3点があれば、何とかなる。

病気とけがについて

常備薬を忘れずに

旅先では風邪をひいたり、腹痛や頭痛を起こすことが多い。言葉の問題もあるし、かぎられた時間で病院やドラッグストアに行くのは面倒なうえ、薬が合わないこともある。使い慣れたいつもの薬を必ず持っていこう。

保険に加入していこう

常備薬が効かない病気にかかったり、けがをしたときの強い味方が海外旅行保険だ。医療費をカバーするだけでなく、日本語通訳サービスがあるなどメリットは大きい➡P.475。

タブレット端末の盗難に注意　最近狙われているのは、スマートフォン（特にiPhone）とタブレット端末。ホテルでの保管はもちろんのこと、場所によってはひったくりにも気をつけよう。

トラブルに遭ってしまったら

空港で荷物が出てこないとき

バゲージクレーム内の航空会社のカウンターで、諸手続きを行う。クレームタグの半券が必要。聞かれることは、次のとおり。

●便名　●預けた空港　●出発何分前のチェックインか
●かばんの形と色　●外ポケットやいちばん上の内容物
●覚えているかぎりの内容物　●発見されたときの配送先

盗難に遭ったら

すぐ警察に届ける。所定の事故報告書があるので記入しサインする。置き引きやスリの被害では、被害額がよほど高額でないかぎり捜索はしてくれない。報告書は自分がかけた保険の請求に必要な手続きと考えよう。報告書が作成されると、控えか報告書の処理番号（Complaint Number）をくれる。それを保険請求の際に添えること。

パスポートをなくしたら

最寄りの警察署の発行する証明書を入手し（発行されない場合は総領事館へ）、在外公館（右側注）で旅券の失効と新規発給の手続きを。申請に必要なものは①6ヵ月以内に撮影された顔写真（2枚）、②警察署の証明書（1通。届出番号Complain Numberのみでも可）、③6ヵ月以内に発行された戸籍謄本（全部事項証明書）、④紛失一般旅券等届出書、⑤一般旅券発給申請書（④⑤とも領事館に備え付けのもの）、⑥身元が確認できる書類（日本の運転免許証など）。

発給までには約1週間かかり、費用は10年用1万6000円、5年用1万1000円（12歳未満6000円）が必要。なお、日本へ緊急帰国や直行便などで帰国する場合は、『帰国のための渡航書』を発行してもらい帰ることはできる。原則当日に交付され、写真と紛失一般旅券等届出書、渡航書発給申請書、戸籍謄本など日本国籍を証明する書類、警察署の証明書、航空券、手数料（2500円）が必要。支払いは現地通貨の現金のみ。

カードをなくしたら

警察より先に大至急カードの発行金融機関または、緊急連絡先➡P.495に電話し、カードを無効にしてもらう。

お金をすべてなくしたら

盗難、紛失、使い切りなど、万一に備えて、現金の保管は分散することをすすめる。それでも、現金をなくしてしまったときに備えて、キャッシングサービスのあるクレジットカードはぜひとも持っていきたい。また、日本で預金をして外国で引き出せる海外専用プリペイドカードやデビットカードを利用するのもいい。なすすべのない人は、日本国総領事館に飛び込んで相談に乗ってもらうしかない。

渡航先で最新の安全情報を確認できる「たびレジ」に登録しよう

外務省が提供する「たびレジ」に登録すれば、渡航先の安全情報メールや緊急連絡を無料で受け取ることができる。出発前に登録を。URL www.ezairyu.mofa.go.jp/tabireg/index.html

大麻は要注意

アメリカの多くの自治体で医療目的以外の大麻販売が合法となり、目立たないようにではあるがショップもある。しかし、日本国外での犯罪も違法であり処罰の対象となる。絶対に手をつけないに越したことはない。

在ニューヨーク日本国総領事館 Consulate General of Japan

別冊MAP P.35-D1
住 299 Park Ave.（bet. 48th & 49th Sts.）, 18th Fl., NY 10171
地下鉄 ⑥51st St駅より徒歩約4分
☎（1-212）371-8222（緊急の場合は24時間対応）
URL www.ny.us.emb-japan.go.jp
営 受付：月～金9:30～12:30、13:30～16:00（オンライン予約を）
休 土・日・祝、休館日
※入館には、写真付き身分証明書の提示が求められるため、必ず所持して訪問すること。

白タクに乗ってしまったら

●走行時にメーターを使うように頼む
●車内にあるタクシーの認識番号を書き留める
●運転手の名前と車のナンバーをメモする
●支払い時にレシートを必ず受け取ること

パスポート紛失時の注意　パスポートを紛失したら、その場所の総領事館に届けること。例えば、ニューヨークでなくして、次の訪問地の大使館や領事館で届けることは許されない。

旅の英会話 English Conversation

ショッピング

ジャス ルッキング センキュー
Just looking, thank you.
見ているだけです

イティズ トゥー イクスペンスィヴ
It is too expensive.
それは高過ぎます

キャナイ スィー ディス ワン？
Can I see this one?
これを見せてください

アイル テイク ディス
I'll take this.
これをもらいます

キャナイ トライ ディス オン？
Can I try this on?
これを試着できますか？

キャナイ ハヴァ ショッピング バッグ？
Can I have a shopping bag?
紙袋をいただけますか？

ディス フィッツ ミー
This fits me.
ちょうどいいです

キャッシュ プリーズ
Cash, please.
現金でお願いします

ディス イズ トゥー ラージ トゥー スモール
This is too large (too small).
大き過ぎます（小さ過ぎます）

クレディット カード プリーズ
Credit card, please.
クレジットカードでお願いします

ドゥ ユー ハヴ エニー アザー モデルズ？
Do you have any other models?
ほかの型はありますか?

交通＆観光

ワッタイム ダズ ザ トレイン（バス）リーヴ？
What time does the train (bus) leave?
列車（バス）は、何時に出発しますか?

ハウ ロング ダズィット テイク？
How long does it take?
どのくらいかかりますか?

ワッツ ザ ネクスト ストップ？
What's the next stop?
次はどこに停まりますか?

ワッタイム イズ ザ ネクスト トゥアー？
What time is the next tour?
次のツアーは何時の出発ですか?

ダズ ディス ゴー トゥー フィフス アベニュー？
Does this go to 5th Avenue?
5番街へ行きますか?

キャニュ テイク アワ ピクチャー？
Can you take our picture?
私たちの写真を撮ってもらえますか?

プリーズ テル ミー ウェン ウィー ゲットゥ フィフス アベニュー
Please tell me when we get to 5th Avenue.
5番街に着いたら教えてください

アイム ゲティング オフ！
I'm getting off!
降ります！

ハウ キャナイ ゲットゥ タイムズ スクエア？
How can I get to Times Square?
タイムズスクエアへはどう行けばいいのですか?

アイド ライク トゥ ハヴ サム ティケッツ フォー ザ ゲーム オン ジュライ サード
I'd like to have some tickets for the game on July 3rd.
7月3日の試合のチケットをください。

アー トゥデイズ ティケッツ スティル アヴェイラブル？
Are today's tickets still available?
今日の当日券はまだありますか?

ワッタイム ダズ ザ ショー スタート？
What time does the show start ?
開演は何時ですか?

♥役立つGoogle翻訳アプリ　テキストのほか手書き文字やカメラ、音声などから外国語を翻訳してくれる。撮影した写真やメニューにアプリのカメラをかざすと画面上で翻訳してくれたり、音声で読み上げてくれたりする。

レストラン

アイ ハ ヴ ァ リ ザ ヴ ェ イ シ ョ ン アットセヴンサーティ フォー ファイヴ ピ ー ポ ゥ ア ン ダ ー タ ナ カ
I have a reservation at 7:30 for five people under Tanaka.
今晩7時30分に5人分の予約をした田中です

ウ ィ ウ ォ ン ト ゥ ハ ヴ ァ テイボゥ ニ ア ザ ウ ィ ン ド ウ
We want to have a table near the window.
窓際の席をお願いします

ワ ッ ト ド ゥ ユ リ コ メ ン ド
What do you recommend?
おすすめは何ですか？

イットワ ズ ヴェリィ グッド
It was very good.
おいしかったです

ウィル ユ ー テイク ア ワ オ ー ダ ー ?
Will you take our order?
注文をお願いします

アイ ディドゥントゥ オ ー ダ ー ディス
I didn't order this.
これは注文していません

キャナイ ハ ブ サ ム ウオーター？
Can I have some water?
水をください

チェック プリーズ
Check, please.
お勘定をお願いします

フォー ヒ ア プ リ ー ズ ／ト ゥ ゴウ プ リ ー ズ
For here, please./To go, please.
ここで食べます／持ち帰ります

ホテル

アイル ステイ フォー ス リ ー ナ イ ツ
I'll stay for three nights.
3日泊まります

チ ェ ッ ク イン（アウト） プ リ ー ズ
Check in(out), please.
チェックイン（アウト）をお願いします

ク ッ ジ ュ ー キ ー プ マ イ ラ ギ ッ ジ ？
Could you keep my luggage?
荷物を預かってもらえますか?

ドゥー ユ ー ハ ブ エニー メッセージズ フォー ミー？
Do you have any messages for me?
私宛てのメッセージがありますか?

ク ッ ジ ュ ー ブ リ ン ミ ー ワ ン モ ア バ ス タ オ ル ？
Could you bring me one more bath towel?
バスタオルをもう1枚持ってきてください

キ ャ ナ イ ハ ブ ア ウェイクアップ コール ト ゥ モ ロ ー モ ー ニ ン アットシックスサーティー
Can I have a wake-up call tomorrow morning at 6:30?
明日の朝6:30にモーニングコールをお願いします

数字の数え方

1/4	one-quarter
1/2	one-half
0.5	zero point five
100	one hundred
1,000	one thousand
10,000（1万）	ten thousand
1965年	nineteen sixty five

英語と間違えやすい外来語

パン bread	ズボン pants
たばこ cigarettes	ビール beer

画家の名前

フェルメール
Vermeer（ヴァーミアー）

ルノワール
Renoir（レンワー）

❤**通信系の英単語**　ノートパソコンはlaptop、SNSはsocial mediaが一般的。mailは郵便のことになるのでPCでやりとりするメールならE-mail、ショートメールやLINE、MessengerなどのSNSのメッセージはすべてMessageでよい。

緊急時の医療会話

●ホテルで薬をもらう

具合が悪いです。
アイ フィール イル
I feel ill.

下痢止めの薬はありますか。
ドゥ ユー ハヴ エニー アンティダイリエル メディスン
Do you have any antidiarrheal medicine?

●病院へ行く

近くに病院はありますか。
イズ ゼア ア ホスピタル ニア ヒア
Is there a hospital near here?

日本人のお医者さんはいますか？
アー ゼア エニー ジャパニーズ ドクターズ
Are there any Japanese doctors?

病院へ連れていってください。
クッジュー テイク ミー トゥ ザ ホスピタル
Could you take me to the hospital?

●病院での会話

診察を予約したいのですが。
アイドゥライク トゥ メイク アン アポイントメント
I'd like to make an appointment.

グリーンホテルからの紹介で来ました。
グリーン ホテル イントロデュースド ユー トゥ ミー
Green Hotel introduced you to me.

私の名前が呼ばれたら教えてください。
プリーズ レッ ミー ノ ウ ウェン マイ ネイム イズ コールド
Please let me know when my name is called.

●診察室にて

入院する必要がありますか。
ドゥ アイ ハ フ トゥ ビー ホスピタライズド
Do I have to be hospitalized?

次はいつ来ればいいですか。
ホェン シュッダイ カム ヒア ネクスト
When should I come here next?

通院する必要がありますか。
ドゥ アイ ハ フ トゥ ゴー トゥ ザ ホスピタル レギュラリー
Do I have to go to the hospital regularly?

ここにはあと2週間滞在する予定です。
アイルステイ ヒ ア フォー ア ナ ザ ー トゥ ウィークス
I'll stay here for another two weeks.

●診察を終えて

診察代はいくらですか。
ハ ウ マッチイズ ザ メディカル フィー
How much is the medical fee?

保険が使えますか。
ダズ マイ インシュアランス カバー イット
Does my insurance cover it?

クレジットカードでの支払いができますか。
キャナイ ペイ イット ウィズ マイ クレディットカード
Can I pay it with my credit card?

保険の書類にサインをしてください。
プ リ ー ズ サイン ジ インシュアランス ペイパー
Please sign the insurance paper.

※該当する症状があれば、チェックをしてお医者さんに見せよう

□吐き気 nausea	□悪寒 chill	□食欲不振 poor appetite
□めまい dizziness	□動悸 palpitation	
□熱 fever	□脇の下で計った armpit	＿＿＿°C／°F
	□口中で計った oral	＿＿＿°C／°F
□下痢 diarrhea	□便秘 constipation	
□水様便 watery stool	□軟便 loose stool	1日に　回　times a day
□ときどき sometimes	□頻繁に frequently	絶え間なく continually
□風邪 common cold	□花粉症 pollinosis or allergy to pollen	
□鼻詰まり stuffy nose	□鼻水 running nose	□くしゃみ sneeze
□咳 cough	□痰 sputum	□血痰 bloody sputum
□耳鳴り tinnitus	□難聴 loss of hearing	□耳だれ ear discharge
□目やに eye discharge	□目の充血 bloodshot eyes	□見えにくい visual disturbance

※下記の単語を指さしてお医者さんに必要なことを伝えましょう

●どんな状態のものを
生の　raw
野生の　wild
油っこい　greasy
よく火が通っていない
uncooked
調理後時間がたった
a long time after it was cooked

●けがをした
刺された・噛まれた　bitten
切った　cut
転んだ　fell down
打った　hit
ひねった　twisted
落ちた　fell
やけどした　burnt

●痛み
ヒリヒリする　burning
刺すように　sharp
鋭く　keenly
ひどく　severely

●原因
蚊　mosquito
スズメバチ　wasp
アブ　gadfly
毒虫　poisonous insect
サソリ　scorpion
くらげ　jellyfish
毒蛇　viper
リス　squirrel
（野）犬　（stray）dog

●何をしているときに
公園に行った
went to the park
ジョギングをした
jogging
道を歩いていた
walking on the street
登山をした
went hiking (climbling)
川で水浴びをした
went swimming in the river

ニューヨークの歴史 History of NYC

年代	ニューヨーク	日本
1492	コロンブスがアメリカ大陸に到達	応仁の乱始まる（1467）
1524	イタリアの探検家ジョバンニ・ダ・ヴェランツァーノがフランス王の命を受け新大陸、現在のニューヨーク港に到達	鉄砲の伝来（1543）
1609	イギリスの航海士ヘンリー・ハドソンがニューヨーク湾を北上。その川をハドソン・リバーと名づける	江戸幕府（1603～1867）／鎖国（1639～1854）
1624	オランダ人の入植、ニューネーデルランドと呼ぶ。その後マンハッタンの南を植民地の拠点とし、ニューアムステルダムと呼ばれる	徳川家光3代将軍に就く（1623～51）
1626	オランダ西インド会社の総督ミヌイットは先住民からわずか60ギルダー（$24）相当の物品と引き換えにハドソン・リバーの河口の島を入手。これが現在のマンハッタン	キリスト教関係洋書の輸入禁止（1630）
1651	イギリスが航海条例の発布。1年後オランダと開戦	由比正雪の乱
1664	イギリス軍がオランダに戦勝。ニューアムステルダムを奪取し、ヨーク公爵にちなみ「New York」と名づける	明暦の大火（1657）
1754	1763年まで続くフレンチ・インディアン戦争ではイギリス軍が勝利、これを機にアメリカ独立の機運が高まる	8代将軍徳川吉宗没（1751）
1765	ニューヨークで初の植民地議会開催（13植民地）	関東農民20万人の大一揆
1775	独立戦争開戦。1776年7月4日、植民地13州がアメリカ独立宣言を採択	田沼意次老中に就く（1772）
1783	アメリカの勝利で独立戦争終結。パリ条約の批准	天明の大飢饉（1783～88）
1785	ニューヨークがアメリカ最初の首都となる。1790年まで	松平定信 寛政の改革（1787）
1797	オルバニーがニューヨーク州の州都に	近藤重蔵えとろふ島探検（1798）
1800年代	イギリス、フランス、ドイツからの移民が急増	伊能忠敬蝦夷地の測量開始（1800）
1827	ニューヨークでの奴隷制禁止。南部の奴隷を北部に逃す地下組織の活発化	異国船打払い令（1825）
1848	エリザベス・C・スタントンをはじめとする300人が女性の参政権を訴える	アメリカ使節ビッドルが浦賀に来て通商を乞うが許されず（1846）
1860年代	1861年開戦の南北戦争時、北軍の物資の6分の1をニューヨーク州が供給	アメリカ使節ペリーが浦賀来航（1853）。明治維新(1868)
1886	アメリカの独立宣言100周年を記念してフランスより自由の女神の贈呈。ニューヨーク港完成	第1次伊藤博文内閣（1885～88）
1890年代	エリス島の移民局を通過して1954年までに約1200万人の移民を受け入れる	日清戦争（1894～95）
1898	ニューヨーク市が、マンハッタンだけでなく、ブロンクス、ブルックリン、クイーンズ、スタテンアイランドの5つの区域も統合し、人口も340万人に	第3次伊藤内閣
1902	NY初期の摩天楼、21階建ての落成	日英同盟成立
1904	NY初の地下鉄開業	日露戦争（1904～05）
1923	ヤンキースタジアム完成。ルースが建てた家と呼ばれる	関東大震災
1929	ウォール街の株式市場暴落。大恐慌へ	浜口雄幸内閣（1929～31）
1931	エンパイア・ステート・ビルの落成	国際連盟脱退通告（1933）
1941	真珠湾攻撃を機にアメリカ、第2次世界大戦に参戦	日本軍真珠湾攻撃
1945	アメリカが広島、長崎に原爆投下	終戦。無条件降伏
1952	ニューヨークの国際連合本部が完成	サンフランシスコ対日講和条約調印（1951）
1957	シーズン終了後、ブルックリン・ドジャースがロスアンゼルスに移転	茨城県東海村の原子炉点火
1969	NY郊外で3日間にわたるウッドストックの音楽祭開催。50万人のファンが集う。ニューヨーク・メッツの優勝	小笠原諸島返還協定調印（1968）
1973	ワールド・トレード・センター・ビルの落成	大阪で万博開催（1970）
1994	NY初の民主党市長ルドルフ・ジュリアーニ、治安向上のためタイムズスクエア周辺の再開発を決定	大江健三郎ノーベル文学賞受賞
2001	9月11日、米国同時多発テロでワールド・トレード・センタービル2棟が倒壊	第1次小泉純一郎内閣
2008	大手証券会社リーマン・ブラザーズ破綻	第1回東京マラソン開催（2007）
2012	ハリケーン・サンディ襲来	東日本大震災（2011）
2014	ワールド・トレード・センター跡地にワン・ワールド・トレード・センター完成	消費税8%に
2020	コロナ感染症の世界的流行	在職日数最長の安倍首相辞任
2021	ニューヨーク市長に史上2番目のアフリカ系エリック・アダムズが当選	1年延期となった東京オリンピック開催

日本とアメリカのサイズ比較表 Size

●身長

フィート／インチ(ft)	4'8"	4'10"	5'0"	5'2"	5'4"	5'6"	5'8"	5'10"	6'0"	6'2"	6'4"	6'6"
センチメートル(cm)	142.2	147.3	152.4	157.5	162.6	167.6	172.7	177.8	182.9	188.0	193.0	198.1

●体重

ポンド(lbs)	80	90	100	110	120	130	140	150	160	170	180	190	200
キログラム(kg)	36.3	40.9	45.4	50.0	54.5	59.0	63.6	68.1	72.6	77.2	81.7	86.3	90.8

●レディスサイズ

アメリカサイズ	X-Small		Small	Medium		Large	X- Large
	2	4	6	8	10	12	14
日本サイズ	7	9	11	13	15	17	19

●メンズサイズ

アメリカサイズ	XS	S(34)	M(38)	L(42)	XL(46)
日本サイズ	S	M	L	XL	XXL

●靴サイズ

婦人用	アメリカサイズ	4 1/2	5	5 1/2	6	6 1/2	7	7 1/2				
	日本サイズ(cm)	22	22.5	23	23.5	24	24.5	25				
紳士用	アメリカサイズ	6 1/2	7	7 1/2	8	8 1/2	9	10				
	日本サイズ(cm)	24.5	25	25.5	26	26.5	27	28				
子供用	アメリカサイズ	1	2	3	4	5	6	7	8	9	10	11
	日本サイズ(cm)	9	10	11	12	13	14	14.5	15	16	17	18

※靴の幅

AAA AA A	B C D	E EE EEE
狭い	標準	広い

●ジーンズなどのサイズ(男性用)

ウエストサイズ(inches)	29	30	31	32	33	34	36
ウエストサイズ(cm)	73.5	76	78.5	81	84	86	91.5

●ジーンズなどのサイズ(女性用)

ウエストサイズ(inches)	26	27	28	29	30	31	32
ウエストサイズ(cm)	56	58	61	63	66	68	71

●赤ちゃん(infant)サイズ

アメリカサイズ	3m (XS)	6m (S)	9m (M)	12m (L)	18m (XL)	24m (XXL)
日本サイズ(cm)	60	70	80	80	90	90-95

●幼児(toddler)サイズ

アメリカサイズ	2T	3T	4T	5T
日本サイズ(cm)	95~100 (2歳)	100~105 (3歳)	110 (4歳)	120 (5歳)

●キッズ(子供)サイズ

アメリカサイズ	4	5	6	6X/7	8
日本サイズ(cm)	110cm (4歳)	110~120 (5歳)	120cm (6歳)	130 (6~7歳)	130~140 (7~8歳)

●ヨーロッパサイズ比較表

	洋服					くつ						
日本	7	9	11	13	15	22.5	23.0	23.5	24.0	24.5	25.0
フランス	34	36	38	40	42	35	35 1/2	36	36 1/2	37	37 1/2
イタリア	36	38	40	42	44	35	35 1/2	36	36 1/2	37	37 1/2

●身の回りのサイズ

●乾電池

単1=D　単2=C　単3=AA　単4=AAA　単5=N

●用紙サイズ

アメリカの規格は日本と異なる国際判(レターサイズ)

- Letter Size=8.5in×11in=215.9mm×279.4mm
- Legal Size=8.5in×14in=215.9mm×355.6mm
  (日本のA4は210×297mm)

●写真サイズ

- 3×5=76.2mm×127mm
- 4×6=101.6mm×152.4mm
- 8×10=203.2mm×254mm
  (日本のL判は89mm×127mm)

●液体の容量

- 1ティースプーン(日本でいう小さじ)=約4.92mℓ
- 1テーブルスプーン(日本でいう大さじ)=約14.78mℓ
- 1カップ=約236.58mℓ(日本は200mℓ)

●度量衡

●長さ

- 1インチ(inch)≒2.54cm
- 1フット(foot)=12インチ≒30.48cm
  (複数形はフィートfeet)
- 1ヤード(yard)=3フィート≒91.44cm
- 1マイル(mile)≒1.6km

●重さ

- 1オンス(ounce)≒28.35g
- 1ポンド(pound)=16オンス≒453.6g

●体積

- 1パイント(pint)≒0.47ℓ
- 1クォート(quart)=2パイント≒0.946ℓ
- 1ガロン(gallon)=4クォート≒3.785ℓ

センチ(cm)・インチ(inch)対比
赤=センチ　黒=インチ

旅のイエローページ Yellow Page

緊急時

●警察 ☎911
●警察（緊急でない場合） ☎311（日本語を希望する場合は「Japanese speaker, please」）
●消防署、救急車 ☎911
●在ニューヨーク日本国総領事館
☎(1-212)371-8222(緊急時24時間)

航空会社

●アメリカン航空 Free(1-800)237-0027(日)
●全日空 Free(1-800)235-9262(日)
●デルタ航空 Free(1-800)327-2850(日)
●日本航空 Free(1-800)525-3663(日)
●ユナイテッド航空 Free(1-800)537-3366(日)

空港・交通

●ジョン・F・ケネディ国際空港
☎(1-718)244-4444
●ニューアーク・リバティ国際空港
☎(1-973)961-6000
●ラガーディア空港 ☎(1-718)533-3400
●アムトラック(鉄道) Free(1-800)872-7245
●グレイハウンド(長距離バス) ☎(1-212)971-6789 Free(1-800)231-2222
●MTA(地下鉄&バス)カスタマーセンター
☎511 Free(1-877)690-5116(NY外)
●NJトランジット ☎(1-973)275-5555
●パストレイン Free(1-800)234-7284

観光局、チケットオフィスほか

●ニューヨーク市観光局 NYC & Company
☎(1-212)484-1200
●チケットマスター Ticketmaster
Free(1-800)745-3000
●テレチャージ Telecharge ☎(1-212)239-6200、(1-212)239-2959(日本語)

クレジットカード（カード紛失・盗難時）

●アメリカン・エキスプレス
Free(1-800)766-0106
●ダイナースクラブ ☎+81-3-6770-2796
(コレクトコールを利用)
●JCBカード Free(1-800)606-8871
●マスターカード Free(1-800)307-7309
(Japanese speaker, pleaseと言って日本語オペレーターを呼ぶ)
●VISAカード Free(1-866)670-0955

旅行保険会社（アメリカ国内）

損保ジャパン日本興亜 Free(1-800) 233-2203
上記番号がつながらない場合、コレクトコールで
☎+81-3-3811-8127(日本オフィス)
東京海上日動 Free(1-800)446-5571
AIG損害保険 Free(1-800)8740-119

日本語が通じるクリニック

●東京海上記念診療所 Japanese Medical Practice 別MAP P.14-A2
住55 E. 34th St.(bet. Park & Madison Aves.), 2nd Fl. ☎(1-212)889-2119
開月～金8:00～16:00 休土・日・祝
URL mountsinai.org/locations/msd-japanese-medical-practice/japanese
●ジャパニーズ・メディカルケア
Japanese Medical Care
別MAP P.35-D4 ミッドタウン・イースト
住315 Madison Ave.(at 42nd St.), 17th Floor ☎(1-212) 365-5066 開月～金9:00～17:00、土9:00～15:00 休日・祝
URL www.jmedical.com/manhattan
●安心メディカル Anshin Medical
別MAP P.34-B3
住36 W. 44th St.(bet. 5th & 6th Aves.), Suite 303 ☎(1-212)730-9010
開月～金9:00～19:00、土・日10:00～17:00 URL www.anshinmedical.com

帰国後の旅行相談窓口

●日本旅行業協会 JATA
旅行会社で購入した旅行サービスについての相談は「消費者相談室」まで。
☎(03)3592-1266
開月～金10:00～19:00
URL www.jata-net.or.jp

さくいん●和文

見どころ&アート

◆ア行

◆カ行

◆サ行

◆タ行

◆ナ行

◆ハ行

◆マ行

◆ヤ行

◆ラ行

◆ワ行

◆数字など

ダイニング

◆ア行

◆カ行

◆サ行

◆タ行

◆ナ行

◆ハ行

◆マ行

◆ヤ行

◆ラ行

◆ワ行

◆数字など

ショッピング

◆ア行

◆カ行

ホテル

ナイトスポット

INDEX●欧文
WHAT TO SEE & ART

DINING

SHOPPING

HOTEL

NIGHT SPOT

地球の歩き方 シリーズ一覧

2024年2月現在

＊地球の歩き方ガイドブックは、改訂時に価格が変わることがあります。＊表示価格は定価（税込）です。＊最新情報は、ホームページをご覧ください。www.arukikata.co.jp/guidebook/

地球の歩き方　ガイドブック

A　ヨーロッパ

A01	ヨーロッパ	¥1870
A02	イギリス	¥2530
A03	ロンドン	¥1980
A04	湖水地方&スコットランド	¥1870
A05	アイルランド	¥1980
A06	フランス	¥2420
A07	パリ&近郊の町	¥1980
A08	南仏プロヴァンス コート・ダジュール&モナコ	¥1760
A09	イタリア	¥1870
A10	ローマ	¥1760
A11	ミラノ　ヴェネツィアと湖水地方	¥1870
A12	フィレンツェとトスカーナ	¥1870
A13	南イタリアとシチリア	¥1870
A14	ドイツ	¥1980
A15	南ドイツ　フランクフルト　ミュンヘン　ロマンチック街道　古城街道	¥2090
A16	ベルリンと北ドイツ　ハンブルク ドレスデン　ライプツィヒ	¥1870
A17	ウィーンとオーストリア	¥2090
A18	スイス	¥2200
A19	オランダ　ベルギー　ルクセンブルク	¥2420
A20	スペイン	¥2420
A21	マドリードとアンダルシア	¥1760
A22	バルセロナ&近郊の町 イビサ島／マヨルカ島	¥1760
A23	ポルトガル	¥2200
A24	ギリシアとエーゲ海の島々&キプロス	¥1870
A25	中欧	¥1980
A26	チェコ　ポーランド　スロヴァキア	¥1870
A27	ハンガリー	¥1870
A28	ブルガリア　ルーマニア	¥1980
A29	北欧　デンマーク　ノルウェー スウェーデン　フィンランド	¥1870
A30	バルトの国々　エストニア ラトヴィア　リトアニア	¥1870
A31	ロシア　ベラルーシ　ウクライナ モルドヴァ　コーカサスの国々	¥2090
A32	極東ロシア　シベリア　サハリン	¥1980
A34	クロアチア　スロヴェニア	¥2200

B　南北アメリカ

B01	アメリカ	¥2090
B02	アメリカ西海岸	¥1870
B03	ロスアンゼルス	¥2090
B04	サンフランシスコとシリコンバレー	¥1870
B05	シアトル　ポートランド	¥2420
B06	ニューヨーク マンハッタン&ブルックリン	¥2200
B07	ボストン	¥1980
B08	ワシントンDC	¥2420
B09	ラスベガス　セドナ&グランドキャニオンと大西部	¥2090
B10	フロリダ	¥2310
B11	シカゴ	¥1870
B12	アメリカ南部	¥1980
B13	アメリカの国立公園	¥2640
B14	ダラス　ヒューストン　デンバー グランドサークル　フェニックス　サンタフェ	¥1980
B15	アラスカ	¥1980
B16	カナダ	¥2420
B17	カナダ西部 カナディアン・ロッキーとバンクーバー	¥2090
B18	カナダ東部 ナイアガラ・フォールズ　メープル街道　プリンス・エドワード島　トロント　オタワ　モントリオール　ケベック・シティ	¥2090
B19	メキシコ	¥1980
B20	中米	¥2090
B21	ブラジル　ベネズエラ	¥2200
B22	アルゼンチン　チリ　パラグアイ　ウルグアイ	¥2200
B23	ペルー　ボリビア　エクアドル　コロンビア	¥2200
B24	キューバ　バハマ　ジャマイカ　カリブの島々	¥2035
B25	アメリカ・ドライブ	¥1980

C　太平洋／インド洋島々

C01	ハワイ　オアフ島&ホノルル	¥2200
C02	ハワイ島	¥2200
C03	サイパン　ロタ&テニアン	¥1540
C04	グアム	¥1980
C05	タヒチ　イースター島	¥1870
C06	フィジー	¥1650
C07	ニューカレドニア	¥1650
C08	モルディブ	¥1870
C10	ニュージーランド	¥2200
C11	オーストラリア	¥2200
C12	ゴールドコースト&ケアンズ	¥2420
C13	シドニー&メルボルン	¥1760

D　アジア

D01	中国	¥2090
D02	上海　杭州　蘇州	¥1870
D03	北京	¥1760
D04	大連　瀋陽　ハルビン 中国東北部の自然と文化	¥1980
D05	広州　アモイ　桂林 珠江デルタと華南地方	¥1980
D06	成都　重慶　九寨溝　麗江　四川　雲南	¥1980
D07	西安　敦煌　ウルムチ シルクロードと中国北西部	¥1980
D08	チベット	¥2090
D09	香港　マカオ　深圳	¥2420
D10	台湾	¥2090
D11	台北	¥1980
D13	台南　高雄　屏東&南台湾の町	¥1650
D14	モンゴル	¥2090
D15	中央アジア サマルカンドとシルクロードの国々	¥209
D16	東南アジア	¥187
D17	タイ	¥220
D18	バンコク	¥187
D19	マレーシア　ブルネイ	¥209
D20	シンガポール	¥198
D21	ベトナム	¥209
D22	アンコール・ワットとカンボジア	¥220
D23	ラオス	¥242
D24	ミャンマー（ビルマ）	¥209
D25	インドネシア	¥187
D26	バリ島	¥220
D27	フィリピン　マニラ　セブ ボラカイ　ボホール　エルニド	¥220
D28	インド	¥264
D29	ネパールとヒマラヤトレッキング	¥220
D30	スリランカ	¥187
D31	ブータン	¥198
D33	マカオ	¥176
D34	釜山　慶州	¥154
D35	バングラデシュ	¥209
D37	韓国	¥209
D38	ソウル	¥187

E　中近東　アフリカ

E01	ドバイとアラビア半島の国々	¥209
E02	エジプト	¥198
E03	イスタンブールとトルコの大地	¥209
E04	ペトラ遺跡とヨルダン　レバノン	¥209
E05	イスラエル	¥209
E06	イラン　ペルシアの旅	¥220
E07	モロッコ	¥198
E08	チュニジア	¥209
E09	東アフリカ　ウガンダ　エチオピア ケニア　タンザニア　ルワンダ	¥209
E10	南アフリカ	¥220
E11	リビア	¥220
E12	マダガスカル	¥198

J　国内版

J00	日本	¥33
J01	東京　23区	¥22
J02	東京　多摩地域	¥20
J03	京都	¥22
J04	沖縄	¥22
J05	北海道	¥22
J07	埼玉	¥22
J08	千葉	¥22
J09	札幌・小樽	¥22
J10	愛知	¥22
J11	世田谷区	¥22
J12	四国	¥24
J13	北九州市	¥22

地球の歩き方　aruco

●海外

1	パリ	¥1650
2	ソウル	¥1650
3	台北	¥1650
4	トルコ	¥1430
5	インド	¥1540
6	ロンドン	¥1650
7	香港	¥1320
9	ニューヨーク	¥1320
10	ホーチミン　ダナン　ホイアン	¥1650
11	ホノルル	¥1650
12	バリ島	¥1320
13	上海	¥1320
14	モロッコ	¥1540
15	チェコ	¥1320
16	ベルギー	¥1430
17	ウィーン　ブダペスト	¥1320
18	イタリア	¥1760
19	スリランカ	¥1540
20	クロアチア　スロヴェニア	¥1430
21	スペイン	¥1320
22	シンガポール	¥1650
23	バンコク	¥1650
24	グアム	¥1320
25	オーストラリア	¥1760
26	フィンランド　エストニア	¥1430
27	アンコール・ワット	¥1430
28	ドイツ	¥1430
29	ハノイ	¥1650
30	台湾	¥1650
31	カナダ	¥1320
33	サイパン　テニアン　ロタ	¥1320
34	セブ　ボホール　エルニド	¥1320
35	ロスアンゼルス	¥1320
36	フランス	¥1430
37	ポルトガル	¥1650
38	ダナン　ホイアン　フエ	¥1430

●国内

東京	¥1540
東京で楽しむフランス	¥1430
東京で楽しむ韓国	¥1430
東京で楽しむ台湾	¥1430
東京の手みやげ	¥1430
東京おやつさんぽ	¥1430
東京のパン屋さん	¥1430
東京で楽しむ北欧	¥1430
東京のカフェめぐり	¥1480
東京で楽しむハワイ	¥1480
nyaruco　東京ねこさんぽ	¥1480
東京で楽しむイタリア&スペイン	¥1480
東京で楽しむアジアの国々	¥1480
東京ひとりさんぽ	¥1480
東京パワースポットさんぽ	¥1599
東京で楽しむ英国	¥1599

地球の歩き方　Plat

1	パリ	¥1320
2	ニューヨーク	¥1320
3	台北	¥1100
4	ロンドン	¥1320
6	ドイツ	¥1320
7	ホーチミン／ハノイ／ダナン／ホイアン	¥1320
8	スペイン	¥1320
10	シンガポール	¥1100
11	アイスランド	¥1540
14	マルタ	¥1540
15	フィンランド	¥1320
16	クアラルンプール　マラッカ	¥1650
17	ウラジオストク／ハバロフスク	¥1430
18	サンクトペテルブルク／モスクワ	¥1540
19	エジプト	¥1320
20	香港	¥1100
22	ブルネイ	¥1430
23	ウズベキスタン　サマルカンド ブハラ　ヒヴァ　タシケント	¥165
24	ドバイ	¥132
25	サンフランシスコ	¥132
26	パース／西オーストラリア	¥132
27	ジョージア	¥15
28	台南	¥14

地球の歩き方　リゾートスタイル

R02	ハワイ島	¥16
R03	マウイ島	¥16
R04	カウアイ島	¥18
R05	こどもと行くハワイ	¥15
R06	ハワイ　ドライブ・マップ	¥19
R07	ハワイ　バスの旅	¥13
R08	グアム	¥14
R09	こどもと行くグアム	¥16
R10	パラオ	¥16
R12	プーケット　サムイ島　ピピ島	¥16
R13	ペナン　ランカウイ　クアラルンプール	¥16
R14	バリ島	¥14
R15	セブ&ボラカイ　ボホール　シキホール	¥16
R16	テーマパークｉｎオーランド	¥18
R17	カンクン　コスメル　イスラ・ムヘーレス	¥16
R20	ダナン　ホイアン　ホーチミン　ハノイ	¥16

地球の歩き方 御朱印

1	御朱印でめぐる鎌倉のお寺 三十三観音完全掲載 三訂版	¥1650
2	御朱印でめぐる京都のお寺 改訂版	¥1650
3	御朱印でめぐる奈良の古寺 改訂版	¥1650
4	御朱印でめぐる東京のお寺	¥1650
5	日本全国この御朱印が凄い! 第壱集 増補改訂版	¥1650
6	日本全国この御朱印が凄い! 第弐集 都道府県網羅版	¥1650
7	御朱印でめぐる全国の神社 開運さんぽ	¥1430
8	御朱印でめぐる高野山 改訂版	¥1650
9	御朱印でめぐる関東の神社 週末開運さんぽ	¥1430
0	御朱印でめぐる秩父の寺社 三十四観音完全掲載 改訂版	¥1650
1	御朱印でめぐる関東の百寺 坂東三十三観音と古寺	¥1650
2	御朱印でめぐる関西の神社 週末開運さんぽ	¥1430
3	御朱印でめぐる関西の百寺 西国三十三所と古寺	¥1650
4	御朱印でめぐる東京の神社 週末開運さんぽ 改訂版	¥1540
5	御朱印でめぐる神奈川の神社 週末開運さんぽ 改訂版	¥1540
6	御朱印でめぐる埼玉の神社 週末開運さんぽ 改訂版	¥1540
7	御朱印でめぐる北海道の神社 週末開運さんぽ	¥1430
8	御朱印でめぐる九州の神社 週末開運さんぽ 改訂版	¥1540
9	御朱印でめぐる千葉の神社 週末開運さんぽ 改訂版	¥1540
0	御朱印でめぐる東海の神社 週末開運さんぽ	¥1430
1	御朱印でめぐる京都の神社 週末開運さんぽ 改訂版	¥1540
2	御朱印でめぐる神奈川のお寺	¥1650
3	御朱印でめぐる大阪 兵庫の神社 週末開運さんぽ	¥1430
4	御朱印でめぐる愛知の神社 週末開運さんぽ 改訂版	¥1540
5	御朱印でめぐる栃木 日光の神社 週末開運さんぽ	¥1430
6	御朱印でめぐる福岡の神社 週末開運さんぽ 改訂版	¥1540
7	御朱印でめぐる広島 岡山の神社 週末開運さんぽ	¥1430
8	御朱印でめぐる山陰 山陽の神社 週末開運さんぽ	¥1430
9	御朱印でめぐる埼玉のお寺	¥1650
0	御朱印でめぐる千葉のお寺	¥1650
	御朱印でめぐる東京の七福神	¥1540
2	御朱印でめぐる東北の神社 週末開運さんぽ 改訂版	¥1540
3	御朱印でめぐる全国の稲荷神社 週末開運さんぽ	¥1430
4	御朱印でめぐる新潟 佐渡の神社 週末開運さんぽ	¥1430
5	御朱印でめぐる静岡 富士 伊豆の神社 週末開運さんぽ 改訂版	¥1540
	御朱印でめぐる四国の神社 週末開運さんぽ	¥1430
7	御朱印でめぐる中央線沿線の寺社 週末開運さんぽ	¥1540
	御朱印でめぐる東急線沿線の寺社 週末開運さんぽ	¥1540
	御朱印でめぐる茨城の神社 週末開運さんぽ	¥1430
	御朱印でめぐる関東の聖地 週末開運さんぽ	¥1430
	御朱印でめぐる東海のお寺	¥1650
	日本全国ねこの御朱印&お守りめぐり 週末開運にゃんさんぽ	¥1760
	御朱印でめぐる信州 甲州の神社 週末開運さんぽ	¥1430
	御朱印でめぐる全国の聖地 週末開運さんぽ	¥1430
	御船印でめぐる全国の魅力的な船旅	¥1650
	御朱印でめぐる茨城のお寺	¥1650
	御朱印でめぐる全国のお寺 週末開運さんぽ	¥1540
	日本全国 日本酒でめぐる 酒蔵&ちょこっと御朱印〈東日本編〉	¥1760
	日本全国 日本酒でめぐる 酒蔵&ちょこっと御朱印〈西日本編〉	¥1760
	関東版ねこの御朱印&お守りめぐり 週末開運にゃんさんぽ	¥1760
52	一生に一度は参りたい! 御朱印でめぐる全国の絶景寺社図鑑	¥2479
53	御朱印でめぐる東北のお寺 週末開運さんぽ	¥1650
54	御朱印でめぐる関西のお寺 週末開運さんぽ	¥1760
D51	鉄印帳でめぐる全国の魅力的な鉄道40	¥1650
	御朱印はじめました 関東の神社 週末開運さんぽ	¥1210

地球の歩き方 島旅

1	五島列島 3訂版	¥1650
2	奄美大島 喜界島 加計呂麻島（奄美群島①）4訂版	¥1650
3	与論島 沖永良部島 徳之島（奄美群島②）改訂版	¥1650
4	利尻 礼文 4訂版	¥1650
5	天草 改訂版	¥1760
6	壱岐 4訂版	¥1650
7	種子島 3訂版	¥1650
8	小笠原 父島 母島 3訂版	¥1650
9	隠岐 3訂版	¥1870
10	佐渡 3訂版	¥1650
11	宮古島 伊良部島 下地島 来間島 池間島 多良間島 大神島 改訂版	¥1650
12	久米島 渡名喜島 改訂版	¥1650
13	小豆島～瀬戸内の島々1～ 改訂版	¥1650
14	直島 豊島 女木島 男木島 犬島～瀬戸内の島々2～	¥1650
15	伊豆大島 利島～伊豆諸島1～ 改訂版	¥1650
16	新島 式根島 神津島～伊豆諸島2～ 改訂版	¥1650
17	沖縄本島周辺15離島	¥1650
18	たけとみの島々 竹富島 西表島 波照間島 小浜島 黒島 鳩間島 新城島 由布島 加屋	¥1650
19	淡路島～瀬戸内の島々3～	¥1650
20	石垣島 竹富島 西表島 小浜島 由布島 新城島 波照間島	¥1650
21	対馬	¥1650
22	島旅ねこ にゃんこの島の歩き方	¥1344

地球の歩き方 旅の図鑑

W01	世界244の国と地域	¥1760
W02	世界の指導者図鑑	¥1650
W03	世界の魅力的な奇岩と巨石139選	¥1760
W04	世界246の首都と主要都市	¥1760
W05	世界のすごい島300	¥1760
W06	地球の歩き方的! 世界なんでもランキング	¥1760
W07	世界のグルメ図鑑 116の国と地域の名物料理を食の雑学とともに解説	¥1760
W08	世界のすごい巨像	¥1760
W09	世界のすごい城と宮殿333	¥1760
W10	世界197ヵ国のふしぎな聖地&パワースポット	¥1870
W11	世界の祝祭	¥1760
W12	世界のカレー図鑑	¥1980
W13	世界遺産 絶景でめぐる自然遺産 完全版	¥1980
W15	地球の果ての歩き方	¥1980
W16	世界の中華料理図鑑	¥1980
W17	世界の地元メシ図鑑	¥1980
W18	世界遺産の歩き方 学んで旅する! すごい世界遺産190選	¥1980
W19	世界の魅力的なビーチと湖	¥1980
W20	世界のすごい駅	¥1980
W21	世界のおみやげ図鑑	¥1980
W22	いつか旅してみたい世界の美しい古都	¥1980
W23	世界のすごいホテル	¥1980
W24	日本の凄い神木	¥2200
W25	世界のお菓子図鑑	¥1980
W26	世界の麺図鑑	¥1980
W27	世界のお酒図鑑	¥1980
W28	世界の魅力的な道	¥1980
W29	世界の映画の舞台&ロケ地	¥2090
W30	すごい地球!	¥2200
W31	世界のすごい墓	¥1980
W32	日本のグルメ図鑑	¥1980

地球の歩き方 旅の名言&絶景

ALOHAを感じるハワイのことばと絶景100	¥1650
自分らしく生きるフランスのことばと絶景100	¥1650
人生観が変わるインドのことばと絶景100	¥1650
生きる知恵を授かるアラブのことばと絶景100	¥1650
心に寄り添う台湾のことばと絶景100	¥1650
道しるべとなるドイツのことばと絶景100	¥1650
共感と勇気がわく韓国のことばと絶景100	¥1650
人生を楽しみ尽くすイタリアのことばと絶景100	¥1650
今すぐ旅に出たくなる! 地球の歩き方のことばと絶景100	¥1650
悠久の教えをひもとく 中国のことばと絶景100	¥1650

地球の歩き方 旅と健康

地球のなぞり方 旅地図 アメリカ大陸編	¥1430
地球のなぞり方 旅地図 ヨーロッパ編	¥1430
地球のなぞり方 旅地図 アジア編	¥1430
地球のなぞり方 旅地図 日本編	¥1430
脳がどんどん強くなる! すごい地球の歩き方	¥1650

地球の歩き方 旅の読み物

今こそ学びたい日本のこと	¥1760
週末だけで70ヵ国159都市を旅したリーマントラベラーが教える自分の時間の作り方	¥1540

地球の歩き方 BOOKS

BRAND NEW HAWAII とびきりリアルな最新ハワイガイド	¥1650
FAMILY TAIWAN TRIP #子連れ台湾	¥1518
GIRL'S GETAWAY TO LOS ANGELES	¥1760
HAWAII RISA'S FAVORITES 大人女子はハワイで美味しく美しく	¥1650
LOVELY GREEN NEW ZEALAND 未来の国を旅するガイドブック	¥1760
MAKI'S DEAREST HAWAII	¥1540
MY TRAVEL, MY LIFE Maki's Family Travel Book	¥1760
WORLD FORTUNE TRIP イヴルルド遙華の世界開運★旅案内	¥1650
いろはに北欧	¥1760
ヴィクトリア朝が教えてくれる英国の魅力	¥1320
ダナン&ホイアン PHOTO TRAVEL GUIDE	¥1650
とっておきのフィンランド	¥1760
フィンランドでかなえる100の夢	¥1760
マレーシア 地元で愛される名物食堂	¥1430
やり直し英語革命	¥1100
気軽に始める!大人の男海外ひとり旅	¥1100
気軽に出かける! 大人の男アジアひとり旅	¥1100
香港 地元で愛される名物食堂	¥1540
最高のハワイの過ごし方	¥1540
子連れで沖縄 旅のアドレス&テクニック117	¥1100
食事作りに手間暇かけないドイツ人、手料理神話にこだわり続ける日本人	¥1100
総予算33万円・9日間から行く! 世界一周	¥1100
台北 メトロさんぽ MRTを使って、おいしいとかわいいを巡る旅	¥1518
北欧が好き! フィンランド・スウェーデン・デンマーク・ノルウェーの素敵な町めぐり	¥1210
北欧が好き!2 建築&デザインでめぐるフィンランド・スウェーデン・デンマーク・ノルウェー	¥1210
地球の歩き方JAPAN ダムの歩き方 全国版 初めてのダム旅入門ガイド	¥1712
日本全国 開運神社 このお守りがすごい!	¥1522
地球の歩き方 ディズニーの世界 名作アニメーション映画の舞台	¥2420

地球の歩き方 スペシャルコラボ BOOK

地球の歩き方 ムー	¥2420
地球の歩き方 JOJO ジョジョの奇妙な冒険	¥2420
地球の歩き方 宇宙兄弟 We are Space Travelers!	¥2420

地球の歩き方 関連書籍のご案内

アメリカ各地への旅を「地球の歩き方」が応援します！

地球の歩き方 ガイドブック

- B01 アメリカ ¥2,090
- B02 アメリカ西海岸 ¥1,870
- B03 ロスアンゼルス ¥2,090
- B04 サンフランシスコ ¥1,870
- B05 シアトル ポートランド ¥2,420
- B06 ニューヨーク マンハッタン&ブルックリン ¥2,200
- B07 ボストン ¥1,980
- B08 ワシントンDC ¥2,420
- B09 ラスベガス セドナ ¥2,090
- B10 フロリダ ¥2,310
- B11 シカゴ ¥1,870
- B12 アメリカ南部 ¥1,980
- B13 アメリカの国立公園 ¥2,640
- B14 ダラス ヒューストン ¥1,980
- B15 アラスカ ¥1,980
- B25 アメリカ・ドライブ ¥1,980

地球の歩き方 aruco

- 09 aruco ニューヨーク ¥1,320
- 35 aruco ロスアンゼルス ¥1,320

地球の歩き方 Plat

- 02 Plat ニューヨーク ¥1,320
- 25 Plat サンフランシスコ ¥1,320

地球の歩き方 リゾートスタイル

- R16 テーマパーク in オーランド ¥1,870

地球の歩き方 旅と健康

地球のなぞり方 旅地図 アメリカ大陸編 ¥1,430

地球の歩き方 旅と健康シリーズ
地球のなぞり方 旅地図 アメリカ大陸編
地形の数々をなぞって アメリカ大陸の地理を学ぼう！

地球の歩き方 BOOKS

100 NEW YORK − MY BEST ¥1,760
GIRL'S GETAWAY TO LOS ANGELES ¥1,760
ニューヨーク ランキング&マル得テクニック！ ¥1,100

※表示価格は定価（税込）です。改訂時に価格が変更になる場合があります。

あなたの**旅の体験談**をお送りください

「地球の歩き方」は、たくさんの旅行者からご協力をいただいて、
改訂版や新刊を制作しています。
あなたの旅の体験や貴重な情報を、これから旅に出る人たちへ分けてあげてください。
なお、お送りいただいたご投稿がガイドブックに掲載された場合は、
初回掲載本を1冊プレゼントします！

ご投稿はインターネットから！

URL www.arukikata.co.jp/guidebook/toukou.html
画像も送れるカンタン「投稿フォーム」
※左記のQRコードをスマートフォンなどで読み取ってアクセス！

または「地球の歩き方　投稿」で検索してもすぐに見つかります

地球の歩き方　投稿

▶投稿にあたってのお願い

★ご投稿は、次のような《テーマ》に分けてお書きください。
《新発見》———ガイドブック未掲載のレストラン、ホテル、ショップなどの情報
《旅の提案》———未掲載の町や見どころ、新しいルートや楽しみ方などの情報
《アドバイス》——旅先で工夫したこと、注意したこと、トラブル体験など
《訂正・反論》——掲載されている記事・データの追加修正や更新、異論、反論など

※記入例「○○編20XX年度版△△ページ掲載の□□ホテルが移転していました……」

★データはできるだけ正確に。
ホテルやレストランなどの情報は、名称、住所、電話番号、アクセスなどを正確にお書きください。ウェブサイトのURLや地図などは画像でご投稿いただくのもおすすめです。

★ご自身の体験をお寄せください。
雑誌やインターネット上の情報などの丸写しはせず、実際の体験に基づいた具体的な情報をお待ちしています。

▶ご確認ください

※採用されたご投稿は、必ずしも該当タイトルに掲載されるわけではありません。関連他タイトルへの掲載もありえます。
※例えば「新しい市内交通パスが発売されている」など、すでに編集部で取材・調査を終えているものと同内容のご投稿をいただいた場合は、ご投稿を採用したとはみなされず掲載本をプレゼントできないケースがあります。
※当社は個人情報を第三者へ提供いたしません。また、ご記入いただきましたご自身の情報については、ご投稿内容の確認や掲載本の送付などの用途以外には使用いたしません。
※ご投稿の採用の可否についてのお問い合わせはご遠慮ください。
※原稿は原文を尊重しますが、スペースなどの関係で編集部でリライトする場合があります。

あとがき

ニューヨークの進化と変化がとまりません。キラキラの展望台やOMNY、ブルックリンのおしゃれな発展など、とまどいながら、ときには失敗しながら、楽しく取材させていただきました。でも変わらないのはニューヨーカーたち。等身大で、気さくで、自由で、すぐに世間話がはじまるところなんかは、「あー、ニューヨークに帰ってきたんだなー」と、うれしくてホッとしました。(な)

STAFF

Producer：
斉藤麻理　Mari Saito
Editors：
中西奈緒子　Naoko Nakanishi、西澤咲子　Sakiko Nishizawa、地球堂　Chikyu-do, Inc.
Researchers & Writers：
海谷菜央子　Naoko Umitani、福島千里　Chisato Fukushima、小川佳世子　Kayoko Ogawa、
斉藤博子（シカゴ美術館附属美術大学研究員）　Hiroko Saito（Associate, The School of the Art Institute of Chicago）
Coordinators：
小川佳世子　Kayoko Ogawa、福島千里　Chisato Fukushima、海谷菜央子　Naoko Umitani、巌真弓　Mayumi Iwao
Designer：
中原克則　Katsunori Nakahara（STANCE）
Proofreader：
ひらたちやこ　Chiyako Hirata
Cartographers：
辻野良晃　Yoshiaki Tsujino、TOM 冨田富士男　TOM, Fujio Tonda、アルト・ディークラフト　ALTO Dcraft、
曽根拓　Hiroshi Sone（GEO Co., Ltd.）
Photographers：
菅谷日万里　Himari Sugatani、福島千里　Chisato Fukushima、小川佳世子　Kayoko Ogawa、
海谷菜央子　Naoko Umitani、井田貴子　Takako Ida、© iStock
Illustrators：
中嶋クミ　Kumi Nakashima、フジタシゲミ　Shigemi Fujita
Cover Designer：
日出嶋昭男　Akio Hidejima

Special Thanks

Ms. Makiko Matsuda Healy, New York City Tourism + Conventions / 中原典子さん（ニューヨーク市観光会議局）/ 長本法子さん / 志藤知栄子さん / 細田愛さん / 田中智さん / 椎木晃一郎さん / NY COARA, Inc. / 木村佳奈さん / 山本玲子さん / 辻村加菜子さん / 高木直美さん / 日吉尚生さん / 湯浅久美子さん / 堀家かよさん / 小林直子さん / 佐志いずみさん（順不同）

本書の内容について、ご意見・ご感想はこちらまで
読者投稿　〒141-8425　東京都品川区西五反田 2-11-8
株式会社地球の歩き方
地球の歩き方サービスデスク「ニューヨーク編」投稿係
https://www.arukikata.co.jp/guidebook/toukou.html
地球の歩き方ホームページ（海外・国内旅行の総合情報）　https://www.arukikata.co.jp/
ガイドブック『地球の歩き方』公式サイト　https://www.arukikata.co.jp/guidebook/

地球の歩き方 B06
ニューヨーク マンハッタン&ブルックリン 2024-2025年版

2022年8月16日　初版第1刷発行
2024年2月27日　改訂第2版第1刷発行

Published by Arukikata. Co., Ltd.
2-11-8 Nishigotanda, Shinagawa-ku, Tokyo, 141-8425, Japan

著作編集　地球の歩き方編集室
発 行 人　新井邦弘
編 集 人　由良暁世
発 行 所　株式会社地球の歩き方　〒141-8425　東京都品川区西五反田 2-11-8
発 売 元　株式会社Gakken　〒141-8416　東京都品川区西五反田 2-11-8
印刷製本　開成堂印刷株式会社

※本書は基本的に 2023 年 7 月～ 2023 年 12 月の取材データに基づいて作られています。発行後に料金、営業時間、定休日などが変更になる場合がありますのでご了承ください。更新・訂正情報：https://www.arukikata.co.jp/travel-support/

●この本に関する各種お問い合わせ先
・本の内容については、下記サイトのお問い合わせフォームよりお願いします。
URL ▶ https://www.arukikata.co.jp/guidebook/contact.html
・在庫については　Tel 03-6431-1250（販売部）
・不良品（乱丁、落丁）については　Tel 0570-000577
学研業務センター　〒354-0045　埼玉県入間郡三芳町上富 279-1
・上記以外のお問い合わせは　Tel 0570-056-710（学研グループ総合案内）

※本書は株式会社ダイヤモンド・ビッグ社より 1988 年 3 月に初版発行したものの最新・改訂版です。
学研グループの書籍・雑誌についての新刊情報・詳細情報は、下記をご覧ください。学研出版サイト　https://hon.gakken.jp/